Arthur

追寻天才诗人的足迹　　　　兰波传

〔法〕让－吕克·斯坦梅茨　著

袁俊生　译

商务印书馆
The Commercial Press

涵芬楼文化 出品

中译本序

　　回顾兰波诗篇在中国的译介史，我们不难发现，兰波最早是被当作象征主义诗人介绍给中国读者的，他的诗确实影响了20世纪20年代刚刚崛起的中国象征主义诗歌运动。但兰波又不同于法国其他象征主义诗人，他为法国象征主义诗歌带来超现实主义因素。国内对兰波的研究起起落落，几经坎坷，兰波的汉译作品更是难窥全貌。虽然此前能看到零散的兰波诗篇，但是直到21世纪之初，才有出版社推出兰波全集。

　　《兰波传》中文版也是在兰波研究重新起步，并取得部分成果的框架下出版的。虽然兰波存世的文字并不多，但国内出版界一直重视出版有关兰波的专著及研究成果。比如，2020年，商务印书馆涵芬楼文化出版了由何家炜先生翻译的《灵光集：兰波诗歌集注》，包含兰波自传体散文诗《地狱一季》及极负盛名的散文诗《灵光集》。新版本推出后，很受读者欢迎，时隔四个月，商务印书馆很快加印，以飨读者。最近几年，国内顶尖学者还组织系列研讨会，探讨兰波的诗学特征、理念及其在不同语言文化译介中所产生的影响。

　　其实，自从21世纪以来，法国对兰波的研究同样掀起一个小高潮，可以说，国内的兰波研究是与法国的相关研究相向而行的。我们现在看到的这个版本的《兰波传》是作者于1999年写成的，但在2004年，他又推出新版本，并把新版本的修订之处一一列出来，发给译者。读罢作者写的引言，我们发现有关兰波的传记竟有十几个版本，依照本书作者的说法，他撰写此书时亦有一种诚惶诚恐的感觉，因为在他之前已有那么多人写过兰波的传记，而且就在此书第一版问世前后几年内，几个新版本的兰波传记引起读者极大的兴趣，其中包括阿兰·博莱尔的《兰波在阿比西尼亚》、克洛德·让科拉的《兰波在亚丁》《兰波在哈勒尔》《兰波传》，以及让-雅克·勒弗雷尔的《兰波传》。勒弗雷尔的《兰波传》一经推出便引来报界的一致好评，法国《读书》杂志将其推荐为2001年最佳二十本图书之一，但本书作者对此感到颇为欣慰，因为在兰波去世一百多年之后仍有那么多传记作家在关注着这位诗人，有那么多读者希望了解兰波的生平，这都证明兰波的诗仍然具有很强的生命力，他的诗影响了一代又一代的后人，超现实主义者不是奉他为鼻祖吗？美国"垮掉的一代"作家不是自诩继承了兰波的遗风吗？

从桀骜不驯的天才诗人，到狂放激越的文学先知；从集天使与魔鬼于一身的英俊少年，到漂泊海外、甘愿默默无闻做生意的商人，兰波一生的跨度如此之大，令人感到震惊，英年早逝的兰波为法国语言和文学点燃的革新之火却依然没有熄灭。正如他自己所说的那样，"诗人是人间真正的盗火者"，而他所引燃的革新之火推动了法国文学的发展，使法国文学始终走在世界的前列。后人还会为他倾注更多的笔墨，因为一个多世纪以来，他一直是追求变革的年轻人的偶像。

在这部传记中我们看到，兰波短暂的一生颇具传奇色彩，除了赋诗之外，他还做过编辑、自由射手、教员、雇佣兵、马戏团售票员、监工、进出口商、摄影师、探险家、军火商。作为少年叛逆者，他流浪巴黎，甘愿和乞丐混迹在一起；作为"脚底生风"的漂泊者，他一次又一次地离家出走，以逃离那"极为愚昧"的故乡，到外面去呼吸"自由"的空气。他声称自己是"通灵人"，人们后来又给他贴上"小流氓、同性恋者"的标签，而从政治立场上来看，他还是巴黎公社社员、无政府主义者、社会主义者。其实人们忽略了他的本质：他就是诗人，是一位才华横溢的诗人。法国伽利玛出版社于1965年编撰出版了《兰波诗集》，法国诗人勒内·夏尔在为这部诗集所作的序言中指出："不管人们给兰波贴上什么样的标签，我们既不关注也不排斥；不管那些标签是否准确，是否与事实相符，我们对其一概不感兴趣，因为像兰波这样的人能享有这么多的标签也不足为奇。兰波是诗人，这就足够了，这就是他永恒的标签。"

有人说过，贫困是诗人的必经之路，也就是说，未经受过贫困的人是做不了诗人的，或者换句话说，贫困出诗人。这句话在兰波身上也许真的应验了，就在兰波创作诗歌那短短的五六年间，他穷困潦倒，不得不过着寄人篱下的生活。其实他也想出人头地，希望《当代帕尔纳斯》杂志能出版自己的作品，为此他不惜去联络诗才平庸的德梅尼，因为他以为德梅尼是靠走门路才出版了自己的诗集。在写给德梅尼的那封"通灵人书信"中，他阐述了自己的诗歌理论，所用的口气倒更像是一位大师："我决定给你上一小时的新文学课。"其中有一段文字，与其说是在表述自己的想法，倒不如说是讲给德梅尼听的，言外之意是，你恐怕还远没有做到这一步呢："一个人立意要做一个诗人，首先必须研究关于他自己的全面知识；他应该探索自己的灵魂，审视它，考验它，引导它。"写下这段文字时，他年仅17岁，只是一个风华少年，然而他的思想却是那么成熟。透过书中的点滴事例，我们可以看出兰波的思想见解有多么深刻。伊藏巴尔是他的良师益友，但对老师的话，兰波并未言听计从，甚至向老师提出自己的见解，两人的分歧日渐加深。他极为崇拜雨果，《巴黎圣母院》《悲惨世界》《惩罚集》都是他喜爱的书，就因为他私下里阅读《巴黎圣母院》，母亲还特意给他的老师写了信，告诫老师别把不良读物借给自己的学生。但后来在《正直的人》一诗里，雨果却俨然成为兰波的批评对象，起因是雨果发表了几首诗，呼吁凡尔赛人与巴黎公社社员和解，兰波绝不会赞同雨果所选择的折中方案，巴黎公社社员的鲜血不应白流，血债定要用血来还。

随着作者描述的情节愈渐深入，兰波的形象也逐渐变得愈加丰满起来。不过，不论是兰波的种种叛逆行为，还是玩世不恭的做法，我总觉得有一种似曾相识的感觉。这也难怪，在动笔翻译这部传记之前，我先后翻译了《布勒东传》和《阿拉贡传》，这两位超现实主义的干将十分崇拜兰波，两人初次见面时就在一起谈论兰波。布勒东坦言自己被《地狱一季》深深地吸引住了，认为那是"描写邪恶的名作"、是"气势磅礴的作品"，甚至说自己"在狂热地接受着兰波的影响"；而阿拉贡则在小说《阿尼塞》开篇处巧妙地叙述着与想象中的兰波相遇的故事，他给自己制定的目标就是超越兰波。当布勒东和阿拉贡投身于达达运动以及超现实主义运动时，在"清醒地让所有感官错乱"方面，他们肯定是超过了兰波。在传记中看到兰波做出种种怪诞的举止时，我想到了布勒东和阿拉贡，他们在从事达达运动时也做出过类似的举止，难怪他们要奉兰波为超现实主义的鼻祖呢。在谈到兰波对自己的影响时，布勒东写道："1916年，当我漫步于南特的街头时，兰波好像完全附在我身上似的：兰波所看到的东西，当然是在别处看到的东西，似乎与我所看到的东西交织在一起，甚至完全取代了我所看到的事物，可从那以后，每当我说到兰波时，这种'反常的状态'却再也没有出现过。"在谈到兰波时，阿拉贡这样写道："兰波之所以是近代最伟大的诗人，那是因为他写出伟大的诗篇，虽然这话有点难于说出口。"

兰波有两句名言，一是"一定要改变生活"；二是"我是另一个"。前一句话不仅仅是指导兰波追寻自己人生目标的座右铭，甚至一度成为超现实主义运动的口号，而且还是法国各界民众掀起民生民主运动的动力。最近听法国电台的一期访谈节目，在谈到新冠肺炎疫情时，访谈嘉宾再次引用了兰波的这句话，并道出兰波的名字，认为疫情给人类敲响了警钟，人类应该改变目前的生活（方式）。后一句的解释恐怕是见仁见智，但它确实给人谜一般的感觉，就像兰波那隽永的诗句。

兰波放弃写诗，前往非洲闯荡的经历，后人的描述并不多见，作者借助于翔实的史料，尽力去还原那一时期的兰波。由此我们看到，兰波不但有赋诗才华，还有非凡的语言天赋，做生意也是一把好手，而且对各种新技术抱着浓厚的兴趣，什么都想学，真是把"学霸"的气质展现得淋漓尽致。

对于有些传记作家叙述兰波在非洲生活的做法，本书作者持批评态度，比如在第四部第二章"哈勒尔，鬣狗的城市"里，他这样写道："追寻兰波的足迹，去再现他的一举一动，这是危险的，然而把那几年当中反复出现的事实摆出来，把有关的'题材'摆出来也是危险的，这类题材有可能给他描绘出一幅奇怪的、不变的肖像。"本书作者在此加了一个注："阿兰·博莱尔撰写的《兰波在阿比西尼亚》就可能招致这样的批评，因为他写的并不像是一部传记，而是一部带有原创色彩的书。"我手头恰好有这本书，博莱尔沿着兰波当年的足迹，重走他在非洲做生意时走过的路线，并写出这部著作。看过此书之后，我也有同感，感觉不像是人物传记，而是用兰波的诗句去解释他在非洲的种种做法，这本身就不是历史学家应该采取的方法。

本书作者让-吕克·斯坦梅茨是诗人、文学评论家兼南特大学文学教授。他于1989年编纂出版了《兰波作品全集》（三卷本），后分别于2009年和2010年为"七星文库"丛书主持编纂、出版了《洛特雷阿蒙全集》及四卷本的《儒勒·凡尔纳作品集》。此外，他还撰写了《斯特凡·马拉美传》《贝特吕斯·博雷尔传》《特里斯坦·科比埃尔传》，以及论述诗歌理论的多篇著作。2020年10月，他推出一部诗评专著：《被诅咒的诗人群像图》。这部《兰波传》在法国出版之后，荣获法兰西学院大奖，文学评论界对本书也给予很高的评价，有文学批评家认为，让-吕克·斯坦梅茨教授把学者的严谨性、作家的灵气及诗人的敏感性完美地结合在一起，给读者奉献出一部杰出的人物传记。

袁俊生

2021年9月2日绍兴

浙江越秀外国语学院

兰波像（卡尔雅 摄）

生活是人人都要扮演的滑稽戏。

　　　　　　——兰波《地狱一季》

目　录

第四版前言

这是拙作《兰波传》的第四个版本，自从十七年前推出第一个版本之后，我认为有必要为今后想了解兰波的读者重新做一次修订，我在首版前言里论述了有关兰波研究的态势，如今这一态势已发生很大的变化。1991年拙作《兰波传》首版推出之后，其他研究者也沿着我开创的方向推出新的研究成果，尤其是克洛德·让科拉和让-雅克·勒弗雷尔，他们先后推出精美的插图版兰波传记，令人赞不绝口。这两部著作史料丰富，却有失偏颇，不急于为兰波本人下结论，而是让时间去检验。值得敬佩的是，他们的确搜集到大量的史料，而且也想把这些杂乱无章的史料整理得更有条理。所有这些素材确实应该写进人物的传记里，但人是多变的，有时候想去哪里也是轻率做出的举动。因此，仅仅满足于把史料堆在一起，就去叙述人物的生平，或者仅仅追求史料的准确性，这样做是远远不够的。还要去理解他这样做的动因，理解那种不同寻常的冲动行为，在冲动之下，人会奋力前行，或停下脚步，有时还会掉转回头，但依然会一往直前，不顾一切，创造出可以被称之为"杰作"的伟绩。

在此期间，新的史料也被挖掘出来，成为兰波档案中的重要文献，其中有他在非洲与五位猎手的合影，照片的文字说明写着"在希克-奥斯曼（亚丁）吃午饭之前"，这张照片是阿尔诺·德拉发现的（参见《文学半月刊》1998年12月上旬刊）；有关于兰波在斯图加特居住地的调查结果（参见乌特·哈布施：《内卡河战役，兰波在斯图加特（1875年）》，内卡河畔马尔巴赫，2000年11月）；有《论爱伦·坡：被诅咒的家族》的抄本，这是《记忆》①一诗的旧版本，但出处不详（拍卖师塔让目录册，巴黎德鲁奥拍卖行，2005年5月25日）；有兰波于1888年3月27日写给法国驻亚丁领事德·加斯帕里先生的信（巴黎德鲁奥拍卖行，2004年4月）；还有最近由帕特里克·塔利埃修在沙勒维尔发现的一期《阿登进步报》（第18期，1870年11月25日），这一期上刊载着兰波撰写的《俾斯麦之梦》，文章署名让·博德里（我在本书1991年版本第69页上已经概述了兰波的文字）②。

在我看来，同样重要的变化是，最近二十年来，除了多部兰波传记专著问世之外，有些出版物重新启用兰波诗篇早先文本的拼字写法，从而引来诸多批评（其中有斯蒂夫·墨菲编纂的《兰波全集·卷一·诗篇》以及由安德烈·居约编纂的"七星文库"版《兰波作品集》），另外一些出版物则以极严谨的手法去分析兰波诗篇的种种形态，分析诗篇的语义成分及象征性内容。有些出版物甚至更加恣肆，且富有创意，去统计兰波究竟读过哪些书，其实这些书无非是部分作家在其小说或文学评论中所设想的。在此，我首先想到的是菲利普·索勒尔，其次想到的是皮埃尔·米雄、让-马里·古斯塔夫·勒·克莱齐奥、利昂内尔·雷及阿兰·茹弗鲁瓦。就此，我们还应该补充一点，倒不是出于谨慎的考虑，而仅仅是出于爱意：兰波说过的话是生动形象的（他的出现只是为了完成其"作品"），根本不需要在我们中间找到一种最终的解释。他那首散文诗《致一理式》的结尾诗句依然在我们耳边回荡，既有活力，又有警醒力："你一成不变地到来，并将走遍天涯。"

让-吕克·斯坦梅茨

2009年1月

---

① 参见兰波的《灵光集·记忆》，何家炜译，商务印书馆，2021年1月，第130页。——本书页下注除另行注明的外，均为译注

② 参见本书第64页。

前　言

　　兰波的传说一直就没有中断过。他所表现出的个性，所引发的争议从中起到一定的作用，而他弃笔从商，退出文坛的做法更为这传说起到推波助澜的作用。在这种情况下，我们或许只能求助于他的作品，可仔细想想，我们难免要琢磨，他本人是否希望我们看到他的作品（只有《地狱一季》除外，因为这部诗集是他亲自编撰出版的，但他很快就放弃了）。他对自己的创作不再感兴趣了，而且像流星似的在生活中一闪而过，这也使他成为一个蔑视文学，或从某种意义上说蔑视后世的"人物"。尽管如此，大家都知道，他只留给后世极少的证据，使人能在其生命的轨迹中辨别出他的模样来，因此后代人就更想去了解他。不管怎么样，那个生命轨迹似乎与某种秘密的意图重叠在一起。

　　兰波的传记有许多版本。各种版本都试图去弥补明显的缺陷，去再现一个一成不变地到来并走遍天涯的人[1]。如果普鲁斯特在其《驳圣伯夫》中断言"一本书是另一个'自我'的作品，而不是我们在日常生活，在社交生活，在陋习中所表现的那个人的作品"[2]，那么兰波则以其生活方式无意间打造出一种行为典范，他的言行举止给人一种粗暴的训诫（有人曾称这一训诫为"行为诗歌"），并以必要的行为去挑战艺术研究，而艺术研究往往都是在平和的气氛中完成的。即使有人认为兰波的传记无关紧要，那也不可能让他甩掉巨大的活力，正是这个活力促使他成为一个漂泊者，成为一名旅行者，成为一个居无定所、浪迹天涯的人，我们不妨借用马拉美谈到他时所用的那句名言，他是一个"值得尊重的过客"[3]。特里斯唐·查拉认定诗歌是一种"精神活动"，而不是一种"表达形式"[4]，亨利·米勒①将他看作是自己的密友[5]，而美国"垮掉的一代"诗人则奉他为思想大师，然而他们并不满足于以兰波的作品来表现兰波。大部分作家及文学史家已意识到，兰波的作品主要是诗、《地狱一季》以及《灵光集》②，但除此之外，还有一些其他东西，诗文只是简单地表现出某一时段罢了，在那一时段内，兰波以为最好能走上艺术之路。1886年，费利克斯·费内翁③向读者介绍了《灵光集》，他毫不犹豫地断言这些诗文"已超越了文学"[6]。这话显然说得太夸张了，然而他已预感到，对于兰波来说，写作完全可以同令人眼花缭乱的魔术相媲美，而魔术的首要目标是要改变真实的状态。兰波虽然是作家，可他在文学界里的处境极不稳定，因为他的诗不符合艺术意愿，反而符合某种狂乱的愿望，这种愿望渴望改变人世间的基准。

兰波的生平明确地表现出某一欲望的各个不同阶段，在我们看来，这一欲望显得那么遥远，就像某一景色鲜明的衬托物，而我们只能以渐进的眼光去看那景色。尽管如此，印象还是从中脱颖而出，或者说得更准确些，是从显影和放大中脱颖而出，诗歌就像青春年华那样意味着一种转变。兰波并不满足于他所留给我们的文字，有些人以形式主义的严谨风格为依托，认为作者应当全身心地投入到自己的作品之中，而且只能这么做[7]（这显然是指普鲁斯特所说的那个"自我"），但这一次他们搞错了，因为作品及艺术很快就遭到兰波的蔑视，而且在其欲望形成的过程中遭到否定，他的欲望以不同的面目出现，并且借用不同的变形，以便最终达到自己的目标（不管怎么样，那个目标是可望而不可即的）。《地狱一季》中充满了富有预知色彩的句子，然而这并不意味着作者本人对自己的命运也有预知力，相反那些句子仅意味着某种追求，正是这一追求促使他下定决心，并引导他走向未来，虽然他在那个未来里遇到的只是障碍和失望。仔细观察他的生活可以使我们更好地理解他的情绪，他的冲动。因此，他的"沉默"也应划入他的生命轨迹，他本人也确认这种夸张性的企图。诗中所断言的"梦想般的解脱"就是用沉默的形式来实现的，这

---

① 亨利·米勒（1891—1980），美国作家。

② 又译《彩图集》。

③ 费利克斯·费内翁（1861—1944），法国作家，与象征派作家交往密切，写出大量的文学批评文章，推动了印象派的发展。

绝不是各种情况的巧合，而是受"道德"意志的影响。

当我本人也在竭力为兰波撰写一部传记时，我并不想仔细探究一个人的所有个性，心想这种个性必然会反映在他的作品里；我也不想将他的作品与地理环境、家族遗传影响或社会环境挂上钩。事实上，兰波本人也会对这类环境因素提出质疑。他是放弃文学的诗人，后来便甩开所有的艺术诱惑，继续履行自己的计划，这项计划感知性强，却难以理解。在他身上，文学在某一绝对时刻是可信的，接着却令人颇感失望，这样的文学已经过时了[8]、已经毁灭了，从而让位于某种冒险的、表面看来更加现实的举动，虽然这一举动受同一欲望的驱使，这种欲望在支配着某一个人，必然会让他永不满足，这是一种既悲壮又奇妙的不满足感。

兰波的传记作家们早已意识到，他们的激情是得不到回报的，可他们还是义无反顾地去编撰兰波的传记，说实在的，他们根本没想到自己要写的东西竟会是那么难。每一位传记作家都抱着崇敬的心情去写，希望能把他笔下的兰波写活了。大家都想去书写兰波，于是他很快就成为鉴别的难点[9]。艾田蒲仔细分析了兰波的所有作品[10]，那一篇篇作品将他塑造成一个偶像，最早为兰波立传的是兰波的妹夫皮埃尔·迪富尔[11]，又名帕泰纳尔·贝里雄，此人直率地声称："至于说传记，我只承认一个主题，那就是我的主题，而所有其他的主题都是骗人的，是令人难以接受的。"[12]有人紧紧地拢住兰波，兰波本人很少说话，可拢住兰波的人却偏要让他说许多话。一部部有关《醉舟》作者的传记难免会让人感到失望，因为这些传记只关注某一种隐蔽的欲望，而且设法去披露这一隐蔽的欲望。最有启发性的传记就是伊妮德·斯塔基的版本[13]（克洛岱尔称她为"女才子"），尽管如此，斯塔基毫不掩饰地去挖掘某些有损兰波形象的假设，比如有人声称兰波是一个黑奴贩子。皮埃尔·阿尔努[14]所描述的生活被人遗忘了，尽管此文有许多错误，但它以欢愉的风格和讲述故事的愿望，描述了"一位朋友的生活，人们本来可以更好地认识这位朋友，而且满怀激情地敬佩他"。皮埃尔·珀蒂菲斯[15]最近推出的作品将大大小小的事件都写得非常清楚，以至于兰波的作品反而变得不那么重要了。珀蒂菲斯先生指责有些人"脑中带着某种固定的观念，却对那个有血有肉的人视而不见"，但他本人是否敢于描述这个血肉之躯的疯狂举动呢？最新出版的传记是阿兰·博莱尔[16]撰写的《兰波在阿比西尼亚》①，此书一经推出便受到报界的一致好评，从各方面看，这部传记可以使读者更好地了解兰波那欲望的深度。博莱尔不想按照年代的顺序去写这部传记，于是便将读者带入一个主题，在这个主题里，兰波摆脱了时间的进程，却落入一种反复、重复的结构之中。所有的一切都被巧妙地编入一个对比的系统里，由此进入一个过于均衡的范畴之中。为了彻底推翻两个兰波的论点[17]——即一个是作家兰波，另一个是默默无闻的兰波——一种连续性、一种逻辑性自童年时代起便建立起来，诗人一直固守自己的思维方式，以至于他自身的矛盾、他的踌躇、他的懊悔都被抹掉了。

这些不同版本的传记让我学到许多东西。如果我没有亲自编撰出版兰波的诗集[18]，如果那时我未意识到只出版他的作品是远远不够的，那么我也不会步这些传记作家的后尘，去撰写这部传记。在我看来，传记并非是有益的补充，而是从思想上审视整体的最佳手段，而这个整体则以兰波的诗文为起点，并越过诗文向纵深发展，涵盖了他的言谈举止、他的思维方式、他待人接物的态度，他的这些做法或多或少都是有据可查的。

大概从1980年起，几乎所有可以再现兰波旅程的文件都已准确地统计出来[19]。尽管如此，人们还是希望能发现新的文件，虽然发现新文件的机会已变得微乎其微。诚然，只想着去整理这类素材是远远不够的。与其让负责登记文件的官员无动于衷地待着，倒不如去解释现有的文件，这项工作（如果有可能这么做的话）似乎显得十分必要。尽管如此，我并不想打造一个易于理解的人物，将其过于简单地与各种幻觉重叠在一起，其实兰波早已在虚构的同代人身上描绘过这些幻觉了。我既不希望实现一个虚假的客观性，也不想迫使别人接受一个有效的形象，在那个流氓—通灵人—同性恋者—探险家的形象之外再加上一个图腾形象。首先应该辨别清楚兰波本人制造传说的方式。艾田蒲所撰写的多卷本《兰波的传说》里什么也不缺，唯独缺少那个人们在其生前所能见到的人，他是沙勒维尔的中学生、巴黎的流浪汉、伦敦的流亡者、爪哇人、亚丁或哈勒尔的商人。兰波正在为自己制作面具，设想着自己的角色。和兰波相似的人并不是那个在亚丁附近跑来跑去的同名者（他

_____

① 阿比西尼亚为埃塞俄比亚的旧称。

知道有一个和他同名的人），而是另一个人，他一直想成为这个人，并不断地追踪这个人，好像要剥去此人最易被人认出的外表，要弄清他那隐藏的真面目似的。要是撰写兰波的传记，人们以为会用某一近似的人物来代替他，然而，人们看到另一人油然而生，而兰波在脑子里一直想着这个人，此人就是他的秘密，是他那"天才"的秘密。因此，我需要去辨认和他有关的一个个传说，在这种情况下，那些传说不再是流言蜚语拼凑出的东西，但如果我们仔细想的话，那些传说倒和他内心的愿望相吻合，尤其是他在同自己完美的观念反映做斗争，或者是故弄玄虚，这使他可以愚弄烦人的现实。

一个奇特的练习，首先是一个修辞学的练习在等着所有关注他生活的人，因为确实有必要和那些众所周知的逸事"打交道"，并对这类逸事的内容做出评价。每个人都会顺着那些早已发现的踪迹走下去，更多的工作是把后人所说的话衔接起来，组织起来，而不是亲自去核对事实的真相。现在所留下来的东西，也正是早已遗失的东西，但却以混杂的文字形式沉积下来，其中有他的作品、书信、官方文件等。因此要把那篇反复修改过的故事重新编写一遍，要是不能以奇特的方式去润色、去重写的话，那么重新编写的东西也不会有什么新意。各种版本的传记总会出现偏差，总会有许多微小的差别。同一个兰波（总是兰波！）的故事在此已成为另一个故事，成为一个任意发挥的故事。谈到兰波时，我并不认为应该告诉大家他会把我们引向何方，而且从未觉得有必要断定他会把我们带到什么地方去。我们尤其要避免碰上两个暗礁：一个是不能把传记写成像警方的调查报告，另一个是不能做过多的叙述，因为过多的叙述往往是在竭力挖掘个人的幻想。"我躲起来了，其实我并未躲藏。"人们在《地狱一季》里读到这样的句子。或许最好能让叙述者占据一个幽灵般的位置。通过他的笔，那个"人物"还是从一页页纸中诞生或再现出来，因此跟随这个人物比创造这个人物更重要。

一部传记其实就是时间的问题，现在时在此书中占主导地位，这并不是靠现实主义小说家使手腕来实现的，而是恰好同紧迫的状态相吻合，去陪伴一个爱散步的人。到目前为止，大部分传记作家都用描述过去动作、状态的时态来讲述兰波的故事，因此也就无法准确地再现他的直接创作手法，甚至仅停留在回忆他的文学创作层面上。相反，最好要把他放在史实的风口浪尖上（不管他是处于绝境之中，还是身陷过渡时期），那时他正准备刺破"彩霞映红的天空，就像撕裂一堵墙那样"[20]。

相反，我倒宁愿摒弃现实的另一个简单的效果，这个手法就是让与某一"生活"有关的所有人物都参与对话，这一手法有时会让那些资料翔实的书披上诱人的色彩，从而把传记写得像小说似的。在撰写本传记的过程中，我所遵循的另一个原则就是只引用原作者的简短片段（当然可以在作品集里读到原作者的完整诗文），尤其是只引用他的书信片段，但引用某些书信可能会影响整个传记的叙述进程，从而在短时间内强迫大家接受另一种格调的文字，比如我怎么能把那封著名的"通灵人书信"全文引到这部传记里呢？然而，这并不妨碍我大量地借鉴他的书信，以再现他生命的最后一段时光（1880—1891）[21]，也就是他在阿拉伯半岛或在非洲经商的那段时间。有人认为那段时间是无关紧要的，因此应该把这段时光遮掩起来，然而他竟然接触到深远的终点，接触到一连串行动及文字的终点，这些行动及文字构成他自己的命运，可谁又能感觉到这一点呢？亚丁和哈勒尔的时刻在一封封信中回响着，就像无可辩驳的话语一样，那一时刻使我们从痛苦的内心深处更加了解兰波，因为他已渐渐地丧失了生活的理智，是荒谬在支配着他的行动。从此，他知道自己不过是一个满腹经纶的空想者，因为他的设想注定是要失败的。

掩卷之时，一个结论性的东西也许会得到大家的认可。兰波在这里只是一连串生动的图像，尽管这些图像提出许多问题，是对一个人形象的再塑，况且不能只是把这个形象塑造得可信、让人觉得这个形象不容置疑。一个人的"命运"再次被刻画出来。在回想起萨特所著的《波德莱尔》时，难道我们不应想想兰波是否配得上这样的命运吗[22]？总之，绘画的画布已经铺开，人们肯定会发现许多素材，发现一个人的出走和返回，这不足以解释兰波在诗歌方面的天赋，但至少表明那是一个让人羡慕的领域，是一个受人非难的领域。

其实并不存在两个兰波，这并非是那个默默无闻的兰波，而是一个向前迈进的人，他的变化令人迷惑不解，欲望及困惑的主题那含糊的特性一直在支配着这个变化。这个生命就是动荡的历程，虽然这动荡的历程使人困惑，而且好像希望他去经受这样曲折的经历似的。他的诗在字里行间显得极为平稳，却令人感到眩晕。殊途同归，因为不论是出走的方式，还是自由的努力，都是为了彻底认识自己，像尽情享受那样去感受。

今天，"双手揣在衣兜里"，每个人都再次踏上新的征程，心想自己一定能追上那个他以为远在天涯的人。

奥尔纳河畔的克兰尚

1990年12月31日

第一部

沙勒维尔的中学生

第一章

童年的生活片段

这一次，我不会到沙勒维尔去。我不会穿越火车站前的小广场，虽然广场上耸立着兰波的半身雕像。我也不会追寻大家业已熟悉的老路，比如梯也尔街（以前称为拿破仑街），兰波就是在那儿出生的；比如波旁街，兰波在那儿度过了童年时代；再比如玛德莱娜沿河街道5号甲[1]，兰波在那儿写下了《醉舟》。我不会穿越笛卡尔广场，也不会走进市立图书馆，更不会去兰波当年念书的那所中学，以前他曾是这所中学里最有前途的学生之一。当然，我也不会走进"老磨坊"，这是一所高屋顶的漂亮建筑，现已成为兰波博物馆。我不会注目观看马斯河，川流不息的河水带走了所有的梦境。兰波正是在这些地方度过他的童年，然而这地方却像羁绊一样束缚着他，他以顽强的意志冲破这个羁绊，意志与诗歌融合在一起。说实在的，在最初那种幻

兰波出生的房子
（勒内·米歇尔，摄于1925年）

觉般的发现消失之后，即使以细心、虔诚的观察者身份回到这个地方，也不会看到任何新的东西。除了证实他早已离开人世之外，没有发现任何新东西。兰波生前曾就自己真的存在于世思索过，况且他发现自己的存在好像看不见似的，尽管他做出那么多标新立异的事，引来那么多好奇的目光。"有些我碰见过的人或许根本没有看见我。"

不论是传说，还是史实，他从此构成一幅图像。从难以逾越的距离来看，从无法理解的人生轨迹来看，人们感觉到的恰好是他的失落感，他那故地的真实状况也印证了这一点。

我在寻找一个人，可实际上只是碰到一个虚构的想象，这是由他的作品、私人信件和官方文件构成的想象，然而这些作品或文件只给我提供某些与史实相近似的提示。当然，将这些文字联系起来的东西正是一个生命的主线，但这个生命却以逃避、以出走作为自己生存的前提。这个生命就像是一种现象，一道耀眼的光芒，一道像他的眼睛那样的蓝色光芒。

有关这位"手拿笔杆子"[2]的诗人的最初文字就是他的出生证[3]和受洗礼证。所有人都会秉承自己先祖的特征，这位将来云游四方的人也不例外，他像每个人一样，也要接受遗传定律的制约，而遗传定律会长期地影响晚辈的身体及言谈举止。家长始终在编织着某一命运，在生命、基因及必要的痛苦中都能看到家长的影子。

兰波的出生证（阿登档案馆馆藏）

让-尼古拉·居夫，现年56岁，土地出租者，沙勒维尔市人，1854年10月20日晚5时，前来本市户籍管理处申报户口。其女玛丽·卡特琳娜·维塔丽·居夫，现年29岁，无业，系弗雷德里克·兰波之妻，于当日清晨6时在位于圣母区拿破仑街的让-尼古拉·居夫家生下一个男性婴儿，弗雷德里克·兰波现在里昂第四十七步兵团任上尉，并驻扎在里昂，他们为孩子取名为让-尼古拉·阿蒂尔，阿登省第二区沙勒维尔市户籍管理员弗朗索瓦·多米尼克·勒马勒将此登记在册。普罗斯珀·勒泰利耶，现年56岁，图书经营者，巴蒂斯特·埃默里，现年39岁，市政府职员，二人均为沙勒维尔人，他们在场为户口申报人作证。在阅读本证明之后，户口申报人及证人在本证明下方签字确认。

居夫　　　埃默里
勒泰利耶　勒马勒

从那时起，人们注意到孩子的父亲兰波上尉并不在家，他当时驻扎在里昂。这个看似无关紧要的征象后来却演变成极大的弊端，夫妻二人对此饱受痛苦，甚至闹到分手的地步。兰波是在居夫家里出生的，一个月后，即11月20日，他接受了洗礼，从那时起，他便完全托付给外祖父家。兰波后来和他的兄、妹一样，对父亲家一无所知。

帕泰纳尔·贝里雄依照岳母兰波夫人的回忆，向我们描述了弗雷德里克·兰波，说他"是个中等身材的人，金黄头发，蓝眼睛，天庭饱满，鼻子很短，且微微向上翘着，嘴唇有些厚，在下巴处留着一绺胡须，这是当时时髦的样式"[4]。弗雷德里克于1814年10月7日出生在多勒[5]，他母亲是一个农户的女儿，父亲是个裁缝，他从18岁起便选择了军人这一行当。他从士兵一步步地被提拔上来，从1841年起，他就驻扎在阿尔及利亚。那时正是殖民统治的高潮期，法国军队在比若元帅①的指挥下同阿卜·埃尔-卡德②的军队作战。1845年，弗雷德里克被晋升为少尉，接着被任命为塞杜镇阿拉伯处的主任，这里距特莱姆森仅五十公里。他主要负责行政方面的事务，针对各类不同的问题起草报告，总是抱着满腔的热情去完成自己的本职工作，那时大多数人都认为这是一项令人厌烦的工作。此时，我想起了那位绰号叫"狼人"的贝特吕斯·博雷尔③，此人自1846年起担任穆斯塔加奈姆的殖民监察官[6]。想象这两个人能在一起碰面绝非是徒劳的空想，但弗雷德里克不是诗人，而博雷尔也没有任何行政官员的才华。命运就是这样形成的。当博雷尔在其思想的城堡里为其《消沉的马斯河》编写韵

---

① 托马斯·比若（1784—1849），法国元帅，曾任阿尔及利亚总督。
② 阿卜·埃尔-卡德（1807—1883），阿尔及利亚的阿拉伯部落首领。
③ 贝特吕斯·博雷尔（1809—1859），法国诗人，具有强烈的叛逆性格，自称"狼人"。

文时，弗雷德里克则精心地起草重要的报告，在他看来，起草报告是远远不够的，他还撰写了一篇《军事口才论文》，写这篇文章既出于消遣，也出于某种信念，这让人觉得他的口才一定和他的文笔一样充满了灵气[7]。这类特殊的文学并不像人们想象的那样十分罕见，比若元帅手下的许多军官都用优美的文笔来炫耀自己，从而给我们留下许多典雅的文字，让我们从中看到他们的修辞天赋。弗雷德里克显然比一般人要聪明。而且他非常珍惜自己所写的文字，那是他在既遥远又不十分太平的阿尔及利亚利用空隙时间所写的文字，他把这些文字带到沙勒维尔（后来就放在那里）[8]。兰波小时候常常翻阅父亲写下的这些文字，但有些篇幅上还书写着稀奇古怪的字母，这引起小兰波的注意，其中有一本阿拉伯语词典，父亲在上面写下了评注。另外还有一些"阿拉伯草稿"，里面有一篇"笔记，标题是《玩笑与文字游戏》等"，以及"对话及歌曲集，这对学习阿拉伯语的人来说是很有用的"[9]。

1848年革命后，驻扎在奥兰的部队，其中包括兰波中尉所属的野战营，宣布支持共和国。弗雷德里克在那儿一直驻扎到1850年，那一年他回到法国。两年后，他被晋升为第四十七步兵团上尉。现在，人们依然不知道这位在国外度过青春年华的士兵怎么会结识一位阿登省的姑娘。但军人的生活常常让他从一个营地轮换到另一个营地。1852年，他被派到梅济耶尔营地，这是距沙勒维尔很近的一个小城，今天此城已划归沙勒维尔管辖。一到星期天，军乐队的乐手们便拿着亮铮铮的管乐器，戴着红色军帽，来到沙勒维尔的音乐广场上为大家演奏，让附近的居民欢乐一番。维塔丽·居夫时年28岁，刚刚搬到城里来住，到广场上来看军乐队表演也算是散散心吧。她个子很高，举止庄重，她那副矜持的样子和美丽的蓝眼睛也能迷倒许多男人[10]。兰波上尉注意到她。他们依照当时的礼仪认识了对方，恐怕这也和那些想撮合这门亲事的人不无关联，他们注意到两个人还是心仪对方的。

维塔丽于1825年3月10日出生在罗什村，这个村子距沙勒维尔五十公里。她的童年很不幸[11]，在5岁的时候，母亲就去世了，从那以后，她就一直住在这个小村庄里，和父亲让－尼古拉、哥哥让－夏尔·费利克斯（生于1824年）及弟弟夏尔－奥古斯特（生于1830年）在一起生活。她很快就接替母亲，将所有的家务活都承担下来，这些家务活整整一生都压在她身上。

居夫一家是体面的农民家庭，他们家族有案可查的历史可追溯到大革命之前。兰波后来在《地狱一季》中毫无窘意地申明："……我出身低贱。"其实他的远祖并不是缺食少穿的穷人。他的外高祖父让-巴蒂斯特·居夫手里有丰特尼耶庄园，那是一座古修道院。随着时间的推移，外高祖父把冯克、叙菲利等镇周围的土地买过来，渐渐变得富裕起来，最后在罗什村落下脚来，他的儿子们继承了他的财产，接着孙子让-尼古拉又继承了父辈的财产，让-尼古拉的孩子们就在这片土地上成长起来。维塔丽年轻时就很勤快，而且道德观念极强，但她的兄弟却恰好相反，他们俩性情乖戾，生活也很放荡。1841年，年仅17岁的让-夏尔·费利克斯便离开阿登省，跑到阿尔及利亚去当兵，那是为了躲避一件不光彩的事，要不然他非得被轻罪法庭送进监狱不可。他去阿尔及利亚的时候，兰波中尉恰好驻扎在那儿。让-夏尔·费利克斯只是在妹妹维塔丽结婚之后才返回法国，那时他的皮肤被晒得黝黑，村里的人给他起了一个绰号，称他是"非洲人"。至于说弟弟夏尔-奥古斯特，他整天什么活也不干，就知道饮酒纵乐。1852年，他还是结婚成了家。从那时起，新婚夫妻似乎使居夫这个大家庭产生了矛盾，结果维塔丽打算离开这个家。于是父亲让-尼古拉便把罗什村的土地交给夏尔-奥古斯特去经营，他给女儿准备了一份丰厚的嫁妆。他们父女俩离开罗什，搬到拿破仑街12号的二楼居室里，这里位于圣母街区，距市中心不远。夏尔根本没有能力管理他的财产，守着酒坛子一天天地消沉下去，而且还抛弃了妻子。1854年，在神秘地失踪多年之后，哥哥费利克斯回到家乡，于是弟弟便把这份家产转让给哥哥。从那时起，他便在省内各地到处流浪，靠给别人打短工生活。家乡的酒好像让他活得很长寿，他一直活到1924年，在度过游手好闲、专横任性的一生后离开人世。兰波的传记作家戈德绍少校曾一再强调居夫兄弟这种不顺从、好叛逆的秉性[12]。兰波还真的像他们！其实他并不了解这两个舅舅，只不过是听人传言，对他们的举止有所耳闻罢了，因为他母亲大概对自己兄弟的事什么也不想说。懒惰、酗酒、流浪正是兰波生活中的"惯例"，但人们不应将此归咎于祖传的陋习，这也是不可能的。所有的一切都表明，他后来所推崇的方法，即"清醒地让所有感官错乱"与酒鬼夏尔及"非洲人"费利克斯的榜样没有任何关联。相反，人们应该相信，在兰波看来，他母亲一直代表着久居一隅而又令人厌倦的稳定生活，所有的习惯在编织着他们每一天的生活，甚至压制了他的梦想和希望。

在罗什居住的那些年，她确实过的是听天由命的日子，她进过小学学堂，但很早便习惯于做家务，成为操持这个家庭的女主人。夏天，到了收割庄稼和草料的季节，她和男人们一起干活。后来，她搬到沙勒维尔来居住，这改变了她那没有欢乐的世界，这个改变却出乎她的意料。自从结识弗雷德里克之后，她打消了自己逆来顺受的想法，也变得高兴起来。显然，未婚夫妻还是情投意合的。1853年2月，他们俩举办了婚礼，她带来一笔可观的嫁妆（三万法郎），后来罗什村地产的收入也划归在她的名下[13]。至于说上尉嘛，他仪表堂堂，在部队里干得不错，而且还有晋升的机会。她爱这位帅气十足的军人，而他呢，在非洲孤独地度过那么多年后，可以期待着在她身边过上有人疼爱的安稳日子。

在他们结婚九个月后，结实的小弗雷德里克出生了，他的前途虽不如弟弟的那么辉煌，但他却比弟弟活得长寿。从1853年5月起，兰波上尉被派往里昂驻防。他利用短暂假期回家探亲，这次探亲后，他有了第二个孩子，就是让-尼古拉·阿蒂尔，未来的诗人，但孩子出生时，他未能赶回来，那时他正准备随部队开往克里米亚，拿破仑三世和英国人结盟，正试图联手攻打尼古拉一世的俄军，以武力来解决棘手的东方问题。战争打响后，兰波夫人极为焦虑不安，每天看报纸，查地图，关注战事的进展。诗人兰波年龄太小，恐怕对此不会有任何记忆，但他后来注意到家里挂着一幅描绘因克尔曼战役的版画（他父亲并未参加这次战役）。在讽刺诗篇《圣袍下的心》中，他倒更乐于向我们展示这样一幅版画，这幅画挂在令人尊敬的有钱人拉比奈特家的客厅里[14]。

因此，夫妻俩不得不天各一方，过上聚少离多的生活，这种生活最终导致夫妻二人彻底分手。维塔丽憧憬幸福生活的梦想也一天天地破灭了，所有的家务再次落到一个女人肩上，她得把家中的一切事情都承担起来，还得照料几个年幼孩子。兰波上尉最终安全地返回家乡，但他只能看望一下妻子和孩子们，最多在家待上一周，他又得去履行一个军人的职责，回到部队后，他被派往格勒诺布尔驻防。这次短暂的探亲让他得到一个女儿，但婴儿几个星期就夭折了。一年后，1858年6月15日，另一个女儿出生了。这是诗人兰波的大妹妹，名字也叫维塔丽，但她没有活到青春期就去世了，兰波后来一直很疼爱这个妹妹，妹妹背着他悄悄地写日记，通过她的日记，我们注意到，她是观察诗人在1873至1875年间日常生活的最朴实、最可靠的见证人。

那几年的生活确实是平淡无奇，家庭中有新的生命来到人世，也有生命离开这个世界。父亲让-尼古拉于1858年7月去世了，兰波夫人感到非常悲痛，她常常回忆起"善良的父亲"，他是所有逝者中最让她惋惜的亲人。父亲死后，她继承了罗什村的那片耕地（她很快就将耕地租给几家农户）。此后不久，收获季节过后，她做出一项重大决定：她把孩子们交给邻居照料，独自一人跑到斯特拉斯堡附近的斯克雷茨塔，去看望正在那里驻防的丈夫。她守在丈夫身边度过了几天。这个脾气暴躁的女子做出这样的举动，实在令人感到吃惊。人们从中感觉到她那渴望爱情的决心，但这一渴望很快就再也不会表露出来了。上尉只是生养孩子的父亲，而不是疼爱妻子的丈夫。1860年6月1日，他又让妻子给他生下一个女儿，孩子取名叫伊莎贝尔，后来命运使这个小妹成为诗人兰波的传记作家，让她去创建诗人的传奇。

尽管这次短暂旅行让兰波夫人体验到甜美的生活，但她很快又回到累人的日常生活之中。膝下的四个孩子不会给她任何喘息的时间，大儿子才刚满7岁，最小的女儿还睡在摇篮里，而孩子们的父亲又常年不在家。由于现在住的这间居室太小，无法容纳这么一大家人，她离开这里，搬到波旁街73号，这是沙勒维尔市的工人住宅区。后来，兰波夫人搬了好几次家，她总觉得找不到合适的居所。自从维塔丽到斯特拉斯堡探望丈夫之后，上尉不再是这个家庭的稀客了，虽然他在家的时间比以前长久许多，但并未给这个家庭带来幸福。他几乎不了解自己的孩子们，而且好像很难忍受他们，况且他和妻子的关系也不和睦。对于这位"生性喜欢到处漂泊，懒散而又粗暴的人"[15]来说，所有的一切都成为不和睦的借口。兰波夫妇经常吵闹不休，小兰波那时已6岁了，他还依然记得父母有一次争吵的情景，他后来的好朋友欧内斯特·德拉艾将此披露出来：餐橱上放着一只银盆，父亲当时大发脾气，顺手抓起这只银盆，将其摔到地板上，"银盆在地板上反弹起来，发出悦耳的音乐声"[16]。接着，父亲将银盆拾起来，又放在餐橱上。这时，兰波夫人可不甘心受丈夫的气，又抄起那只银盆，将其摔在地板上。这种粗暴的争吵真是荒谬，每个人都想以粗暴的举动来展示自己的权利。令人感到吃惊的是，这种争吵的场面已深深地印在小兰波的记忆里，但在这记忆的背后，大概还掩盖着更为真实、更令人生气的场面，而小兰波却将此永久性地埋藏在自己心底里，大家做出这样的猜测也是有道理的。兰波对此感到非常痛苦，他情愿只将某种"音乐声"记在自己的脑海里，以便让这音乐声掩盖住那激烈的吵架声。

1860年6月，上尉被调往康布雷市，这里距离自己的家人要近得多，然而上尉却永远地离开这个家，这是他亲手创建的家庭，但任何强有力的纽带都无法再拴住他。夫妻并未离婚，但他们还是分手了。1878年11月17日，弗雷德里克离开了人世。他死后，维塔丽得到部队发放的一笔抚恤金。后来，她竭力将丈夫的痕迹从家中抹掉，以前她曾试图将丈夫留在自己身边，但丈夫似乎从来没有爱过她，只是把她看作一个圈套（或许是因为她家那点财产吧），而他甘愿让自己被这个圈套套住。他们俩的脾气秉性截然不同。作为军人，上尉已习惯到各地驻防，他根本不理解这位节俭的乡下女人，不理解这位既虔诚又没有远大理想的女人。然而，兰波夫人临终前写过一封信，她在信里用伤感的语气回忆起婚后最初那段时间的生活，她好像感觉很幸福："这里驻扎着许多军人，这让我感到很激动，我又想起你们的父亲，要是没有孩子的话，我会很幸福，你们这几个孩子让我遭受那么大的痛苦。"[17]这是记忆里突发的感想。仔细读过这句话之后，人们感觉倘若维塔丽不做母亲的话，那么也许她会很幸福。显然，人们不会相信她说的话，她用这种迟到的诡诈方式来原谅离家出走的丈夫，然而这并不能减轻他的责任。兰波夫人本来应该知道军人就是漂泊不定的过客！

父亲离家的举动在小兰波看来就像是不公正的惩罚，他的感受要比人们想象的沉重得多，从此，他的内心里生出某些画面。客观地讲，这些画面属于他生活的一部分，因为生活同样也是由内心激情所构成的一个个幻想组成的。

兰波在好几首诗中拷问自己的记忆。确切地讲，在那首名为《记忆》的诗中，随着文字的展开，随着流动的河水，人们看到一个奇特、模糊的场景，一些人的名字和面孔在场景中陆续显现出来。读过《记忆》的人都有一种透过玻璃窗向外看的感觉，有时读者想抹去玻璃窗上的雾气。兰波追忆某些幻觉，这些幻觉正是他探索无意识的感受：有一座城市的城墙，"一个贞女保卫这座城市"；有夫人，有他本人，还有几个小姑娘；有包着红色皮革封面的图书，还有一个草场。有些带着追忆色彩的话语从这个梦一般的境界里流露出来，即使人们不知道这些话语所掩盖的东西：

　　　夫人挺直腰板站在附近的草场上，
　　　纺线绳像雪花似的纷飞飘落下来；
　　　手持小阳伞，脚踏伞形花，她为
　　　在草地上看红封面图书的孩子们

感到自豪！真遗憾，他呢，却像

上千名白色天使在路上分手道别，

在远处山上渐行渐远，而她依然

冷酷，忧伤，跑呀！男人出走了！

　　兰波也许从未见过这个场景，但若在此诗里体验不到他所编织的这个场景，那是不可能的[18]，然而他却将此看作是梦境中的彩色画片。从某些方面来看，想象同样是他的生活，因为没有人能给他做出合理的解释。在他的生活当中，就像在母亲和妹妹的生活中一样，父亲离家出走，在路上越走越远，他那白色的身影越过那座山，渐渐地消失在薄雾之中，这座山其实就是沙勒维尔丘陵地带中最高的奥林匹亚山，父亲真是给家里出了个难题。那么在波旁街的家里还有什么呢？有小姑娘，她们穿着"已褪色的绿裙子"，孩子们手里拿着包着红色皮革封面的书，这是学校赠送给她们的奖品。这是决定性的时刻，兰波在少年时代多次补充并修改过这一时刻，可他对此并未做出任何评论，只不过将这个素材写在纸上，由此而形成一个"记忆"。兰波的记忆正是在往事所表露以及所遗忘的东西里形成的。在忘记的限度内，就有父亲离家出走这件事，父亲扯断了将夫妻联系在一起的纽带，让母亲在家里既当爹又当娘，他留给妻子的不仅仅是遗憾，更多的还是怨恨。上尉还激发诗人兰波写了另一首诗，但人们常常尽量回避这首诗，因为此诗写得很淫秽。就在兰波把自己的记忆写在纸上时，他知道自己的童年保留着性的感受。在《诅咒诗画集》那诙谐夸张的诗词中，当兰波写下《老傻瓜的回忆》时，他自然是想表露出自己与说话者有所不同，但他乐于将自己童年时代难以启齿的感受披露出来："他的膝盖有时做出爱抚的表示；他的长裤/我的手指真想剥开裤子的缝隙……"兰波大概写得太夸张了，他的诗带有挑逗性的色彩。人们可以想象（他倒乐于让我们去遐想）他那同性恋的倾向，这一倾向最终还是造成不良后果。家里没有父亲的声音，这使他们的日常生活感觉很压抑，于是另一个躯体就替代了这个有家不归的父亲。

　　在弗雷德里克出走之后，兰波夫人变得更加专横了，然而她这个专横的家庭主妇却变得很坚强。诚然，她缺乏想象力，甚至缺少宽容之心，但我们应该理解压在她头上的家庭悲剧，童年时所遭遇的苦难已使她变为铁石心肠的女人。婚姻的失败彻底地

兰波童年的画作（沙勒维尔－梅济耶尔图书馆博物馆馆藏）

粉碎了她那美好的幻想。兰波为我们描绘出一个手里拿着《圣经》、"有责任感的母亲"形象。要把她置于孩子们的世界里来看待她。她极为严肃，对孩子们的要求过于严厉，即使身陷失望的处境，也不忘去借助道德和宗教的力量。兰波后来称她为"老妈""女掌柜""刀子嘴"，除此之外，他找不到更苛刻的词语去挖苦母亲。

从1860年起，全家人的生活便完全依赖于母亲的精力与意愿，那是一种没有微笑的意愿，好像从此在她眼前展现出一个灰暗的世界，这是一个家务总也做不完、种种欲望遭受抑制的世界。年仅35岁的维塔丽就像守活寡一样，独自一人带着四个孩子，要尽自己的最大能力把他们抚养成人，并将此视为一个母亲应尽的责任。她要让孩子们将来走上社会后能得到受人尊敬的地位，得到优于富裕农民的地位，因为她小时候只是一个农民。因此，她要竭尽全力让儿女们接受完美的教育，把希望以及生活的意义全都寄托在对孩子的教育上。

少年兰波不会忘记他们住在波旁街时家里的气氛。在此，我们应该重温他那首《七岁诗人》，这就像一部名副其实的怀旧电影，诗写得颇有风趣，也很有韵味。全诗是以一年四季的节奏展开的："12月那苍白的星期天"，时光好像凝固了似的；安息日那一天，最大的娱乐就是做弥撒；夏天那酷热的下午，孩子躲到阴凉地方去了。这已显露出他的孤独感和反抗精神。兰波周围的人则成为他诗中的人物。最初是这位能干的母亲，她个子高大，兰波整个一生总是和母亲发生冲突，而母亲一直关注着他，好像是为了倾听他的呼唤，但却始终无法理解他；接着是生出"猴人"[19]的母体以及"刀子嘴"[20]，再往后就是"信筒"，他后来从非洲寄来多封传递不幸消息的信件。兰波拓展了视野，采集了光芒。孩子被绊倒了。孩子站在楼梯的高处轻蔑地向下看着。孩子什么也不在乎，或者在撒谎。两双蓝眼睛的目光碰在一起，一个人想让另一人坦诚地说出生活中难以启齿的话。接着，他还描写了居住在这个平民街区里的感受，因为孤独的兰波也是一个有情有义的人，那些身穿工装的工人，听到鼓声传来的消息时便聚集起来，做出屈从的样子。雨果和左拉喜爱这些默默无闻的人，他们都是毫无个性、随大流的人，是未来的炮灰和雇佣资本，是苦劳力，然而明天他们将成为被枪杀的革命者。接着，还有那些出身于贫困家庭，身上散发着"集市臭味"的苦孩子们，他们穿的衣服早已破烂不堪了，他在《惊呆的孩子》里向这些人表达了爱意，而且极为同情他们，然而母亲却以为这些人污秽不堪。

兰波就是7岁的诗人，当空虚感越来越大并开始撼动声音和图像时，在刚刚放眼观看世界，表达自己情感的时刻，他在内心深处就是诗人了。幸好，他的世界并未局限于一间小小的卧室里，局限于沙勒维尔的条条街巷上，他在书本里尽情驰骋。兰波到处去汲取营养，到报纸、杂志、画报、通俗小说里获取力量。为了打消待在小城里的烦恼，他刚开始学习看书写字，就在构思小说的片段，希望能讲述出奇妙的传奇故事，他发现小说中的气氛比现实生活更真实，他憧憬自由，希望以自由来排解内心的不快，而自由的强大力量已经征服了他，并给他很大的鼓舞。

第二章

人文科学

兰波夫人从此便独自一人去支撑这个家庭，她将全部心血用来教育自己的孩子，虽然她本人并未受过太多的教育，但她依然雄心勃勃。她尤其关注自己的两个儿子。作为母亲，她关心孩子们的未来，衷心希望他们将来能有一个好的前景。1862年，她把阿蒂尔和弗雷德里克送进罗萨私立学校，让他们做走读生，这所学校位于火枪街11号，当时共有三百多名学生在校学习，这是一所远近闻名的私立学校，教学条件绝对是现代化的，教学课程也是专业化的，同时学校也教授传统的课程。在这所学校里，兰波从小学三年级开始学起[21]，很快就以聪明、早熟而引人注目。每个学年，他都能得到学校的奖励，而且年年如此。难道我们因此应当把他看作一个模范学生吗？除了那些令人信服的学生成绩册之外，那时保存下来的文件表明，他是一个贪玩的孩子，而且已经显露出诗人的才华。他哥哥弗雷德里克长得很壮实，待人极为随和，甚至非常和善。像这个年龄段的所有孩子一样，阿蒂尔总想着玩耍，即使母亲严厉地监督着他，不让他做出什么淘气的举动来，他也照样想着玩。然而，学校对他们来说并不是另一所监牢，恰恰相反，在学校里他们可以躲过母亲那严厉的监督，课间休息时，他们玩得可开心了。对于兰波来说，处在学校这个环境之中，他找到了逃避的机会，而且他很快就明白，学校里所有的书籍会给他提供无穷无尽的依托。况且书本之外还有别的东西。还有知识的创造力，知识首先让他从整体上去了解世界，接着便将这个世界无穷尽地展现在他眼前。兰波不久便发现创作那神奇的自由，将无足轻重的小事描写出来，或者选用某些文章的片段来搭建自己的世界。

于是，他拿出作业本[22]，装出写作业的样子，以蒙蔽随时监督他的母亲。他坐在一边，编辑他的"文选"，将他所喜欢的文章汇集在一起。他抄写时好像有些不由自主似的，虽然他依然很害羞，而且不知道在抄写过程中是否已在别人的句子里表达了自己的想法，因为他对句法结构做出微小的改动，甚至把某些词也更换了。他抄写西塞罗的文字，抄写拉丁诗人斐德罗的诗，他开始学习这位诗人的寓言："我名叫狮子。"他向梦想者拉封丹表示敬意，因为拉封丹创作出优美的《蝉与蚂蚁》，他将这篇寓言翻译成拉丁文。除此之外，他还抄写古代著名作家的文章，其中有阿里斯托梅涅、伽图、克洛伊斯[①]等，他们都是《名人传》里的人物，再不然就抄写课本里普卢塔克[②]的文字。他还认真地抄写《圣经》的片段，抄写亚当和夏娃在伊甸园里的故事，从贝尔纳丹·德·圣皮埃尔[③]的《自然研究》中摘录一段优美的诗句，这是描写草莓花蝇的文字。这真是一个适合背诵的好题材，出于研究昆虫的需要，作者的文章精练、准确。兰波抄录了很多人的作品，他会毫不犹豫地在某些抄写过的文字上签上自己的名字。他用花缀体来装饰自己的签名，签过"阿蒂尔""兰波·阿蒂尔""沙勒维尔的阿蒂尔·兰波"等名字。

　　他那时写了一篇很有特色的文章，只有他能写出这样的文章来。这是一篇小故事，有两页纸长，但没有标题，他将此文编在为自己所用的文选当中，尽管如此，这已显露出他的抱负，因为他以一篇序文入手，开始大张旗鼓地创作了。他在这篇文章里讲述了自己的故事。像所有初出茅庐的作家一样，引起他注意的第一个主题就是他本人。他就这样走进文学的殿堂，好像所有的一切都十分完美似的。虽然他还是个孩子，但却将自己的生活描绘成小说，向我们展现出他的真实景况。当然，他下笔时倒真像个行家，使用的技巧也无可挑剔。他通过一个梦境——"在喝过小溪的清水之后，我睡着了"，将自己的生活移植到一个过去奇怪的场景里："在梦境里，我于1503年出生在兰斯。"河水的名字并不叫"忘却"，恰恰相反，河水将久远的记忆展现出来。1503年，这真是一个奇怪的日期，那时还是路易十二国王的统治时期。我们这位年轻的作家在历史小说中就像福楼拜早期作品里描述的人物。至于说兰斯，这是一座

---

① 阿里斯托梅涅，美索尼亚传说中的人物；伽图（公元前234—前149），古罗马政治家；克洛伊斯，古吕底亚王国末代国王。

② 普卢塔克（约46—125），古希腊传记作家及伦理学家。

③ 贝尔纳丹·德·圣皮埃尔（1737—1814），法国作家。

历代国王举行加冕典礼的城市,它大概是沙勒维尔周边声名最显赫的城市,人们在猜想,我们这位年轻的诗人或许想让兰斯大教堂来保护自己。而小说后面的故事很动人,他描述了自己所希望看到的家庭。兰波修改了自己的传记,他想象出一个在"皇家军队里任指挥官"的父亲,父亲"身材高大,体态消瘦","大概有48到50岁的样子",就像弗雷德里克刚娶维塔丽·居夫为妻时那样,"他性情急躁,动辄就会发火,有时还会大发雷霆"。他的这番描写似乎并不真实。说到母亲时,兰波将她描绘成一个"温柔、文静、为一点小事就会担惊受怕"的女人。他展示出母亲善良的一面,而且将母亲理想化了。"她如此文静,父亲像哄小姑娘似的逗她开心。"仔细阅读这番描述,人们明白,兰波所描述的文静其实就是冷漠和缺乏幻想的心态,这正是兰波夫人的特点。小说的其他部分也不乏狡黠的描写,他对所学习的科目也很不满意,学习拉丁语、希腊语以及历史知识又有什么用呢?兰波暗地里也在玩耍,而且嘲弄学校的做法,尽管他在学校里是个出类拔萃的学生。母亲以为他在忙着写作业,而他的乐趣却是在潦草地写一个故事,这也是他唯一的乐趣,他大言不惭地用这么一句话为小说收了尾:"将来,我也要当土地出租者。"以讽刺的口吻预料将来的孩子恐怕想不到等待他的是劳动法则,是在荒漠里度过的日子,是压得他喘不过气的使命。此时,他依然无忧无虑地生活着,幻想的力量在按照他的意愿改变着现实的形式。

兰波喜欢学习,可他更喜欢玩耍,喜欢游戏,这是孩子的天性!这个作业本还向我们展示了一系列图画,他将这些图画诙谐地称为"小时候的乐趣",这说明他对这类游戏还是保持着一定的距离。我们从中不难看出他和哥哥及妹妹一起玩耍的场景,除非出现在第一、第二幅图画里的小姑娘是"附近工人家的女孩子",他咬这女孩儿的屁股,在《七岁诗人》里他写道:"因为她从不穿裤子。"真是孩子气的想法!一个男孩子推着一架雪橇(沙勒维尔那一带雪下得很大)。小姑娘高声宣布自己是"北方的女王",男孩子则显得更现实,像儒勒·凡尔纳笔下的人物,露出一丝不安的表情:"我们就要沉没了。"有一把椅子吊在门把手上。坐在椅子上的小姑娘也悬在高处,显得很难堪。男孩子用北方土话提醒她:"你用手撑着点儿。"再不然,为了让自己开心,阿蒂尔在家里滑稽地模仿教堂里的弥撒仪式,他还特意穿上学校的校服。他拿一本很大的书遮挡住自己的脸。维塔丽和伊莎贝尔跪在地上,她们姐妹俩不知是谁手拿着一个布娃娃,以不恭敬的口气喊道:"还得给它做洗礼呢。"《农业》使我们看到这样一幅画面，放在窗台上的植物使观望者们感到惊诧，或感到骄傲。《航行》追忆起他们兄弟俩常常玩的危险游戏，两个小水手中的弟弟举起双手，高声喊着："救命呀！"那么真实情况又怎么样呢？尽管如此，兰波年轻时代最可靠的证人德拉艾后来证实，他曾看见他们兄弟俩站在一只小船上，拉着拴在河岸边的铁链，让小船在马斯河上来回摆渡，他们玩得开心极了[23]。显然，颇有洞察力的人免不了要将在马斯河上玩摆渡的事与后来的《醉舟》联系起来。还是让这几个学生在小船上天真地玩去吧，他们对能离开陆地感到非常高兴，哪怕只是一小会儿工夫，对左右摇摆的小船感到极为担心，因为他们拉铁链的动作显得很忙乱，对自己投映到流水中的倒影感叹不已。

在罗萨学校里，哥哥弗雷德里克是个又懒又笨的学生，而兰波却正好相反，他不但作业完成得很出色，而且才思敏捷，已开始崭露头角。上四年级时，他获得考试的优秀奖；上五年级时，人们注意到他在拉丁语方面颇有天赋，不仅语法学得好，还能把法语翻译成漂亮的拉丁语；除此之外，他还获得过数学一等奖。由于学习勤奋，他每年都能得到学校奖励的"红色皮革封面的书"，这些书大多以宣扬道德品行为主。要是不读这些思想正统的书也没关系，幸好还有冒险一类的书可读。在帕泰纳尔·贝里雄后来找到的书里[24]，有几本书还是引起了我们的注意。我们可以轻视普吕什神父的《自然景观》，神父是17世纪的一位神意主义者，但肯定会重视《鲁滨孙漂流记》。兰波和流落到荒岛上的人一样，在传播文明方面颇有建树，他甚至创造了一个动词，来表达自己的情感："狂热的心在篇篇小说之中像鲁滨孙那样冒险。"[25]是的，小说就是吸引人梦境的东西，是将人摆渡到别处去的艄公。小说所描述的地方既遥远又无法证实，将青春年华用在小说里驰骋是最值得做的事情，人的青春正是"欢愉的自由"闪光的时刻，终有一天，有人会把这自由从他手中夺走，但自由仍然在广阔的空间里闪耀着，而先驱们已经发现了那一广阔的空间。兰波并未躲在重重矛盾之中，他曾写过："我也要当土地出租者。"诚然，他需要更大的雄心去征服西方，就像梅恩·莱德所炫耀的那样，此人是继费尼莫尔·库柏①之后的又一古典派作家，秉承前辈的传统，接着去描写有关美洲荒漠土地的传奇故事。

此时，兰波是一个勤奋的读者，是未来的诗人或小说家（他因此而感到飘飘

---

① 费尼莫尔·库柏（1789—1851），美国小说家。

《航行》（兰波绘，私人收藏）

然），但他又是一个听话的孩子，他的个性正在形成，而且已显得与众不同，兰波夫人注意到这一点，因此为自己的儿子感到自豪。膝下的四个孩子就是她的骄傲，每到星期天，孩子们穿得整洁干净，女儿在前，儿子随后，母亲压阵，他们全家列队向教堂走去，参加11点的弥撒。兰波一家人从镇上走过的时候，沙勒维尔人不声不响地看着，但面对这个庄严的场面，他们却在背后悄悄地笑着。在沙勒维尔，维塔丽不和任何人交往。她十分固执，宁愿过着孤独的生活，失败的婚姻让她感到极为痛苦，她似乎难以承受这个失败，完全凭借孩子们给她的自豪感支撑着这个家庭。这种没有泪水的自豪感是不容破坏的，像所有的孩子一样，小兰波梦想着有一个温柔的母亲，可他依然感觉到母亲压抑自己痛苦的理由。他虽然没有得到所期待的爱抚，但他能够理解。于是，各种图书，各门功课，古拉丁语、希腊语以及诗人的文选就代替了他想听到的温柔话语，代替了他想见到的幸福目光。

　　1864年10月，他开始上初中了。在那一年拍摄的全班照片里，兰波坐在凳子上，将帽子放在膝盖上，穿着校服，身体显得很僵直，双眼直愣愣地看着摄影师，他露出赌气不高兴的样子，好像对拍照这类的事感到很恼火似的。不知出于什么样的原因，或许是由于罗萨学校的教育质量问题吧[26]（有人认为这所学校过于激进），从1865年复

班级照片，前排左三为兰波（沙勒维尔-梅济耶尔图书馆博物馆馆藏）

活节时起，兰波便和哥哥弗雷德里克一起进入沙勒维尔中学学习。从此，他将学习中学的课程，那时中学的课程安排得非常严谨。宗教教育是基本课程，与此同时，中学依然重视古希腊语和拉丁语的教育。其他学科，尤其是科学学科则常常被忽略了。那时，校方一直致力于培养精英，以便将来能培养出达官贵人。因此，学校认为完美的写作与演讲艺术才是最根本的，为达到此目的，教学分为两个阶段，实际上，就是要向柔顺的孩子们灌输这方面的知识。在第一阶段，即从初一到初四，学校主要教授法语和写作风格，让学生们学习优秀的范文，学生要按老师提供的范文重新写出一篇文章来。听写、阅读、背诵是这一阶段教学的主要内容。在第二阶段，就是将拉丁语或希腊语的原著翻译成法语，同时也做将法语翻译成拉丁语或希腊语的练习，通过翻译练习来熟练掌握语法和逻辑机理。当然，学生绝对不能对所学习的原著作任何评论，言外之意就是这些著作是无可指摘的，是完美无缺的，它们就像神圣的教学遗产似的。课本所选择的作家就这样强加在学生们的头上，而且年复一年地重复下去，实际上，校方是在向学生们灌输主导型思想，而这一思想恰好与执政当局的思想相吻合。从初一到初四，学生们要用不同的方式来重复古人所写、所思索的东西，这些都是不可逾越的参考文献。法语的特性就是以拉丁语及希腊语为源头的，一代代天真的孩子们在同样的教材里汲取着营养，这些教材真是既悲怆又令人尊敬。毫无疑问，兰波手里肯定有洛蒙神父编写的《拉丁语语法及法语语法基础知识》，有《概要》中的文选，还有《诗韵词典》，词典汇集了合适的诗句，以便于创作拉丁六音步诗。他们只是上到初四时才做法语作文练习，而且主要还是模仿合适的范文，这样便于教学生们去运用论题，并强调比喻的作用。

从外表来看，沙勒维尔中学显然要比罗萨学校强多了，尽管学校的内部设施显得有些陈旧破烂†。中学的前面就是圣墓广场（今已改称农业广场），教学楼原是一座古修道会的建筑，大革命时，修道会被解散了，学校占用这座建筑的底层，市立图书馆就在二楼。建筑物的两侧分别是神学院和小教堂，1828年，部分修女回到这个地方，又将女修道院建在这座建筑的右拐角处。广场周围的其他建筑是有钱人盖的高楼，几间制革厂则坐落在马斯河的河岸旁。兰波兄弟俩在经过古老的门廊时看到的就是这样

---

† 1866—1867年间，借新校长到任之际，学校的所有房子都做了修缮。——作者附注

一幅画面，他们现住在奥尔良街13号，每天从那儿走过来上学（兰波夫人于1866年又将全家搬到弗雷斯特街20号）。他们俩不在同一个班上课。弗雷德里克对学习兴致不高，而阿蒂尔却总能得到学校颁发的奖励，但他们兄弟俩的衣着非常朴素，显得与众不同。他们头戴礼帽，上穿黑色西服上装，露出雪白的衬衣领子，下穿深灰蓝色的呢制裤子[27]。他们的着装很简朴，而且在几年当中从不换装。尤其是头上戴的礼帽，这让他们看上去显得很庄重。弗雷德里克很快就拿学生帽替换了礼帽，但兰波讨厌学生制服，一直保留着礼帽，好像是为了炫耀自己似的。此外，兄弟俩不论什么天气，手里总拿着一把雨伞。

1865年，在初一下半学期，兰波的学习成绩在班里排名第一，他以一篇论述古代历史的概论引起大家的注意，也让他的老师克鲁埃先生感到非常吃惊。这篇出色的作业传遍整个学校，校长马拉尔先生向此文的作者表示祝贺[28]。或许就在那时，兰波在秘密的作业本上将自己的感想狡黠地记录下来，学习有关"那波帕拉萨尔、大流士一世、居鲁士大帝①、亚历山大大帝以及其他著名人物"的历史，他感觉就像在受酷刑似的。因此，他身上有一种双重性格，甚至是表里不一的矛盾性格，而他却以此为乐。从那时起，人们相信他完全意识到生活在社会之中应该采取哪种策略，而他本人也竭力露出令人放心的外表，与此同时，他感觉内心里已燃起反抗的火焰，这个火焰绝不会很快就熄灭的。

上初三时，教他的老师是对学生管教严格的佩雷特老先生，大家给他取了一个绰号，称呼他"博斯老爹"，几位兰波的传记作家曾就此设法寻找最合乎情理的解释。要是为此去浪费时间真是得不偿失！博斯老爹大概是最短视的教员之一，这些教员深信自己的重要性，同时对自己掌握的知识深信不疑，因此总是对早熟的聪明孩子抱着怀疑的戒备之心，孩子的聪明才智发出耀眼的光芒，这让他们感到目眩，以至于什么东西也看不见了。大概有人已将兰波的聪明才智告诉给佩雷特老先生，可他总是对这个所谓的神童百般挑剔。就在校长为这位优等生的出色成绩大肆炫耀之际，佩雷特老先生却发出这样的感慨："随您怎么看吧……我讨厌他的眼睛和笑容……我告诉您，

---

① 那波帕拉萨尔（公元前625—前605年在位），新巴比伦王国的开国君主；大流士一世（约公元前550—前486），波斯帝国国王（公元前522—前486）；居鲁士大帝（公元前559—前530年在位），波斯帝国的创始人。

他将来的命运会很惨的……"[29]这位老先生还真有预言家的天赋呢！然而，这位老预言家能让后人记得他，还多亏这位优秀的学生呢。是的，这个学生后来的境遇确实很悲惨，但以后却越来越好。总之，兰波倒并不讨厌这位一丝不苟的老学究，因为他让兰波读到难以忘怀的美妙诗文，其中包括维吉尔的《埃涅阿斯纪》和奥维德的《变形记》。通过阅读《埃涅阿斯纪》，他学会了创作拉丁文诗的手法，这类练习今天已经不再做了，而那时却是中学生必做的练习，即使他们不情愿也得做。对于兰波来说，拉丁

兰波像（私人收藏）

语言、它的结构以及词汇都非常重要。根据老师提出的主题，采用长短格六音步诗韵作诗，这要求学生严格按韵律去写，迫使学生去感受文字的结构，感受文字的最小单元、最小音值等。从1867年起，兰波便在这类注重诗词形式的练习中引人注目，使他的才华初露锋芒。

那一年发生的事给他留下深刻的印象。这是每个具有正统观念的家庭都必须经历的事件，那就是让孩子行初领圣体礼。牧师为孩子们的灵魂祈祷，孩子因此而反复去洗刷他们的意识。在那几个星期内，期盼圣洁的欲望征服了他们。兰波也将去感受这种幼稚神秘主义信仰所煽起的激情。母亲给他穿上新衣服。初领圣体的那一天终于来到了，领圣体礼的仪式也是按传统习俗安排的。兰波夫人大概还借此机会邀请了住在附近的娘家人，但她绝不会把不受人欢迎的夏尔请过来，因为夏尔饮酒无度，会做出亵渎圣体的举动。他们还把摄影师雅各比先生请来，阿蒂尔和弗雷德里克戴着白手套和白色绸带，在雅各比先生的镜头前摆好姿势[30]，他们每个人手里拿着一本做弥撒的书，头发用糖水抹得光亮，中分发型也梳得很整齐。弗雷德里克站着，阿蒂尔坐着，他用一种不安的好奇心看着眼前的镜头。

那时的兰波很虔诚，他的好友德拉艾为我们留下证言。有一个星期天，当学生

们走出小教堂时，几个高年级的学生趁学监不在，蘸着教堂入口处圣水盆里的水相互撩水玩。16岁的兰波单枪匹马，朝亵渎圣水的人使劲冲过去，试图阻止他们的冒犯举动，直到学监出现时，他才住手，学监严厉地惩处了带头亵渎宗教设施的人。这次争吵之后，同学们给他起了个绰号，称他是"小伪君子"[31]，兰波后来的叛逆行为很快就推翻了这个绰号。

尽管学生们组织起来向老师起哄，尽管老师有时显得很可笑，尽管大家都在暗中较劲，看谁学得最好，但学校的生活依然非常单调。上初四时，兰波听阿里斯特·莱里捷神父的课，他只知道盲目信从布瓦洛①，而浪漫派作家则称布瓦洛为"退热剂"，其实就是说他是个令人扫兴的人。兰波以挑战的态度去模仿布瓦洛的《可笑的饭局》及《唱诗班》，并将自己写的文章交给神父，他还写了一篇类似文学批评的文章，对《诗艺》作者的苛求提出更挑剔的看法，同时指出这位"诗歌的立法者"本人所写下的笔误。实际上，他只满足于在《文学研究》杂志上写一篇长篇概述[32]。他还有过一次勇敢的尝试，从而去施展自己拉丁文的才华。事实上，他知道小皇子（拿破仑三世的儿子）将行初领圣体礼，于是便用拉丁文写了一首诗，作为献词寄给小皇子，但人们不知道此诗的内容。有一个名叫若利的人是兰波的同学，在写给哥哥的信中，他讲述了这段逸事：

> 你大概知道兰波兄弟，他们当中的一个人（就是现在上初四的那个人）刚给小皇子写了一封信，那是用六十行拉丁文诗写成的信，涉及小皇子将要初领圣体的事。这事他做得很秘密，甚至连老师都瞒过去了，当然有些诗句写得并不规范，有的诗句还写错了。小皇子的老师刚给兰波回了信，说皇子接到他这封信非常感动，而且小皇子也和他一样是个学生，因此便原谅了他写错的诗句。这对我们的兰波来说是一个教训，兰波想展示他的才干，只是一时冲动写下了这封信。校长并没有称赞他。[33]

他给小皇子寄这封信说明许多事情。它表明兰波的个性孤傲不群，颇为自信

---

① 尼古拉·布瓦洛（1636—1711），法国作家。

（兰波对若利所说的"才干"坚信不疑），而且踌躇满志，他后来结交时髦诗人的做法也印证了这一点。兰波并不是为自己才去写诗的，他想成名，让大家承认他是出色的诗人，对他来说，这也是一种生活方式。不论他的性格多么内向，他总是需要别人的眼光，这样才能生存下去。学习的课程越来越深，头脑中积累的知识也越来越多，他从中不断地汲取有益的东西，当他有感而发时，便用诗歌表达出来。他很快就可以用拉丁文诗句写作文，来表达自己的思想，用另一种语言去编写故事，这种初步练习是必要的。这样，他就可以避免出现新诗人常犯的可笑错误，可他依然需要让自己去接受考验。

1869年，兰波夫人又搬家了[34]。这一次，她搬到玛德莱娜沿河街道5号甲，这个住所就在马斯河的旁边，离沙勒维尔中学很近，这为阿蒂尔的学习提供了便利的条件。这幢楼房今天还耸立在老

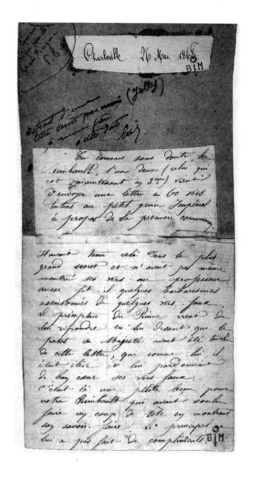

1868年5月26日若利的信
（沙勒维尔－梅济耶尔图书馆博物馆馆藏）

地方，常常有人来参观这幢楼房，楼房的外墙上挂着一块写着文字说明的匾。"垮掉的一代"的代表人物，美国人艾伦·金斯伯格①曾于1982年下榻此处，他在楼里清楚地看见诗人兰波的鬼魂，后来在去罗什村的路上，他亲口把这事讲给我们听[35]。单从这幢楼的黑色外墙看，它的确没有什么吸引人的地方，尽管一条小路将楼房与河岸分隔开，而且这条小路上总是人来人往的（这条路现已命名为阿蒂尔·兰波沿河街

① 艾伦·金斯伯格（1926—1997），美国诗人。

道），但人们在这儿还是可以领略当年的一部分景色，那是兰波以前每天在一楼可以看见的景色，而他的卧室则在朝院子的那一侧：马斯河水缓缓地流着，河边的大树衬托出四季的更迭，还有老磨坊那高高的院墙。如果闭上双眼，沉醉于遐想，人们仿佛在更远的地方看见大海，仿佛踏上旅行的征程，跑到遥远的地方去了。

兰波上高一时，班上来了一位新老师，名叫迪普雷，和既严厉又爱发脾气的前任老师莱里捷神父截然不同。迪普雷先生很年轻，而且对浪漫派作家非常感兴趣，当然他并不喜欢那些疯狂的浪漫派作家，但雨果、拉马丁以及写出《五月之夜》的缪塞都是他所崇拜的作家。作为全班第一名的兰波则为自己的名声所累，他只能比以前学得更好。11月6日，迪普雷要学生们根据贺拉斯的一首颂歌去写一篇拉丁诗文，在这首颂歌里，贺拉斯回忆起自己的童年生活，回忆起自己走上诗歌创作之路的最初感想。对于兰波来说，描写"小学生的梦想"并不难。于是他写了一篇《春天》。听话的人是不会吃亏的！中学生（这是他杜撰的）将令人厌倦的学校和毫无特色的课程忘在脑后。作业的后半部分展现出一幅甜蜜的幻象，阿波罗出现在梦幻者的面前，并在他的额头上用大写字母留下这样一行字："你将来是诗人。"这个幻想的场景显然写得有些繁杂，兰波或许通过这样的场景来为自己加冕，但当作者采用长短格六音步诗韵时，这是另一种表达方式！尽管在这严格的练习当中，有些诗句写得不太得体，但学院的评委依然向他颁发了大奖。兰波的诗首次刊载在一份杂志上，就因为他说自己将来是诗人，而且比别人说得好。杂志的名称是《中学教育导报-杜埃学院官方公报》，这个名称显得有点长，而且颇有阳春白雪的意味，然而诗人们并不知道这份杂志。诗的签名处印了三行字："阿蒂尔·兰波，1854年10月20日生于沙勒维尔，现为沙勒维尔中学的走读生。"后来在迪普雷的班上，兰波又以让·勒布尔[①]的一首诗为提纲，即兴写了一个短剧，这部短剧写得很动人，讲述了一个孩子小时候得不到亲人的爱抚，尚未长大成人就去世了，但他死后却变成一个小天使出现在母亲眼前。这首不追求功名的诗深深地打动了他，参照老师建议他模仿作诗的理论，他从中得到灵感，创作出他的第一首法文诗《孤儿的新年礼物》。

尽管如此，兰波并不仅仅是一个学习用功、处事谨小慎微的学生，他已经开始和

---

① 让·勒布尔（1796—1864），法国诗人，兰波在编写短剧时借鉴了他的《天使与儿童》。

几个要好的同学讨论文学话题了。由于他是学校里最优秀的学生，许多同学看到他便感到局促不安。欧内斯特·德拉艾每天从梅济耶尔赶到学校来上学，他和弗雷德里克坐同桌，在教室里总是吵闹，可他此前听同桌这样说过："要说我弟弟，那他真是了不起呀！"这是当时很流行的一个形容词，后来文学家让·波朗很喜欢用这个形容词。德拉艾犹豫再三，最终还是决定去认识一下阿蒂尔，后来两人竟成为好朋友，这个大家都知道了。兰波大概很早就和这位挚友建立起密切的联系，这也是命运使然吧。拉巴里埃很快也成为兰波的好朋友，他和兰波一起赋诗，而且期盼着能把兰波的诗背诵给朋友们听。就这样，他们瞒着兰波夫人形成一个小团体，在这个团体中，兰波就像是一个首领、一个指导员。从此，他和朋友们在沙勒维尔周边地区长时间地散步，要不然就在城内的街道里，在笛卡尔广场上闲逛。一天晚上，一家美国马戏团在这广场上表演节目，整个晚上，那些故弄玄虚的表演让他们感到很开心[36]。他们时不时在一起谈论自己所读过的书，谈论政治问题，谈论活泼的小姑娘（在这方面人们了解得并不多）。他们细心地阅读当地的报纸，后来还试图与这些报纸合作呢。

除了《大众杂志》《茅屋晚会》以及《新颖杂志》之外，他们对所有从巴黎传到沙勒维尔的刊物了如指掌。自从1868年拿破仑三世针对出版物颁布新的法律以来，反对派的报纸杂志如雨后春笋般地涌现出来，其中有《觉醒》，有《号召》，这是雨果创办的激进民主派的喉舌刊物，后被《马赛曲》杂志所取代，还有罗什福尔①的《路灯》，这是一本六十页的小册子，用橙红色封皮做封面，杂志创刊号上第一句话这样写道："法国共有三千六百万臣民，但不包括那些有不满情绪的臣民。"除此之外，还有维尔梅桑的《费加罗》，或《小报》，以及其他讽刺性画报，如《讽刺漫画》《讽刺画报》《黯然失色》，以及有趣的《博基雍的灯笼》，在这后一份画报上，勇敢的士兵给他的同乡写信，信中有许多拼写错误，说出来的话可笑极了，在兰波和朋友们聊天的时候自然会借用这些话。

学校就像一个封闭的社会，文学团体的花朵在校园里绽开，但这些花朵有时也会凋谢。校外的世界则充满了活力，气氛也是自由的，但真正的生活依然掩盖在表象之

---

① 亨利·罗什福尔（1831—1913），法国作家、政治家兼新闻工作者，曾积极投身巴黎公社运动，公社失败后，被判流放到新喀里多尼亚。

下，保守着它的秘密。兰波和他的朋友们了解悲惨生活的现实。在波旁街区里，他亲眼见过这一现实，每个星期天到教堂做弥撒时，他周围坐的都是穷苦人，他知道工人做工十分艰辛，还知道女人要做各种活计，但却得不到应有的报酬。14岁时，他对政治问题就已经有一些自己的看法了。这位曾给小皇子写信的少年现在却对德拉艾说，拿破仑三世该去做苦役[37]，而第二帝国的首脑就是一帮恶棍。他非常欣赏雨果的《惩罚集》。雨果依然在国外流亡，待在他的孤岛上，他是流亡者和诗人的代表人物。德拉艾曾越过国境，在比利时的一个小酒馆里一口气读完了《路灯》杂志，他用自豪的口气将这事告诉兰波，听他这么一说，兰波感到非常高兴[38]，要知道自从1868年5月《路灯》杂志推出第一期之后，它每出一期都受到司法机关的追诉。在历史作业里，他高声呐喊："罗伯斯庇尔、圣鞠斯特、库东①，所有的年轻人都在期盼着你们。"他说这话的口气倒真像是一个鼓吹民主的共和主义者。

他们也在一起讨论文学。沙勒维尔城里有几家书店，其中有若利书店，它坐落在笛卡尔广场和磨坊街的拐角处。兰波没有钱买书，但他常去书店翻阅各种书籍，再不然就向拉巴里埃借书看，拉巴里埃买了书之后会大方地借给兰波看。兰波尤其对《当代帕尔纳斯》杂志感兴趣，这是一本三十二页的小册子，装帧着蓝色封面，自1866年起定期出版，杂志的主编是阿方斯·勒梅尔，杂志社位于巴黎舒瓦瑟尔小巷里，新一代最出色的诗人都聚集在勒梅尔周围。在这份杂志上，兰波发现了泰奥菲勒·戈蒂耶的新剧作、邦维尔的《诸神流亡》、埃雷迪亚和勒孔特·德·李勒的十四行诗，他在杂志第五期上发现了波德莱尔的《恶之花》。自1869年起，杂志改版后内容显得更充实。人们后来找到几份拉巴里埃保留的杂志[39]，兰波在杂志的空白处写下评注，标明哪些诗是他喜欢的，哪些诗他不太喜欢。《当代帕尔纳斯》改版后的第一期刊载了勒孔特·德·李勒的《凯恩》，这是一首长诗，兰波后来从中得到灵感，全诗共有一百个诗句，兰波在九十二个诗句旁画了竖线，表明这些诗句引起他的注意。杂志的第二期刊载的大多是泰奥多尔·德·邦维尔的诗，兰波非常喜欢他的《齐特拉琴》，尤其是此诗最后那几行诗句。相反，邦维尔的《快乐的叙事诗》和《喜剧》似乎并未引起

---

① 圣鞠斯特（1767—1794），法国政治家；乔治·库东（1755—1794），法国政治家，两人均是法国大革命中的重要人物。

兰波的兴致。杂志的第三期刊载了苏利－普吕多姆、魏尔伦、欧内斯特·德尔维利①、勒费比尔、布朗什科特夫人的诗。兰波极为欣赏魏尔伦的诗，可他却在嘲笑那位女诗人的诗，用奚落的语气修改她的诗句。"最新的痛苦沉重地压在我心头"被他改为："最新的发髻沉重地压在我心头。"

　　时间一年年地过去了，这座沉睡的小城依然没有一丝变化。一切都显得平静极了。学校的课程还是有条不紊地进行着，就像缓缓流动的马斯河水一样。校长德杜埃先生还是像以往那样把学校的希望都寄托在兰波身上。在兰波夫人的默许下，校长让教员专门给兰波补课。学校在刻意培养这个"神童"。其实他不过是未来的拉马丁而已，因为他的拉丁文诗要比他的法语作文出色得多，他创作的拉丁文诗常常在学院举办的比赛中获奖。在高一第二学期期末时，他的诗文再次获得优异的成绩，诗文的题目极为简洁:《阿卜·埃尔－卡德》[40]，这个题目激起许多历史的回忆。兰波中尉驻扎在塞杜镇时，曾在呈送上级的报告中多次提到这个名字。在六个小时当中，兰波写出八十三句六音步诗，他借用古典作家盖·德·巴尔扎克的一段话作为此诗的开篇引语："天意会让同一个人跨越若干个世纪反复出现在公众眼前。"这句评语很中肯，不过要是将此用在兰波本人身上就显得不合理了！但这句话至少可以引出他的本意，因为作为熟悉古代历史的学生，他决意要拿阿卜·埃尔－卡德与其祖先朱古达进行科学的比较。自从与法军交战失败后，阿卜·埃尔－卡德一直被囚禁在法国，皇帝最终于1853年释放了这位卡比利亚的首领，在此诗文的结束语中，他赞赏皇帝的这一做法。"我的孩子，向新上帝臣服吧。"朱古达的亡灵向他的后世提出这样的忠告。实际上，尽管写出这样的诗句，但兰波并不相信"新上帝"，他认为这个新上帝不过是镇压法国人民的暴君。一年后，他找不出更严厉的词汇去痛斥拿破仑三世，这个"无能的家伙"竟然为统治法国二十年而陶醉不已，在他的统治期内，他要"像吹灭蜡烛那样"去"扼杀自由"[41]。

---

① 苏利－普吕多姆（1839—1907），法国诗人；欧内斯特·德尔维利（1839—1911），法国诗人。

第三章

一位名叫伊藏巴尔的老师

在1869年暑假期间，人们猜测兰波还是很稳重的，但不知那时他们全家人是否去过罗什村，暑假过后，兰波就升入高二年级了，即进入有名的修辞班，修辞班有一整套教学计划，老师名叫弗亚特尔。兰波开始用法语写诗了，他注意到《大众杂志》有时发表读者寄送的稿件。借着新年庆典活动的机会，他开始构思《孤儿的新年礼物》，这是一首分成五节的长诗，他是从雨果的《穷苦人》和勒布尔的《摇篮天使》中获得灵感创作出这首诗的。诗中有些段落写得很美，但也有明显的瑕疵。他在诗中表达了自己微妙的心理，表达了他的情感，全诗描绘出一个亲密的场景，这个场景就取自他本人的生活。两个孩子孤苦伶仃地待在家里。父亲远在他方，母亲刚刚去世。两个孤儿回想起过去每逢新年能得到礼物的幸福时光，以为葬礼上用的玻璃珠子就是人们送给他们的礼物，有人以他们的名义在那些玻璃珠子上刻着几个字："献给亲爱的妈妈。"这是一首既凄凉又饱含温情的诗，孤独与幻想在诗中表达得淋漓尽致。兰波首先想让别人听到自己的声音，其次才想着将现实生活转化为神奇的艺术。这首诗给《大众杂志》的编辑们留下深刻的印象，他们在杂志的插页广告上建议兰波将该诗的篇幅缩减三分之一，如果他想在杂志上发表此诗的话。兰波决定对此诗做出部分删改，1870年1月2日，他的诗在《大众杂志》上发表了，兰波夫人对此感到非常高兴。作为一名优秀的学生，兰波意识到走上文学生涯的道路看来并不难，只要找对了门路，提出申请就行。

就在同一个月里，弗亚特尔老师被调到其他班级去了。一个年轻的老师接替他，新老师名叫乔治·伊藏巴尔，他只有21岁[42]，是文学学士，此前在哈兹布鲁克任教，

伊藏巴尔像

（沙勒维尔－梅济耶尔图书馆博物馆馆藏）

那是距离杜埃很近的一个座小城，他是在杜埃长大的，姨妈再德尔小姐收养了他。他的大脸胖乎乎的，鬓角留得很长，眼睛在夹鼻眼镜片后闪露出和蔼的目光。他一点儿也不像严厉的老师。他待人接物十分朴实，很快就博得同学们的好感。他的课大家都爱听，他不但让同学们对他的课感兴趣，而且激起大家的学习热情。在没有认识兰波之前，他就已经听到校长在夸耀兰波的品质，对这个学生，德杜埃先生真是不吝赞美之词呀。然而，让老师感兴趣的并不是这个"考试高手"、这个优秀的学生，而是这个日益觉醒的人已准备投身于诗歌的美好天地之中。虽然兰波后来也对伊藏巴尔做过忘恩负义的举动（在以后的很长时间内，他总是对喜爱他的人做出这样的举动），但此时他第一次感觉得到别人的理解，一个成年人在倾听他诉说，关心他的文学计划，他就像遇到一个大哥哥似的，而老师那渊博的学识会激发学生对生活中各种事物的好奇心。诚然，作为教员，伊藏巴尔要受种种严格规定的限制，但他热爱至高无上的艺术，同时他内心里也在反抗第二帝政时期那骄奢淫逸的社会风气。老师和学生的关系似乎显得非常融洽，这样的关系有时是毁灭性的，然而在几个月里这一关系却产生出很好的效果。在兰波最初全身心地创作诗文时，伊藏巴尔给他许多鼓励，这种鼓励是必不可少的，也是兰波所期盼的，在这个过程中，伊藏巴尔丝毫没有去表露自己的个性，虽然他并不是一个平庸之辈。德拉艾那时不过是兰波的朋友，是只顾自己的那类人，况且他也没有什么才华，而伊藏巴尔却像一个旅行向导，但他尽量不露出良师益友的样子，虽然他本可以发挥这样的作用。在读过兰波的诗篇后，伊藏巴尔将自己的最初印象告诉他，以此来引导兰波，与此同时，他又是兰波的第一个评论者，而且感受到诗文中那难以抗拒的魅力。在这个初出茅庐的诗人身上，他隐约辨别出某种冒险的意图，那是微不足道的意图，或者是非凡的意图，总之，他自己也说不清。

兰波依然对自己那篇《孤儿的新年礼物》感到自豪，他是为自己的诗能够发表而感到自豪，倒不是因为那首诗写得特别出色。起初他只把写诗当作一种娱乐，一种更为抽象的娱乐，但结果却同样让人感到高兴，从此，他会以更严肃的态度来看待写作。法语作文的题目、课本文选都成为他创作的源泉。最初他还只是模仿，但很快就开始创新了。有些作业依然在抄袭某一种模式，比如他写的《奥尔良公爵致路易十一的信，要求释放关押在布鲁瓦的弗朗索瓦·维庸》。他将引用的诗句巧妙地编织在一起，采用维庸本人惯用的中世纪法语，构成一个集句作品，此前他曾翻阅过维庸的诗作。在沙勒维尔这个很闭塞的小城，大家相互传阅各种书籍，这些书给受束缚的思想送来宝贵的清风。伊藏巴尔转给兰波几本书，因为他知道图书馆的藏书少得可怜。因此在一段时间内，兰波手里有邦维尔的《格兰瓜尔》，这是一部优美的散文诗喜剧，他特别喜欢其中的叙事诗《路易王的果园》；还有《巴黎圣母院》，书中某些大胆的描写、艾斯米拉达的爱情故事深深地吸引着他。然而，所有这一切都没躲过兰波夫人的眼光。她看到兰波在读《巴黎圣母院》，但她以为是《悲惨世界》，因为她只注意到作者是维克多·雨果。雨果是共和分子，被放逐到国外，可他待在孤岛上依然向皇帝喝倒彩，并以《惩罚集》来表达自己的愤怒之情。她马上给伊藏巴尔老师写了一封信，要求他注意转交给学生的书籍，她还把这本饱受责备的书拿给校长看[43]。接到兰波夫人的信后，伊藏巴尔来到兰波家向夫人道歉。她首先告诫他在政治上要顺从，接着便当着他的面羞辱雨果，说雨果是威胁皇室社稷的危险分子。伊藏巴尔不动声色地听着，他发现自己的学生竟生活在受限制的环境之中，因此就更加理解学生的反抗精神，理解他那惊人的洞察力。

实际上，他让学生完成的作业从此变成一首首诗，这些诗篇课后就放在老师的讲台上。那段时间，兰波显得非常兴奋，他以精确的笔触，以全新的语言（尽管尚有一丝模仿的痕迹），表露出幻想的能力，那是梦境与现实糅合在一起的幻想。在《奥尔良公爵的信》的诗句里，他描述的并不是一首叙事诗，而是一场吊死鬼的舞会，人们在那儿隐约看见萨拉丁的鬼魂，萨拉丁可是但丁那《神曲·地狱篇》里的"英雄人物"，这是一个疯狂的画面，一个死神出于无奈，被迫去跳舞，这证明此前兰波确实读过波德莱尔的诗，哪怕只是发表在《当代帕尔纳斯》杂志上的片段。他的诗并非刻意要固执地去讲述萎靡的痛苦，去描述少年的狂热。他的诗既不是灵丹妙药，也不是安慰剂。它们典雅完美、用词准确，出人意料的比喻手法则体现出这些诗的价值，讽刺精神同样让这些诗充满了活力，比如那首《惩罚达尔杜夫》。此诗描绘出一个荒诞的人物，兰波以灵巧的手法将这个人物展现在我们眼前。有时，一篇拉丁文诗的构思会促使他创作出既悲伤又充满激情的诗，比如《奥菲利娅》(根据莎士比亚的戏剧改编)，在那首诗当中，色彩使诗文更完美，无限的自由发出巨大的鸣响，那鸣响声如此之大，就像广阔的天空一样。惶恐的感觉在诗中不过是超越形式和词汇，去发现另一天地的方式而已。这些最初的习作倒颇有杰作的意味。这些近乎完美的诗只留给兰波一种选择，如果他想继续写下去的话，那就是要走得更远，甚至去超越诗歌。

在伊藏巴尔的鼓励下，他开始精心打磨自己那忧郁的幽默感，他将这种幽默感一直保持到生命的最后一刻。此时，他只满足于去发现同代诗人以及成年人的瑕疵，而将来有一天他也会加入到成年人的行列里。有机会的时候，他也画上几笔，用漫画形式将这些人画在作业本上，或画在旧地图册的空白页上，漫画画得还真是有模有样的[44]。他只以嘲笑的方式去接受社会现实，而现实很快就向他提供了讽刺社会的话题，这一次，他把它写出来，而且写得极为成功。

从1808年起，沙勒维尔中学也接收附近神学院的教士，他们和本校的学生混编在一起[45]，学习同样的课程。因此学校里有一种竞争的气氛，但这种气氛有时转化为公开的敌意，尤其是一个班明显分成两个阵营，而兰波作为学校里出类拔萃的学生，自然被他的伙伴们拥为领军人物，但他们在人数上明显少于对方。教士与中学生在一起上课的局面让兰波感到十分气恼，而最近刚看过的《伪君子》让他极为振奋，况且拉马丁的《若斯兰》也给他带来灵感，于是，他即席赋了一首散文诗，以日记的形式讲述了一个擅长写诗的神学院教士，在城里同事的家里结识了一位年轻姑娘，他为此而激动不已，这姑娘有点愚笨，可教士却甜美地称她为"仙女"。兰波为他们这种"亲密的关系"取了一个名字:《圣袍下的心》。这表明兰波颇有观察万象的天赋，但他却没有朝叙事方面发展，不禁令人感到遗憾。这一点是毋庸置疑的。此时，我们面前这位中学生真是了不起，他能抓住微不足道的琐事，将其改编成喜剧性的场面，他的艺术想象力真是充满了才气。诚然，他只是在抨击神学院的修士和神父，他鄙夷这些人那假惺惺的样子，他们的道德品行也很成问题。然而，此时兰波还不是绝对蔑视社会的人。

在激情创作的这几个月当中，兰波已逐渐成为诗人，随着自己的身体慢慢长高，随着自己的观念逐渐放开，并以自己特有的方式去感受社会，他会按照这一节奏成为诗人的。他为采用什么样的笔调而犹豫不决，他在摸索、实验，带着一股清新之气，走进韵律学这个严谨的世界，即使他脑子里装的依然是旧有的文化遗产，其中有许多杂书，要是他母亲看到了，会以更严厉的方式去责备他。伊藏巴尔把波德莱尔的《恶之花》借给他，大概还把米歇尔·莱维出版的《波德莱尔全集》的其他各卷也借给他，这本诗集犹如一把进入世界的钥匙，不管这个世界是天堂，还是地狱，而真正的诗篇则表明，诗中包含着难以避免的严酷现实。戈蒂耶的卷首简介中采用了"通灵人"这个词汇，这引起兰波的注意，他对《人造天堂》赞叹不已，而散文诗那严谨的特性更是让他叹为观止。伊藏巴尔甚至还把不为人所知的诗集借给兰波，比如阿尔贝·格拉蒂尼的《疯狂的葡萄园》[46]，格拉蒂尼后来遭到社会的排斥，在同行眼里是个十分滑稽的人物，但他非常喜欢有个性的东西，是个地地道道的诗人。然而，雨果的写作方式及其《世纪传说》让兰波着了迷，阿蒂尔也想尝试着去描绘伟大的历史画卷，他打造自己的《铁匠》，此诗表明他对1792年的无套裤汉深表同情，在法国大革命期间，正是这些人想要砍掉路易十六的脑袋。有一幅版画是参照梯也尔的《法国大革命史》绘制的，这幅版画给兰波带来灵感：1792年8月10日夜，屠夫勒让德尔①想让国王戴上红高帽。兰波支持这个"无赖"的做法，这不是一个好的征兆。好学生已经开始起来反抗了，他不仅仅反抗母亲、反抗学校、反抗神父。他希望帝政垮台，等不了多久他就能看到帝政崩溃的那一天。

然而，就在那几个月当中，他喜欢《当代帕尔纳斯》所介绍的新流派，从而进一步触及神话体裁的内容。《我们信仰唯一》是一篇带着亵渎神明意味标题的诗文，他滑稽地模仿天主教的信德行为，描绘出一幅女人的色情画。兰波或许尚未有过性爱的经历，但他以惊人的肉欲感将人本性的觉醒、青春的力量描绘得惟妙惟肖。他颂扬异教的诸神，诗中带着邦维尔的华丽诗风，包含着缪塞的思想；他抨击黑暗的基督教，在后来所写的亵渎神明的诗中，他更加突出这种反抗精神。他所采用的词汇十分新颖，然而诗中所展现的思想却逊色多了。他的思想就是在模仿帕尔纳斯派的主题，

---

① 路易·勒让德尔（1752—1797），法国政治家，职业为屠夫，曾参与攻打巴士底狱的战斗。

以前戈蒂耶在为艺术而艺术的诗中、勒孔特·德·李勒在其长诗中都曾叙述过这些主题。这些诗篇肯定展示出远大的抱负，这对兰波是一种激励，他创作出文笔细腻的短小作品。这个作品就是由两首四行诗组成的《感觉》，在诗中，修辞手法被弃之不用，改用一种灵巧的表达方式，与此时此刻建立起真正的联系，即使这一时刻不过是由想象中的画面文字构成的。在此诗中，要能理解兰波所表达的将来时态，他把将来的时刻掌握在自己手中，而那一时刻在言语的世界里说出各种各样的话来，用自己的计划引起人们的注意：

感　觉

> 在蓝色的夏夜，我将漫步在小路上，
> 在麦芒的刺激下，脚踏纤细的小草：
> 梦幻中，我感觉脚下小草颇为凉爽，
> 任凭微风在头顶上拂扫。
>
> 我将来什么也不想，什么也不说：
> 但无限的爱意却涌上心头，
> 我跑得很远，很远，像个流浪者，
> 到大自然里驰骋——像陪伴着女人那么幸福。

　　他陶醉了（在落水溺死之前，奥菲利娅手拿花冠，也是这么陶醉），但他在诗歌方面收获更大，尤其是他的诗写得非常单纯，那时"在麦芒的刺激下"，他突然感觉脚下的小草也变得"纤细"了。想逃走的欲望在诗里表达得淋漓尽致。最初他只是到外面去散步，就像在罗什村附近漫步那样，但有时他会越过眼前的天际，走得远远的，这时整个村庄的屋顶都看不见了。兰波长大后便鼓足勇气，朝江河的入海口冲去，打算做自己喜欢做的事，他想成为一个漂泊四方的游侠，成为诺迪埃①笔下那七

---

① 夏尔·诺迪埃（1780—1844），法国小说家、诗人，浪漫主义文学的代表人物之一。

个城堡之王，或成为"预言部落"里的人，这是波德莱尔颂扬过的人。只要看看兰波于1870年春天所写的诗，就能知道这位少年已掌握所有作诗的技巧，尽管《铁匠》一诗表现出叛逆精神，但他已感觉到自然美的召唤，这种美与以希腊文化为代表的大理石雕塑美有着天壤之别。

那么爱情呢？作为不满16岁的中学生，兰波对爱情的看法和德拉艾与拉巴里埃的看法一样。他创作出几首既活泼又轻佻的诗，这表明那时他已经读过魏尔伦的诗。《初夜》以及《妮娜的妙答》是直接写给一个小姑娘的，这两首诗描述了一个向女孩子施展魅力的场景，兰波夫人发现这类描述之后，免不了要打他几巴掌。兰波将额头贴在玻璃窗上，看着屋前的大树长出新的树叶，在遐想之中，他试探着做出某种举止，想象着顽皮的话语。在上学的路上，他在街上隐约看见这个姑娘，或在马斯河岸旁瞥见她，难道他和同一个女孩子在乡间一起散步吗？他们一起迈向难以实现的幸福之路，迈向善良之路，善良这个词常常会出现在他的笔下，他想以此来驱走各种形式的不幸。《初夜》以及《妮娜的妙答》也都是用将来时，偶尔有些诗句采用条件式。只有最后一句诗回到现实之中，那是妮娜的提问："而我的办公桌在哪儿呢？"兰波不在乎失望，他总是为自己保留着一个梦境，以便弥补自己暂时遭遇的挫折。有时，他也会去触动最忧郁的情感。他在最隐秘的诗中毁掉幸福的意象，而在其他诗中则以大胆的信念再将那意象树立起来。在《另一种形式的维纳斯》中，他以少有的粗暴态度破坏女人的形象，女人毕竟是美的典范。

5月是爱情之月，也是诞生之月。他在以前的拉丁文诗中不是写道"你将来是诗人"吗？他相信自己的才华，于是便给当时著名的诗人邦维尔写了一封信，虽然邦维尔当时名气很大，却一点儿架子都没有。邦维尔和其他几个诗人一直十分关注《当代帕尔纳斯》的命运。在刚开始写诗的时候，邦维尔也是到处漂泊，常常去拜访波德莱尔，而波德莱尔则给予他很高的评价。他的诗推动了戈蒂耶所开创的新潮流，在持续幻想的氛围内将诗的韵律写得极为完美，他的诗以精湛的技巧和令人欣喜的格调打动了兰波。1870年5月24日，兰波给"尊敬的大师"写了信，信的格调显得轻快、调皮。有时，他将各个潮流混淆在一起："真正的诗人就是帕尔纳斯派诗人。"他信誓旦旦地说道，而且还把邦维尔看作是一个"地道的浪漫派诗人"，是龙萨的传人，是"1830年众多大师的兄弟"。他的愿望是什么呢？他毫不隐瞒自己的意图，就是想让自己的诗能发表在著名的《当代帕尔纳斯》杂志上，诗一旦被杂志选中，则无异于某种早到的殊荣，接着他就可以出诗集了。于是，他便将《我们信仰唯一》寄给杂志社，这首诗或许应理解为"信仰诗人"罢了。在将《感觉》和《奥菲利娅》整整齐齐地抄好后，他将这两首诗也一同寄给杂志社。

我们在此不必描述兰波焦急地等待答复的心情。他只是在信封上写上杂志主编兼出版商阿方斯·勒梅尔的地址，即巴黎舒瓦瑟尔小巷47号。我们知道邦维尔给他回了信[47]，但信里写了哪些内容，我们不得而知。但邦维尔肯定不会给诗作者泼冷水。尽管如此，杂志社并没有接纳他的诗作，兰波对此感到很失望，因此他觉得没有必要把大师给他回信的事告诉给朋友们，但那封信或许写得很审慎，也很有分寸。

他的诗歌习作，他那了不起的尝试并未影响他的学习。伊藏巴尔老师对他非常满意，而且他在学院组织的拉丁文诗歌创作竞赛中再次获得一等奖，校长德杜埃先生亲自送给他一本拉布吕耶尔①的《品格论》，并在书上题字，来奖励他[48]。6月，他再次参加拉丁文诗歌创作竞赛。这次竞赛的主题是桑丘·潘札哀叹他那死去的驴[49]。同样，在将"维纳斯的祈祷"翻译成法语的竞赛中，兰波也完成得非常出色。然而，当时他采用一种偷梁换柱的手段，但那些大师们竟然谁也没有看出来，实际上，他把苏利－普吕多姆最近新译的诗重新抄写了一遍，然后按照自己的设想修改一番。给他判分的人并没有认真读过帕尔纳斯派诗人的作品。兰波轻而易举便把这些人蒙过去了。

然而，这一学年很快就要结束了。那时，由于享有更大的自由，或者他给自己松了绑，尽管母亲为此没少责备他，他和德拉艾把沙勒维尔周边的各个地方都跑遍了，他常常陪着朋友一直走到梅济耶尔。在路上，他们俩交换着各种看法，德拉艾后来声称，他们俩当时交谈的内容他一直记得很清楚。每到星期天，他们就赶到火车站前广场，听军乐队演奏。1870年7月10日，第六防线驻军演奏了短笛《波尔卡－玛祖卡》。那天天气很热。有钱人一边用拐杖翻动着滚烫的沙子，一边谈论着各种条约，因为法国与普鲁士的关系越来越紧张。一对对恋人在条条小径上散步。步兵们则在讨好女用人。兰波把这一切都看在眼里。这其中就有几个"家伙"，而那正是他后来一直憎恶的世界，即反诗歌的世界。此时他经受的是一成不变的生活和令人难以忍受的平静。

---

① 让·德·拉布吕耶尔（1645—1696），法国哲学家，主要作品是讽刺性的随笔录《品格论》。

和谐的喧闹声让他感到很恼怒。在这画面的一角里，他衣冠不整就像一个穷学生，正瞧着那些"活泼的小姑娘们"呢。在这炎热的夏初，他体验过纯朴的爱情吗？作为一直关注着兰波的同学，德拉艾断定他曾和一个殷实家庭的女孩子有过约会[50]。在一篇写于1870年9月29日的诗中，兰波试图重温他的"传奇故事"。小姐紧挨着父亲，慢慢地走着，而她父亲看起来倒像一个既平庸而又自负的家伙，衣服上佩着高高的假领子，就像漫画家杜米埃画笔下的人物，这些人把脖子缩在领口里。小姐穿着可爱的"小靴子"。兰波故意装出无动于衷的情人样子，而且摆出"装腔作势的姿态"，他喝着啤酒，为这位美人写几首诗，他将这诗称作"歌剧的咏叹调"。大家一时颇为欣赏他这种风格的习作，"直到8月还在夸奖他"，真是把称赞和吹捧混为一谈了！此后，这个纯朴的爱情就结束了。

由于这一学年行将结束，他和伊藏巴尔的联系更密切了。其实伊藏巴尔只比他大五岁。他们俩都非常热爱文学。每天晚上，兰波都要和这位亲密的朋友走上一段路，陪他一直走到他的住所。他们在这儿经常和德韦里埃碰面，德韦里埃在罗萨私立学校教修辞学，而且还能见到冉德尔姨妈，她准备在这儿住上几天[51]。德韦里埃是一个快活的小伙子，很有教养，而且热爱自由的思想，他后来所从事的职业也证明了这一点，他极想投身于新闻业。冉德尔小姐使人想起另一位杜埃人，马塞利娜·德博尔德-瓦尔莫，这位18世纪女诗人的诗后来引起兰波的注意。但这种美好的时光不会持续很长时间，伊藏巴尔邀请德韦里埃一起出去游玩几个星期。1870年8月6日，学院要为兰波颁奖，可他们却等不到那一天就要离开沙勒维尔，兰波闷闷不乐地陪他们去火车站，同他们道别。

不过，这时候既不是吟诗的大好时机，也不是陶醉于友谊的美妙时刻。7月19日，法兰西第二帝国向普鲁士宣战。拿破仑三世皇帝的轻率决策让帝国付出沉重代价，法兰西帝国从此一蹶不振。从此，人们都生活在极度的不安之中，居住在边境地区的平民百姓更则感到焦虑不安，沙勒维尔-梅济耶尔地区距法普边境不远，人们感到有些恐慌，梅济耶尔城堡里住满了荷枪实弹的士兵。皇帝以虚假的借口发动这场战争，目的是以速战速决的方式重新树立起帝政的威望，而最近动荡的社会局势已大大削弱了这一威望，尽管5月8日全民公决的结果令拿破仑三世大喜过望。据说，全军将士业已准备就绪，人们坚信法兰西将取得这场战争的胜利。埃米尔·奥利维埃①甚至信誓旦旦地说，法国可以"愉悦的心情"与敌人交战。而亲拿破仑的报纸则煽动民族情绪，已然在执行自己的复仇计划了。有些穷酸文人，比如格拉涅·德·卡萨尼亚克父子俩②，则不惜采用造谣生事的手段，去刺激读者的好战情绪，他们甚至追忆起无套裤汉的英雄壮举。在《故乡》杂志上读过他们这个愚蠢的对比之后，兰波写下了《九二与九三年的死者》，他在这首诗中谨慎地回忆起共和国军队里"成百万的基督徒，他们的眼光既忧郁又温柔"。这首诗比他的《铁匠》更为激进，他在此诗里表达了对革命者的敬佩之情。在伊藏巴尔动身之前不久，兰波将这首诗拿给他看，伊藏巴尔和他一样也是一个反拿破仑分子，他非常赞赏这首诗那好战的语气以及正当的怨恨之情。

现在，他要一天天地充分利用好这个暑假。巴黎寄来的邮件让他兴奋了一段时间，《讽刺漫画》杂志接受了他的《初夜》，并将其发表出来："她已脱掉衣服……"但人们怎会有心思去读这种情意绵绵的诗呢，而此时报纸杂志都在谈论战争与死亡。他密切跟踪战事的进展，甚至为这些新的灾难感到高兴。幸好伊藏巴尔允许兰波到他的住所去翻阅书柜里的藏书，而且他可以随时来查阅，只要向房东索取屋门钥匙就行了[52]。在这个避风港里，在这间名副其实的密室里，许多美妙的东西在等待着他。因此，在读这些藏书时，他既无明确的目标，也无事先选择的课题，而是如饥似渴地去博览群书：其中有出版商埃泽尔编撰的纪念册《巴黎的魔鬼》，他对格朗维尔为此书绘制的怪异插图并不感兴趣；有通俗小说，比如阿梅代·阿沙尔的《奈稣的裙子》以及加布里埃尔·费里③的《印第安人前缘》，若干年后，布勒东因学习成绩优异而得到的奖励就是这样一本书；他翻阅《堂吉诃德》，古斯塔夫·多雷为这个版本绘制了插图；他甚至去读那些不入流的作品，浏览苏利-普吕多姆的《磨炼》，翻阅保罗·德梅尼的《拾穗者》[53]。德梅尼的这部诗集实在是太平庸了，但伊藏巴尔曾和他谈起过这位初出茅庐的诗人，此人是伊藏巴尔的朋友，也是杜埃人。将来有机会，兰波可能会认识这个人。除此之外，他还购买一些书籍，母亲给过他一些零花钱，或者他把以

---

① 埃米尔·奥利维埃（1825—1913），法国政治家。
② 格拉涅·德·卡萨尼亚克（1806—1880），法国政治家兼新闻工作者；小卡萨尼亚克（1843—1904），法国政治家兼新闻工作者。
③ 阿梅代·阿沙尔（1814—1876），法国小说家；加布里埃尔·费里（1809—1852），法国小说家。

前读过的书卖掉，再去买新书，这种方法总显得不太体面。尽管如此，他偶尔也会在书店门前摆放的书架上偷拿几本书。因此他靠这种方法得到了路易莎·西费尔的《消失的光芒》。1870年，这本书成为人们追捧的热门话题，后来人们也就不再谈论这本书了。他甚至极为欣赏一部矫揉造作的诗集，这表明他尚无明确的情趣，而有些煽情的陈词滥调依旧可以打动他，就像后来某些幼稚的老生常谈让他欣喜不已一样。他把其他书籍也摆到书架上，其中有邦维尔的《弗洛里丝》和《被流放者》；有诗人阿尔芒·雷诺①的《波斯之夜》；有善于论战的作家路易·弗约②的《蛇》；有批评家蓬马丹③的新一期《新星期六》杂志，还有不成套的《当代帕尔纳斯》杂志。兰波已经看出魏尔伦《戏装游乐图》诗中所蕴藏的顽皮特征，虽然他自己也难说清楚为什么会欣赏这首诗。

兰波以阅读为自己最大的乐趣，但若将这一点排除在外，人们发现他很难承受孤独，因为他想和别人分享他的想法，分享他所写的诗文。8月25日，他给伊藏巴尔写了信，将自己的活力和恼怒情绪都发泄出来："在外省所有的小城当中，我的家乡是最愚昧的小城……我感到茫然、不舒服、恼怒、愚蠢、惊愕；我期盼着温暖的阳光、无限的漫步，期盼着休息、旅行、冒险、四处漂泊；我尤其希望能得到报纸、书籍……除此之外，别无他求！"沙勒维尔在遭受着战争的威胁，到处都是士兵，这让小城看起来显得很滑稽："……因为两三百名士兵在小城的街道里四处行走，这群假装露出温和面容的军人指手画脚，平庸而又自负般地舞枪弄棒，与身陷围困之中的梅斯及斯特拉斯堡人完全不同！所有退休的杂货店店主都穿上了军装，这真是可怕！公证人、门窗玻璃制作商、税务员、木匠以及所有能动弹的人都到梅济耶尔的各个城门去巡逻，这真是了不起，好像有诱惑力似的，家乡的人要起来自卫了！而我呢，我倒希望他们待在原地，别动那枪托套子！这就是我的原则。"兰波这无与伦比的清晰思路显然不是源自于他的父亲，他父亲此时正驻扎在第戎，而且非常想同普鲁士人打这一仗[54]。

他这带有讽刺意味的看法惟妙惟肖地再现了他那种冒充好汉的可笑举动，这种

---

① 阿尔芒·雷诺（1836—1895），法国诗人。

② 路易·弗约（1813—1883），法国作家兼新闻工作者。

③ 蓬马丹（1811—1890），法国文学家兼文学批评家。

虚张声势的做法无非是故意装出的一种英雄气概罢了。他披露战争的惨状，怜悯那些与德军交战的"炮灰"，即使大部分法国人，不论是有钱人还是工人，那时只发出一个呐喊声："打到柏林去！打到柏林去！"这个自吹自擂的愚昧口号在几个月之内就化为泡影，因为敌人很快就要攻打到巴黎了。在他看来，皇帝不过是一个"老朽的家伙"，兰波渐渐注意到我们的军队在错误中越陷越深，尤其是将部队集中在阿登省内是一个极大的错误。麦克马洪试图和巴赞①的部队会合在一起，但巴赞则固执地将部队屯扎在梅斯。8月26日，麦克马洪率军队越过伍杰镇。沙勒维尔人倾城出动，观看军队调动的盛况，有些人甚至看到了拿破仑三世皇帝。拿破仑三世有建筑癖，每天要靠吸食鸦片来抑制这一嗜好。他那苍白而又涂满胭脂的面孔让人感到害怕，那副尊容就像预示着灾难一样。农民们问士兵们，这么长长的队伍要去哪儿呀，那些参加过马拉科夫或索尔弗利诺战役的老兵们则率直地喊道："开往杀戮场！"在这夏末时分，兰波经常和好友德拉艾去梅济耶尔，到这个抵御外来侵略的地方，去构思《深谷睡者》那平静而又悲惨的场景。一个仅比他稍年长些的年轻人，似乎在这"新鲜的蓝色水田芥"上睡着了。但如果我们随着诗的乐章贴近一些的话就会发现，那年轻人躺在绿色植物丛中，身体右侧有两个被鲜血染红的洞。兰波的反抗不再是一种狂热的举动，一种没有着力点的疯狂举止，他的反抗已超越了人道和正义的范畴。

他如饥似渴地浏览各种消息，至少是能传到沙勒维尔的那些消息，或是《阿登信使报》所刊载的消息，这是一份煽动狭隘民族主义情绪的传统报纸。然而，兰波知道并非所有人都支持这场战争。在巴黎，第一国际便抨击这场战争。内阁首脑埃米尔·奥利维埃则信心十足地向普鲁士宣战[55]，然而普鲁士军队比法军强大得多，而且训练有素。说实在的，毛奇和俾斯麦就等着这个机会呢，他们让普鲁士军队向法军发起攻击，以证明他们的军队优于法军。8月2日，法军与敌军打了一场遭遇战，法军取得小胜，但这个微不足道的小胜却被夸大为"辉煌的胜利"。自在萨尔布吕肯小胜之后，法军在威森堡、雷士科芬、弗巴赫、圣普里瓦等地接连吃了败仗，尽管麦克马洪的铠甲骑兵在雷士科芬与敌军展开英勇的搏杀，而巴赞的部队在圣普里瓦也是险些取

---

① 莫里斯·麦克马洪（1808—1898），法国元帅及政府首脑；弗朗索瓦·巴赞（1811—1888），法国元帅，普法战争失败后，被判处死刑，后逃往西班牙度过余生。

胜。从此，巴赞便死守梅斯，以为皇帝会派军队来增援他。实际上，他为捞取政治资本而故意有所保留，然而他的诡诈行为并不能为他换来政治资本。灾难正不可避免地降临在大家的头上，帝政已摇摇欲坠了，新时代已在恐惧与鲜血的背景下显现出来。

回忆兰波难免要去谈论他离家出走的举动，然而他并不是第一个离家出走的孩子。当法军在萨尔布吕肯取得小胜时，弗雷德里克以为法军会轻而易举地取得战争的胜利，于是便跟随一支路过沙勒维尔的步兵团上了战场。他插到部队的行列里，完全听凭尚不成熟的爱国主义行事，他随部队向梅斯方向挺进。士兵们巴不得能有这么一个新兵，于是便把简单的活计交给他做。弗雷德里克只是到了11月才回到家中，那时东线战场的希望已彻底破灭了。即便以极为谨慎的态度去承认这段逸事，那也要将其考虑进来，只有这样才能更好地解释兰波本人的流浪行为。德拉艾讲出这事时非常自信，这事难免让人猜测，弗雷德里克这种自发的勇敢举动肯定会给弟弟带来一定的影响。

到了8月底，由于把所有的书籍都读完了，兰波决定离家出走。他本来可以赶到杜埃去，平和地离开家，那儿起码没有危险。然而，他看得更远。他似乎事先已认真地考虑过这个计划，因为自8月25日起，在给伊藏巴尔信中的附言里，他这样写道："我对假期……以后的生活有了新的感悟，再见。"伊藏巴尔看到这个删节号本应琢磨一下，这个符号打断了他要说的那句话。此时的兰波得不到任何消息，但他已料想到帝政难免要垮台，对他来说，只有一件事是最重要的，那就是到巴黎去。然而，他身无分文，而走到巴黎路途又太遥远了，况且穿越荒野之地也很不安全。他把手头上的书都卖掉了，这其中有伊藏巴尔的书，也有他获奖得来的书，搭上去巴黎的火车。兰波的妹夫贝里雄对这一情节做过独特的描述。像每年夏天一样，兰波夫人带着孩子们到马斯河边散步。兰波巧妙地甩开家人，那首《记忆》反映的就是他突然出走时的背景[56]。贝里雄的描述让人难以相信。尽管如此，兰波按照预先安排的计划，在沙勒维尔火车站登上一节车厢。火车车次非常少。战争使交通工具难以正常运行，况且在这段时间里，敌我双方正在距此二十多公里远的色当鏖战，麦克马洪和皇帝的处境极为危险，敌军已将他们团团围在色当城内。通往首都的直达铁路线已被切断了。兰波不得不走另一条路，要绕道北方，经比利时前往巴黎。他的钱花光了，可离巴黎却越来越远了。到比利时的沙勒罗瓦时，他手里只剩下一点点钱，仅够乘车到圣康坦。但想去巴黎的欲望占了上风,他毫不犹豫地继续往巴黎方向走,哪怕采用逃票的手段。然而,警察检查得非常严格。由于国家正处于战争状态,警方担心敌人会派进密探进来。在巴黎,所有旅行者的车票都要严格检查。兰波在火车北站下车,当然也躲不过检查,他以为自己已找到自由之路,没想到却被警察逮捕并送进拘留所里,警察对他进行审讯。他隐瞒了自己的年龄,说他已经17岁了,就像在写给邦维尔的信中所宣称的那样。但他不得不承认,在首都他谁也不认识。从这时起,警方将他视为一个无家可归的流浪汉。由于他来自沙勒维尔(这几乎就是一座边境城市),这使他的情况变得更为严重,警方认为他是一个嫌疑犯。在审讯过程中,他大概在检察官面前表现得很鲁莽(这是伊藏巴尔根据兰波的描述提出的说法,兰波难免当着老师的面要炫耀一番),于是他被关进位于马扎林荫大道(今已改为狄德罗林荫大道)的马扎监狱里。警察把他和那些重罪犯关在一起。兰波不由感到担心起来,因为他并未犯什么过错呀。在洗漱过后,他马上要来纸笔,给许多人写信。他分别给帝政总检察长(但由于色当战役失败,帝国的崩溃已在所难免)、给沙勒维尔警察局局长、给他母亲、给乔治·伊藏巴尔写了信,其实他更相信伊藏巴尔,因为他害怕"老妈"会严厉地惩罚他。显然,这位年轻的老师已成为他的朋友,他觉得自己可以在老师身上获得情感的支持,而这正是他所缺少的:"我期盼着您,就像期盼着我母亲一样,我一直把您当作我的大哥哥","我现在像爱哥哥那样爱您,将来我会像爱父亲那样爱您"。这是紧急的请求,是几乎绝望的呼救:"如果星期三在从杜埃开往巴黎的列车到达之前,您得不到我的任何消息,那么您就乘那趟列车,到这儿来用保证书把我赎出去,或者您去找总检察长,为我作担保,支付我所欠下的债务!您尽自己的最大能力吧……"伊藏巴尔当时正在杜埃休假,得到这个消息后感到极为不安。他马上采取一切措施,让警方释放兰波,支付他所欠下的13法郎,在这种场合下,他表现出宽宏大度的牺牲精神。几天后,兰波走出监狱,乘火车回到杜埃[57],因为直达沙勒维尔的火车依然没有恢复通车。大家来到火车站接他,而他本人刚刚经历了自己的第一次冒险。这个冒险行动会在朋友的庇护下继续进行,因为冉德尔姨妈要把他接到草场修道院街居住,这是一个非常宁静的街区,房子也很舒适。兰波早已认识卡罗琳·冉德尔,现在他又认识了卡罗琳的另外两个姐妹(这三姐妹后来在他笔下成为《捉虱女人》,她们给他洗头,洗去他在马扎监狱里染上的虱子)。在她们的陪伴下,尤其是在伊藏巴尔和德韦里埃的陪伴下，他感到非常幸福。大家谈论的话题丰富多彩，尤其是在兰波入狱期间，第二帝国彻底垮了台。拿破仑三世在色当遭到惨败。从9月4日起，共和国宣告成立。在巴黎，民众们聚集在市政府广场上，向罗什福尔、弗路朗斯①以及其他反对第二帝国的著名人士欢呼致意，而就在这集会的地方，在那同一时刻，兰波却被关押在监狱里。特罗叙②将军领导的国防政府则把急需处理的国家事务承担起来。然而，当时的局势依然十分错综复杂。各政治派别都在推断自己有多大把握在即将举行的议会选举中获胜。反对派势力还在挣扎着。

这时，兰波渴望能读到各种各样的书籍，他舒舒服服地坐在三楼的房间里，从大书柜里拿自己喜欢看的书。一天，伊藏巴尔见他手里拿着一本蒙田的书，富有诗意灵感的话使他着迷："诗人坐在缪斯三脚座上，口中念念有词，好像使那话语带上谵妄的意味，就像泉水的动物雕像喷口，喷出不同色彩、不同物质的东西。"当兰波后来谈起"清醒地让所有感官错乱"时，他还记得这段话吗？在杜埃居住的那段时间里，他像背口令似的反复念叨这几句话，以至于六十年过后，伊藏巴尔还依然能记得这句话。

兰波就像出门"休假"似的，但他并不是只把自己关在房子里，去长时间地读书。在母亲不在身边监督的情况下，他感到格外的自由。母亲一再警告他，要他尽快回到沙勒维尔来，尽管如此，他才不想这么快就回到那座"最愚昧"的小城里呢。他在杜埃感到很快乐，城里的繁忙景象使这座城市显得很热闹。国民自卫军在法国各地又重建起来。伊藏巴尔因近视眼而被免除兵役，但他依然义无反顾地要参加国民自卫军。兰波虽还不到入伍的年龄，但也陪着伊藏巴尔前往国民自卫军报到。由于缺少枪支，士兵们竟然用扫帚做军事训练！兰波见此非常愤怒，于是便提笔写了一封抗议信，信中采用的口气倒更像是官样文章，用的是"含混不清的术语"，伊藏巴尔后来精彩地描述道，这封信是写给莫里斯市长的，但由于请愿者没有在信上签名，此信并未交到市长本人手里，后被伊藏巴尔收藏[58]。

公共活动依然在有条不紊地进行着。在杜埃，兰波、伊藏巴尔以及德韦里埃积极

---

① 古斯塔夫·弗路朗斯（1838—1871），法国革命家，因参加革命活动而被捕，出狱后参加巴黎公社运动，后被人暗杀。

② 路易·特罗叙（1815—1896），法国将军，拿破仑三世倒台后，任国防政府首脑。

地参加市政选举的预备会议。9月23日星期五，汇集不同社会阶层的集会在埃斯凯尚广场举行。有些持反动政见的候选人竟然把自己的名字登在好几个名单上（其中就有"民族和解"的名单）。在经过激烈的辩论之后，他们那套鬼把戏很快就被戳穿了，接着人们便推出一个"民主"的单一名单。兰波以辛辣的简练文笔对那次会议做了综述，并将此文投给《北方自由报》（这是当地的一份小报，伊藏巴尔那时任该报的主编），报纸将这篇综述刊载在"地方版面"上[59]。他以此开始了新闻业的生涯。他大概又做过若干次尝试，但经常以失败而告终，至少人们知道的情况是这样。

　　法国当时的局势既不稳定，也不明朗，大家都在观望，这种局面倒很适合兰波那无所事事的心态。从某种意义上说，正是在这样的局面下，青春年华发出伟大的呼唤，而风华正茂的青春不但有感知，而且抱着焦虑的希望。他并没有放弃诗歌，他绝对不会放弃诗歌！伊藏巴尔刚把自己的朋友保罗·德梅尼介绍给兰波，德梅尼是一个26岁的年轻诗人，兰波曾不经意地翻阅过德梅尼的第一部诗集《拾穗者》[60]，这部诗集刚由艺术出版社在巴黎出版†。显然，这部诗集并未给兰波留下深刻印象，因为德梅尼的诗不过是按韵律规则填写的文字罢了。但德梅尼却有幸得到出版社的青睐，况且出版商还是他家的一位亲友，或许这才是他那本平庸诗集得以出版的真正原因。兰波对有可能出版诗集的机会更感兴趣，因此也就不在乎德梅尼的文学水平，他毫不犹豫地将自己至此所写的诗抄送给德梅尼，这些诗他都牢记在心里。他待在三楼的房间里，将自己创作的诗工工整整地抄写下来，这也算是他的第一部诗集吧。但他来不及把所有的诗都抄下来。兰波夫人在9月16日就给伊藏巴尔写了一封措辞严厉的信，一周后，她又给伊藏巴尔写了信，信中的口气显得更加恼火[61]。她无法想象儿子会在外面拖这么长时间不回家，她甚至以为儿子又跑到别处去了："此外，警察正设法调查他到底在什么地方，我担心您在未收到此信之前，这个调皮蛋又被逮捕了，如果这样的话，他就不必再回来了，因为我发誓将来再也不会收留他。"兰波知道母亲不会无缘无故地发誓。如果依然固执地沉醉于这短暂的幸福之中，那么以后他将很有可能无家可归，就像母亲对待夏尔舅舅那样，不许他跨入家门。伊藏巴尔意识到局势已变得很严重，便建议他还是先回家。为了确保他回家后免受粗暴的打骂，伊藏巴尔要亲自

---

† 德梅尼还交给出版社一个独幕喜剧剧本《狄安娜的箭》。——作者附注

陪他一起回去，顺便到沙勒维尔的住所里取些书籍回来，但他打算很快就离开这里，作为爱国的共和分子，他辞去自己的职位，虽然已被免除兵役，但他还是投笔从戎，加入到北方共和国军中。

回家的路程比预计的要远许多。要返回沙勒维尔，他们就得绕道比利时。我们能想象到"老妈"等待儿子的心情。幸好伊藏巴尔把兰波领回家，母亲至少不会当着外人的面发脾气，虽然她的怒气已经憋了很长时间了。然而，兰波不可能轻而易举地摆脱这种环境。总之，为此而抱怨就是否认他追求自主的欲望，而这一欲望总要去经受种种考验的。

因此，他得学会在烦恼中生活。他十分怀念在杜埃的那段短暂时光。他焦虑地期盼着巴黎的消息，在巴黎，极端的共和派与鼓吹社会秩序的分子，无产阶级与资产阶级之间的冲突愈演愈烈。从那时起，兰波便做出自己的抉择。他将成为桀骜不驯的诗人。在这10月里，他跨越了那看不见的界限，正是这个界限使他成为不屈不挠的反抗者。他知道自己从此迈入一个陌生的世界。他不顾母亲的责备，甚至在没有预先通知伊藏巴尔和德韦里埃的情况下，再次踏上离家之路。母亲以为他又跑到巴黎去了，可他究竟从哪儿弄来的钱呢？她马上去询问伊藏巴尔，而伊藏巴尔本想到色当的战场去看看，此时尚未返回杜埃，他对自己学生的这种大胆举动感到震惊。然而，大家对兰波所走的路线有个大致的想法。兰波大概赶到弗梅去看一个同学。他是在10月6日至7日离开家的。此时已是10月8日，伊藏巴尔对难觅踪影的兰波表现出十二分的忠诚，他顺着"出走者"的路一直寻找下去。

兰波根本不顾家人是否会沿着他的足迹找下去，他只想回应内心深处要去旅行的呼唤，这一呼唤从此一直激励着他。远方已显露在眼前，而且他也感受到远方的气息。"远方的风是多么有益于健康呀！"他后来这样写道。可他在寻觅什么呢？难道是在逃跑吗？但同样是在追赶，他却朝一个未知的目的地迈进，而且竟已猜想到那地方热烈的美感。那里究竟有什么东西呢？是奥菲利娅？还是大自然？或是某一天在大路上消失的父亲？诚然，他的惊险旅行不过是一种幻想，而他的漂泊行程还是有所保留，起码有几段路程还是很安全的[62]。他先到弗梅，去找同学比卢埃尔，弗梅是一个出产石板的小镇，坐落在马斯河的某一河湾处。他可能是乘火车赶到那地方去的，因为他的诗《冬梦》就写于10月7日，而且还明确写着"在火车车厢里"。此诗题献给一个神秘的带着三星标记的"她",而这位"她"似乎与那位给他带来灵感的女子为同一人,正是这灵感使他写出《传奇故事》,甚至创作出《初夜》。这首(不规则)十四行诗依然在歌咏梦境,而且像其他诗一样,兰波善用的将来时在诗中占主导地位。比卢埃尔对家人夸耀同学的拉丁译文如何如何棒,他们一家人热情地接待了这位拉丁译文的高手,并留他在家里住了一夜。马斯河沿河街道旁耸立着西班牙式的建筑,这使小镇的景色显得十分迷人,但兰波并不想在这可爱的小镇逗留太久。然而,他却像真正的浪迹天涯者一样,再次上路,步行朝维勒方向走去,他打算住在同学阿蒂尔·比纳尔家里,但却只在那儿逗留了很短的时间,他一直沿着马斯河走,并在晚上到达吉韦镇,这是一座内河港口小镇,一座沃邦式的城堡俯瞰着全镇。海鸥在水面上嬉戏着,一艘艘平底驳船在水上穿梭往来。兰波就睡在这旁边,机动保安部队的一所营房收留了他。他以自己的方式过着流浪的生活,而不是米尔热所描述的那种悲惨的流浪生活(可他后来还是经历了这种生活),此时,他不过是在漂泊,大熊星座以及满天的繁星在保护着他,这正是星体音乐的新版本。第二天,他顺利地越过边境,接近黄昏时,他来到沙勒罗瓦。此前,比纳尔曾给过他一些钱。他路过一家挂着惊人招牌的餐馆,那招牌上写着"绿色餐馆"。实际上,任何走进这家餐馆的人都身不由己地融入翠绿色之中,所有的家具都被漆成绿色。他感觉饿极了,要了一份很实惠的便餐:涂黄油的面包片,刚出炉的蒜香烤火腿,外加一大杯啤酒。一位性情温柔、体态丰腴的女服务员被这个16岁的小伙子吸引住了,她露出一副缪斯的面孔,朝兰波走过来。这是兰波式的美妙时刻,是纯朴的幸福时刻,这是累人的漂泊旅途中的一个阶段,唯有死亡才能让这个旅途停下来。此时是晚上5点。有人会爱上兰波。前途就在他眼前,在他的饭桌上。什么都没有消失,任何东西都还没有消失。他在写诗,一气呵成,就像时光的色彩一样。

在沙勒罗瓦,他打算和当地报纸的老板、参议员格扎维埃·德·埃萨尔谈一谈。他曾做过《北方自由报》当地新闻版的编辑(虽然这只是个挂名的职务),因此希望能为埃萨尔做编辑。伊藏巴尔正沿着兰波的足迹寻找他,根据伊藏巴尔的说法,和埃萨尔交谈时,兰波大概对公众议论的人物出言不逊,虽然埃萨尔起初一直在认真地听他讲,甚至还热情地请他吃饭,但兰波的话让他有些反感,于是他便礼貌地把兰波打发走了。兰波只好继续踏上疯狂的征程。布鲁塞尔已经不远了,或许他知道该怎么做才能不买票乘火车赶到那儿去。他毅然决然地越过边界，虽然双脚早已被过紧的靴子磨破了，但他最终还是来到布鲁塞尔。在这座城市里，他只知道一个地址，还是偶然听伊藏巴尔和德韦里埃聊天时提到过这个地方，那就是保罗·杜朗的地址。他找到那条街，来到屋外敲门，并声称是伊藏巴尔的朋友。杜朗一家人十分亲切地接待了他，并留他在家里住了两天。他打算参观一下比利时，并丰富自己这方面的知识（这是他的说法，可这一次他并没有说谎），离开杜朗家时，他穿上新衣服，系上新领带，衣兜里还多了一点零花钱。或许那时他已经看得足够多了，于是便准备结束这次旅行，掉头往回走，但他不打算返回沙勒维尔，这样的话不就太没意思了吗，而是去找冉德尔姨妈，他希望在那儿能再见到伊藏巴尔。实际上，伊藏巴尔一直辛辛苦苦地追寻着他，在绕道布鲁塞尔之后，最后在姨妈家找到他。兰波却在姨妈家踏踏实实地住下来，他还常去看望德梅尼。每天晚上，他们都在一起谈论政治，谈论文学，一直要谈到很晚。那时大家都在议论巴赞将军那可耻的投降举动。当他有空闲时间时，便把自己的感想都写在本子上，9月里整整写了半本，他知道母亲虽然对他身在杜埃感到放心，但用不了多久，她就会到这儿来找他。他把最近写的诗都加到本子里，那是一首完整的十四行诗，此诗回顾了他漂泊在外的几个重要时刻。可兰波夫人却早已发起火来，她给伊藏巴尔写了一封信[63]（人们能猜到她的语气），叮嘱他不要像上次那样把这个调皮鬼送回来，而是把他交给"地方当局"，让当局用国家的钱把这少年犯遣送回家。于是伊藏巴尔给兰波讲道理，晓以利害，虽然兰波对此极不乐意，但他还是决定向冉德尔姨妈道别，接着他们便把他交给宪兵队。老师和学生就像老同学似的紧紧地握着手，相互道别。他们不知道，这竟是他们最后一次见面。在此后近乎一年当中，他们仅靠书信保持联系，随着他们俩就文学方面的看法日趋矛盾，随着兰波逐渐受巴黎公社思想的影响，变得更加自信、更加倔强，他们之间的友谊也变得越来越脆弱了。

第四章

历　史

重返沙勒维尔就像承认失败似的。兰波在反抗，在撼动束缚他的枷锁。然而，迫于形势的压力，他还是屈服了，但他还是采撷到"真正自由"的几幅图像。他将这图像牢牢地铭记在心，其中有些图像后来使《灵光集》发出绚丽的色彩。此时，局势还是不可挽回了。他又见到家乡这个忙忙碌碌的小城，听到那些早已听腻的平庸话语，看到资产阶级依然是那么无能，而他本人越来越想出人头地，比如他故意蓄起长发，这种打扮则引来路人的嘲笑。他在笛卡尔广场上走来走去，大街上到处是荷枪实弹的士兵。对他来说，他不需要再去钻研希腊语和拉丁语了，他已掌握了学会这两门语言的诀窍。但现在学这些人文科学又有什么用呢？战争的重压、激烈的政治辩论使这么多年的刻苦学习突然变得毫无用处。兰波已全身心地融入社会的重大事件之中，从此对神话以及帕尔纳斯诸神根本不屑一顾。不管怎么样，学校依然没有复课，已考入大学的高中毕业生还得等上很长时间才能到学校上课。然而，兰波夫人以其特有的温情向儿子保证，年初要送他去寄宿学校[64]，因为她想改善儿子的学习环境，可对于一个刚刚体验过独立生活乐趣的少年来说，这个前景无疑是难以忍受的。

于是，他很快给伊藏巴尔写了一封信："身陷庸俗乏味、恶毒及毫无生气的气氛之中，我要死了，我已开始腐烂变质了。可又有什么办法呢？我还是更喜欢不受约束的自由，而且喜欢……好多其他东西，这让人'感到可悲'，对吧？"而伊藏巴尔却非常理解他。一方面，兰波想远走高飞；另一方面，他又觉得应该履行自己的诺言，这真让他左右为难。兰波强调指出，此时他内心感觉需要他人的爱意，而他只经历过

"爱情的空虚"[†]，况且他对女人不感兴趣。"要是能为您做事情，即使是献出生命，我也在所不辞，我向您保证。"他在这封信的落款处签上"'无心'的兰波"。这是引用他人的话？还是别人说的话？他把这话拿来为己所用，却让他痛苦不已。人们是否体会到他依恋于伊藏巴尔的那种激情呢？是否估计到使两人亲近的那种近乎爱的默契关系呢？伊藏巴尔后来什么也没说，或许他根本就没有意识到这一点。而兰波本人呢，却在后来发现有悖常理的爱情！

从此，他听从历史的安排，听凭命运的摆布，只有耐心地等待，别无其他选择。他沉醉于无所事事之中，对诗人来说，这并非是没有益处的。他觉得这段时间太漫长了，其间还拉响过战争警报，出现过法国义勇军的抵抗行动，就在那时，他发现了另一种闲暇时光，那就是去写诗，在日常生活里采撷那些出乎意料的东西，并将它们改头换面写成诗篇，就像用魔灯照过似的。就在忍受烦恼的同时，他又是一个现实的发现者，思想也依然处于现实状态。他那无所事事的心态其实也是一种接受其他事物的方式，比如去感受好奇心，或去感受渴望以及酒色的生活。我们将在后文看到他以此为乐的情趣，他为悠闲的时光想象出许多美妙的东西。

虽然他不再去看望伊藏巴尔（这真让人感到遗憾！），但他还是经常去找德韦里埃，而且每次去都十分谨慎，德韦里埃此时已投身于新闻业。兰波还想同朋友德拉艾重新建立起联系。整个沙勒维尔小城都在尖刻地嘲弄小兰波离家出走的举动。那个完美的学生竟变成一个可鄙的调皮鬼，许多家长不许他们的孩子再和这个小坏蛋交往，这个小坏蛋露出一副放荡不羁的样子，蓄着披肩长发，嘴上叼着烟斗，好像专门与人作对似的。在11月里一个晴朗的下午，兰波一直走到梅济耶尔，他走进德拉艾太太的食品杂货店。欧内斯特·德拉艾恰好也在店里[65]。两个朋友拥抱在一起，他们有那么多话要相互倾诉。德拉艾非常高兴，陪着兰波外出散步，朝他来时的反方向走，一直走到玛德莱娜沿河大道。他们顺着小路绕来绕去，就是为了让自己的快乐持续得更长久。他们就最近的局势交换意见，断断续续地谈论这个话题。作为边界的要塞城市，梅济耶尔是普鲁士军队进攻法国的首要目标之一，如果说德拉艾身不由己而成为战争

[†] 兰波以此为标题所写的诗文很难确定是在什么时候创作的。这些文字记录了一个年轻人的梦境，梦境中的人物大多是女人，不管是女佣，还是淑女，尽管如此，这篇诗文很有可能是在更晚些时候，即在1872年或1873年创作的。——作者附注

的见证者，那么兰波则依然处于神魂颠倒的状态，离家出走的曲折经历使他像中了魔似的。从此，他们俩便常常见面。

学校一直没有开课。因此他们俩便一起外出远足。他们从梅济耶尔出发，朝圣朱利安走去，穿越一道道防御工事，钻进"爱情森林"之中，他们在那里吸烟，这是他们小心翼翼地卷起来的香烟（十二克烟草要花掉二十生丁呢）。兰波背诵自己写的诗，他在杜埃时曾把这些诗篇抄在本子上；再不然，他就像魔术师那样，从衣兜里掏出几本他最近非常喜欢读的书，比如狄更斯的《艰难时代》、福楼拜的《包法利夫人》、尚弗勒里的《圣佩里纳的情侣》等。他当时

德拉艾像
（沙勒维尔－梅济耶尔图书馆博物馆馆藏）

似乎对现实的表达方式，对精确的描写，对揭露人短处的讥讽式描述以及漫画更为关注。而这时的兰波却不被人所熟识，但他依然顽强地奋斗着，在1870年秋至1871年夏这段时间所创作的大部分诗篇里，他把自己内心的感触表达得淋漓尽致。此时，他似乎被生活的素材迷住了，可那并不是在离家出走过程中忧郁地感受到的素材，而是严肃地采撷来的素材，是去掉装饰、显露出内在活力的素材，这一活力在激励着他。因战争而被迫放假的高中生有时便去朗读雨果的《惩罚集》，以此相互鼓励，振作起精神来，这本诗集是民间流传的版本，包着蓝色封皮，字体很小，这是兰波搜集到的一个版本。

在沙勒维尔，有些十分刚强的人开始在政治上觉悟起来。就像杜埃市一样，共和国的建立也在此地催生出许多地方报纸。为了对抗代表保守资产阶级的报纸《阿登信使报》，一份名为《阿登进步报》的报纸刚刚创办起来，这份刊物带有明显的批评倾向。报纸的老板名叫雅各比，是兰波家住在弗雷斯特街时的邻居，此人可是个"人物"。雅各比从事摄影职业，这个职业当时还显得很神秘，而且很少有人去做这个行

《阿登进步报》
（沙勒维尔－梅济耶尔图书馆博物馆馆藏）

当。在1851年12月2日路易·波拿巴政变之后，他因持反对波拿巴的立场而惨遭流放。他以创办一份民主报纸为手段，最终去报复路易·波拿巴王朝。兰波显然已被新闻业迷住了（对他来说，这不过是发表诗篇的手段而已，因为他没有忘记此前给《大众杂志》及《讽刺漫画》投的诗稿），他先给这家报社编辑部寄去几首短诗。编辑部给他写了短评，告诉他那种"粗浅的小圈套"已经不时兴了（德拉艾依然记得这个词）。但两个小伙伴并不灰心，他们在"爱情森林"里发现了一个园艺工的窝棚，于是便常常跑到那儿，以满腔的热情去编写讽刺文章。兰波精心编写了一篇讥讽的小故事：醉醺醺的俾斯麦盯着一幅欧洲地图，忽左忽右打着手势，用手指着巴黎这座城市，

接着把烟斗放在那个位置上，在酒精的作用下，昏昏欲睡，但很快就朝前扑倒下去，倒在热乎乎的烟斗上。而德拉艾则对巴赞的叛变行为毫不客气地提出尖锐的批评。他们俩小心翼翼地签上笔名，夏尔·戴乐是德拉艾的笔名，而兰波则采用让·博德里这个名字，兰波声称他就是奥古斯特·瓦克里剧中那个高尚人物的化身[66]。兰波想以自己的方式成为一名伸张正义者。雅各比并不喜欢这种遮遮掩掩的方式，他要神秘的作者露出真面目来，因此在报纸上刊载了一条简短的启事："让·博德里和夏尔·戴乐先生，我对你们的文章很感兴趣，但还是请你们摘掉蒙面罩吧。"

兰波和德拉艾大概会同意编辑的要求，但一个新事件再次搅乱了日常生活那脆弱的安全感。事实上，在谈判无果而终之后，普鲁士人开始攻打梅济耶尔要塞，在那一年年底，他们用另一种焰火照亮了这座城市，炮弹像下雨似的落在旧城里，掀掉了房屋的屋顶，炸毁了一座座墙壁。人们在街上救助伤亡者。虽然沙勒维尔此时尚未遭到

攻击，但人们担心会出现更可怕的事情。在普鲁士人轰炸梅济耶尔两天之后，《比利时星报》公布了遇难者的名单，其中就有德拉艾全家人的名字。在获知这个消息后，兰波马上赶到梅济耶尔。他发现整个城市满目疮痍，但万幸的是，他的好朋友毛发无损。然而，炮弹还是炸毁了食品杂货店，许多房屋都被炸得面目全非，其中就有德万印刷厂，而《阿登进步报》则幸免于难。但德万就像朴素的长生鸟，很快就从废墟中恢复了元气，得以再生。

在接下来的几天里，兰波独自一人来到普里村，遭受灾难的德拉艾一家暂时到这里来避难，后来他们家又搬到一个名叫"特"的小村庄里，这里离沙勒维尔很近，兰波也赶过来看望他们。天气十分寒冷，而且还常常下雪，所有的小溪都结了冰。不过这没有关系！两个朋友在一起跑遍了周围附近的村庄，有时在路上还能碰上普鲁士军队的运输兵。兰波为小伙伴背诵他写的新诗，有些诗是为悼念在战争中死去的人而写的，比如《乌鸦》；另外一些诗则写得比较粗俗，比如《蹲着》，在这首诗里，米洛蒂斯①在月光下听自己的肚子咕咕地叫唤。他们俩还你一言我一语地评论着当前所发生的大事。虽然抵抗行动组织得很差，但普军依然遭遇到法军的英勇抵抗，尽管如此，普鲁士人最终还是突进到首都的四周，而且开始轰炸巴黎。在获悉这些消息时（因为大家对任何事情都不确信），大部分法国人认为共和国的寿数已尽，整个国土都将沦陷在敌人手里。1月28日，为了挽救巴黎，当局签署了停战协定，这让人民蒙受了羞辱。法夫尔②在正式文件上签字时，眨了一下眼睛，落下一滴眼泪。

2月8日，国民议会选举清晰地显露出外省保守的"乡下人"与大城市里居民的差别，在大城市里，左翼共和派占了上风，但他们既不是"赤色分子"，也不是布朗基分子。国民议会在波尔多召开会议，保皇党在议会中依然占有四百个席位，就是此后不久兰波所说的凯德雷尔那帮人。共和派在议会中的席位则比保皇党的少一半。

2月17日，小个子梯也尔先生被任命为政府首脑，兰波曾读过他撰写的《法国革命史》。遭受失败而又毫无生气的法国经历了一段屈辱的历史，国家不可能长久地忍受这种状态。无产者及共和派分子感觉受到现政府的蒙骗，因为政府与敌人达成秘密

---

① 兰波用这个别名来称呼同学米约。
② 朱尔·法夫尔（1809—1880），法国政治家，在梯也尔政府里任外交部部长。

协议，准备联手镇压革命势力，而革命势力一年来一直在虎视眈眈地觊觎着政权。

巴黎的无产者和共和派分子注意到当局已决定将东部省份阿尔萨斯和洛林地区割让给普鲁士，于是便辞去在议会中的职务，这并不是狭隘民族主义的反应，而是抗议议会多数派那卑劣的失败主义做法，这些人竟然准备接受所有的和解契约。虽然沙勒维尔非常闭塞，但兰波对所有的事实还是了解得十分清楚。在他看来，巴黎人真是了不起，尤其是他知道很长时间以来，一股反抗之风一直吹拂着这座"圣城"[67]。自1870年10月以来，当局试图遏制这股反抗之风。国防政府在不断打压反抗势力，甚至比敌人的做法还要残暴。但"公社"这个概念已经承载着工人和平民的所有希望。1870年9月20日，费利克斯·皮亚①在《战斗》杂志上撰文时就已用过"公社"这个词。在左派组织的示威活动中，民众再次热情地采用这个词。10月31日，在巴赞投降之后，民众在瓦扬、弗路朗斯、布朗基②等人的率领下涌进巴黎市政府，而就在这同时，梯也尔正与敌人谈判，商讨签订停战协定，但却无果而终。公安委员会差一点儿就可以组建起来，但红色阵营的首脑无法达成一致意见，而他们所威胁的政府却被忠实于政府的部队解救走了。

1871年2月，沙勒维尔中学被征用为战地医院，学校恢复了部分课程，但学生要到市立大剧院里去上课[68]。兰波声称自己"不适合登台表演"，有一段时间他甚至考虑要像隐士那样躲进罗梅里森林的山洞里，他和德拉艾曾在那山洞里抽烟斗，吟诗唱词。但他很快就做出更激进的抉择：要按一年前精密制订的计划再次离家出走，他登上开往巴黎的火车，迫不及待地想了解那边所发生的一切，去重大事件的发生地，切身体验那一重大事件。难道他打算到那边去工作吗？德梅尼是否告诉他应该找谁呢[69]？后来他所写的信件让人做出这样的猜测。

2月25日，他来到巴黎斯特拉斯堡站（现已更名为巴黎东站），他感觉自己的反抗精神一定能碰到知音。最初几天，他生活在令人困惑不安的非现实之中。焦虑不安的气氛笼罩着巴黎，一方面，敌人大兵压境威胁着巴黎；另一方面，国家领导者却在背叛民众。国民自卫军的士兵在巴黎街头到处巡逻。根据停战协定的有关条款，正规

---

① 费利克斯·皮亚（1810—1889），法国作家、新闻工作者、政治家。

② 爱德华·瓦扬（1840—1915），法国社会主义者，第一国际成员、巴黎公社社员；路易·布朗基（1805—1881），法国社会主义理论家。

军已被解除了武装，但国民自卫军依然保留着自己的武装。这支后备部队装备着先进的步枪，这是一款非常出色的武器，是从正规部队那里得来的，这给巴黎的街道平添了一抹奇特的景色。兰波根本无心浏览巴黎雄伟的建筑，但他却十分留意观察这种大战临头的气氛。他到处走，到处听。他走进咖啡馆，人们在咖啡馆里激昂地谈论着，好像准备再造一个新世界似的。人们在咖啡馆的吧台上精心设计美好的明天，以粗俗的语言辱骂国民议会里的那些白痴。他们在抒发理想主义情怀，表达自己的愤怒之情；他们为将来的理想而感到高兴，痛斥领导者的卑劣行径。兰波体会到什么是人民的力量，什么是正义的愿望，这种愿望一直在鞭策着广大民众。然而，他手头那点儿零钱很快就用光了。几天之内，他就落入悲惨的境地。像大多数穷苦人一样，他都快饿死了。那时食物极为匮乏，而天气又冷得出奇，塞纳河已被冰封，有人甚至在冰上拉着小车运东西。他饿着肚子，浑身上下弄得脏兮兮的，因为他和那些流浪汉一起睡在桥头下，有时睡在一条驳船上，直接躺在煤堆里。不过他刚到巴黎的时候，还记得安德烈·吉尔[1]，他非常喜欢吉尔在《月亮与月食》杂志上发表的漫画。他孤注一掷，按照别人给他的地址来到这位画家的画室。幸好画家从来不锁画室，兰波进去之后，便躺在长凳上呼呼酣睡起来。时隔不久，画室的主人回来了，他发现这位陌生人，于是便唤醒他，要他解释这是怎么回事。兰波讲述了自己的经历，吉尔倒是愿意相信他说的话，但还是送给他10法郎，把他打发走了[70]。

显然，那时的兰波不但渴望结识所有的诗人，而且渴望去拜访所有的漫画家。在那时所写的文字里，他表达了要与他们一争高低的愿望，除此之外，别无他求。当他徘徊于巴黎新闻界汇集的街区时，他梦想着能参与各类日报的报道工作。虽然那只是短暂的话语，却是充满了活力、铿锵有力的话语。一个世界覆灭了，就像一场噩梦似的；而另一个世界正在兴建之中，那是靠欲望、理想、愤怒、复仇而建立起来的世界。绘画里那种玩世不恭、流露愤怒的画法，那些引人发笑、恶意讽刺的讥讽漫画，那些篇幅紧凑的文章以及所有的小册子、讽刺短文、鼓吹革命的夸张性檄文、蛊惑人心的文章、慷慨激昂的预言性文字，所有这一切都以为超越了下一个时代，普遍

---

① 安德烈·吉尔（1840—1885），法国画家，尤以发表在《月亮与月食》杂志上的漫画而闻名法国绘画界，还为左拉、都德等作家绘制了肖像画。

的正义将在那个时代里占主导地位。兰波就像身无分文、在食品店橱窗外垂涎欲滴的大孩子,对他来说,巴黎同样是书店的橱窗,是书报商的商亭。他也许对舒瓦瑟尔小巷还抱着感激之情,希望能在那儿见到几位帕尔纳斯派诗人。但这些诗人根本控制不了事态的发展。他们每个人大概都写了一首爱国的诗篇。孟戴斯写下了《自由射手的怒火》,弗朗索瓦·科佩①创作出《一位布列塔尼别动队士兵的来信》(有人在剧院里朗读了这首诗),安德烈·特里耶②回忆起《侵略》,而勒孔特·德·李勒则写出一幕颇有抱负的话剧《巴黎的祭典》。他对这些诗人又能期望什么呢?在这些带着爱国情调的杂文当中,他欣喜地发现格拉蒂尼的诗歌集,以前他就非常喜欢格拉蒂尼的《金箭》。现在,格拉蒂尼为这本带有"新版《惩罚集》"意味的诗集取名为《热铁》。在波拿巴街18号,兰波忐忑不安地推开那个著名艺术出版社的大门,正是这家出版社为德梅尼出版了《拾穗者》。出版社的人向他打听德梅尼的消息,因为德梅尼刚刚结婚成家。兰波一边做出礼貌的表示,一边借这个机会向出版社介绍自己最近写的诗稿,他不是也想让这家出版社为他出版诗集吗?后来他给德梅尼写了信,却只字未提向出版社举荐自己诗稿的事。在这座混乱不堪的城市里,他饿着肚子,不无遗憾地注意到,此时的文学界已不再是那个过去他所信任的团体,每个人都在讲述自己的"围城"。幸好还有言辞激烈、表达不同政见、表达自由观点的报纸,比如罗什福尔的《口号》、瓦莱斯③的《人民的呐喊》等。他对这些报纸抱着真诚的崇拜之情。更让他感到兴奋的是欧仁·维尔麦希那离奇的幻想,维尔麦希在类似新版《迪歇纳老爹》④那样的报纸上提出他的幻想。倘若见到维尔麦希的话,他起码不用流浪好几个月,忍受那么大的痛苦,但在此人生阶段,兰波注定不能操之过急。况且,维尔麦希还有更重要的事情要做,哪有时间和一个来自沙勒维尔的孩子交谈呢。

兰波跑遍了首都的大街小巷,但却没有碰到任何知音,可口袋里那点儿钱早就花得精光了。他准备"再碰碰运气"(这是他第一次这么做)!可他不想和那帮盗窃团

---

① 弗朗索瓦·科佩(1842—1908),法国诗人,后当选为法兰西学院院士。

② 安德烈·特里耶(1833—1907),法国诗人、小说家,后当选为法兰西学院院士。

③ 朱尔·瓦莱斯(1832—1885),法国作家、新闻工作者。

④ 《迪歇纳老爹》原为法国大革命期间的一份刊物,其风格深受大众喜爱,言辞也很过激,成为当时激进革命党的喉舌。此指巴黎公社期间,进步人士所创办的类似刊物。

伙混在一起，他宁愿返回自己的家乡。这最后一跳将他从悲惨的世界中解救出来，要不然他非得在那个世界里沉沦下去。于是，他步行返回沙勒维尔。去年秋季初次离家时的欢乐早已一去不复返了，在饥寒交迫中，他独自走在漫长的返家路上。"在冬天的寒冷之夜，我走在大路上，没有歇脚的地方，没有温暖的棉衣，没有充饥的食物，一个声音在压迫着我那颗冰冷的心：'是软弱还是坚强。好了，坚强起来吧。'"[71] 然而，只要越过巴黎城的城门，他就能感觉到自己确实需要回家了。悲惨的处境以及饿着肚子在巴黎闲逛的事都已忘到脑后了，他再次感觉到，不管怎么说，自己的位置还是在那边。

他刚刚回到家乡，整个法国便获悉巴黎公社那惊人的创举，3月18日，巴黎公社宣告成立。人民掌管了政权。前政府眼中的无赖登上市政府的宝座，被流放者成为一代君主。听到这个消息，兰波兴奋极了。德拉艾随家人躲到"特"这个村庄，当兰波来到村子里时，他便把兰波指给大家看，而且发出胜利的呼喊："终于成功了！"接着，两个朋友便约好一同赶往沙勒维尔，去嘲弄那些被这消息惊呆的有钱人。他们以夸张的语气高声喊着："秩序被打败了！"他们的同胞们感到非常沮丧，甚至根本不想去回击这些挑衅举动。兰波差一点儿就赶上这场起义行动了，但他很快就以诗歌的形式去颂扬这次起义行动。幸好当地的报纸谨慎地报道了这一消息。他和德拉艾、拉巴里埃及其他几个人一起热烈地讨论这一事件，并对报纸报道的消息做出评论。每个人都以为自由的时刻已经来临。在1830年和1848年革命的成果被专制政权篡夺之后，这是多么成功的反击呀！这是一个全新的世界。对于公社那恐怖的动乱局势他不会不知道，而在公社里，美好的愿望与党派之间的斗争产生了冲突。尽管人民有许多既疯狂又果敢的想法，但他们不善于管理自己的胜利果实。一个强烈的梦想正在席卷法国，在各个地方激发出种种幻想。无限地扩大了革命力所能及的范围。

学校已于4月开学[72]，恢复了正常课程，既然兰波不想再去上学了，那他就得装出工作的样子，起码得改变自己的面貌。那时他觉得新闻业可以给他一个出路。至此为止，他在新闻业的经历均以失败而告终，但他能拿出无数个理由来解释自己为什么不能成功。他在巴黎看到的东西给他很大鼓舞。于是，在《阿登进步报》复刊之际，他要雅各比给他留个入门者的位置。雅各比还真交给他一项工作，要他分析整理读者来信，但他的希望再次破灭了，实际上报纸于4月17日就停刊了，他只在报社里工作了五天……

兰波比其他任何人都更希望能投身于那一史无前例的事件之中，这种看法并非没有根据，在克服重重障碍之后，自由的精神终于取得了胜利。然而，由于他离家出走后刚刚返家，不可能对这一事件做出迅速的反应。兰波参与巴黎公社革命运动一事依然是个难解之谜。他投身于巴黎公社运动本是不言而喻的事，但有人却对证明他参加过革命的证言提出质疑。德拉艾的话几乎一直是可靠的，他在这方面所提供的准确信息不久后也得到魏尔伦和帕泰纳尔·贝里雄的确认[73]。4月17日，兰波给德梅尼寄过一封信，他在信里讲述了最近离家出走的故事。将近一个月之后（通过他分别于5月13日和15日写给伊藏巴尔和德梅尼的信†，我们得知这一点），他一直待在沙勒维尔。在"五月流血周"（21—28日）之后，巴黎公社就失败了。因此，只是在有限的两段时间内，他有可能赶到巴黎，向起义者们表达他的道义感：一段是4月17日至5月12日；另一段是5月15日至28日。虽然德拉艾讲述得很详细，但他所提供的信息还是有些含混不清。他本人于4月上旬随家人一起到诺曼底去了，只是到了5月底才从那儿返回阿登省。因此，在那段时间内，他不可能见到兰波，这显然正是他为何在回忆那段往事时有些迟疑不决的原因。尽管如此，他的话还是值得我们去研究，况且后来其他人的证言也确认了这一点。

铁路运输再次被切断了，由于身无分文，兰波有可能是靠两条腿走到"圣城"去的。他内心里期盼着能碰到好运气，希望路上能遇到好心人，给他一些吃的东西。此外，他知道联邦部队正在招兵买马，每天付给士兵三十个铜板，这点儿钱真是微不足道，但假如人们认定他在巴黎到联邦部队里当了兵，起码他能生存下去，以躲过那可怕的悲惨生活，那种生活正是一个月前他在巴黎所经历过的。他迈开坚定的步伐，踏上了前往巴黎的大路。二百四十公里的路途吓不倒他，他已经走过那么长的路，像经常旅行的人一样，知道哪儿有栖身之处，哪儿有歇脚的好地方。在路上，一位马车夫捎了他一段路，马车夫显得有些微醉，他们俩肩并肩坐在马车上，谈论起政治局势。马车夫要这位流浪汉给他儿子画一幅画，于是，兰波拿出铅笔，以当时流行的漫画笔法画出一幅滑稽的梯也尔画像。在经过五六天的步行之后，他最终又来到首都

---

† 然而，15日那封信的结尾是这样写的："得赶快呀，因为一周后我也许就到巴黎了。"——作者附注

的外围，而且成功地溜进这座起义者的城市。他在街上碰到手持武器的人，翻越一处处街垒，陶醉在这焦虑与欢乐相交融的气氛之中。依然坚守在巴黎热点街区的人正在朝险象环生的自由世界走去。政府早已逃到凡尔赛去了，并把人民委员会视为强盗组织。政府的部长们认为应该采取行动，用武力迫使起义者投降。公社社员们被围在城里，枪支和大炮并不缺，他们缺少的是食物，而且食品越来越紧缺。不过这没有什么了不起的！兰波早已习惯了忍饥挨饿的生活。况且他的计划很简单，他只想加入一支自由射手的队伍，这是巴黎在遭受围困最初几个月所成立的军事组织。诚然，巴黎公社是需要人手，但公社根本不信任这些毫无战斗经验的年轻人，公社认为这些脱离社会者只想着能领到军饷和食物。依照兰波的说法（由德拉艾转述），人们毫不费力就把他招募到自由射手的队伍里。他自我引荐，声称是革命的支持者，特意从外省赶过来保卫人民的事业。人们欢迎他加入这支队伍，他和新战友们一一见了面，很快就从他们那儿募集到21法郎，于是便和那些慷慨接纳他的人一起把这笔钱花掉了。在这些人当中，不论是性情古怪的人，还是前线的步兵，或是第八十八团的士兵，他们确实都很善良。在蒙马特高地，拒绝将枪口对准人民的那位士兵被派往巴比伦兵营。大家在兵营里用餐，在兵营里就寝。新入伍的士兵还要进行军事操练，学习使用武器，而那些老兵对此已经很熟悉了。魏尔伦后来以简练的笔法暗示了那段时间的事，称兰波那时的战友都是"替弗路朗斯报仇的人"[74]，弗路朗斯是最早宣布起义的重要人物之一。魏尔伦后来明确指出，那些"系着白皮带的青年男子"嘴里喊着革命者"弗路朗斯"的名字。在兵营宿舍里，兰波有过令人恶心的混居经历，尽管如此，在与第八十八团士兵接触的过程中，他还是结交了一个好朋友。时间在等待中一天天地过去了。到处都流传着各种各样的消息，接着又有人出来否认这些消息。延迟的自由就像发烧似的。兰波一生中有那么一段经历，此经历忽而被传记作家夸大，忽而被视为杜撰的故事，忽而又被人遮掩起来，难道这就是那段经历的背景吗？德拉艾对此什么也不说，但帕泰纳尔·贝里雄总是以传记作家的手法来解释篇篇文字，信誓旦旦地说《痛苦的心》讲述了一个喝醉酒的场面，而作者本人目睹了这一场面：

> 悲伤的心在船尾流泪，
> 我心里只惦念小班长：

1871年5月13日兰波致伊藏巴尔的信
（沙勒维尔－梅济耶尔图书馆博物馆馆藏）

他们向他灌食大锅饭
……[75]

贝里雄那不切实际的肯定态度使他犯了许多错误。尽管如此，兰波于1871年写的所有诗篇大部分既不真实，也不虚假。他只不过在诗中拉大了与现实的距离。《痛苦的心》肯定是兰波非常珍重的一首诗，他用此诗来阐明那第一封所谓的"通灵人书信"，他在5月13日将此信寄给伊藏巴尔。6月，他将此诗抄送给德梅尼，并将标题改为《滑稽者的心》，而在1871年秋天，当他将此诗送给魏尔伦时，又将标题更改为《失望的心》。他将此诗视为一件非常重要的作品，这一作品清晰地展示了他的新艺术。然而，

这首带有讽刺意义的八行诗究竟在讲述什么呢？这是他本人蒙受耻辱、人身遭受伤害的故事，一个小班长，还有一些大兵，他们挺着勃起的阳具，使他堕落下去，他们伤害了他的心。他描绘出这样一幅图像，肯定并非出于纯朴的诗意。人们显然能在其中发现波德莱尔笔下信天翁的痛苦，船员们都在嘲弄那只信天翁。但兰波所描述的那个世界似乎与此非常接近，尤其是他在巴比伦兵营里所认识的那个阶层与此更为相似（假设他去过那个兵营）。没有什么可以阻止人们去想象他在那儿遭受到性侵犯（除非他只是一个旁观者），那是显示男子性欲的下作举动，而他的青春也因此受到玷污。德拉艾和伊藏巴尔本想就某些情况同贝里雄讲清楚，因此拒绝承认如此露骨的解释[76]，贝里雄是兰波夫人的女婿，又是兰波那位倔强的小妹伊莎贝尔所认可的传记作家。在有些情况下，沉默是金呀。《痛苦的心》所披露的东西似乎仍然是一个谜。人们后来注意到，至少从那时起，兰波故意表现出对女人的厌恶感。人们很难想象使他蒙受耻辱的鸡奸会转变他的性取向，从而只让他对男性之间的爱情感兴趣。兰波毫不

兰波像（德拉艾绘，沙勒维尔－梅济耶尔图书馆博物馆馆藏）

掩饰地将《痛苦的心》送给与他通信的人，这当中所发生的事对他来说至少颇有启示意义。猛然间，这好像说得太多了！因为那自我表白已说得很清楚，几乎毫无掩饰，然而真相却令人生疑。面对炫耀般的介绍给人造成创伤的场景，面对这种极有可能而又不确定的场景，我们则持怀疑态度。

一起饮酒作乐，在兵营宿舍里抽烟、喧闹的场面并未给这些自由射手带来多大欢乐，他们渴望能参加更令人难忘的行动。那时首都各城门附近的战斗越来越激烈，大家感觉到孤立无援的巴黎公社不会坚持多久，而所有被当局认定有罪的嫌疑犯都会遭到严厉的惩罚。于是，在"五月流血周"发生前半个月左右，兰波便悄悄地溜走了，这是德拉艾的说法，他提醒大家，开小差者对自己的变节行为没有什么好炫耀的，尽管如此，这种说法也是有道理的。兰波很有可能把事实真相告诉了他最亲密的朋友，可他并未将真相告诉其他人，甚至连伊藏巴尔也没告诉。尽管伊藏巴尔对兰波就此事瞒着他感到有些不快，但他后来声称这些冒险的经历都是兰波自己杜撰的，目的是为了让人知道他是一名公社战士，自3月18日公社宣告成立以来，他一直在扮演这样一个角色。

在经过几天艰苦的跋涉，遭遇重重波折之后，兰波徒步经维莱-科特莱、苏瓦松、兰斯、雷特尔，最终回到故乡沙勒维尔。

第五章

新诗歌

兰波再次回到这个难以让他称心如意的家，母亲总是责骂他，督促他赶紧找一份工作。他每天都在打听公社的消息，此时公社正经受着最后的狂热和恐惧，像以往一样，他常常到图书馆去看书，甚至比以前去得更勤了。他思念着巴黎，想象着最后战斗的时刻，很快他就创作出一首《巴黎战歌》，他以嘲弄的口吻称其是"时事诗篇"。（荒唐可笑的）对抗只发生在诗里面，那些人正是梯也尔和皮卡尔①之流，是在春天的花朵里飞来飞去的"采花大盗"，而朱尔·法夫尔则流下鳄鱼的眼泪。而他们的对手就是那些喜欢吃喝玩乐的人，兰波算是其中的一员，还有那些起义者。作为幸免于难者，兰波以奇特的方式来看待这场内战。乡下人与城里人的冲突还是十分严重的，他是否认真地看待这场冲突呢？这首讽刺性的战歌肯定没有预料到"五月流血周"那血腥的杀戮行为。兰波唱着这首战歌，其语气带着夸口的意味，即使在一行诗的转折点，他的确描绘出被鲜血"染红水面"的湖泊。

他的创作力随着起义大军的节奏而展现出来，这支起义大军就像一台庞大的机器，在不顾一切地运转着，同时在这新春之际期待着"樱桃时节，那樱桃像鲜血一样滴落在树叶上"。到处都是暴力的气氛，是春天所激发的活力，而春天的花朵正散发出浓郁的香气。春天真正的季节由他调整而来到人间。除非他并未感觉到春天在他内心骚动，就像性意识在其内心里萌动一样。此时他所写的文字都带着讥讽的特征，带

---

① 欧内斯特·皮卡尔（1821—1877），法国政治家，在国防政府中任财政部部长，后在梯也尔政府里任内政部部长。

着渴望自由的烙印，他的躯体令人吃惊地裹挟着语言，将自己的心绪宣泄于文字之中，那些文字充满了形容词的活力，体现出新词汇的精髓，既然语言本身也应发生变化，况且巴黎公社还带来了新的活力，使枯竭的历史获得新生。

这个身材略显瘦弱、个子不高（当时只有1.6米高）、举手投足总显得拘谨的大男孩，尚未结交过女朋友。然而，他那天使般的容貌大概也曾迷倒过几个女孩子。德拉艾、皮埃坎以及所有的朋友对少年兰波的几桩逸事记忆犹新[77]，他那时总是和一个15岁的少女一起出去。这位少女是不是不愿意随他去巴黎呢？大概这就是他为何能悄然离家出走的原因吧。他肯定有过情人，却坦言承认她们都是"小姑娘"，也就是说，这些女孩子并未让他动心。我们需有路易·皮埃坎那样的想象力，才能相信兰波临死前还思念着那位让他心仪的姑娘。最好还是听听兰波是如何憎恨她们的吧。在看过沙勒维尔所有好嘲弄人的姑娘之后，不论是金发碧眼的女孩子，还是黑发或棕红色头发的姑娘，她们都长得"很丑"，过去曾让他有过幻想的女孩子，如今已被他抛在一边了。他发现女人虽然有着温柔的外表，但她内心里的东西让人很难理解。他对这个"仁慈的姐妹"没有什么好期待的[78]。

他生性好讥讽人，而且目光敏锐，谁要是惹他不高兴，他会随时准备去戏弄此人，甚至与此人对抗，比如坐在图书馆里的海关职员，躲进教堂里的穷苦人，带着浪漫情调的不同类型的人，可这会儿这些人却露出焦虑的神色。那时他有一个同学名叫欧内斯特·米约，这位同学的一个亲戚当上了神父。他一边回忆着神学院的老师和学生们，一边描述出这位米洛蒂斯兄弟的样子，米洛蒂斯蹲下身来，双手握着大钵的把柄，通过天窗去观望"天空中的维纳斯"[79]。他发现融合着抒情与粗俗的诗歌有很多特性。他比创作出《一具腐尸》的波德莱尔更大胆，将所有的丑恶都揭露出来，将文字嵌入到躯体里，而他敢于根据深度挖掘的真相去讲述那躯体。他打破现实主义沉寂的水面，去探索一个未知的领域，其实这个领域不过是一个梦境，是人与物之力量或活力的体现，尽管这个力量或活力总是被遮掩起来。

1871年5月13日，巴黎公社依然在顽强地抵抗着。兰波远离巴黎，强压住自己内心的怒火，脑中想象着巴黎街头大敌压境的场景，同时还想着在图书馆所读过的书，即使图书馆馆长让·于贝尔用责备的眼光看着他[80]，他也要读那些杂书，于贝尔以前在学校里教授修辞与逻辑。最近，他刚收到伊藏巴尔的一封信，在1月停战之后，伊藏巴尔打算再回学校教书。4月，有人介绍他到圣彼得堡去做家庭教师，因为他哥哥就住在那儿，但他拒绝了这份差事，这真像是冒险的征程！他宁愿规规矩矩地在杜埃的一所中学里做代课教员。因此，他一直待在离小城不远的地方。难道兰波应该为他接受如此狭隘的命运而感到高兴吗？"您现在又重新当上老师啦。"但他的回信并非只是表达责备之意[81]，他还展示出自己的宏伟计划，当然这些计划与当前的局势密切相关。在心情兴奋，感情奔放的状态下，兰波将自己的打算——列举出来，他的想法犹如闪电照亮了诗歌那黑暗的地方。许多人做出诸多解释，试图去分析他的想法。他在信中展示出一种视野，这一视野显然在向我们挑战，而且也向他自己挑战。他独自一人去发现世界。在他看来，这一特殊的历史过渡时刻好像在给他下指令，而他写给伊藏巴尔的信则划出一条分界线。这条分界线划分出一个你和一个我，划分出"无可救药"的老师和采取截然相反态度的学生，而学生则遵循自己的道德标准，走上一条不光彩的路，爬上一个荆棘丛生的陡坡。兰波就像一个魔术师，像一个善于露出谦卑样子或装扮冷酷鬼脸的演员，故意放浪形骸，堕落下去。况且这种故意扮酷的行为与他探求自身身份的做法相吻合，这正是年轻人标新立异心态的具体体现，他认为这才是"天才"的出路。就在法国处于兵荒马乱的时刻，这个17岁大男孩做出某些浮浅的怪诞行为本来也不为过，比如：在咖啡馆里夸夸其谈，蓄着披肩长发，抽烟斗，在沙勒维尔的墙面上涂写一些不适当的标语，然而，他却将这些行为与诗歌创作联系起来，将所有含混不清的思想都清除掉。巴黎公社肯定将他推向危急状态，使他的直觉变得更加敏锐，使他的诗歌变得更加激昂，他的诗歌也要变革。兰波将公认的劳动者以及像伊藏巴尔那样的公务员与真正的劳动者以及公社的无产者区分开来，他后来以钦佩的口吻将真正的劳动者称为"可怕的人"，而他自己则想成为一名公社战士，即便他根本无意去写带有社会责任感的诗。作为一位（文字）劳动者，他在主观诗与客观诗之间划出一个相互比照的区别。在给伊藏巴尔写信时，他不但在和自己的老师说话，而且在和人交流，这个人有时也给他写一些平庸的诗文。在他的思想里，所谓"主观诗"是指那些言之无物却带有情感色彩的空话，这是与他通信的人所写的话。相反，他本人则声称自己的客观性新颖、清晰，甚至尖锐得有些刻薄。单从表面上看，他的诗歌与帕尔纳斯派的理论非常相似：崇尚形式，题材无个性，但无个性的题材在必要时也并不排除那种耽于声色的描写，正如邦维尔的诗所表现的那样。就在那同时（或几乎在那同时），伊齐多尔·迪卡斯①也在指责缪塞的追随者[82]，指责那些歌咏情绪、心境的颂扬者，以近乎精确严格的术语去探索"诗歌科学"。巴黎公社事件促使兰波去颠覆语言，他在求变与讥讽意愿的鞭策下做出这样的举动，那首《痛苦的心》就是最好的明证，他将此诗抄录在5月13日那封信上，此举可谓是意味深长。人们本以为他的客观性与无感情的描写有着千丝万缕般的联系，实际上，这种客观性与那类描写没有任何关系，因为客观性是受某一客观事实的驱使，而客观性是在某一特殊的创作过程中形成的，创作的目的是为了改变这个人。况且，兰波也不在乎这一矛盾。倘若他对笛卡尔的名言"我思故我在"提出质疑，那么他最终是想说"人们在思考我"。但他究竟是在说谁呢？他的那句名言"我是另一个"中的"另一个"究竟又是谁呢？从那时起，这句名言就过时了，因为它似乎是为了印证精神分析的说法而事后想象出来的。人们越细心研究这封奇妙的信，越仔细留意此信所暗示的东西，就越弄不清这封信究竟想表达什么，信中的话像闪电似的一闪便消失了。事实给发现信中内容的发现者很大的启迪，以至于他什么也不解释，只是在观察。

就在兰波给伊藏巴尔写下这封信的第二天，伊莎贝尔初领圣体[83]，兰波不但要参加这一仪式，还要参加仪式之后的一系列活动。后来他对这事记得很清楚。其实他对这种狂热的宗教活动根本不上心，却一直惦记着自己那奇特的宣言，他准备将此宣言转达给保罗·德梅尼，于是自5月15日起，他又拿起笔来。人们通常将这第二封信称为"通灵人书信"。其实"通灵"一词是在写给伊藏巴尔的第一封信里出现的，他在第二封信里再次使用了这一词汇。这一长久的发展过程以及伴随着这一过程而创作的三首诗（《巴黎战歌》《我的小情人》《蹲着》）足以表明他内心的信念，他"开拓"出诗歌的一片新天地。

然而，这一富有活力的学说并未在其同代诗人中引起反响，因为此学说只是到了1912年才被人所熟知[84]。这一理论过了很久才对超现实主义者以及"大玩家"组织的成员产生影响，而超现实主义者和"大玩家"的成员只是拿兰波的学说作为理论依据罢了。兰波写下"通灵人书信"，却丝毫没有想到去做理论家，更没想到向重要的

---

① 伊齐多尔·迪卡斯（1846—1870），笔名洛特雷阿蒙，法国诗人，其代表作为长篇散文诗《马尔多罗之歌》，超现实主义者奉他为先驱。

诗歌艺术提供理论依据。他以年轻人特有的狂热，划出诗歌的历史，与此同时，他还常常做出一些粗浅的评论。所有这一切都源于直觉，即使他想给自己的思想理出头绪来，清楚地分辨出希腊诗歌、浪漫诗歌和现代诗歌。希腊诗歌为情节标出节律，浪漫诗歌在问世前曾经历过一段"韵律散文"阶段，而现代诗歌则由第二代浪漫主义诗人如戈蒂耶、勒孔特·德·李勒和邦维尔所预示。兰波将自己的爱好描绘出一幅全景图。要是他不做出解释，也是合情合理的，就像1921年所有与《文学》杂志合作的人所做的那样[85]。

人们注意到他有保留地照顾到雨果的面子，进而诋毁缪塞，将波德莱尔奉若神明。尽管如此，他还是责备伟大的诗人"因循守旧"，而那些随信寄出的诗篇远未表现出他所预示的那种震撼力。人们很难在他一生中的这一阶段去感受他的想象。他不但为"通灵人"一词重新做出定义，而且写给伊藏巴尔的那封信就像是一个幻象，他正是以通灵人的措辞向伊藏巴尔解释诗人的作用[86]。这封信预卜未来，在预兆性的境界内确实站在"超前"之列。他谨慎地重复自己那句箴言"我是另一个"，并以"深层次"的术语来评论这一箴言，同时将自己的面孔掩藏在个人剧场的幕后，这正是表达真心话的方式。为此，他采用了一种方法，即"长久、无限、清醒地让所有感官错乱"。改掉自己的习惯，摆脱传统的逻辑方式，发现新的征程，让自己变得极其恐怖，甚至甘愿堕落下去。总之，这是一个绝妙的拯救，是通过他所预示的文字而实施的拯救，是逐渐增多的进步，依照他的说法，这是实证主义的做法，因为参照幼稚的传说，他希望能像普罗米修斯那样去拯救人类，但这并不妨碍他选择放荡的方式。他就诗歌所做的"超前"设想在重复占星诗人的做法，比如拉马丁及雨果，那正是诗人们分别在1830年、1848年以及1871年革命中的做法。但兰波既不是参议员，也不是共和国总统候选人。他在政治方面很快就放弃了斗争，虽然他曾在几个月内以微薄之力投身于新闻业，梦想着能起草一部共产主义宪法[87]，这是德拉艾在回忆录中的描述，但此事却未留下任何痕迹。这颇似神话的世界以及诺尔纳①所预言的真实性表明人们将来会更需要他[88]。

兰波大概期待着与他通信的人能就他寄出去的这两枚"炸弹"做出反应，这是真

① 诺尔纳是北欧神话中的命运女神。

正的革命性的檄文,他认为这么重要的文章,伊藏巴尔和德梅尼是不会忽略过去的。然而,德梅尼在收到这封十来页的长信之后,竟然连回信都懒得写。至于说伊藏巴尔,他对自己的学生如此粗暴地对待他感到极为生气,他无法接受来自学生的教训,于是便给兰波回了一首讽刺诗。《痛苦的心》阐明了兰波的伟大设想,但伊藏巴尔不太相信这些设想,并以激烈的言辞,模仿此诗和了一首《恶臭的缪斯》:

> 恶臭的缪斯,到我心上来,
> 像情人一样低声窃语。
> 为嘲弄所有的审美观,
> 恶臭的缪斯,投入我怀抱。[89]

然而,伊藏巴尔却丝毫没有看出《痛苦的心》所包含的新意,在他看来,此诗极为古怪,怪得令人难以接受。伊藏巴尔以诙谐的词汇,用《新当代帕尔纳斯》的腔调来嘲弄他[90],这份刊物自1866年起便致力于嘲笑新生的帕尔纳斯派诗人的诗。

几天之后,人们获悉"五月流血周"突变的局势,了解到公社社员的英雄壮举,了解到街头的巷战以及反动势力残酷的镇压行动。巴黎公社在七天之内就被推翻了,而且像迦太基遭古罗马人血洗那样被灭掉了。凡尔赛人大肆屠杀起义者,据说有几千人惨遭杀害,起义者未经审讯便被成批地枪杀了。那些没来得及躲避而又活下来的人则被投进"旧船监牢里"[91],而另外一些人,其中包括路易丝·米歇尔则被流放到新喀里多尼亚。兰波见过那些公社女社员,她们性情刚烈、胆量过人(她们绝不是新绿吐翠树下的丑姑娘),兰波想起她们,拿起笔写下了《让娜-玛丽之手》,他想象着那双手上拴着"明亮的铁链"。此诗观念新颖,将起义行动那冲天的火光表现出来,但形式却是陈旧的,因为他借鉴了泰奥菲勒·戈蒂耶的《手之研究》。巴黎公社就像一个强烈的爱情之梦留在他心里。人们曾经与奇迹,与纯粹的自由擦肩而过!此后不久,他以甘愿接受失败的阴郁心情创作出《巴黎人口剧增》。那些逃难者,那些"梅毒患者、矮人"再次涌入这座美丽的城市,涌入这座"圣城"。这座城市曾火光冲天,血流成河,巴黎人在清理废墟,清理被烧毁的宫殿,其中包括审计法院、王宫、巴黎市政府。现在人们预先通告"那是大火发出的火光",而那些"老家伙、傀儡、奴才"又都回来了,在这个"该死的"巴黎自得其乐。

无论是持怀疑态度,还是对此感到愤怒,兰波从此便到咖啡馆去喝啤酒,不是喝大杯啤酒,就是喝女款啤酒[92](应该理解为"小女孩款"啤酒,即小瓶啤酒)。他无所事事,就像"落在剃头匠手里的天使"。母亲对总是责备他也感到厌烦了,任凭这个执拗的儿子到咖啡馆消磨时光,去拜访共和派的精英分子,佩兰、德韦里埃以及那些出了名的激进分子就是这样一批人,他们对新闻计划更感兴趣,而不在乎实施这些计划的过程。亨利·佩兰是一个"激进分子",曾在中学里教书,德拉艾是他的学生。复活节过后,他辞去教师一职。至于说德韦里埃,他依然在罗萨私立学校任教,却把大量的时间都用在写作上,虽然他的文笔实在令人难以恭维。这些人聚集在站前广场那家名为"宇宙"的咖啡馆里,准备打造一个新世界。兰波极为敬佩维尔麦希和瓦莱斯,他为佩兰读了几篇讽刺性的短文,而此时佩兰正准备创办一份自己的杂志《东北》。就在杂志创刊号出版后不久,他甚至为佩兰写了一首长诗《食品杂货商的牢骚》[93],他以沙勒维尔小商贩的语气,将矛头直指佩兰本人,因为佩兰以诙谐的口吻谴责所有平庸的富人。这些文字虽然颇有引发轰动的意味,但并未博得新派记者的欢心,为了报复,兰波在沙勒维尔城里的墙面上涂上大字"去你妈的,佩兰",后来他让魏尔伦的语言也变得粗俗起来†。况且,他并不满足于在墙上胡乱涂抹这些粗俗的文字,根据伊藏巴尔或德拉艾的回忆,他随手把诗写在出乎意料的地方。在他离开冉德尔姐妹家时,他将一首简短的告别诗写在门上,可惜这首诗后来被一层厚厚的油漆遮住了[94]。还有一次,在梅济耶尔圣母院教堂钟楼里,他大概写下一首八行诗,以纪念在那儿发现了一只夜壶,这事说来真是有些滑稽[95]。

那时的兰波虽然表面看起来无所事事,但他始终没有停笔,一直在写信、赋诗。以自己的眼光来证明自己实力的时刻已经到来,他对此心知肚明。然而,无所事事的处境压得他喘不过气来。找工作的烦恼一直萦绕在他心头,好像上帝在惩罚他似的。母亲一直在督促他找工作,她就像"七十三名戴着沉重大盖帽的公务员一样那么倔强"[96]。最新的灵感使他心醉神迷,而内心的呼唤却在折磨着他,这一呼唤就像圣召似的。因此,他想方设法要成为一位诗人,在他看来,当社会根基已被撼动,社会

---

† 后来还有人说,兰波还不止一次以炫耀的口吻说:"去你妈的,上帝。"——作者附注

从此进入一个崭新时代的时刻，诗人的责任是不可或缺的。然而，他对刚刚成立的第三共和国根本不感兴趣，因为这个共和国身上依然沾着无产者的鲜血，尽管如此，他已想到辉煌的未来，正义最终将发出耀眼的光芒。不管是在街上游逛，还是和德拉艾一起去沙勒维尔近郊远足，此时的兰波只有一个爱好，那就是诗歌。为此，他遵循自己的生活方式，表面看似闲着无聊，但实际上，他既有狂热的意愿，又在挖掘自己的经历，从而将思想与行动融合在一起。虽然发现了许多新东西，但他仍然感到十分孤独，觉得无法让别人去分享自己的梦想。德梅尼不理睬他的来信，也不给他回信。伊藏巴尔也未认真地去看待他的创作。说实在的，对于这些经常接触且寄予厚望的人，他又期待着什么呢？

在这一学年结束时，由于亨利·佩兰担任《东北》杂志社社长一职，学校来了一位新老师接替他，新老师名叫爱德华·沙纳尔[97]，是洛林人，金黄头发，蓄着络腮胡子，灰蓝色的眼睛，脸上露出一副平静的样子。学生们都非常喜欢他，德拉艾也不例外，他善于让学生们去欣赏维庸、马罗、龙萨等诗人的诗。通过德拉艾，兰波得知新老师在诗歌方面的造诣颇高，有一段时间，他甚至想投靠在这位老师的门下。他们俩本来约好要见面的，这也算是"人为安排"的巧合吧，但兰波却在最后时刻改变了主意，尽管他早已准备好要同老师会面。他是出于害羞才这样做的，而他的反抗精神以及热衷于制造轰动事件的心态也是害羞心理的具体体现。几个月以来，这位手脚被束缚住的少年同时还经受着幻象的折磨，他的才华使脑中生出种种幻象来，他总是感觉不自在，因为他一直梦想着自由。他需要向别人倾诉，披露自己的精神面貌，那是预知力，是"崩溃、失败和怜悯"。当他在玛德莱娜沿河街道5号甲创作《七岁诗人》时，他不但为回忆增添色彩，而且在赋诗的同时也在描述自己，描绘自己思想的轮廓：他向往自由，向往赭石色的天空，向往惊险的海上旅行，那是一个绝对带有异国情调的世界。沙勒维尔以其特有的方式围起一座看不见的监牢。用笛卡尔广场来比喻封闭世界是最恰当不过的了，虽然广场的布局很完美。不论你在这座小城里怎么走，最终总会回到笛卡尔广场上来。然而，兰波在途经小树林街时，常常会去迪特姆咖啡馆，每天晚上，一个奇特的人坐在餐桌前，一杯接一杯地喝啤酒，就像弗兰德斯绘画中的人物。此人就是奥古斯特·布列塔尼[98]，他大腹便便，胖胖的脸蛋压在衬衣领子上，粉红色脸膛两边蓄着长长的鬓角，他一边喝着啤酒，一边抽着烟斗，露出一副深沉的样子。他在一家糖厂任间接税税务员，就是所谓的"收税史"。他时年35岁，却是一个怪人，有关他的传言不但相互矛盾，而且常常很难听。他不太爱说话，说出的话里有时夹杂着秘术和咒语。他收藏古书，拉小提琴，要是有人就某一政治话题向他挑衅，他会与此人激烈地辩论。伊藏巴尔一年前结识了他，因为他们俩在同一家膳宿公寓用餐。兰波大概就这样被引见给他，而布列塔尼的生活一直是个谜，我们虽然对他了解得并不多，但那点滴信息足以证明是他向兰波灌输了"校外教育"，是他向兰波推荐了咒语类的禁书以及革命

《七岁诗人》首页手稿

性的抨击文章。所有的传记作家谈到他时都显得很谨慎，却依然认为他发挥出拾遗补阙的作用，适时地填补了兰波的不足，也为兰波与秘术之间的关系提供了答案，人们对这层关系一直颇为疑惑。所有的诗人就这样被各类疯狂的解释给歪曲了。根据诗文所表现出的难点，有些机敏的人能从中看出"启蒙"的痕迹。因此，奥古斯特·布列塔尼可以为《元音》的起源做出解释！他是反教权主义者，但却痴迷于神秘论，喜欢夸张地模仿神父，这已成为他的拿手好戏，因此许多人开玩笑地用反话称呼他为"神父"。当他屈尊俯就地讲话时，他的话语表达出无政府主义思想，但听起来却让人极为兴奋。兰波那放荡不羁的行为使他平静的脸上露出笑容。他们俩相处得十分融洽，即使无话可说时也是如此，他们相互沉默着，望着时光在慢慢地流逝。布列塔尼看出这位不知天高地厚的少年正走上诗歌那危险的道路。显然，他并不喜欢诗歌，而是喜爱音乐。他是一位出色的小提琴手，常常把几个乐手召集到家里来。有机会的时候，兰波也到他家来听室内音乐会，有时，还会朗诵自己写的诗。布列塔尼虽然不知道这些诗文的价值，但依然鼓励他。布列塔尼只满足于欣赏魏尔伦的《感伤集》，他过去认识魏尔伦，那是在1868至1869年，他当时在芳普镇的德埃糖厂工作，糖厂距阿拉斯

25岁的魏尔伦（雷加梅绘，雅克-杜塞文学图书馆馆藏）

不远[99]。魏尔伦曾多次去舅舅家，在那儿的小酒馆里结识了这位"收税吏"。作为出色的中提琴手，布列塔尼和夏尔·德·西夫里联袂演奏二重奏，而西夫里拜访魏尔伦时，曾在教堂的风琴上演奏瓦格纳、埃尔韦的乐曲，还演奏了尼娜·德·维拉尔沙龙里"所有的跷跷板音乐"，当时所有放荡不羁的艺术家都聚集在这所沙龙里。有一天，布列塔尼甚至把魏尔伦赠送的一件奇特礼物拿给兰波看，那是魏尔伦在创作《感伤集》时用过的墨水瓶。兰波对这种巧合感到由衷的高兴。按照这种说法，人们对布列塔尼没有早点儿鼓动兰波去找魏尔伦而感到意外。实际上，只是到了8月底，兰波才下决心去投靠魏尔伦[100]。

虽然兰波喜欢经常去拜访德韦里埃，尤其是常常与布列塔尼会面，但他依然与忠实的朋友德拉艾保持着密切的联系。夏初时分，这两个"喜欢闲逛的人"又开始四处游逛。兰波随便编个借口，让母亲放心，别去管他，因为母亲总是朝他发脾气。至于说德拉艾，他对逃课的举动毫无顾忌。他们俩常常约在离学校不远的地方碰面，在磨坊街与玛德莱娜沿河街道的拐角处会合。他们从那儿动身，一直要走到圣洛朗和热内勒，走到艾格勒蒙小山岗，山岗里回响着制钉工人叮叮当当的敲打声。靠着兜里可怜巴巴的几个铜板，他们走进谢诺酒馆，要一杯啤酒两个人分着喝。有时，他们要走上十几公里，穿越森林，朝比利时的普斯芒日走去。他们来到比利时境内，就像小鸟一样自由，可他们必须要先进入一间特设的木板房去消毒，这个举措让他们感到有些不快，因为比利时人担心在法国阿登地区肆虐的口蹄疫会传入比利时境内。他们总得给这次远足找个动机吧，于是便买了几包烟丝，包装盒上"托马斯·菲利普制造"那几个字让他们感到极为自豪。在返回的路上，在森林里，他们遇上了海关职员。兰波并不是第一次穿越国境，但他的心情依然特别激动，有一种自立、逃避以及身在异国他乡的感觉。两个小伙伴醉心于诗歌，在穿越高山，跨越峡谷时，他们一首接一首地背诵诗歌。兰波有时将自己写的诗与《当代帕尔纳斯》所推介的诗融合在一起，交叉背诵，杂志上所发表的那些诗篇他也能熟记于心。那时，他非常喜欢莱昂·迪耶克斯[①]（尤其是他那首《孤独老人》），此人是魏尔伦的密友，是新一代诗人的希望。然而，他的选择依然尚未最终确定下来。在5月15日写给保罗·德梅尼的信里，他承认在目前的诗歌流派中有两个"通灵人"，一个是梅拉[②]，另一个是魏尔伦。但到了6月20日，他将《惊呆的孩子》[101]的副本寄给让·埃卡尔[③]，请他把刚出版的《暴动》与自己写的这首诗做交换。

那时，他毫不犹豫地四处去求助。他不但自认为是诗人，而且希望别人也承认他是诗人。因此，他想方设法向别人展示他的诗作，在不和德拉艾到附近乡村闲逛的时候，便坐下来精心誊抄自己的诗作，然后将其寄往巴黎或寄到其他地方去。由于德梅尼与艺术出版界有关系，他依然以为多少还得通过德梅尼这个渠道才能成名。在给德梅尼写过信之后，他一直也没收到德梅尼的答复，这难免让他感到很恼火，他在那封信里阐述了自己的理论，于是他又给德梅尼写了一封信，并随信寄去《七岁诗人》和《教堂里的穷苦人》。他把《滑稽者的心》（即此前名为《痛苦的心》那首诗）也附在信中一起寄给德梅尼，这首诗是对"通灵人书信"的最佳解释，这是他以此口气写给

---

① 莱昂·迪耶克斯（1838—1912），法国诗人，受象征主义影响，与波德莱尔、魏尔伦等人关系密切。

② 阿贝尔·梅拉（1840—1909），法国诗人，写过多首幻想类的诗。

③ 让·埃卡尔（1848—1921），法国作家、诗人、小说家。

伊藏巴尔的第一封信。尽管如此，他诚心诚意地要表明自己从此跨入一个新的创作阶段，迫切要求德梅尼将"那些写在作业本上的诗篇统统烧掉"，这是他于1870年10月在杜埃专为德梅尼抄写的诗。实际上，他并不是善于积累资料的那种人。速度当然也是一个因素，他的创作速度十分"超前"。他本人也采用变形的手法，同时确保自己蜕化的外壳要被彻底销毁掉。因此，一切都结束了。但他还是保留了一首诗，虽然这首诗并不是最打动人的，但在他看来却是最成功的一首，那就是《惊呆的孩子》，他曾将此诗寄给让·埃卡尔，后来又将此诗寄给魏尔伦。这几个月来他所从事的活动不会令人感到吃惊。他所从事的活动绝对不是在打发时间，恰恰相反，他将全部时间都用在诗歌上了。他以为自己已进入诗人之家，而且要在那里争得一个位子。

他记得邦维尔一年前曾给他回过信，他曾把《我们信仰唯一》强加给这位大师，现在则再次向大师提出请求。不过，他的做法确实是不可思议，因为邦维尔又会怎样去看待他寄过来的这首长诗呢？兰波在此诗下面签上"阿尔希德·巴瓦"一名，言外之意是赫拉克勒斯（古人称其为阿尔希德，意为"最棒的人"）写下的这首诗。兰波根本不在乎使用笔名。大家还记得当他写下第一篇新闻报道时曾采用让·博德里这个笔名。《与诗人谈花》这个标题在玩笑之下掩藏着某种文笔的训导，掩藏着真正的讽刺型诗歌艺术，这一艺术使"通灵人书信"显得更完美，而且没有留下任何说教的意味。兰波究竟想证明什么呢？杰出的诗歌题材，比如鲜花，应当以新颖的手法来处理，现在是该摆脱枯燥呆板地反复咏叹植物的时候了。然而，他难免会使自己那攻击性的言论显得过于荒唐。在人类进步的时代，他建议去歌咏实用的植物，比如烟草、棉花、茜草等。如果有人以为他视此为诗人的使命，那就误解他了，最终的结果表明，他认为最重要的是用语言去创造奇特的花朵。他的语气颇有嘲讽、揶揄的意味，看到这些文字，邦维尔也许会很生气的。不过，在信的结尾，兰波还是谨慎地写道："我一直非常喜欢邦维尔的诗。"[102]有些人在此信中仅看出戏谑的意味，认为他在嘲笑收信人，其实他们没有看出此信的真正含义。种种迹象表明，兰波在此是对另一个邦维尔说话，是那异想天开、深受波德莱尔赏识的邦维尔，是那个写下《怪诞颂》的才华横溢的邦维尔，他那夸张性的讽刺确实有些不近人情，但他希望大师能心领神会地看看他的诗篇。他特意在信的落款日期处标明"1871年7月14日"，此举无疑是以他的方式去赞颂某种解放。信的末尾注明布列塔尼的地址（他期待着大师能给他回复），这一谨慎的举措也是必要的，因为他不想让"老妈"知道他正想方设法让自己出人头地。

那奇妙的通灵感似乎使他着了魔，他每天都能写出新的诗篇。兰波向我们揭示更多的是真实的世界，那是他本人回想起并使之嬗变的世界，而非内心梦境的空间，他以不同于自然主义者的方式激化这个世界。他眼中所看到的所有东西都变成强烈的变形对象，这些对象在变形之后，以重组的形式显露出物体、生物、景色等。他表现出一种闪电般的感觉，这就像一种地道的魔术，在他施展魔术的地方，我们的眼睛只能看见最平常的东西。在《七岁诗人》一诗中，他谈起自己，谈起一直压抑着的怒火，谈起他的想象。在《初领圣体》中，他抨击宗教那平庸的礼仪，"这的确很蠢……"就在描述的同时，他还在创造。他在这里以诗人的笔法所描述的恰好是女人的故事，是饱受天主教种种禁令摧残的女性的故事。顺从的初领圣体的女孩子，到了重大节日，会感觉自己疯狂的欲望在觉醒。兰波抓住日常生活的题材，接着又渗透到这个题材里。他有可能成为科佩那样的人物，然而他的现实主义超越了所有类型的现实主义，他的反抗阐明了所有的词汇，从而使这些词汇显得更加完美。正是反抗给他带来灵感，使他创作出《正直的人》，不幸的是，我们今天只能读到此诗的残稿。在此诗里，流亡到格恩济岛的雨果成为严厉批评的对象。每当想起巴黎公社牺牲的烈士时，兰波依然感到十分气愤，他绝不赞同《惩罚集》的作者所选择的折中方案，雨果分别于4月19日和5月7日在《呼应报》上发表了三首诗，呼吁凡尔赛人与巴黎公社社员和解。他嘲笑了这位貌似正确的大人物，此人过于相信自己的论点，忘记了血债要用血来还的道理。

夏天的天气逐渐热起来了。兰波依然在沙勒维尔无所事事地闲逛。他下决心不再去学校上学了，但他仍然没有找到工作。佩兰和德韦里埃创办的《东北》杂志于7月初推出创刊号，可他却对这份刊物早已不抱任何幻想了。他的诗稿全都被退回来，除非他彻底改变自己的写作方式，而他坚决拒绝这样做[†]。他像以往一样和德拉艾或布列

[†] 不过，有人以为在1871年9月16日那一期上找到了兰波的一篇文章：《佩德谢弗尔男爵写给圣玛格卢瓦城堡秘书的一封信》。这篇反对巴黎公社的文章署名为"让·马塞尔"，摘自《阿登进步报》。但兰波作品的大部分编者都认为，此文并不是兰波撰写的（参见A. 亚当和A. 居约），而珀蒂菲斯（见《兰波传》，第130页）和米菲（见《兰波艺术中心纪要》，第10期，1986年，第39—46页）却坚持认为此文出自兰波的手笔。——作者附注

塔尼在一起消磨时光，布列塔尼依然很少说话，若有所思地吸着烟斗。是啊，他这是在消磨时光呀！8月28日，在担心、孤独、对未来的前景深感不安的心情下，他给德梅尼写了信，描述了他所处的局面，此时德梅尼身处很远的地方，而且也不太重视他的想法：

> 我远离平凡生活的世界已有一年多了，其中的原因您已知道得很清楚。我被囚禁在阿登省这个难以形容的小城里，见不到一个知心朋友，在卑贱、愚蠢、执拗、神秘的创作中沉思着，以沉默去回答各种问题，去回复最粗俗、最恶毒的斥责，表现出无愧于自己尴尬地位的样子，我最终把母亲激怒了，使她做出残酷的决定，她就像七十三名戴着沉重大盖帽的公务员一样那么倔强。

我们真的不知道该说些什么好。兰波对自己有清醒的认识，当然也了解自己的"创作"，他将此形容为令人惊奇的修饰工作，任何微小的修饰都会招致人们长久的疑问。但他已触到顶点，无所事事虽然对他那巨大的转变是必要的（也是非常痛苦的），但这种局面确实不能再持续下去了。以前，德梅尼曾帮他在巴黎找到打零工的机会，比如去当工人，每天能挣到15个铜板。诚然，他更愿意去做"不太费力"的工作。就在那时，马拉美教英语已累得筋疲力尽了。兰波是否还在想着能到艺术出版社里谋得一个职位呢？2月时，他曾去过这家位于波拿巴街的出版社。总之，此时他几乎陷入绝境之中。他看不到任何出路，好让自己焦虑的心情得以缓解。他内心极为孤独，不时冒出阵阵怒火，一直忍受着焦虑的煎熬。布列塔尼见自己看重的人如此落魄，也感到不安起来，兰波从家里跑出来一小时，就为了能陪布列塔尼在迪特姆咖啡馆里喝酒。于是，他们俩再次谈到魏尔伦。

最终有一天，一直在不动声色饮酒的布列塔尼将魏尔伦的地址告诉兰波。人们此后不禁要问，为什么要等这么久才把地址告诉他呢？然而，只是过了很久以后，兰波才敢和帕尔纳斯派中的"通灵人"通信，虽然此前他曾试图接触过许多诗人，而且此前所做的一切努力都未能成功。布列塔尼从中起到一定的作用，但到目前为止，人们始终无法理解他们为什么会浪费那么多时间，这一机会又是如何摆在兰波面前的。对于兰波来说，魏尔伦是他的最后一个机会。他希望从魏尔伦那儿得到的不仅仅是赏识和鼓励。在沙勒维尔这个夏季的经历压得他喘不过气来，实际上，他最终想离开阿登省的这座小城，甩开母亲的监督，到一个充满诗意的自由之城去生活。他准备给魏尔伦写信，并把这一打算马上告诉了好友德拉艾。于是，他们俩很快拿着纸和笔来到迪特姆咖啡馆，咖啡馆的老板很和善，特意为他们安排了一张大桌子。实际上，从那时起，兰波希望魏尔伦能通过他的诗作来评价他，因此他要把自己的诗工工整整地誊写下来。德拉艾是个热心肠的人，而且一直非常崇拜兰波，他把誊写诗的事承担下来，他一笔一画地写着，写出浑圆的字体（与印刷体极为相似），而兰波则将诗文一句句地念给他听。这肯定是具有历史意义的时刻。人们希望能从他们身上看到光明。然而周围的生活依然如故，好像什么事情也未发生过似的，过往行人发出的声响有时会打破咖啡馆里的宁静气氛，但咖啡馆里只回荡着兰波那抑扬顿挫的朗诵声。德拉艾手中握着笔，以他的方式画出命运的第一行文字。按照这位不时扮演文秘角色的德拉艾的说法[103]，在写给魏尔伦的第一封信中，兰波随信寄去五首诗：《惊呆的孩子》《蹲着》《海关检察员》《失望的心》《坐客》，除了第一首之外，其余的都是最新的创作，此前他曾把那第一首诗寄给过埃卡尔。像《蹲着》一样，《失望的心》在信中占据很重要的位置，因为在第一封"通灵人书信"里就有《失望的心》这首诗。诚然，我们在此相信德拉艾的记忆，他所回忆的往事显然比魏尔伦的更准确，魏尔伦只记得在这封信和接下来的另一封信里看到《惊呆的孩子》和《初领圣体》[104]。兰波对德拉艾誊写的副本感到很满意，他也拿起笔来，讲述他的生活和悲惨的遭遇，讲述诗歌和他逃到巴黎的往事，讲述自己未完成的计划以及迟迟难以展现的"先知"情怀。他以一丝放肆的语气称自己为"小无赖"，这是沉湎于酒色生活之最明确的表达方式，他发誓如果有人在首都接待他，他会比"扎内托更乖巧"，这一说法后来给魏尔伦留下深刻印象[105]。这里所说的扎内托是在暗喻弗朗索瓦·科佩所创作的独幕剧《过路人》中那位年轻、迷人的流浪者，扎内托由女演员莎拉·伯恩哈特扮演，1869年，随着演出的成功，这个后来被称为帕尔纳斯派的小团体也一炮走红。善良的布列塔尼也补充了几行文字，向魏尔伦表示敬意，并褒扬了兰波那卓越的才能。此信很快通过邮局投递了出去。兰波最终大胆地给这位诗人写了信，他承认诗人身上有许多独特的东西[106]。布列塔尼此前显然向兰波描述了魏尔伦，说他是个爽快的酒徒，不拘小节，过去是个浪子，现已改邪归正，但苦艾酒一直在诱惑着他。当魏尔伦夏天到舅舅的糖厂度假时，他们在一起喝了多少"鸡尾酒",狂饮了多少烧酒呀!虽然兰波对自己的诗充满信心,但一想到《戏装游乐图》的作者将去阅读这些诗篇,内心难免生出一丝恐惧感。

两天过去了,等待答复的日子让他烦躁不已,他已失去耐心,同时为了最终赢得魏尔伦的信任,他又寄去几首诗。诗文还是由德拉艾誊写的,其中有:《我的小情人》、《巴黎人口剧增》(魏尔伦不也曾同情过巴黎公社吗)、《初领圣体》。魏尔伦的记忆好像不是很清晰。兰波的第一封信寄往蒙马特的尼科莱街,寄到他岳父家,此信接着又寄往加来[107],当时他正在那里休假(他大概就是在那里给兰波回了信,对迟未能回信表示歉意),再不然就是他回到首都后,在勒梅尔处发现了这封信,总之,在收到此信后,他很快就给这位陌生的寄信人回了信,因为他惊奇地发现此人的创作极为新颖别致。因此,他毫不犹豫地告诉兰波,他欣赏这些诗作,认为诗作者本人"不可思议地带着战争武装"[108],也就是说,随时准备从事新诗歌的战斗。兰波险些以自由射手的身份投身到战争之中,此时却把战争带到"歌咏花草"的诗人行列里。毫无疑问,他就像一个忧郁的叛逆者,一个像贝特吕斯·博雷尔那样的狂人。魏尔伦依然记得18世纪30年代的这位狂热诗人,于是便以这位狂热诗人的伤感语气给兰波回了信:"在您身上,我能感觉到狼人的痕迹。"[109]然而,他还是仔细阅读了兰波寄给他的诗作。有些诗里采用的新词让他感觉很不舒服,比如《我的小情人》中的"皮亚拉圆舞",《初领圣体》里"愤怒的蔷薇",而且医学词汇用得太多,好像作者本人渴望去教授超越波德莱尔的解剖学似的。《惊呆的孩子》中的"原地扭屁股"并未获得魏尔伦的好评,虽然魏尔伦本人也曾在比利时以帕布罗·德·埃尔拉涅的笔名发表过极为粗俗的诗《女友》[110]。他陆陆续续收到兰波的其他来信。但魏尔伦已开始向朋友们推荐这些来自沙勒维尔的意外诗篇。他在舒瓦瑟尔小巷、煤气咖啡馆以及尼娜沙龙聚会里的伙伴们很快就和他一样,开始崇拜起兰波来,这些伙伴包括瓦拉德、克罗兄弟、卡米耶·佩尔唐、古斯塔夫·里韦、菲利普·比尔蒂①等人。大家一致同意接纳这位兜里揣满诗篇的叛逆少年。最后一封信向他发出召唤:"来吧,伟大的心灵,我们在呼唤您,在等待您……"[111]兰波大概不喜欢被人称作什么心灵,但邀请他前来巴黎才

---

① 莱昂·瓦拉德(1841—1884),法国诗人;夏尔·克罗〔(1842—1888),法国诗人兼发明家〕和他的兄弟;卡米耶·佩尔唐(1846—1915),法国政治家兼新闻工作者;古斯塔夫·里韦(1848—1921),法国诗人兼政治家;菲利普·比尔蒂(1830—1890),法国艺术家、研究远东艺术的学者。

是最重要的。大家共同努力，一定要让他在巴黎过得舒适，不会再像以前那样让他在街上流浪，隔着书店的橱窗看图书，捡别人的残羹剩饭来填饱肚子。兰波从此明白，在魏尔伦的提携下，他完全可以在诗人的大城市里获得成功。

他就要离开家乡外出度过一段时间，而且毫不费力地掂量出此次出行的利害关系，在动身之前，他创作出《醉舟》，写这首诗既是出于自信，也是想证明自己的能力，这首著名的诗篇将永远伴随着他的名字。虽然这首诗的主题是可以理解的，但究竟是什么动机促使他创作出此诗还依然是个谜。单单一首《醉舟》就足以涵盖兰波的全部意义，此诗已成为他躯体的一部分。此诗堪称是通灵的真正典范，虽然他从未明确地写过"通灵"一词。兰波刺破那"彩霞映红的天空，就像撕裂一堵墙那样"，清晰地看到

《醉舟》首页手稿

"人们以为看到的东西"。如果此诗表达了修辞行家的渊博学识，那么它带来更多的是奇特的元素，是感觉与色彩的调和体。一个月之前，兰波曾多次给德拉艾背诵迪耶克斯的《孤独老人》："我就像既无帆架、也无桅杆的浮船。"[112] 但在他的诗里，既没有"宛如"，也没有"就像"。只是船或是小艇，在神谕的诗歌里，那就是现代的阿尔戈船。难道这是寓意吗？或许是吧。这寓意着挣断船索的生活，最终达到未知的彼岸。尽管如此，诗文的开篇还是将矛头对准帕尔纳斯派诗人，那时人们称他们为无动于衷者，因为他们的诗冷冰冰的没有人情味：

我沿悠悠河水顺流而下，

却感觉不到纤夫在拉纤：

红皮肤人拿纤夫做靶子

将他们赤裸钉在彩柱上。

野蛮人摧毁了文明那羞怯的格律。大海的诗篇以难以阻挡之势展现在人们眼前。然而，就在兰波的眼下，从家里向外望去，马斯河在缓缓地流淌着，这是难以预料的未来那游移不定的象征。

就在他动身的前一天，在9月一个阳光明媚的下午，兰波将这首惊人的诗篇读给德拉艾听，那时他们一直走到福尔唐森林的边缘处。阳光照射在树叶上，呈现出奇妙的景色。兰波就要准备出发了，他还真有点担心呢。这个社会是否需要通灵人呢？魏尔伦以及其他人这么热切地想接待他，而他们大概又与他截然不同，那么他们在那边给他做出什么安排呢？他是在什么样的局面下动身的，我们不得而知，而接下来发生的事则是一波三折，而且种种希望也破灭了。由于手中有魏尔伦的来信，兰波是否最终说服母亲，要她相信一个作家的命运正在等待着他呢？她显然根本不相信文人墨客。后来，伊莎贝尔向我们坦言，她母亲甚至讨厌文学[113]。

既然如此，那么我们是否更想听听德拉艾的说法呢？兰波大概非常乐意再次甩开"老妈"。德韦里埃或布列塔尼非常慷慨地送给他一个金路易，他用魏尔伦寄给他的汇票买了一张三等车厢的车票，带着这个金路易以及所有的诗稿，踏上前往巴黎的征程[114]。朋友们一直把他送到车站。他穿越站前广场，广场上一切都显得井然有序，花草树木似乎也变得乖巧了。在临上火车前的最后一刻，他琢磨着自己所从事的冒险是否与醉舟的航行有相似之处，醉舟将朝陌生的地区驶去，但抵达目的地时，醉舟注定会有不满足的感觉。然而，要想后退则为时已晚。沙勒维尔渐渐地被甩在身后，他离开了这座自己生来就憎恨的城市。

第二部

与“可怜的兄长”在一起

第一章

结识"丑陋的家伙"

兰波的生活大概会受变换地方的影响。我们这里所说的并不是一种追溯往事的幻想，而是一种现实，是受书信及会面所限定的现实。人生总有一个阶段需要走出去，对自己的感受有个了断，从而改变自己的生活方式。在这超脱的境界里衍生出一种奇特的格律分析，它告诉我们感受节拍的方式，告诉我们在时空中的生活方式，人有悲欢离合，而且人总想偷偷跑出去，这也是"离家出走"的方法。从沙勒维尔到巴黎那几个小时的路程就像一道宽阔的时间界限。兰波此后所认识的东西将会不可逆转地给他留下深刻印象，我们在后文还会注意到，他对有些地方依然隐隐约约地牵挂于心，虽然他一直讨厌那地方，但又不能完全割舍它，那就是他的故乡沙勒维尔，一座"愚昧的城市"，或是罗什村，一个"狼窝"。

在巴黎，魏尔伦焦虑地等待着他。此前他和几个朋友一起评论这位非凡诗人的诗。他能领会到诗中那放肆的意味。夏尔·克罗对这位奇才颇为好奇，而且也很感兴趣，于是坚持要陪魏尔伦到斯特拉斯堡车站去接他。然而，他们俩却没有接到他，不是他们到得太晚了，就是到得太早，在茫茫人群中没有认出他来。我们倒宁愿相信后一种设想，也算是命运的嘲弄吧。今天我们当中又有谁会在车站大厅里和兰波交错而过呢？他当时肯定淹没在出站的旅客之中，他的确很年轻，可并不那么出众。那么他当时是什么样子呢？魏尔伦清楚地记得"一张名副其实的娃娃脸，胖乎乎的，面颊红润，身体显得瘦高，像一个还在长身体的冒失少年，由于正处在变音年龄，他的嗓音

夏尔·克罗　　　　　　　　　　魏尔伦自画像（私人收藏）

忽高忽低，而且口音很重†，就像在说方言似的"[1]。魏尔伦的年轻妻子玛蒂尔德可不那
么客气，后来谈到兰波时，说他是"一个高大结实的男孩子，面色红润，典型的乡下
人。从外表看，他颇像是个幼稚的中学生，由于个子长得太快，裤腿显得很短，露出
脚上穿的蓝线袜子，显然那是母亲给他织的。他的头发乱蓬蓬的，穿戴也极不讲究，
脖子上系的那条领带像根绳子似的。他有一双蓝眼睛，显得相当漂亮，但眼里却透出
阴险的目光，而我们则善意地将此看作是害羞的表示"[2]。玛蒂尔德对时尚潮流了如指
掌，或许她原本希望兰波穿着典雅、文质彬彬地站在她面前吧，要是这样的话，她就
显得不太公平了！但作为女人、作为妻子，她还是注意到某些细节，虽然她后来对这

---

† 语言学家米歇尔·塔米对阿登人说话的口音很有研究，他向我详细解释阿登人讲话的最主要特征，比如几
　个元音和半元音的发音都与标准的法语有所不同。——作者附注

个讨厌的客人一直颇有微词，而魏尔伦却没有察觉到这些细节，比如兰波脚上穿的那双蓝线袜子，这几乎堪与凡·高的那双破旧皮鞋相媲美。她不太喜欢他的目光，从中只看到嘲弄人的意味。况且兰波本人还给那目光蒙上一层奸诈的阴影，作为"七岁诗人"，他已经对那目光做过描述。后来谈起自己的目光时，他只是平淡地说："我从高卢祖先身上继承了一双淡蓝色的眼睛。"[3]

魏尔伦和克罗在车站上根本没见到兰波，而兰波见没人来接他，只好迈开大步，一直走到蒙马特高地脚下。他沿途问了几次路，在步行三刻钟之后，最终来到尼科莱街14号。实际上，魏尔伦轻率地答应兰波要在这儿接待他。这是一幢三层楼房，是有钱人的私邸，房子四周是一座花园，园中有马厩和马车库[4]。弗勒维尔·德·莫泰是这幢房子的主人，他靠收地租生活。魏尔伦娶弗勒维尔的女儿为妻，这里是他岳父母家，他妻子玛蒂尔德芳龄十六，而且很快就要做妈妈了。兰波来得不是时候，但他完全信赖主人的承诺。我们能想象出当兰波站在大门外时给年轻的女主人及其母亲留下的印象。然而，他那极为年轻的外表是赢得谅解的最好理由。魏尔伦家人把他让进来，请他在一楼的客厅里就座，小客厅里摆着路易·菲利普式的家具。时隔不久，魏尔伦和克罗也回来了。见到这位局促不安甚至带着赌气样子的客人，他们俩感到非常吃惊。而兰波也是第一次见到他们的尊容：魏尔伦前额的头发已脱光了，尽管他刚满27岁，他蓄着络腮胡子，颧骨突出，像个蒙古人[5]；克罗的样子显得很顽皮，头发卷曲着，蓄着小胡子，目光炯炯有神。晚饭很快就准备好了，吃饭时，克罗还忘不了向客人提一些问题，兰波不喜欢这种审讯式的提问，极不情愿地应付着。兰波其实十分腼腆，但他也会做出不可思议的唐突举动。他不会刚一见面就向外人敞开心扉，即使长大成人后，也像少年时代那样极不爱说话。他们谈了那么多话，只有一句荒唐的话后来一直留在魏尔伦的记忆里，这好像是在嘲弄他记性差似的。其实，正是依靠这些点滴的琐事（就像依赖诀窍那样），人们才能重塑一个人的生活！这些点滴琐事与其本身所包含的内容有关，因为那不过是下意识的反抗。就在兰波赌气不愿意回答主人的问题时，他看见魏尔伦家那只名叫加蒂诺的宠物狗（在这种局面下，小动物则成为害羞者的依托），于是便突然冒出这么一句话来："狗可是自由主义者！"[6]这是毫无价值的见解，却带着一定的政治色彩，其确切的含义无人知晓。由于旅途疲劳，说完这句话，他就上楼到卧室里睡觉去了，这是主人特意为他安排的卧室，墙上挂着一张先祖的肖像，先祖似乎用盘问的眼光看着他，第二天，他就要主人把这幅肖像摘下去。夏尔·克罗也告辞了。魏尔伦回到自己的卧室，这间房与妻子玛蒂尔德的卧室隔壁相连，他对家中留宿这位沙勒维尔的少年感到不知所措，几天后，他儿子降生于人世，他反而倒不觉得那么茫然了。

第二天，两位诗人相互倾诉各自的生活经历。兰波讲述了多次离家出走的冒险举动，讲述了他那早已破灭的希望，讲述了他是如何发现自己身上具有通灵特性的。魏尔伦则向兰波谈起帕尔纳斯派最初形成的过程[7]，那时这个名词尚未问世，路易-格扎维埃·德·里卡尔出版了《艺术》杂志，但杂志只维持了一个季度。1866年，帕尔纳斯派团体业已形成。虽然维克多·雨果不愿意支持他们，但诗歌界的前辈们还是同意去扶持这些新人。戈蒂耶支持他们。即使对许多事无动于衷，一向高傲的勒孔特·德·李勒也成为他们的朋友，有时他们还特意赶到李勒在荣誉军人院附近的家里聚会。在他家里，他们常常会碰到何塞-马里亚·德·埃雷迪亚，一个生于哈瓦那的西班牙人，是精于赋写十四行诗的大师；还会碰到卡蒂尔·孟戴斯、科佩、迪耶克斯、瓦拉德以及傲慢的维利耶·德·利尔-亚当①。孟戴斯那部斯威登堡风格的《菲勒美拉》曾轰动文坛，而长得颇像波拿巴的科佩已开始写极为朴素的诗，透露出他的《亲切》感，瓦拉德则是魏尔伦的证婚人，至于说维利耶·德·利尔-亚当，他"装扮成天真的哈姆雷特"，人很聪明，受黑格尔思想影响颇深，是个出色的小说家。虽然他们每个人不尽相同，但他们情趣一致，意气相投。当他们鼎力支持龚古尔的话剧《亨丽埃特·马雷夏尔》时，他们的联盟得到了巩固。诚然，这不是他们的《爱尔那尼》(*Hernani*)②之战，由于龚古尔的话剧遭受激烈的批评，于是他们每天晚上赶到剧院为这出戏喝彩。正是在这种局面下，公众注意到他们这个团体。

尽管《艺术》杂志遭到失败，但里卡尔并未因此而灰心丧气。他很快就去找阿方斯·勒梅尔，勒梅尔是诺曼底人，在巴黎舒瓦瑟尔小巷47号创办了一家小型出版社。他们最初的设想是办一份定期的文选类刊物，名称就选用"当代诗人"，但人们更喜欢"当代帕尔纳斯"这个标题，这使人联想到文艺复兴时期所发表的诗集。这份刊物

---

① 维利耶·德·利尔-亚当（1838—1889），法国诗人兼作家，是一个个性坚强、人格独特的作家。
② 此剧为维克多·雨果创作的五幕韵文正剧。该剧首演时，伪古典主义分子在剧场里捣乱，而以戈蒂耶为首的浪漫派则高声喝彩，以示支持，首演因此获得成功。

以分册的形式出版，第一期刊载了戈蒂耶的五首诗、邦维尔的话剧《诸神流亡》以及埃雷迪亚的十四行诗，但刊物并未在批评界引起轰动，第二期则是勒孔特·德·李勒的专刊，人们对此依然是反应平平，尽管如此，从第四期起，局面有了很大改观，那一期刊载了卡蒂尔·孟戴斯的《莲花之谜》，此文引用了许多印度教的神话，读起来非常晦涩难懂。巴尔贝·道勒维利，这位"文学大统帅"早已忍耐不住了，拿起笔来对勒梅尔麾下的所有作家狠批一通，并称他们为"帕尔纳斯派"，这个名称从此就一直伴随着他们。刊物此后所出版的分册让公众发现许多高水平的诗人：有擅长描绘家庭场景的诗人，比如写下《散步与家居》的科佩；有鼓吹伦理的诗人，比如苏利－普吕多姆；还有给公众带来新意的年轻诗人，比如魏尔伦、迪耶斯克和瓦拉德，他们三人都在市政府工作，下班后，他们便来到煤气咖啡馆，相互朗读自己创作的诗，政府部门的工作倒给他们写诗创造了良好的条件。四年来，魏尔伦在这个团体里取得长足的进步，在这个诗人团体中，幻想精神与追求美感融合在一起，邦维尔的诗就是这类混合体的典型代表。他们常常聚集在一起开会，会议的气氛轻松愉快，会议或者在舒瓦瑟尔小巷召开，或者在漂亮的文学资助者家里举行，比如在尼娜·德·维拉尔的府第里，而尼娜经常在她家里举办文雅的晚会，夏尔·克罗还一度把她当作心上人。有时他们也聚在一起吃饭。最近，他们举办了"丑陋的家伙"晚宴[8]，这个名称的来历还有一段故事呢，科佩的独幕剧《过路人》在奥德翁剧院上演后大获成功，就在演出的第二天，有人就给他们贴上这个标签，而他们则大胆地将此拿来粉饰自己。《黄侏儒》杂志戏剧评论专栏记者名叫科希纳，此人撰文抨击他们，并用这个称呼来羞辱他们，他们对招来批评界的辱骂感到很荣幸，并将此称呼用作他们的招牌。魏尔伦答应兰波，要把他引荐到诗歌界的圣地之中，况且他已经把兰波来到巴黎的消息告诉了大家，而且还把他的几首诗传给大家看。

兰波对魏尔伦完全空闲下来感到惊愕，魏尔伦不得不承认他已不工作了。巴黎公社失败后，他在预算局里的职位也丢了[8乙]，那是一份很平庸的差事，但却给他许多空闲时间去写作。然而，在巴黎公社执政期间，在共和信念的鼓舞下，他参加了国民自卫军，而且还承担起某一职务。人们很快就任命他为"新闻办公室主任"，这是一份令人放心的工作，只要把报纸上所有对起义者"友好的或敌对的文章"摘录下来，必要时对其中的有些文章给予回击就行了。然而，在"五月流血周"之后，当局不分青红皂白地镇压所有参加过巴黎公社运动的人，夏尔·德·西夫里是玛蒂尔德的同母异父哥哥，虽然很少参与公社的活动，但因常与起义者来往而被流放到萨托里集中营里。魏尔伦担心更糟糕的厄运会降临到自己头上。此时，他靠母亲的接济生活，而且在岳父母家吃住，莫泰夫妇则尽自己最大的能力来帮助女儿女婿。毫无疑问，他的婚姻是与妻子真心相爱的必然结果，至少对他来说是如此，在经历过不安分的青少年时代之后（逛窑子、同性恋、酗酒成性），婚姻使他看到改邪归正的机会。但巴黎公社那动荡的局面使他的良好愿望化为泡影，他又开始喝酒，和不三不四的人一起鬼混。"五月流血周"之后，由于玛蒂尔德已怀有身孕，而魏尔伦担心当局的镇压行动会愈演愈烈，于是他们夫妻俩便动身到朱利安·德埃舅舅的糖厂去休假[9]，并在那儿逗留了三个月，而布列塔尼恰好认识糖厂的老板德埃先生。后来他们还去了莱克吕兹，到那儿去看望魏尔伦的表兄迪雅尔丹一家人。9月，他们返回巴黎，因为玛蒂尔德就要生孩子了。玛蒂尔德的父亲莫泰先生到自己的庄园去打猎，离开巴黎已有一段时间了。因此，魏尔伦可以更好地接待兰波，但他岳父很快就会回来，而且客人不一定非要在他家居住那么久，他们现在对他已经够慷慨的了。

尽管得到魏尔伦一家人的热情款待，但对兰波来说，他已看出自己的处境极不稳定。我们知道兰波观察事物一贯颇有洞察力，他以此来评判魏尔伦，并超脱地赋予他"通灵人"的称号。魏尔伦不但创作出《戏装游乐图》，而且还在同一年为玛蒂尔德写下《美好的歌》，但家庭生活却让他脱不开身，而兰波则不需要这样的家庭生活。在这个既要尽义务，又要维持生活之所需的世界里，兰波却采取一种洒脱的态度，而且乐此不疲。玛蒂尔德马上就要到预产期了，而他却对玛蒂尔德非常冷漠，一点儿忙也不愿意帮，大部分时间都到户外去晒太阳，随随便便地躺在楼房门前的台阶上。一天，受在沙勒维尔所染坏毛病的驱使，他悄悄拿走了一只象牙雕刻的耶稣十字架，这是玛蒂尔德家中祖传的宝贝。他打算把它卖掉，大概是为了买几本书或添置一件新衣服[10]。这种寄人篱下的生活根本不适合他。

然而，魏尔伦却拉着他在巴黎四处转悠，而他则逐渐发现魏尔伦那软弱的性格以及纵酒、懒惰等个性，他们一起去巴蒂尔啤酒馆，酒馆坐落在殉难者街上，人们给它起了一个绰号，名叫"单身汉巴蒂斯特"；还去死鼠酒家、马德里咖啡馆、瑞典咖啡馆、市政府对面的煤气咖啡馆以及三角洲咖啡馆。他们俩在咖啡馆里一杯接一杯地喝酒（尤其是喝苦艾酒），就诗歌的未来激烈地辩论着。兰波是否将5月所写的那几封著名信件的内容告诉给魏尔伦呢？魏尔伦后来回忆说，他们那时只谈论了自由体诗以及不同类型的散文。兰波在那时的创作依然是个谜，他肯定写了一些作品，但残缺不全的佚诗只给读者一个大致的概念。

他们常去拉丁区或林荫大道旁的店铺里闲逛，再不然就去毫无特色的葡萄酒店里买酒，因此而引发悲惨的后果。10月30日，魏尔伦的儿子乔治来到人世，就在儿子出生四天之后，他很晚才回家，而且喝得醉醺醺的[11]。他穿着衣服，甚至顾不得摘掉帽子，便一头倒在妻子的床上，双脚还放在枕头上。玛蒂尔德注意到兰波给丈夫带来的影响有多么坏，而这两个男人却只想着和睦相处。魏尔伦在新婚初期好不容易控制住自己酗酒的毛病，但此时他又开始喝得酩酊大醉。此外，在上中学时，他已表现出同性恋的欲望，而且这种欲望以前曾促使他去接近中学同学吕西安·维奥蒂（在巴黎公社起义时去世），这种欲望再次复发，而且驱使他去接近兰波[12]。这位阿登省少年那纯真的样子，甚至他的粗野习气以及古怪的"朴素"情感把魏尔伦迷倒了。至于说兰波，他不在乎那些垂涎男色的神父私下里偷偷抚摸神学院学生的举动，正如他在《圣袍下的心》里所表述的那样，他对这种明令禁止的爱心知肚明，在巴比伦兵营里，那些自由射手或许曾把这种爱强加给他，况且布列塔尼也向他吹嘘过这种爱会给人带来奇特的幸福感。他试图说服魏尔伦投身于一项生活计划之中，以便能有"通灵"的能力。他所提出的方案是在残酷的举动里找乐子。沉湎于酒色的生活给伙伴们提供了一种有悖于自然的方法，通过他本人来改变别人，以便给诗歌带来创新。着装随便（与讲究穿着截然不同）、酗酒成性、讽刺挖苦、口无遮拦、有悖常理的爱等构成某一计划的诸多素材，但人们很难知道这一计划是否得以实施。尽管如此，所有的证言都描绘出一个粗暴、焦虑不安、性格极端的兰波，一个恶作剧者。人们听见他总是毫无节制地说粗话，见他以死来威胁与他对话的人，他吸一口烟，然后吐到出租马车辕马的鼻孔里[13]，把别人提供给他的住所搞得乱七八糟。说实在的，在此讲述这些无价值的逸闻趣事没有多大意思，重要的是我们要从中看到他的性格，看到他的决心。兰波一直在设法让人讨厌他。无论是在沙勒维尔，还是在杜埃，在一段时间内，他希望能赢得伊藏巴尔以及德梅尼或布列塔尼的厚爱，而他此时刚与伊藏巴尔断绝了来往。从那以后，他便竭尽全力去冒犯那些帮助他的人。作为禅语大师[14]，他正是通过粗俗的举止，通过貌似荒谬的举动来激发别人去醒悟。于是他粗暴地利用自己的自由，而且好像不由自主地向别人灌输处世之道，而这些人不过是在忍辱偷生，能明白这一点其实并不难。

一直饱受磨难的魏尔伦越来越依恋他。兰波便利用魏尔伦，甚至滥用魏尔伦对他的信任感，他们之间的关系已明显成为人们议论的焦点。两个朋友肯定摆出蔑视一切的态度，在格拉蒂尼的《森林》首演幕间休息时，他们俩手挽着手并肩走在一起，巴黎的上流社会可都在看这幕话剧呀！报社的记者们也注意到这位有一双"流亡天使"般靓眼的英俊少年，就在首演的第二天，即11月16日，魏尔伦的挚友埃德蒙·勒佩勒捷（以加斯东·瓦朗丹的笔名）毫不犹豫地在《人民君主》报上写了一篇报道，称人们看见"农神诗人①保罗·魏尔伦手挽着一个迷人少年的胳膊，就像在家里那样，边走边聊……那少年就是兰波小姐"[15]。这是带有讽刺意味的忠告，魏尔伦要是不想一笑了之的话，那么他本应警觉起来，因为这是招致公众反感的举动，实际上，这与1830年"年轻法国团队"的做法截然不同，那时他追随这个团队是为了反抗有钱人，而不是出于赋诗的考虑，以摆脱陈规陋习的束缚，他甚至担心自己会身陷其中，难以解脱。

他对慧眼识珠发现兰波而感到非常自豪，况且他不想独自一人把守着这个"神奇的怪物"。他已经答应兰波，要让他出名，于是便把兰波介绍给瓦拉德、埃卡尔、梅拉、让-路易·福兰以及卡米耶·佩尔唐，福兰是一位出色的画家，是个很有才华和想象力的年轻人。这些人都是和魏尔伦很要好的朋友，从某些方面来看，他们是帕尔纳斯派里出类拔萃的诗人。虽然《当代帕尔纳斯》将他们聚集在一起，但他们依然表现出自己的个性。不过友谊和诗歌一样也是将他们联系在一起的纽带。他们很快就带兰波去见邦维尔，兰波给邦维尔朗诵了《醉舟》。大师显得很和蔼，赞赏了他的诗，但也客套地提了几条意见。为什么要让一叶小舟去说话呢（依照大师的情趣，最好是让大船去说话）[16]？兰波对此感到非常愤怒，走出门时强忍着怒火，低声地嘀咕着："这个老笨蛋！"

他对《醉舟》一直抱着很高的期望值，在他看来，这是一篇证明自己实力的诗文。就在到达巴黎之后不久，他大概已经在"丑陋的家伙"晚宴上背诵过这首诗。在

---

① "农神"一词在此含纵情狂欢之意，暗指魏尔伦过着放荡不羁的生活。

我们的文学史中，这类固守古老习俗的小社团比比皆是，比如"七星诗社"的诗人们在阿尔克伊饮酒娱乐，说唱艺人在卡沃聚会等。我们在前文已知道"丑陋的家伙"之来历，1869年1月14日，科佩的独幕剧《过路人》在奥德翁剧院首演，而记者维克多·科希纳（人称"黑人的手鼓"[17]）却将这个具有讽刺意味的标签贴在支持科佩的人身上。事实上，"丑陋的家伙"照样在一起吃晚饭，他们在天鹅座酒家聚会，帕尔纳斯派的部分诗人出席了晚宴。他们大部分时间是在位于卡塞特街的卡莫埃纳饭店会面，这里距圣热尔曼德普雷大街不远，接着便去位于蒙庞歇街的"千柱酒家"，酒家就设在王宫的拱形回廊旁。1871年8月至11月，他们又到费尔迪南·德诺让聚会，这是一家"价格固定，葡萄酒零卖"的餐厅。朋友们（共有三十多人）凑钱，以便享用一顿丰盛的晚宴，当然也少不了要痛饮一番。一张画着肥臀美女的请

晚宴请柬（雷加梅绘，私人收藏）

柬（出自费利克斯·雷加梅的画笔）将聚会时间通知给每个人。因此，魏尔伦带着兰波出席晚宴，在其他人朗诵几首诗过后，兰波朗读了他的《醉舟》。此诗给人留下深刻印象，即使人们不会误解这样的成果，因为所有在场的人自然对这位新人抱有好感。1871年10月5日，莱昂·瓦拉德给当时远在英国的埃米尔·布莱蒙①写信，此信是一份难得的文件，它表明兰波给听众们留下多么强烈的印象：

———————————
① 埃米尔·布莱蒙（1839—1927），法国诗人、新闻工作者。

未能出席"丑陋的家伙"晚宴，你真是错过一个好机会。在魏尔伦和我本人的鼎立资助下，一个不满18岁的神奇诗人出现在晚宴上，魏尔伦是他的发现者，而我本人则是他在左岸的先驱，他的名字就叫阿蒂尔·兰波。他长着一张娃娃脸，单从面孔上看，他倒更像个13岁的孩子，深蓝色的眼睛，手脚都很大，性格上则显得野性多于腼腆，就是这样一个大男孩，竟以难以置信的想象力和出奇的渗透力，使我们的朋友为之倾倒，啧啧称美。

"对布道者来说这是多好的题材呀！"苏里惊叹道。德尔维利说："是耶稣来到圣师之间。他简直就是魔鬼！"大师对我这样说道，这让我得出一个更妙的新格言："是魔鬼来到圣师之间。"我无法向你讲述这位诗人的生平，但你只要知道他来自沙勒维尔，而且决意再也不回故乡看望家人就行了。

你来吧，看到他的诗你会做出评价的。如果命运不在我们头上压着石头的话，那么他就是一个崭露头角的天才。这是某种评价的冷酷说法，此评价令我心醉神迷，而这种感受已持续三周而非瞬间即逝。[18]

瓦拉德可能不会知道，石头将长久地悬在此人的头上，而他本人却心甘情愿不去谈论这事。那天听兰波背诵诗篇的许多人对他的诗记忆犹新，朱尔·克拉勒蒂当时也在场，在写给朋友的信中，他做出同样详细的描述，所用的言辞与瓦拉德的非常相似[19]。诚然，要是以为兰波把所有人都迷倒了，那就错了。十年过后，魏尔伦回想起往事，认为帕尔纳斯派的著名诗人试图去了解兰波，但也只是一面之交，他们并未做出积极的反应，去扶持他。对各流派之争采取不偏不倚态度的年轻诗人非常赞赏兰波的诗，而那些墨守成规的诗人则以为他身上有种魔术师的意味，颇像一个"自命不凡的人"。后来，弗朗索瓦·科佩竟毫无分寸地说他是个"成功的玩世不恭者"[20]，更有甚者说他是贝特吕斯·博雷尔的后继者，是浪漫派的失败者，是爱好空想与喧闹声的不入流的诗人，至少卡蒂尔·孟戴斯在其《论1867—1900年法国诗歌运动》里是这么看待他的[21]。在偶尔出席"丑陋的家伙"晚宴的诗人当中，最著名的当属马拉美，他对兰波的记忆异乎寻常，而深深印在他脑海里的竟是兰波的那双手，实际上他是这样描述兰波的："不知他是在何等劳苦人家庭里成长起来的，我是说他那双大手，外表看起来就像洗衣妇的手，因冷暖交替，手上长满了红红的冻疮。这些冻疮似乎表明，那个职业非常艰苦，可竟然让一个男孩子去干。"[22] 当马拉美写下这段文字时，他脑子里显然还记得魏尔伦在1883年所写的东西，对于我们来说，重要的是他把兰波看作是在"黄金水滴"街区①里劳作的洗衣妇，而那长满冻疮的双手突然给写作蒙上强烈的奇特色彩。

〜

　　尽管魏尔伦向他做出允诺，但兰波就像漂泊四方的新手，不可能长久地待在一个固定的居所里。魏尔伦后来回忆说，这位他所看重的人得到"最友好、最慷慨的款待……也是朋友们鼎力协助的款待……"[23] 如果追随诗人在1871年秋冬季的脚步，那么我们很快就会感到晕头转向。魏尔伦的岳父回来之后，兰波便离开了莫泰家的私邸。全家人把更多的精力用来照顾刚出生的乔治，而冷落了这位不速之客，况且玛蒂尔德和她同母异父的哥哥认为兰波的道德观很成问题，即使人们不计较他年少无知、放荡不羁的样子。于是，魏尔伦请求朋友们能接纳这位缺吃少穿的人，"大家轮流接待他，在这既寒冷花费又高的季节里，过一天算一天吧"[24]。这位神奇诗人刚来巴黎时，夏尔·克罗曾去车站接过他，于是便自告奋勇第一个把他接到自己家。他和魏尔伦真挚的友谊、对这位新人真诚的钦佩感促使他马上做出慷慨的举动。那时他在塞吉耶13号租了一间画室，距离奥古斯丁沿河街道很近[25]。这地方既当他的单身公寓，又是他的实验室。克罗在那儿从事实验活动，这些实验并不仅仅是从"爱情科学"[26] 里获得灵感。作为颇有独创性的学者，克罗尚未发现彩色摄影或留声机的原理，但他在研究制作宝石。尽管如此，他还是取得了一些成果，而且毫不犹豫地投身于这类花销庞大的研究活动之中，以达到自己的目的。他本人住在这儿，必要时也接待一些艺术家。况且这间房不是他一个人住，因为一个名叫米歇尔·德莱的画家有时来这儿作画，大家都用"佩努泰"这个笔名来称呼他，他主要画一些海洋风景画。

　　克罗是一个喜好奇特事物的杰出人物，是以自己的方式来表现的"通灵人"，是突发奇想的炼丹术士。他也写诗，诗文思维敏捷，有幡然醒悟的味道，而且写得很美，他的诗读来很轻快，在这方面堪与奈瓦尔的诗相媲美。他已写完《香木盒》中的

---

① 巴黎一处穷苦人居住的街区。

多首诗篇。然而，他对自己的幸福感到无比喜悦，虽然这种感觉略带一丝忧郁的意味，但他的幸福感却让兰波感到十分困惑，因为兰波是那么悲观、那么难以琢磨，而且内心抱着一种愤世嫉俗的情怀。因此，克罗不可能让他盛情邀请来的人在这儿长久地住下去。实际上，兰波似乎在想方设法对他做出令人难以容忍的举动，依照古斯塔夫·卡恩的说法，兰波把克罗精心收藏的《艺术家》杂志的每一页都撕下来，克罗之所以收藏这套杂志，那是因为他的部分诗篇就刊载在杂志上。兰波竟拿这些纸当作最粗野的用途[27]！还有一次，好心的克罗见兰波的鞋太脏了，便把那鞋拿去擦洗干净，而兰波却故意走到街上，再次把那鞋弄得像以前那么脏。克罗不但内心受到了伤害，而且还蒙受了羞辱，这种局面再也不能持续下去了。而沙勒维尔的年轻人则依然我行我素，嘲弄他人，表现粗野。人们不该说是克罗把他赶了出去，但兰波大概明白他那激怒人的把戏已到了难以容忍的极限。

就人们所了解的情况看，他对一切都不满意，对在诗歌界里所发现的东西感到恼火，对魏尔伦总是顾及自己的家庭而生气，可他本人却毅然决然地割断了与家庭的联系，人们看到他甘愿去过放荡不羁的生活，而且又去和流浪汉一起混日子，1871年2月，他曾和那些人一起生活过一两周。由于不知道他在何地，魏尔伦感到十分担心，于是便到处找他，两天之后，魏尔伦终于在莫贝尔广场附近找到他，那时他正和流浪汉们混在一起。魏尔伦究竟说了些什么才把他说服回来呢？当然不是让他回到正确的生活轨道上，而是劝他回到朋友们当中，也就是说，回到诗人们当中，虽然这些诗人使他颇为失望。也许正是在魏尔伦的倡议下，几个朋友决定筹集一点儿钱来帮助兰波，这点儿钱也算是"收入"吧（每天3法郎），以便让他"全身心地投入到伟大的艺术之中，而不必顾及生活来源"。夏尔·克罗不计前嫌，主动给古斯塔夫·普拉代勒写信，要他也能分担一部分费用，而且将接受赞助者美妙地称为"诗人的门生"[28]。此外，作为魏尔伦的挚友，泰奥多尔·德·邦维尔没有忘记兰波曾把他当作救星，向他求助，于是邦维尔提议让他搬到奥德翁剧院附近的布奇街10号来，那儿有一间用人的住房，是属于他自己那套居室的单独房间。人们把这间房收拾了一下，以便住起来更舒适，但由于兰波与乞丐们混在一起，染上了虱子，他想不出别的办法，于是就在搬进去的第一天，把衣服全都脱光，赤裸着身体站在窗前。邻居们对此很气愤，便纷纷抱怨，邦维尔大概把自己的客人责备了一通，总之，兰波在这个临时避难所里也没住上几天[29]。后来，有人说他对散文诗喜剧《格兰瓜尔》的作者做出忘恩负义的举动。难道人们应该相信一个名叫鲁道夫·达尔藏写的东西吗[30]？达尔藏虽是第一个为《圣物盒》作序的人，但却特别留意搜集各类流言蜚语。有一点可以肯定，兰波之所以做出怪异的举动，往往是为了炫耀自己，但其中也包含着更深层次的意图。种种趣闻逸事如果孤立地拿出来看，会让人感到吃惊，甚至会逗人一乐。然而，人们还是要看事情的前因后果，因为这些事情暗示着某些人的处世方法。

　　10月，夏尔·克罗主动为朋友们找到一个碰面的地方，我们在此又谈到克罗，几乎和魏尔伦一样，他和兰波于1871年在巴黎的生活有着千丝万缕般的联系。他获悉外国人饭店里有一间空房要出租，这家饭店坐落在拉辛街与医学院街的拐角处，面朝圣米歇尔大街，就在拉丁区的中心区域。《诅咒诗画集》里有一幅版画[31]，描绘了饭店的整幢楼房，要是依照这幅版画，这间房应位于四层楼。然而，当欧内斯特·德拉艾于11月前来巴黎看望兰波时，发现那间房位于饭店的夹层，他在回忆录里断定，团体常常在那儿聚会[32]。兰波也算是在那儿有个临时住所。然而，这间房并不一定是给他准备的，因为房间的靠墙处还摆着一架钢琴，这间房首先是给音乐家卡巴内用的。卡巴内那瘦骨嶙峋的面孔（如魏尔伦所说，"喝了三年苦艾酒就变成耶稣了"[33]）倒有幸成为马奈画笔下的对象，他肯定是这一街区的名人。

　　头顶上分着一道印笔直刚毅

　　他的长头发服帖地沾在额前；

　　黄褐色络腮胡夹杂着橙红色

　　但丁早已见常人看不到之物。[34]

　　卡巴内早年曾在巴黎音乐学院学习，师从马蒙泰尔教授。这位教授的名气很大，因此他对教授只好敬而远之，因为他本人只创作过一些小作品，他的日子过得很惨，只是靠在低级咖啡馆或低级舞场里做伴奏谋生。他时年37岁，但结核病已损坏了他的身体。他是魏尔伦的大舅子夏尔·德·西夫里的朋友，曾给许多诗人的作品配过乐，其中既有严肃作品，比如邦维尔的《尼俄柏》；也有滑稽作品，比如夏尔·克罗的《熏咸鲱鱼》。他既赢得大家的同情，也招来他人的嘲笑，可他不在乎成为团体里的受气包，况且大家也都没有恶意。他对兰波的影响很难估量，在合住这间房期间，他们俩有可能就许多话题交换过看法，而且有些看法极为稀奇古怪，他们陷入难以想象的思索之中。或许正是通过他，兰波才对某一音乐形式有所了解，这种音乐形式与沙勒维尔军乐队所表达的音乐形式完全不同，而且最终成为《灵光集》的好兆头，这一形式并非仅以简单的隐喻出现在诗集里。对于兰波来说，卡巴内在巴黎就相当于奥古斯特·布列塔尼，他和这位古怪的启蒙者起到同样的作用。当有人发现《七音符十四行诗》竟出自他的手笔时[35]，人们不禁大吃一惊，这是一部题献给兰波的神秘作品，卡巴内在此作品里将所有的幻想慢慢地展开，这是音阶的每一个音符所激发的幻想。同样，他还谱了一首歌，指责这位新来的人："诗人，从沙勒维尔赶过来/你在巴黎做什么？"这曲"老调"的副歌足有七段长，描绘出兰波的思想状态，而这正是他本人当时的思想状态："孩子，你在这地界做什么？/我等待，等待，等待！"卡巴内以讽刺性的固执心态，用一行行诗句，回忆起被抛弃在沙勒维尔的"可怜的母亲"，这证明兰波曾把自己的故事讲给他听，而且详细描述了母亲动怒时的场景，从那时起他称母亲为"母夜叉"，换句话说，这意味着母亲是一家之主，是在家里主宰一切的人。善良的卡巴内写下这曲小作品，毫不掩饰他对"孩子"的好感。有人说他既被维纳斯所吸引，又受丘比特的诱惑，歌的结尾清晰表露出他的情趣："这是为了试探你的脾气/孩子，因此我才对你这样说/但我会向你提供食物/衣服……床，如果你愿意。"他是否真的试探出兰波的脾气呢，我们不得而知！

文学社就这样以非组织的形式创建起来，可它却如昙花一现，很快就消失了，然而它留下的痕迹却比比皆是，比如它创办的《诅咒诗画集》，所有的人（几乎所有人）都在集子里写下荒唐可笑的诗，而且大部分作品都是淫秽诗。当时常去外国人饭店参加聚会的人一致同意采用"诅咒者"这个名字。这个词并不粗野，与兰波常常挂在嘴边的粗话相比，"呸"这个字的语气要温和得多。现在这个字已不常用了，但它频频使用的时期可追溯到浪漫派的鼎盛期，比如在短篇小说《麻雀》中，博雷尔让他笔下的人物这样说道："普鲁士人，呸！都是臭狗屎！"[36]因此，诅咒者们试图表明，他们在以不痛不痒的方式斥责这个社会。他们颇像一群超脱社会体制的斗士，像不满现状、放荡不羁、难以相处的艺术家。在一段时间内，诅咒者们表现出一种陪衬的心态。诚然，他们使人预感到文学的重要时代即将来临，但后来异军突起的达达分子还

《诅咒诗画集》封面画（安托万·克罗绘，雅克-杜塞文学图书馆馆藏）

是比他们做得好，他们似乎只关注拿出自己的作品。为了分享远离家庭及粗俗者而欢聚在一起的乐趣，他们临时创建了一个文学社，而且还有一个聚会的地方，那就是卡巴内和兰波住的房间；有一本书，即那本著名的《诅咒诗画集》；有简单的仪式，比如饮酒，他们往往喝得酩酊大醉，有时还抽印度大麻，《诅咒诗画集》里有几行诗可以作证，而且德拉艾的描述也提供了佐证，那时他来巴黎看望兰波，感觉兰波由于吸食这种毒品，身体状况不是太好，虽然这种毒品颇受波德莱尔和戈蒂耶的青睐。

《诅咒诗画集》就像令人难以置信的证据，将当时奇特的气氛逼真地展现出来，这本书能流传至今，简直就是一个奇迹（其实这也并不是什么奇迹，因为是演员科克兰一直在精心地保管这本书，而他恰好是专演夏尔·克罗独角戏的演员）。安托万·克罗为该书的封面画了一幅光怪陆离的画，而该书的首页颇为值得引述。

文学社漫谈

梅拉：五个铜板！这开销也太大了吧！是朝我要五个铜板吗？

真是一群蛮横无理的人！……

佩努泰：老兄！我刚从"富人"咖啡馆赶过来，我在那儿看见卡蒂尔了……

凯克：我真想成为有钱人。

魏尔伦：卡巴内，拿烧酒来！……

亨利·克罗：先生们，你们都喝醉了！

瓦拉德：见鬼！别这么闹哄哄的！楼下的女人在生孩子呢……

米莱：你们在我的杂志上看到有关奥地利的文章吗？……

梅西耶：真可恶！先生们，卡巴内在酒箱里捣鬼！

卡巴内：我……不能……应付……所有的人！

吉尔：我还什么都没喝呢，我出钱！再去买酒，这是十个铜板！

安托万·克罗：不！不！请相信我，诅咒派还真是地道的文学社名！

夏尔·克罗：确实，要论权威，那就是我本人！我就是权威……

雅凯：怎么没人弹琴呀！把时间这么浪费掉了多可惜呀。梅西耶，去弹那首
　　　欢快的……

兰波：嘿！他妈的！

　　在这篇《文学社漫谈》中，所有的朋友都在大声地随意说话。有些人的名字大家
耳熟能详，其中包括梅拉，那时他还没有和兰波闹翻，我们在后文将看到他们吵架的
经过。然而，有些人则像流星一样，一闪而过。大家对米莱一无所知，而米莱却声称
有自己的杂志，对让·凯克也是知之甚少。相反，我们看到与夏尔·克罗合用画室的
佩努泰，而克罗却像一位无可争议的领导者。他身旁自然还有他兄弟在辅佐他：他们
是安托万医生和蜡像雕刻师亨利。梅西耶在这里并不太引人注目，后来他担任《新世
界杂志》的社长，而马拉美那篇《类比的精灵》就发表在这份杂志上。在这个奇特的
文学社里，魏尔伦、瓦拉德和安德烈·吉尔算是最出众的人物，魏尔伦与瓦拉德是出
席"丑陋的家伙"聚餐会的常客，至于说漫画家安德烈·吉尔，兰波本可以提醒他，
一年前他们见过面，那时兰波处境悲惨，还曾经跑到画家的画室里睡过觉呢。《诅咒
诗画集》读来颇为引人入胜，但它并不仅仅是了解当时几个怪诞人物从事文学活动的
原始资料，它反映出影响诗歌界的深刻变革。帕尔纳斯派诗人刚刚团结在出版商阿方
斯·勒梅尔周围，但很快就又四散开来。1870年的普法战争以及巴黎公社的动荡局势
在帕尔纳斯派当中引起分裂。同情巴黎公社起义者的诗人，比如魏尔伦和瓦拉德，则

拒绝与向当局妥协的诗人保持联系，甚至断绝了来往。勒孔特·德·李勒和埃雷迪亚则摆出一副高傲的有钱人的样子。总之，他们的诗和他们的政治观点属于同一类型：内容呆板、思想陈腐、形式僵硬。而善良的弗朗索瓦·科佩却像江郎才尽似的，他描写的"小人物"缺乏想象力，而他的《散步与家居》几乎就是平庸之作（1871年7月，魏尔伦从芳普镇给瓦拉德寄了二十多首这类风格的诗，他显然是在戏谑地模仿科佩的诗），可他们却责备科佩的《铁匠罢工》所表达的观念太正统了。最终，几位挑剔的年轻诗人以虚情假意的话语让这些豪饮者，这些死不悔改的幻想者极为恼火。拉蒂斯博纳没完没了地挖掘他那有利可图的灵感，凭着这灵感，他创作出《儿童喜剧》，而阿方斯·都德却在为回避现实者大唱颂歌。《诅咒诗画集》里所有的诗文图画向过于追求美感的诗提出嘲讽的指控，这些诗画以下半身的现实来对抗唯美的诗篇，并将这种现实滑稽地表现出来，以便让那些唯美主义的追随者们能幡然醒悟，因为那种美不过是温文尔雅、矫揉造作的东西。显然，诅咒派写出这类讽刺性诗篇，并非出于为未来诗歌开辟道路的考虑。人们在其中只看到毫无意义的娱乐，其实这种看法有失公允。他们将嘲讽对象的文学怪癖突显出来，这种做法与文学界里非凡的造反者那破旧立新的壮举不谋而合，这位造反者就是伊齐多尔·迪卡斯，他于1870年11月去世，死时还依然是个默默无闻的诗人。魏尔伦、兰波、瓦拉德（他并未履行自己的诺言）是为这部奇特诗画集创作作品最多的诗人。有时，科佩给他们带来灵感，使他们创作出一篇彻头彻尾的滑稽诗文，为某种外表绚丽、内容平庸的诗不吝赞美之词；有时，他们匆匆赶写几首缀音十四行诗，在这些诗里，法语要经受严格的考验。兰波写出许多奇特的精美作品，他的魅力发出耀眼的光芒，美化了晦涩、生僻的词汇，而他常用这样的词汇来作诗。他和魏尔伦合作了一首十四行诗[37]，此诗对唤醒他的性意识可谓意味深长；阅读淫秽书籍对他的性意识也是一种刺激，比如他读过格拉蒂尼在布鲁塞尔秘密出版的《主教代理官的风流韵事》[38]。梅拉在其诗集《偶像》里赞颂了女人的玉体[39]，兰波模仿梅拉的笔法，非常典雅地与魏尔伦合写了一首赞美"屁眼"的诗。"我们的屁股与她们的截然不同。"第一行诗这样写道，在合作写过这首诗之后，两人很快就建立起厚颜无耻的密切关系。但在这类不太正统的诗集里最引人注目的当属《老傻瓜的回忆》，虽然这首诗署着"弗朗索瓦·科佩"的名字，但毫无疑问，此诗绝对出于兰波之笔。这一次，滑稽模仿他人的兰波试图创建一种忧郁、沉闷的气氛，而不想再去模仿他的原型，在这个气氛里，他以令人震惊的精确笔触把性的神秘感，把性所引发的种种困惑表达出来，那是有时会在梦境中表露的场面。兰波不想再逗人发笑，在此为他的《七岁诗人》和《初领圣体》写了续篇，而这个续篇是不可明言的，他表明人们完全可以从最底层、从泥土、从血汗开始起步，最终达到某种幻觉的境界。从表面上看，《诅咒诗画集》汇集了许多揶揄的诗文，但实际上，它恰好证明兰波在以挑战的姿态继续从事自己的文学冒险活动。严峻的政治局势已改变人们的生活节奏。大家不可能再像过去那样平静地生活了。欧仁·鲍狄埃在《国际歌》中斩钉截铁地高声呐喊着："（把）旧世界打个落花流水。"在日常生活潜在的危机中，在日复一日困苦的生活中，某种活泼轻快的放肆言行一直在激励着人民运动的支持者，激励着政治势力的同情者，激励着为"复兴"而准备付出一切的诗人。一年后，埃米尔·布莱蒙就以《复兴》为题创办了一份杂志，不过对于不安分的兰波来说，这份刊物太温和了。

在卡巴内房间里所举办的聚会并未持续多久，诅咒者的活动似乎在以其他形式展开。不久以后，一个自称为"生存者"的团体创建起来，将新一代的放荡诗人聚集在一起，他们刚好接替1871年那一批放荡不羁的诗人。兰波的多篇诗文被编入《诅咒诗画集》里，这证明他一直在不停地写作。他居无定所，从简陋的住所搬到临时的房间，总是搬来搬去的，这种流浪的生活显然无法使他全身心地投入到长篇作品创作之中，有些人为他筹集资金，以便使他摆脱物质生活的烦恼，希望他能拿出有分量的长篇作品，尽管他们对此不抱太多的幻想。然而，他的脾气秉性容不得他去创作长篇巨作。他创作的节奏取决于情感的爆发，取决于反应速度，取决于紧迫性。他是怀揣着《醉舟》来到巴黎的。他让许多人认识了这首诗，大家对此诗也是交口称赞。魏尔伦十分关注他所做的一切，于是便把他创作的所有诗文精心地誊写了一遍。

因此，我们手中就有这么一份"档案"，档案里包含着兰波在1871年年底依然十分看重的所有诗篇，其中有他早先寄出去的诗，这些诗都是德拉艾誊写的，还有后添加进去的，我们完全有理由相信这些诗是他在巴黎逗留期间创作的。那时，他把其中的一些诗赠送给新结识的朋友，将《元音》，大概还有《乌鸦》赠予布莱蒙，后来他否认将后一首诗送给布莱蒙；将《晚祷》赠给瓦拉德[40]，此诗与《诅咒诗画集》中滑稽可笑的诗篇非常相似。魏尔伦那时还在记录整理《农牧神头》，此诗与《戏装

Voyelles.

A noir, E blanc, I rouge, U vert, O bleu : voyelles,
Je dirai quelque jour vos naissances latentes :
A, noir corset velu des mouches éclatantes
Qui bombinent autour des puanteurs cruelles,

Golfes d'ombre ; E, candeurs des vapeurs et des tentes
Lances des glaciers fiers, rois blancs, frissons d'ombelles ;
I, pourpres, sang craché, rire des lèvres belles
Dans la colère ou les ivresses pénitentes ;

U, cycles, vibrements divins des mers virides,
Paix des pâtis semés d'animaux, paix des rides
Que l'alchimie imprime aux grands fronts studieux ;

O, suprême Clairon plein des strideurs étranges,
Silences traversés des Mondes et des Anges :
— Ô l'Oméga, rayon violet de Ses Yeux ! — A. Rimbaud

《元音》手稿

游乐图》里的《农牧神》定稿极为相似。人们通常认为兰波就是在那时写下了《元音》，单单这一首诗竟让几代读者感到惊愕不已，但此诗在给他带来钦佩的同时，也给他引来嘲笑。难道我们应该从中去猜测卡巴内对他的影响吗[41]？而皮埃尔·珀蒂菲斯就是这样做的。卡巴内将自己的《七音符十四行诗》题献给兰波，好像以此与室友所写的那首诗相呼应，而不是向他提供一种模式。在根据真人真事编写的小说《迪娜·萨米埃尔》中[42]，费利西安·尚索尔披露了诅咒派的某些活动，那时许多人都乐于编写这类小说，孟戴斯后来在《老太婆之家》中也将尼娜·德·维拉尔的沙龙透露给公众[43]。在那部小说里，卡巴内改头换面成为拉普奈斯，他鼓吹万物照应说，而且还拿斯威登堡的直觉做理论依据（巴尔扎克、戈蒂耶以及波德莱尔都读过斯威登堡的书），甚至借用某些音乐经验，自18世纪以来卡斯特尔神父一直在做这样的尝试。兰波本人则以"阿蒂尔·桑贝尔"的名字出现在小说里，他背诵自己写的《捉虱女人》，此诗大概就是在那时写成的，而不是像伊藏巴尔后来回忆的那样，写于1870年

9月从马扎监狱返回故乡之时。在那首著名的十四行诗《元音》里，兰波同样借鉴了在1871年5月那封信里所表达的思想。他表达出感官的迷茫之意，推出字母研究的雏形，这一研究甚至可以使人变得疯狂[44]。

> A黑，E白，I红，U绿，O蓝：这是元音
> 总有一天我将说出你们潜在的起源……

对这首惊人诗篇的解释真是仁者见仁，智者见智！作为主要见证人，魏尔伦似乎预先就想遏制那种种解释，并以过分的超脱态度断言："……在兰波的思想里，那首著名的十四行诗《元音》不过是展现自我抱负的手法，他想依照自己的意愿创作出最美的十四行诗，这是任何语言都无法比拟的十四行诗，他的抱负不是最终得到印证了吗！"[45]这番话说得过于绝对，但显然很难令人信服。在经过一番对比之后，人们反而认为兰波是以波德莱尔的《灯塔》为原型创作出这首《元音》的，而《元音》颇像就语言所做的深沉的梦。波德莱尔这样写道："德拉克洛瓦，魔鬼出没的血湖。"在这首诗里，波德莱尔嵌入一位艺术家的名字，接着便用类比的手法将艺术家作品所暗示的东西一一展现出来，而兰波则在自己的诗里预示一个元音，并把这个元音在他内心所激发的幻想表达出来。依照魏尔伦的说法，就在那同一时间，兰波大概创作出一首名为《守夜者》的诗，据说这是他写得最美的一首诗，然而我们对此诗却一无所知。魏尔伦无法凭借回忆再现此诗（可他后来竟然一字不差地回忆起《巴黎人口剧增》），但他对此诗的感受却极为强烈："这是一种震撼，一种豁达，一种可恶的忧愁！事实上，阿蒂尔·兰波先生以其难以抑制的忧伤情调写下此诗，我们完全相信这是他写得最美的一首诗。"[46]正是在那段局势很不明朗的时刻，兰波创作出最初几篇散文诗，德拉艾告诉我们那是波德莱尔体的散文诗。那么这篇长达几十页的《精神追击》式的散文究竟描写了什么呢？此诗一直在魏尔伦手里，后来被玛蒂尔德抢去了，大概此后便遗失了[47]。

尽管如此，兰波显然不满足于到咖啡馆里消磨时间，不满足于去捉弄那些他不喜欢的人，他一直在不停地写作。然而，遗憾的是，流浪的生活使他的手稿散落到各处，甚至彻底遗失掉了，造成难以弥补的损失。那时他并非只投身于诗歌创作，而且

一直在设法找个临时工作。看到亨利·梅西耶的证言，人们觉得兰波并未放弃要从事新闻业的梦想。实际上，梅西耶后来也确实想起自己曾送给兰波一套蓝色绒领西服[48]，好让他穿着这身服装，体面地去见《费加罗报》的主编，兰波或许给这家报社写过时事散文，如《白夜》《好战分子机构》等。虽然此事并无别人做旁证，但这与兰波的计划毫不矛盾，他在沙勒维尔时就曾多次尝试着去实现这一计划。

∾

在诅咒派文学社停办之后，一直四处漂泊的兰波将会有一个新的生活环境。他想在这个令人懊恼而又吵闹的巴黎长久地待下去，而且待得越久越好，因为巴黎对于工人和诗人来说可是个好地方。魏尔伦再次为兰波的固定住所提供了资助，他在一所简陋的楼房里为朋友找到一间顶层阁楼，此楼位于康帕涅街与地狱林荫大道的拐角处，距离蒙巴纳斯公墓很近。楼下底层是一家百货店铺，兼卖面包和葡萄酒，店主人名叫特雷皮耶[49]。在这个街区里，艺术家们开始设立自己的画廊。况且魏尔伦刚把让－路易·福兰介绍给兰波，由于福兰总是一副巴黎顽童的样子，于是大家便把"加夫罗什"①这个绰号送给他。《戏装游乐图》的作者喜欢带着这两个年轻人出去散步，而他们俩身上也带着古典美小伙的遗风。魏尔伦慷慨地给他们俩送去绰号：称福兰为小黑雌猫，兰波为小黄雌猫[50]。在过度自由的刺激下，他把自己的家庭抛置在一旁，去满足自己的欲望，满足自己的爱好，而那种自由正是兰波所推崇的。魏尔伦深夜才回家，回到家里，不是大吵大闹，就是寻衅找茬，有一次在酒精的刺激下，他竟然威胁要杀死妻子和儿子，见此局面，亲朋好友都为他感到担心，而他母亲清楚地意识到是酗酒使他失去了理智。显然他还在继续供养兰波。自从兰波来到巴黎之后，他花掉了一大笔钱，他慷慨地资助兰波恐怕就是对这笔开销的最好解释。

12月13日夜里[51]，魏尔伦带着兰波和福兰回到尼科莱街，他把两个朋友安顿在自己的卧室里。第二天一早，他就动身赶往阿登，行前他嘱咐家人照顾好这两位朋友，但他们俩不想趁机滥用魏尔伦的盛情款待，于是第二天天一亮，他们俩也离开了这里。魏尔伦的种种安排以及突然动身离家的举动，不禁让人感到十分吃惊。实际上，

---

① 雨果《悲惨世界》中的人物，是流浪于巴黎街头的顽童。

魏尔伦手头上的钱已全都花光了，他要去帕利泽尔镇找公证人，将路易丝·格朗让姑妈留给他的那份遗产要过来，姑妈已于1869年3月22日去世了，姑妈曾是他的教母，而且以前对他一直很关心，要他在巴黎别和不三不四的人一起鬼混，她甚至还梦想着能让他娶一个阿登省的姑娘为妻呢。大家现在不难猜测出这笔遗产用在谁身上了吧。在帕利泽尔镇，他和朋友们一起欢度圣诞节，根本不打算赶回巴黎，他不想面对家庭的争吵，不想面对情人的要求[52]。他也由着自己的性子，在外漂泊一番。接着他又前往马斯河谷，来到沙勒维尔，他在那儿，在宇宙咖啡馆里又见到德拉艾，当德拉艾来巴黎找兰波时，他对德拉艾颇有好感；他还见到布列塔尼，这位芳普镇的老朋友也是兰波幕后的老师。布列塔尼摆出一副可笑的样子，让魏尔伦感到很高兴，他曾给夏尔·德·西夫里写过一封言辞放肆的信，在信中讽刺地描述自己这副可笑的样子，宣称作为收取间接税的职员，尤其是作为出色的中提琴手，他很乐意能在外省的小镇里接待他[53]。或许这是魏尔伦第一次走访沙勒维尔，我们能想象得出他在玛德莱娜沿河街道5号甲的窗下表示敬意的样子，他试图去走访所有那些兰波向他讲述过的人。

他和德韦里埃一起讨论，从而发现德韦里埃是一个很文雅的人，是个出色的共和分子，是一个兄弟，他还和《东北》杂志社社长佩兰谈过话。他毫不犹豫地和新结识的"志同道合者"[54]一起到乡村去远足：

> 山丘吹来微风，
>
> 马斯河，滴滴水
>
> 大家在路上喝
>
> 在每个路标处，
>
> 大家吸着香气，
>
> 嘴里抽着烟斗！[55]

兰波到巴黎是为了去见那些时尚的文人，而魏尔伦却反其道而行之，他赶到外省，去走访那些奇特的人物，去结交那些有怪癖的人，与喜欢唱反调的学者以及给他带来意外收获的人打成一片。

就在这段时间里，兰波过着焦虑不安的日子。他手头上已没有钱了，魏尔伦留给他的那点儿零用钱也逐渐花光了。他还一直去见诅咒派的朋友们，善意地拿卡巴内开玩笑，试着和安德烈·吉尔讲俚语土话。他陪福兰去卢浮宫临摹著名的油画，他毫不掩饰自己的想法，称宁愿让巴黎公社把这些陈旧的画作，把这些没用的遗物都烧掉。福兰所披露的这些看法使人认为图画世界对他来说并不重要[56]。拿此说法与《灵光集》对比的话，人们或许会感到吃惊。但这类诗篇在很大程度上取决于内心的幻觉，而非取决于对现实图像的感受。和古希腊盲诗人荷马一样，有通灵能力的兰波可以探测未来，但却难以指明现时。然而，他对绘画的保留态度并未妨碍他成为阿尔弗雷德-让·加尼耶的模特，加尼耶是蒙巴纳斯那一带的二流画家。那幅肖像画上标注着两个日期，一个日期注明此画作于1872年，"地狱林荫大道，面对蒙巴纳斯公墓的大门"，即"康普街"，兰波用这个词来暗示他的住所，他的营地；另一个日期标在画的背面，上面写着"1873年"[57]。画作的技法很粗糙，画中人物的相貌与真人相差甚远。画面上的兰波瘦骨嶙峋、忧郁苍老，显得极为沮丧。

∾

对于兰波来说，1872年注定是极不稳定的一年。魏尔伦显然已经达到自己的目的，他带回来的钱可以帮助他们实现新生活的计划，但兰波仍然完全要靠魏尔伦来扶持，他焦虑地等待着魏尔伦，正如他后来所写的那样，"闲散的年轻人/只有屈从一切"，而玛蒂尔德则希望挽救他们的家庭，她想方设法让丈夫再回原单位工作，巴黎公社之后，他就丢掉了那个岗位。通过熟人的疏通，回原单位工作的事出现转机。魏尔伦夫人还特意宴请负责办理此事的办公室主任，然而在午宴上，喝得醉醺醺的魏尔伦表现得糟糕透了，再想回原单位上班的希望是一点儿都没有了。像兰波一样，他也沉湎于酒色的生活之中，而兰波呢，却在天天向他灌输不良习气，他被这个天生放肆无礼的少年迷住了，况且爱情已使他们的关系变得十分密切，他对兰波更是言听计从。《屁眼十四行诗》似乎就写于那段时间，除此之外，兰波没有写过任何文字以表明他的同性恋行为，在这行为当中，应当首先看到某种他认可的因素，因为此行为属于"理智的放荡举止"之范畴。至于说魏尔伦，一切都服从于他那伤感的爱好，他的行为举止或许与旧习复发有关。后来他在蒙斯监狱里写了一首诗,清晰地回忆起那段时间的往事,因为诗中明确写道:"关于康帕涅街那间房的事,1872年1月于巴黎。"《诗人与缪斯》一诗描绘了这间破烂不堪的陋室惨状[58]。"房间,你是否保留着那可笑的幽灵,/噢,光线灰暗、蜘蛛横行?"他厚颜无耻地回忆起"力大无比的夜",人们或许对此是不会产生错觉的。但伦理道德很快就占了上风,魏尔伦将一切都归纳于这个否定之中,归纳于这个痛苦的罪责之中,好像是为了永远地摆脱这个错误:"大家想怎么理解就怎么理解吧,但事实并非如此:/善良的人呀,对这些事你们什么也不懂。"我们很不情愿地要责备魏尔伦的这几行诗。"这些事"究竟是指什么呢?"事实"又是什么呢?不管怎么说,凭着"这些事"和"事实",魏尔伦和兰波的生活业已成形,这一生活充满了罪责、幼稚和孤僻。

1872年1月,从帕利泽尔镇返家之后,魏尔伦似乎在想方设法毁坏自己的家庭。他对兰波那狂热的爱使他昏了头。夜不归家,外出寻乐,酗酒滋事,他贪婪地沉湎于过去的陋习之中。每次回到尼科莱街家里时,他都要和妻子吵架,而且每一次都是他"挑起"争端。他时而用点燃的火柴威胁玛蒂尔德,甚至想烧掉她的头发,时而就像一个醉汉,对妻子施展拳脚。有一次,他甚至把火气撒到小乔治身上,粗暴地把孩子扔到床上,接着,面对高声呼救的玛蒂尔德,他朝她猛扑过去,想捂住她的嘴,但依照玛蒂尔德的说法,他试图掐死她[59]。魏尔伦当晚便跑到母亲家里去过夜,第二天一清早,年轻的妻子便带着孩子,随父亲离开了巴黎[60]。两天后,魏尔伦回到尼科莱街,发现妻子和孩子都不在家,而莫泰夫人又不想透露出他们的去向。此时,他拿不定主意,于是便设法与妻子和解,妻子来信坦言愿意与他和好如初,回到家中,但兰波必须离开这儿,闻此言,魏尔伦感到很恼火,拒绝屈从这样的要求。在《忏悔录》里,他装出不理解妻子的样子,甚至指责她在嫉妒自己的朋友:"从道理上讲,这并不是一种爱情,一种好感,而是一种钦佩之情,一种极度的惊讶感,你所面对的这个大男孩刚满16岁,但却写下那么优美的文字,正如费内翁所说:'或许他的文字已超越了文学……'"[61]

就在那同时,著名的"丑陋的家伙"晚宴依然定期举行。兰波和魏尔伦也常去参加。一天晚上[62],一个名叫奥古斯特·克雷塞尔的人朗读自己写的《战斗十四行诗》[63],此诗写得枯燥乏味,而兰波则越听越感到烦躁,于是便随着诗的节拍一句句地骂着："他妈的！"埃蒂安·卡尔雅①想为挨骂者辩护，便把骂人者当作"小混蛋"训斥了一通[64]，兰波抄起魏尔伦的剑杖，朝敢于辱骂他的人刺去，划伤了卡尔雅的手臂[65]。这一下子，他在这个小圈子里就成为不受欢迎的人了，此时这是唯一尚能容纳他的团体。他想把自己的规则强加给他人，但欲速则不达，而他本人不过是个天才少年，是刚刚落脚巴黎的沙勒维尔人。然而，在他到达巴黎之后不久，魏尔伦特意为他做的第一件事，就是带他去卡尔雅的画室，好让卡尔雅将年轻诗人的形象永久地保留下来，卡尔雅曾任《巴黎林荫大道》杂志社社长[66]，而且还是一位出色的摄影师。那张大家非常熟悉的照片就是卡尔雅拍摄的。在椭圆形的画面上，兰波略显柔弱，但穿戴得很体面，脸上胖乎乎的，下巴带着明显的特征，头发很浓密，发型还是头年夏天做的，后来又理过发，但有几绺头发怎么也梳不倒。他的眼神让人颇为吃惊：眼光明亮，悲怆中带着几分高傲，好像在仔细观察镜框外想象的东西，那目光超越了我们，超越了世界。兰波之所以与《醉舟》融会在一起，恐怕也正是因为这幅照片，它将梦境和超感官知觉永久地定格在肖像里，灰色的背景就像那天空。

兰波对卡尔雅的攻击举动还造成其他不良后果。当时，许多画家都在描绘画室的内景，将出名的朋友和模特汇集在自己的画室里。在库尔贝的《画室》里，大家还记得画面中在读书的波德莱尔，在油画最初的原稿里，波德莱尔身旁还陪伴着让娜·迪瓦尔（后来他让画家把让娜抹掉了）。方坦-拉图尔经常走访文学界的后起之秀，打算把艺术家团体画进油画里。他首先生动地绘制出一幅《向德拉克洛瓦致敬》。接着，他想去描绘波德莱尔的弟子们，让他们聚集在《恶之花》作者的画像前。然而，出于种种原因，他所求助的那些人都不愿意露面，于是他决定选用不甚出名的文学家，便去找常常出席"丑陋的家伙"晚宴的诗人，因为他偶尔也去参加这个晚宴。画面表现的是晚宴之后的场景[67]。画的近景是桌子的一角，桌上铺着白桌布，上面摆放着酒瓶、玻璃杯、咖啡杯。桌子后面从左至右（不分坐立）分别是魏尔伦、兰波、佩尔唐、瓦拉德、德尔维利、布莱蒙、皮埃尔·埃尔泽阿以及让·埃卡尔②。然而，画面的结构显得有些不协调，画面右侧的一束花像是多余之物，其实原来这个位置是留

---

① 埃蒂安·卡尔雅（1828—1906），法国摄影师，做过演员、漫画家、新闻工作者，曾为雨果、波德莱尔等著名人物拍摄肖像。
② 作者所描述的画面人物排序与原画说明有出入。

《桌子一角》（方坦-拉图尔绘，奥赛博物馆馆藏）

给阿尔贝·梅拉的，在兰波与卡尔雅激烈争吵之后，梅拉拒绝出现在这幅画面上。所有出现在《桌子一角》里的人都摆出不自然的样子，给人感觉好像他们相互间并不认识似的。不论是侧面像，还是正面像，每个人似乎只关注自己的形象。魏尔伦的面孔颇像卡尔梅克人，头发已过早地脱光了。在整幅刻板僵直的画面上，兰波的面孔引人注目。他的姿势还是传统的，他用一只红扑扑的手托着头，而这副面孔则表现出年轻人梦境般的美，自从卡尔雅为他拍摄照片之后，他的头发又长了许多，显得乱糟糟的，但却颇有浪漫的色彩。尽管如此，魏尔伦依然觉得画得不像，他后来回忆说："他那双淡蓝色的眼睛里、他那苦涩的厚嘴唇上闪烁着某种柔情，给人好感。"[68]将这些人描绘在同一个画面上，表面看起来有些不太恰当，但方坦-拉图尔还是准确地再现出"伤感"诗人的支持者，他们将永远出现在兰波短暂的文学生涯里，虽然他们不过是二流诗人。尽管如此，兰波还是同意去画家的画室，以配合画家作画，方坦-拉图尔在位于巴蒂尼奥勒的画室里为兰波画了一幅水彩肖像画。这幅油画几经周折，最终还是完成了，因为方坦-拉图尔在最后一刻不得不抹去梅拉的画像。此画于

1872年3月拿到沙龙展上展出，后来许多讽刺性的报纸杂志都以滑稽的笔法去模仿这幅画[69]。

就在这一系列事件发生的同时，魏尔伦一直对玛蒂尔德离家出走感到担心，然而却拒绝她所提出的所有和解建议。就在那时，一位诉讼代理人很快起草了一份分居申请，并附上一张医院出具的证明，证明她身上确实有遭受虐待的伤痕。2月10日，魏尔伦受法庭传唤，出庭应审。在这紧迫之际，他最终还是做出回应，他马上给妻子写信，接受她所提出的建议，并向她保证会把兰波送回老家去。我们能想象得出他是如何与兰波商讨此事，并说服他返回阿登省的，我们在此仿佛听到兰波挖苦魏尔伦的话语。但由于手头上连一分钱都没有，兰波也无法拒绝这个要求。从那时起，他要尽快返回故乡，重新与家人团聚在一起，然而出于某种关切的好意，魏尔伦并未把他直接送回到沙勒维尔，而是送到阿拉斯的一个亲戚家里，同时向兰波保证会尽快把他接回来[70]。玛蒂尔德觉得自己在家里腰杆又硬起来了，因此便很快赶回家中。当兰波强压着内心的怒火来到巴黎北站乘火车，他知道"谎话连篇的夫妻"[71]这段故事会很容易地融入诗歌的抱负之中。醉舟将再一次撞到家乡港口的岸边上。

第二章

折磨、祈祷以及苦难的征程

关于兰波在阿拉斯逗留的往事，我们至今一无所知，但他完全有可能住在魏尔伦母系家族的一个亲戚家里。据德拉艾说，1871年年底时，兰波夫人收到一封匿名信，该信披露了她儿子的不端行为。此信若非出自莫泰夫妇之手，那么谁会把这样一封信寄给兰波夫人呢？其实他们早就迫不及待地要女婿甩掉这个寄生虫。兰波有可能在母亲的威胁下，答应母亲回到她身边，就在那同时，魏尔伦希望他暂时先回家乡，因此在几经周折之后，他回到沙勒维尔。

在这个"最愚昧"的小城里，他还是决意不想工作，不想回到正确的生活轨道上来。他向往着自由，虽然这个自由不过是虚渺的，他只是满足于再去见德拉艾、德韦里埃、布列塔尼等老朋友，满足于制造耸人听闻的事件，让那些经常光顾咖啡馆的年轻人为之惊诧，他已经给这些人留下一个死不悔改的放荡者的名声。许多关于他的逸闻并不那么吸引人，但其中有一条则清楚地表明他身上所特有的挑衅欲。他坐在咖啡馆里，桌上摆着一大杯啤酒，这时他看见一群流浪狗从眼前走过去，于是便高声说，他会把这些狗领回家去，让它们蒙受"最后的羞辱"[72]。①自从对加蒂诺说出那句评语之后，兰波显然对狗类做过极深刻的思索！然而，他的话并不总是局限于这类胡吹神侃上，人们亦希望如此。因此，德拉艾向我们断定他正在同时实施几项诗歌计划。此时是1872年2月至3月。兰波很快就将重返巴黎。许多传记作者认为，在阿登省度过的那两个月里，兰波创作出多种多样的诗文，其中有"新诗"，有《灵光集》的最初几

---

① 强暴、奸污的委婉说法。

123

段，还有其他散文诗，事实上，这也证明为这些文字确切地标定写作时间是不太可能的。就兰波在那段时间的创作提出自己的看法，想象着他在那段时间里写出大量的文字，这是十分困难的，实际上，人们不可能将兰波诗歌的多种光环都集中在那段短暂的时间里。如果相信德拉艾说的话，那么许多消息都是值得考虑的，尽管这些消息有时是前后矛盾的。

在阅读米什莱的作品，尤其是读过他的《法国历史》之后，兰波大概想写一系列叙事散文，去展现过去的场景。德拉艾断言兰波已酝酿出不同类型的散文诗，其中有《旧时代的照片》[73]，此诗也许也从这个新艺术里获得灵感，兰波也见过几个掌握这门新艺术的门徒，其中有卡尔雅（就是他想用剑杖杀死的那个人），还有夏尔·克罗，此人一直致力于发明彩色摄影。他的散文诗预示着《灵光集》的"描画盘子"，谁知道呢？那时兰波想具体地描绘出一个"美妙的故事"，正如他自己反复诉说的那样，因此德拉艾记忆中的几个印象也是有根据的，兰波想展示中世纪那"血红的星饰和金制的护胸甲"，展示一个身穿铠甲，头戴金冠的古代人物。他或许还写了几篇与《圣经》有关的散文，比如耶稣在伯赛大水池边的故事。德拉艾所讲述的这些事虽然无法核实，但还是值得人们认真考虑，哪怕只是把它当作某种证言也好，这说明兰波似乎一直在对写作形式做各种尝试，这种富有诗情的散文与他那美妙的诗文相得益彰，并在《地狱一季》里大放光彩。尽管如此，随着从未发表过的文字逐渐被人发现，德拉艾也在不断地修正自己的记忆。但他后来从未修正过有关《旧时代的照片》一诗的记忆。

不同的资料证明兰波也在从事其他类型的研究。实际上，通过他写给魏尔伦的信，尤其是通过魏尔伦的回信，我们完全有可能描绘出当时他最为关注的题材。那时，他在市立图书馆里总要待上很长时间，虽然他发现了米什莱的《法国历史》，但他同样对各种文学形式感兴趣，而这种种文学形式似乎与他在1871年里创作的诗毫不相干。

他仔细翻阅着法瓦尔的《小咏叹调》，这位18世纪的诗人为许多歌剧编写歌词，那些歌剧显得很幼稚，比如有的讲述田园诗般的恋人故事；有的描述乡村里的冲突；他还编写了许多歌曲，这堪称是音乐剧的最初尝试。兰波对这种陈旧的韵律颇感兴趣，他把《遗忘的小咏叹调》连词带曲寄给魏尔伦，魏尔伦让内兄夏尔·德·西夫里帮忙识谱[74]。兰波突然对法瓦尔感兴趣，人们也许对此感到惊讶，其实当魏尔伦本人发表《戏装游乐图》时，整部诗篇不也是受华托的影响吗，而华托所表现的世界既轻佻又伤感，想到这一层，人们也就不会感觉惊奇了。龚古尔兄弟也拿出几篇评论那个时代艺术的文章[75]。尽管兰波对绘画不感兴趣，但他依然对魏尔伦那带着韵律意味的精美小画颇为赞赏。当然，我们不应将艺术割裂来看，而要看其连贯性。虽然他和魏尔伦的通信很少留传于世，但现存的那些点滴文字可以帮助我们去理解他，那时的兰波似乎已预感到新的诗歌即将来临。然而，有关这方面的内容，我们却永远也无法知道了，除非那些已遗失的文字能重见天日。魏尔伦将寄自沙勒维尔的信件放在家中的一个写字台里，后来对此做了简略的描述[76]，玛蒂尔德把这些信件拿走了之后，交给一位诉讼代理人，而且把那些她认为过于放肆的信都烧掉了。不过她后来断定，信中所有的诗文都与此后陆续发表的文字相符合，而且她也看到了那些发表的文字[77]。她虽然是这么说，但正是由于她的过错，许多诗文似乎都遗失了，其中就有那篇著名的《精神追击》手稿，这个标题以其准确的思路及抱负令人去遐想。魏尔伦非常看重这篇诗文，认为这是兰波写得最成功的作品。但这篇诗文是从沙勒维尔寄给他的吗？

在回到阿登省的那段时间里，兰波显然没有闲下来，虽然他拒绝任何有报酬的工作，甚至不听母亲的劝告。当他不在小城周围闲逛时，当他不去光顾那些小咖啡馆时，他就待在玛德莱娜沿河街的家里读书，再不然就拿起笔来不停地写下去，而他在小咖啡馆里总是借酒消愁，因为他对烈性酒早已习以为常了。"老妈"提醒他，说这么做不会有什么前途的，根据帕泰纳尔·贝里雄的说法[78]，他干脆地回答道："那我也认了，我就要写，我必须得这么做。"我们已经知道他在做什么样的尝试，此外他还写了许多诗，其中有好几首诗流传下来，兰波在重返巴黎之后，似乎把这些诗又重抄了一遍，然后注明后来的日期。1872年4月，魏尔伦在一封信中要求兰波把"不好的诗（！！！！）"以及"祈祷诗（！！！！）"[79]寄给他。在同一封信里，他以更明确的形式再次重复了这两个词的含义，即"旧诗"和"新祈祷诗"。旧诗难道被其作者视为是不好的吗？魏尔伦对此深表怀疑，因为他在这个评语后面加了四个感叹号，以表示他并不同意这种说法。而兰波呢，难道从此他就专注于写奇特的"祈祷诗"吗？通过这些祈祷诗，来表明自己的忍耐状态，他在忍受着分手的折磨，而他认为这种离别是不公正的。1895年10月，魏尔伦在《元老院》上撰文，回忆起兰波写的一部诗集《虚无的研究》，而这部诗集从未发表过，魏尔伦指出，兰波在不满17岁时就已经察觉到叠韵以及被他称为"虚无"的节律。在这个月之内，兰波的诗确实发生了深刻的变化。那些人们习惯称之为"新诗"的诗文也许就是在那年春天问世的，这个论据并非是绝对合情合理的。要想从中将兰波在沙勒维尔所起草的诗分辨出来，则是十分棘手的工作，除非我们相信那些参考资料是真实可靠的，虽然这只是一个简单的办法，但这种办法绝不应被完全排除掉。

采用亚历山大体的"旧诗"（大概可以把《元音》或《醉舟》划入其中）与应用新手法的所谓"新诗"之间的差别十分明显。然而，那时（甚至一直到他返回沙勒维尔以后的很长时间里）每一首诗似乎都经受过特殊的处理。兰波在一天天地发明新的东西，因此我们也在逐渐地反思那段时间，虽然那段时间表面看起来死气沉沉的，但他的创作却颇为丰富。他十分孤独，却发挥出自己想象的才华，一种难以抵御的激情在鼓励着他。在经过巴黎的冒险之后（几次巴黎之旅让他内心充满了辛酸，但也让他做出新的决定），一个难以想象的兰波出现在大家眼前，他和帕尔纳斯派诗人及其学院派风格截然相反，从某些方面来看（有人根本不想去理解），他十分尊重魏尔伦的意见，比如词汇要纯洁，尽量采用短格律，要把不均衡性协调起来，还要注意诗的音乐感。但魏尔伦的平均律只适用于"无生气的歌"，而兰波则想做得更好。像以往一样，他总想着超越，并以自己所特有的原始性，以那种愣头青的劲头，去寻找人的纯洁状态，去寻找动物，如鼹鼠和狼的纯洁状态，再不然，他想把自己变成一个在"火之神"太阳下曝晒的黑人。在《地狱一季》中《言语炼金术》那一章里，他为自己树碑立传，准确地叙述了自己在这方面的感受，他说这种感受一直持续了好几个月。他讲述了自己疯狂举止的故事。实际上，这个故事就是那封"通灵人书信"的必然结果。但这几封书信被巴黎公社那腥风血雨的日子湮没了，而兰波在那时所写的诗中也忘却了历史。他十分自然地与永恒的历史融为一体。我们最好还是不要把他瞬间的感受提升到虚幻的高度。对我们来说，兰波的"契机"从此将延伸到超越正常范围的时段，但他一直生活在正常范围之内，只有经过努力及顽强的斗争才能超越这个正常范围。

就在他离开魏尔伦这段时间，他走上了一条生活之路，走上了"苦难的征程"[80]，以便能得到渴望已久的"太阳之子"的地位。他拒绝去做别人强加给他的工作，他这样说过："对我来说，工作依然是遥遥无期，就像手指甲对应于眼睛那么遥远。我真倒霉！真倒霉呀！"[81]他生活在一种极特殊的气氛之中，这是他为自己创造的气氛，这绝不是放荡的生活，而是失望的欣喜，是强烈的感受与解脱，是虚无的前兆，而此时的逆反心理则为解脱、为腾飞、为"梦想的解救"拉开了序幕。据猜测有几首诗就写于那时，人们感觉诗中的远景仿佛是可参照的基础。沙勒维尔四周的景色，旧时代风貌的乡村，马斯河畔，所有这一切都像被炼金术施了魔法似的。他仿佛处于奇妙的无人之境中，"远离飞鸟，远离羊群，远离村民"。年轻的瓦兹河在他脚下缓缓流动，河面折射的倒影就像是幻觉。河水把他带到富有异国情调的地区，在那里，像高更及许多移居欧洲的艺术家一样，他有自己的陋室和旅行水壶，水壶里装满了"淡而无味而又让人出汗的金色液体"。有时另一条河流，也许是塞莫瓦河，则成为"黑醋栗河"，红色的河水由死者的鲜血嬗变而成。改头换面的《乌鸦》则构成一种虚无的景象，在那个景象里，他再次远离所有的一切，但只是随风而去。人们在兰波身上似乎听到行进的感觉，这与他在大路上孤独地行走不无关系，这是某种歌唱的方式，以便战胜厄运，也是赖以生存的副歌，副歌在反复地吟唱孤独，就像陶醉了一样。因为我们就在这里，经常出现在他的幻想之中，在造就出他这个人的幻想之中，通过这个幻想，他的模样一天天地呈现在我们眼前。《记忆》则是另一个明证，有些人从中看出他在回忆自己第一次跑到巴黎时的场景；而另一些人则猜测出，甚至凭想象再现了父亲离家出走的场面。但我们在这首诗里看到的首先是富有诗意的神奇目光，那目光毫无怜悯之意，冷漠的回忆以及种种令人心酸的文字使他抬起目光，在那回忆中，人在成就自我、启示自我的话语里找到自己的归宿。

带有传记色彩的印象与寻求完美韵律的做法巧妙地配合在一起，这些诗恰好将那做法表现得淋漓尽致：探索奇音节韵，而奇音节韵恰好出自魏尔伦的手笔，但同时也参考了令人颇感意外的诗作者，比如马塞利娜·德博尔德-瓦尔莫。兰波渴望去了解另一种生活方式，这与他依然要忍受的方式截然不同，他回顾了自己那饱受挫折的欲望。《渴之喜剧》则搭建起一个出口，许多人都在那儿呼喊他。他们似乎是罗什村的外祖父母，是远祖，是星期天到墓地里转一圈后坐在家里喝咖啡的人，这些人在怀念死去的亲人，就像兰波夫人后来所做的那样，在怀念死去的亲人时是那么虔诚、那么悲伤。帕尔纳斯派诗人在完美的幻想中，在冷酷的理想中感到茫然。"丑陋的家伙"

既喜欢喝苦开胃酒，又喜欢象征性的发明。在谈到花卉这个人们反复吟咏的主题时，兰波已说过一些不得体的话，此时他又说自己宁肯去喝"奶牛饮过的水"，也不愿意喝文明或抽象的饮料。当他想象着一个最终能接受他的世界时，他觉得最好的方式就是去回想沙勒罗瓦那家绿色餐馆，那是10月的某一天，在这家餐馆里，一位体态丰腴的女服务员招待了他，而且还吻了他。这就是《渴之喜剧》或《饥饿之节日》之背景。这两首诗几乎直截了当地把萦绕在兰波心头的种种欲望突显出来，几个月来这些欲望一直在支配着他，就在那同时，他坚信自己的准确性，相信自己那无限的视野，从内心里厌恶那早已变得支离破碎的美学："倘若我有情趣，那也绝不/仅仅是为了地球和祈祷。"在所有的诗中几乎没有祈祷，除了《羞愧》之外，但此诗似乎并非写于那段时间。有时他那赞美歌式的手法似乎在模仿居永夫人的宗教之歌（那时他大概也读过居永夫人的诗）。《耐心之节日》则受一首诗的影响，这首诗单纯、热诚，但却饱含失望之意。《五月的旗帜》回忆起在乡村里冗长的布道过程中那毫无价值的唱诗篇。奇特的《黄金时代》则以赞歌的形式表达了每个人内心的冲突：

> 嘈杂中有个声音
> 如天使一般可爱
> 那就是我本人，
> 在激烈地辩解：

然而辩解却依然保持着原有的秘密，而他的个性恰好建立在这个秘密之上。人们往往把《最高塔之歌》看作是写给一位名叫安娜的虔诚女子的，她等待着有益于身心健康的黎明，但却对"蓝胡子"的故事感到担心，诗中问道："人们是否在祈祷/圣母马利亚呢？"此诗准确地描绘出兰波那极不稳定的处境：

> 闲散的年轻人
> 只有屈从一切，
> 单为追求雅兴
> 我却失去生活。

实际上，任何文字都无法描述出他在1872年春初的状态。表面看起来，他无所事事，即便他一直在赋诗，但内心却掩盖着种种欲望。同样，他在物质上还要依赖于魏尔伦，内心总有依附他人的感觉，他期待着魏尔伦的消息，以便重返巴黎。

魏尔伦的来信让人隐约看出他那时的思想斗争。兰波再次提出要求，推出他的"通灵人"计划，但魏尔伦却显得十分谨慎，即使他相信带着幻想的少年兰波在忍受着折磨[82]，而那些幻想依然被紧紧地束缚着。4月2日，他告诉兰波，已把留在"康普街"那儿的家具、"旧衣服"、文件及其他物品都搬走了，就在他发现法瓦尔那轻浮的《小咏叹调》时，他借用兰波粗俗的语气，断言整个世界都是烦恼，而他本人也用污秽的言辞去咒骂那些朋友，他已或多或少地疏远了他们。这真是一首带着诅咒色彩的亚历山大体诗！

> 让梅拉、沙纳尔、佩兰、盖兰和洛尔见鬼去吧！

这句咒骂将矛头直指沙勒维尔和巴黎的那些讨厌鬼，甚至连埃德蒙·勒佩勒捷的妹妹洛尔也不放过，兰波曾在一次晚宴上见过洛尔，但那次晚宴险些闹出乱子，大家不欢而散[83]。

3月中旬，为了履行自己的承诺，玛蒂尔德回到家中。魏尔伦见自己家里已重新"安顿"好了，于是又想背着妻子去和兰波联系。为了取悦家人，他还在比利时卢瓦德保险公司找到了工作，但他尤其在想着把自己所期盼的那个人弄回巴黎来。他无法抑制自己的激情，就等着和兰波重新在一起生活。他似乎甘愿听从兰波的摆布：

> 给我往加夫罗什那儿写信，告诉我应该做什么，你希望咱们怎样去生活。欢乐、苦恼、虚伪、厚颜无耻，这些都需要，我所有的一切都是你的，你应该知道！我是指在加夫罗什这儿……最后一条建议：你回来后，要马上紧紧抓住我，不能出现任何动摇，你完全有这个能力！

兰波最终可以相信，这场打赢的赌局不过是魏尔伦找到一个办事员的职位罢了。不管怎样，这再清楚不过了，有人已同意他的生存计划，那正是后来《灵光集》之一篇《浪子》所阐明的计划："我曾许诺要让太阳之子恢复其原始状态。"兰波在遵从某种意愿、某种义务、某种必要性而行事。因此，魏尔伦才会在信中使用那样的措辞，他又开始新的冒险，准备沉湎于酒色生活，在更高层次的现实中有所斩获。这不仅仅是以诗会友，而是一个爱情故事，在这个故事里，过于软弱的情人要别人去责骂他，以免再犯过去的错误。神魂颠倒的魏尔伦从此就生活在兰波的阴影之下，甚至在梦境里都躲不过兰波的纠缠[84]。一天夜里，他梦见兰波成为一个虐待孩子的人，或许他根本没有想到那个孩子正是他自己，他想成为多产的受难者，而那该死的心灵把苦难强加在他头上。还有一次，他梦见兰波浑身上下都变成金色，也就是说，全身都覆盖着金子，就像一个偶像那样，但同样也成为同性恋的对象。

　　5月初，魏尔伦坐在克吕尼咖啡馆里，一边等福兰，一边给兰波写一封短信，寄往沙勒维尔[85]。"流亡的天使"将很快回到巴黎，他会马上把火车票钱给兰波汇过去。接着，他又写了几句话，但却让兰波感到困惑不解，他隐约透露出针对某人的一项计谋，而此人正是他的岳父："我们在策划用诙谐的报复手段去整整某人，你以后会知道的。你回来后，只要让你开心，有些残暴的事肯定会发生。"此信后面的几行文字含蓄地解释了针对莫泰先生的报复行动以及那种残暴的事，看信的人或许很难看出他想表达什么意思。实际上，整个计划将取决于"马德里的那个大人物"，这是极为怪异的说法，但作为马德里咖啡馆的常客，兰波可以很容易地破解这句话的意思，因为魏尔伦经常在那儿与安托万·德·图龙会面[86]，图龙是一个古怪的人物，声称自己是巴塔哥尼亚国王，将这个空想王国的土地以及爵位非常慷慨地赠予他人。尽管如此，"残暴"的计划似乎并未得到什么结果。

∽

　　在阿登省故乡的深处，兰波看到自己被赶出巴黎，在外省流亡的日子就要结束了，他对此极为满意。在收到魏尔伦汇来的钱之后，他登上开往巴黎的火车，甚至连母亲都没告诉，实际上，所有写给他的信都没有寄到他家里，而是寄给布列塔尼，布列塔尼同情他的命运，为他离家出走出谋划策。来到巴黎后，他住在王子先生街的一间顶层阁楼里，这条街就坐落在拉丁区。透过窗户，他能看到圣路易中学的操场，看到校园里的百年古树[87]。他又回到一个熟悉的环境之中。拉辛街距此仅几百米远，他周围的邻居都是年轻的艺术家或诗人，比如像刚来到首都的拉乌尔·蓬雄，蓄着浓密头发的让·里什潘①，后者刚从高等师范学校毕业，但却特别喜欢讲俚语，因为他和乞丐们一直有联系，甚至渴望成为旧时代的海盗，成为像若利布瓦那样的画家，这位画家擅长画静物画，不过后来没有塞尚那么大的名气！没有规律的生活又开始了，他每天和朋友们在一起喝酒，还常常去见福兰，或者去见克罗兄弟，一天，他和他们兄弟俩开了一个玩笑，这个玩笑开得太过分了，他趁兄弟俩暂时离开的机会，将硫酸倒进他们的杯子里，这段逸闻出自阿方斯·阿莱之口，他猜测兰波用的那种化学品恰好是克罗带来的。然而，与魏尔伦在一起时，兰波却故作媚态，再不然就抓挠他；有时，他的举止令人难以容忍，像个小情妇那样喜怒无常，乱发脾气，提过分的要求，露出嫉妒的样子。"苦难的征程"拉开了序幕，而生活也变得危险起来。他正处于长身体的阶段，处于叛逆而且醉心于自由的时期，他时而闲散无聊地待着，时而写一些散文，到了晚上，他一边喝着橙香酒或苦艾酒，一边和朋友们激烈地辩论着，有时要一直辩论到深夜。他们同样会争吵。从那以后，兰波身上总带着一把锋利的木柄小刀，就像小流氓佩带的那种刀一样。一天，出于报复心理，他刺伤了魏尔伦的双手，划破了他的大腿[88]。此后不久，魏尔伦的母亲请儿子和玛蒂尔德回家吃晚饭，他掏出一把小刀，把玛蒂尔德吓了一跳，他好像是在模仿情人那令人不安的残酷举止。

玛蒂尔德很快就知道兰波已返回巴黎的消息。《桌子一角》里的人物之一欧内斯特·德尔维利在茹弗鲁瓦小巷里见到了兰波，他认为最好还是将此事告诉给魏尔伦那"娇小的妻子"[89]。魏尔伦已被激情烧得丧失了理智，他逐渐地抛弃了自己的家庭，而兰波也在鼓励他断绝与家庭的来往，因此他常常夜不归家，与兰波一起过夜。一天，他回家接上儿子，然后把儿子送到母亲家里，直到第二天才把儿子送到玛蒂尔德身边[90]。还有一次，他和兰波一起回到母亲家，并要母亲给他们俩准备晚饭，安顿他们在家里住下来。坦率地说，兰波大概得换住所了。于是他很快就搬到维克多-库赞街的克吕尼旅馆里，这里紧邻巴黎索邦大学，直到今天我们依然能看见这家旅馆。上个月，兰波把从沙勒维尔带来的部分手稿誊抄了一遍，而且他还在写其他东西。组诗《耐心之节日》言外之意就是在说他的聚会，此后，魏尔伦与玛蒂尔德的夫妻关系也

---

① 让·里什潘（1849—1926），法国诗人，大学毕业后无拘无束，四处流浪，创作过一首描写乞丐的诗篇。

就走到了尽头，他期待着能过上"真正生活"的时刻（正如卡巴内所看到的那样）。在这郁闷的气氛中，他却体验到难以形容的幸福，他本人早已踏上精神冒险的征程。从此，对于我们所有的人来说，他独自一人在自己内心的天涯处参加美妙的婚礼：

> 终于找到了。
> 什么？是永恒。
> 是大海与太阳
> 交相辉映。

抛弃所有的残暴，剥掉狼人的所有外衣，他内心充满了激情，要与世界完全融合在一起，这是"幸福的命运"。夏季凌晨4点，街上已涌动着赶早去上班的工人，某种善良的想法使他在这些工人们身上看到神奇的人物，他们在搭建令人难以置信的建筑。人类在劳作之后，在维纳斯的保护下，迎来朴实爱情的希望。一时间，他突然来到一个梦幻的世界里，旁边就是天国。有时，他感觉到，一直吸引着他的幸福是那么脆弱，他只是在呼应感官的幻觉。他和魏尔伦的同性恋关系也是建立在放纵的性经历基础之上的，这种经历在黎明时分常常会给他带来幻想破灭的感觉。《三钟经》的鸣钟声压过多情的雄鸡那得意的歌声，而雄鸡则为自己的壮举感到自豪。魏尔伦被委身于他的少年征服了，而且大胆地将少年变为陪神，后来他写诗讴歌了那种肉欲的行为，那是一篇不公开的私人诗文，所用的言辞瞒不过任何人，同时也表明他的激情：

优秀的门徒

> 我被选中，要入地狱！
> 一股强大陌生气流裹挟着我。
> 噢，真是恐怖！要**稳重，克制**[①]！

> 就在我飞往天堂之时

[①] 黑体字原文为拉丁文。

L'Éternité

Elle est retrouvée.
Quoi ? - L'Éternité.
C'est la mer allée
Avec le soleil

Âme sentinelle,
Murmurions l'aveu
De la nuit si nulle
Et du jour en feu.

Des humains suffrages,
Des communs élans
Là tu te dégages
Et voles selon.

Puisque de vous seules,
Braises de satin,
Le Devoir s'exhale
Sans qu'on dise : enfin.

Là pas d'espérance,
Nul orietur.
Science avec patience,
Le supplice est sûr.

Elle est retrouvée
Quoi ? - L'Éternité.
C'est la mer allée
Avec le soleil

Arthur Rimbaud

《永恒》手稿

究竟是哪个讨厌的天使

紧紧地拥抱着我的肩头?

狂热愚蠢得可爱,

有趣的妄想,故作恐惧样,

我既是受虐待者又是国王,

我生像雄鹰飞翔,死像天鹅悲伤!

你这个嫉妒者在向我示意,

我来了,是一个完整的我!

尚未得到信任却朝你爬去!

到我背上来,随你践踏吧!

1872年5月

　　这首逆向十四行诗是彻头彻尾的真情表白[91],说得更明确些,是真情的颂歌,后来在调查布鲁塞尔事件时,此诗是从兰波的书包里翻出来的。人们在诗中看到魏尔伦的两重性,他总是把生活在激情里的快乐置于罪恶的气氛之中,害怕那位给他带来恐惧感的陌生人,害怕将来的日子,因为他无法预料会出现什么样的悲惨结局。性关系使他们的情感得到升华,有升高就会有跌落,然而他在其中扮演的角色也模糊不清,是主动还是被动,是雄鹰(听起来,这肯定是一个粗俗的文字游戏)还是天鹅。不过这种举动不过是天使及选择之类的问题。兰波在诗中就是那个真正的天使,就像在一个大雪纷飞的夜晚,出现在热拉尔眼前的那个名叫达尔热洛的学生(他们是科克托所著《调皮捣蛋的孩子》之中的两个人物)[92]。极为微妙的默契心理将他们俩联系在一起,神秘、色情、追求诗歌艺术也融合在他们的关系之中,就像他们的躯体以及文字紧密地结合在一起一样。

　　兰波的房间朝向一个无出口的死院子。夏天炎热的天气使他感到很疲惫。整个夜里,他不停地喝水,就像《渴之喜剧》,期盼着咖啡馆能赶紧开门营业。一天晚上,魏尔伦不在他身边，他又在熬夜，于是便拿起笔来给好友德拉艾写了一封长信，德拉艾离开巴黎还不到两个月：

1872年6月兰波致德拉艾的信
（法国国家图书馆馆藏）

我的朋友：

是的，生活在阿登省那个世界里确实令人感到吃惊。在外省，人们吃本地产的含淀粉植物，喝当地酿造的葡萄酒和啤酒，这并不是我所怀念的东西。因此，你一直在揭露外省的生活，这也是有道理的。但在这里，不论是让思想升华，还是埋头创作，一切都显得很狭隘，而且夏天令人难以忍受，天气并非总是炎热难耐，但大家都希望能看到好天气，因为每个人都快成遁遁鬼了，我恨夏天，夏天刚开始冒头，我就热得快受不了了。我总是口渴，真担心患上坏疽病，阿登省和比利时境内的河流及岩洞才是我最怀念的东西。

这里有一个喝酒的好去处，我非常喜欢，苦艾酒吧[†]万岁！尽管酒吧的服务生待人并不热诚。苦艾有着最微妙、最令人惊恐不安的外表，这种冰川时代草属植物的功效就是能把人醉倒。然后，就为了能在困境之中倒头睡觉！

总是同样的抱怨，对吧！可以肯定的是，让伏在宇宙咖啡馆吧台上的佩兰见鬼去吧，不管他是面对着小广场，还是背对着小广场。我可不是在诅咒宇宙咖啡馆呀。我倒希望将来阿登省会受到越来越无节制的侵占和压榨。但现在所有的一切都显得太平庸了。

[†] 苦艾酒吧位于圣雅克街176号，酒吧的外墙边上堆着四十个酒桶。——作者附注

重要的是，你要让自己忙碌起来，走更多的路，读更多的书，你这么做或许是对的。尽管如此，别把自己禁锢在办公室或家里。只有远离这些地方才能做出粗野的举动。我可不是在推销安慰剂，但我认为在处境悲惨的日子里，习惯并不能给人带来安慰。

目前我在深夜里工作。从子夜一直工作到凌晨5点。上个月，我的房间在王子先生街上，房间的对面就是圣路易中学的操场。窄小窗子的下面有几棵粗壮的古树。凌晨3点时，烛光变得暗淡了，小鸟们在树上唧唧地啾鸣着，是该结束了。不用再工作了。我要看看那些大树，看看天空，面对早晨这难以描述的第一时刻，突然有种奇妙的感觉。我看着对面中学里的宿舍，宿舍里安静极了。而林荫大道上已响起载重车那既有节奏又美妙的响声。我吸着烟斗，将烟吐到屋瓦上，因为我的房间是一个顶层阁楼。到5点时，我会下楼去买面包，也就是现在这个时间。大街上到处都是步行去上班的工人。对我来说，这是到酒商那里喝酒的时刻。我回到家里吃东西，早晨7点睡觉，这时的阳光把屋瓦下的鼠妇虫都赶了出来。夏日的清晨和12月的夜晚，这是在这儿最让我感到心醉神迷的东西。

但现在，我有一个漂亮的房间，房间外面是一个没有出口的死院子，但房间只有3平方米，就在维克多－库赞街，位于索邦大学广场的拐角处，拐角是一家名叫下莱茵省的咖啡馆，街的另一端就是苏弗洛街。在这儿，我整宿都在喝水，天总也不亮，我睡不着觉，我都快憋死了。

显然，你的要求是有道理的！见到文学艺术报《复兴》的主编时，别忘了跟他捣乱。到现在我一直躲着那些外来的害人精。让这四个季节见鬼去吧。

加油干吧。

巴黎，1872年6月

这篇优美的文字将我们领进作家那间黑暗的屋子，他在那间房子里等待，聆听，遐想。

像以往一样，兰波从日常生活中挖掘出其他美妙的东西。生活中还隐隐地显现出一对夫妻，就是那对年轻的夫妇。就在他的房间朝深蓝色的天空打开之际，他编造出一个梦境，梦境与魏尔伦幼稚的做法十分相似，他像新娘那样开心地撩起新郎的欲望。他变成一只"狡猾的老鼠"或一束"微弱的鬼火"，溜到他们夫妻床头。在远离家庭影响，在元音的爱情纠葛中享受自由之际，难道他在想玛蒂尔德或在想他与魏尔伦组成的"年轻夫妻"吗？"深夜，女友啊！蜜月/将采撷他们的微笑……"

在不写作的时候，他也常常翻阅一些书，并以发现新漫画家或浏览杂志的方式让自己放松一下。有一份杂志是在埃米尔·布莱蒙的监督下刚创办起来的，而布莱蒙是他的仰慕者，他曾把《元音》送给布莱蒙。然而，在《文学与艺术复兴》杂志创刊号上[93]，在《无词的浪漫曲》这一带有预示色彩的标题下，他发现魏尔伦的一首诗："这是忧郁的心醉神迷/这是相亲相爱的疲惫"，此诗不但使人联想起他们之间的关系，而且贴切地应用了他刚发现的新诗元素。况且，在诗的开篇引言中，他注意到法瓦尔的一段话，而这段话恰好引自《遗忘的小咏叹调》，在一个月前，他曾将此诗连词带曲寄给魏尔伦。6月29日，魏尔伦又恢复了常态，他写了一首简短的"小咏叹调"，这一次，兰波在诗中清楚地辨认出玛蒂尔德，她正用那"纤纤玉手"轻掠钢琴的琴键。

❧

然而，与魏尔伦时分时合的状态有可能持续下去，而得不到任何结果。从那时起，兰波似乎已耐不住性子了，他决定要把命运掌握在自己手里。他写了一封绝交的短信，而且把这封信在7月7日星期天那天亲自送到魏尔伦的住处，这一举动表明他好像还期待着什么。就在他准备把信放在尼科莱街时，魏尔伦恰好要出门，他要去安托万·克罗家，安托万是医生，也是他们家的好朋友，他想请医生给玛蒂尔德诊视一下，因为玛蒂尔德头痛得很厉害。至少这是玛蒂尔德的说法，她还明确指出："我们俩在前一天没有吵架，我丈夫在出门前还深情地吻了我。他大概不会回来了！"[94]他有可能在出门后不久就与兰波意外相遇。玛蒂尔德在后来的描述中告诉我们，由于魏尔伦一直没回来，他们第二天就开始找他，到他任职的公司一打听，才知道他已经一个星期没来上班了[95]。他这么久没来上班（有些传记作家忽略了这一点）似乎表明，魏尔伦已经决定要改变自己的生活，但这并不意味着他准备离开自己的亲人。尽管如此，在1872年7月的这一天，他向兰波的恳求做出让步，最终屈从于"通灵人"的想法。就这样，他打碎了自己的生活，从此将这个生活推入堕落的深渊。对兰波来说，重要的是动身离开这个地方。能动身去发现未知的事物也就足够了！兰波热衷于旅行，面对旅行的种种困难，他毫无畏惧感，而且极为自信，这种自信心还会感染别人，其实"死亡这个老船长"[96]常常在帮助他起锚，他对此根本不屑一顾。

此时此刻，两位朋友完全自由了，他们希望赶紧离开这个饱受侮辱的地方。这对情侣走了，"对各种脏话充耳不闻，/对下流的鄙笑无动于衷"。魏尔伦后来在《快乐与漂泊》[97]中描述了他们出走的举动，此诗与波德莱尔的《忧愁与漂泊》形成对照：

> 我们不动声色
>
> 将所有累赘留在巴黎，
>
> 他甩掉被嘲弄的蠢货，
>
> 我抛下某个少妇公主。

这位公主指的是谁，大家看得很清楚。至于此诗所暗喻的那个被嘲弄的蠢货，人们不明白是在说谁，难道是指莫泰先生吗？他们离开尼科莱街，直奔巴黎北站，打算在那儿乘火车赶往阿拉斯[98]，接着也许会前往比利时。然而人们肯定在想，他们此前曾去过魏尔伦夫人家，魏尔伦朝母亲借了些钱。这一点是可信的，要不然他们无所事事，在外漂泊那几个月该怎么生活呢。因此，魏尔伦的举动更像是早已策划好的，而与兰波不期而遇的巧合不过是蒙蔽后人的托词罢了。魏尔伦在《狱中杂记》里回忆道："晚上接近10点时，我们登上火车，第二天天蒙蒙亮就到了。"他们早晨很早便抵达阿拉斯，而魏尔伦非常熟悉这座城市，因为他母亲家祖籍就是阿拉斯人。他指望能遇上好人来接待他们，兰波对这种做法十分在行。在采取实际行动之前，他们决定先到车站餐厅里吃点东西。就在这时，他们脑子里突然冒出要要弄他人的念头，受这一念头的驱使，他们变成轻率的大男孩，想吓唬吓唬那几位一大早在餐厅里用餐的旅客。一个外表显得非常讨厌的人引起他们的注意，"那家伙有一把年纪了，穿得很寒酸，头戴一顶旧草帽，那张刮得很干净的脸显得愚蠢、阴险，令人讨厌"。这人专心致志地听他们俩聊天，不凑巧的是，他们俩说了许多值得怀疑的话，让人隐隐约约感觉到他们要实施一项暗杀计划。此人是个潜在的告密分子，一转眼便消失了，但很快又返回餐厅，身后跟着两位宪兵，宪兵毫不客气地将这两位可疑分子抓起来，紧接着便审问他们。幸好魏尔伦和兰波随身都带着证件，后来检察官听取了他们的陈诉，这才明白他们俩不过是说大话的讨厌鬼，于是对宪兵们说："你们把这两个人押到火车站，让他们乘第一趟火车返回巴黎。"他们又自由了，而且还和负责押解他们的警察在吧台上喝了一杯。

就像《创世记》的伟大时刻一样，魏尔伦和兰波也得经过两次磨难才能到达最终目的地。从巴黎到达阿拉斯之后，他们别无他法，只好重返巴黎。抵达巴黎北站后，他们赶往斯特拉斯堡站，这是走另一条途径的必然选择，不管采用什么方式，最终目的是要赶赴比利时。他们或者甘冒更大的风险，或者在取笑那些怨恨他们的人，两人商量好在沙勒维尔下车[99]，根本不考虑取道沙勒维尔有多么不方便。他们尽可能少露面，因为当地人认识阿蒂尔，认识这位多次离家出走的大男孩，这位被学校寄予厚望的年轻人，于是便来到布列塔尼家，布列塔尼接待了他们，见两人的情谊一直在持续发展而感到很高兴，他本人也曾以自己特有的方式促成这一情谊。在美美地饱餐一顿之后，布列塔尼给他们提出一个出走的路径，也许是他们俩先提出这个建议的，他说服自己的邻居用两轮马车将他们送到边境地带的某个地方，那是走私者常走的路线，那地方大概就在森林里，距离热斯潘萨尔不太远。据说布列塔尼在向那位马车夫介绍魏尔伦和兰波时，称他们是"两位神父朋友"。穿越边境让两位偷渡者内心充满了幸福感，虽然边境两侧的风景并没有什么变化，依然是阿登地区森林覆盖的山谷，缓缓流动的马斯河。他们内心有一种美妙的轻松感，就像"脚底生风"一样。猛然之间，他们抛弃了过去。对他们来说，离开法国，就像是奇迹般地化解了非常棘手的困境，从而进入诗的国度，可以毫无畏惧地去享受爱情。然而，他们在沙勒维尔短暂的停留并未躲过"老妈"的视线。有一个不怀好意的城里人告诉兰波的母亲，说在布列塔尼家附近看见她儿子了，身边还陪着一个奇怪的家伙。这一次，兰波夫人不会再饶过这个不可救药的小坏蛋了，她毫不犹豫地去报警，让警察去找他们。人们后来在官方档案中发现一张绝密的记录卡，宣称警方将为兰波先生的遗孀采取寻人行动，以便将出逃的人最终锁定在某一区域内[100]。尽管如此，寻人行动还是不够明确，兰波和他的伙伴根本不必为此担心。

人们真想去回味一下他们所经受的那种充满强烈诗意的时刻，他们连作诗的语气都显得那么特别。他们坐在平稳的火车上，一路上发现许多小城镇就像出自梦境一般。在穿越瓦勒库尔时，魏尔伦哼唱着小诗：

> 看那砖砖瓦瓦
> 噢，多么可爱
> 小小隐蔽之处
> 似为情人所盖！

盛开的啤酒花构成一幅美妙的风景画。他们接着赶路，就像被幸福的风吹拂着似的：

> 前面是座座车站
> 愉快的大路……
> 漂泊的犹太人
> 这真是意外的美事！[101]

是的，他们就是以撒·拉克代姆①，带着诗歌或情色的命运去周游世界。他们穿越一座座"发出轰响的车站"，来到阴暗的沙勒罗瓦车站，兰波依然记得绿色餐馆里不太茂盛的植物。他们溜达着走了一段路，最终来到布鲁塞尔，这是他们俩都熟悉的城市，兰波第二次离家出走的终点就是布鲁塞尔，他还记得伊藏巴尔的朋友保罗·杜朗，杜朗留他在家里过夜；魏尔伦于1867年8月来过这儿，是为了向维克多·雨果表达敬意，那时雨果正住在他儿子夏尔家里。当时他和母亲下榻在进步街1号的列日大饭店里[102]，现在两位情侣又住进这家面对火车北站的饭店，这绝非偶然之举。

他们手里有点儿钱，于是便快活地把这钱用来吃饭、看节目、到咖啡馆里消遣。就在这同时，魏尔伦悄悄地给玛蒂尔德寄过几封信。第一封信假惺惺地要她放心："我做了一个噩梦，很快就会回来的。"[103]他妻子觉得这封信写得很奇怪。还有一封信

---

① 以撒·拉克代姆，传说为犹太流浪者，在耶稣受难时不肯向耶稣表示同情而被判永世流浪。

是在几周后寄给玛蒂尔德的，他编出的借口听起来像真的似的：他之所以跑到布鲁塞尔来，那是因为他想写一本有关巴黎公社的书（总之，就像那么多人想做的那样！）。实际上，两位朋友在那儿经常走访的人正是那些爱冒险的狂热斗士，魏尔伦以前在巴黎认识他们，那时他在听命于起义者的市政府里担任一个小职务。但怎样理解他的这种举动呢？如果他非常害怕因和公社社员有来往而遭人追捕的话，那么为什么到布鲁塞尔之后又去找他们呢？他甚至十分轻率地要玛蒂尔德到他的写字台里去找便于起草这本书的文件，而他明明知道自己所有的文件都放在那里，这一点儿也不合逻辑。说到这些文件，玛蒂尔德恰好看到近几个月来他与兰波的通信。因此，她推断出他们之间到底是什么性质的关系。写字台的抽屉也许是锁住的（魏尔伦一口咬定是锁住的，但玛蒂尔德则予以否认）[104]。也许有人撬开抽屉，希望能在那里找到一些不光彩的证据，而这些文件很快就泄露出令人不快的秘密。

魏尔伦像被兰波施了魔法似的，乖乖地跟着他走，自从离开尼科莱街之后，他内心充满了疑虑，玛蒂尔德或兰波，到底该选择谁呢？母亲依然与他保持通信联系，他建议母亲写信时分成两部分，一部分可以让兰波看，另一部分把"可怜的家庭"状况告诉他。在此有必要强调指出他这种天生的双重性格，后来正是这种性格给他与"精明的天才"之间的关系造成很大麻烦，这也正是他为人处世摇摆不定、朝三暮四、貌似荒谬的原因。

在布鲁塞尔，两个人开始安排他们的生活。无论是在咖啡馆，还是在炸食点，或是在大广场上，他们很快就与流亡在此地的起义者取得联系。其中还有比较出名的人物，如:《樱桃时节》的作者让-巴蒂斯特·克莱芒，利奥波德·德利勒、加斯蒂诺、阿蒂尔·朗克、弗朗西斯·儒尔德。在后来专为兰波所写的文章中，魏尔伦还提到乔治·卡瓦利耶，人称"木烟斗"[105]，瓦莱斯后来这样描述了卡瓦利耶："他的面孔棱角分明，身材瘦高，就像一棵冬青草。"然而在1865年，当龚古尔兄弟的话剧《亨丽埃特·马雷夏尔》首演时，"木烟斗"却在剧场里起哄喝倒彩，而所有的帕尔纳斯派诗人都勇敢地支持这部话剧。流亡在比利时的公社社员形成一个积极向上、持不同政见、抱着强烈希望的团体，煽动敌对派的报纸撰写反对政府的文章。或许正是与这些人接触之后，魏尔伦提出要撰写《巴黎公社史》的计划，在写给玛蒂尔德的信中他已暗示这项计划，此外，兰波也写了几首诗，在指责那些"爱空想的朋友们"时，兰波问道："对我们来说，抛洒在街头的鲜血又意味着什么呢？"[106]他曾在1871年春天写过讴歌巴黎公社的诗，如《让娜-玛丽之手》《巴黎狂欢节》等，而新创作的四行诗不但构思巧妙，而且表达出无政府主义的意愿，希望能在全社会掀起一场汹涌澎湃的运动，产生的社会动荡足以震撼全世界。"去死吧！打倒权势，打倒司法和谎言！"在此人们不是以为听到维尔麦希在那时所创作的《纵火者》吗？时隔一年之后，维尔麦希才在伦敦发表了此文。以超脱的眼光看，梯也尔先生掌管的第三共和国倒像是一个专制政权，正是他确保了资产阶级的胜利。兰波想彻底"改变生活"，但他知道与此同时还应该去改变人。他即将创作的《灵光集》（已在构思，或许已见雏形）在想象着新的斗争，在呼唤着世界末日，呼唤着大洪水，将所有已复位的东西统统冲垮。"某某女士在阿尔卑斯山上置放了一架钢琴"，"豪华的饭店"建在"极夜"星[107]，"资产阶级的魔法"在远方的四个角落里熠熠闪耀[108]。

然而，在这颗叛逆的心里，愤怒有时也会平静下来。夏天给人带来欢乐，他也有了空闲时间，仿佛来到天堂一般。他写了一篇充满着奥秘的寓言诗，没有标题，唯一明确的标识就是"摄政王林荫大道"。

> 林荫大道上既无商业也无人气，
> 静悄悄的，一切都像是悲喜剧。

呈现在他眼前的建筑显得奇怪可笑，而所有的词汇却闪烁着元音："朱丽叶不禁使人想起亨丽埃特，/多么可爱的火车站。"显然，布鲁塞尔没有任何车站采用这个名字，但女人的名字（到底是传说还是恶作剧？是莎士比亚还是莫里哀？）随着梦境而显现出来，在梦境中兴奋增大了词汇的影响力。在另一页纸上，还有两首四行诗，刻画出某种印象："有人爱她吗？……"兰波一边琢磨着，一边想象着一位东方舞女，一位阿拉伯女先知。一时间，他感觉内心充满了幸福，这种幸福难以用语言来描述："太美了！太美了！这完全是必然呀！"他在其他文字里也写道："真是太美了，太美了！让我们保持沉默吧。"[109]尽管他希望保持沉默，但却很难沉默下去。他有那么多话要说，以至于无法坦言承认自己有话要说。至于他所宣称的那个奇怪的必然性，它似乎与"幸福的命运"相吻合，后来在《地狱一季》里，他谈起这个幸福的命运。魏尔伦在他身旁似乎也进入和谐境界。在一首首失重的"浪漫曲"中，魏尔伦勾勒出简单"壁画"[110]，这些壁画同样受某一远景、某一边缘的影响。

然而这并不意味着他们的"蜜月"会一帆风顺，毫无任何阻碍。莫泰先生还是拿到了那些不光彩的信件，并将其交给一位名叫居约-西奥奈斯特的诉讼代理人，以便在必要时让代理人以此为把柄起诉魏尔伦。至于说玛蒂尔德，她以超凡的勇气试图去拯救自己的家庭，况且她知道魏尔伦处事总是优柔寡断。于是她采取一种极端的举措，这么做"只是出于责任而非出于爱情"[111]。后来她这样写道，语气显得冷冰冰的，让人感觉到她真是彻底失望了。她告诉魏尔伦要去布鲁塞尔找他，以便使他摆脱困境，她母亲将陪她一起去。魏尔伦很爱莫泰夫人，女儿不知使用了什么手法，说服母亲和她一同前往布鲁塞尔。当她们一清早来到列日大饭店时，却没有找到人。魏尔伦多了一个心眼，特意在饭店留了口信，说他8点将在那儿等她们。玛蒂尔德希望能和丈夫重归于好，但整个过程进展得并不顺。魏尔伦大概一时间被妻子的玉体迷惑住了，但对他来说，离开兰波也不行，因为和兰波在一起时，他发现一种灿烂的生活，一种有节制的闲逸生活。尽管如此，玛蒂尔德还是向他讲述了自己的计划，这项计划最初看起来显得有些荒唐，除非这是不理智的感人举动，因为这种考虑似乎为激情所左右。实际上，她希望在把孩子托付给父母之后，夫妻俩能走得远远的，而且莫泰夫妇已同意为他们照看孩子。他们可以去新喀里多尼亚！在那儿还能见到老相识，如路易丝·米歇尔、罗什福尔、阿方斯·安贝尔（洛尔·勒佩勒捷的丈夫）等人，他们都是被流放到那里的巴黎公社社员。人们对这个建议感到惊愕不已。就在魏尔伦逃避追捕时，玛蒂尔德曾想象过到那个遥远的岛屿去"旅游"，从那时起，许多政治犯便陆陆续续被流放到岛上来。一时间，他表现出被这一冒险计划打动的样子，而且向玛蒂尔德做出让步，答应和她以及她母亲一起返回巴黎。他们约好当天下午在火车站附近见面。在此之前，他见到兰波，将自己的决定告诉他。对兰波来说，这无疑又是一次失败，是他拖累了"可怜的兄长"。但没有魏尔伦的资助，他又该怎么办呢？一瞬间，他想象着又回到沙勒维尔，在以后的日子里消沉下去，沉沦在玛德莱娜沿河街道上。这两个男人一杯接一杯地喝酒。失败距离幸福竟然仅有咫尺之遥。到了约定的时间，略带着醉意的魏尔伦起身去找妻子和莫泰夫人。他们一起上了火车。兰波没有别的办法，只好也登上火车，走进另一节车厢，但事先并未告诉他的朋友。每个人都看着窗外的风景，几个星期前看到这儿的风景时，他们感到非常高兴。火车的速度越来越快，无法挽回的事情也像火车那样逐渐加速。在穿越边界时，列车停靠在基耶夫兰站[112]，旅客们都要下车交验护照。接着，广播宣布列车马上就要开了，莫泰夫人母女俩开始担心起来，因为此时依然不见魏尔伦的身影。她们在车门处探出身子向外看，就在列车启动之时，她们看见他一动不动地待在站台上，兰波就站在他身旁。他把帽子狠命地扣在脑袋上，向她们打了一个讽刺性的告别手势。因此，还是兰波取得了胜利，他又可以和朋友一起从事诗歌冒险了，以免埋没在封闭的生活里，这样的生活真是太郁闷了。就在那同一天，魏尔伦给玛蒂尔德寄了一封令人无法容忍的信，玛蒂尔德后来在回忆录中引用了这封信：

> 可怜的胡萝卜仙女，少妇公主，臭虫①，等着你的是两个手指头和便盆，你把对付我的计谋全使上了，可你伤透了我朋友的心，我去找兰波，如果在背叛他之后，他还想要我的话，而正是你让我背叛了他。[113]

然而，他很快就感到极为内疚。就在他以为做出选择的时候，却依然在给妻子写信，有时希望她能来找他，甚至在潜意识中，希望她能接受与兰波共同生活[114]。

兰波又感到自由自在了，于是便常常去走访流亡在比利时的政治家们。人们从中看出，他是一个叛逆者，一个狂怒者，随时准备接过起义者手中的反抗大旗。他那双明亮的眼睛使对话者着迷。他模仿夏尔·德·西夫里的样子，虽然是在夏天，可依然穿着厚绒衣，就像工人穿着工装那样[115]。远离那些骗人的女人，他们俩度过一段美好的时光，他们的身心都在漂泊。他们坐在"小狐狸"酒馆里[116]，看着眼前那条漫长的小路，许多衣着体面的人在这条小路上散步。为了给自己找乐子，同时也为了与人交往，他们在圣吉勒市场里来回溜达，"好看的木马"[117]在市场里转圈。他们到梅赫伦或列日去冒险。"在这平静的风景中/一节节车厢静静地行驶。"[118]他们有新的发现，而变化的环境也很舒心。尽管如此，在波德莱尔逝世前所生活的这个国度里，人们并不知道他们都去过哪些地方。他们在比利时找到许多乐趣，而波德莱尔在那儿碰到的

---

① 含恶妇之意，后一句话意为掐死臭虫后将其扔到便盆里。

都是辛酸事。但很快他们就要走得更远了。一天，他们想离开大陆，将大海及旧时代陈腐的东西甩在身后，他们打算去现代的英国，况且许多巴黎公社社员已在英国扎下根来。因此，他们一直来到奥斯坦德。这是兰波有生以来第一次见到大海，一眼望不到边的阴沉海水似乎在黑夜里呼吸着，周围没有一点儿"使人欢愉的闪光之物"，也没有"令人赞叹不已的雪花"。

第三章

在英国的两个"季节"

跨越海峡那天风浪特别大，在七八个小时的航程中，"一对孤独的年轻人"，任凭海风吹打着脸颊，朝陌生的世界驶去。准确地再现他们当时的感受也许是一件很难的事，但任何想起兰波那时生活状况的人都不禁会想象，《醉舟》的作者与其创作素材相见时内心一定充满了爱意。然而，在这1872年秋天里，他不是早已将最初几首诗那绚丽的光彩抛弃掉了吗？后来在《地狱一季》里，他隐隐约约地提到那次跨海旅行：

> 我大概还要去旅行，要把聚集在我脑海中的魔法驱散掉。在大海上，我看见给人带来慰藉的十字架正从海面上升起，我爱那大海，它仿佛已把我身上的污秽洗刷干净了。[119]

显然，没有任何准确的编年表可以证明这段文字写于何时。尽管如此，一个题材始终贯穿于《醉舟》和《地狱一季》之中，那就是洗刷污秽，清除负罪感的大海。兰波始终坚持自己的信念，他又可以反复吟诵：

> 绿水渗透了我的杉木船壳，
> 洗去蓝色的酒迹及呕吐物，
> 洗刷了我……

深夜里，船停靠在多佛尔港[120]。两个伙伴找到一家旅馆。第二天一清早，他们就起床了，在好奇心的驱使下，他们到多佛尔城里去观光游览，但到处都是空荡荡的。实际上，那天恰好是个星期天，对英国人来说，星期天绝对就是安息日，他们费尽周折也找不到吃早饭的地方。况且他们对要讲一种外语而感到惊异，感到恼火。兰波一句英语也不会说，魏尔伦只能说几句最简单的话。他们毫不迟疑地离开毫无人气的多佛尔，乘火车赶往伦敦。透过列车车窗，他们看着秋天的景色，看着英国乡村的风景。接着，列车驶到伦敦的郊外，一座巨大的城市逐渐出现在眼前，城市上空覆盖着浓浓的烟雾。他们最终来到查令十字街火车站。和多佛尔一样，伦敦的星期天也显得十分冷清，饭馆和酒吧都不营业，大街上空无一人。只有到海德公园那边才能看见更多的人，有人在公园里做演讲，周围都是看热闹的人。我们不知道这两位朋友第一天都做了些什么。所有的东西在他们看来都显得很新鲜。他们首先要考虑找到一处住所。离开布鲁塞尔时，他们随身带好联系人的地址，但9月8日这一天，他们好像在城里并未找到认识的熟人。

在接下去的几天里，他们设法和流亡在英国的法国同胞取得联系。就这样，他们找到了费利克斯·雷加梅，雷加梅的画室就坐落在朗汉姆街上，他和魏尔伦是老相识，曾为维尔麦希的书绘过插图，为"丑陋的家伙"晚宴绘制过请柬，与许多持不同政见的杂志合作过，比如安德烈·吉尔的《滑稽》杂志。许多或多或少因投身巴黎公社运动而遭受迫害的人都来到伦敦，和这些人一样，他也来到伦敦，继续从事画家的职业，为《伦敦画报》绘制漫画。雷加梅后来在回忆录里描述了这两位朋友来到他画室的情景。

> 1872年9月10日……在我屋外敲门的竟是魏尔伦，他从布鲁塞尔赶过来。他那身打扮还是很帅气的，虽然衣服穿得并不多，他好像一点儿也没有被命运压垮似的。我们在一起感到极为愉快。但他并不是一个人来的，一个同伴陪他前来，但此人一句话也不说，而且穿着也不讲究。
>
> 这人就是兰波。
>
> 当然，我们谈起过去的老相识。
>
> 看着我画画，魏尔伦来了灵感，从此我的绘画集里也就平添了两颗珍珠。

一个是"色当战败后的拿破仑三世",另一个是"小皇储"。

每一幅画都配上几行滑稽的诗文,诗文模仿科佩的风格,放肆地签上浮夸的花缀签名,是约瑟夫·普吕多姆式的签名,花缀中带有共济会特征的三个点被换成一个小十字架……[121]

兰波像(雷加梅绘,
雅克－杜塞文学图书馆馆藏)

实际上,兰波虽然沉默不语,但后来还是为雷加梅的画集出了力,有关"小皇储"的那段诗文好像就是他写的,萨尔布吕肯获胜时,"孩子去捡拾子弹"。兰波当时显得很疲惫,像"昏暗的旅馆招牌",雷加梅后来也给兰波画一幅画像,兰波坐在椅子上,头垂在胸前,昏昏欲睡,以至于人们只能看见他头上戴的礼帽[122]。主人很快就把流亡在伦敦的法国人的消息告诉给来访者,尤其是把维尔麦希的消息告诉他们[123]。在"五月流血周"之后,维尔麦希被缺席审判,他先后流亡到比利时、荷兰和瑞士,最终来到伦敦,并创办了一份革命杂志《口令?》,但这份杂志很快就停刊了。可他至少借此机会认识了出版商的女儿,9月5日,他娶这位女子为妻,婚后打算离开自己住的那间房子,搬到别的地方去住。魏尔伦和兰波就这个话题随便聊聊,此后不久,他们就去拜访了维尔麦希。见到维尔麦希的时候,兰波感到特别高兴,其实早在1871年3月,他就非常喜欢维尔麦希在《迪歇纳老爹》[†]上所发表的文章。维尔麦希依然保持着刻

---

† 根据1871年3月11日政府颁发的政令,这份刊物被取缔,但出版人依然继续出版这份刊物。——作者附注

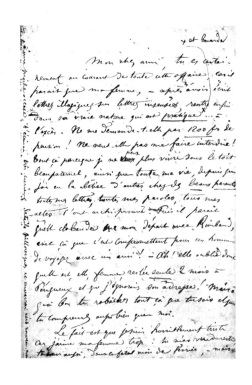

1872年9月魏尔伦致勒佩勒捷的信
（杜塞基金会）

薄、嘲弄人的性情，赏心悦目的小作品《诗咏花灯》就是这一性情的最好体现，这个作品对兰波的《与诗人谈花》有所启发。维尔麦希是一个"金发男子，稍微有点儿胖"[124]，脸色看起来很健康，魏尔伦回想起不久前他们在一起合作的往事，那时他负责《金龟子，痴迷狂报》，两人常去拉丁区的咖啡馆里喝上一杯。聊天的时候，维尔麦希确认打算从霍兰德街34号搬走，那一带是平民百姓的街区。那间房的房东是个法国人，在维尔麦希的推荐下，事情很快就安排妥当了，魏尔伦和兰波马上就可以搬过来住。那幢楼房是亚当斯风格的建筑，窗户很高，还带有装饰，但室内则显得很昏暗[125]。楼里所有的居室都被改造成带家具的出租房，空间显得有些狭窄，但房东的收益也会更好。尽管如此，房间倒不显得太寒酸。魏尔伦随身带的钱，再加上母亲定期汇过来的钱足够他们俩生活一段时间。

要描述兰波在那段时间的生活，就要求作者有一定的想象力。实际上，任何文字记载都没有留下来，甚至连目击者的点滴回忆都没有。最多只能从魏尔伦与好友埃德蒙·勒佩勒捷的通信中看出一些蛛丝马迹，况且魏尔伦在信里很少提到自己的同伴，因为勒佩勒捷对兰波没有什么好感，而且曾多次挖苦兰波。

对于两位伙伴来说，尽管伦敦首先是某种新的发现，是代表着自由的都市，但他们依然摆脱不掉自己的过去。最初几天的惊讶，甚至惊奇感很快就消失了，取而代之的是现实生活，他们要找工作，魏尔伦对自己的婚姻状况焦虑不安，因为玛蒂尔德已提出分居申请。混乱以及不纯洁的东西将伴随着他们的生活。兰波每天都要忍受这位"可怜的兄长"，因为魏尔伦无法原谅自己抛弃了那位"娇小的妻子"，而兰波则希望他能和自己一起全身心地投入到新生活之中。魏尔伦的弱点是不可否认的，他始终不明白爱情是需要"再培育的"，依然固执地频频回顾那位孩子气十足的妻子，而且还在四行诗《黑夜中的鸟》里歌咏她[126]。同时，他一直想念着小乔治，而他母亲已无权再去看望小孙子了。他反复琢磨莫泰一家人的做法，至于说尼科莱街，"我绝不会再迈进他们家的大门"[127]。他在信中对勒佩勒捷这样写道，他委托勒佩勒捷为他的律师，全权处理他的事务，因为他坚信有人撬开他的抽屉，而抽屉里放满了他与别人的通信信件。在一份清单中[128]，他将所有遗失的文稿罗列出来，这些文稿或者转交给玛蒂尔德的诉讼代理人居约-西奥奈斯特，或者被玛蒂尔德烧毁了，因为她对文稿中"丑恶的文字"感到愤怒，其中有：兰波的四幅漫画式自画像，兰波的两张照片，十几封信，信里附有诗、散文以及那篇著名的手稿《精神追击》，手稿放在"盖着封印的信封里"；有布列塔尼画的三四幅放肆的漫画；有法瓦尔的歌剧《尼内特在宫中》；有贝特吕斯·博雷尔的两首诗；有维尔麦希的所有小作品，如《遗嘱》《咏锄》等；有安德烈·吉尔就巴黎公社而创作的画作（附有题献文字）；还有福兰绘制的两幅表现"女同性恋"的小画，魏尔伦曾用这画来装饰康普街的那间房子。这些瑰宝真是包罗万象。从此，魏尔伦和兰波又可以自由自在地生活了，但日子却过得紧巴巴的。尽管如此，诗歌却一直在神秘地守护着他们。

魏尔伦内心有许多打算，他想靠手中的笔来养活自己，而生活的需要已成为头等重要的大事，因此，他极想从事新闻业。他起初想联系好友布莱蒙，将自己写的伦敦观感投给他的《文学与艺术复兴》杂志[129]。兰波似乎对这类权宜之计不屑一顾。就在他保持沉默的时候，魏尔伦却在想方设法四处投稿，以发表自己的散文，与维尔麦希磋商，以便为他的杂志撰写书评[130]。维尔麦希是不知疲倦的政论家，在《口令？》杂志失败之后，他又创办了《未来》杂志。与此同时，他们又和其他流亡在英国的法国同胞取得联系，其中包括："高傲、粗暴、专横及好斗"的利萨加雷，此人在巴黎公社期间是记者，以前曾和波拿巴分子保罗·卡萨尼亚克决斗过；朱尔·安德里厄，一个身宽体胖的独眼汉子，他十分稳重，文学造诣也很高，曾在塞纳省与魏尔伦共过事[131]。巴黎公社期间升任行政事务主任。他现在靠教拉丁语和文学课生活，这毕竟是一种生存下去的方式，魏尔伦和兰波很快也是靠这种方式去生活的。

然而，自1872年10月起，魏尔伦又表现出摇摆不定的样子，一时间对前巴黎公社社员这个阶层也感到厌烦了，"他们分散到各个小镇里，过起安逸的生活"，他以一丝轻蔑的口吻说道："我才不在乎呢，因此决定尽量少和这些人联系。"[132]可他还是去参加"社会研究小组"的活动，这是利萨加雷创建的组织，而且在11月1日那天，还到位于老康普顿街6—7号的一家酒楼里聆听维尔麦希的演讲。演讲的题目与政治无关，因为演讲者主要是介绍戈蒂耶[133]。兰波是否陪同魏尔伦出席这样的活动呢？人们猜测也许他会陪同魏尔伦，尽管很难看出他是否会屈从于社会责任，况且听众大部分都是英国及法国的精英分子，而"绝不是公社社员"[134]。这真是太过分了！虽然魏尔伦的话显得很冷淡，但贬低那些流亡者对兰波的影响大概也是错误的，流亡者们大多是"知识分子"，而非叛逆者。兰波一直在追求绝对的完美，唯有社会急剧变化才有助于实现绝对的完美。虽然没有任何迹象证明《灵光集》写于何时，但所有的特征至少会让人们猜测，诗集的若干片段就是在那时写成的，整部诗集是在1874年誊写完毕的，但誊写本身也就意味着有些底稿恐怕早就写好了。某些段落倒更像是出自于空想，而非来自梦幻。《洪水过后》可以当作一个传奇故事来读，《圣经》故事经改头换面后糅合到这段文字里，但却寓意着深深的失望之感，他对旧秩序自然而然的重组过程感到失望，此文再次呼吁要掀起一场大地震，并希望看到一场大革命，以便彻底推翻过去的所有形式。《蛮子》及《战争》则以它们的方式描绘了这个新世界，"远离那些陈旧的避难所，远离那些陈腐的热情"。兰波在想象着一场"暴力的或正当的"战争，一场"出乎意料而又是必然的"战争。他的多篇文字似乎是受极端自由主义看法的启发而写成的。彻底转变人，转变习俗以及爱情已成为必然，而这一必然性已深深地埋在他的内心里，并与流亡在伦敦的某些公社社员的理想主义想法不谋而合。《灵光集》不可能归结于某种艺术灵感，虽然这种灵感就像是一座金矿。要么出于政治谨慎之需，要么出于极端的形式主义，人们不愿意认真地考虑那种灵感。然而，直到他写的最后几首诗，兰波一直在证明自己始终坚持某种自由主义思想，这种思想超越了政党，超越了派别，以便彻底地去转变人。相反，魏尔伦似乎忘掉了这种可能性，甚至考虑重新拾起过去所创作的带有政治色彩的诗篇，比如《失败者》[135]，以便能在《未来》杂志上发表自己的作品，他过去就曾设想以《失败者》为主编辑一部诗集。兰波与维尔麦希及安德里厄等人的关系是不容置疑的，虽然人们无法推测出他们之间更确切的交往活动。人们不妨去听听《灵光集》里的"声音"，那声音见证了一种挑战式的气氛，见证了一个回顾过去的严厉目光，见证了一个未来激昂的视野，那是一种绝对的、几乎带有神学色彩的视野，就像那个想象中的"理智"一样，想象者亲手去"推动新的和谐"。

∿

在他们的旅英生活中，流亡在英国的法国同胞显然起着非常重要的作用。由于他们不会讲英语，因此，他们的交际范围必然十分有限。11月，魏尔伦在信中明确告诉勒佩勒捷："我们很少学习英语，但毕竟有两双眼睛，最终感觉到这座城市的确很荒谬……"[136] 抵达英国两个月之后，他们已经开始感到失望了。实际上，伦敦似乎既能让人发现许多新东西，又给人带来同样多的失望，至少对魏尔伦来说是这样。况且，他本来想把伦敦的观感寄给布莱蒙，为一个专栏供稿，但后来还是转交给勒佩勒捷。他的观察与当时旅游者的老生常谈如出一辙，无非是宏伟的城市，摩肩接踵的人群，稀奇古怪的事物，多种多样的惯用语。一位名叫亚米契斯的人所写的《伦敦之旅》（1875年）就把所有这些话题重新组合了一遍[137]。浏览一下1872年由杰洛德编撰、古斯塔夫·多雷绘制插图的画册[138]，人们对伦敦也能有个大致的了解，从中看到一个人口众多，纷繁复杂，光怪陆离的世界。兰波并未死盯着这部作品，而是用他的《灵光集》制作出几幅神奇的图画[139]，这些彩色画片描绘出这座大城市生气勃勃的动力，描绘出混杂及不协调的景象，描绘出所见所闻的奇特印象，或许那听不懂的语言在他们看来也是奇特的吧。诚然，兰波和魏尔伦以外国人的好奇心理去看伦敦的景色，他们在街上独自行走，四处转悠，发现伦敦人总会带着怪念头，行为举止也很怪异，有好多"歌手乐队"和"稀有音乐乐队"[140]，尤其是那些"黑人，多得像飘落的雪花"[141]，这让魏尔伦感到很开心。虽然悲惨的场景随处可见，到处都有穷途潦倒的人和叫花子，但城市本身的景色还是很美的[142]：一座座桥梁横跨泰晤士河，河岸两边建着一座座码头，他们希望能在那儿碰上走私船，因此喜欢到码头上去散步，"迦太基，战神蒂尔都跑到码头上聚齐了！"[143] 他们搭乘城铁列车，有时一直跑到郊外去，甚至乘船一直上溯到伍尔维奇。像其他人一样，他们也使用铁塔地道，这是一条用钢铁打造的河底隧道，他们参观了水晶宫，对这座宏大的现代化建筑感到非常惊奇。尽管如此，有关这方面的内容在魏尔伦的文字里并未留下任何痕迹，而魏尔伦正准备起草一篇

"现代诗学"的文章。但当他就此表达自己的看法时，只不过是为了暗示一项计划，人或许被排除在这项计划之外[144]。幸好他没有确认这项计划。实际上，这似乎与他的才干截然相反，人们反而以为从中听到了兰波的看法，这一看法被人曲解，遭人误解。兰波是否始终待在魏尔伦身边已成为一个难解之谜。然而从物质生活角度来看，所有一切都表明他应该待在魏尔伦身旁。兰波没有钱，要靠这位伙伴来养活自己，伙伴的母亲给他寄来必要的生活费，或许还能多寄一些钱。但不断冒出的问题则与魏尔伦的活动有关。大家都知道魏尔伦有许多想法，他想发表《无词的浪漫曲》，打算再写一部为自己辩解的小说，或许还想写一部短剧。面对这种创作激情，人们是否应想象兰波表现出慵懒的样子，还是以为他也在构思自己的散文诗呢？后一种猜测似乎更真实，而且值得人们认真考虑，尽管没有任何迹象能确定那些散文诗的写作日期。然而，在那些包含着一定意义的迹象中，有些文字带有明显的"英式"色彩。

　　实际上，十几篇散文诗所反映出的现实与英国有关，而且带有明显的视觉、文化或语言痕迹。这种反映其实不过是瞬间即逝的闪烁。我们是否应想象，难道是兰波所看到的场景给他带来的灵感呢，还是构思过程中借用了与伦敦景色及语言环境有关的素材呢？尽管他做出种种暗示，可他并不住在那个地方。这是"艺术再现"的尖锐问题，这个问题常常是难以解决的。然而，在浏览这些文字之后，任何一位读者都不会注意到其中的具有参照意义的先兆，许多仓促而成的画面反映出城市的气氛，那种气氛混杂、不协调、多种因素在相互干扰。魏尔伦似乎只看重伦敦是一个有益于漂泊的城市，而兰波则从相似性、关联性、混合性的美学中提取各种各样的素材，就像丰富多彩且并列在一起的街区，各种族的人在一起摩肩接踵，各种事物相互对抗，或以混杂的形式交织在一起，所有这一切给他一个教训，向他提出一种模式，一个概要，如同城市的空间使波德莱尔发现现代特色的怪现象一样。在与城市接触的过程中，波德莱尔创作出《巴黎的忧郁》，而城市则将瞬间与永恒混杂在一起，在伦敦这座大都市里，兰波以更明确的方式去采撷美学的主线及印象。有关这些文字的写作日期虽然存在着许多不确定性，但应当承认，这次旅行让他发现了一个混杂的世界，发现了一个新的语言。《城市》系列不但将一个可推测的现实调换了位置，而且还使它变得难以辨认，但在这幅新图画中依然能看到某种初步加工过的现实，以及这一现实所放射出的光彩："除了带有现代野蛮色彩的庞大设计之外，那简直就是公认的卫城。""这里什么都无法辨认出来"，但"这些地方要比汉普顿宫大二十倍"。城市就像奇迹一般，像外观经过打磨的制造物，在这个大熔炉里，凭肉眼看上去，城市所用的材料越来越夸张。与巴黎相比，伦敦更让人难以理解，整个城市一眼望不到边，消失在条条街道和郊区之间，他这个流浪汉走遍了那些街道和郊区。一个难以置信的印象显露出来，而此印象则与兰波作为外国人的特性十分相称。在这些景色当中，在这些全景当中，过路者并未得到任何线索，他什么也辨别不出来，所面对的都是稀奇古怪的东西，他来到马戏场，在小广场上绕来绕去，沿着河岸街道一直走下去，就在那时，一道白光就可以将这种可笑的事化为乌有，在更远的地方，小镇奇怪地消失在田野之中，伦敦人可以其大同主义情怀包容印度人、挪威人等。伦敦已成为连接点，成为铁路交通枢纽，成为社团组织的首选之地。在兰波的眼里，横跨泰晤士河的座座桥梁成为惊人的现代建筑，或带有中世纪色彩的建筑。有些桥上还建有房子，比如著名的伦敦塔桥，桥与桥之间回荡着各种各样的声音，因为行人也要借助桥梁跨越泰晤士河，从而形成一种巨大的喧闹声，有时从那喧闹声中传出主旋律，传出可以辨别的曲调。在其他地方，还有地铁站（建于1868年）。在魏尔伦可能做出详细描述的地方，兰波产生了幻觉，创造出一个传说。在他看来，再现一种背景并不重要，重要的是，要根据现实零散的素材创造出一个全新的背景。这是真正的魔术，宛如鬼斧神工的壮举。他从可知的事物中挖掘出未知的精髓，而且以改头换面的形式，超越了现代性，超越了现代风格。"抬头看吧，那是拱形木桥，是撒马利亚最后的菜园。"乘坐地铁就像在奇境里漫游似的，但比那乏味的梦境强多了。然而浓重的烟雾压在这隐喻般的风景之上，所有的名胜古迹都包裹在烟雾之中，当这两位旅行者刚到伦敦时，那些名胜给他们留下极为深刻的印象。一种命运似乎就写在那阴沉沉的烟雾里。现代世界的厄里倪厄尼斯在城市上空为所欲为，肆虐横行[145]。

⌖

因此，兰波的生活并不是枯燥乏味的。他在遴选新诗歌的素材，而魏尔伦则心生悔意，深感内疚，进而反复思索自己的尴尬处境，焦虑地给勒佩勒捷一封封地"写信"。兰波后来在《浪子》中回顾了那段不稳定的残酷岁月，此文带有浓厚的自传色彩。他和伙伴只不过是漂泊四方的浪子。在把魏尔伦拽到英国之前，他和魏尔伦达成一项奇怪的约定，保证要让他"恢复太阳之子的原始状态"，要"找到那个场所，找到那个定式"。假设那个场所就是伦敦的话，那么那个定式还有待于去挖掘。魏尔伦并未留意这神奇的行程，丝毫没有洗刷自己的过去，而纯洁自我则是接受启蒙的最基本条件。玛蒂尔德的音容笑貌总让他瞻前顾后。他忍受着"荒唐悲伤"的折磨，常常做噩梦，梦见自己的双眼被挖掉了（兰波想象着他处于这种发狂的状态），甚至被人阉割了，变得阳痿了，这是对他离家出走的惩罚。兰波站在窗前，看着几乎空荡荡的大街，思索着那个完美的定式，这个定式将让他看到世界的秘密。在布鲁塞尔的时候，他就知道自己将独自一人在奇妙的道路上行进。伙伴那懦弱的心态日复一日地显现出来，从11月8日起[146]，魏尔伦就在考虑给他的诉讼代理人佩拉尔先生起草一份诉状。他打算在诉状中详细解释他和兰波之间的关系："在极为明确、审慎的心理分析中，在直率而又合乎情理的分析中，我将阐明与兰波结下深厚友谊的动机，这种动机是正直的，是真情的，而我的友谊也是发自内心的，是百折不挠的，我并不会说是极为纯洁的，啊，呸！"说实在的，这类辩解并不会给起草此文的人起到任何申辩的作用。这一辩解显得过于卖弄，以至于人们怀疑它是否真的掩盖着某种见不得人的事。从此以后，没有人会相信魏尔伦与兰波的友谊是"纯洁的"。魏尔伦本人也以似是而非的手法来形容他与兰波的友谊。持续的悔恨使他感到痛苦不堪，但他从未抹去原始的污点，而兰波却没有任何悔恨之意，仿佛置身于道德伦理之外，没有"因内疚而产生的忧郁感，而看到这种内疚则更让人感到悲伤"。《羞耻》一诗不知创作于何时，但此诗不像是他吟诵出来的，反倒像是出自魏尔伦或玛蒂尔德之口，玛蒂尔德指控这位"讨厌的大男孩"，说他是"蠢货"，甚至想等他死的那天为他祝福。因此，魏尔伦要想方设法去破坏那个"卑鄙的指控"，去"彻底摧毁"那个指控。在巴黎，人们都在议论他那不光彩的私奔行为，认为这是不可原谅的。

由于心里一直惦念着这事，魏尔伦已把所有的材料都准备好了，1872年11月10日，他认为自己的诉状已构成一部小说的雏形。然而人们并未特别留意这篇漫笔，因为此文当中没有什么值得留意的东西，但不能因此就认为此文并不重要。兰波知道他在写这么一篇东西，大概对此也感到十分恼火。有一种想法颇为引人注目：一年后，兰波自传体散文《地狱一季》的写作计划大概与这篇分析型小说不无关系，魏尔伦曾多次改写这篇小说，但始终都未写完。尽管如此，自从11月起，魏尔伦要讲述他那可笑的小家庭，讲述"谎话连篇的夫妻"，讲述这位不幸的兄弟，他对待这位兄弟不薄，但兰波后来却以极为恶毒的言辞来对待他。他给勒佩勒捷写过许多信，但勒佩勒捷并未原谅他的荒唐举动，于是他小心翼翼地告诉勒佩勒捷："我和兰波的情况很奇怪，从法律角度看也是这样，我将在这部小说里对我们进行分析，最后笑的人笑得最好！"[147] 说实在的，没有人能笑得出来。魏尔伦想以开玩笑的形式摆脱这种局面，而文字游戏并不能说明任何问题。他究竟依照哪种法律来证明他和兰波的生活是合法的呢？对于这种暧昧关系那"奇怪"然而却"正当"的特性，人们当然想了解更多的细节，但魏尔伦却在极力为这种暧昧关系开脱。

在伦敦，他们勉强维持自己的生活，继续从事文学创作，经常外出散步。"鳏夫"每天都在抱怨，而"通灵人"的举动有时却显得厚颜无耻。然而，公共活动还是给他们带来一些乐趣，比如伦敦市长的就职典礼，典礼气势宏大，富丽堂皇。他们还参观了著名的杜莎夫人蜡像馆，去听维尔麦希的讲座，11月8日和15日，维尔麦希分别举办了介绍布朗基（有人在讲座上朗读了魏尔伦的一首诗《死灵魂》）和维尼的讲座。当他们在杜朗-吕埃尔画廊里看到展出的《桌子一角》时，感到格外惊喜，画面上还是没有梅拉，取而代之的是那个毫无用处的花瓶。魏尔伦以调侃的口吻写道："我们刚在画里看到自己。曼彻斯特的一位阔佬以400镑（10 000法郎）的价钱把它买走了。方坦将永垂青史！"[148] 尽管魏尔伦夫人定期给他们汇钱，但他们的处境依然很不稳定。兰波是在1872年5月离开家的，有时也会把自己的消息告诉家里人。虽然他自甘堕落，虽然这种愿望是由作诗的需求所支配的，但魏尔伦那变化无常的情绪还是让他感到很担心。于是他把自己当前的处境简要地告诉了母亲。是的，说谎又有什么用呢！如果他承认自己目前的状况，难道他是被迫这么做的吗？事实上，在11月，甚至在11月之前，有人曾给玛德莱娜沿河街道5号甲寄过好几封匿名信，告诉"老妈"，说她儿子生活不检点，放荡荒淫。通过魏尔伦写给勒佩勒捷的信，我们知道确实有人写过匿名信，兰波夫人在收到匿名信之后也许还亲自给魏尔伦写过信[149]。所有的迹象表明，莫泰夫妇私下里在调查这位来自阿登省的年轻人，因为正是他毁掉了自己女儿的幸福家庭。有些人甚至来到魏尔伦夫人家打听兰波的消息。而兰波的母亲也为自己的儿子感到担心，为了避免出现更恶劣的结果，为了不让阿蒂尔的声誉受损，她特意赶到巴黎，分别去魏尔伦夫人家和莫泰夫妇家登门拜访[150]。兰波夫人有自己的道德观念和行为准则，这种道德观念和行为准则经受得住一切考验，她本人显然已落后于时代，不但目光短浅，而且极为固执，然而人们不会嘲笑她，反而会对她那严格的方式及坚定的信念肃然起敬。作为一个本分的女人，她并不是要去拯救阿蒂尔，而是设法不让别人去败坏儿子的名声，她以极大的勇气去做难以办成的事。11月底，魏尔伦写信告诉勒佩勒捷："兰波夫人非常强硬地要插手这件事。她以为只要我离开她儿子，就会使这一切都平息下来。你对此怎么看呢？我认为这无异于授人口实，让他们以为我们是有罪的，如果有必要，我和兰波随时准备让那帮人看看我们的屁……'这绝对是公正的！'"[151]魏尔伦显得过于自信了。布鲁塞尔的法医还等着给他做更彻底的体检呢，这会让他感到很难堪！他在爱情方面显得很纯朴，虽然有时也对玛蒂尔德抱有欲望，但他无法勇敢地接受真正的解决办法，那就是离开兰波，这是唯一的解决办法，所有的怀疑也会随之消散。然而，兰波夫人给魏尔伦写了许多信，要他离开自己的儿子，而兰波本人也对伦敦的生活感到不快，认为有必要结束这毫无出路的出走行为。

在母亲的劝导下，况且自己的生活已陷入绝境，阿蒂尔最终决定在1872年12月返回沙勒维尔，在此后的几年里，他经常返回故乡，一方面是为了与家人共度圣诞节，另一方面也是顺应内心的呼唤，一种无法抗拒的命令，一种秘密的礼仪在敦促着他。他收拾好自己的东西，同流亡在伦敦的巴黎公社社员道别。他丢下魏尔伦，却依然和他保持通信联系，况且他们俩并没有分手。魏尔伦也恢复了理智，决定顾全自己的面子。他要母亲来伦敦和他一起生活，像所有平静的承租人一样，他们母子俩也打算租一间房子[152]。

回到沙勒维尔之后，兰波对自己返回故乡的做法并不感到后悔，就像他在1872年3月从巴黎回到家乡时的感觉一样。他回顾自己走过的道路，注意到自己已误入歧途，而且一直在受成年人，受社会的监视，而社会总是在围剿那些希望"寻觅场所与定式"的人，围攻那些"再造爱情"的人。

迈进自家的大门时，他又见到妹妹伊莎贝尔、维塔丽，见到不争气的哥哥弗雷德里克。接着，他又经常出没于笛卡尔广场周围的咖啡馆，去见德拉艾以及其他人。就在这同时，魏尔伦已在想象中适应了他的离别，可实际上还是很难承受孤独感。虽然烧鹅（配上苹果沙司）做得美味可口，而且还有法国同胞的陪伴，但他还是觉得这个圣诞节过得很烦。他对兰波不在身边而感到痛苦不堪。在给勒佩勒捷的信中他写道："那种空虚感真是可怕！其他的一切对我来说都无关紧要。"[153]他甚至断定只有他才真

兰波像（魏尔伦绘，私人收藏）

正了解这位伙伴。可确切地说，他了解兰波什么呢？除了通灵的梦境之外，他还了解
兰波的许多骂人话。后来回忆起兰波时，他显得有些困惑，表明他无法理解朋友的文
学尝试，他只是以华丽的辞藻去形容朋友的举动，而且似乎将《灵光集》遗忘在脑
后，而此书正是兰波在他身边写成的，他的遗忘使人感到不安。他觉得就像被遗弃了
似的，内心忍受着痛苦的煎熬，称自己为"可怜的雷利昂"①，甚至想要结束自己的生
命。在激起别人的怜悯心、让人为他担心这方面，他显然是独一无二的。1873年7月，
他在布鲁塞尔就是这么做的。由于无法忍受内心的煎熬，而且总是希望别人都去爱
他，在别无其他选择的局面下，他只好给几位要好的朋友写信，其中包括福兰、布莱
蒙等人，他的信倒更像是一份"通知单"：

　　伤心、疾病、烦恼、遭人冷落都快把我折磨死了。兰波将把这寄给你们。请
原谅一位病入膏肓的人所写的这封短信。
　　再见吧，说不定还是永别呢！[154]

---

① 将保罗·魏尔伦名字的字母重新排列后就变为"可怜的雷利昂"（Pauvre Lélian）。

他还分别给母亲和玛蒂尔德寄了短信，给兰波写信，要他回到自己身边。魏尔伦夫人很快就赶到伦敦来见儿子，而魏尔伦就像受宠的孩子，总能让母亲接受自己的意见，他要母亲给兰波寄去50法郎的路费，好让兰波返回伦敦，他先把这笔钱寄给兰波的好朋友德拉艾。兰波在沙勒维尔这狭隘的世界里感到喘不过气来，况且没有忘记魏尔伦为他所做的一切，于是便毫不犹豫地扮演起守护天神的角色来，但不应因此就以为他有如此慈悲的胸怀。他这副爱德修女的样子很快就染上凶神恶煞的意味。来到霍兰德街之后，他马上就对局面做出判断：危机并非像他想象的那么严重。魏尔伦不分轻重，给亲朋好友们写信，甚至还给他妻子写了信（可他妻子什么也不想听），魏尔伦夫人匆匆赶到儿子床前，还带来一个名叫维多琳·德埃的外甥女，这个姑娘在此所扮演的角色很含糊[155]。兰波很难忍受这两个哭哭啼啼的女人，于是在他的建议下，两位“哭丧妇”便起程返回法国。

✑

两个流亡在外的伙伴再次单独在一起生活。兰波早已体验过沙勒维尔那种压抑的处境，此时倒也甘心去过这种清闲的生活。魏尔伦的身体确实受到很大损害，现在逐渐恢复了健康。他觉得多亏朋友回到自己身边，自己的身体才康复起来。他甚至想把《无词的浪漫曲》题献给兰波，由于找不到出版商，此诗集一直无法出版[156]。尽管如此，他有时也极想返回巴黎，况且尼娜·德·维拉尔一直在鼓励他这么做，要他别管那些背后议论他的闲言碎语，但他还是担心警察的追捕，因为警察一直在追捕流亡的公社社员。

布莱蒙将《文学与艺术复兴》杂志定期寄到霍兰德街34号。每次收到杂志时，魏尔伦都会认真阅读，但兰波只是轻蔑地扫上一眼，根本不想与这个杂志合作。1872年9月，杂志发表了他的《乌鸦》，但他对杂志的处理手法并不满意，觉得杂志的手法显得过于老套。除了写诗之外，他们要做的最重要的事就是学习英语。他们在大英博物馆里花上几个小时的时间去翻阅罗伯逊编写的日常会话手册，并以一丝不苟的精神，在酒吧及书店里“让人给他们出语音方面的难题”[157]。有时他们从容地安排自己的时间，到乡镇和农村去“远足”[158]。对他们来说，伦敦已无任何秘密可言。特鲁里街、怀特查珀尔、皮姆利科、海德公园以及其他街区都留下了他们的足迹。兰波的一首诗大概回忆起他们远足的经历[159]。在一个"二月温暖的早晨",一对工人夫妇在距离城市不远的地方走着,附近工厂里传出纺织机的轰响声,男人好像就是叙事者,女人名叫昂丽卡。魏尔伦后来在随笔中提到一个兰波认识的伦敦姑娘[160]。所有那些貌似他所认识的女子其实不过是诗文的铺垫。实际上,经常出现在他身边的不是别人,恰好是魏尔伦本人,"在身亲心爱的时刻"[161],这是借用波德莱尔的温情诗句,"可怜的雷利昂"喜欢在不同的"情感交流"场合大肆应用波德莱尔的诗句。两个人当中虽然一人发过脾气,另一人心情不佳,但他们俩已走出阴影,这会儿也不想着分手了。尽管魏尔伦对自己濒于崩溃的小家庭感到非常担心,但依然以为他和兰波可以在一起生活好几个月,他甚至还有一些打算:"今年夏天,我们大概可以去布赖顿,或许还可以去苏格兰、爱尔兰……"[162]总之,这就像是一次蜜月旅行,以庆祝他们和好如初,但这种和好毕竟显得有些矫揉造作!与此同时,魏尔伦夫人继续给他们汇钱。至于说魏尔伦从帕利泽尔的姑妈那儿得到的遗产,这笔钱已所剩无几。

人们虽然对这两位朋友在1873年头几个月的生活知之甚少,但在读过《地狱一季》之《谵妄(一)》之后,至少可以推断出他们的某些举动。出于谨慎的考虑,我们显然应把这些文字看作是兰波的想象。但我们有必要去遮掩某一场景里的伙伴吗?而兰波已把那场景描写得那么清楚。即使这场尖酸刻薄的喜剧发生在地狱里,那么也不难猜测出某种暧昧关系的意味,那是每天生活在一起的暧昧关系。从作者所描述的寓言人物中不难看出,魏尔伦就是那"疯狂的童贞女",而兰波本人就是"下地狱的丈夫"。这真是言辞激烈的挖苦,是令人震惊的错位。哪个人的私人日记能更清楚地告诉我们他们俩之间的关系呢?显然,人们在文字中看不出那是什么地点,分辨不清那是什么时间。相反,人们隐约感受到一个人在自言自语,必要时,这人也会提到另一个人,还会装扮成魔鬼,而那个"疯狂的童贞女"则与这魔鬼联系在一起。在兰波的笔下,没有任何让步的举措,而他本人也不抱有任何幻想。况且,他以情人之口描绘出一幅画像,而他一直渴望用这幅画像来表现自己,这种做法颇有戏弄人的意味。但人们怎么会听不到"人际关系"那现实的声音呢?在一段时间内,他一直身陷于这种冷酷的游戏之中。因此,他将自己内心恶魔般的东西释放出来(就像从前他听见自己内心有一个天使般的声音一样)。他逐渐养成好否定的习性,良莠不辨,不顾伦理的约束,甚至没有罪恶感,好像是为了履行一项契约似的。魏尔伦以为在这个难以容忍的伙伴身上看到了魔鬼，其实那只不过是疯狂自由的表现。兰波表现出年轻人狂妄自大的劲头，既粗暴又羞怯，以纯真无邪的心态对待一切，一直吸引着"疯狂的童贞女"，而这位"童贞女"也承认自己懦弱，而且过于顺从。

"他去哪儿，我就去哪儿。"魏尔伦对玛蒂尔德要与他分手的举动感到焦虑不安，因此一直紧跟着兰波，对他更是百依百顺。他关注兰波，把他看作是一股变化的力量，因为兰波身上有一种意外而又可怕的活力，而兰波却一直在拿这位木然的伙伴开心。魏尔伦总是向他重复道："我理解你。"每次听到这话时，喜欢挖苦人的兰波却什么也不说，只是耸耸肩膀。《地狱一季》就像是内心的独白，但是以另一人的口吻道出，使其背离了原意，而直观的证言也同样被遮掩起来，这将我们引导到"愤怒的孩子"（魏尔伦语）那阴沉的天空之中，引导到他日常生活的结构之中，他的选择极为狂热，总想着沉湎于酒色的生活，这种生活甚至比放荡不羁或流氓习气还要可恶：他热衷于卑鄙的举动，性格残暴，虽然人们并未掌握任何明显的证据，因为在众人眼里，有罪的恰好是魏尔伦，是他抛弃了自己的家庭（就像以前兰波上尉抛弃自己的妻子儿女那样），是他后来预谋杀人。尽管如此，对于兰波来说，所谓卑鄙的举动不过是他让魏尔伦说出口的一个词罢了，而他本人却奇迹般地置身于道德之外。相反，他对残暴似乎更上心，这种戏弄人的做法让别人遭受巨大的痛苦，当他们俩在"残暴的爱情"中互相伤害时，当他们沉湎于酩酊大醉的生活时，这类事情常会发生，而且会在日常生活中随时发生。那时，兰波似乎重新恢复了原始的纯真状态，那是野蛮的、未开化的远祖之纯真状态，是高卢人或斯堪的纳维亚人的纯真状态。他把魏尔伦当作实验对象，喜欢在黑暗中吓唬他，再不然就赫然宣称自己喜欢凶杀，当然他绝不会去杀害任何人，但另一个人完全照字面去理解暗喻，而且显然没有理解这种新形式的福音书，后来甚至险些杀死他的偶像。面对自身明显的矛盾，面对他的同情心，他的怜悯方式，他那缺乏人情味的仁慈心，魏尔伦总是显得束手无策。当他们出于好奇或出于乐趣在大街上漫步时，兰波把倒在路边的酒鬼扶起来，和那些穷孩子们一起玩耍，他对这些孩子们那悲伤的孤独心理了解得非常清楚，他在《惊呆的孩子》和《七岁诗人》中对此做过描述。

然而，他们的"地狱一季"则受流亡生活的影响，过去的烦恼一直萦绕在他们心头。玛蒂尔德有时依然是他们谈论的焦点，即便兰波不许魏尔伦露出儿女情长的样子。"我不喜欢女人。"兰波这样说道。这句话并不是一种生理上的否定，而是对婚姻的一般动机提出质疑，爱情的美妙风险以及完美的追求常常会在婚姻中消失得无影无踪。

这就是他们俩在夜深时分谈论的内容。兰波有时会滔滔不绝地讲下去，而魏尔伦则试图以兰波的视野去看待一切，但回忆起年轻的妻子时，他总是感到很伤心，《无词的浪漫曲》里有一首诗"年轻的妻子"就是写给玛蒂尔德的，而另一个"愤怒的孩子"则当着他的面，将自己疯狂的心态表现得淋漓尽致，并将魏尔伦拖入梦境之中，而他本人不会安然无恙地摆脱那些梦境。兰波正在逐步将魏尔伦带入另一个世界，但"可怜的雷利昂"无法适应这个世界，因为他习惯于逃避的乐趣，那是他既"熟悉"又"强烈"的梦境。兰波猛然间将现实打开一条缝隙，让厌烦而又疲倦的生活去经受强烈的乐趣或痛苦的考验。他声称了解一切，因为在采用更有效的魔法或仁慈的迷魂药之后，他找到了某些手段，找到了一种方法，就像他在"通灵人书信"中所阐明的那样，他渴望以仁慈的手段去改变生活。在成长的过程中，他好像用自己的双手碰触到世界的边缘，各种魔法尽在他的掌握之中。"天才"的时刻到来了，而"事实与状态"则衬托出基督教所强行规定的"旧时代的屈从"，不论是现在，还是将来，乃至永远都要主张仁爱及爱情。一个新的理式诞生于世，只要稍微一点头，这个理式就会改变人世间的种种条件[163]。很难说他是在何时以培育者之心去挖掘这些财宝的，然而所有迹象使人推测大概那是在《地狱一季》成书的时刻，在那含混而又狂乱的几个月里，发疯的闲逸状态构成另一个世界，而背景就是绝对完美的假期。但从此以后，在这个超越现实的视野与魏尔伦所代表的是非之间形成差异。"他想象着梦游者那样生活。""疯狂的童贞女"这样说道，而兰波却在精心打造一种不可转移的方式，并以某种出乎意料的慈悲胸怀，以某种难以置信的怜悯之心，让人去分享那种方式的光彩，他想把这种方式转交给魏尔伦，但却白费力气。至于说魏尔伦，他一直羡慕幸福家庭的种种好处，希望能把"朋友的拥抱"占为己有，梦想着一个平静的未来，就像"在悲伤天堂里的两个好孩子"，可就在那时，他们俩要勇敢地面对某种精神上的痛苦。然而，在提出建议之后，"天才"的情绪便消失得无影无踪了："我要去帮助别人。"这句话迎合了所有的占有企图。事实上，我们看到兰波在宣扬他的启蒙举动，即使在沉默的时候，他也在忍受着厌恶感的折磨。

就像在一部拙劣的情景剧里一样，他总得去听身边另一人的哀诉。因此，他那疯狂的冒险也摆脱不了谨慎的约束。这位可怜的伙伴，这位写下《无词的浪漫曲》的脆弱诗人反复唠叨自己悲伤的缘由。《地狱一季》并未设法去摆脱这些陈词滥调，反而让这种老生常谈的说法去困扰美好的前景。兰波有时甚至坦率地模仿玛蒂尔德："一个女人竭尽全力去爱这个讨厌的白痴。"就在魏尔伦固执地为诉讼代理人佩拉尔先生编写那篇著名的诉讼状时，兰波却在剖析这对草率的夫妻，剖析保罗和他的妻子胡萝卜仙女："保罗带着一副泪眼/在庞波慕斯区独自游荡。"[164]

尽管如此，他们的未来不应该是懒惰或酩酊大醉呀。现在，两个人跑来跑去到处找工作。那时他们的英语已说得相当好了，完全可以做家庭教师，去教法语或拉丁语，就像朱尔·安德里厄所做的那样。但他们找不到想学法语或拉丁语的学生。此外，来自法国的消息让他们更加担心。玛蒂尔德一直在诉讼，要求与魏尔伦分居，不过魏尔伦依然抱着能与她再见面的希望。他断断续续也有过动身返回法国的念头。4月3日，他终于在纽黑文登上一艘开往法国迪耶普的船。就在该船离港前一个小时，他偶然听到几个人的谈话，这些人像是警方的密探[165]，于是他决定推迟这次旅行。他的感觉没错，他和兰波的举动都在警方的监控之下。尽管如此，第二天，他还是赶往多佛尔港，搭乘一艘汽轮来到法国的奥斯坦德。在大海上，在"弗朗德尔侯爵夫人号"上，他吟诵着那首奇怪的《船舷》[166]，他主动搭话的那位女子或许使他想起玛蒂尔德的音容笑貌，尽管这是一位金发女郎，在诗中，玛蒂尔德似乎在向他求情。难道他是独自一人乘船的吗？兰波是否陪着他呢？不管怎么说，兰波并未待在伦敦，而魏尔伦一直来到比利时的那慕尔，他在那儿给玛蒂尔德写信，要她给他往邮局寄信，兰波则乘火车前往布鲁塞尔，接着又赶往沙勒维尔，当他发现全家人不在沙勒维尔时，便去找好友德拉艾。在那慕尔，魏尔伦收到妻子寄来的信，她责令魏尔伦从此不要再给她写信了。这个坏消息严重地伤害了他，他自己感觉像瘫倒了一样[167]。带着失望沮丧的心情，他来到容维尔镇，这是比利时境内阿登山区的一个小镇，来到朱莉·埃弗拉尔姑妈家[168]。不管是有意的，还是无意的，他拉近了与兰波的距离。在容维尔镇和沙勒维尔之间有一个名叫布雍的小镇，坐落在瑟姆瓦河畔，他们俩有时就在那儿碰面。至于说兰波呢，由于他手里没有钱，而且此时对漂泊的生活也感到厌烦了，于是便带着几分怨恨回到罗什村，就像躲避孤独感一样。

第四章

罗什村，久违的胜地

罗什这个小村庄是兰波祖籍的所在地[169]，但已成为一个神秘的地方，或许是因为此地那令人难以置信的空旷感，这是在外漂泊的旅行者返回此地朝圣时的感受。今天，所有体现小村庄特性的东西都已消失殆尽。兰波在那儿看到的显然是"凄凉的偏僻之地"，那儿的生活显得毫无生气，而他那漂泊四方的疯狂举动在此也收敛了许多。但兰波大妹妹维塔丽的日记则把这小村庄描绘成一个颇有韵味的地方。在所有的原貌尚未遭受破坏之前，伊莎贝尔曾邀请克洛岱尔到这个小村庄参观，因此克洛岱尔是少数几个看过村庄原貌的见证人，然而他的描述并不多，即使他以诗人的笔法描绘了村庄周围的地理环境，也只是简短地写道："用石头搭建的大房子，石头已带着明显的风蚀痕迹，屋顶像农舍似的那么高，门上方镌刻着建造日期：1791年。"[170]今天，我们只能看见少数几座风韵全无的破旧农舍，那是一个毫无特色的地方，没有树木，仿佛命运将离别凝聚在此似的。路过罗什村时，人们竟然没有意识到已穿越这个小村庄。从阿蒂尼方向过来时，游览者才能有一丝激动的感受，一个路标耸立在983号省道与地方公路的交叉路口处，上面标明：罗什三公里，武捷十三公里。在兰波夫人旧居的遗址上建造起一座丑陋的建筑，是一座二层小楼，现已基本荒废掉了，在这座建筑物前面，立着一个纪念塔或纪念碑（该怎么描述呢？），其实就是两根四边形的柱子，上面镶嵌着金属字母，其中几个字母也都掉了。两根柱子的底座上刻着："兰波曾在此撰写"。接下去的文字镶嵌在每根柱子上："《地狱一季》"。这种说法合乎情理，但并不可靠。

这种荒凉的境地最终显得更加迷人，仿佛早先所有的一切都已消失了，仿佛任何一石一瓦都不应成为可信的珍贵纪念物。到罗什村的来访者在这儿恐怕找不到任何接待他的人，只有大地、天空和一眼望不到边的光秃秃的荒野向他敞开胸怀，即使人们能看到不远处埃纳河谷周围起伏的田野，能看到运河和冯克火车站，而另一条公路则一直通向叙菲利，这是一座贫困的村庄，村里的教堂也显得破旧不堪，就像中世纪的城堡废墟似的。尽管如此，正是由于这些缺陷，由于这种明显的破败场景，那里才出现了诗歌的幻影。"贫瘠的农村"被展示在广袤的天空之下。因为这个地方只能给人空虚感，所以它使人去相识的欲望变得更强烈，虽然人们猜测这种相识是不可能的。在罗什村，我们最终注意到，兰波本来就很少到这地方来，除此之外，兰波本人就代表着离别，他"总是匆匆而至"，然后"又跑到各地去"。迫于当时的形势，除了沙勒维尔之外，兰波也常常回到罗什村来，也许他的许多重要篇章都是在此地写成的。在1873至1879年这七年当中，他经常回到罗什村，在几个月内，他看到的都是这一景色：冬天极为寒冷，夏天又特别炎热，田里的活茬也应季而变化，他有时也会帮家里干点儿农活。多年之后，1891年他又返回罗什，这是他临去世前最后一次返回故乡，那时病痛在折磨着他，使他坐立不安。

　　从童年时代起，他就听家里人讲述过居夫家族的这片土地，外祖父去世后，这片土地最终划给他母亲，因为家族的长子让-夏尔·费利克斯不会管理这片土地，其实该留给他的那部分遗产也给他了，但很快就被他拿去喝酒，糟蹋光了。后来他在家乡附近给别人打短工，他妹妹根本不会为见不到他而担心。居夫一家人的亲戚和知己都在这一带。在《渴之喜剧》里，兰波已重新再造了此地的风景：一棵棵柳树，一条条沟壑，叙菲利池塘那"可恶的淤泥"，弗拉芒维勒先生在梅里的城堡，梅里镇有一座小教堂，教堂旁边是一座公墓，他的祖先就埋葬在那里。对于哥哥来此地的生活，大妹妹维塔丽就像一个既感人又意外的见证者，遗憾的是她两年后就去世了。这位文静的小姑娘为不起眼的小事也会感到惊叹不已，而且显得极为天真、纯朴，正是她给我们留下一篇篇精心书写的日记[171]。日记将兰波返回故乡的那一天刻画成奇妙的欢乐时刻。正是凭借着这一行行文字，当我们从阿蒂尼方向过来时，便逐渐认识了兰波夫人的农庄。一周后，当兰波从阿蒂尼步行来到罗什，看到的也是这一幅幅景象。郁郁葱葱的树木掩盖着这所大房子，高大的屋顶越过了树枝。房子一侧的屋顶处设有一间小阁楼。这所房子有一层楼可以住人，还有一个很大的顶楼。房子的一部分租给一个住户，兰波夫人和女儿的卧室在一楼，阿蒂尔的卧室在二楼，附属建筑也很多，有谷仓，还有马厩。房子周围有小花园，到花季时开满了鲜花，还有大麻田以及葡萄园。维塔丽的描述就像一首田园诗，对于这位天真的姑娘来说，没有完全客观的东西，只有变形的东西，那是朴素的幸福感所引起的变形，但兰波却一直看不到这种幸福：

> 微风吹来，宽大的杨树叶随风摆动……土地平坦而又肥沃。此外，这儿那儿的还有一片片小树林，从这儿能隐约看见远处沃尚帕涅磨坊的大风车。在村庄的下方，一条清澈的小溪在潺潺流动……

村子里只有百十来个居民，而且既没有学校，也没有教堂，要是做弥撒的话，得到梅里镇或到里伊-奥祖瓦去。

4月5日，全家人离开沙勒维尔来到罗什。4月11日，兰波也来到罗什。维塔丽注意到家里人"事先"并不知道他要回来。尽管如此，我们相信他事先曾给母亲写过信，告诉母亲他要返回家乡。但突然出走或返家也是他的习惯。维塔丽注意到："我那时还在卧室里，我们像以往一样在卧室里收拾东西，母亲、大哥和妹妹就在我身边，这时门外响起轻轻的敲门声。我走过去开门……你可以想象我有多么惊奇，站在门外的竟是阿蒂尔。"显然，他的到来让全家人都十分兴奋，但他只说了几句话，虽然他谈起自己对伦敦的印象，但提到魏尔伦时则是出言谨慎。只有单独和母亲在一起时，他的话才多起来。接着，他参观了农庄，而且"认识了农庄"（维塔丽在日记里这样笨拙地描述道），这表明他起码有三年没来过农庄了。三年前，农庄里的一部分建筑物被大火烧毁了。此时，那些建筑物已都修复好了。

那一天是耶稣受难日。兰波夫人和女儿们最重要的活动就是欢度复活节，因此她们每天都去做弥撒。兰波肯定不参加她们的活动，但他无法摆脱周围乡村那浓郁的宗教气氛，他又被卷入旧习俗之中，裹入日常生活的俗套里，现在他又回归到家庭世界里，回归到乡土气息及迷信活动之中。在三天当中，他听到的都是与复活节有关的活动，再不然就是关于那些神父的话题，罗什村的村民们都穿上了节日的盛装。在孤立无助的局面下，此时此刻对他来说不恰好可以让他认清形势吗？他回想起《精神追击》那行行文字，遗憾的是此文大概被人抢走了，因为魏尔伦和他母亲都无法从玛蒂尔德手中索回这篇文章，此文或许已转交到莫泰一家人的诉讼代理人手里。他心里依然记得魏尔伦那个奇怪的计划，魏尔伦要写一部"伟大的隐私小说"，然而这部小说没有任何自传的色彩，而兰波本人大概也会出现在小说里。虽然妹妹们小心翼翼地呵护着他，母亲也来关心他，但在孤独、厌烦的心态下，他什么也不想做，只想用写作来排遣内心的烦恼。也许就是在那个时候，他认为文学是"摆脱困境"的唯一方式，虽然他对此矢口否认。他在寻觅一条出路。待在阿登省的农村里，再加上乡村那虚假的节日气氛让他感到极为烦恼。周围连一家小酒馆都没有，他也就无法去享受微醉的乐趣了。因此，他要把自己脑海中所有的画面及想法都掏出来。那时，为了消磨时间，他翻阅着家里少有的几本书，有日经课本和每家必备的《耶稣基督的典范》，还有一本《圣经》，就是"切口被涂上翠绿色"的那本[172]，住在波旁街时，"在12月那昏暗的星期天"里，他们都要高声朗读《圣经》。兰波将面对基督教最大的秘密：耶稣复活了，所有"遭受审判的人"都复活了。在他看来，耶稣在很长时间内一直是陪衬的角色。他在沙勒维尔的教堂里见过耶稣被钉在十字架上的雕像，面对所有的穷苦人，这座雕像是那么冷漠。他曾用骂人话亵渎过耶稣，称他为"盗走人们精力的贼"，但他显然多次思考过奇迹的力量，思考过颇有功效的语言那巨大的力量，正是这语言在瞬间就会改变一切。在难以容忍及无法挽回的局势下，兰波已经明白了在这世界上还可以运用语言的力量，运用写作的神奇力量。在伦敦时，他以无止境的夜曲为主题策划出一个美好的世界，这个世界充满了惊人的活力以及出乎意料的逻辑，魏尔伦见此惊得目瞪口呆。在这复活节的气氛里，到处都回荡着复活的钟声，他翻阅着《圣经》，回顾起耶稣一生的重要时刻。他那时颇为赞赏一种语言，它就像一个动听的故事，这就是四福音书。他从中或许感受到善良的冲动，那绝不是矫揉造作的慈悲，也不是怜悯之意，而是一种义务感，一个要去寻觅的场所和定式。耶稣远离肮脏的文人，就像一个魔术师，将人们从昏昏沉沉的生活里唤醒过来。兰波开始写另一人的事，他只将那人称作"耶稣"，就像勒南过去所做的那样，但勒南当时是在抨击那些可怕的人，那些人渴望能拿到证据，这使基督教失去了信誉，而基督教本身是体现因果报应的宗教，是理智的宗教。作为优秀的拉丁语学生，他在学校里以六音步诗的形式抄写基督教史，现在他又从那篇篇文字里汲取营养，如果他有能力的话，那些文字或许会成为他的故事。他细心地读着这些文字，但也做一些修改，而且还加上颜色，提出疑问。在《约翰福音》的边缘处写了三个小故事[173]。耶稣实现了他的奇迹，但却无人能辨认他，无人对此感到惊讶，而兰波也一样，是无人认识的陌生人。他在《地狱一季》里这样写道："有些我碰见过的人或许根本没有看见我。"他知道得很清楚，与这种他所欣赏的魔术相对应的，就是入地狱的惩罚。他对此很早就有体验，最初只将其看作一个浪漫的主题，后来则把它作为某种无法躲避的现实，就像那些可怕的畸变，而他要把这畸变强加给自己，就像拐卖儿童的人贩子一样。在写在福音书边缘的最后一个小故事里（人们相信他肯定还写过其他小故事），耶稣来到伯赛大水池边，暴风雨的神奇闪电将那水池照得通明，因为上帝的天使从那暴风雨中穿过。由于耶稣在场，瘫痪的病人又站立起来，但旁边有一群被罚入地狱的人，他们却吐吐舌头，这无疑是在嘲笑耶稣，难道这是在向拯救灵魂者挑战吗？兰波最终希望能加入这些人的行列，和这些"罪恶的儿子们"待在一起。

然而，在接下去的几个星期里，他又想出另一个计划，即使人们见他此前写过怪异的福音散文，这也并非不合情理，因为散文里大多是亵渎的话语[174]。实际上，在追溯往事时，我们应该考虑《地狱一季》结尾处所标明的写作日期：1873年4月至8月。但没有任何事情可以强迫人们去相信兰波，也没有任何事情可以让人去怀疑兰波所提供的材料。新计划大概是在4月下旬才成形的，要是那时他寄给德拉艾的信透露出实情的话。刚动笔写作此书时，他一直在反复摸索，正如此前他所指出的那样。兰波想去讲述"残酷的故事"[175]（已经写完三篇，还想再写六篇故事）。这种奇怪的念头（要是人们不知道结果的话）让人预感到他想写犯罪的故事，然而，如果人们承认他所讲的"故事"包含着后来成书的《地狱一季》之片段的话，那么这些片段的残酷性首先触动的恰好是作者本人，他被卷入折磨人的大转盘里，而且以下地狱者的面目出现在大家面前。撰写一本"异教之书"，或一本"黑人之书"，这正是他的愿望，虽然这愿望有些耸人听闻，就在复活节过后不久，好像他满脑子里都是宗教的梦境，他无论如何也要起身去反抗那些有害的影响，要去撼动麻痹人的宗教教义的权威，这种宗教教义将听众都变成顺从的机器人，就像他母亲、妹妹以及所有罗什村的村民那样[176]。

除序诗之外，《地狱一季》的最初几页以其特有的方式构成一台战争机器，来反抗法国，反抗西方，锤打出表示厌恶和反抗的句子。兰波猛然间摆脱了控制，挣脱了束缚，选择一种强烈的爱好，自己也不再为他人所占有。他表达了自己的怨恨，而且始终在表达这种怨恨。后来他一直十分沮丧，甚至直到生命的最后一刻。当他像逃犯一样在偏僻的村落里生活时，他的思想早已跑到国外去了，他又想起高卢人，而这些高卢人与我们被殖民化、被罗马化的种族没有任何关系。那些高卢人总是争吵，也不会烧火，总是表达最反常的情感。他把自己关在罗什的卧室里，闭门思索。他力图让自己有一个"坏血统"，那血脉像毒药似的在他的血管里流动，即使他以关心居夫先祖的心情提醒人们注意，居夫的先祖们是靠人权宣言才获得的这一切。但他那残酷的欲望将他带入更高的境界，那些他在伦敦见到的黑人，那些在当时世界博览会被人当牲畜展示的野蛮人，他本人就想成为他们当中的一员。他并未贬低宗教依据，而且他的早期诗作似乎也以这些依据为基础，他将此拿来为自己所用，就像狡黠的撒旦。于是，他走进非洲"闪的后代"之王国，很久以后，他来到非洲，好像是为了与他此前所写过的东西相会合似的。到底是"黑人之书"，还是"异教之书"呢？兰波肯定与那时所思索的东西相差甚远，但他还是支持那些红皮肤的人，这些人正在屠杀为《醉舟》拉纤的纤夫。至于西方人所嘲弄的黑人，他要为他们正名，黑人是无辜的，他们身上没有错，甚至连原罪都没有。兰波夫人、维塔丽和伊莎贝尔在梅里小教堂里领圣体。兰波对这些虔诚的女人感到恼火，她们大概太虔诚了，一直在抵御种种诱惑，而他只抱着一点欲望，一点渴望。要想规规矩矩地做人真是太容易了。他的家庭无可非议，家人争先恐后地表现出懊悔和思念的样子，在家人的监视下，兰波最终发现邪恶是从哪里来的。它恰好来自基督教，因为当人被清除出天堂时，基督教将邪恶视为人的本性。兰波感觉这种先天的负罪感给他打下深深的烙印，可他并未辨别出其中的真相。但他看出基督教的策略：从开天辟地之日起，要让人有一种负罪感，以便把一个救世主强加给他。"黑人"的历史至少是存在的，但历史却编排得粗暴、激烈，让人想起殖民者掠夺"无辜"人民的暴行。由于不知道圣体饼，不知道洗礼，黑人只是通过令人尊敬的食人习俗直率地将死去的人埋到自己肚子里。兰波从未像1873年春天那样更像黑人，那时他在地狱的大火中将自己熏黑了。后来，当他来到非洲大陆时，他并不喜欢哈勒尔"讨厌的黑人"，那些黑人既懒惰又偷人东西，正是这些人毁了他的事业。但在那天涯海角之处，他又喜欢谁呢？后来谁也没有得到他的照顾，尤其是他本人更没有照料好自己。

因此，他要写一本关于自己的书。他的命运维系于此书。他认为这种发自内心的呼唤，在追忆过去的同时，使他从此迈入一个新的生活，迈入一个清晰而又醒悟的生活。此时，他还没有想过要告别文坛。伟大的诗人为他树立了榜样。他知道这些诗人在底层的道路上一直走在他前面，而这条道路将人领入深不可测的境地。这完全是一场暴力的戏剧，所有人都被放在火刑具上，这幕戏剧也由此构成他那历史或故事的起源。当他要德拉艾将莎士比亚或歌德的通俗版本（二十五生丁一本）寄给他时[177]，他只想着能在他们的著作里找到排解他自己忧虑的答案，但并未想过要把他们移植到自己的作品里。所有的魔法从他眼前一个个地闪过，而他在福楼拜的《圣·安托万的诱惑》中已看到魔法纷杂的景象[178]。他还是一个像浮士德那样刚强的人，尽管如此，他本人并不知道自己是这样的人，因为没有任何诱惑者前来引诱他。所有的魔法传遍他的全身，转眼之间，所有的一切都赋予了他，而此时周围的一切依然像以往一样，那么"苍白和平庸"[179]。尽管内心的历程使他本人感到无所适从，但兰波的烦恼（这是他一生中最关键的一个词，因为他一生注定要去冒险）要在罗什这个终结之地经受炼金术式的熔炼，最终在这儿炼成一颗集怨恨与愤怒于一身的金刚石。平淡无奇的罗什让维塔丽感到很兴奋，但对兰波来说，罗什就像是一个无底洞，他身陷其中，一直陷入地狱里，这是几个月来他在自己内心里筑成的地狱。后来，他又陷入其他的无底洞之中，比如在塞浦路斯、亚丁、哈勒尔等地，那些地方根本无法生活，但他依然热衷于在那儿生活，仿佛是在挑战似的。他在家乡没有任何娱乐活动，只是每天出去散步，好像是为了魏尔伦才这么做的，他朝阿蒂尼或冯克方向走去，以满足他那"不健康的渴望"，去咖啡馆里消遣一下，咖啡馆当然不会提供"醉人"的苦艾酒。有一次，他一直走到武捷，这是一个拥有三千人口的小县城，城里还驻扎着普鲁士占领军。兰波对爱国主义并不热心，但还是以一个小无赖的眼光看着普鲁士人在县城里走来走去，这些人就像来到一个被征服的国家似的。他看到的正是战争后期的景象。此时此刻，在这个让他感到厌烦的春天里，他根本不想去领略大自然的美好风光。他留着长头发，像个野人似的，手里拿着一根棍子，走遍乡村田野。他喜爱乡村的快乐，但也怀念城市里的生活。他还希望自己尽量别像个粗野的庄稼汉。他不想永远死守着一个地方。对他来说，农村就意味着死亡，意味着缓慢的窒息。相反，城市给他带来生活的幻想。此时，在这难以忍受的孤独之中（此外还要忍受周围那些"狡猾的农民"），他将去创造《地狱一季》那备受折磨又折磨他人的冲动情绪。

1873年5月兰波致德拉艾的信　　　　　1873年5月魏尔伦致德拉艾的信
（法国国家图书馆馆藏）　　　　（沙勒维尔－梅济耶尔图书馆博物馆馆藏）

　　就在这同时，魏尔伦很快就从容维尔和德拉艾取得了联系，要他和兰波约好星期
天在布雍碰面，这是坐落在瑟姆瓦河畔的一个边境小镇，实际上，他们约了很多次，
但好几次"约会"都错过了。在这个倒霉的5月18日，魏尔伦在那家小旅馆里独自等
待着朋友们，他多么想念他们呀[180]。在"凄凉的等待"过程中，魏尔伦只好和坐在旁
边的一个沙勒维尔的中学生不时搭讪一两句话。在三个朋友最终聚集在一起之前，他
们相互肯定碰过面。其中的一次碰面给他们提供了交换各自文章的机会，这些文章的
形式颇为相似，因为在写给德拉艾的信里，兰波将这些文章称为"散文片段"，这个
称呼显得有些平庸，而且在故弄玄虚。这让那些试图了解"通灵人"作诗历程的人感
到困惑不已。要是有人认为这些残本片段不是魏尔伦或兰波本人写的，那么一切都显
得合乎情理，因为如果人们凭信自己的直觉，想象着"散文片段"就是《灵光集》里
的几首散文诗，那么人们很难在魏尔伦的作品里看到与其相吻合的东西。不管怎么
样，魏尔伦肯定知道到底是怎么回事，因为几天以后，他要兰波将那篇"解释"文字

连同他的其他文章一起寄给他。人们对这个奇怪的交换始终感到很困惑，"片段"这个词本身似乎表明构思中的整部著作划分成若干部分。尽管如此，我们并不知道兰波所想象的那个作品的特征，但从中辨别出《灵光集》的模样来是完全有可能的。总之，人们后来才知道其他散文正在酝酿之中，而那时他正在撰写"异教之书"。

正如人们所看到的那样，魏尔伦与兰波的关系丝毫也未受到损害。虽然魏尔伦对玛蒂尔德不理睬他，甚至还想起诉他而感到很恼火，因为他知道自己很难胜诉，但他对伦敦的伙伴却表现出一番柔情蜜意，他甚至仰仗这番情意放肆地使用下流的隐语。与兰波那放荡的黑话相比、与德拉艾那下流的新词相比，魏尔伦的隐语是有过之而无不及，他甚至毫不犹豫地称自己为"老母猪"，极为顺从地听他情人的摆布。总之，这类词汇不过是友好的表达方式，但后来某种特殊的说法还是给这种表达方式蒙上阴影，这一次他是用英语写的，但已看不出任何歧义了："我是对你任何时候都张开或敞开的老阴道。"[181] "阴道"这个词并没有更多的含义，人们不难想象兰波该怎样利用它，这是违背自然的行为，长着"流亡天使"面容的少年似乎就是主动施爱者，而那个容貌像蒙古人的男人则扮演着被动受害者的角色[182]。就在他完全倾心于兰波的时候，还在梦想着能与玛蒂尔德重归于好，希望母亲能来伦敦和他一起生活（这是典型的恋母情结表现）。但共同的文学爱好及情感的默契继续将两位诗人结合在一起。魏尔伦一直在联系出版社，以发表他那篇《无词的浪漫曲》，但始终都未成功，兰波曾向德拉艾咨询过，要德拉艾和《东北》杂志的印刷商联系一下，让他们去印刷《无词的浪漫曲》。魏尔伦则坚持要把这部诗集题献给兰波："首先，是为了表白，其次因为在创作这些诗句时，他就在我身边，给我很大的鼓励，特别是为了感谢他一直对我所表现出的忠诚和爱意……"[183] 尽管如此，《无词的浪漫曲》还是经受了另一种命运，由于勒佩勒捷一直对兰波的鲁莽举动耿耿于怀，在他的建议下，这段题献文字最终还是被删掉了。

他们之间虽然隔着一段距离，但彼此的心似乎靠得更近了，因为他们对自己的世界坚信不疑。他们没有共同之处，而且常常会提出相反的意见，但他们热爱完美，魏尔伦追求肉体的完美，而兰波则追求思想的完美，尽管如此，他们相互之间依然保持着心照不宣的默契感，那是精神和肉体的默契感。

《无词的浪漫曲》题献

（沙勒维尔-梅济耶尔图书馆博物馆馆藏）

尽管他们不时碰面，相互写信（这些信可能会有损他们的声誉），从事多种多样的文学活动，但每个人都在乡村一隅待得不耐烦了。魏尔伦最终也厌烦了，不再想着去巴黎向玛蒂尔德道别了（况且他还担心被警察抓住呢），于是决定返回伦敦，当然是要兰波陪同他一起返回英国。他的计划早就安排好了，5月24日，他离开容维尔，前往布雍去见那两个难舍难分的"伙伴"[184]。兰波本想在整个6月里一直待在罗什或沙勒维尔，听说马上要返回伦敦，他十分高兴地接受了这个计划。临行前三个人又聚在一起痛饮一通，酒席间，魏尔伦和兰波向德拉艾道别，而德拉艾则因无法跟随他们一起走而感到懊悔不已，他们俩来到列日，接着又马不停蹄地乘火车穿越弗朗德地区，到达安特卫普，从那儿乘船前往伦敦。穿越海峡的旅程"美得难以置信"，整个旅程历时十五个小时[185]。他们和好如初，非常高兴，以为从此会非常和谐地生活下去。他们也做好了安排，比如可以去教课，这样起码能有一点儿收入。兰波打算把那本"黑人之书"写完，他对这部极为奇特的"手记"抱着很大的希望，他不想在手记中透露自己和魏尔伦在私下里的争论。至于说魏尔伦，在勒佩勒捷的安排下，他认为《无词的浪漫曲》的出版工作正在有条不紊地进行着[186]。因此，一切都会变得越来越好，带着对幸福生活的憧憬，将所有的羞辱抛掷一边，他们抵达查令十字街火车站。

第五章

决　裂

　　抵达伦敦之后，他们马上就找到了住所，这里距离他们以前住过的地方不远。他们现住在坎登镇大学院街8号，房东太太名叫史密斯，和许多优秀英国小说中的女主人公的名字一样。这是一幢多层的高楼，比周围的小别墅及其雅致的小花园高出许多。整个城市网络里到处都分散着这类低矮的别墅区。或许是维尔麦希将这个好地方告诉给魏尔伦，维尔麦希就住在附近的肯特镇，而安德里厄住的也不远。他们两对这个地方很满意，在给布莱蒙的信中，魏尔伦反常地写道："我们还以为是到了布鲁塞尔呢。"他接着补充道："我真想在这儿工作。"[187]事实上，虽然靠魏尔伦那点儿钱，再加上他母亲汇来的钱，日常生活能有保证，但他们也想靠教英语及拉丁语，甚至想教别人怎么写诗去改善自己的日常生活。他们听从安德里厄的建议，准备在报纸上刊登启事，他们分别于6月11日至13日在《回声报》、6月21日在《每日电讯报》上刊登了启事[188]，他们把自己说成是"两位来自巴黎的绅士"，这显然与他们的行为举止不相符。我们知道魏尔伦曾教过几个学生，挣的那点儿钱也就够买烟草和衣服的。至于说兰波，他似乎连一个学生也没找到。

　　然而，两个人依然在从事文学创作。魏尔伦还想着那部悲剧，就是他自己那部奇怪的小说，而且还在构思下一部诗集[189]，其中有《岛屿》或《顶楼里的生活》或《水下》，还有《流沙》（此诗从未发表过）。而兰波则继续写他那本"黑人之书"。但那时他是否知道苦刑会持续多久吗？是否知道等待他的命运呢？后来出版的那本书里不仅有残酷的故事，还对人一生中的关键时段提出疑问，在这1873年6月里，那段困难的时期或许尚未容纳其全部意义。同样，还应该考虑兰波那时创作的双重性：一方面

175

是散文诗，另一方面是一个下地狱者的故事或几个"残酷的故事"。

因此，他们的共同生活也一直受诗歌的影响，尽管他们之间有争吵，还会发脾气，内心也有苦楚，有时还会动手打起来，甚至用小刀把身体划破，脸也打出血来。这堪称是诗歌的绝对体验，是不融洽爱情的难解魅力。可怕的奚落挖苦以及"吵架"还会让他们俩顶起牛来，酒精更是给他们的冲突火上浇油，他们毫无节制地饮酒，并以此为荣，对他们来说，豪饮已成为一种令人费解的必要，成为一种毒害他们身体的毒药。倘若把他们的争吵单单归咎于魏尔伦的优柔寡断，归咎于兰波的烦躁心态，那是解释不通的。有些时候他们喝得酩酊大醉，因此看不清现实的矛盾与问题，在短时间内会变得很偏执，甚至做出过激的举动，说出刺激人的话语。然而，当心态平静下来时，他们依然到城里或郊区去远足，到了晚上，他们不去酒吧或拜访流亡在伦敦的公社社员时，就去看演出，最近两个法国剧团刚来英国做巡回表演，一个在公主剧场，另一个在约翰-詹姆士剧场。阿尔卡扎剧团的演员们在约翰-詹姆士剧场演出，他们此前曾在布鲁塞尔看过这个剧团的节目。"如果没有课，我每天晚上都去看节目。"魏尔伦在6月里这样记述道[190]，但他并未说明兰波是否陪着他。剧团演出的节目大多是轻喜剧、轻歌剧以及表现市井风俗的戏剧，比如勒科克的《上百贞女》，小仲马的《男人与女人》，还有《奥布雷夫人》《乔治公主》等。兰波有可能对这类节目很敏感，这些节目仿佛给他那平凡的生活打开一个闪亮的小缺口。在《灵光集》里，好几首诗似乎与戏剧密切相关，幻想着一幕与旧时代喜剧形成鲜明反差的新戏剧。兰波肯定做了改编，他所命名的几个人物很难辨认出来，在此诗中，剧作艺术的视野比现实主义更重要，人物与角色，人物与变形重叠在一起。

有一段时间，魏尔伦夫人来到伦敦[191]。我们对她的这次旅行知之甚少，此次旅行的动机表面看起来非常简单，就是想看看保罗住得怎么样，但实际上还有更深层次的目的。尽管如此，魏尔伦不久以后似乎又恢复那固执的念头：要和玛蒂尔德重修旧好，要她撤回分居的诉讼请求。兰波是否知道此事呢？他还不打算露出宽容的样子。有些传记作家，比如欧内斯特·德拉艾断言他和魏尔伦的关系已在旅英的法国人当中引起不少的非议，这些流亡在英国的法国同胞都是巴黎公社社员，他们虽然也鼓吹自由结合，但却是十分严肃的人。不管怎么说，两人的同性恋关系并未躲过法国警察的眼睛，因为法国警察一直在监视他们俩，6月26日，警方的一份报告指出："塞纳省政

1873年6月26日警方报告（巴黎警察局档案馆馆藏）

府前职员（巴黎公社时期依然在职）、偶尔在《回顾》杂志上露面的诗人魏尔伦先生与一个年轻人住在一起，他们的关系显得很怪异，这位年轻人常回到沙勒维尔，因为他的家人都住在该市，巴黎公社期间，他是自由射手队的成员，此人就是兰波。魏尔伦的家人对这种有损名誉的事知道得很清楚，正因为如此才提出要求分居的诉讼请求。"[192] 一天，兰波到安德里厄家去看望他，结果被安德里厄轰了出去[193]。周围的人都向他们投来怀疑的目光，在这种局面下，两人的关系搞得非常紧张，看来只有散伙了。流亡在伦敦的年轻的公社社员卡米耶·巴雷尔后来证实[194]，他们俩常常争吵，已处于分裂的边缘。魏尔伦反复讲述他于1873年4月动身的事，最终决定采取必要的解决方案。他此前也许已将这一解决方案告诉给自己的伙伴，但这一次他要设法突然离开兰波。一周后，兰波对当时的事情做出描述："我责备他懒散，责备他在朋友们面前行为不端，为此我们俩吵了起来，就在争吵过后，魏尔伦突然离我而去，甚至连去什么地方也不告诉我。"[195] 但责备魏尔伦懒惰的兰波看上去更像是个道学家，因为魏尔伦并未闲着，他还给几个学生教课呢。然而，在与朋友们见面时，他对魏尔伦的举止颇有看法，这一看法似乎还是很真诚的，回过头来看，或许这正是安德里厄讨厌兰波的原因。在面对流亡的公社社员时，魏尔伦究竟怎么表现的呢？难道他竟然当着这些人的面对兰波做出某些亲昵的动作，以致招人反感吗？就在魏尔伦走后不久，兰波写了一封信，信里暗示了这类事："你还真想返回伦敦呀！你不知道大家会怎么接待你！要是安德里厄和其他人发现我和你在一起，他们不知该使什么脸色呢！"[196] 因此，两人彻底决裂会让那些含蓄地指责他们俩行为暧昧的人感到满意。但在这件事情当中，兰波也有责任，不久以后，他对自己的举止也感到懊悔，他曾厚颜无耻地将自己任性的举动强加给朋友："我对你露出不高兴的样子，那不过是在开玩笑，我开起玩笑来是很固执的！"[197] 他接着写道："怎么，你还没看出来，我发脾气不也是装出来的吗，你我不都一样嘛！"这个"滑稽家庭"的争吵有时会闹出悲剧来。魏尔伦走了，甚至连头也不回，这一做法还是很明智，之所以这样做，显然是预先策划好的，因为他依然幻想着玛蒂尔德能够拯救他。这个懦弱的家伙依然怀念别人对他表达的爱，内心感觉这个爱依然存在，而且漫无目的地敬重这个爱。

由于此前已有预感，他事先已打听好去比利时的船期，他依然怀念1872年7月在比利时度过的那段时光，他早已打算好要把玛蒂尔德接过来。一件小事最终为他们闹决裂提供了借口。兰波此时对什么也不担心，照样任性地拿魏尔伦寻开心。难道人们希望看到促使两位诗人决裂并破坏某种友谊的悲惨场景吗？有一段逸事并未对他们的生活做出解释，而是表明那生活很脆弱，而且那生活的特点有时显得很荒谬，难道人们希望听到这样一段逸事吗？德拉艾讲述了这样一段令人难以忘怀的往事：

> 一天上午，魏尔伦从"市场买东西"回来，手里拿着一条鱼，以一副可怜的愚笨样子瞧着那条鱼。兰波又开始嘲笑奚落他。但这时机选得不好，因为魏尔伦刚在大街上受到"淘气的男孩子"以及"鲁莽少女"的"嘲笑"①，他这会儿正想着尴尬的确是一件可怕的事，他真的受够了，受够了！……气怒之下，他将买来的东西摔在嘲笑者的脸上，转身离开了家……[198]

这段文字描述得很美，看来真得赞扬叙事者的才华（况且此场景并非他亲眼所

---

① 黑体字原文为英文。

见）。有些传记作家甚至琢磨那条鱼究竟是鲱鱼还是鲭鱼呢！不管什么样的鱼都不会给此事带来任何改变！人们注意到，魏尔伦连箱子也没拿就溜走了，兰波在他身后疯狂地追赶，一直追到码头，这位"可怜的兄长"毅然决然地跳上一艘开往奥斯坦德的船，这一次他赢了。

这时，兰波不得不回到大学院街8号，对局势做一番判断。他身无分文。魏尔伦把所有值钱的东西都拿走了。当然，靠卖书、卖另一个人留下来的旧衣物，他还能支撑几天，但接下来他该怎么办呢？在和伦敦的朋友们联系过后，他已走投无路，只好返回法国。他在河岸边的呼喊声并未让出走的人回心转意。或许这是他第一次从内心爱上这个刚刚离去的人。

魏尔伦出走的那天是7月3日星期四，此后的几天显然带有仓促的命运色彩。兰波本人几乎就是以旁观者的身份，目睹了这场艳情的结局，目睹了这场灾难。不论是他本人，还是魏尔伦，他们写的每一封信都非常像加速死期临近的第五幕的台词[①]。无论是轻弹而出，还是高声呐喊，他们的感受达到了巅峰，这一感受将制造出最致命的毒药。很久以后，躺在马赛的病床上，他表达了自己要活下去的愿望，而追求绝对的完美曾燃起这一愿望。

就在那时，魏尔伦在船上粗略地回顾了一下局势。他给兰波写了一封短信，船刚一到达目的港奥斯坦德，他就把这封信寄了出去。他那模棱两可的实话在信里说得很清楚。他"非常"爱兰波，但由于他和兰波没有成功，因此他还是想和妻子一起生活，要不然就开枪自杀算了。这种过激的言辞会让收信人对此抱怀疑的态度。魏尔伦常常采用这种吓唬人的方式。况且人们在他的态度中几乎感受到听天由命的意味："因为我得去见阎王爷了。"他幽默地自嘲道。这封短信寄往他们住在伦敦的地址[199]，但信封上明确地注明："若无人收信，请转寄法国阿登省阿蒂尼区罗什村（兰波夫人家）"，魏尔伦已猜测到兰波在伦敦不会待多久，大概很快就会回到武捷县的老家。兰波至少已知道魏尔伦去了布鲁塞尔，那是他们长途跋涉的中转站（魏尔伦也许在离开的最后一刻将自己的去向告诉他），他在邮局以自己取信的方式给布鲁塞尔寄了一封信。人们在信中仿佛看到一个惊慌不知所措的人，他突然摘下嘲笑人的面具，露出

---

① 法国戏剧一般由五幕组成，第五幕往往描述悲喜剧的结局。

谦卑的样子，就像魏尔伦从前要他表现的那样。亨利·吉耶曼认为他的行为举止倒像"一个被其保护者甩掉的婊子，因为这婊子太狂妄自大了，她发誓要表现得更温柔，更典雅，要是保护她的先生能把她重新拉入自己的怀抱"[200]。然而，人们还是试图将最无私欲的情感赋予兰波，即使他显然是在玩弄魏尔伦，同时他也在耍弄自己，因为他已成为爱情纠葛的俘虏，年轻而又涉世不深使他难以理解所有微妙的问题。兰波和魏尔伦在支配自己的情感时，就像支配一件没有生命的物件似的。他们不知道自己已在内心将爱情的动机砸得粉碎。出于再造爱情的意愿，兰波将自己排除在人类爱情之外，即使去传播神灵的爱也在所不惜。懦弱的魏尔伦却将激情那唯一的光芒也消除掉了。

在读过魏尔伦"在海上"写的那封短信后，兰波又恢复了自己所特有的傲慢口气。他根本不信魏尔伦会去自杀，因为他了解魏尔伦那懦弱的性格："因此，在等待你妻子与死亡的时候，你将来回奔忙，到处乱跑，去惊扰许多人。"[201]由于最终找到了办法，他将自己的看法强加给逃走的情人。首先，他向魏尔伦指明，由于他的出现，他已完全改变了魏尔伦："回想一下你在认识我之前是什么样子"，他高声宣称自己在扮演着启蒙者的角色。那么实际上魏尔伦究竟是什么样子呢？尤其是他又变成什么样子呢？他与兰波关系的最明显的效果显然并不是他的伙伴所期待的那样。皈依宗教，神秘主义并未列入魔法的名单里。但与兰波的交往将给他打下深深的烙印，他永远也不会忘记自己是个人奇迹的见证者，是非凡的爱情纠葛的当事人。兰波很快就看出魏尔伦依然是受迷惑的情人，他毫不犹豫地在信中夸大其词。信中有命令的语气："至于说我嘛，我绝不会回我母亲家……如果你想给我往巴黎写信，就把信寄给福兰好了"；有引诱人的意味："回来吧，我想和你在一起，我爱你"；还有威胁的腔调："假如你妻子回来，我不会给你写信，免得连累你。我永远也不给你写信了。"

在布鲁塞尔，魏尔伦等得焦虑不安，自身的遭遇让他感到很恼火，作为伤感诗人，这是他如此精心策划的灾难，他几乎被自己的才华迷惑住了，竟然制造出这样的厄运来。像以往一样，他又下榻在列日大饭店里，触景生情，往日的回忆一直萦绕在他心头。他在那儿开始执行自己的计划，这一计划极为复杂，又让他心心念念。他依然没有放弃原有的念头：要赢得玛蒂尔德的爱，于是便给她写信或发电报，要她回到自己身边。以自杀相要挟是他的拿手好戏，假话说得像真的似的，由于他的话总是含混不清，他的样子倒显得很动人。他是好空想的人，可他看不起自杀者那悲惨的私密举动，他要所有的人都知道他想自杀。那时他还没有搞到武器，他已经在设想用什么手法结束自己的生命。他将此事告诉了魏尔伦夫人，在1872年整个冬天里，他已经给母亲添了太多的麻烦，此外，他还给母亲写了一封短信[202]，希望她能马上赶过来。总之，用兰波那文雅的话来说，他"会惊扰许多人"。

> 母亲：
>
> 如果我妻子在三天内不回来的话，我就决定结束自己的生命！我将此决定写信告诉了她。我现在这个地址：布鲁塞尔进步街列日大饭店2号房间，保罗·魏尔伦先生。永别了，如有必要的话。一直深爱你的儿子保·魏尔伦。我特意离开了伦敦。

收到信之后，魏尔伦夫人惊慌不已，马上乘坐第一趟列车赶往比利时。她在7月5日或6日到达布鲁塞尔。兰波夫人则从罗什村寄出一封寓意深刻的信[203]，信写得很好，以便安慰这位闹着要自杀的人，以缓和他那忧郁的心情。在我们这个世界里，维塔丽·居夫显然总是对的，其实这也是她的世界。我们当今的世界里有许多善于以安全感和道德观来说服他人的人。此外，她在信中还表现出一种非凡的力量，她在极力抗拒所谓的厄运（不管愿意不愿意，兰波后来在这方面很像他母亲）：

> 先生：
>
> 我不知道您和阿蒂尔会闹出什么乱子，但我一直预料你们俩交往的结局不会幸福。为什么呢？您将来会这么问我。因为对于孩子们来说，那些得不到善良而正直家长认可的东西是不会幸福的。

她的论据纯朴率直，无懈可击。人们清楚地看到，她对儿子与魏尔伦之间那奇特的爱了解得一清二楚，她坦率地说起他们之间关系，所用的词汇也很稳当，颇有伟大时代^①的特色，那时生活在农村里的人依然在用这种写作风格。不论是"乱子"这个

---

① 特指17世纪路易十四时代。

措辞，还是"你们俩交往的结局"，这个表达方法看似平庸，但在我看来，它的确值得赞美。

那时，由于得不到兰波的任何消息，魏尔伦对兰波就更感到担心了。于是，他给马图泽维奇写信[204]，此人也是流亡在英国的法国人，与旅英的公社社员都很熟："哎！说实在的（不论别人说些什么），不论这让我感到多么痛苦，我不得不把兰波甩在一边，尽管如此，我还是给他留下一些书和旧衣物，他可以将其变卖后返回法国。"但他同时又宣称（那天是7月5日），他不会等到要玛蒂尔德回来的那个最后期限，因为他已经放弃了自杀的念头（"我觉得这样结束自己的生命真是太愚蠢了"），而且还有另一打算：他要参加西班牙志愿军，这支军队支持堂·卡洛斯，因此也被称为卡洛斯志愿军，卡洛斯当时正与未来的西班牙国王阿方斯十二世争夺王位。这也就是说，魏尔伦想加入外籍军团，这是像他这样的绝望者通常会采用的做法。兰波后来也用过这种权宜之计。给马图泽维奇写信那天是7月5日，然而7月6日星期天，魏尔伦又给埃德蒙·勒佩勒捷寄了一封信[205]，信中依然在诉说自己要自杀的决定："要是玛蒂尔德明天下午还不来的话，我就自杀。"这个消息其实不过是一个谎言，因为前一天他已经放弃了自杀的决定。实际上，当他心如死灰，在布鲁塞尔城里漫无目的地闲逛时，偶然间碰见画家奥古斯特·穆罗[206]，此人是他过去的旧友，也是魏尔伦夫人的教子。画家对他和兰波出走的事知道得很清楚，见他正处于过度兴奋的状态，不禁感到十分担忧，于是便想方设法去安慰他，把他从绝境中拉出来，建议他去参加卡洛斯志愿军。7月5日和6日，魏尔伦已完全同意这一建议，在写给马图泽维奇的信中确认了这一想法，但却一个字也没告诉勒佩勒捷，此时他依然希望勒佩勒捷能说服玛蒂尔德。7月8日，在穆罗的陪同下，他来到西班牙公使馆，但西班牙人并未雇用他，因为他们不想招募外国人。然而就在那天清晨，他在8点30分给兰波发了一封电报："西班牙志愿兵来列日大饭店变卖衣物拿回手稿若可能。"他大概在想，自己突然表现出这股勇气会让收电报者感到吃惊。此外，兰波在前一天也给他写了一封既奇特又没有头绪的信[207]，时而要他别回伦敦，时而又要他赶回来，不论别人说些什么，他们也要生活在一起。"是的，我的小宝贝，我还要再待上一个星期。你会回来的，对吧？"他问道，不知他在扮演什么角色，是被诱惑者，还是引诱者呢？

兰波在7月8日上午10点16分收到魏尔伦的电报，这封简练的电报却意外地起到一封长信所起不到的作用。由于身无分文，兰波决定离开伦敦。列日大饭店给他提供了一个安全的避风港。见到魏尔伦之后，他会得到必要的解释。此外，他对这位突然决定参军的人感到好奇，甚至对他抱着一丝同情心，想看看他怎么会冒出这样的想法。从此，后来被称为布鲁塞尔事件的所有因素都已就绪。那段往事世人皆知，现已成为一段传奇故事。在几天之内，激情及爱情的误解已达到极点，要是模仿一句名言的话，在与日

1873年7月8日魏尔伦致兰波的电报
（比利时皇家图书馆馆藏）

常生活的较量中，诗歌的失败已成定局[208]。专栏作家们在回顾往事时，试图去理解这一事件。受伤害者及被告的证词大概已经说明了一切[209]。然而已发生的事是无法挽回的。有些东西或许早就崩溃了。兰波夫人说得太对了！

到了晚上，经过跨海航行之后，兰波来到著名的列日大饭店，以前他们曾在这里幸福地生活过一段时间，虽然那时也有过争吵。他是否知道兰波夫人也将来到这里呢？兰波夫人是儿子不可或缺的后盾，不管在什么情况下，踌躇不决的儿子都可以信赖母亲。1873年年初在伦敦时，当着魏尔伦的面，她就曾这样照顾过阿蒂尔。兰波很快就知道了当时的局势，魏尔伦未能加入志愿军，兰波在疲惫不堪、极度烦躁的魏尔伦身上又见到了那个嗜好烧酒的空想家，他既舍不得玛蒂尔德，又不想与兰波分手。

第二天，他们走出这家咖啡馆，又来到那家咖啡馆，整天都在商谈，但却毫无结果。兰波期待着他的情人能做出一个决定。可魏尔伦依然迟疑不决，他一会儿说要返回伦敦，到那边规规矩矩地过日子；一会儿又说打算去巴黎（他更倾向于这个方案），再去见玛蒂尔德最后一面，把所有的责备一股脑儿地甩给她。兰波瞧不起他这种优柔寡断的样子，感觉自己是该离开这个难以交往的伙伴了。但和魏尔伦在一起时，他总是一拖再拖，仿佛耐心与时光会给这难免的失败遮遮丑。兰波最终决定要离开他，而这位"可怜的兄长"却不忍心看着沙勒维尔的"精明天才"弃他而去，在他们并肩度过的那个夜晚，他一直反复诉说着"太阳之子"那刻薄的话语。他在自己眼

前只看到一个封闭的世界，一个没有爱情的世界，一个由铅灰色土星照耀的世界。

7月10日一清早，魏尔伦走出屋门，决意去买一把手枪。五天以来，他一直在反复琢磨这个念头，武器已成为咒语和神奇的工具。他或许已在圣－于贝尔商店街廊的橱窗里看到了手枪，而且渴望能得到这么一支武器，最终他从那家商店买走了一把手枪。接着，他在一家家小酒馆里消磨时间，直到感觉喝得有点儿醉醺醺的，这股醉意提起他的精神，但也让他的思想变得模糊不清，燃起他内心的怒火。接近中午时，他回到旅馆，拉上兰波去啤酒屋餐厅吃饭，那顿饭菜很丰盛，席间他们又喝了不少酒。兰波对魏尔伦的要求反应冷淡，说实在的，魏尔伦一直不知道该怎样把他留住，兰波再次重申自己要离开这里的决心。魏尔伦虚张声势地掏出手枪，在兰波面前比画着，但这丝毫也没有打动他。兰波打算去巴黎，到圣雅克街去见福兰，或者去找其他朋友。如果从他们那儿得不到什么结果的话，他就返回沙勒维尔，"老妈"总会接纳他的。下午两点左右，两人回到库尔特雷城旅馆，他们已离开列日大饭店，搬到这家位于啤酒酿造商街的旅馆里。魏尔伦夫人正在旅馆里等着他们。兰波回到这儿拿自己的东西。他打算乘坐下午的火车。他要让魏尔伦自己去听从命运的摆布。魏尔伦锁住房间门，并在门前放了一把椅子，然后坐在椅子上，突然掏出手枪。他几乎来不及提醒兰波："好吧！让我来教你该怎么打算走吧。"[210] 两颗子弹打了出去，一颗击中隔墙，另一颗打中兰波的左手腕。魏尔伦意识到自己的鲁莽举动，也想自杀算了。但他不过是装腔作势、摆摆样子罢了。兰波的手腕在流血。事故发生时，魏尔伦夫人恰好在场，她为兰波简单地包扎了一下伤口，接着他们马上赶往圣约翰医院，医生为他治疗伤口，但他们没有告诉医生这是枪伤。实际上，兰波要离开这里的决心比以往更坚决了。魏尔伦的举动已经清楚地表明，在酒精的作用下，保罗准备越过所有的限度，露出残暴的样子，这正是通灵人在伦敦所鼓吹的东西，但这只是荒谬的方式，是黑色的魔法。但魏尔伦从此已成为一个危险的人物，而不再是一个寻觅场所与定式的诗人了。兰波不想改变自己的计划，于是又准备返回旅馆拿东西，在回去的路上，魏尔伦想不惜任何代价说服他留下来。魏尔伦夫人显然觉得兰波最好还是离开这里，便给了他20法郎，作为去巴黎的路费。到了晚上，兰波朝布鲁塞尔南方火车站走去，魏尔伦母子俩一直跟在他身后。虽然保罗一而再、再而三地提出种种论据，试图说服兰波改变主意，但兰波依然固执地坚持要离开这里。也许他们刚刚经历过这段纠缠不清的时刻，爱情已转变为仇恨，仿佛只有解毒剂才能明显地减弱那些荒谬的色彩。有人以此事件为背景所讲述的故事发出一股耀眼的强光，将私下里个人的交往突然暴露给所有的人，最先暴露给警察，接着又暴露给诠释家、传记作家以及蹩脚的记者。任何人都无法洗刷这个耻辱。这场悲剧的主角，这位目睹人类愚蠢举动及弱点，目睹挫折及失败的观察者也无法洗刷这个耻辱。还是让我们听听兰波的证词吧，它仿佛让我们身临其境：

> 到达鲁普广场附近时，魏尔伦走到我前面几步远的地方，接着他朝我转过身来，我见他把手放进衣兜里去拿手枪，我转身便往回走。我碰到了警察，并将此前发生在我身上的事情告诉了警察，这位警察要魏尔伦随他去警察局。

而魏尔伦的说法似乎对他本人更有利，但他们俩大概谁也没看清楚对方究竟想干什么，他对自己当时的手势做了一番解释："走在路上的时候，我再次提出自己的请求（要兰波留下来），我站在他前面，就为了挡住他的去路，我威胁他，要他开枪把我打死算了，他可能以为我在威胁他本人的性命，但这并不是我的想法。"兰波竟然去向警察求救！这种做法大概会玷污他的名声。人们因此而责备他也是没有道理的。不过他因此便启动了灾难性的司法程序，但如果没有超凡能力的话，哪些人还会在生死关头迟疑不决呢？于是，那位名叫奥古斯特·米歇尔的警察（因此，大家也记住了在路上亲眼看见两位诗人悲惨遭遇的小人物的名字）[211]便把犯罪嫌疑人保罗·魏尔伦带到约瑟夫·德拉勒警官面前，警察是应"文学家兰波先生的要求将魏尔伦逮捕的"。此时已是晚上8点。警察为他们俩以及魏尔伦夫人的证词做了笔录。而魏尔伦夫人则尽力去诋毁兰波："两年来，兰波先生一直靠我儿子养活，而我儿子也抱怨他性格暴躁，为人歹毒"，并竭力为保罗开脱，说保罗"并不记恨兰波"，只是因"一时迷惑才做出那样的举动"。

从此，魏尔伦便落入警方的手里，在看守所里度过了第一个夜晚[212]。魏尔伦夫人则和兰波回到旅馆里，两人一路上也没说几句话。尽管没有出现最坏的局面，但他们的情侣生活也不再是捕风捉影的无稽之谈，从某种意义上说，他们的生活已完全暴露在公众面前。由于兰波一整夜都在发烧，第二天，魏尔伦夫人又动了恻隐之心，便带他去圣约翰医院，以便让医生把他手腕里的子弹取出来。在医生的督促下，他不得不卧床休息。他在医院住了将近六天（治疗这点小伤，时间是显得长了点），可院方认为当时他的身体状况确实很糟糕。7月11日，魏尔伦感觉这一事件已变得严峻起来，他母亲也焦虑地意识到他犯下无法挽救的错误，于是便决定留在布鲁塞尔，她在依克塞尔租了一个带家具的房间，一直住到9月初才离开那儿。由于"被控告犯有杀人未遂罪"，他被关入加尔默罗会修士监狱。7月12日，预审法官采尔斯蒂文斯来到医院为兰波的证词做笔录。兰波清晰地概述了与魏尔伦度过的这几天的气氛，毫不客气地描述了这位伙伴，说他懦弱而且摇摆不定："他时而感到绝望，时而会大发脾气。他的想法没有任何连贯性。"此外，兰波矢口否认别人对他的指控，有人说他与犯罪嫌疑人保持着爱情关系："我不想劳神去驳斥这类诽谤的言论。"然而，采尔斯蒂文斯让人把受伤者的书包拿过来，书包里有"许多信件以及出自魏尔伦之笔的其他手稿"[213]，有最近几天他们俩的通信，还有那首逆向十四行诗《优秀的门徒》（这一发现大概是他们想躲也躲不开的），此诗显然是在赞美他们的同性恋行为，这首小诗颇为放肆，明确指明他们各自所承担的角色。

子弹依然没有从伤者的手腕里取出来。在医院那难闻的气味中，兰波长时间地反复思索自己最近所度过的时光，去想他那"最后的怪声"。7月13日，夏尔·塞马尔医生诊视了他的伤口，以近乎可笑的严肃口吻做出描述，把那伤口说得极为严重："伤口呈圆形，伤口边缘呈挫伤及撕裂状，直径约为五毫米，等等。"[214]直到那时，子弹还是没有取出来，一直等到17日，医生才给兰波做手术，把子弹取出来，接着便把子弹包好，作为无可辩驳的证据，寄给采尔斯蒂文斯法官。倘若这颗子弹未被当作没用的东西丢掉，那么今天该有多少人去竞价收藏它呀！可它确实被当作没用的玩意儿给丢掉了。魏尔伦不仅动手杀人，而且早有蓄谋，这种不法行为似乎让采尔斯蒂文斯法官忙得不可开交，他在这个案件上花费了不少心血。他四处奔走调查取证，与当事人对证，审讯，写报告，所搜集的档案材料越来越多，甚至去搜集令人作呕的材料，要塞马尔医生和弗莱明克斯医生为魏尔伦做体检，"以便诊视他身上是否有鸡奸行为的痕迹"[215]。"啊，古怪的鸡奸者们，并不是我在辱骂你们那堕落的行为，并不是我在鄙视你们那漏斗状的肛门。"洛特雷阿蒙在《马尔多罗之歌·第五唱》里这样高声呐喊道。"漏斗状"，这正是法医所采用的术语，此术语也被写进专家的报告里。根据体检的结果，他们又给魏尔伦罪加一等，然而从今天的司法角度看，这种体验结果根本不算什么。由于无法预先和兰波协商，他后来还是反驳了采尔斯蒂文斯法官："那是我妻子和我们家编出的诬陷之词，他们想以此来伤害我。"而法官本人显然对此也感到好奇。

在法院做出判决之前，审讯几乎没有停下来。魏尔伦夫人有时来医院看望兰波。兰波也给母亲写了信，准备把一切都告诉她，并将下次回家的行期通知给她。7月18日，他又写了一份新的证词，坚持自己所提出的事实，同时又把魏尔伦的举动归咎于醉酒状态："……我看不出他在对我行凶时有什么严肃的动机。此外，他已完全失去理智，因为他当时处于醉酒状态，他上午喝了很多酒，当他内心感到痛苦时，总是习惯于借酒浇愁。"第二天，兰波签署了一份撤诉的文书，承认魏尔伦的举动并非是有预谋的[216]。一天后，他已康复，而且像皮拉图斯①那样，将自己对攻击者所承担的责任洗刷得一干二净，于是便走出圣约翰医院，在位于屠户街14号租了一间房，房东是烟草商潘斯马耶太太，他打算在那儿住上几天，等身体彻底康复之后再离开。热夫·罗斯曼是个名气不大的画家，出于一个非常偶然的机会，他给兰波画了一幅很美的肖像画[217]。兰波靠右侧斜着身子躺在床上，身上盖着床单，床单上压着一条耀眼的红色鸭绒被。头枕在两只枕头上，头发乱蓬蓬的，那张面孔显得非常年轻，眼睛的画法使整个面孔看上去很有特色：两只阴郁的杏眼里闪着热烈的光芒。兰波再次从他内心秘密的深处望着我们。他在女主人家里只待了很短一段时间。待身体彻底康复之后，他便乘火车赶往沙勒维尔。

至于说魏尔伦，他在加尔默罗会修士监狱里反省自己的生活。他被关进监狱，成为被社会排斥在外的人。他在监狱里赢得一个反面的祭典，而监狱正是兰波所羡慕的场所，那时他说自己十分钦佩"那个被关在牢狱里的不屈不挠的囚犯"[218]。7月28日，就在兰波远在阿登省的乡村里时，依照检察长的命令，魏尔伦被押送到布鲁塞尔轻罪法庭，法庭控告他开枪射伤他人，"使兰波本人丧失了工作能力"。人们是否还以为兰波是个左撇子呢？不过这并不重要！作家一直是靠"手中的笔"生活的。8月8日，

---

① 皮拉图斯，公元26—36年间任罗马犹太总督，据说当他把耶稣交到犹太人手里之后，象征性地洗了洗手，以洗刷自己的责任。

兰波撤诉文书（比利时皇家图书馆馆藏）

兰波画像（热夫·罗斯曼绘，沙勒维尔－梅济耶尔图书馆博物馆馆藏）

魏尔伦出庭受审，那是一个丑陋的大厅（他后来在《狱中杂记》中这样记叙道），一尊"破旧的耶稣雕像"在看守着这座大厅，雕像"露出生气的样子，看着被告"。审判的那一天，在受害者缺席的情况下，他被判有罪，其实法庭此前曾要求受害者到庭。兰波最好还是接着去做尚未完成的事，因为他要继续去写几个月前构思的《地狱一季》。尽管如此，法庭还是收到了他签署的一份撤诉书。预审法官采尔斯蒂文斯在法庭上对本案做了陈述，接着两位证人出庭作证，一位是库尔特雷城旅馆的经理魏尔普雷；另一位是奥古斯特·穆罗，他身不由己，被卷进这场官司里。那位"蓄着两撇上翘八字胡"的检察长当庭怒斥魏尔伦，要求法庭实施"法律所允许的所有严厉措施"。尽管律师内利先生为他做了出色的辩护，但被告依然被判处最严厉的刑罚：两年监禁并处罚金200法郎。而兰波只不过是受了一点儿轻伤。但多次蓄意谋杀以及同性恋行为加重了他的罪行，因为人们一直怀疑魏尔伦在搞同性恋，而他又是他们两人当中唯一的成年人。几年后，作为年轻爵士道格拉斯的良师及情人，奥斯卡·王尔德也在1895年被维多利亚时代那假正经的社会判了刑，并被投入瑞丁监狱。此外，法庭对这个外国人感到很好奇，于是便悄悄地去调查他的过去。他们得知魏尔伦参加过巴黎公社，而且在布鲁塞尔及伦敦常与流亡在国外的革命者联系。1872年，几乎在一年前，兰波夫人曾找过警察，要求警方跟踪她儿子的踪迹，现在魏尔伦要为兰波夫人这种谨慎的举措付出沉重的代价。

兰波回到罗什村时，胳膊还系着吊带，那时很多人围着他，向他提各种各样的问题，他瘫坐在椅子上，找不出什么话来回答这些问题，只是说了这么几个字："唉！魏尔伦呀！魏尔伦！"[219] 他一直能忍受极大的痛苦，但这一次却禁不住失声痛哭起来，内心的苦楚已压抑了那么久。他的泪水是宝贵的，因为他很少流泪，他后来只是在发生巨大不幸时才落过泪：一次是在大妹妹维塔丽去世的时候，另一次是在他自己临终之前，那时他的身体就要耗尽最后一点儿力气了。大概他还是及时得知了朋友获重刑的消息。"正义的见解只是上帝的乐趣。"[220] 他后来这样写道，当然他对人的见解不抱任何幻想。但最自私的箴言同样在他脑海里回荡着，仿佛最重要的就是要始终听命于自己生活的好运气："只要我本人不受到伤害，其他对我来说都无所谓。"[221]

第三部

异国他乡

第一章

下地狱者的手记

在孤独行走，长时间散步并感受到巨大的空虚感之际，他创作出《地狱一季》，用一个简单的说法，人们可以将那空虚感称为"成年生活"，称为"步入生活"。这是不容置疑的。自从在伦敦和布鲁塞尔遭遇彻底的失败之后，对于兰波来说，"真正的生活"已变得十分必要。他在4月里设想创作的"残酷的故事"早已瓜熟落地，最终促成魏尔伦那既是失败又是成功的举动。7月20日，他离开圣约翰医院。几天后，他便回到罗什村，回到这个"凄凉的偏僻之地"。然而，夏收却给周围的景色平添一丝欢快热闹的气氛。就在兰波夫人及维塔丽在几个用人的帮助下在田里忙着干农活的时候，小伊莎贝尔则在家里做家务，那时她还只是一个12岁的小姑娘。至于说兰波，他决心全力以赴，埋头去写《地狱一季》。况且手腕上的枪伤也妨碍他去干农活。此外，他或许已说服母亲，说他要完成这本在4月里动笔写的书，甚至声称自己的未来就取决于此书。大家都知道他在楼上的卧室里从事着一项奇特的工作，他严守秘密，谁也不知道他在做什么。他妹妹维塔丽是个富于幻想的女孩子，神奇的哥哥一直深深地吸引着她，她在日记里回忆道："我哥哥阿蒂尔一点儿农活也不做，他手中拿着笔，一直不停地写，因此他也没有时间去干体力活。"[1]在这种场合下，好像正是她在从事文学创作，而急躁的兰波却把自己关在房间里，竭力去破坏情感语句那极美的声调。家人也许第一次认真地看待他的写作，他那神奇的私语在暗中逐渐展开，而他周围的人却在夏收中累得疲惫不堪。

兰波不像有些作家那样，手里拿着笔，置身于美丽的风景面前，以便更好地融入"自然的情感"之中。他把自己关在房间里不停地写，与自己的内心进行交流，他的

罗什村景（贝里雄绘，沙勒维尔－梅济耶尔图书馆博物馆馆藏）

思想在房间里来回跳跃。他心甘情愿地待在小屋里，待在一个探索之地，他在那里不再踌躇，任何事情也无法保护他免受自身暴力的伤害。根据他在《地狱一季》里所标注的日期"1873年4—8月"，人们对他下笔如此之快感到震惊，虽然此书只是一个很薄的小册子。在4月至5月间，他还挤出时间去创作"异教之书"或"黑人之书"，6月，他大概接着写这本书，但整个7月都被布鲁塞尔事件搅得一团糟，而且他在医院住了很长一段时间，因此无法继续写他的手稿。那么当时他的手稿究竟是怎么回事呢？有人认为当兰波返回罗什村时，完全是凭记忆重写了《地狱一季》，这种想法是不明智的。我们反而应该认为是他把手稿从伦敦带回来的，而且手稿躲过了预审官的检查，预审官来圣约翰医院调查取证时，把兰波的物品及书包都拿走了。尽管如此，没有任何迹象证明这些手稿装在他的手提箱里。我们同样可以想象，有些手稿是维尔麦希或其他人给他从伦敦寄过来的，甚至是房东史密斯太太（这一点几乎可以肯定）将手稿及魏尔伦的物品一起寄给他[2]。在7月的最后一周以及整个8月里，他全力以赴，写完了这部出色的小书。他根据自己的经历，根据"最后的怪声"，为此书撰写了"序诗"。他似乎已经摆脱了所有痛苦的体验。他将自己过去的经历积累起来，详细描述自己的旧作，却依然对任何事情都不信任，命中注定的影响一直在压迫着他："你依然是阴险毒辣的人。"他明显感觉自己内心有一个魔鬼，甚至倾心于撒旦，那正是波德莱尔所说的撒旦。况且他将自己"下地狱者的手记"，将"一篇篇可怕的单页"题献给撒旦。

"一篇篇可怕的单页",人们对此不知该说什么才好。那是从整部书里撕下的单页。《地狱一季》里《谵妄》一章大概在6月写于伦敦,在叙述完这一章节之后,他的故事的第一部分也就结束了:"我今天要向美致敬"。(草稿上写的是"向善致敬"。)《地狱一季》的最后四个章节(《不可能》《闪光》《清晨》《永别》)很有可能是在罗什村构思的。魏尔伦依然贯穿其中:"我完全有理由去鄙夷那帮家伙……那是侵蚀我们女人清白与健康的寄生虫。"但问题是首先要讲出事实真相,焦急地寻觅这一真相的人则以为,真相是透明或半透明的,它就存在于现实当中,只要能看清楚就行了。冲突发生在更高的高度上,发生在世界范围内,包括西方和东方,现代时代或远古时代。兰波身陷不可能之中,原地踏步。所有的句子都很强烈,宛如内心斗争的弩箭,这些弩箭光秃秃的,不带任何幻觉,就像某种恒定而又使人疲惫的对话,其实那是他本人在自言自语。这曲复调音乐在其自然场所内得以重现,有人说那是在罗什的卧室里,也有人说是在顶楼里[3]。家里其他人则在地里忙着夏收。每天下楼吃晚饭时,他就像从很远的地方回来似的。每天他都要经受激烈的思想斗争,感觉累得筋疲力尽,可却什么也不能告诉母亲,告诉妹妹们,告诉哥哥弗雷德里克。他险些成为一个精神错乱的疯子,但他自己非常清醒,他离事实真相越来越近了。《地狱一季》的读者恐怕已感受到元音的碰撞声,甚至有可能臆想出兰波踏在地板上的跺脚声,幻想着他在写这些篇章时可能发出的呐喊声,就像有人想象着伊齐多尔·迪卡斯在构思《马尔多罗之歌》时用力去弹钢琴一样。这是"真实的"臆想,是虚构、节律及诗的切分给人带来启发的臆想。就像后来人们在罗什的顶楼里发现那张桌子一样,兰波大概就是在那张桌子上撰写了《地狱一季》。他在那桌子上刻了一个十字架[4]!

是的,继克洛岱尔做出解释之后不久,布勒东也明白了这一点,但他并不接受兰波的主张[5]。基督教被写进此书,上帝(人们绝不会去亵渎上帝)、高高在上的圣母十字架以及可怕的入地狱的惩罚都被写进里。一本"在撒旦的阳光下"写成的书,这不但是一个比喻,而且也体现出人世间不幸的影响力,即使人世间确实不存在其他世界,因为单单这样一个世界就已经够受的了。致力于追求绝对完美的《地狱一季》同样很有价值,因为现实一直在折磨着此书的作者,此时他已将近二十岁了[6]。生活积极向上,人也长大成人了。从不成熟走向成熟,接着便步入成年期,不可回避的义务就落在西方成年人的头上：要从事劳动，要服兵役，这是一个公民的世界，而非一个艺术家的世界。在《地狱一季·闪光》里，他声嘶力竭地呐喊着，甚至试图即刻结束自己的生命，"我要背叛世界"。然而，兰波不断地跌倒，爬起来，再跌倒，再爬起来。他的话语里充满了希望。他的《清晨》颠覆了伟大革命黑夜的神话。现在出现了一个黎明，迎接黎明的三博士，即心、灵魂及思想让他采取自相矛盾的举动，这三个博士将找到一个远离迷信的崇拜之地："世上新的圣诞！"直到《地狱一季》的结尾，他的话语曾与形形色色的人碰过面，但依然包裹在极度的孤独之中，饱受疑虑的烦扰，而他所说的每一句话都在极力去消除这种疑虑，因为这种疑虑影响着他的情绪。

"转眼已到秋天了！"兰波写下《永别》最初一段文字时已是夏末时分了。他看到了雾霭，寒冷即将来临，不确定的因素依然没有散去，就像与他擦肩而过的死神一样。所有的一切都已成定局。所有的魔法，所有荣誉的梦想都已成为过眼烟云。他那时找到的所有词汇都要重新复述，就像他此前已做过的那样。他的声音传到我们耳边，如同帕斯卡的疑问那么逼真。他的声音清晰可辨，怒气、厌倦以及宏大的气魄在孤独的状态之中喷涌而出。兰波在《地狱一季》里所说的我们，就是真正的慈善举动，是没有榜样的榜样。他依然在向前迈进，迈向可靠的未来："在一个灵魂和一个躯体里掌握真理，我有这样的自由。"他生命的后半生就是在真理的考验中得到锤炼，而文学却没有给他提供这样的真理。

❧

他还想去出版这本书，这是他内心秘密的明证，而且他已不再抱着被人理解的幻想了。他感觉高声呐喊的需要一直在激励着他，甚至当他处于绝境时也是这样。兰波夫人虽然免不了低声抱怨几句，但还是尊重他那令人难以理解的工作。他说服母亲借给他一笔钱，以便能出版这本书。选择出版商也就成为当务之急，虽然出版商的条件十分苛刻。兰波知道自己早已被巴黎的文学界摒弃了。勒佩勒捷已多次向魏尔伦指出，他们离开巴黎的举动引来众人议论纷纷，大家都对他们极为反感。这时去找勒梅尔肯定是白费力气，虽然他在16岁时对勒梅尔抱有很大的希望。至于说魏尔伦本人，尽管在诗歌界小有名气，但他不是也曾考虑自己出资去出版《无词的浪漫曲》吗？他甚至考虑让沙勒维尔的《东北》杂志去刊印这部诗集！因此兰波也倾向于用这种方式去出版他的书。然而，他找到的这个方式却难免让人感到意外。这颇像是一种挑衅行为。不过，我们并不这样看。那不过是一个巧合，但有人却不怀好意地将其形容为"在为自己减轻罪名"。实际上，他联系了一家比利时的印刷厂，该厂坐落在布鲁塞尔卷心菜街37号。雅克·波特先生管理这家印刷厂，该厂是比利时印刷联盟的成员单位，专门承印法律与司法类的出版物，主要印刷《比利时司法》纪要文本。有人认为兰波是看到这份刊物时注意到印刷厂地址的，但却无法解释这样一份刊物怎么会落在他眼前，他绝不可能因受到法律的追究才知道有这么一家印刷厂。我们可以想象，早在第一次来到布鲁塞尔时，魏尔伦和兰波就已经注意到比利时印刷联盟的厂址了，那时他们就打算出版《无词的浪漫曲》。难道兰波将《地狱一季》寄给了波特先生？还是他亲自赶往布鲁塞尔与印刷厂商谈合同条款呢？根据合同，他要先交一笔预付款，书印好之后再将余款结清。那时双方商定，此书将印刷五百册，每册约五十页左右。

8月21日，布鲁塞尔上诉法庭做出裁决，维持8月8日轻罪法庭对魏尔伦所做的判决。魏尔伦被转押到蒙斯监狱，魏尔伦后来奇怪地将此称为"最美的城堡"[7]，他在那里皈依了宗教。要说兰波那时与他联系过是有可能的，但没有任何证据表明他们见过面。魏尔伦也对自己过去的行为做了反省。在关入加尔默罗会修士监狱里的第一周里（那时他还没有住进"自费单间牢房"），他凭借极简陋的条件，靠一点儿墨水和细树枝，写下了长诗《爱之罪》[8]，这是在《地狱一季》当中最贴切的诗，是撒旦式的故事，故事中出现了"所有叛逆的天神"当中"最美的一个"，"在花环之下度过十六年"。下地狱者的话使人回想起兰波对自己说的那些话，那时他让疯狂的童贞女替他说话：

> 善与恶的冲突让我们，
> 天使与人，饱受痛苦……
>
> 两败俱伤的争斗令人厌恶！
> 要让七宗罪与对神三德
> 最终取得一致！

严酷丑陋的争斗令人厌恶！

为了回应行善的耶稣
维持这场决斗的平衡，
这里是地狱的巢穴
为普天之爱我甘抛头颅。

    所有的一切都在天灾，在熊熊的大火中结束了。他们所经历过的地震已超越人类所能适应的程度。在后来写给勒佩勒捷的信中，魏尔伦指出兰波手里有这首诗，以及其他"三个恶魔式的故事"，这个说法难免使人想起过去那"残酷的故事"。事实上，《爱之罪》还有另外一个版本，那是兰波本人手抄的版本，[9] 这是魏尔伦为他而写的狂热的抒情诗。他究竟是通过邮局收到这首诗呢？还是亲自从魏尔伦手中接过来的呢？他为什么还要亲手抄写一份呢？到目前为止没有任何明确的答案可以解开这个谜。

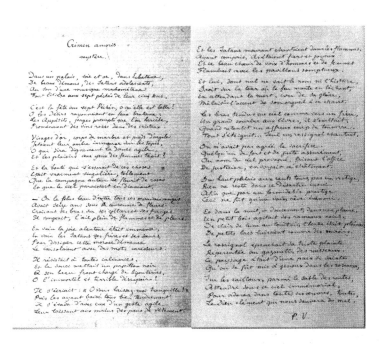

兰波誊抄的《爱之罪》手稿

在9月，他没有什么好做的，只是在家里等着那本书的清样。人们不知道他是否修改过清样。实际上，此书从首页开始就有一些印错的地方，读者对引号的用法感到奇怪，因为有些引语只有前引号，没有后引号，这仿佛是命运的嘲弄，不想让人知道谁在说话似的。10月，《地狱一季》以非常谨慎的形式出版了，波特先生将出版的消息告诉给兰波，兰波通知波特他将赶往布鲁塞尔。说实在的，要不是警方注意到兰波于10月24日出现在布鲁塞尔[10]，任何人也不知道这次旅行，警察显然对这位巴黎公社的前"自由射手"很感兴趣。他来布鲁塞尔取回一部分印好的书是完全有可能的。那时，所有的一切都证明，在住进库尔特雷城旅馆之后，兰波只满足于取走出版人赠给作者的样书。此时，由于无法付清余款，他将书留在印刷厂里，并答应很快结清应付的款项。

同一天，他来到加尔默罗会修士监狱，要求探望魏尔伦，但狱方告诉他魏尔伦已被转往蒙斯监狱。于是，他还是给魏尔伦留下一本书，上面只写着极为简单的题词："赠保·魏尔伦，阿·兰波。"[11] 这是短得不能再短的题词，而且不加任何评论。人们是否应该把这个签名看作是真迹呢？因为字母"P"有涂描成"R"的痕迹。尽管如此，我们认为这个题词应该出自兰波的手笔。虽然此书不被人赏识，但这是西方世界里最令人神魂颠倒的书，就像同一时期凡·高的油画，得不到任何人的

《地狱一季》首版封面（私人收藏）

《地狱一季》上兰波给魏尔伦的题字
（巴尔都藏品）

欣赏，他衣兜里揣着这样一本书，独自一人前往布鲁塞尔南方火车站。此时，他究竟是返回沙勒维尔呢？还是直接去了巴黎？总之，由于手里只有十几本样书，他送给德拉艾一本（后来在1875年又被索要回来），送给米约一本，寄给"加夫罗什"几本，亲爱的福兰对他一直忠心耿耿，即便发生过布鲁塞尔事件。福兰现在与"生存者"小团体常有来往，他将此书分送给里什潘、蓬雄，大概还送给了吉内斯特[12]，因为正是吉内斯特将热尔曼·努沃引荐到这个敢于创新的小团体里，热尔曼·努沃后来成为兰波的好朋友。

任何一位作家，当他打开自己最新出版的书，都会去经受一个可怕的考验。他应该审视自己。口说无凭，立字为据。此书沉着镇定地应对一切，就像已成为永恒的另一个自我。兰波第一次感受到这种冲击，即使他内心早已没有多少幻想了。他不是在《地狱一季》的草稿中这样写过："艺术就是愚昧"吗？《地狱一季》形成一种难以预料的附加物，附加在"人世间的事物"之中[13]。他对此感到愤怒和失望，好像证据就来自文学的荒谬性似的。后来伊莎贝尔·兰波就此话题讲述了几件逸闻趣事，其中有一件事至少是可信的，因为那些话是无法杜撰出来的。由于兰波夫人无法理解《地狱一季》，于是便问儿子此书究竟意味着什么，兰波回答道："这本书要逐字去读，要从各个方面去读！"[14]他小时候，维塔丽·居夫教他认字，可他不想欠母亲的情！伊莎贝尔还讲过一件事（那时她只有12岁），说兰波把草稿以及所有印好的书都扔到火堆里[15]。人们在很长时间内一直相信这位灾难目击者的证词。尽管如此，1901年，那时伊莎贝尔依然在世，真相终于浮出水面。一位名叫莱昂·洛索的比利时律师收购了波特印刷厂的资产，他找到几包从未打开过的书（有些书已经破损了）。那天，他才发现这些书恰好是兰波的《地狱一季》，除了兰波本人取走的样书之外，所有印好的书都在[16]。兰波想将自己的书付之一炬的举动也有可能是真的，但他并未像伊莎贝尔所说的那样，表现出狂热的劲头，伊莎贝尔当时可能被地狱之火吓坏了。他显然已怀疑过文学的能量，但并未把文学看得一钱不值。

10月（是第一次还是第二次呢），他果敢地来到巴黎，此行更多是受好奇心的驱使，其次才是为了宣传他的《地狱一季》，因为他早已决定不去过分地声张此书（据我们所知，那是因为此书表现出难以置信的成熟感）。他很有可能住在让-路易·福兰家里，福兰那时住在圣雅克街289号，我们认为他大概还见到了卡巴内以及"生存者"团体里的新成员，这个团体显然已接替了诅咒派，甚至以同样粗俗、荒唐可笑的精神继续编写那著名的《诗画集》。见证团体活动的文字少得可怜，仅有的一些文字也写得不精确。福兰从不回忆那段时光。他后来在上流社会颇为走红，对那段时光缄口不语也就情有可原了。况且也没人强迫他去讲过去的事。最絮叨的还是让·里什潘，尽管如此，只是过了许多年之后[17]，他才决定写一点儿回忆录，零散的回忆显得很杂乱，却很有意义，虽然当时的许多情况描述得并不清楚。有关兰波于1873年10月在巴黎露面的状况，只有两个逸闻流传下来，从某种意义上说，这两个逸闻说的是一件事，只不过有所差异罢了，事情发生在奥德翁剧院旁的塔布雷咖啡馆，当时许多艺术家常常光顾这家咖啡馆。巴尔贝·道勒维利，这位《黄侏儒》的批评家在咖啡馆的前厅里悠闲地喝着咖啡，而咖啡馆的后厅正在接待吸食鸦片的人和持不同政见者。兰波突然出现在这种地方似乎让人感到很不自在。大家都知道他与魏尔伦同居所引发的不愉快的结局。人们对他与卡尔雅打斗的事件依然记忆犹新，自从那一事件之后，大家对他那厚颜无耻的举动颇有微词。因此，没有人主动和他打招呼，只有阿尔弗雷德·普桑做出很大度的样子[18]，以免让兰波陷入孤独的境地，普桑是一个高大的男子汉，行为举止像个农民，他刚来到巴黎，也想跻身于诗人的行列之中。普桑邀请兰波和他一起用餐，但遭到拒绝。在简短交谈几句话之后，兰波整个晚上一句话也不说。还有一次，也是在这家咖啡馆，一位个子不高的年轻人主动和他搭话，此人皮肤略黑，长着一个阿拉伯人的鼻子，露出一副懒散的样子，显得很固执[19]，他来自外省，在《文学与艺术复兴》杂志上以内乌维埃勒的笔名发表诗作[20]，其实他真名叫热尔曼·努沃。一年来，他在巴黎过着一种放荡不羁的生活。从他的情趣与风格来看，他与写下《戏装游乐图》的魏尔伦非常相像。他的《巴黎的幻想》使人联想起"布歇的狂欢节和华托的舞蹈场面"；他的《来一点音乐》使人想起《吉他》；《森林中》则与《爱情集》颇为相似。他极为赞赏兰波的诗，其中有几首诗在拉丁区广为传诵，这些诗他都能背下来，比如:《元音》《捉虱女人》《乌鸦》。据说兰波和努沃在那时曾长时间在一起交谈。两人旅英的计划大概就是那时策划的，尽管如此，我们对此说法没有任何证据，许多因素倒促使我们认定，他们俩是较晚些时候，即在1874年才碰面的。

由于大家都对兰波持排斥态度，因此他在巴黎只待了很短一段时间，很快便返回

热尔曼·努沃像

沙勒维尔。他绝对不会再回学校去上课了，但他不知道到底该选择什么样的职业。他再次感觉百无聊赖，而闲逸的生活却像乌云压顶一样压迫着他。"让我们隐瞒着吧，让我们游手好闲吧。"他在《地狱一季》里这样说道。为了不让母亲看出他无所事事的样子，他大概也在设法故意瞒着母亲。出去冒险的念头逐渐扎在脑海里，他似乎看到未来的幻影，整个世界都呈现在他眼前：他想成为工程师、旅行家，想成为获得自由的神灵，他正狂乱地跨越整个欧洲大陆。对于他落入空虚感的这段时光，人们一无所知，而正是这段时光促使他写出其他篇幅的《灵光集》，这是最果敢，也是最绝望的文字，这些著名的"懦弱举动"故意拖延到很久以后才表达出来[21]，而他则将那神奇的能力掌握在自己手中。

我们不得不再次去凭空想象这段时光。我们对兰波那段时间的生活知之甚少。他究竟怎样度过那段时光呢？虽然他拒绝享受，但他把时间又都用去做什么呢？系列诗《生命》的第二首似乎再现了那段时光，踌躇不决的心态在压迫着他，就像撰写《地狱一季》时的心绪一样。"当下，作为素淡天空下酸楚的乡村绅士，我试图去回忆流浪的童年，让自己激动起来。"这真是逼真的描述。兰波多少次成为这样一个"当下"之人呀！而这"当下"绝不可简单概括为忙碌的现代性。他在等待。他没有着落。他身处社会的边缘。他处于紧张的状态。回到罗什以后，没有任何词汇能比"绅士"一词更好地描绘出他的状态，这是另一个时代的"绅士"，迫使他去忍受素淡的天空……忍受没有咖啡馆的生活。于是，他把自己幽禁在房间里，回忆着过去，可他依然喜欢奇妙的出走行为，他要意识到自己被囚禁在这可怜的绝境之中："这个酸楚乡村那素淡的气氛为我那残酷的怀疑态度提供了许多素材。但由于这种怀疑态度无法发挥作用，况且我还要经受一个新的冲动，我会成为一个恶毒的疯子。"在经历过梦境、热情以及无益的《地狱一季》之后，怀疑主义又落在他的头上。他开始怀疑文学，而且很快就会去怀疑生活，因为没有任何东西可以再去尝试，就像过去在魏尔伦面前为自己的疯狂举动做诡辩一样。从此，他还敢相信自己能"做出那样的举动"吗？依然有许多未解之谜，叙事者巧妙地维持着这些秘密，显然只有叙事者本人能理解，人们对他感觉必定要经受的"新的冲动"一无所知，这的确是一个难解之谜，除非我们率直地以为从中辨别出努沃本人的名字[①]，他或者故意这么说，或者将其作为文字游戏写出来。我倒觉得在那无所事事的时候，兰波在重新考虑他的《灵光集》。那时，他的思路反而更开阔了，而且采取了一种极特殊的方式：那就是该了结的也不了结。他写了几篇文字，宣布要来一个彻底的了结，要《倾售》，要把所有完美的发现全都卖掉，遗憾的是，令人震惊的美却成为毫无价值的东西；灾难贯穿于《蛮子》之中，咱们还是不说这个话题吧！在告辞之后，《出发》断开所有的缆绳，而《醉舟》最终也在迟疑之中解开那缆绳，这是"新的情爱与声响"所赞美的缆绳；《民主》就像令人不安的所谓预言，要把这个预言甩给那些可怕的现代雇佣兵，雇佣兵则"为残酷的工业或军事开发活动服务"，这就是某个外籍军团，有人头脑一热，便到外籍军团去当兵，就为了能以冷酷的匿名去周游世界；《虔祷》在清查自己内心的崇拜，哪怕他内心还只残留着一点点崇拜心理，他想起待在蒙斯那僻静之地的魏尔伦，那里是净化心灵的城堡监狱。

兰波好几次感觉自己已写完了，由于没有引来神灵的耀眼光芒，他那"精神追击"依然处于支离破碎的状态。在系列诗《生命》第一首里，最难以忍受的痛苦发出咯吱咯吱的响声，这是某种预言发出的严厉声调，它在威胁我们："我的智慧像混乱那样遭人蔑视。面对你们的惊愕，我的虚无又会怎么样呢？"这最后一句话是对所有人说的。兰波遭遇过一个个挫折，有着丰富的负面经历，他断言人必须得经过许多考验，才能认识惊险历程中的一小部分，而这一惊险历程就是诗歌。

---

① 努沃（Nouveau）的名字与"新的冲动"之"新"（nouveau）字的拼写法一样。

第二章

在伦敦的"年轻的巴黎人"

然而到了1874年3月，兰波摆脱了死气沉沉的气氛，虽然在此期间他也写过一些诗文。对于他来说，又到了该去巴黎，该离开沙勒维尔的时刻，时光仿佛在沙勒维尔停滞了似的。他鼓足勇气，又踏上了征程，他知道这条路上布满了陷阱，到处都是劫后余生的残留物。见到福兰，他非常高兴，福兰在绘画界开始崭露头角。他住在福兰家里。但他还常去见画家若利布瓦，大家送给若利布瓦一个绰号，称呼他为"苹果"，这是一个反义词，因为他的肤色像芜菁，画家的画室就坐落在圣雅克街。他还非常乐意和"生存者"小团体的成员交往，在小团体活动时与蓬雄、梅西耶、凯克等人碰面也是常有的事，努沃也经常出席团体的活动。里什潘告诉我们，他第一次见到兰波时，他"那副农民的样子显得很笨拙，手和脚都很大，留着一个寸头"，"那双天使般的眼睛令人难以忘怀"[22]。兰波和努沃第一次见面大概也是在著名的塔布雷咖啡馆。到了晚年，里什潘对他们各自的性格特征做出这样的描述："兰波精力充沛，才华横溢，因与魏尔伦的感情纠葛而声名大噪，而他的诗作反倒没有那么大的名气，他很快就对努沃产生明显的影响力，努沃体质孱弱，性情狂热，像性感的女人那样神经质，乐于依赖于强者。"[23]在这详细的描述里，人们几乎辨别出魏尔伦的性格要素。看来兰波知道该怎样选择自己所需要的人。努沃耽于声色的行为是否使他回想起"可怜的兄长"那敏感的感觉能力，回想起他那常常掩盖在猥亵语言之下的女性变化呢？还有另一个原因可以解释他对努沃的好感，虽然这个原因对他来说并不怎么体面。事实上，努沃的母亲前一年刚去世，他得到一笔遗产。兰波曾用过魏尔伦的钱（他大概不会拒绝再次这么做），此时他是否也想到（谁知道呢？）新伙伴的这笔财富呢，这笔钱起码够他用上一个"季节"的。与这种平庸乏味的解释截然相反的是,人们后来指出,有些作家比如布勒东或阿拉贡对努沃的评价极高,他们认为努沃的才气堪与兰波的相媲美[24]。布勒东认为他们的交情是值得尊重的,兰波将努沃变为自己"神秘密友"的做法不但有分寸,而且也是严肃的。显然,没有人能像努沃这样如此接近"感悟者"兰波,努沃目睹了兰波后一阶段那神奇的创作,有时甚至还和兰波合作写诗。

不管怎么样,努沃和兰波很快便决定一起动身前往英国,因此认为他们在1873年秋天首次见面时谈起旅英事宜的假设就站不住脚了。实际上,努沃在1874年3月26日给让·里什潘写过一封信[25],他在信中披露自己是"在最意料不到的时刻离开巴黎的",甚至把房间的钥匙也带走了,那间房坐落在沃吉拉尔街上,房东是葡萄酒商科代尔太太,他的所有文稿也都落在那儿了,他要里什潘帮忙将其取走。里什潘并不是假装正经的人,但他不会忘记兰波那特殊的生活习惯。他甚至毫不犹豫地认定这是一种劫持行为,依照他的说法,兰波利用自己奇妙的能力,迫使脆弱的努沃受他摆布。但人们是否最好应感谢努沃这种匆忙出走的举动呢?他仿佛本能地被神灵的一句话,一个奇怪口令所吸引,在其整个一生当中,一直深受这个口令的影响,甚至在其神奇地崇拜上帝,悲惨地修行那几年也不例外,他修行时甚至在埃克斯城教堂的门廊下乞讨。

关于兰波和努沃在伦敦共同生活的情况,我们知之甚少,被迷惑的长者(努沃)自然是欣喜异常;而兰波呢,他又过上极不稳定的生活。但他至少躲避了在罗什的"农耕"生活,况且由于他在国外工作,也躲开了难以回避的兵役义务,服兵役就像是一条虚假的"通往荣誉的道路"。他们俩在斯坦福大街178号租了一个房间[26],这条大街毗邻滑铁卢火车站,位于伦敦城的东南部。房东是个年轻人,会说一点儿法语,每天和他们用法语聊上一个小时。除此之外,他们的活动和以前在英国时一样,不过所不同的是,兰波已能说一口流利的英语,要是运气好的话,他希望能给别人上课。他和努沃一起去游览伦敦的名胜古迹,去有歌舞杂耍表演的咖啡馆,在咖啡馆里,那些脸上涂抹着炭黑的吟游诗人让他们兴奋不已。他们外出散步,有时从这个桥到那个桥会走迷了路,这时就得走上好几公里,才能找到准确的地方,跨越泰晤士河。3月26日,他们依然没有见到维尔麦希——"至少是我没有见到他。"[27]努沃补充道。不过,没有迹象表明兰波打算再去找公社社员,尤其是前不久他刚刚经历过挫折以及布鲁塞尔事件,痛苦的记忆依然难以抹去。尽管如此,努沃依然满怀希望,期盼着能见到赫赫有名的瓦莱斯，为此还特意让安德烈·吉尔给他写了一封引荐信。光阴轮回，他们的做法也是大同小异，和魏尔伦一样，努沃也想为《文学与艺术复兴》写一些伦敦记事。不幸的是，布莱蒙的杂志社虽然在两年当中发表了许多优秀的现代诗歌，但此时却陷入绝境，并于5月3日被迫停刊。与此同时，《新世界杂志》问世了，这是受夏尔·克罗的鼓动，由亨利·梅西耶管理的杂志，好像是为了接替《复兴》杂志似的[28]。《新世界杂志》在4月1日那一期上发表了努沃的散文《微笑的女孩》。

在几个月当中，两个伙伴过着隐蔽的生活。诗歌肯定就是他们驰骋的天地。努沃那时写了几首兰波风格的诗。早在他们俩共同生活之前，努沃的《修道院之梦》以及《女主人》已明显表现出受兰波影响的痕迹。而兰波似乎再次发挥出自己的创作活力。两篇《灵光集》的抄本就写于那个时候[29]，这是毋庸置疑的，其中一篇里的《城市》则完全出自努沃的手笔，只有标题是兰波草拟的；另一篇由努沃分成两段来写，后由兰波来完成。这一发现使人认为兰波并未完全拒绝发表自己的诗文，虽然他在《地狱一季》里已表露出这样的决心，而焚烧此书的举动似乎也坚定了他的决心。在和努沃一起生活的那三个月（3—5月）里，兰波似乎想把他的部分诗篇重新誊写一遍，以便把那几篇"滞后的松散诗篇"汇集到一起。诚然，我们看到《灵光集》手稿用的是不同材质的纸张，而且字体也不同，甚至《灵光集》的内容也表明这部散文集是在若干时段写成的，变换过好几个创作场景。但在这1874年春天，要考虑到兰波正在筹谋一项总体计划，因为他依然喜爱文学。一年后，他把这些诗篇寄给魏尔伦，而且非常信任热尔曼·努沃，委托他设法去发表这些诗篇。当然我们手中的这些手稿都是抄本，因为原始草稿一份也找不到了。我们可以想象，他在1874年只是重抄旧时的诗篇，并未创作新的诗歌，整理并重抄旧诗至少意味着他并未完全放弃自己的文学抱负，"残酷的怀疑主义"暂时被制服了。

在他和努沃共同生活的那几个月里，他还创作了一首诗《遗失的毒药》[30]，说实在的，我们不知道该把这首诗划归于他们两人中的哪一人。此诗散发出一种魅力，一种难得的细腻感，总之，此诗更像努沃的创作风格，更像魏尔伦的直白写法。

4月，兰波和努沃到大英博物馆办理了图书证[31]。他们俩都宣称自己已21岁了，这是法定可以进入阅览室的年龄。在那段时间里，他们完全有可能在报纸上刊登启事，以便能找到适合他们做的工作。尽管如此，作为这方面的专家，V. P. 安德伍德

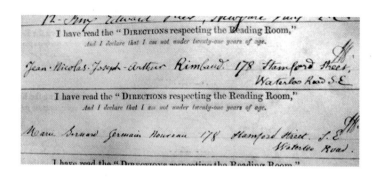

曾做过缜密的研究，但到目前为止没有取得任何成果。努沃继承的那笔遗产也快用光了，两个朋友很快就会身无分文，悲惨的生活就要临头了。努沃一直习惯于放荡不羁的生活，这一次似乎也不甘心沦落到这种境地。除非兰波彻底疏远了他的伙伴，因为他生性多疑。总之，努沃决定返回法国，我们虽不知道他的确切动身时间，但不管怎么样肯定是在7月以前，因为兰波夫人和她大女儿维塔丽于7月初来伦敦看望阿蒂尔，那时兰波孤独一人，而且病得不轻。兰波和努沃后来没有再见过面，但他们依然保持着通信联系。努沃后来又结识了魏尔伦和德拉艾。后来有一段时间，他收到兰波寄给他的几封信，那时兰波正奔波于德国和意大利之间。1893年，出于某种无意识的奚落之举，他给老朋友寄了一封短信，可实际上，这位老朋友早在两年前就去世了。他不知道通灵人最后悲惨的结局，他只是准备到亚丁去找兰波，打算在那边开一家"卖装饰画的小店铺"[32]！

⌒

努沃走了，兰波再次陷入孤独的处境，他或许还是十分珍惜这段时光。为了生活的需要，他毫不犹豫地像以往那样采用刊登启事的方式，因为他手里已经没有钱了。6月8日，《泰晤士报》上刊登了这样一条启事：一位"法国先生，出身望族，知识渊博，持法国毕业证书，英语流利"，要找"私人秘书，旅行伴侣或家庭教师"的工作，在启事中他声称自己已经25岁了。启事的签名为"A. R."，人们以为这正是他本人，但启事留下的地址是朗汉姆街25号，而他从未在那里居住过。不过雷加梅的画室就坐落在那条街上，那条街上还有一家职业介绍所，兰波大概就是通过该介绍所去找工作的。他连续三天（6月9日，10日，11日）在《回声报》上刊登启事，这条启事肯定是指他本人，因为启事下签着"兰波"的名字[33]。留下的地址是菲茨罗伊广场伦敦街40号，启事的内容（不再是为了找工作）详细描述了他的能力。前一条启事曾提到过毕业证书，但后一条启事则简单地注明："一位年轻的巴黎人，英语尚可，找英国绅士会话，自己有住所，最好能在下午。"[34]事实上，兰波依然未掌握英语的细微差别。

　　整个6月里，我们注意到他很忙碌，而且对自己的处境极为担心。我们只能对此局势做一些猜测。7月，母亲来到英国，这证明他要母亲来帮助他，而且知道该用什么样的理由说服她。7月6日早晨，兰波夫人在维塔丽的陪同下抵达查令十字街火车站，在此期间，她把伊莎贝尔托付给教堂的修女。兰波到火车站来接她们。她们是两天前从沙勒维尔动身的，兰波要母亲前来英国的信大概写于6月。但有一点可以肯定，如果没有充分的理由，这个"抠门"（这是乡下人的说法）的女人是不会动身到英国来的。兰波似乎经历过一段沮丧的日子，手中无钱是一个原因，另一个原因就是他生病了，这是完全有可能的。魏尔伦后来在其《受诅咒的诗人》之"兰波"篇里注明[35]，在那段时间里"［兰波］再次来到伦敦，碰到一些麻烦，短时住进医院"。如果人们相信前面提到的启事是真的，那么兰波在6月9日、10日和11日还没有生病，而7月6日他又能到车站去接母亲和妹妹。因此，他生病的时间大概是在6月下半月。事实上，维塔丽一直在写日记，在她到达伦敦的那一天，她写道："阿蒂尔身体好多了。"7月12日是星期天，她明确记叙道："好几个人建议他到乡下去，到海边去，这样身体才能彻底康复。"

　　小姑娘平静地撰写的那篇篇文字在此向我们提供了头等重要的见证[36]。当然这些文字记录的只是叙事者以自己的眼光所看到的东西，面对这座巨大的城市，她感觉非常惊奇，但很快就感到厌烦了，而且开始怀念故乡沙勒维尔。有关兰波的状况，她并未透露出更多的消息。兰波对母亲和妹妹十分关心，带她们去游览伦敦的旅游景点。维塔丽以简练的笔触，甚至可以说以"盲目的"客观性，记录那些走来走去的游览活动。没有什么奇妙的东西。深奥的天才并未让日常生活变得更完美。那时没有人来见兰波，因为也没有什么可看的。于是，他们去参观威斯敏斯特国会大厦、诺森伯兰公爵城堡以及莱斯特广场旁的阿尔罕布拉剧院，一座莎士比亚的半身雕像刚刚设立在莱斯特广场上，他们到圣保罗大教堂去听布道，到国家美术馆的各个展厅去观看展出的作品。兰波很关心母亲和妹妹，教她们学日常用语。他喜欢带她们去宽阔的大街，与熙熙攘攘的人群走在一起，带她们沿着泰晤士河岸漫步，有时一直走到码头，他对码头上的装卸工作总是感到惊讶不已。他在阿盖尔广场12号为她们找到一间舒适的房间，房间很宽敞，里面摆放着两张床，但在这盛夏之月，天气热得让人难以忍受，于是他常常带她们到附近的公园里，待在树荫下乘凉。但他自己又在做什么呢？在陪母亲和妹妹度过两天之后，他还得"去做自己的事情"，这是维塔丽的原话，但她并未详细描述他究竟在做什么事情，不过却把他的时间安排记录得很清楚：早晨9点离开家，晚上6点才回来。根据各种可能性来分析，他极有可能去大英博物馆（他带妹妹参观过两次）。在整整一天当中，这位流亡者变成阅览室里的"坐客"，阅览室里有三百万藏书（这是他告诉妹妹的数字）。罗伯逊的日常会话手册他不知翻阅了多少遍，他还读过许多对公众开放的伟大的古典著作。有人以为他曾在这个地方撰写过《灵光集》里的若干章节，但这种看法显然是靠不住的。在这种阴沉沉的地方，他怎么能想象出那么丰富的色彩呢？

实际上，他并没有严格的作息时间。7月10日星期五，他收到一封信，此信有可能是职业介绍所寄给他的，该所向他推荐了三个职位，他对此感到很高兴，第二天便去英国人家里"去做一些准备工作"，维塔丽在日记里写下的这句话既平庸，又含糊不清。我们大概理解为：去获取某个职位。维塔丽从那时起非常想回法国，平淡地以为他会找到"安身之地"。兰波后来也用过这个词，那时他正在非洲找工作。但别人向他推荐的职位都不适合他。他母亲感到很失望，甚至还病倒了。两天以后，她的病好了，但对阿蒂尔的挑剔行为依然感到很担心。此外，她决定"不论发生什么事"，也要在下星期动身返回法国。至于说兰波，在经历过一段沮丧的日子之后，他又恢复了平静。"阿蒂尔在朝好的方向发展。"维塔丽断言道。在读维塔丽的日记时，人们觉得他多么希望能收到一个喜讯，找到一个适合他的职位呀。7月18日星期六，他又去另一家职业介绍所发布求职启事。星期一他就收到一封信，但介绍所推荐的职位依然让他不满意。维塔丽对这种局面做出结论，她早已不抱任何幻想了："要说职位，那真是太多了！他要是愿意的话，早就上班了，我们也早就回家了。"可他就是不愿意，其中的理由我们不得而知，但很有可能他对那类工作没有什么兴趣。

兰波夫人还是要走了。但面对阿蒂尔的请求，看着儿子那忧伤的样子，她又心软了。他又变成一个孩子，离开母亲的怀抱便显得不知所措，又要去经受生活的磨难。不论在伦敦，还是在罗什，他都陷入绝境，他感觉自己无法摆脱这个绝境，而且摆脱绝境的多种尝试没有收到任何效果。在这个奇妙的伦敦，维塔丽也感到厌烦了，况且她不会说英语。7月27日，兰波再次领妹妹到大英博物馆去参观，她非常喜爱博物馆的藏品，尤其是阿比西尼亚前国王提奥多罗斯的遗体，在与英军作战失利后，国王在抹大拉自杀身亡。多年以后，伊莎贝尔在整理维塔丽的日记时指出："毫无疑问，维塔丽看到并记录下来的藏品肯定是阿蒂尔特意指给她看的。"为了达到追溯往事的效果，伊莎贝尔从阿蒂尔关注提奥多罗斯遗体一事看出某种奇特的先兆，而她以为已在哥哥的作品里发现了这些先兆，恐怕这也是毋庸置疑的。当然，我们看到是某种碰撞，某种冲突，未来将会对此产生重大的影响。但兰波对东方的好感并非是那时萌生的，因为大英博物馆里的展品只是一个巧合罢了。

兰波并非刻意隐瞒自己的举动，可他毕竟是喜欢故弄玄虚的人，即使对自己的家人也不例外。7月29日星期三，维塔丽根本无法理解他的举动。临近9点时，他"心情忧郁，神情烦躁"，准备出去，并告诉家里人要到中午才能回来。可一个小时之后，他就回来了，说他第二天要出远门。动身的前一天，《泰晤士报》上登载了这样一条启事："一位法国教员欲在伦敦或其他任何地方谋职，可做家庭教师或旅行伴侣。可陪法国人、德国人、西班牙人。有名人举荐。"[37] 启事只签了一个"R"字。没有证据证明这是兰波起草的启事。但我们注意到启事的语气，而他很乐意采用这种语气。他那突然的决定不是单凭收到一封信就能解释通的。我们反而认为，他迫不得已要赶紧做出决断（母亲已经等得太久了，而且打算在月底前返回法国），于是便来到一家职业介绍所，最终选择了一个职位。而维塔丽对此却一无所知。当天下午，她为阿蒂尔收拾裤子和短大衣。第二天（7月30日），由于送洗的衬衣尚未取回来，兰波不得不推迟行期。7月31日星期五，凌晨4点左右时，他带着忧伤的心情离开母亲和妹妹，而母亲和维塔丽也准备依照阿蒂尔给她们安排的路线返回沙勒维尔。此时，他再次消失得无影无踪。

最早为兰波撰写传记的作家乌安和布吉尼翁认为，兰波此时离开伦敦，到"苏格

兰波登在英国报纸上的启事

兰去生活"[38]。到目前为止，没有任何证据能确认他们的说法。然而，总有一些善于编故事的人来弥补这个尴尬的空白。既然没有证据，那就从诗作者的文章里找答案吧。在《海岬》里，斯卡布罗那奇特的名字引起学者安德伍德的注意[39]。既然兰波采用这个名字，人们就有理由相信兰波亲眼见过以此命名的港口。事实上，《海岬》相当准确地描述了约克郡这个地方的位置和建筑物，此地距离伦敦有四百公里。但在《灵光集》里，兰波从不刻意去描述一个大家都熟悉的地方。恰恰相反，他试图将紧密结合在一起的建筑群拆分开，甚至采用从未用过的对接手法，《海岬》大胆地将伯罗奔尼撒半岛、布鲁克林、日本、意大利融合在一起，给大家提供一个表现这种手法的绝佳示范。尽管如此，如果兰波未在7月31日抵达斯卡布罗，那么人们有理由设想他那天可能做过一次长途旅行，凌晨4点离开母亲和妹妹，这难免让人认为他大概要去赶一趟早车，而且旅程也相当长。

他的踪迹又消失了，但人们知道他那时还在英国。三个月之后，11月7日及9日，《泰晤士报》上又刊载了一则求职启事："一位巴黎人（20岁），文学及语言造诣很高，善谈，愿陪同某绅士（最好是艺术家）或某家庭到南方或东方国家旅行。品行皆优。"[40]启事的签名为"A. R.瑞丁市国王路165号"。虽然此前有过这方面的证据，但如果找不到兰波本人亲笔书写、另一人校改的草稿，那么"A. R."这个签名也是不可靠的[41]。种种迹象证明他那时住在伦敦的西部，住在瑞丁这个城市里，后来因同性恋而被判刑的奥斯卡·王尔德就是在瑞丁监狱里服刑的。经过调查人们发现，在兰波所注明的那个地址上耸立着一幢很大的房子，名为蒙彼利埃之家，房主人名叫卡米耶·勒克莱尔，在此教授法语。由于很多学生在这儿学习法语，兰波来此临时协助勒克莱尔教法语也是有可能的。当他于7月31日凌晨离开伦敦时，这里完全有可能是他此行的目的地。到了11月，出于我们不知道的原因（是勒克莱尔不再需要代课老师了呢？还是兰波想出去旅行呢？），这位"脚底生风的人"大概想通过一条启事试试运气，以便能到遥远的国度，到南方及东方国家去旅行。他也许没有得到满意的答复，因为一个月之后，人们知道他还在英国，但处境相当艰难，那时他已为自己要回法国而感到不安起来。

12月1日，兰波非常喜爱的大妹妹维塔丽收到他的一封来信，她将此事写进日记。就在那同一天，她给哥哥写了一封很长的回信。快到月底时，她和母亲一起到梅济耶尔又给英国寄了一封信。许多理由促使兰波必须返回法国。他出生于1854年10月，因此必须到征兵体格检查委员会接受体检。他不在法国期间，沙勒维尔市长替他抽了一个24号，这对他来说不太有利。在应征青年登记表上[42]，家人为他登记的资料是：法语及英语教员，身高1.68米，这似乎与他的身高不符。在他的申诉下，当局免除了他的兵役，因为他哥哥弗雷德里克已于1873年入伍，服役期为五年，哥哥虽然人比较笨，但却是个爱国者。尽管如此，兰波还是得经常参加军训。"既然别人20岁能行，我20岁也能行。"当他撰写《地狱一季》时，服兵役的问题就已经让他感到颇为担心。他不想成为征服者，只是在《坏血》里把自己当成遭受殖民帝国主义欺压的受害者，这些受害者就是黑人，而白人则手拿福音书，踏上那个大陆，打着虚假的人文主义的幌子，来奴役他们。兰波非常讨厌军队，一直在躲避服兵役的义务，其实他很怕服兵役，然而奇怪的是，他有时却参与外籍军团的走私活动。他多次离开法国，到远方去旅行，这当然可以用想远走高飞的欲望来解释，但更恰当地说，可用时刻想躲避服兵役的愿望来解释，服兵役的义务让他感到很恼火，因为这让他再次看到父亲的形象，而他却从未把这位父亲挂在心上。

12月29日，早晨9点，他冒着严寒（维塔丽在日记里记述道："到处都是冰雪"），在彻底离开英国之后，突然出现在玛德莱娜沿河街道5号甲的家中。

第三章

1875年：支离破碎的一年

　　兰波曲折的生活是受内心搏动的制约：出走，回归；疏远，讲和。要想理解他，就不能只满足于记录这样或那样的现象。兰波并不仅局限于返回自己的故乡，在此，他完成一个代表自己主观结构的举动，将自己置于受未来命运摆布的地位上。至此为止，他要决绝，要出走的所有理由都是不充分的。或许正因为如此他才为自己的急躁付出代价。但人们难免会认为，他固执地要让《醉舟》去做环球旅行，要停在《记忆》那焦虑的锚地上。他仿佛倾心于某种重复的规律性似的，因此总是向外跑，这是他自己选择的道路。

　　就在他回家的当天晚上，好像是出于心灵感应似的，弗雷德里克也从部队驻扎的营地回到家中。这个元旦，兰波一家人可算是聚集在一起了，维塔丽尤其感到特别高兴，她那孱弱的身体已感到病痛的折磨，而且不久就离开了人世。在节日期间，兰波肯定会与德拉艾、米约、皮埃坎等人联系，但并未因此而被沙勒维尔的魅力所打动，他已经告诉母亲自己打算再次出走。他的计划很明确，甚至超出人们的想象。要是大家知道他前几个月在和什么人联系，肯定会对他的计划了解得更清楚，否则就很难解释清楚他为什么选择学习德语，为什么要到斯图加特短暂逗留一段时间。亚琛、科布伦茨、美因茨距离法国更近，到这几个城市去不是更合适么。然而，就在这次动身之前，他已明确知道自己的目的地了，因为维塔丽在1875年2月13日星期六的日记里简短地记录道："A［指兰波］动身去S［指斯图加特］城了。"

　　在斯图加特，兰波住在哈森伯格街7号[43]，住在欧内斯特－鲁道夫·瓦格纳的家里，他大概也像在伦敦一样，给人上法语课。可他还是得会讲德语呀，而他到这儿来就是为了学习德语的，大概最终想谋得一个职业。是当工程师呢？还是做翻译呢？不管怎么说，他打算再学习一些新的知识（"我尽量去熟悉这里的生活方式"），这促使他去旅行，去穿越整个欧洲大陆，去做一个自由自在的人。

1月16日，魏尔伦眼瞧着蒙斯监狱的大门在自己面前打开来。由于他在狱中表现出色（他不是已经皈依宗教了吗），于是便被提前释放出来。然而，在他看来生活却显得更加凄凉。1月3日，玛蒂尔德在要求分居的诉讼中胜诉。从此，魏尔伦每月得向前妻支付100法郎，由于他没有工作，这笔钱对他来说也不是个小数目。他对此感到很恼怒，在芳普镇短暂休息之后，他决定返回巴黎，想去试图改变法院的判决。正如所预料的那样，他白费力气。诉讼失败之后，他内心渐渐生出一种难以抑制的欲望：想再次与兰波见面。这种做法完全在预料之中，不管是爱，还是好奇，他依然十分关心那位"天才"，同时也想让他皈依宗教，因为他自己也有过感悟，而且不希望那位"愤怒的孩子"把他给忘了。他并不想让兰波恢复到"太阳之子"的状态，而是让他发现另一个光芒，那是内心的光芒，是恩泽的光芒。因此在将自己提前获释的消息告诉德拉艾的同时，也向他打听"另一人"的情况。他这才获悉"那家伙"不在沙勒维尔。他对此感到很惊讶，于是便向德拉艾索要他的地址，并宣称想和他恢复通信联系。他甚至很快就交给德拉艾一封信，要他转交兰波[44]。信里写的都是迷信的内容、有益健康的建议、伦理的说教以及靠皈依耶稣而相爱的打算[45]。德拉艾毫不犹豫地将此信转交给兰波，不久以后，他收到兰波的回信，兰波用不中听的言辞嘲笑这位劝人行善的传教者。兰波显然对这个改头换面的魏尔伦已不抱任何幻想了。尽管如此，魏尔伦颇为自信，而且相信福音的神奇能力，在得知兰波的地址后，很快就赶到斯图加特。他"手里拿着念珠"[46]，来到斯图加特。兰波虽然不太乐意，但还是接待了他。两个人有许多话要向对方倾诉。魏尔伦片刻不停地说教，试图转变这位"下地狱的丈夫"。而兰波根本不信这一套，用最刻薄的讽刺言辞对他们这最后一次晤面做了概述："三个小时之后，我否定了他的上帝。"这位刚刚皈依宗教的人又能拿什么去抵御魔鬼那撒旦式的论证呢？到各个啤酒馆转上一圈，再喝上几大杯啤酒，这足以让那尚未立稳脚跟的信念黯然失色。依照某些人的说法[47]，他们俩后来动手打起来。下午晚些时候，两位朋友到内卡河边去散步，这是荷尔德林曾讴歌过的河流。话不投机，两人闹起了冲突，尤其是酒精也来火上浇油。兰波有些恼火，狠狠地打了魏尔伦一拳，魏尔伦倒在小沟里，昏了过去，而兰波却丢下他不管，头也不回地赶到城里。第二天清晨，附近的农民收留了魏尔伦。魏尔伦刚好一点儿，就离开了斯图加特。德拉艾一直是可以信赖的见证人，他在此描绘出一幅像通俗小说式的场景，用描述兰波干坏事的手法，使他的故事读来更加引人入胜。不管是打过架，还是没打过架，我们还是应该相信他们俩在那儿又和好了，因为在写给德拉艾的信里，兰波特意写道："他在这儿逗留了两天半，颇为理智，他听从我的建议，返回巴黎，准备在那儿完成他的学业。"当然，这是兰波对那事的说法。他们之间的关系又恢复了平静，后来兰波甚至交给魏尔伦一项重要的任务。两个月后，魏尔伦认为最好将这事告诉给德拉艾，但信里所说的话令人难以捉摸：

> 我之所以想了解努沃的详情，请看下述原因。兰波要我把"他的散文诗"寄出去，以便出版，这些散文诗曾在我手里，就是要寄给这个努沃，那时他正在布鲁塞尔（我是指两个月以前），我马上就寄走了（花了2.75法郎的邮费！！！）。[48]

显然，要是仔细阅读这句话，就会发现"他的散文诗"到底在谁手里依然含糊不清，如果魏尔伦不明确指出这些诗篇在他手里的话。在这种情况下，人们可以想象，在那些从伦敦寄给他的文件里可能就有《灵光集》的某些篇章，而在他入狱时，这些文件就交到魏尔伦夫人手里。尽管如此，兰波为什么突然想要发表这些散文诗呢？委托努沃去发表此诗的用意何在呢？不错，努沃那时是在比利时，而比利时恰好是违禁出版物的胜地。他显然不可能再去找印刷联盟了，因为《地狱一季》的账单尚未彻底结清呢！多年之后，到了1888年，魏尔伦才以另一种方式说出此事的原委[49]（但并未澄清所有的疑问），那时他说："在斯图加特……《灵光集》的手稿交到某人手里。"人们以为这个"某人"其实就是魏尔伦，但他绕这么大圈子才透露出这点儿实情究竟是出于什么用意呢？况且这一次是兰波亲手将这些诗文交到他手里的，在这种情况下，人们琢磨着，既然兰波想让努沃去发表此诗，那么为什么不把诗文直接寄给努沃，而非要让魏尔伦去转交呢，况且，魏尔伦并不知道努沃的地址。此外，伊莎贝尔则认为兰波有可能把这些珍贵的手稿交给了夏尔·德·西夫里，西夫里那时前来斯图加特参加瓦格纳音乐会，这让手稿究竟在谁手里的猜测变得更加错综复杂[50]。手稿后来在西夫里手里是肯定无疑的，1878年，魏尔伦还向他索要过这份手稿[51]，但他此前似乎曾把手稿借给过西夫里。

1875年3月，该做的事情都已做完了。兰波卸去他在文学界的最后一个重负。从此，他将展开另一副翅膀去飞翔，将类似伊卡洛斯的翅膀留给魏尔伦、努沃或西夫里。不管是否肩负起这个非凡的重任，魏尔伦回到巴黎，接着又去了伦敦，并在斯蒂克尼找到一份工作，从4月开始在一家语文小学里教书。与此同时，兰波也搬了家。他把自己搬家的事告诉了自己家人。在瓦格纳家住了一两个月之后，他于3月15日搬进市中心一个漂亮的房间里。房间里有家具，而且租金不贵。他甚至可以享用房东提供的膳食，但他那独往独来的性格使他难以接受这样的便利条件。在给母亲的信中他写道："这类捆绑式的服务总是有弄虚作假的行为掺杂在其中，不论它看上去多么便宜。"而他的活动安排几乎没有什么变化："我在猛攻语言，最多再过两个月，我就可以结束了。"那么他结束什么呢？难道是语言学习结束了，他可以流利地讲德语了吗？大概是吧。人们凭此可以判断出他在语言方面颇有天赋。但他为自己制订的时间表使人意识到他已有一项深思熟虑的计划，他在一封信中（写于4月14日）已透露出大概的设想。实际上，他给给自己一个月的时间，然后"就开始做准备工作"，除非他现在就去发布启事，以便能找一个"职位"。关于刊登启事一事，我们没有任何确切的材料，但我们可以想象他会沿用在伦敦时的做法，而且期待着能找到一个家庭教师的职位。此时，兰波夫人也相信他一直在找工作，于是便给他汇来必要的生活费。而兰波却张口向魏尔伦要钱，因为他知道魏尔伦对他有好感。但魏尔伦拒绝了他的要求[52]，理屈词穷的兰波竟然大胆地以敲诈手段来威胁魏尔伦，这大概让"可怜的雷利昂"感到很害怕，因为他在巴黎的作家圈里已颇为孤立，而且在英国工作的地方也受到威胁，兰波要是知道那所语文小学的确切地址，也许会给学校寄去一封信，揭露魏尔伦过去的丑行。

在位于市中心的房间里，兰波刻苦地学习，从各方面看他的确是个"爱科学"的人，在学习几个小时之后，便来到河边的小酒店休息一会儿，独自一人喝上几杯白葡萄酒，为老朋友们的身体健康而干杯。大约在4月15日，他决定不再续租了。母亲从沙勒维尔给他汇来的房租大概可以派上其他用场。他为自己限定的两个月已经过去了。现在他的德语已说得相当好了，但他依然没有得到一个职位，此外，他内心里已想出另一项计划，甚至可以说对此计划已关注很久了。总之，他乘火车向南方驶去，仿佛在受某种秘密使命召唤似的。德拉艾好像不经意间提供了一条令人震惊的消息，但此消息的依据至今无法核实。实际上，诅咒派前成员亨利·梅西耶负责管理工厂，他在希腊的凯奥斯岛上有一家制皂厂，兰波大概打算到那儿去[53]。基于这一情况，难道兰波只是把到斯图加特的旅行视为一个中转站，目的是为了走得更远吗？距离越来越遥远，而所有的消息也越来越不确定。

兰波走得太快了。他是一颗"流星"，马拉美后来以隐喻的手法在他身上看到的正是这样一颗流星。他逃走了，消失了，接着又出现在人们眼前。我们只能看到他行进后留下的残余物。要是许多从未发表过的文章（包括草稿及被撕毁的原稿）都浮出水面的话，我们或许还得让他多跑上好几千公里呢！传记作家艰难地搜集着资料，尽管如此，一想起兰波的三位同代人此前也做过同样的工作，传记作家也应该感到欣慰了，这三个人就是魏尔伦、努沃和德拉艾，他们很想知道这位难以捉摸的朋友跑到哪儿去旅行了，对自己仅了解到支离破碎的消息感到很恼火，即使有时他屈尊俯就地给他们寄一封短信，也好像是从世界的某个地方嘲弄他们似的。

由于得不到确切的消息，于是他们就以通信的方式，创作出一组奇妙的连环画[54]，单单描述这些速写是不够的，还应当亲眼去看看（速写里充满了象征性的讽刺意义），还有诗文，尤其是魏尔伦那"老科佩"体的十行诗①，对兰波每换一个新地方都要抱怨一番，这些诗画构成一种奇特的拼缀物，一种异国风味的宣叙调，一种阿列钦斯基修改过的赛鹅棋②。通过他们的笔，兰波的形象呈现在大家眼前。他在躲避自我的同时，又与自己的影响相吻合，况且，在他们的笔下，他成为"家伙""爱好科学者""奥麦"③"狂蝇"（就是不停地蜇可怜人类的牛虻）。要是没有某种传说化的表现形式，人们还真难想象他的生活。但在"传说化"这个词的后面，人们仿佛听到一个不中听的词，那就是故弄玄虚。当然，最好要确保他的生活不间断地趋向于被传说化，倒不是因为后来人们所做的种种解释，而是因为经历过那一生活的人所陈述的事

① 科佩擅长写十行诗，但所用词汇均为日常用语，而且所讴歌的题材也与日常生活有关，魏尔伦、兰波及克罗常以嘲讽的口气去模仿科佩的诗，并揶揄地将此类诗称为"老科佩"体诗。
② 皮埃尔·阿列钦斯基（1927— ），比利时画家、雕塑家；赛鹅棋为一种靠掷骰子决定步数的棋。
③ 福楼拜《包法利夫人》中的人物，此人好吹嘘，标榜自己是无神论者。

实，还因为他的生活在那些见证者（而非评论家）的笔下总是变来变去，这些见证者不但带着明显的偏见，而且十分狂热，他们以自己的主人公为主题，精心地编织着一个个感人的故事。

因此，只是将这些资料记录下来是远远不够的。要从各个角度去看这些资料，不但要看明处，还要看暗处。这些资料的语气好像在不间断地评价一个人的生活。从这一刻起，再现"过去的那个兰波"是绝对不可能的。看来最好得接受某种结构，而这正是兰波本人所希望的，也是他的追随者所完善的。从1875至1879年（直到他去非洲冒险之前），朋友们从各个方面去表现兰波：谈话、私密文字、信件、嘲讽的短诗、讽刺性的图画都和他密切相关。他的朋友们，那些因色情或文学与他保持密切关系的人（以魏尔伦为首，还有努沃和德拉艾）想象出这样一个兰波，而他本人却躲藏起来，对自己的行踪严守秘密。

∽

大家知道他正在前往南方的路上，因为德拉艾不久以后就收到他的一封信，得知他刚刚跨越阿尔卑斯山。他马上便将此讯转告给魏尔伦，并画了一张速写[55]，画面上"我们的主人公"头戴一顶意大利礼帽，眼睛里含着泪花，险些仰面朝天摔倒在地，一个胖乎乎的修士在狂热地对他说着话。速写的标题是《顽皮的狂热信徒》，说明文字写着"这到底是真的还是假的呢"。后一种假设是指哪一真相呢？难道是指兰波所讲述的冒险历程？在给妹妹伊莎贝尔的一封信中[56]，他描述了刚开始旅行时的状况："我在一个美丽的山谷里，顺着这个山谷，我将走到马约湖和古老的意大利。我在提契诺过了夜，就睡在一座孤独的谷仓里，一头瘦骨嶙峋的奶牛不停地反刍，它倒乐意给我让出一点儿稻草。"越过边境之后，他一直来到米兰。他兜里连一个铜板都没有了。饥饿和口渴再次折磨着他。但他那副年轻的模样还是赢得了一位好心人的同情。此时，他是否想起冉德尔小姐对他的照顾呢？总之，在米兰，一位中年女子收留了他，他在她家里住了好几天，就住在多姆广场39号四楼的一个房间里，直到恢复力气后才离开这里。他借此机会给德拉艾写了信，从那时起，德拉艾就知道了他那旅程的全部情况。他和女主人交谈时并不只是说几句客套话，他和她谈论起文学，这真是少有的事。他甚至告诉她，自己最近刚出版了一本书，在给德拉艾寄去一张名片的同

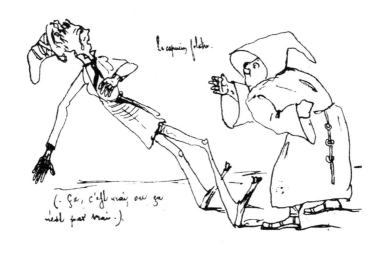

《顽皮的狂热信徒》（德拉艾绘，雅克－杜塞文学图书馆馆藏）

时[57]，还向他索要那本《地狱一季》。1875年显然是使人感到困惑的一年，因为人们注意到兰波至少有两次依然在关心自己的作品。他并非如人们想象的那样，匆匆忙忙地脱离了文学，即使从此他更愿意去旅行，到世界各地去冒险。魏尔伦后来也认为兰波在米兰的这段逸事是真实可信的[58]，甚至提到 **"很客气的寡妇"**①。但5月7日那天，他将兰波的另一项计划告诉德拉艾："通过他［指努沃］，得到那'家伙'的消息，他在米兰等汇款去西班牙。"[59]然而，德拉艾后来告诉我们兰波打算去布林迪西，然后从那儿登船去希腊的那个岛，梅西耶的制皂厂可能就在那岛上。他是否从那时起有意想去西班牙呢？"等汇款去西班牙"这一简练的说法只能让人回想起魏尔伦过去的尝试，那时，他想加入卡洛斯的军队，而卡洛斯正在整个欧洲招募志愿兵。兰波后来的确采纳了这个方法。但从1875年5月魏尔伦说起这个念头直到6月去实施这项计划，这中间还隔着一个月呢，在这段时间，兰波离开米兰，离开那位热心收留他的女主人，步行穿越利古里亚地区。走在锡耶那的路上，他中暑晕倒了。于是，他被送往法国驻里窝那领事馆，领事馆负责将他送回法国。6月17日，他登上"保利将军号"轮船[60]，几天后轮船抵达马赛。但他的身体依然很虚弱。穷困潦倒的生活以及中暑的后遗症把他

---

① 黑体字原文为意大利文。

的身体拖垮了。他病得不轻，只好住进一家医院，在那儿卧床休息了好几个星期，他后来又多次来到这座城市，但怎么也不会想到最终在这儿，在这东方的大门口，走完了自己生命的最后一段路程。

那时，德拉艾还是从他那儿得到一些消息，于是马上把这消息转达给魏尔伦。"兰波此时在马赛，他此前似乎步行穿越利古里亚地区。在经历过有趣的奇遇和可怕的苦难之后，他被法国领事送回法国……不管怎么样，他说打算去参加卡洛斯志愿军！（……）就为了学习西班牙语，同时接着写一些蒙骗老朋友的短文。"[61] 魏尔伦很快就把这事写进最具复仇色彩的"老科佩"体十行诗里：

> 卡洛斯军？啊！不，这毫无用处
> 因为雨点似的炮弹让人多么厌恶！[62]

他要参军，这个举动真是太过分了。他最恨的就是服兵役。然而，在此后的几年里，由于没有其他更好的办法，他还是选择了这种权宜之计。况且他很有可能未被招募，然而有人认为，在拿到军饷之后，他便开了小差，而且毫不犹豫地朝巴黎方向走去。他在巴黎是否感觉到一个新的循环刚刚结束呢？事实上，一次次惊险的旅行贯穿于他的一生，无论他的一生有多么怪异，而这一次次旅行又总是循环反复。在他沮丧地返回沙勒维尔之前（沙勒维尔好像已成为不可抗拒的中心点），巴黎这座大城市让他暂时步入一个新阶段。不管乐意不乐意，他还是同母亲保持着通信联系，母亲肯定将维塔丽生病的消息告诉了他，从那时起，维塔丽得去看专科医生。7月13日，维塔丽拖着虚弱的身体，在日记中描写了她们为去首都而做准备的事。后来，陪同维塔丽来巴黎的伊莎贝尔也断定，在巴黎期间她们见到了阿蒂尔，当时他正在阿尔弗家做家庭教师[63]。尽管伊莎贝尔提供的消息有时不太可靠，但兰波确实见到了他的家人，这一点基本上是可以肯定的，而家庭教师这个职位又和他所期待的工作相吻合。他借此机会又去找那些放荡不羁的伙伴们。在写给魏尔伦的一封信中，努沃说兰波和梅西耶、卡巴内等人在一起生活，而且还常常去找福兰[64]。这完全是大家所熟悉的场面，好像时间停止在过去那个时段似的，而布鲁塞尔的悲剧只不过是一个不愉快的梦境而已。兰波又和亲密的朋友们聚在一起，他们不会去埋怨他，而他却依然把自己那古怪的名声带给他们。

况且，他并非是唯一随意走来走去的人，像个奔走狂似的。1875年假期，他的许多朋友都在各处奔走旅行。努沃刚刚离开英国，他在那儿最终还是见到了魏尔伦，那天是5月20日，在查令十字街火车站，看到对方滑稽的外表，他们相互辨认出来[65]。努沃好像也成为漂泊的犹太人，此时已返回法国。他途经巴黎，回到位于南方的普里埃老家，几年之后，他在那里以乞讨为生，就像圣伯努瓦·拉布尔那既有诗才又天真的门徒[66]。至于说魏尔伦，他住在阿拉斯埃尔布罗纳街2号，住在母亲家里过着平静的日子（在家里做祷告总会让他远离小酒馆）。德拉艾最终很高兴拿到业士文凭，为此魏尔伦把他请到母亲家里。两个朋友到乡间去散步，还多次回忆起"狂蝇"，并试图猜测将来兰波会有什么样的命运。在他们眼里，兰波是不可救药了。他嗜好烧酒，烟斗不离口，说不定最终得在疯人院里了此余生。但他那几首绝妙的诗仍在他们的脑海里回荡，《灵光集》的神奇舞台依然在散发着光彩。那么这些著名的散文诗到底在谁手里呢？难道是努沃把它带到普里埃老家去了？这完全有可能。一想到如此美妙的诗篇竟会永远遗失掉，真是令人恼怒不已！

然而，德拉艾还是很快就返回沙勒维尔了，但依然和魏尔伦保持通信联系。就在那时，魏尔伦寄给他一封信，要他转交给兰波，还有一首"老科佩"体十行诗，标题用得很不规范，名为《最最后的话》[67]。在这首诅咒派风格的十行诗里，好像是兰波在讲俚语，而且用"他妈的"来加重自己的语气。他比既忧郁又浪漫的梦想者更令人厌恶，是名副其实的讨厌鬼，因为他会置别人的忧郁与痛苦于不顾。你仔细听一听，还确实是这么回事，尤其是你用巴黎-阿登口音朗诵这首诗时，会体验得更深刻。在1875年8月22日，魏尔伦模仿着一个他非常熟悉的声音吟唱起来，而那个声音并未完全消失：

　　既爱纯苦艾酒也爱科学
　　我感到厌烦，必要时也欣赏
　　所有加蒂式的戏剧。
　　《九三年》很有魅力，可有人感觉
　　像一堆粪便，不论克罗与特龙什如何申辩

在饮酒俱乐部，米尔热①分子在喝潘趣酒。

　　魏尔伦显然知道兰波在巴黎，因为他在诗中提到诅咒派的老伙伴克罗和特龙什（卡巴内），还提到圣雅克街的苦艾酒俱乐部，那里是他们一醉方休的舞台。尽管诗中不乏嘲笑愚弄，但他还是在打听那个让人捉摸不透的"狂蝇"的消息。德拉艾知道那"家伙"的地址，因此在兰波和魏尔伦之间牵线搭桥，让他们保持通信联系，但他们的通信联系一直是断断续续的。德拉艾问魏尔伦："你收到用西班牙文法写信的那个人的信件了吗?"[68] 然而，"牛虻"似乎要去蜇魏尔伦那可怜的往事。一天他来到魏尔伦母亲家，想见见她，但邻居说她去比利时了[69]。但他并不想就此罢休，还想跟魏尔伦捣乱，这让"可怜的雷利昂"感到很担心，尤其他于9月又回到斯蒂克尼的语文小学里去教书了。

　　10月初，努沃又出现在兰波的视野里。在普里埃老家住过一段时间之后，他也来到沙勒维尔，来到罗萨私立学校，那时该校已更名为巴尔巴多学校，据说是为了一个名叫托巴兹的人而更改的。兰波曾在这所学校里取得过优异成绩。"最矮的小个子"[70] 竟然选择在同伴的故乡落下脚来，我们看不出这是不是一个巧合。就在德拉艾把这事告诉他之后，兰波感到有些担心。如果他打算把过去和魏尔伦在一起的往事披露给魏尔伦夫人，那么努沃也可能向他母亲揭他的老底。巴尔巴多学校的这位学监（别人都称呼他热尔曼先生）和学生们在一起时显得很自由，在宿舍或"学生房间"里，他和高年级的学生们在一起抽烟喝酒。学生们狂欢时竟然拿一只便盆当高脚杯[71]。但他很快就被解雇了。在此之前，德拉艾还是把兰波的其他一些情况告诉给魏尔伦："但你记住：努沃的举动让他感到担心和怀疑，他知道努沃到他家乡去了，要给他写信让他做出解释。你最好提前和努沃打个招呼，让他有所准备。"[72] 魏尔伦马上就写信告诉努沃，而努沃却对此感到困惑不解，并给魏尔伦回了信："真不知道究竟是'什么'会惹兰波发火。巴黎的任何人都和我没有联系。"[73] 兰波怀疑努沃在他背后搞鬼，在这种情况下，努沃怎么可能给兰波写信呢? 事实上，德拉艾是好几个人的密友，当时他是

---

① 亨利·米尔热（1822—1861），法国作家，年轻时常和朋友们在拉丁区的酒馆里喝酒，并以此为题材创作出成名作《放荡生活的场景》，魏尔伦在此称朋友们为米尔热分子。

唯一知道问题关键之所在的人，但审慎的回忆并不能澄清这些因保守秘密而难以说出口的东西。出于谨慎的考虑，他觉得有必要将兰波针对魏尔伦所做的举动告诉给魏尔伦："至于说你嘛，你只不过是个吝啬鬼……他在巴黎去了你母亲家……他（这个魔鬼）知道你去了波士顿镇[1]，但推测此时你已回到伦敦，你在伦敦照样会喝得酩酊大醉，他对此甚至深信不疑。当然，我是什么都不知道，因为我已很长时间没有你的消息了。"[74] 德拉艾敬重他们每一个人，只满足于从一个旁观者的角度看问题，为他们不偏不倚地传递消息。

兰波放任自流，酗酒胡闹，不知道自己到底该做些什么，距离彻底堕落只有一步之遥了。他在寻觅各种权宜之计，在老朋友的小圈子里不求进取，而他确实想和他们断绝来往，可在前进的道路上又总是碰到他们，因为他不知道该如何与他们"拉开距离"。于是，在酒精的作用下，他又开始做出疯狂的举动，甚至在招人讨厌的同时，还摆出一副自命不凡的样子。在写给魏尔伦的信里，德拉艾则把他那最令人厌恶的一面展现出来："我们夏天在阿拉斯谈起那种结局，[他]最终恐怕得进疯人院，在我看来，他现在似乎正往疯人院里走呢。其实原因很简单，都是酒精惹的祸。这个倒霉蛋居然还在自吹自擂，说他在巴黎曾踹过所有人的屁股。"[75] 这正是"狂蝇"在巴黎逗留期间的所作所为。最后几个要好的朋友还得忍受他的嘲弄。他不想承认自己已被局势逼迫得走投无路，于是便做出种种挑衅举动，就像在"丑陋的家伙"晚宴上所做的那样，但他隐隐约约有一种失落的预感，感觉到某种绝望的力量，这古怪的绝望如同神灵的梦境一样深奥。就在那时，魏尔伦依然给他写很长的信，俨然就是一个公开表明自己信仰的基督徒。他用极严厉的语气来教训兰波，而兰波却将此称为"罗耀拉[2]的粗俗玩意儿"[76]。最后，难以发泄的怒火让他感到疲倦了，虽然内心依然有一股无名的火气，他还是回到故乡沙勒维尔，准备在马斯河岸边的家中度过即将来临的冬天，他感觉陷入困境之中，于是便让自己懒惰下去，然而懒惰并没有给他带来享受，反而激起他的愤怒，勾起他想做"狼人"的欲望。其他人则忙于自己的工作，他们当中既有奇特的老师，又有古怪的教书匠，魏尔伦在斯蒂克尼，努沃在沙勒维尔。而德拉艾则

---

① 波士顿镇位于英国东部，距离伦敦约两个小时火车车程。

② 罗耀拉（1491—1556），西班牙教士，创立耶稣会，编著了一本著名的默念入门书《神功训练》。

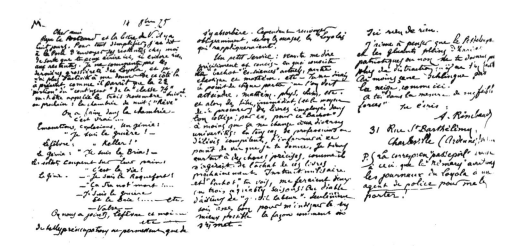

1875年10月14日兰波致德拉艾的信（沙勒维尔-梅济耶尔图书馆博物馆馆藏）

在苏瓦松，一边做学监，一边准备第二阶段的会考[77]。

10月的一个星期四或者星期天，德拉艾再次来到沙勒维尔，在熟悉的街道里漫步走着。路过德雷奥食品杂货店时，他感觉有人把手放在他的肩膀上。他回过头来一看，原来是兰波，只见兰波打扮成一副庄重的样子：身穿袖口外翻的衬衣，戴着领带，头戴一顶礼帽，手里拿着一只拐杖，自从上次分手以后，他的个子长高了许多[78]。两人很快又谈起旧时的话题，不过兰波这一次显得特别絮叨，把自己这段时间的经历讲给德拉艾听。从这个难以理解的密友，从这个不受人欢迎的人身上已然散发出一种传奇之光。然而德拉艾要赶回学校去，去见那些"甩不掉的人"，去见"狼屁"（就是校长）。10月14日，兰波给德拉艾寄去一封十分滑稽的信，他在信中插写了一首神秘的短诗[79]，此诗是即兴之作，好像是在因要服兵役而感到苦恼的心情下创作的。这首《梦境》可以说是那首著名的《痛苦的心》之翻版。此诗不仅仅是对宿舍的回忆，如其开篇所描述的那样，而是以醒悟的眼光再现了某一场景，在这场景之中，像以前的"心"一样，神灵不但被世俗化了，而且还和普通民众融合在一起。在此诗当中，布勒东看到是一篇地道的"遗嘱"，后来还将其编入《黑色幽默文选》中[80]。《灵光集》的神灵在此确实变成一个能说出种种奶酪名称的世俗之人。从才干方面看，神灵只能拿出奶酪的臭味。

梦　境

在宿舍里我们感觉饥肠辘辘

这是真的……

喷发，爆炸。一个神灵说：

"我是格吕耶尔奶酪！"

勒菲弗说："凯勒尔！"

神灵说："我是布里干酪！"

士兵们切开面包：

"这就是生活！"

神灵说："我是洛克福羊乳干酪！"

"这将是我们的末日！"

"我是格吕耶尔奶酪。"

"是布里干酪……"

"是华尔兹舞。"

人们加入我和勒菲弗的行列……

　　如果兰波在给德拉艾写信时显得毫无拘束，那么在给魏尔伦回信时，则只能循规蹈矩地去写。魏尔伦对他依然抱着怀疑的态度，并未把自己在斯蒂尼克的确切地址告诉他，只是告诉他另外两个通信地址，一个是寄到邮局，他自己去取信；另一个是里昂街12号，他朋友伊斯塔斯家[81]。兰波一直对他穷追不舍，不是要钱，就是想靠敲诈来威胁他。这就是魏尔伦为什么会对他如此谨慎。在写给德拉艾的一封信里，深感遭受威胁的魏尔伦倾诉出自己内心的痛苦，并用一幅小画将其表现出来[82]。在这幅小画里，兰波身穿一身西装，面露报复人的样子，左手丢下一本名为"爱科学"的书，右手做出一个斥责的手势，烟斗里冒出一个大气泡，里面写着："万一我逮住他"。有一只警惕的眼睛在他的身后盯着他，那正是良心的眼睛，是雨果在《世纪传说》里所描述的良心。画面的左侧是魏尔伦，他露出惊恐的样子，坐在摆放在地上的两个马鞍之间，一个上面标明"里昂街"，另一个注明"邮局自取"（恰好是两个通信地址）。从他的烟斗里也冒出一个大气泡，里面写着："亲爱的朋友……"在他们俩之间，画着一副粗俗的钢琴键盘，上面插着一个标签："每次钢琴课100文钱"，就像摆在肉铺案板上待售的牛肉一样。这幅小画的标题是《梦境与生活》（无意中参照了奈瓦尔的《奥蕾莉娅》）。小画的说明文字是"老毛病"。随同这幅讽刺画一起寄出的那封信是他表述得最清楚的一封信。这是针对兰波耍弄的小计谋，针对他给里昂街所寄去的苦涩"糖果"所做出的反抗举动，魏尔伦甚至在威胁这个阴险的"奥麦"："噢，对了，假如他的计划已成熟的话，你是否能把我的想法告诉他呢？"[83] 但这位旧情人既气恼又愤怒，一直在就兰波的所作所为思索着，他的嘲弄在此将失望掩盖起来："他住在谁家里呢？我在想，说不定哪个好心的亲戚会在半夜里被他突然闯回来给惊醒了，这真令人讨厌（我对此深有体会），他可能还会做出其他烦人的举动呢！那么他母亲，他那'老妈'对此又怎么说呢？难道这还是我的错吗？她是否还住在玛德莱娜沿河街道5号甲呢？"大家看得很清楚，如果兰波想象着魏尔伦在伦敦依然会"喝得酩酊大醉"，那么魏尔伦则以为他的伙伴依然没有改变酗酒成性的毛病，总是把周围平静的气氛搅得天翻地覆。遗憾的是，我们看不到兰波给魏尔伦的回信，只能从别人所引述的只言片语中揣摩其中的内容。两个人依然在对话，一个人在谈论宗教，另一人则在嘲笑突然皈依宗教的举动，他从中看到的只是"那个神经过敏的人在变化"，那个打着说教者幌子的人，其实骨子里依然在受肉欲的摆布。

兰波在16岁的时候就致力于去做极为可怕的事。从那时起，生活一直在逼迫他去做其他事情。母亲刚刚把家搬到圣巴泰勒米街31号，他在那儿给房东的儿子补习德语[84]，以便挣点儿零花钱。尤其是他最近又有一个新的喜好：那就是弹钢琴。为了能租一架钢琴，他甚至毫不犹豫地向魏尔伦要钱，而魏尔伦可不想听他这一套。但他很快就满足了自己的欲望，因为他背着母亲，想方设法让人把租来的钢琴搬到他家里[85]。兰波夫人也许并不同意他这么做，可一位邻居对此极为不满，极力想阻止他弹钢琴。兰波夫人本来不想满足兰波的要求，但为了表明自己的权利，于是便决定把钢琴买下来，放在自己家里，来满足阿蒂尔的愿望，同时也折磨折磨邻居们。听到这个消息后，魏尔伦马上画了一幅讽刺性的速写[86]：兰波披头散发，狂热地弹着琴键，像李斯特似的，他母亲赶紧逃走了，而楼下的住户头戴一顶希腊无边圆帽，用手捂着耳朵，疯狂的弹钢琴者浑身冒汗，高声感叹道："这些十六分音符真是太难了，弹呀。"图画的标题是：《音乐改变人的习俗》。音乐家兰波好像透过天窗出现在传记式的背景

《音乐改变人的习俗》(魏尔伦 绘)

里，激起读者更多的回忆。如果读者还能想起《乐曲声中》里的曲调，肯定还记得《捉虱女人》里的口琴声；读者还记得音乐家卡巴内，兰波曾在外国人饭店里和卡巴内合住一个房间。在那烦闷的时刻，音乐家饿着肚子，在钢琴上弹音阶，用冻得红通通的双手弹着一首首和谐的乐曲。《灵光集》中多篇散文都提到"深奥的音乐"（这种音乐"有悖于我们的愿望"）。这是完成不可能之举的另一条途径，是冲破狭隘语言障碍的另一种尝试。

不管乐意还是不乐意，母亲最终还是同意他去上钢琴课[87]。但什么也无法使他开心。焦虑时时刻刻压在他的心头，"吸血鬼让我们变得更客气"，他的内心极为焦虑不安，有时会引起剧烈的头痛，在好几个小时之内，他会感到极为消沉。在隔壁的卧室里，维塔丽继续记着日记。到巴黎看专科医生之后，医生只是做出诊断，她患了滑膜结核病，这是一种骨头疾病，后来在1891年，当兰波在亚丁住院时，医生怀疑他得的也是这个病。死亡在逐步逼近这个少女。12月18日，年仅17岁的维塔丽去世了。兰波剃了一个光头[88]，去参加妹妹的葬礼。他剃掉自己那头浓密的头发，并不是为了悼念妹妹，而是希望以此来减轻头痛的症状，因为有时头痛得让他难以忍受。德拉艾在一封信里画了兰波的一个侧影[89]，他那花岗岩山顶形的光头使他看上去颇像一个年轻的法老，嘴唇上部露出细细的胡须，嘴上叼着一支烟卷。文字说明写着："某人的嘴脸！"

12月12日，魏尔伦从伦敦寄到沙勒维尔一封信[90]，当然他不知道此信送到兰波手里时，维塔丽已病入膏肓。这封信想澄清某些事实，他们俩已有近一个月没有通信了。魏尔伦以良师的口吻写了一大篇感化人的文字，以此来烦扰爱挖苦人的兰波。自从在斯图加特见面之后，魏尔伦丝毫也没改变。在他眼里，"狂蝇"也没有任何改进。作为刚刚皈依宗教的人，魏尔伦依然严肃地维护说教者的论据："教会创造出现代文明，创造出科学和文学，教会缔造了法国，但法国却因断绝与教会的交往而逐渐走向衰败。这是不争的事实。教会同时也培育了人，是教会把他们培养出来的。"但他在信中也同意兰波的某些想法，并表达了自己对他的关爱之情："你对所有的一切，对所有人感到厌烦，对每样东西都会发火，尽管你没有意识到为什么会发火，我还真得依赖于你这种厌烦心理，依赖于你那火气呢。"是的，魏尔伦充分展示出兰波的个性，展示出他的反抗精神，他用两个词就把这命运的轨迹展现出来，即：愤怒与厌烦。正

维塔丽·兰波像 　　　　　　　　　　光头兰波像
（沙勒维尔－梅济耶尔图书馆博物馆馆藏）　　（德拉艾绘，雅克－杜塞文学图书馆馆藏）

是由于这个心态，兰波准备抛弃所有的一切，或者打算远离诗歌，过一种怪异的生活。此信的其他部分则谈到钱的问题，并粗俗地回忆起往事，回忆起"三年前那段荒谬及不光彩的生活给我的财产所造成的巨大缺口"。至于说兰波那个敲诈式的威胁，如果必要的话，他会因此而受到惩罚。尽管如此，在信的结尾处，魏尔伦似乎想抹去这段充满抱怨的文字："好了，一个好情绪，再加上一点儿好意，嗨！你知道吗，这就是在向我表达敬重和友爱。你的保·魏。"

　　期待着兰波能有"好情绪"，这显然只是一个幻想，因为所谓的"好情绪"大概就是要让他皈依宗教（同时让他放弃总是伸手要钱的做法）。自从魏尔伦写过这封信之后，他们俩好像再也没有通过信。10月14日，兰波告诉德拉艾，说他"在这方面不会再做任何事情了"。至于说魏尔伦，他曾试图再去做一些难以实现的事。两人试图在斯图加特重修旧好，这既不现实，况且又搞得一团糟。从那时起，兰波便走上了自己奇特的道路，不再想着魏尔伦，除非是敲他的竹杠。两人都感觉他们的关系算是走到了尽头。魏尔伦的宗教和兰波的"求知欲"在朝两个截然相反的方向发展。但多愁善感的魏尔伦在很长时间内一直十分崇拜这个难以超越的过客，尽管后来他也嘲笑过这个甩掉他的人。这种崇拜的动机就在于他们那传奇性的会面，正是在那次会面时，诗歌的全部力量，诗歌那"令人窒息"的力量以及影响力（不仅仅是写作本身）突然展现在他眼前，而诗歌的影响力既可以向四外传播，也可以自行消失。

第四章

爪哇之旅

从他们决裂之日起，他就彻底摆脱了魏尔伦，对他来说，魏尔伦就代表着诗歌，但这已一去不复返了。兰波已无可挽回地进入非文学领域的纵深之地。假设他以为文学可以作为他的靠山，而他本人又将自己神奇的能力赋予文学，那么他从此便迈入现实世界之中，这是一个没有艺术慰藉、没有魔法的世界。在他和热尔曼·努沃短暂交往的过程中，人们看到他对放弃文学创作还是有些后悔，我们看到在1875年他对文学还是有过美好的梦想，虽然那一梦想未能实现：他也许把某些散文诗送到了斯图加特；同年5月，他在米兰时，曾设法索回一本《地狱一季》。过了这段时间之后，尤其是在以嘲弄的口吻创作出那首可笑的诗《梦境》之后，兰波不再笃信文学了。他将这种"实践活动"转给别人，因为这些人比他更能干，这也使他成为"绝对的现代人"。他的躯体及思想已发生巨大的变化，这个变化的故事与他自己所想象的现代性相吻合。从这方面看，他创造出一种生活方式。他的现代性（在《灵光集》中已有所表现）最终拒绝留下任何文字的痕迹，拒绝那些被认为是幻想的东西。他并不认为永恒与瞬间的结合会对此做出解释，正如波德莱尔所做的那样，他更倾向于依赖瞬间，与此同时放弃永恒，也就是说，放弃某种先验的价值，而这正是艺术、哲学、冥想所寻觅的价值。尽管如此，他的行为并不意味着要去享受那唯一的瞬间，要去寻觅幸福的短暂时光。他坚持不懈地往前走，"将想法搭在思索上，然后拉动"，不管怎么说，这种做法仿佛就是一种追求的举动，不论遭遇多少挫折，都要一直追求下去。兰波身上反复出现的东西恰好是一次次的尝试，他尝试着去解救自己。同时，他还经历过冰冻期，时常会陷入困境，遭遇过重重失败。

在故乡沙勒维尔的生活总是让他充满幻想，因为那儿的生活带给他的都是失望。在几个月之内，兰波一直在等待着，然而，天意并未特殊地照顾他，甚至连好运气都没出现。那时他只好去学习，而且依然在刻苦地学习，去上钢琴课，再喝点儿烧酒，或到乡间去远足。在兰波的传说里人们究竟应该相信什么呢？怎么样才能摆脱那些传说呢？由于他那烦人的个性，由于这一个性蒙蔽了许多人，他不经意中留下许多趣闻逸事。

因此，分散到各地的见证者以为还记得他那刻苦的学习精神。有人说曾在沙勒维尔周围的树林里看见他，他正在看一本俄语语法书[91]；还有人（路易·皮埃坎）为我们描绘出一个贝凯特式的场景[92]：阿蒂尔把自己关在一个老式的掩蔽所里，不吃不喝，连续学习二十四小时，正是这个皮埃坎曾向我们描述过一个失恋的兰波。这种学习方式究竟是为了考取巴黎综合工科大学呢，还是为了通过高中会考？1875年10月15日，他写信给德拉艾，要他把复习用的书目告诉他，以便能通过高中会考。幸好德拉艾向我们展现的是一个"爱好科学"的人，一个既喜欢喝酒，又乐于漂泊的人[93]。

德拉艾对兰波的一次远足依然记忆犹新，我会毫不犹豫地将此视为最珍贵的记忆，因为描述者的语气极为真实，可谓是栩栩如生，他甚至描述出兰波那"有力的步伐"，那"灵活的身躯"，他的步伐就像"一个既坚定又有耐心、勇往直前的步行者的步伐"："两条长腿平静地迈着大步，修长的胳膊随着步伐有节奏地甩动着，上身显得非常挺拔，头抬得很正，眼睛凝望着远方，整个面部露出一副顺从的挑战表情，露出一副胸有成竹的样子，看不出任何火气和恐惧的痕迹。"[93乙] 人们恐怕很难如此贴近这样一个向前迈进的身躯，任何一部影片都不可能如此成功地描绘出这一场景，这也是一种思索模式，是应付困难的一种方式，即使顺从抑制了挑战精神，而这正是我们所赞赏的精神。

尽管天气一直在下雨，但朋友们照样要到沙勒维尔附近去散步，他们常到"紫色森林"里去，有时一直走到边境地带。尤其是每个星期四和星期天，他们都要出去散步，因为那两天德拉艾会从苏瓦松赶回沙勒维尔。他们依照事先安排好的路线，从这个村庄走到那个村庄。在散步的过程中，兰波相信自己的伙伴能找到最好的咖啡馆，让他休息一下。他们在咖啡馆坐下来，喝着大杯啤酒。他们远足的目的和文学没有任何联系，只不过是走累了就休息一会儿，喝上一大杯啤酒，或几小杯烧酒。兰波几乎很少说话。有时在酒精的刺激下，两位伙伴从咖啡馆里走出来时，嘴里高兴地哼唱着勒科克的小曲《百位圣女》，这是那时寻欢作乐的人常唱的一曲老调。有时老同学欧内斯特·米约及路易·皮埃坎也和他们一起去远足，米约是一个性情"温和、爽朗、热情"的人，兰波自1871年就和他认识；而皮埃坎则显得很聪明，但他也是一个奇怪的见证人，因为他的回忆在很大程度上与德拉艾的不相吻合。

如果朋友们不到阿登省的乡村里去远足，那么就约在沙勒维尔城著名的咖啡馆里碰面，比如散步咖啡馆或火车站前的宇宙咖啡馆。对于某些人来说，兰波很愿意给他们讲一些耸人听闻的故事，就像他过去所做的那样。有时，他也愿意回忆起自己所写的诗，仿佛他依然没有放弃文学似的。难道我们应该信赖德拉艾讲述的往事吗？我们常常在他的回忆中发现有重叠的现象。况且，兰波在生活中曾经历过多次反复，因此他的生活不可能出现这种混淆不清的局面。

❧

1876年4月，在这初春时分，总想漂泊的兰波似乎又想尝试他在一年前所做的事情。他兜里揣着一点儿钱（这是母亲又一次慷慨解囊给他的钱），再次踏上赶赴德国之路。毫无疑问，他把自己的计划告诉给母亲，这一计划似乎与他在1875年的打算极为相似。这一次，他不想去斯图加特，也不想去学德语，他把目标定在更遥远的地方[94]：他要去奥地利，接着去保加利亚的瓦尔纳，然后再从那儿去那个希腊岛屿，岛上的一家制皂厂有个职位正等着他呢。兰波与希腊！这个话题值得人们去挖掘。在本书的开篇，读者也许注意到他在最初写诗时是如何从希腊神话中汲取营养的。在那封著名的"通灵人书信"中，希腊诗歌"为动作标出节律"。然而，他不承认自己曾赞赏过帕尔纳斯派的美学，我们此时看到的只是一个现实的兰波，他去希腊并不是为了观赏古代建筑，而是希望在那儿从事现代的职业：制造香皂。1876年的这次旅行突然间就结束了。原来，他刚抵达维也纳，身上带的钱就被一个出租马车夫给偷走了。由于喝得太多了，他大概在出租马车上睡着了，马车夫看他这副样子，迅速把他身上的钱包偷走了。在得知这个消息后，魏尔伦写了一首不太友善的"老科佩"体十行诗，还画了一幅速写，作为当时创作中的连环画里的一幅[95]。兰波一丝不挂，手里只拿着

《又一个漂泊的犹太人》（德拉艾绘，沙勒维尔－梅济耶尔图书馆博物馆馆藏）

一支烟斗，从烟斗里冒出一个巨大的气泡，里面写着这首"老科佩"体十行诗。在远处，马车夫正在逃跑。失主的身后是一个街角，上面挂着牌子：复仇街（当然要用阿登口音来念这个街名）†。在维也纳，兰波大吵大闹，可谁也听不懂他在说什么，于是便被送进派出所，接着，有人把他领到法国领事馆，领事馆的人见他身无分文，便把他送到边境处。他又一次体验了以前的经历。从一个国家到另一个国家，他总是回到这始终难以分开的阿登省。德拉艾所画的一幅速写是对这段插曲的最佳描述[97]。兰波向前迈着大步，他穿得很体面，但裤脚已经磨破了。他嘴里叼着烟斗，手里拿着一根弯弯曲曲的拐杖，像浪漫艺术家手里拿的木棍子，裤兜里揣着一卷纸，露出身后，上面写着"护照"①。他头戴一顶高筒大礼帽，礼帽是在伦敦花十先令买的，现已成为一

---

† 1876年3月24日，魏尔伦用暗语给德拉艾写了一封信："因此维也纳也成为重点城市，列入复仇之地列表，其中要按时间顺序排，Artichas（及布鲁塞尔）还能排在前列，抓那个车夫呀！"[96]——作者附注

① 德拉艾在此用的是"passe porc"一词，为护照的谐音，意为"让猪通过"。

顶皱巴巴的破帽子，像手风琴的风箱似的。画面的背景再现了此次旅行的各个落脚点。画面的右侧是德国的黑森林州，整个地区覆盖着冷杉树；中间是斯特拉斯堡大教堂的钟楼；最左侧是沙勒维尔。几个人物在向他致敬，其中有身穿制服的海关职员，有农民，还有一个神话中的小精灵："那是一个瓦拉几亚人，随你怎么想吧。"德拉艾向魏尔伦解释道。兰波是从右向左走，也就是说在往回家的方向走。速写的标题是《又一个漂泊的犹太人》。这个词在此用得非常合适，比描述他和魏尔伦过去在比利时闲逛时还要合适。

∾

这次不太光彩的旅行或许让他感到很失望。因此他在一段时间里一直闷闷不乐，而魏尔伦则瞄准这个时机大肆嘲弄兰波，嘲弄这个总想走遍天涯海角的狂热的旅行者。然而，兰波却是一个不甘心失败的人。他知道在必要时应增加一点儿神奇的变化。在沙勒维尔度过沉闷的五个月之后，在经历过这次挫折之后，他绝不会长期待在这座死气沉沉的城市里。他无论如何也要摆脱这种坐以待毙的局面，即使享受不到"真正的生活"，起码也能体验到某一种生活。在此，我们没有更多的资料去再现接下去所发生的事。在自己家里苦苦等待了几天之后，他有可能突然消失了，就像罗穆卢斯在元老院里突然消失一样。或许我们应该在此提到他的一次讲话，他流露出要去东方的想法。要想到东方去，他大概考虑过到基督教会学校做修士[98]，因为当时教会的修士们到中国及日本传授教义。只要能达到这个目的，兰波根本不在乎这是否与自己内心的信念相冲突。人们想象着当他达到那遥远的地方之后，便撕毁了与雇主达成的约定，依照自己的方式去生活，就像他所梦想的冒险者那样，就住在那"可爱的小屋"里，手边放着一只葫芦水壶，像一个淘金者似的。德拉艾将兰波痴迷东方的消息简短地告诉了魏尔伦，魏尔伦不相信这个魔鬼缠身的人会皈依宗教，于是便询问"兰波是否真的开始信教了"。"你得把这个秘密告诉我呀。"[99]他对德拉艾说。

由于兰波离开了沙勒维尔，于是人们便做出种种猜测，看他究竟到哪儿去了。德拉艾和魏尔伦认为他去了非洲的某个地方，这难免让人猜测兰波此前曾透露过这种念头。有关他出走的传说越传越离谱，几幅美妙的速写也应运而生[100]。德拉艾在速写里描绘出许多滑稽的情景。首先，这是"一个来自沙勒维尔的传教士"：兰波只在腹部

第三部　异国他乡　　　　　　　　　　　　237

蒙着一块遮羞布，身上文着烟斗和酒杯，腰上挂着一本厚重的霍屯督①语字典。一顶插着一支箭的帽子扣在他头上。他右手拿着一个大瓶酒，而另一只手则领着一大群裸体女人，每个女人的鼻子上都插着一根骨头，就像给小树苗嫁接似的。她们跳着非洲舞蹈，那舞步堪与时髦的康康舞媲美。几棵棕榈树构成这幅速写的背景。另一幅速写画的是他把腿伸开，坐在一把椅子上，头顶上戴着王冠，吸着烟斗。两个野蛮人露出毕恭毕敬的样子，向他俯首跪拜。另外一幅讽刺性的速写画的是他的正面像，他赤裸着身子，脖子上系着领带，身上文着啤酒杯、烧酒杯和烟斗（这是他根深蒂固的陋习）。他在画中说道："这些土著，他们又来烦人了！"总之，这是"黑人之书"悲惨的结局，因为连野蛮人也来烦他了。热尔曼·努沃则灵巧地画出一个满头浓发的兰波[101]（就像《桌子一角》里的兰波），他穿得很体面，在大沙漠里奔跑着，去追赶被大风吹跑的帽子。远处有一个小人物正注视着这个场景，此人可能就是努沃本人。速写的标题：《黑人地区的风景》。他们从此称这个人为"痴迷的旅行者"[102]，而从旅行者的角度来看，所有的一切都是可以想象的。凭着对事实真相的预感力（除非他们事先得到一些消息），努沃和德拉艾画出一幅具有象征意义的作品，表现出兰波置身于波涛汹涌的大海深处，一艘轮船在大洋上航行，远在海平面的月亮将他帽子轮廓的影子拉得长长的。努沃在远处用望远镜观看着这个场景[103]。

෯

然而，现实更令人感到震惊。1877年春天，兰波想走得更远，到遥远的国度去，离开欧洲。既然去希腊的计划已无法实现了，他在考虑其他途径来满足自己要旅行的心绪。两年前，他曾试图加入卡洛斯军队。这一次，他听人说荷兰殖民军在招募军人，因为殖民军要在苏门答腊岛镇压当地人民的起义[104]。那可是世界的另一端呀！一旦被军队派到那儿以后，他就可以在当地开小差，在那个"充满自由"的地区生活。是谁告诉他这个消息呢？依照当时的说法，是"拉壮丁的军官"，根据有些档案的记载，这些人在法国很活跃，比如在里尔及巴黎都能看到他们的身影。兰波毫不犹豫地接受这些人开出的条件。在布鲁塞尔，荷兰领事馆里登记着他的名字。他拿到一

---

① 生活在非洲南部的一个民族，主要分布在纳米比亚、博茨瓦纳和南非，有自己的语言。

张前往鹿特丹的火车票，并向鹿特丹驻军的指挥官报到。他从那儿乘火车经豪达及乌得勒支，前往哈尔德韦克，那里是殖民军招募新兵的大本营。5月18日傍晚时分，他抵达哈尔德韦克。在这个只有五千人口的河港城市，驻扎着多支部队，都是要派去增援荷兰殖民军的。部队为这些未来的士兵做了体检，确认他们可以作战，并核对好身份，这些事情做完之后，他们便在这儿驻扎下来，等待着出发的命令，军队的教官教他们使用武器，教他们军事口令（用荷兰语），除了接受训练之外，他们还要干一些杂活。从晚上5点到9点半这段时间，他们可以进城，于是他们便去小酒馆喝酒或去妓院嫖娼（这个小城市有四十多个妓女）。从5月18日至6月10日[105]，兰波就待在这个城市里，随部队驻扎在一个古修道院里，他周围都是"迷失的人"，有犯过罪的人、流浪汉、雇佣兵，每天早晨点名时，那一声"到"使他们感觉自己依然生活在现实之中。他们或许是真正的"现代人"，是极为平凡的人，是纯粹的冒险者，而他却与他们混同在一起。他十分孤僻，在他们中间不露声色。他再次住进兵营的宿舍，就像在巴黎公社时期或在马赛投身于卡洛斯军队时一样，而且也像他在最后一首诗《梦境》里所描述的场景。要是不喊他的名字，谁也认不出他就是阿蒂尔·兰波，因为他不和任何人说话。他切断了与诗歌的联系，摆脱爱好科学的束缚。除非诗歌从此以后演变成一种私下的活动。这里没有人认识他，而他又要前往一个陌生的国度。这份雇佣兵合同展现给他的是一个危险的未来："要在荷兰军队里服役六年"，在这六年的行伍生涯中，死亡会时刻威胁着他。由于有了这份合同，他得到三百荷兰盾的报酬，这在当时是一小笔财富。但他怎么去花这笔钱呢？兰波想抗拒天命，向命运发起挑战。这一次，他走得太远了，根本没有退路，他成为另一人，成为和父亲一样的人，"为可怕的工业及殖民开发服务"。他脑中有时闪过想开小差的念头。有人在他身边谈论这个话题。然而，在哈尔德韦克，他还是坚持了二十五天。他知道一旦上了船，再想后悔也来不及了。

1876年6月10日，起航的那一天终于来临了。动身的前一天，士兵们拿出他们的部分军饷到红灯区里闹腾了一番。士兵们排好队，排头兵敲打着战鼓，朝火车站走去。他们乘火车来到乌得勒支，接着又赶往登海尔德。士兵们敲着战鼓，列队前往新迪耶普港，登上"亲王号"船，该船很快就起航了。在码头上，没有人给这些远征的士兵们送行。第二天，船停靠在南安普顿，补充供几个月用的给养。部队向士兵们发

《一个来自沙勒维尔的传教士》（德拉艾绘，雅克－杜塞文学图书馆馆藏）

《黑人国王》（德拉艾绘，雅克－杜塞文学图书馆馆藏）

240　　　　　　兰波传

《黑人地区的风景》（热尔曼·努沃绘，雅克-杜塞文学图书馆馆藏）

德拉艾所画的速写，兰波在大海深处（雅克-杜塞文学图书馆馆藏）

放烟草、烟斗、肥皂以及做游戏用的器具。那天，有人开了小差，是个名叫马莱的法国人，28岁，他从甲板上跳入海中，人们马上就去救他。长途的旅行就这样开始了。船上既有严格的纪律，也有混乱不堪的场面。作息时间非常严格，但士兵们无所事事地待着，感到十分厌烦。时间在慢慢地流逝，他们朝陌生的国度驶去。此时的兰波只是一个普通的士兵，周围都是外籍军团的雇佣兵。这是他第一次面对纯外在性的东西，可以说是面对没有任何杂念的沉思。他既受部队纪律的约束，又很自由。他既是清闲的雇佣兵，又是潜在的逃兵。

在穿越直布罗陀海峡几天之后，船于6月22日下午抵达那不勒斯，他们补充了一些食品，又在当晚离开那不勒斯继续航行。部队严密监视意大利籍士兵，因为他们知道有几个意大利人到部队来当兵就是为了能搭船返回意大利。然而在这段时间没有发生士兵逃跑的事件。船继续在大海上航行，途中经过塞浦路斯，兰波后来再次踏上这个国家的国土。地中海就像是"他自己的大海"，他后来多次穿越过这个海洋。"亲王号"现在驶入苏伊士运河，运河七年前才刚刚开通。船上所有的人都能感觉到自己正在通过这条狭隘的通道。他们离开了欧洲，跨入另一个世界，那是一片戈壁荒滩，是听不懂的语言。好几个人选择这个关键时刻逃离部队，尤其是在那不勒斯就想逃走的意大利人。有些人成功地逃脱了，但有些人却落入海中溺水身亡。兰波一直在等待着机会。像其他人一样，他俯在船舷栏杆上，看着远方亚丁海岸高大的山岩，周围是一片不毛之地。接着，运兵船便向深海驶去。从那儿以后，船上所有的人都安全到达目的港。7月19日，"亲王号"抵达苏门答腊岛的沿海城市巴东。三天之后，该船停泊在爪哇首府巴达维亚①的水面上，爪哇是一座让人向往的岛屿。整座城市被高高的围墙围起来。码头上泊靠着来自各国的船只，在街上可以看到不同种族的人。荷兰殖民军抵达此地已成为一个大事件。雇佣兵排成队列，敲打着战鼓，步行到潘森斯塔，接着，他们乘马车赶往十公里以外的兵营，兵营驻地以前曾是一家制茶厂。部队开始对士兵做分班编制。兰波被编入第一步兵营四连，他要随该连驻扎到萨拉提加。7月30日，他们乘船前往三宝垄，并于8月2日到达该城。三宝垄是爪哇岛的第二大城市。1876年，这座大城市拥有7.5万人口，除了爪哇人之外，该城还有1.4万华侨和华人以

---

① 即雅加达，此为荷兰殖民主义者对雅加达的称呼。

及5000名欧洲人。城市里生意兴隆,港口呈现出一派繁忙景象:有来自欧洲的军舰,还有传统风格的船只,中国式帆船以及舢板等。兰波目不暇接地看这座繁华的城市。8月2日,他们连队乘火车赶往克东贾提,接着又开赴廷当。天气热得要命,即使在树荫下气温也高达三十五摄氏度。到下午的时候,所有的活动都停下来。到廷当之后,士兵们便步行到目的地萨拉提加,这是一座高海拔的小镇,他们走了两个小时,才到达目的地。这里的天气也凉爽多了。士兵们累得筋疲力尽,终于走到了驻扎营地。几个在巴达维亚生病的士兵则乘一辆专用马车也随部队来到营地。在整个旅途过程中,兰波大概已将路过的村庄、树林、可以躲避的地方,以及专为当地人开设的大排档都记在心里。在萨拉提加,士兵们住在集体宿舍里,部队按照士兵的国籍给他们安排宿舍。法国人不多,算上兰波只有六个人。在跨海的长途旅行中,他们相互已经认识了,他们几个人都很年轻,杜尔代尚未成年,路易·杜朗22岁,布里索内23岁,奥古斯特·米绍多28岁,但他在到达萨拉提加的第二天就去世了,大概是感染了某种恶性热病。普罗塔·莫南是他们几个人当中年龄最大的,但也只有32岁。我们对于这几个人可以说是一无所知。作为兰波的同代人,他们曾和兰波一起去冒险。不经意之中,他们成为兰波这段历史的见证人,成为与兰波在军营里生活的最后一批人,和兰波一起共同分享他的梦境。

士兵们很快就开始学习严格的军事纪律,军事训练压得他们喘不过气来,他们开始议论战争,还有人说起阵亡事件,说起附近丛林里的种种险情。8月15日是圣母升天节,耶稣会的神职人员特意赶来为天主教徒们做弥撒,但兰波并未参加弥撒仪式。晚上点名时,他也不在。第二天,部队便认为他逃跑了。他把军队发给他的所有物品都留在宿舍里,只穿着法兰绒内衣和一条白裤子就走了,这身着装就像普通的外国人[106]。要是穿军装走的话,也许会引起别人的注意。他很可能事先早就准备好要逃走了。他只是在火车上看到从三宝垄到廷当的路程,现在要返回三宝垄只有靠两条腿了,这段路程大约有五十公里。他尽量设法绕开热带丛林。沿途有许多小村庄可以接待他。在8月3日至15日这段时间,他也许从爪哇籍士兵那里学到一些基本词汇,以便能向当地人索要食物,打听要去的方向,或找个落脚地方等。此外,沿途到处都有果树,他可以随时以果实充饥。

兰波的逃跑显得很自然,就像很久以后一位名叫雅克·瓦谢的人逃跑一样,但瓦谢是以一种难以置信的方式来考虑逃跑的，因为他只是在自己内心去实施逃跑的行动[107]。到底是瓦谢，还是桑格勒？在想起阿尔弗雷德·雅里①在《日日夜夜》里创作的主人公时，人们不禁要琢磨一番。很长时间以来，兰波一直在逃避现实生活。尤其是最近这两年，总要出走的想法让他感到困惑不安，表面上看，他是想出去找工作，实际上，他就是想走得远远的。但在逃离雇佣军之后，他又期待着什么呢？难道他是想利用跨海航行的条件，一直来到旅行的目的地，以便更好地了解自己下一步的行动吗？在人们的想象当中，兰波并非是在追寻深层次的完美之物。阿兰·博莱尔的解释颇有道理：兰波根本无心去观赏旅行沿途的风光，因此猜想他都看过哪些美景也就变得毫无意义了。兰波可不像有钱的观光者，他对美妙的风光不感兴趣。他跑到爪哇来肯定是为了履行合同，因为那是他和军队签署的合同，同时也是他以挑战的姿态，以超越自我的意识强加给自己的合同。当他以个人需要为名，单独为自己而采取行动时，这可谓是有悖常理的超凡举动，其他人对此很难理解。

他终于来到三宝垄，消失在嘈杂的人群之中，他大概对没有人能认出他来而感到高兴，在此生活的欧洲人有五千人之众，他们在街头漫步、做生意，或在咖啡馆静静地品着咖啡，兰波混在他们当中，谁又能认出他来呢？他会说英语、德语，还能讲几句荷兰语，这让他能蒙过许多人。但时间对他来说非常紧迫，他感觉到处都是前来捉拿他的人。因此，他要在最短的时间内找到一艘返回欧洲大陆的船。他准备再次去完成《醉舟》的航程！在泊靠在码头上的所有船舶当中，他很快就看到那些挂着英国国旗的船只。对他而言，搭乘英国船返回欧洲是最保险的方式。他要尽量避免和荷兰人打交道，而在爪哇岛上荷兰人为数众多。但他同样不希望碰上法国人，和法国人在一起，他免不了要说许多话，这有泄露自己身份的潜在危险。他在码头上走来走去，不时和船员们闲聊几句，最终找到一艘船，并受雇在船上做起了船员。

研究者的耐心值得钦佩，而且他们总能找到各种各样的研究方法。在追寻兰波踪迹的研究方面，他们不仅让我们看到这次冒险中那异国情调的美景，而且还让我们看到档案中奇妙的秘密。所有跨越人洋的航程从头至尾都是受控制的，就像最缜密的侦探案一样。任何东西都不会遗漏掉，即使有遗漏也非常少。然而最终还是一位名叫伊妮德·斯塔基的人想起要去查阅航海运输档案[108][109]，查阅所有在1877年8月至9月

---

① 阿尔弗雷德·雅里（1873—1907），法国著名小说家、剧作家、记者，被视为超现实主义戏剧的鼻祖。

间从三宝垄驶往欧洲，并于同年12月到达法国的船只记录（如果人们相信德拉艾所说的话，他后来证实曾在12月里见到过兰波）。此外，V. P. 安德伍德颇有洞察力[110]，他在斯塔基小姐未能深入研究的文件中找到新的资料。诚然，这些资料并未揭示兰波在航行过程中的思想状况，但我们起码知道他是在什么环境下生活的，他都遇到了哪些危险。

我们不妨回顾一下当时的局面。8月15日，部队宣布兰波逃跑了，因为晚上点名时没有看见他的身影。五个月之后，即12月9日那天，德拉艾断定他在沙勒维尔看见了兰波。尽管如此，当他把这个消息告诉米约时，特意嘱咐他"不要告诉任何人"，伊莎贝尔后来也断言她哥哥只是在年底时才回到家中[111]，当然她的话有时不可信。从8月一直到12月，这是漫长的航程，他中途经历了重重艰难险阻，最终才从亚洲来到欧洲，德拉艾后来把那些险情一一列举出来。很少有船会走这样一条航线。说实在的，要是按事先所提供的线索去找的话，恐怕只有一条船能符合这些线索。人们从中所推断出的故事只不过一种可能性，因为人们对此事的真实性没有绝对的把握。这种可能性令人感到不安。我们姑且认定这个兰波与真实的兰波极为相似，而真实的兰波又始终不见踪影。

在三宝垄，兰波设法搭乘一艘返回欧洲的船。他在码头上联系了几艘船，看能否给他们打工。他手头上有钱，那是他拿到的军饷，可他并不想花钱买一张船票。在碰了几个软钉子之后，他最终和一个名叫布朗的人商谈了一番，此人是苏格兰"流浪首领号"的船长，这是一艘小吨位的货船，该船于2月从英国北部港口南菲尔斯起航，原打算在海上连续航行三年。但在爪哇附近水域艰难地航行一段时间之后，布朗决定提前返回欧洲。他装满了一船食糖。船上有十几位船员：有船长、两位大副、一位见习水手、一位厨师，还有七名海员。然而，不久前，有一位海员落海身亡。另外两个人（其中一人是厨师）因病不得不离开该船。因此，布朗要想返航，就必须再招募几位海员。8月8日，他雇了一位厨师，是丹麦人；8月11日，他招募了一个名叫埃德温·霍姆斯的人；8月29日，他又雇了一个名叫辛斯顿的人，这人此前曾在"克里夫兰号"上工作过。同一天，驻在港口的英国副领事批准新招募的人为该船船员。但在该船船员登记簿上根本看不到兰波的名字，恐怕在所有从爪哇开往欧洲的船员登记簿上都找不到兰波的名字。因此，安德伍德的假设值得人们认真考虑：如果兰波以实名登记的话，那倒显得不正常了，人们反而应该设想，他肯定选用了另一个名字，一个英国名字，而且还和船长商量好，让船长故意更改招募这位海员的时间。当然，所有这一切意味着兰波的英语说得特别好（这倒未必一定），再不然就是因急于招募到海员，布朗并未仔细查看应聘者的身份。辛斯顿的身份已十分明确。相反，在问及以前曾在哪家船上服务时，霍姆斯说他在"奥斯科号"上工作过，然而凡是住在三宝垄的人都知道，此船于7月4日在东印度群岛海域失事后被遗弃在那里。然而，在查阅"运输船及船员登记总册"时，不但在"奥斯科号"船员名册上找不到霍姆斯的名字，而且在其他任何一艘驶往东方的英国船船员名册上也找不到此人的名字。因此，我们可以推论这个霍姆斯肯定是在撒谎。在当时那种局势下，兰波毫不犹豫地让自己换上一个新的身份，并声称自己只有19岁。至于说霍姆斯这个姓氏，它在英国不过是一个很常见的姓氏，这个普通的姓氏后来在许多侦探案里竟然大显神威[①]！

9月，"流浪首领号"驶离三宝垄港。兰波终于摆脱了荷兰军队的追捕。他自由了。爪哇的海岸越来越远了，而冒险仍在继续。他在船上还要工作，况且也能挣一点儿小钱。霍姆斯海员每个月只能拿到75法郎的薪水，而他的同事们则能拿到97法郎。或许他的工作不像其他人的那么辛苦。伊莎贝尔后来声称，兰波在船上做翻译，但从当时的局势看，我们很难猜测出哪类谈判需要他出面翻译。事实上，由于此船已装满了货物，因此不需要中途停靠，除非在某些地方停顿几个小时，补充给养。整个航行过程险象环生，这是冒险者命中注定的遭遇。9月底，"流浪首领号"遭遇到一场可怕的风暴。兰波后来将此场景描述给德拉艾，那时他看见船员们都跪在甲板上，不停地祈祷，他们以为厄运就要降临到自己头上了。在写给劳埃德海上保险协会的报告中，布朗船长直言不讳地概述了那场灾难："在南纬31度、东经31度海域，船遭遇特大风暴，从船尾打过来的巨大海浪将甲板上所有活动的物品都掀掉了，并把船只打成倾斜状，船在倾斜状态下熬过漫长的三十个小时，船的舱口和桁端都浸在海水里……我们不得不砍断后桅杆以及大小顶桅。由于海水涌入货舱，有些食糖也被海浪卷走了。""流浪首领号"受损严重，只有等修复之后才能继续航行。10月23日，船停靠在圣赫勒拿岛。11月18日，在航行途中，他们在北纬19度、西经30度海域碰到另一艘货

---

① 霍姆斯（Holmes）这个名字的写法与大名鼎鼎的侦探福尔摩斯名字的写法一样。

船。他们并未沿着一条笔直的航线直接驶往目的港昆士镇，而是借顺风顺水之势驶往阿森松岛。但没有迹象表明兰波带着他"那副讨厌的嘴脸来到塞内加尔"，如魏尔伦后来在一首"老科佩"体十行诗所写的那样[112]。

霍姆斯海员（总是他。难道真是他吗？）在船上干各种杂活。他的内心又逐渐趋于平静。缓慢流逝的时间再次把他拉回到欧洲。海浪和繁星，"海浪从远方轻微地拍打着护窗"，他怎能不梦想《醉舟》呢？但兰波当时根本无法去梦想，无法去回忆过去的时光。他选择了现实，这也是保持心理健康的必要步骤，将诗歌那自命不凡的劲头抛置一边，其实诗歌也像海风一样猛烈。此时，在经过三个多月的航行之后，他们已看到远方的英国海岸，那正是昆士镇，"流浪首领号"在目的港停靠下来。这时，兰波便悄悄地溜走了。那是12月6日晚或12月7日凌晨。于是他便开始一路狂奔，否则他无法与未来传记作家的描述合上拍。德拉艾后来在一封私人信件中这样写道："自12月9日起，他就到了沙勒维尔（这让他感到沮丧）。"人们不能因此就怀疑他在为研究者的假设制造障碍。安德伍德在地图上标出兰波旅行的路线，依照前后顺序将那些地方一一列举出来，德拉艾后来也确认了这条路线：昆士镇、考克、利物浦、勒哈弗尔、巴黎、沙勒维尔。接着，他查阅了1876年12月的"全英列车时刻表"。现在他要让时间与空间吻合起来。兰波完成了一个相当了不起的壮举：他完全有可能于早晨7点在昆士镇乘火车赶往考克（全程行驶21分钟），再从那儿乘渡轮赶往利物浦（早8点到达），接着又乘火车前往伦敦，在伦敦搭上一列经迪耶普开往巴黎的火车，并于第二天下午2点到达巴黎，他穿着英国海员制服还和热尔曼·努沃见了面，努沃还特意称他为"海员兰波"[113]。最终他在巴黎斯特拉斯堡车站乘火车返回沙勒维尔，晚上就到家了，他就像《八十天环游地球》里的斐利亚·福克那样，高超地完成了自己的合约。人们完全可以想象另一条不太紧张的返家路线。总之，到底有什么紧急事让他如此急匆匆地往家赶呢？难道他想马上听到"老妈"的训诫吗？在看到德拉艾描述的路线之后，勒哈弗尔港出现在这条路线上让安德伍德感到很困惑，他本人也想过，兰波或许能及时赶上从南安普顿开往勒哈弗尔的渡轮。但渡轮的时刻与他最终到家的时间不吻合。要是乘渡轮经勒哈弗尔回家的话，他不可能在那个想象的约会时间抵达沙勒维尔。还有另一件事也让安德伍德的假设疑窦丛生。事实上，在停靠昆士镇之后，"流浪首领号"大概还停靠在勒哈弗尔港，但那已过了很长一段时间，该船于12月11

日抵达勒哈弗尔。12月20日，该船船员名册上记录了八名船员正式离船的事实。在离船的船员里就有辛斯顿和那位神秘的霍姆斯。尽管如此，人们可能会想，此前确实有人离开该船，但他们离船的事只是在那时才记录下来。布朗船长可能在霍姆斯离船两周之后才提起这件事。要想了解兰波的内心，一方面要追随他去旅行，另一方面要考虑其他的冒险行动，考虑他是否被其他可能性所吸引。假设现实并非如我们所再现的那样，那么这个现实或许也是传奇式的。兰波在此成为一艘船，一艘阿尔戈船。但他并没有歌唱。他只是在航行，在冒险，完完全全是另一个人，以便与他一直所追寻的现实融会在一起。

接下来还有时间差的秘密，依照德拉艾的说法，在沙勒维尔露面之后，兰波最初还不想让别人知道他已返回故乡。但在这个小城市里，人怎么能秘密地生活呢？在这座小城里，每个人都在窥视着其他人，种种流言蜚语会让人感到不安。我们至少可以想象，在这年根时刻，他又回到家中，母亲和伊莎贝尔在家里相依为命，她对两个儿子已不抱希望了，经过几年的军旅生活之后，弗雷德里克很快就要复员了，但他依然没有找到工作，而阿蒂尔还是让人理解不透，他正在浪费自己的才华（魏尔伦早就有这种看法）。在此期间，德拉艾见到了兰波，而兰波也把自己的经历讲给他听，德拉艾一直在雷特尔教书，他从那儿给朋友欧内斯特·米约写了一封信：

　　他回来了！……
　　这只是一次短途旅行，几乎不算作什么。下面是他旅行经过的地方：布鲁塞尔、鹿特丹、登海尔德、南安普顿、直布罗陀海峡、那不勒斯、苏伊士运河、亚丁、苏门答腊、爪哇（在那儿逗留了两个月）、好望角、圣赫勒拿岛、阿森松岛、亚速尔群岛、昆士镇、考克（爱尔兰）、利物浦、勒哈弗尔、巴黎，最终……回到沙勒维尔。
　　经历过哪些惊人的事件，他才匆忙走完这段航程呢，这恐怕要用很长时间才能解释清楚。

德拉艾在信中图一时方便，未把每个字都表达清楚，这也情有可原，但却让传记作家们竞相去猜测兰波所遇到的"惊人事件"。将来还会有人就此提出荒诞的设想。

那时，德拉艾依然热衷于画漫画，又为他的漫画集增添了几幅漫画：在这幅画上，兰波在雇佣军的船上，露出无所事事的样子[114]；在那幅画上，他穿着破烂不堪的衣服，手里拿着一根弯曲的木棍，大步向前走着，背景充满了异国情调：有棕榈树，热带茅草屋，土著人。在第三幅画里，他和德拉艾坐在一个独腿小圆桌前，桌子上摆放着啤酒杯，他们抽着烟斗，聊着天，德拉艾坐在椅子上，露出"十分惊诧"的样子，在这个画面的上方，一艘帆船在波涛汹涌的大海上左右摇晃着，好像他们俩正在谈论这事似的。漫画的标题:《"你下次什么时候走?""尽快吧。"》至于说魏尔伦，他则在一首"老科佩"体的十行诗里尽情地体验着，这首诗的开篇讽刺地概述了旅行者那可悲的状态，这趟长途旅行把他累得筋疲力尽:

> 咳，自前一科佩体诗后无任何进步!
> 是的，我脑门已全秃就像漏底的小篮
> 我感觉嗓内有东西如鲠在喉
> 后背难受宛如风湿病之前兆
> 我比以往任何时候都要烦恼。[115]

"烦恼""讨厌的事"，这些词与优雅地表达忧郁之情的手法相差甚远，但这正是兰波常挂在嘴边的词，而且他能深刻体验其中的含义。要想抵御这种每时每刻都会出现的苦衷，他只有一个办法，那就是出走，即使经历艰难险阻也在所不惜，要敢于采取行动，与沮丧及缺乏耐心做斗争。

第五章

痴迷的旅行者[†]

年复一年，积累的经验也越来越丰富，但所有这些经验也让人感到失望，好像这些经验就是故意让人失望似的。

1877年复活节前，这个回家没多久的人又要出走了。母亲给了他一点儿钱。他还是朝德国那边走。但他既不去斯图加特，也不去维也纳，而是去科隆。由于梅西耶在喜歌剧院当上舞台监督，因此那个"希腊计划"算是彻底泡汤了。兰波这次出走的唯一线索就是德拉艾的回忆[116]，虽然德拉艾的文字写得含混不清，但根据他的介绍，兰波所做的工作还是真实可信的：他在为荷兰殖民军招募军人，而他本人刚从那支军队里开了小差。人们起初很难想象他去做这种工作，他是在经历过痛苦的磨难之后才学会了解这份差事的。从此，他知道自己该怎么做。他起先曾投身于卡洛斯军队，接着又加入荷兰殖民军，现在他已成为拐骗他人市场上干练的掮客。他每招募一个人，就能拿到一笔佣金。兰波知道年轻人内心的苦恼，尤其是他们什么工作也不想做，意志消沉，在生活中感到困惑不已。他到啤酒屋、咖啡馆、公共娱乐场所里去寻找招募对象。他巧言令色，以带着命运色彩的"阴暗天空"来诱惑这些年轻人。但他并未将自己固定在一个城市里，很快就要到别的地方去，这并不是为了观光游览，而是为了逃避。对于我们所不了解的事，恐怕只能借助于小说里的某些情节了。在他一生的这一时段内，大家想到的都是相类似的文字，即马克·奥兰[①]描写欧洲各个港口的

[†] 这个是德拉艾、魏尔伦和努沃为兰波起的绰号，他们也许是借鉴埃尔韦的轻歌剧《痴迷的作曲家》给他起的名字。——作者附注

[①] 马克·奥兰（1882—1970），法国作家，年轻时穷困潦倒，曾到欧洲各地旅行，撰写多部旅行游记。

The undersigned Arthur Rimbaud —
Born in Charleville (France) — Aged 23 —
5 ft 6 height — good healthy, — Late a
teacher of sciences and languages — Recently
deserted from the 47e Regiment of the
French army, — Actually in Bremen without
any means, the French Consul refusing
any Relief, —
Would like to know on which conditions
he could conclude an immediate engagement
in the American navy.
Speaks and writes English, German, French,
Italian and Spanish.
Has been four months as a sailor in
a Scotch bark, from Java to Queenstown
from August to December 76.
Would be very honoured and grateful
to receive an answer.

John Arthur Rimbaud

兰波致美国驻不来梅领事的信
（沙勒维尔-梅济耶尔图书馆博物馆馆藏）

短篇小说，展现在我们眼前的是在秘密状态下生活的人，是倒霉的漫画家，还有《道林·格雷的画像》①中的几页描述：年轻的爵士衣冠楚楚地出没于低级下流的酒吧、鸦片馆以及隐藏着罪恶的小酒馆。

在不来梅时，兰波回想起自己在"流浪首领号"的经历，于是便孤注一掷，给美国驻不来梅领事寄去一封信[117]，声称自己想加入美国海军。他编写了一份名副其实的履历表，阐明自己的状况。在描述自己是"七岁诗人"及"下地狱的丈夫"之后，这里出现的是另一个人，此人同样让人感到吃惊，虽然他只提供出最基本，甚至最虚假的资料：

本文签署人为阿蒂尔·兰波，

出生于法国沙勒维尔市，现年23岁。

身高5英尺6英寸。身体健康。此前曾任科学及语言教师。

最近刚从法军第四十七团开了小差，目前在不来梅，

没有任何经济来源，而法国领事又拒绝提供帮助，

因此我想了解在什么条件下，可以马上签署一项合约，

到美国海军中服役。

我能讲英语、德语、法语、意大利语、西班牙语，

并用这些语言书写文章。

我于1876年8月至12月在一艘苏格兰货船上当海员，

---

① 奥斯卡·王尔德所撰写的小说。

从爪哇一直航行到昆士镇。

若能收到答复，本人将不胜荣幸和感激。

约翰·阿蒂尔·兰波[①]

1877年5月14日，不来梅

美国领事拒绝了他的申请，因为要想加入美国海军，就必须是美国公民，但通过这篇简历，兰波就自己过去所做的事情澄清了一部分假设。他的确是在一艘英国货船上做过海员（他在原稿里用的是"三桅帆船"，表明这是一艘小吨位的货船），对他来说，该船航行的终点是昆士镇，而不是勒哈弗尔，大家还记得，有人认为那个名叫霍姆斯的人是在勒哈弗尔下的船。至于说他最近所从事的职业，这与他在英国及德国所做的工作基本吻合。尽管如此，人们还是不知道他是否教过"科学"的课，即使在1875年，他曾向德拉艾表达了自己准备通过科学学科高中会考的意图。最令人感到困惑不解的是，他明确说明自己在法军开了小差，其实他不必去承担这个不法行为的责任，因为除了必须参加的军事训练课之外，当局已免除了他的义务兵役。但兰波总是感觉自己的所作所为不符合当局的规定，即使到后来，他完全丧失工作能力时也是如此。在这里荷兰殖民军变成了法军，而且他嘲讽地加上了"第四十七团"，其中的讽刺意义只有他一个人能明白，这正是他父亲所隶属的那个团！我们也许不应该把他的举动划归于这类回忆，然而过去的回忆给他打下深深的烙印。兰波反复出走、又返回故乡的举动在不停地编织并"拆毁"着短暂的联系，那是身在远方的父亲与深居简出的母亲之间的联系，是奔波于各地的军人与农民母亲之间的联系。在当逃兵的举动中，人们仿佛看出这是对父亲的报复，父亲是忠于职守的士兵，从不缺席点名，但他却厚颜无耻地抛弃了自己的家庭。

在不来梅，由于没有经济来源，兰波承认自己遭遇到了挫折。当掮客的佣金显然是不够维持生活的。在加入美国海军的申请遭到拒绝之后，他再次流落街头，和穷人及盗贼们混迹在一起。由于他会讲多种语言，最后他还是找到了一份工作。实际上，

---

① 因简历要寄给美国领事馆，兰波将自己的名字按英文书写习惯拼写。

他在卢瓦塞马戏团工作了几个月，马戏团要到欧洲各地巡回演出，此时正在斯德哥尔摩，而他也来到了斯德哥尔摩。卢瓦塞马戏团已在荷兰成立很久了[118]，常到各地巡回演出，而且一直表演马戏的传统节目。严格地说，兰波所在的这个阶层并不是常常外出旅行的阶层（他可能是当售票员），他在《杂耍》里回忆起这些"身体强壮的怪人"。埃米莉和克洛蒂德是欧洲贵族们极力追捧的两个明星。两年后，在马鞍上表演节目的女骑手埃米莉嫁给一位王子！兰波大概在卢瓦塞马戏团里干了三四个月。马戏团按以往的巡回演出路线从斯德哥尔摩来到哥本哈根，他也随马戏团来到这里。依照德拉艾的说法，像前几次一样，他又被法国领事馆送回法国。

1877年6月16日，德拉艾给老同学米约寄了一封信[119]，说他不知道"痴迷的旅行者"最近跑到那里去了，他大概走到"很远、很远的地方"去了。8月9日，德拉艾又给魏尔伦写了信，像以往一样，他在信中还附上一幅小画[120]：兰波身穿裘皮长大衣，斜背着一个挎包，戴着一顶高筒帽，一只手拿着拐杖，另一只手和一只站立的白熊在碰杯，白熊嘴里叼着一支烟斗。从兰波嘴里冒出一个大气泡，里面写着："咳！我现在需要的可不是爪哇人"。显然这是在暗喻他的前一次旅行。在白熊和兰波之间，摆放着一只高大的酒瓶子，上面标着"苦艾酒"。此画的标题是：《北纬70度》。在这幅小画的背面还写了几行明确的文字："一直没有兰波的任何消息，而且没有收到他的信，正如洛蒙所说，**'人总会留下蛛丝马迹'**[①]，这家伙说不定跑哪儿去了！我寄给你一幅描绘着西伯利亚风光的小画，这幅画让'那地方'的民众颇为感动。""没有任何消息"的说法明确地表明他在某一段时间内曾得到过兰波的消息（比如，他知道兰波去了北欧地区）。兰波也许从北欧地区给德拉艾寄过明信片，德拉艾在那时还给米约写过另一封信[121]，除了重复写给魏尔伦的那些话之外，他还补充道："我从小就认识的这个人，就是你看见在和一只白熊碰杯的这个人，你肯定很容易能辨别出（在信纸的背面）他是谁，我告诉你，他最近在斯德哥尔摩，接着又去了哥本哈根，可从那儿以后，就一点儿消息也没有了。地理学家们猜测他在北纬76度一带，因此我也就成为他们的联络人了。"那时他们还有兰波的消息，知道他在朝北极地区走去，就像凡尔纳笔下某个想征服北极的人物。米约在获知这个消息后有什么反应，我们不得而知。

[①] 黑体字原文为拉丁文。

《北纬70度》（德拉艾绘，雅克－杜塞文学图书馆馆藏）

但魏尔伦却写了一首"老科佩"体十行诗[122]，在这首诗里，兰波在穿越瑞典（他回到巴黎后还依然十分怀念瑞典的咖啡）之后，大概来到挪威，虽然抱着很大的梦想，但他最终还是希望尽快返回故乡，那个语气是魏尔伦加上去的：

> 如果我回到沙勒维尔待上一个季度
>
> （他妈的）？会让"老妈"感到厌烦？

总之，不管是用这种方式，还是用那种方法，兰波或者靠国家的钱返回故乡，或者迈开两腿，脚底生风，回到家乡。他也许是在秋天的时候回到沙勒维尔的。但真实的资料依然缺失，而其他证言又靠不住，因为德拉艾现在奥尔良教书，对沙勒维尔发生的事一无所知。魏尔伦则接替德拉艾在雷特尔圣母学堂教书。冬季返回这座他所憎恨的城市过冬，这已成为兰波的习惯。不管他到哪儿去奔波，到头来总会在一年中最寒冷的时节回到阿登省的老家。但不论是米约，还是皮埃坎，他们没有提供有关他此次返乡的任何信息，尽管他们后来声称是他最亲密的朋友。德拉艾的话通常是可信的，可在这儿却插入了一段"说得过去"的故事[123]，但这段故事同样可以满足虚构的愿望，兰波让那些想再现他生活的人激发出这种愿望，仿佛要给他的冒险历程再增添一段插曲似的。因此，若不引用德拉艾的文字似乎是不可能的：

> 他准备再次到东方去旅行，而且这一次是自己直接行动，但却没有成功，这成为1877年秋末的重大事件。兰波在马赛登船前往亚历山大港，但开船不久他就病倒了。胃部有灼热感，有炎症，胃壁变薄，系由肋骨摩擦腹部所致，为过多的行走所引发，这是医生诊断的原话。这位倒霉的旅行者在意大利下船接受治疗。身体康复后，他顺便参观了罗马城，并途经马赛回到圣洛朗，兰波夫人在那儿有一所房子，他在那里度过了1878年的冬天。

除此之外，没有任何其他文字能确认此次旅行。如果真有这么一次东方之旅，那似乎也是次年旅行的准备工作。我们注意到，兰波一直习惯于在旅行之前做一些准备工作。1876年，他随"亲王号"船通过苏伊士运河。从那时起，他可能就产生返回亚历山大港做生意的想法。魏尔伦就爪哇之旅所写的"老科佩"体十行诗是这样结束的：

> 所有这一切并非是真的：我梦想做生意，
> 此时，带着奇妙的想法，我包好旧牌區
> 有信心将其售给卡纳克人，以换朗姆酒。[124]

但埃及人可不是卡纳克人，魏尔伦也太离谱了，他让兰波像魔鬼似的同时出现在许多地方。不管怎么说，关于这次夭折的旅行，人们没有找到任何文字记录。

有人认为，为了节省少得可怜的那点儿钱，兰波常常不乘火车，这种看法还是合情合理的。因此他是靠步行穿越法国大部分地区的，这就是他疲惫不堪、在海上病倒并不得不在意大利下船的原因。由此我们不难看出，虽然他的身体很有耐力，但身体有时也拖了他的后腿。他总是过分地强求自己，不到迫不得已时不会停下来。1876年，走在锡耶那的路上，他中暑晕倒了；1877年，他的身体状况很糟糕，于是便在奇维塔韦基亚接受治疗，他到罗马观光游览也是完全有可能的，虽然只有德拉艾一个人证实他去过那里，显然这些名胜古迹并不怎么吸引他。那些吸引浪漫派眼光的东西丝毫不能打动他的心，罗马城只让他回想起在中学里所做的拉丁译文练习，除此之外就再也没有吸引他的地方了，除非他想在西斯廷教堂里查验一下，看看珠宝盒里是否保存着高级教士的鼻子，那鼻子里填满了"异教之药"，这正是他在《诅咒诗画集》的一首诗里所用过的滑稽词汇[125]！他当然要返回马赛，但究竟怎么回去的呢？接着他又要返回罗什，就像要去接受惩罚似的。

1878年复活节前后，有人又看到他的踪影。当然这个消息只是几个月之后才披露出来，德拉艾于9月28日在写给魏尔伦的信中提到此事[126]："有人在巴黎看见了兰波，这是真实可信的。在复活节前不久，我的一个朋友在拉丁区看见他了。""真实可信的"这几个字就相当于认可。在此前的一封信里，魏尔伦不是也说过那位"脚底生风的人"正在首都闲逛呢嘛？如果这件事是真的，那么人们很容易就能猜测出那几天他在做什么。刚一到巴黎，他大概就去联系卡巴内、梅西耶、里什潘等人，并住在他们几个人的家里，可他们居然不记得有这么回事，尽管兰波在首都逗留的时间非常短暂。他的身影总是出没于拉丁区，这是他在叛逆的少年时代非常熟悉的街区，而他的身影虚无缥缈，来无影去无踪。

他在春末时分返回沙勒维尔。兰波夫人现住在圣洛朗[127]，距离梅济耶尔不远，这幢房子是居夫家祖传下来的家产。不久以后，她就和伊莎贝尔彻底搬到罗什村去住了。整个夏季，兰波都在那儿陪着她们，他和家里人一起参加夏收，因为书写《地狱一季》早已成为历史，此书远不是什么驱魔咒，而是后来种种失望的前奏（他现在已意识到这一点）。此时，上一次旅行的画面浮现在眼前，他感觉到一个漫无目的、无益、愤怒的自由在呼唤。浩瀚的大海，热带丛林，荒芜的土地，以及"七岁诗人"所说的"眩晕、崩溃、失败、怜悯"统统涌上心头。显然他已不再关注诗歌了，因为诗歌过于受韵律及文字排比的限制，他转而去关注现实，去关注那"艰难"而又难以预料的现实。罗什村再次成为写作及深思的地方，就像出门前祈祷，战前祷告一样。在和母亲住在一起的这段时间里，他不可能什么也不告诉母亲，哪怕发牢骚也会透露出自己的一些想法：他要到炎热的地区去生活，尤其是去非洲，到那边起码不用再忍受冬天的寒冷及浓雾。他到那边也许还能挣许多钱，等钱挣多了之后再回沙勒维尔。兰波夫人对他的打算将信将疑。然而，她完全相信，所有的努力不会白费。她儿子没有文凭，这是事实，但他会讲欧洲的大部分语言，而且她毫不怀疑儿子的天赋。他告诉母亲将来会在远方当上工程师，他几乎把母亲说服了。他保证，这一次肯定能找到工作，而且会经常和家里联系。

❧

1878年10月20日[128]，他再次踏上奔赴远方的路程，而且知道要走哪条路线，他不会经过马赛，因为途经马赛去意大利要绕很远的路。他带着母亲给他的钱，直接来到阿尔特多夫，当时圣哥达尔隧道正在建造施工（次年竣工），并从那儿到达热那亚。他从热那亚乘船前往埃及，朝亚历山大港驶去，就像去年那样。他要母亲和伊莎贝尔给他往亚历山大港寄信，他自己到邮局去取信。他从沙勒维尔出发，乘火车前往洛林地区的雷米尔蒙。接着他步行穿越孚日地区，以便走到德国境内的韦瑟灵火车站。他没想到那一年雪下得特别早。山上刮着刺骨的寒风，地上的积雪竟然有五十厘米厚。最后，他登上火车，沿着四镇湖走，抵达这条线路的终点站阿尔特多夫。11月17日，他从热那亚给家里人写了一封信（就在此前一天，他父亲兰波上尉在第戎去世了），生动地讲述了旅途后半程的经历，人们从中又看到那位真实的散文作家：言之有物，文风遒劲，目光犀利，诙谐幽默。但人们似乎也明白他想成为什么样的人，他想做地理学家，想做科学家，因为相对于短暂记录，科学家更相信测量数据：

……接着，真正的攀登开始了，那好像是在霍斯潘达尔，起初是沿着小路爬山，接着就是走平缓的台地，或沿着车道走。但不能总顺着车道走，因为车道呈之字形盘曲而上，或借用平缓的阶地，因为这样走会用很长时间，而山的垂直高度有4900米，即使两侧有些山峰不到4900米，但也差不太多。我们当然不会垂直地向上攀登，而是沿着前人走出来的羊肠小道向上爬。从未见过高山的人到这儿才知道，一座山上还有陡峭的山峰，但陡峭的山峰并不是山的全部。哥达尔山的顶峰竟有好几公里宽的面积。

车道仅有六米宽，车道的右侧堆着厚厚的积雪，厚度有两米高，这堵雪墙随时会倒在车道上，形成一米高的障碍，我们要冒着纷纷扬扬的大雪冲破这个雪障。上下前后什么也看不见了，尽管我们周围都是高大的东西，既看不见弯曲的车道，也看不见悬崖峭壁；既看不见峡谷，也看不见天日，只有皑皑的白雪，你想到的、触摸到的、看到的，或看不到的只是白茫茫一片，因为你不去看这白色的烦恼是不可能的，我们以为这烦恼就挡在路的中间。猛烈的寒风吹得人抬不起头来，眉毛和胡子上都沾满了雪花，耳朵就像要冻掉了似的，脖子因呼吸困难而鼓起来。要是没有自己的影子，没有路边的电线杆，我们真像热锅里的蚂蚁不知该往哪边走。

兰波寄自热那亚的信
（沙勒维尔－梅济耶尔图书馆博物馆馆藏）

就这样，我们要冲破这个高一米、蜿蜒一公里的雪墙。没走多久，积雪就没过膝盖了，而且越走浑身越热。我们累得气喘吁吁，不到半个小时，暴风雪就能轻而易举地把我们埋没掉，我们高声呐喊，相互鼓励（绝不能一个人去爬山，一定要和几个伙伴一起去）。前面有一个养路工小屋，我们进到屋里，每人买一碗盐水。然后，又接着上路了。但寒风越刮越猛，道路明显被雪填平了。这时来了一队雪橇，有一匹马半个身子都埋到雪里了。但车道也消失了。路标到底在车道的哪一侧呢（应该只有一侧有路标）？我们偏离了方向，一直走到山坡上，走到侧峰的下面去了……一条深沟的后面朦朦胧胧有一个影子，那是哥达尔收容所，是一座用杉树和石头搭建的丑陋建筑物，是一座小钟楼。听见门铃声，一个脏兮兮的年轻人走过来接待我们，带我们来到一个低矮、肮脏的大厅里，给我们端上面包、奶酪、浓汤和烧酒。我们在那儿还看见几只漂亮的大黄狗。接着来了一群刚从山上下来的人，他们都快冻僵了。晚上，我们总共是三十多人，都需要安排住宿，在喝过浓汤之后，我们挤在草褥上，盖上棉被，虽然棉被不够盖的。深夜里，我们听见主人唱着神圣的感恩歌，表达出又享受一天当地政府补贴的乐趣。

第二天早晨，在吃过面包、奶酪，喝过烧酒之后，我们浑身更有力量了，只要暴风雪不停，我们可以一直在这儿享受免费接待。我们走了出去，早晨天气放晴了，山色显得更美了，一点儿风也没有，我们顺着小道往山下走，不时跳过雪障，跌跌撞撞地滚下山，最终来到艾罗罗，来到隧道的另一端，道路又像阿尔卑斯山路那样，盘桓曲折，堵塞不畅，但都是下山的路。我们到了提契诺……

穿越国境的时候，他下定决心不走回头路，而是敢于去面对未知的生活，不管从哪方面看，他都不会变：他是善于观察的冒险家，是对凡事都不在乎的人，他描写圣哥达尔山的修士"唱着神圣的感恩歌，表达出又享受一天当地政府补贴的乐趣"，描写那个遭遇烦恼的人，未把积雪看作是"白色的宁静"，而将其视为"白色的烦恼"（不便说得更多），这让"老妈"感到很恼火。

来到热那亚这座国际性的港口之后，他小心翼翼地买了一张船票，登上一艘开往亚历山大港的轮船。他不走从马赛起航的那条海路，而是到这儿来上船，这种做法对他来说毫无意义。他自己也承认："前往埃及的航海旅行要花大价钱，也就是说船票非常贵，因此没有任何好处。"跨海航行大概要走十几天。他很有可能躺在一把长椅上，在甲板上过夜。船航行途中停靠在塞浦路斯，兰波又看到那些熟悉的地方，船抵达亚历山大港时，他感觉这片土地已经等待他很久了，从此他便远离一切，抛弃自己丑陋的过去。奈瓦尔过去曾来过这里，那时苏伊士运河尚未开通："埃及就像一座巨大的坟墓，这是来到亚历山大海滩时，埃及给我留下的印象，放眼望去，亚历山大的废墟和小山丘颇像零零散散的坟墓，散落在满是灰烬的土地上。"[129]这是奈瓦尔于1843年来此旅行时写下的印象记！亚历山大也曾有过辉煌的鼎盛时期，但从那时起，该城的人口一直在减少，而自从穆罕默德·阿里①将此城视为潜在的首府之后，亚历山大再次兴旺起来，尤其是苏伊士运河所带动的贸易使该城恢复了以往的繁荣景象。在半个月之内，兰波一直在找工作，同旅居亚历山大港的欧洲人联系，他结识了一位法国工程师，那是一个"热心肠的人，而且很有才华"。12月初，在写给家人的信中[130]，他说不知是去一家大型农场里当工人，还是到英埃海关做职员（兰波去当海关职员！见鬼！这不可能！），或者到塞浦路斯的某个大工地上去当翻译。要想去农场里当工人，他得提供一份品德证明，表明他不需要服兵役，于是他要母亲给他寄来必要的证明文件。然而，不久以后，他已做出抉择，或许他听从那位法国工程师的建议，打算去塞浦路斯。

12月16日，他在塞浦路斯正式开始上班，但并非像自己最初以为的那样去做翻译，而是在一家采石场当监工。他指挥来自各地的工人：有叙利亚人、阿拉伯人、马耳他人等。在他的监督之下，开采好的石材经打磨后，装上小型蒸汽拖船，或装在铁制的驳船上，运往外地。自16世纪以来，塞浦路斯一直归属于土耳其人，然而土耳其人却疏于管理。1878年6月4日，有关国家签署了一纸协议，规定塞浦路斯由英国人托管。英国人看中了这个战略要地，并以此为跳板，来控制地中海的贸易及苏伊士运河的航道，他们在塞浦路斯大兴土木工程，以加速该岛的现代化进程，开发当地的自然资源。法国人在拉纳卡建了许多大型建筑（如屠宰场、英埃合资银行等）。兰波来得正是时候。12月，有二十多位欧洲人先后来到这里，负责管理工地。然而由于气候恶劣，再加上采石场的粉尘有害健康，好几个人都去世了。2月，兰波告诉母亲他是唯一没有感染热病的人。

从这时起，他就开始从事令人疲惫不堪的劳动，直至他去世，并将此作为对自己的惩罚而忍受着。在上帝的决定面前，他绝不会退缩，他后来的确是靠汗水来养活自己的。

他住在工地上，而距离工地最近的村庄也要走上半个小时。拉纳卡港是该岛南部的一座大城市，人口有两万人，大部分国家的领事馆都设在这座城市里，该城距离工地有二十四公里远。采石场的一侧是一条河床，河床大部分时间是干涸的。这里离

---

① 穆罕默德·阿里（1769—1849），埃及总督，埃及阿里王朝的创建者。

大海不远，海岸一带是寸草不生的荒芜之地。"没有耕地，没有花园，连一棵树都没有。"[131] 就像荒野似的，他在以后路途中所碰到的也是这类不毛之地。到处都是干旱的景象，即使在冬季的这几个月里也是如此①。尽管他身体很好，但他知道自己的处境很不稳定。另一家公司完全有可能接替他所供职的这家企业。而他本人虽然和雇主签了合同，但却一直没有拿到公司应该支付的150法郎。在寄给亲人的信里，他写了这么一句令人吃惊的话，就像是在求救似的："你们是不是希望我马上回去呢？"难道他准备再一次放弃吗？然而，或许是在母亲的鼓励下，他以顽强的精神坚持下来，没有退缩，母亲一直都很坚强，而且将此个性传给他。尽管如此，在两个月内，他的生活条件逐渐恶化起来。天气热得令人难以忍受，到了晚上，他就睡在海边的沙滩上，任凭虱子和蚊子叮咬，因此，他要别人赶紧送来一顶帐篷。况且，工人们之间总是吵架，他得去管他们，为此，他还让别人给他寄来一把匕首。面对这种恶劣的条件及危险，他感到厌烦了。但他尽量不去抱怨。这就是他的习惯：要么发火，要么沉默；要么尽量不露出悲伤的样子，要么就显得极为失望。但这个新的尝试对他来说肯定是失败的，虽然他刻意想摆脱这种困境。此外，来到岛上以后他一直没有生过病，可那病就像潜伏在身上似的，这会儿突然发作起来：他呕吐，恶心。最初，他心里只是生出想回法国的念头，可现在他必须得回去了。5月28日，雇主给他出具一份证明，说他在工作中兢兢业业，受到大家的好评。他必须得回家去了。他回来了。

∽

1879年6月，他在距罗什三公里远的冯克火车站下了车。家人到车站来接他。在写给家里的最后几封信里，他说自己很快就会返回家乡，而且身体也不太好。他大概得了伤寒（至少这是为他诊治的大夫做出的诊断）[132]，身体康复得很慢。在家乡安顿下来之后，他先不考虑什么时候再走，虽然他知道自己肯定还得走。此时此刻，他落入陷阱之中，那是他自己的陷阱，是命运精心为他设置的陷阱。他是否还有勇气泄愤呢？逆来顺受的想法是否把他压下去了呢？现在回过头去看，这一"摇摆不定"的阶段还是很有特色的。这是多次出走之后，他在法国待得最长的一段时间，也是在法国

---

① 塞浦路斯属地中海气候，冬季降水多。

最后一段长时间的生活，此后他不但人离开法国，而且从思想上认定自己彻底离开了法国。只是过了十二年之后，他才再次踏上法国的土地。但此时此刻，他对未来的一切一无所知。再次回到农民的世界里时，他给自己定下什么样的未来呢？什么都没变，也许什么都不会变。他一遍遍地重复这样的话。不论是爪哇之旅，还是去远方探险，或是在拉纳卡附近度过那几个月，他总是要返回家乡泥泞的土地上来。在走过许多难以想象的弯路之后，他总是返回罗什村，返回这永久的偏僻之地，后来他只能拿非洲最贫困的地方和这偏僻之地做比较了。这个浮浅的"穷乡僻壤"在召唤他。小村庄前景暗淡，除了平静地反映出四季更迭之外，再无其他前途可言。他还得去忍受这个家庭（他以前曾诅咒过这个家）。他们不得不去干农活，身体累得筋疲力尽，思想也在倒退。兰波用新眼光去看待精神空间，作为令人赞叹的叛逆者，他有勇气在其中建立起《地狱一季》，但他绝对不会再拿起笔了。不论是早晨，还是中午，或是晚上，他把自己封闭起来，囚禁起来。"老妈"从此会反复向他唠叨："我已经对你说过多少次了。这样的事迟早会发生的。"但兰波一家人是否在一起谈过自己内心的感受呢？他们得监督农庄里的活计，得管理账目。他们过的是简朴的生活，本分的生活。守寡的母亲和孩子们生活在这个小村庄里，村子里的每一个人都在想象他人的丑事，对别人的事无所不知。兰波夫人总是与其他人保持着一定的距离，周围的人都知道她的不幸，她的确是一个不幸的女人，她不爱交往，出于某种自尊的心理，她绝不会表露出悲伤的样子。弗雷德里克已经复员了，他没有像父亲那样成为职业军人，于是便到沙勒维尔那边去找工作，后来有一段时间他去卖报纸，接着又到阿蒂尼去做公共马车的车夫。伊莎贝尔那时已19岁了。尽管她在圣墓修女学校接受过良好的教育，而且兰波家族那美丽的蓝眼睛使她看上去楚楚动人，但她的婚嫁依然遥遥无期。她后来在罗什村度过许多年，她是个热情而又顺从的姑娘，却对村里的小伙子们不感兴趣。她在婚姻上十分挑剔，一位有钱的庄园主登门求婚，遭到她的拒绝，直到阿蒂尔逝世后，而且名气越来越大时，她才嫁给一个回头的浪子，皮埃尔·迪富尔，又名帕泰纳尔·贝里雄[133]，此人后来成为诗人的第一任传记作家。在这1879年6月里，她刚度过自己19岁的生日，此时她还想象不出哥哥去世后那难以置信的命运。当哥哥拖着疲惫不堪的身体，从田地里干活回来时，她根本没想到要珍惜与哥哥在一起的时间。在不知不觉之中，时间慢慢地流逝了，但人们却未采撷到时间所留下的痕迹。然而，这种平淡的时刻却是非常重要。如果能讲述那时刻缓慢的进程，那可是几乎静止不动的时间所留下的奇特滋味。

9月初，德拉艾要到北方省的凯努瓦城去担任学生总监，在出发之前，他决定到罗什村去看望兰波[134]。在一个阳光明媚的下午，他来到村子里，兰波一家人也就不讲客套了，要他帮忙卸马车。大家干得非常起劲，兰波夫人、伊莎贝尔、他们的老用人（卢森堡人米歇尔老爹）以及阿蒂尔都跟着一起干。德拉艾一边干活，一边注视着这位回到家乡的漂泊者。他那消瘦的面孔被晒得黝黑，依然带着远途旅行的痕迹，稀疏的络腮胡子使他的脸颊看上去呈金黄色，他那听起来一直很尖的嗓音此时已变得十分低沉。到了晚上，经过一天的劳作之后，他们在吃晚饭时便放松下来。阿蒂尔面带微笑，显得很平静。他们兴致勃勃地聊着，出于好奇，德拉艾提出一个问题，恐怕魏尔伦也免不了要提这个问题：“是吗！那么你不打算再搞文学创作了？”兰波“兴奋地笑了笑，露出惊讶的样子”，只是简短地答道：“我不再想这事了。”有人描述了与此相似的场景，兰波的答复几乎是一样的：“我不想再去关注文学了。”[135]这是否意味着在现代社会里，文学从此变得无能为力了呢？是否意味着不需要再为文学花费很大的力气呢？

夜深了，两个朋友回忆起往事。他们躺在床上，小声地说着话，六年前《地狱一季》的部分章节就是在这间大房子里写成的。第二天，他们俩出去散步，这使他们回想起中学时代外出闲逛时的场景。他们一边走一边聊。兰波潇洒自如地谈论起他所知道的一切，显露出他在文化、工业、商贸、机械等领域里的渊博知识，这让他的伙伴感到非常震惊。他再次证实自己想当工程师，想当征服世界的人物，他极为钦佩凡尔纳小说里的这种人物。在路上，他们不时停下来，到小酒馆喝上一杯本地产的葡萄酒。时间过得飞快。这是残酷年代到来之前的幸福时刻。但兰波不会在罗什逗留很长时间（他把自己的计划告诉给德拉艾）。只要身体康复了（他每天还在发烧），他马上就会离开这里。他打算返回塞浦路斯或亚历山大港，像他这样的人在那儿很容易找到工作。德拉艾回想起他曾有过去美国的打算，但阿蒂尔坦言早已放弃了这个念头。“醉舟”将来是不会抵达“难以置信的佛罗里达”海岸的。太阳渐渐地落入西方地平线。德拉艾得乘火车赶回去了。在路上，两人说完最后几句话之后就道别了，因为兰波又开始发烧了，他必须得回去了，于是便迈开大步朝回家的方向走去[136]。

在这简朴的家庭农场里，他将度过整个冬天，那一年冬天天气特别寒冷。严寒和大雪是他最不喜欢的东西。同夏收繁重的农活相比，此时每天要做的事情并不多，但他却无法抑制难以忍受的烦恼。我们是否能想象他在翻阅某一部书籍呢？轻视文学的想法使他不会接受这种让步的举动。于是，他细心地读着当地的报纸，直到今天，农民们在农闲时也像他那样靠读报打发时光。此时此刻，他还不会马上动身，因为四周到处都覆盖着厚厚的白雪，这是他在翻越圣哥达尔山时曾遇到的"白色的烦恼"。为了克服忧郁的孤独感，他是否有时也去沙勒维尔城呢？我们认为他会这么做。即使到了那座小城，他也不能再去找德拉艾或去见布列塔尼了，因为德拉艾已动身去了凯努瓦，而布列塔尼自1872年起就被派往加省的比斯塔德糖厂任职。也许他在宇宙咖啡馆里和德韦里埃谈过话，和米约及皮埃坎见面过。在后来的回忆中，米约和皮埃坎常常把他们与兰波见面的日子记错了。皮埃坎说在1879年夏天[137]，他在沙勒维尔笛卡尔广场的一个小咖啡馆里与兰波见过面，这次会面是米约为他们安排的。兰波刚买了一套新衣服，这表明他很快就要动身了。然而，在1879年夏天，兰波从塞浦路斯回来后，身体一直不好，他当时只想着尽快恢复虚弱的病体。皮埃坎在回忆录中还描述说，他买了一些诗集，并将这些诗集的标题告诉给非凡的诗人阿蒂尔，兰波可能对他说道："购买书籍，尤其是买这类作品，真是愚蠢透顶。"作为叛逆者，兰波大概给他提了一个建议，要他把这些书摆到书架上，以"遮挡老墙上的脏污"。

在罗什，兰波似乎和村民们没有什么来往。村民们都待在自己的农庄里，编织着自己的生活。也许通过德拉艾（他自己怎么会不知道呢），他获悉魏尔伦常到距罗什村几公里远的库罗姆小镇去看望雷蒂努瓦一家人[138]。魏尔伦在雷特尔圣母中学任教，迷恋上他的学生吕西安。他很快就开去尝试农业，并在瑞尼维尔附近为他的恋人买了一块耕地。显然，这位善良的天主教徒很容易重蹈覆辙，即使他以种种善意来掩饰自己的做法，却一直在顽固地扮演"疯狂的童贞女"的角色，由于无法得到兰波的安慰，于是便用平庸的伙伴来替代他，以虚伪地满足他那肉欲的渴望。

1880年初春，正如自己所计划的那样，兰波宣布要出门远行。"老妈"知道要想拦住这个"回头的浪子"是不可能的，她感觉他内心已生出另一种爱好，这一爱好像诗歌那样不可抗拒，而且将他引向东方。出行的路线事先已定好了。兰波第三次南下马赛，这是既奇特又熟悉的路线。在开往埃及的轮船上，他又期待着什么呢？他再次逃离欧洲，但始终不知道自己的本性究竟是用什么材料锤炼出来的。到达旅行终点时，他能否最终达到自己的目的呢？这个目的并非是他在诗歌中所梦想的理想形象，而是现实、紧迫的局势以及唾手可得的财富。

第四部

非洲的冒险

第一章

亚丁，"丑陋的山岩……"

到达亚历山大港之后，兰波很快就发现原来他所期待的职位都被别人抢去了。他只好再次赶往塞浦路斯，希望能在那边找到原来的雇主。然而，当他来到拉纳卡时，才获悉在亚历山大结识的好友让和蒂亚勒已经破产了。尽管这种局面令人失望，但他不想放弃。很多冒险家都来塞浦路斯淘金。他很快就找到一个职位，这一次他上了特鲁多斯山脉，这是塞浦路斯岛的最高峰，海拔两千米。塞浦路斯总督要在山上建一座避暑的行宫。兰波负责监督建造工程。在等待工人来工地之前，他和工程师先安顿好。那个地方的景色很美，高大的薰衣草长得十分茂密，一行行杉树构成一片树荫，但到了夜里，天气还是十分寒冷，兰波出门时没带厚衣服，只好花钱去买几件御寒的衣物。此外，他很难弄到吃的东西，甚至连最基本的食物都很难弄到手。幸好，一支英国军队在附近建立了营地，从此，工地上的工人们就什么也不缺了。

兰波虽然远离所有的一切，但他有时还是想念自己的亲人。在寄给家人的信中，他以庄重的语气在结尾处写道："我深情地想念你们。"[1]他还表现出很慷慨的样子，答应给他们寄去一瓶名贵的葡萄酒，显然这也是为了弥补向家人索要东西所欠下的情义，因为从那时起，他在每封家书里都列出所需物品及书籍的清单，他的要求发自内心，令人动情。兰波强迫母亲和妹妹来照料他。他要是想弥补欠下家人的情义，那么罗什村那边也得跟着行动，哪怕仅仅是做做样子。从那时起，他给家里写信时总附上一份长长的书单，家里人接到他从非洲寄来这样的信感到极为惊讶，后来他对开出这样的书单也感到厌烦了。母亲过去曾反对他看那些文学书籍，现在他不再让家人寄文学书籍了，而要她们寄各种日常用品。母亲逐渐发现他已不再关注那些愚蠢的诗歌，不再熬夜去写那些她弄不懂的文字了。从此以后，阿蒂尔将阅读指导生活的书籍，成为一个像布瓦尔和佩库歇①那样博学的人，以为所有的一切是可以通过书本学到的，包括实践知识，行业知识等。他不是已经梦想到各种各样的魔法吗？在积极寻觅未来之路的过程中，各种书籍一直陪伴着他，包括那些最令人失望的书，写得最不透彻的书，总之是所有的书籍吧，正是这些书促使他去阅读，将他带入另一个世界，那就是文字的世界，不论这些文字多么浮浅，多么缺少参考价值。

在特鲁多斯山的工地上当监工并不是一个清闲的职位[2]。兰波原打算在这儿一直待到9月，但仅过了一个星期之后，他就想离开这个地方。到底发生了什么事呢？6月4日，他考虑去一家"生产大理石和石灰的企业"工作[3]。然而，事情并非像他所计划的那样，因为在6月中旬，他就跑到利马索尔港，乘船驶往埃及。有好几种猜测可以解释这次匆忙出走的原因。他给家里写过一封信，说他和雇主合不来，而且雇主剥削人太狠，他们只肯支付少得可怜的工资[4]。但意大利人奥托里诺·罗萨[5]后来则证实，兰波离开塞浦路斯是因为一个极为严重的事件。事实上，他大概用石头砸死了一位受他监督的工人。究竟是事故呢？还是预谋的举动？种种猜测都有可能，但一怒之下的失手行为或许比预谋杀人更贴近事实。

因此，他面临着两种选择：要么返回家乡，就像以往所做的那样；要么在不稳定的局势下继续冒险，在自己生命的地狱中再向前跨越一步，唯一让他感到满意的是，他远离罗什村，远离法国，远离自己的母语。我相信，他对自己耳边再也听不到法语而感到欣慰。他不再是诗歌的罪人。一个未知的前景展现在他面前，尽管这样的前景已不是第一次展现在他眼前了，他确实经历过失败，但他并未充分挖掘所有的可能性。他又看到在《放荡不羁的生活》里所梦想的微风、天空、星夜，当然他不像以前那么幼稚了，而且从那时起，生活给他灌满了沉重的回忆：有在拉丁区所遭受的苦难，有和魏尔伦在一起不愉快的插曲，还有死亡，包括维塔丽的死，以及他刚经历过的生死劫。

他并未在亚历山大港下船，而是继续沿着"亲王号"所走的路线往前走，越过苏

———————
① 这是福楼拜讽刺性小说《布瓦尔和佩库歇》中的人物，这两个人有了钱，便去探索科学和真理，却一再遭遇失败，最终又回过头来重操旧业。

伊士运河，以前有人告诉他可以在红海一带的港口找到工作。因此，这是他第二次经过塞得港。欧洲人一直在觊觎着这片半沙漠性的地区。作为海路运输的咽喉要地，于1869年开通的苏伊士运河不仅打开了一条直航远东的通道，而且为外族人进入附近地区提供了便捷条件，这一地区物产丰富，但交通十分困难。英国人、法国人、意大利人都想去征服非洲的这一地区，虽然土耳其帝国和埃及总督在此地暂时拥有霸主的地位，正是在这种局势下，兰波来到这一地区。

轮船缓慢地驶入苏伊士运河[6]，有时它不得不泊在岸边，让从中国返航的远洋轮船先通过。曼萨拉湖四周都是沙漠，航行到此湖以北地区时，船上的旅客们望着在湖泊上空飞翔的火烈鸟感叹不已。在更远的地方，在坎塔拉，他们注意到一座新建的浮桥，桥从中间一分两段，两端可收回到各自的河岸。许多沙漠商队依然要通过浮桥从埃及前往巴勒斯坦。沿着河两岸向远方望去，一台台高大的疏浚机在清除着河里的淤沙，这都是从附近戈壁滩被风刮来的沙子。再往前走，从远处就能看到苏伊士运河公司在这荒僻之地修建的亭子，那是为出席运河开通典礼的埃及总督修建的，经过多年的谈判之后，总督大人最终同意让雷塞布去实施开凿运河的工程。接着，轮船通过提姆萨赫湖，此湖是拖轮的锚泊区。最终，苏伊士城出现在眼前，放眼望去，就能看到宽阔的红海海面，那是航海家蒙弗利特最喜欢的大海。轮船的左侧就是西奈半岛，是《圣经》所描述的地方，但兰波也许不会为此而激动。他内心里没有十字军精神，而且一直对基督教不感兴趣。轮船的右侧是埃及。可能从那时起，他就知道此次旅行不会去红海以远的地方。要是去中国或日本也得等下一次了！在轮船的甲板上，这位寡言不语的旅客有时也与其他旅客聊上几句，这些人和他一样也是到远方去冒险的。虽然他的想法依然含糊不清，但他也有一些打算：要么管理建筑工程，要么做买卖。"商人！移民！通灵人！"这是他在《与诗人谈花》里为自己制订的计划。也许在创作《灵光集》时他是通灵人，现在他又干上其他职业，这些职业起码不那么神秘，而且还有收益。

欧洲已被他远远地甩在身后。通过苏伊士运河并不仅仅是一个简单的形式，一个新的世界展现在人们眼前。兰波感觉他已经越过那条想象中的界线，在这条界线之外，不论是"丑陋的家伙"，还是"悲剧中的可怜女人"，他们的世界一下子就消失了，消失在有害的浓雾之中。他的面目焕然一新，摆脱了旧习俗，作为隐姓埋名的旅行者，他正在转变成另一个人，而且这一次绝不会再当逃兵。他孤独一人，行动自由，成为掌握自己命运的主人。他在第一个中途港口苏丹港下了船，苏丹境内的所有公路都汇集于此港，但这个地方没有他所期待的职位。船继续前行，到达马萨瓦①，他准备在这儿碰碰运气，这是他第一次踏上古阿比西尼亚的国土，但还是没有找到合适的工作。后来他又在阿拉伯半岛的荷台达港下了船[7]，该港口位于也门的西海岸，但此地也没有适合他的职位，他不懂阿拉伯语，而且他所期待的那种大型工程尚未开工兴建。此外，7月的天气越来越炎热，热得让人喘不过气来，而他的身体也越来越差了。最终他病倒了，不得不卧床休息。幸好有一位名叫特雷比谢的法国商人照料他[8]，这位商人是莫朗及法布尔公司的代表，公司总部设在马赛。几天后，他恢复了健康，特雷比谢得知他的遭遇后，告诉他在亚丁或许能找到工作，他在亚丁认识所有来自欧洲的商人，尤其是巴尔代兄弟，他们兄弟俩在红海沿岸考察之后，刚在亚丁落下脚来，准备在这一带开设几个商号。对于兰波来说，他要走的路还很遥远，大概有七百公里远，但他已预感到自己的苦难就要熬出头了。特雷比谢的话给他很大的鼓舞。从那时起，他想象着四处奔波的日子终于有出路了。从荷台达港起航后，轮船沿着阿拉伯半岛那荒芜的海岸前行，驶过摩卡后，就来到宽阔的海面上，自四十年前遭遇贝督因人入侵之后，摩卡城便被废弃了。轮船来到红海的最南端，越过曼德海峡，这是一个神谕式的名字，意为"哭门"，接着又沿着海岸航行一段时间，便抵达亚丁港。

轮船泊在亚丁港的新港口里。那里耸立着几幢欧式建筑，其中有船务公司大楼，有英国公务员住的别墅楼群，还有当地总督的别墅。亚丁当时属于英国人管辖，但法国在那里也设立了领事馆，在随后的几年里，兰波曾多次求助于领事馆。特威海滩一侧形成一个半月形的白人住宅区。住宅底层建有高大的拱廊，二层宽敞的阳台就建在拱廊上面，阳台上又搭建一个平屋顶。一艘小艇将旅客送到一座浮码头上。兰波如果愿意的话，可以从那儿乘一辆出租马车到别的地方去。由于没带什么行李，他先去宇宙大饭店，因为大部分外国人，包括来自欧洲的商人或探险家都下榻在这家饭店里。饭店的招牌显得很壮观。所有的房间都朝向大海，眼前大海的景色确实十分迷人。兰波想去见朱尔·叙埃尔，此人是特雷比谢的老相识，也是巴尔代兄弟的朋友。这人五十来岁，显得很快活，思路也很敏捷。他的穿着倒像个殖民者，而兰波本人很快也

---

① 现称米齐瓦，为厄立特里亚北部港口城市。

用这种装束来打扮自己：身穿白色棉布裤子和上衣，脚下穿着帆布鞋。兰波简短地讲述了自己的经历，叙埃尔则把阿尔弗雷德·巴尔代和皮埃尔·巴尔代兄弟俩的情况告诉给他。这会儿，阿尔弗雷德到非洲的哈勒尔地区去了，想在那边设立一个商号，但在这儿还是可以见到他的合伙人迪巴先生。至于说工作嘛，这边肯定有很多机会。然而，这里的生活费用比较高，气候也很炎热，况且日常生活也很单调。

走出饭店之后，兰波叫了一辆出租马车去亚丁。亚丁城距离新港确实比较远，大概有八公里路。马车沿着笔直的道路向前走，路过堆积成山的煤炭货栈，巨型货轮每天都把煤炭运到这儿来，旧码头上摆放着许多待运的商品，有皮革、阿拉伯树胶以及一袋袋的咖啡豆。他们沿着一个村庄走，整个村子都是茅草屋，里面住着索马里人，这些人的头发都染成浓重的色彩：红色、黄色或绿色，这是移动的元音字母呀！这里的景色光秃秃的，连一点儿青草都没有，一支支沙漠商队从阿拉伯半岛走过来，形成一列不间断的长队，十分壮观，但也极为喧闹，男人、女人、孩子们在尘土飞扬的气氛中高声喊着，骆驼在货物的重压下摇摇晃晃地走着，它们背上的货物胡乱地捆绑着。这时，兰波的马车开始艰难地爬一个陡坡，爬上陡坡之后，一个城门入口展现在眼前，这就是主城门。越过这个城门，兰波就算进入亚丁城了，这个城市建立在死火山口上。殖民军的印度兵把守着城门，检查过往的居民，在通过检查之后，马车拐进一条狭窄的通道里，这就像在山岩里垂直凿出的一个断层。城市出现在眼前，白晃晃的，宛如一个海市蜃楼。在进入城市之前，他们跨越一座大桥，桥下的河流大部分时间是干涸的，这条干涸的河床现已成为家畜市场，人们在这儿买卖山羊、绵羊和骆驼。从市场里飘出一股难闻的味道，而且到处都是尘土。过了市场，他们就进到城里了。东方所特有的繁华及丰富多彩的景象呈现在眼前。各个民族的人融为一体，有索马里人、阿拉伯人、印度人。这正是兰波在《灵光集》里所想象的城市。这里的商业极为兴旺，兰波对此赞叹不已。多姿多彩的商业活动似乎将《天方夜谭》所描述的情节真实地再现出来。各种各样的职业五花八门：犹太珠宝商在打造金器和铜器，送水的人在推销陶制的凉水壶，织地毯的人则把自己编织的挂毯摆到街上来。马车很快来到大宫殿，这里耸立着一座清真寺的尖塔，塔尖上装饰着一个金色的弯月。大宫殿旁有一幢楼房，屋顶上盖着瓦片（瓦在这儿是极为稀有的东西），这就是法院。马车夫告诉兰波，对面就是巴尔代的房子，底层也是传统风格的拱廊，拱廊之上就是二层的阳

阿尔弗雷德·巴尔代像

台。整幢房子有许多房间，建筑物的主体也显得很气派。兰波知道阿尔弗雷德·巴尔代不在家，于是便要求见接替他的当家人。迪巴先生接待了他，迪巴也是特雷比谢的老相识，而且还和宇宙大饭店的经理朱尔·叙埃尔沾点儿亲。

这家贸易公司是刚成立的，主要从事出口业务，将那些或多或少珍贵的商品，尤其是咖啡出口到欧洲，但也向当地居民推销一些来自欧洲的产品，或从事易货贸易。自从苏伊士运河开通之后，许多商人和冒险家已经嗅到商机，到这一地区落下脚来，阿拉伯半岛和东非的丰富物产由沙漠商队运抵这里。在亚丁还有另外三家公司从事贸易活动：有塞泽尔·蒂昂公司，兰波在1888年为该公司做代理商；有莫朗及法布尔公司；还有意大利V. 比南菲尔德公司。兰波加入巴尔代公司似乎已没有什么障碍了。初次接触，迪巴对他颇有好感，迪巴过去是公务员，后来到里昂的一家贸易公司任行政专员，现在则为巴尔代公司工作，而巴尔代兄弟也是里昂人。在对方要他介绍自己的身份时，兰波声称自己出生在多勒镇[9]（这是他父亲的出生地），只有他自己知道这种幽默的含义，他在不来梅时已经幽默过一次了，说自己是四十七团的逃兵，而四十七团正是他父亲所服役的部队。他和父亲最隐蔽的联系则以这种细节表现出来，仿佛在抛弃诗歌世界之后，他想和另一个喜欢冒险的人建立起联系，要沿着那个人留下的足迹走下去，去再现那一命运。我们对此恐怕永远也不会知道得更多了，尽管如此，他的矜持，他的沉默有时还是能透露出某种个人用意，或某种默契的合约，那是他以内心不可判定的本质与自己达成的合约。

最初，在试用期期间，他的工资为每天7法郎（约合今天的210法郎）[10]。他的工作就是验收大包的咖啡豆，这是从当地的两个经纪人手里买来的。咖啡豆采购过来之后，就放在仓库里，女工们（都是印度女人）再去挑拣，检验，称重，然后装在双层袋子里，咖啡豆包装好之后就等着装船出口了。兰波负责监督"这群女工"，这个词

兰波传

有点儿像穆斯林的后宫，不过这里的后宫只是指在车间里工作的女工，而不是指在闺阁里生活的小妾！那时，他看上去就像一个"既高大又给人好感的小伙子，他很少说话，即使做出解释也很简短，而且边说边用右手打着专横的手势，显得颇为意外"[11]。这就是流传到我们手里的"固定的影像"。难道这是人们所不知道的兰波吗？其实这倒像是一幅更完整的肖像，让我们看到的不仅仅是一个总在跑来跑去的人，不仅仅是一个充满梦境的幻影。此时的兰波正处于青壮年，但四处碰壁的奔波把他累得筋疲力尽。他面容消瘦，头发很短，纤细的小胡子使上嘴唇显得更凝重。他那淡蓝色的眼睛似乎不敢再去梦想了……此时，他依然处于一种打短工的状态，每天从早7点一直干到下午5点，日复一日，毫不停顿，他知道自己挣的薪水少得可怜。但他还是表现出很大的诚意，迪巴先生很快就发现他有很强的适应能力，而且思维极为敏锐。在很短的时间内，他就学会了阿拉伯语常用的词汇和用法，甚至可以用阿拉伯语下命令，他的语言能力引起他人的反感。工人们都称他为"卡拉尼"，即"坏家伙"的意思[12]。他对此心知肚明，而且知道这个绰号往往是指那些二老板。在少有的休息时间里（星期日不休息），他每天晚上都在城里的街上闲逛，这里的确堪称是世界的另一端，亚丁城有来自世界各地的1.4万居民。此外，这里的欧洲人为数很少，而且总是那么几个人，他们时常碰面，一边喝茶，一边谈生意，再不然就打台球，或者读着迟到一周的报纸，心情郁闷地吸着烟斗。这不又是另一个沙勒维尔吗？然而所有的一切又截然不同。炎热的天气令人难以忍受，到了晚上，他就睡在阳台上，把凉水壶放在手边，不时拿起来冲冲凉。饮用水已成为一种纯粹的商品，而且售价非常高，因为饮用水是靠净化海水获得的。

在写给家人的信里，兰波曾多次描述这个不毛之地：

亚丁就像丑陋的山岩，没有一棵青草。[13]

这是一个死火山口，底部填满了海沙。人们在这儿看到的、摸到的都是熔岩和沙子，那上面什么植物也长不了。城市的四周是干燥的戈壁滩。但在这里，火山口的岩壁将凉风挡在外面，我们在这岩洞的底部都快被烤焦了，就像待在石灰炉里似的。[14]

"地狱一季"与"渴之喜剧"在这儿紧密地衔接在一起,其紧密程度超乎人们的想象,好像是为了检验他过去所写的那些文字似的,那时他在令人疲惫不堪的世界里辛勤地创作着。兰波一直希望到处奔波,因此他脑中很快就想到另一个地方,当然是更遥远的地方,那就是桑给巴尔[15]。当他后来想甩开一切的时候,桑给巴尔这个名字就常常出现在他的笔下。这是一粒神奇的、出乎意料的"芝麻",就像"幸运者之岛"①一样。桑给巴尔以远的地方就什么都没有了。他期待着什么呢?究竟是繁荣的贸易或那里的人民在吸引着他呢?还是某种幸福在吸引着他呢?对他来说,桑给巴尔意味着极为遥远的地方,后来他永远也没有见过那个地方。也许他能梦想到那个地方也就心满意足了。

　　几年前他就开始变形,如今已圆满地完成这一蜕变过程,他现在是一个"务实"的人,感觉自己在专心从事人应该做的工作,他在想着积累财富,今后不再是一个叫花子,不再是他母亲所嘲笑的放荡不羁的人了。真正的现代人,就是商人,就是工程师,就是带着青春的朝气,到全球各个地方去淘金的人。假如有一天他以为没有体验到"真正的生活",那么他会想,另一种形式的生活值得去尝试,值得在风险及冒险中去尝试一番。

　　由于"钱挣得足够多",而且迪巴暗示公司还有一个重要的职位在等着招聘,于是他决定留下来,尽管他不太喜欢这个地方。然而,在接下去的几个月里,虽然他的处境也在不断改善,可他却像着了迷似的,想离开这家公司,准备去"桑给巴尔,那边有许多事情可以做"。"有许多事情可以做"是兰波在非洲或阿拉伯地区最喜欢说的一句话。他那时所写的书信使我们看到他所使用的词汇,看到他的欲望也在发生突变。他对陌生的地方并不感到好奇,反而更关注到那地方去赚钱,更关注买卖、亏盈。他和金钱的关系勾勒出这几年奋斗的特征:对他来说,他不是在探索一个世界,而是在和一个世界赌输赢。他想挣到一笔财富的念头越来越强烈,好像是为了证明至少他在这方面是有能力的。"我将来会有金子的。"在这里,金子取代了太阳,而太阳正是他从事诗歌创作时所追求的最理想的东西。

　　1880年10月[16],阿尔弗雷德·巴尔代结束了长途探险旅行返回亚丁,旅行期间,

---

① 指加那利群岛。

他一直来到哈勒尔，准备在山区里开办一个办事处。自从5月和迪巴先生一起离开里昂的母公司，即维亚内及巴尔代公司之后，他就马不停蹄到各处跑。他在亚丁开设了商号和包装车间，然后又去印度，去孟买，接着在返程途中，又投身于更加危险的冒险之中，他去了非洲，穿越条件极为恶劣的地区，最终来到哈勒尔城，那里是咖啡种植的中心，他在那儿设立了一个商务机构。回到亚丁之后，他来到宇宙大饭店，又见到了朱尔·叙埃尔，同时要在这儿好好地休息一下。迪巴在饭店里迎候着他，把商号最近的情况向他做了汇报，并向他描述了兰波，他本人对这位新聘任的员工感到十分满意。时隔不久，巴尔代和兰波见了面。两人留给对方的印象都不错。巴尔代善于从能力和价值方面去评价人。与兰波初次见面后，他看出兰波是一个矜持的人，不愿意回忆自己的过去，但同时也是一个极为聪明的人，有着很深的文化底蕴，但不知何故却没有成功，况且他本人也不想去披露这一原因。就像外籍军团里的士兵一样，到这地方来的人都不愿意讲出自己过去的事。通过看他们的行动来评判他们就行了。兰波发现巴尔代是一个和他年龄相仿的年轻人，体格非常强壮，像个运动员。他那浓密的黑络腮胡子使他的脸色显得很黑。他的目光炯炯有神，透出率直和倔强的神色。欧内斯特·德拉艾于1870至1871年间在沙勒维尔中学时一直陪伴在兰波左右，而巴尔代则以目光审视兰波所走过的地方，所结识的人，那时他还不知道兰波在文学方面的价值，但最初只认为他是一个值得尊重的合作者。他每天写日记[17]，后来人们以《巴尔-阿扎姆》为题出版了他的日记，兰波要是不彻底放弃写作的话，本可以写出这样的作品。

兰波在这儿迈入他一生中最出人意料的时段†。当然他对此不会知道得很清楚，因为形成命运的东西也是后来才逐渐显露出来的。从1875至1880年，他跑过许多地方，对那些地方总是不满意，于是便疯狂地去寻觅"可以生活的地方"[18]。然而，在这几乎盲目的寻觅过程中，一个颓败的倾向使他落入更坏的处境。

---

† 那时在亚丁还有另一个姓兰波的人："一定要写明我的地址，因为这里的船务公司里有一个人也姓兰波。"在1880年9月22日写给家人的信里，他这样注明道，这个巧合（同名）则成为"我是另一个"的不恰当的变种。——作者附注

第二章

哈勒尔，鬣狗的城市

　　从哈勒尔回来之后，阿尔弗雷德·巴尔代知道那边"有许多事情可以做"，在这个没有背景，既聪明又审慎的年轻人身上，他看出这是一个优秀的合作者，要是把他派到驻非洲办事处里，他会做得很出色，而办事处那边只有潘沙尔一个人。在获悉这个消息后，兰波隐约看到可以离开亚丁的可能性，他实在忍受不了亚丁的气候和干燥的环境。11月10日，他签了一份为期三年的合同[19]，同意"成为公司的职员，到哈勒尔办事处……或非洲海岸及阿拉伯半岛的任何一家商号或子公司工作，只要公司的业务及利益需要您到那里去工作"。他的月薪为五十卢比①，薪水一下子便提高了许多，他还能从公司的利润里提取百分之一的红利，而且食宿费用也由公司承担。兰波对这些条件感到很满意。因此他做出最后的抉择，放弃了桑给巴尔，放弃了遥远的旅行计划，但他知道自己将消失在这个不顺从的地区里，他以吹牛的口气告诉母亲："要去那儿就必须得佩带武器……但依然有被盖拉人抓住的危险。"[20]事实上，盖拉人生性残忍，他们最近刚刚摧毁了一支穿越他们地界的沙漠商队。

　　在出发之前，在写给家里人的信里[21]，他列出一份很长的书单，都是实用类的书籍，包括手册及指南一类的书，他大概幻想着所有的本领都是可以通过书本学到手的，只要照方抓药就行了。兰波给家人开出冗长的书单，要他们到拉克鲁瓦书店去买："马车匠手册""皮革商手册""玻璃制作手册""制砖手册""陶器商手册""陶瓷工手册""铸造手册""蜡烛制作手册""武器制造指南""锁匠大全"及"城市与农村

---

① 当时在亚丁流通的货币。

兰波签订的合同

（沙勒维尔－梅济耶尔图书馆博物馆馆藏）

水利学"等。我们想象着，一个猜测自己将漂流到某个荒岛上的鲁宾孙·克罗索，已采取多种措施，以便在那儿建立起文明的世界。年复一年，他的参考书越来越多，看来他真想成为一个万金油式的人物。拿到这些书以后，他感觉自己已无所不能，凭着这赖以生存的东西，凭着这炼金术的秘诀，他将改变现实的秩序。他以为任何东西都无法阻碍人类的创造性，而且表现出像儒勒·凡尔纳笔下人物那样的活力。对他来说，哈勒尔就意味着《神秘岛》，来自阿登省的流亡者在模仿西律斯·史密斯，模仿南北战争时期那位颇有发明才能的工程师。他先让家人去买书，后来又让他们帮忙搞投资，在写给亲人的信里，他流露出极大的孤独感，就为了让家人能从那么遥远的地方来关照他。为了给他买书，母亲要跑到阿蒂尼的书店里，去查阅出版目录，下订单，将书包装好。兰波寻求家人的帮助，这是他以委婉的方式要家人向他表达爱意，同时，他表现出焕然一新的样子，彻底变了样，而且已洗心革面，在这里承受着苦难。

兰波去了哈勒尔，踏上阿比西尼亚的土地。传记作家们感觉到在那一时段里，他还是比较稳定的，那是他去世前的最后一个时段。如果以后来找到的资料为素材，人们大概可以写成一部小说，但不能添加任何传奇式的幻想，这也是兰波本人的意愿。一段准确的历史或许可以详细地描述出来，或许还能让人看到他在财务方面所碰到的问题。然而，归根结底，不论是虚构，还是再现史实；不论是结构严谨，还是掺杂着诸多逸闻趣事，这种写法似乎还是远远不够的。追寻兰波的足迹，去再现他的一举一动，这是危险的，然而把那几年当中反复出现的事实摆出来，把有关的"题材"摆出来也是危险的，这类题材有可能给他描绘出一幅奇怪的、不变的肖像[22]。我们所能做的事，就是去理解他那时写的信，去理解字里行间所隐藏的深刻含义，那字里行间有时激烈地表达出要奋起反抗粗野状态的斗争心理。虽然身处极度的孤独之中，可他依然保持着生命的活力，即使他周围总是出现这样或那样的人物：有不时和他争论的主角，有陪伴在他左右的配角，他们的行动时常会中断下来，他本人消失在房间的阴影里，而那房间里充满了皮革和青咖啡的味道，再不然就消失在沙漠商队里。

1880年11月底，他带着所有必要的举荐信，登上阿拉伯式小帆船，船将把他送到泽拉①，这是非洲的一个港口，从哈勒尔来的沙漠商队把货物运到这座港口。这次旅行，他还带着布匹、小摆设以及大笔的现金。终于有这么一次，他的前景显得如此美好，尽管他知道前面路上将会面临很大的危险，而且这段路途还是十分遥远的。帆船穿越亚丁湾，直接驶向泽拉，海面直线距离为三百公里。抵达泽拉港之后，帆船停泊在新建的栈桥旁，这是不久前用古城墙的瓦砾建造的。事实上，港口小城的居民都住在茅草屋里，城里只有两幢白色建筑，一幢为行政部门所用，另一幢显得很简陋，权且作为清真寺使用。

兰波后来并未明确说明他是否随同一支沙漠商队来到哈勒尔[23]，在12月13日写给家人的信里，他只是说前后用了二十天才骑着马穿越荒漠，最终来到目的地。但我们应该相信，巴尔代会利用这个机会，让他把大批商品一直护送到分公司里。这是兰波第一次参与组织一支沙漠商队†，也就是在那时，他认识了阿卜－贝克尔，此人是泽拉和塔朱拉地区很有权势的总督，索马里也在他的管辖之下。与内陆地区的贸易则掌控在他和他的十一个儿子手上。他尤其控制着黑奴买卖，这是他最赚钱的生意，当时黑奴买卖在东非一带依然十分猖獗。向导、装卸工、牵骆驼的人很快就都聚齐了，正如西方人所说的，他们就像是"野蛮人"。但兰波对此却感到惊叹不已。这支沙漠商队大部分人是当地的黑人，他们个子很高，头发编成一缕缕的小辫，上面抹上黄油，再用大卡子卡住。他们每人手里都拿着传统武器：有标枪、长矛、小盾牌以及腰刀。

在出发之前[24]，他们先来到托克莎水井，将所有的水囊装满水，以供商队所有人

---

① 今在索马里境内，位于与吉布提的交界处。

† 这支沙漠商队也许在兰波抵达之前就组织得差不多了，他到达泽拉之后，还有几天空闲时间。——作者附注

在几天之内饮用。接着，商队来到距离泽拉十公里远的瓦朗波。真正的旅行就要开始了。那是下午1点，尽管阳光很强烈，但整个商队依然踏上了征程。商队用了七个小时才穿越干燥的曼道平原。"曼道"在当地语的意思是"疯子的落脚地"。沙漠商队的行进速度很慢，平均每小时走四公里。兰波带着一位向导，和康斯坦丁·里伽骑着马走在队伍的最前面，里伽是希腊人，将在哈勒尔那边协助他工作。傍晚时停下来休息还是很合适的，而且第一天确实很难忍受。对于在沙漠中应按怎样的节奏行进，兰波依然不太熟悉。然而，他还是发现沙漠那朴实的美感，发现在宁静的背景下慢慢行进所教给他的东西：那是自己的内心在前进。夜晚时分，他们顶着繁星，再次踏上征程，要借着夜间凉爽的气候，一直走到天亮。天亮时，所有的人都停下来。他们从早晨8点一直休息到中午，然后接着上路。黄昏时分，他们来到荷内萨，这里距离泽拉七十公里远。在荷内萨，人和牲畜都跑到井边去喝水。他们在这儿设立了露营地。牲口啃着地面上稀稀疏疏的青草。从荷内萨开始，道路都是岩石地面。经过五个小时的跋涉之后，他们来到拉玛内（意为"斗井"），这是一个荆棘丛生的地带，索马里人一直在寻求过境权。到了晚上，在露营地里，商队的人燃起一堆堆篝火。他们一边唱着部落的歌曲，一边守夜。看着这一切，兰波固执地沉默不语，他完全可以写点儿东西，哪怕只为自己看，或许将来还能说出更多的东西，但他什么也不做。四周很快响起鬣狗的吼叫声，这阵阵吼叫打破了黑夜宁静的气氛。这些讨厌的家伙总是跟着商队，在一定距离之外尾随着商队，捡他们吃剩的东西，然后每天晚上都会出现在他们周围，来嘲弄他们，这让他们感到格外烦恼。

第二天，商队穿越几座索马里游牧人的部落，部落人在贫瘠的牧场上畜养他们的羊群。荒无人烟的小路在逐渐爬高，他们现在进入萨玛杜地区（意为"黑乡"），整个地区都是火山岩。五个小时之后，即行走了二十三公里之后，商队来到阿罗维纳，这是里乌瓦迪克人的地界。接着，在露营地度过一夜之后，他们来到毕奥卡勃卡，来到这儿就算走完了一半的路程。这里是"甘泉"之地，人们在这儿打了许多水井。一条小河流经此地，兰波下到河里去游水。他们在这个甘泉之地停留了三天，上路后便翻越过一座岩石小山，以前人们在山上为部落酋长建立起一座坟墓，当地人依然十分怀念那位上帝的使者。从那儿能看到远处的两座高山，两座山峰中间的那个地域就是哈勒尔，但从这儿是看不见哈勒尔城的。从那儿开始，商队便进入艰难的路段，因为水源没有保障，而且山路也有900米高。行走三个小时之后，他们来到阿里比尼，尽管到处都很干旱，但他们还是在一座山脚下灌满了几囊水，接着他们来到达艾利马勒平原，此后便又开始改为夜间走路，沿着星星指引的方向走。走过16公里之后，他们来到科托，来到"荆棘丛生的地区"，一条小河流经此地，这条河尚未完全干涸，地表下的积水使植物长得很茂盛。巨大的乌龟躲在翠绿的青草下面。商队在科托逗留了两天，接着又赶往乌尔吉。这段路程很短，依照牵骆驼人开玩笑的说法，在这儿都能听见下一个露营地的人在讲话，实际上，他们知道这是起伏的地势所产生的回音，这一地区确实很陡峭，因此出现回声也就不足为奇了。在这崎岖不平的山路上，牲畜艰难地爬着。他们最终来到乌尔吉，这是一个海拔1100米的山口。从这儿开始，崎岖的小路蜿蜒在这片高原上，高原上遍地都是碎石，植物（尤其是带刺含羞草）也变得茂密起来。附近的山峰逐渐显露出来。此前气温一直很高，天热得让人喘不过气来，这会儿也变得凉爽了许多。他们在布萨又设立了露营地。但商队的人告诉兰波，下一路段还是很危险的，因为他们要穿越一条河流，那里的毒蚊子很厉害，若被蚊子叮咬的话，会危及生命的。有些人则采取了预防措施，开始咀嚼一种驱蚊子的草药。然而他们有惊无险地跨越了那一地区。紧接着一个林木茂密、灌木丛生的地区呈现在他们眼前。当植被变得稀疏时，他们来到盖尔德萨。一条小河从高山上流淌下来。从哈勒尔派过来的一支苏丹部队驻扎在那里，这支部队受埃及总督指挥。部队的指挥官和兰波说了几句话。两个月以前，他曾见过阿尔弗雷德·巴尔代的商队。他们现在来到一个火山高地的脚下，道路非常狭窄，坡地也很陡峭，牲畜常常很难爬上那么陡峭的山坡。沙漠商队开始穿越盖拉人居住的村庄，引来诸多村民驻足观看。兰波看着这场景，听着他们讲话。难道这是赞叹之声？不管怎么样，他已经走进陌生的地域。他从一座座圆形的房子前经过，那是建在平台上用泥巴和芦苇做墙面的圆房子，锥形的屋顶上端放着一只水罐，作驱邪之用。村庄的周围是一片片耕地，上面种植旱高粱，这是盖拉人的主食。几个牧羊人在放羊。越过贝拉乌阿之后，道路就更加狭窄，更加陡峭了，甚至骡子都会失蹄跌倒。商队艰难地爬上海拔2300米的艾古山口，向山口的一侧望去，广袤的索马里平原尽收眼底，那是干燥的黄土平原；而另一侧耸立着座座山峰，有些山峰甚至高达3000米。人和牲畜穿越高原之后，便顺着平缓的坡路向下走，走到一大片青草茂盛的地区，一群群驼峰牛在静静地吃草。他们常常能碰到手持武器的盖拉人，盖拉人既傲慢又令人难以捉摸。一条条小径斜刺叉到主路上。在越过斯比陆和孔布莎之后，商队来到一座高山顶上，哈勒尔城突然出现在眼前，城外围着赭石色的城墙，城墙上还建有塔楼，他们隐隐约约看到城外的花园以及咖啡园。经过二十天的艰辛跋涉之后，兰波内心生出一种幸福感，终于到达目的地了。"我们将迈入辉煌的城市。"他在《地狱一季》中这样写道。

然而，哈勒尔并不是他的圣城。哈勒尔，或哈扎尔，这是骑士们在叙利亚所发明的一种掷骰子游戏。母亲在以他的名义所购买的一份地产公证文件上不是注明：该地产属于"哈扎尔的教师"吗[25]？而他哥哥弗雷德里克对这个字记得不太清楚，将此改写成"霍洛尔"[26]，这种笔误让人感到震惊①，说明这种地方引起的恐惧可谓意味深长！

商队停在城墙的外面，但兰波则迈入"征服的城门"。一位信使早已将他到来的消息通报给驻城守军，来自埃及的军人要他办理必要的入城手续。他走进这个自从四处漂泊以来最令人吃惊的城市。太阳把他的身影（即这个"老蛇影"[27]）投映在他自己脚下，只有这个身影始终不会离开他。

不论付出多么大的代价，他都不会再去写诗了，更不会去添枝加叶，夸大事实。他只是不想写诗了，这在寄给母亲和伊莎贝尔的信中写得很清楚。文学与他们无关，况且文学根本就不那么重要！还是让我们看看，作为初来乍到者，他对这座城市的印象吧：

> 哈勒尔是一座被埃及人殖民化的城市，而且此城就受埃及政府的管辖。军营里驻扎着几千名士兵。我们的分公司和货栈就设在这座城市里。当地的主要产品有咖啡、象牙、各种皮革等。这一地区地势很高，但土地并不贫瘠。气候凉爽宜人。从欧洲进口的所有商品都是用骆驼运到此地的。况且这地方确实有很多事情可做。我们这里尚未通邮，如果向外寄信的话也要先寄往亚丁，但很难能碰上把信寄过去的机会。[28]

这封信写得十分明确，而且写得很客观。兰波没有做出任何描述，只是把公司

---

① 单从语音方面看，"哈扎尔"含风险之意，"霍洛尔"为恐怖之意，因此作者才发出这样的感慨。

的状况以及他个人的情况告诉给家人。倒是巴尔代把哈勒尔看成一座"淡红色的城市"。然而在兰波的笔下，这个地方很平凡，纯粹是一个交易点，一个中转站（军队，殖民化举措，贸易活动及邮政都在这里中转）。他采取排除的手法，将原有的风格从自己所写的文字中抹去，信写得毫无生气，像透明、灰暗的官样文章，显得十分客观。

毫无疑问，他刚一到这儿，就受到办事处主任潘沙尔的热情接待。他走在城里那一条条狭窄而又陡峭的小街上[29]。地面上露出一块块的岩石，只有极少几条路可以勉强通行马车。城里大多是红土墙的平房，透过敞开的房门，人们看到屋子里显得很暗，而且满是烟雾。该城最高的建筑就是清真寺的尖塔。杂乱的空间里到处都是摩肩接踵的人群，城里只有几处大的广场。兰波穿越牲畜市场，市场里挤满了不同民族的人，有哈勒尔人、阿比西尼亚人、盖拉人或索马里人，总之都是黑人。大部分人身上裹着宽松的棉布，棉布上打着不同的褶子，其含义也截然不同。棉布的色彩既不明亮，也不鲜艳，不像人们所期待的那种色彩：女人的裙子大部分都是灰白色、赭石色或深蓝色，从颈部到乳房中间有一个鲜红的三角形图案，显得很刺眼。兰波和这些不同民族的人，和这些奇特的人挤在一起。在他们眼里，他本人也显得很奇特。今天当我们再次来到这个地方时，再去理解他那时所看到的、所感受到的东西已经是不可能了。频繁的交流时代，画面快速传播的时代已让远方的神秘感消失殆尽。

兰波在逐步发现这个陌生之地，发现另一个世界，发现不同的面孔、服饰、风俗，就像英国人伯顿所做的那样，伯顿于1854年来到这座城市，是进入该城的第一个欧洲人，那时他化装成一个阿拉伯人。兰波有时也很反感，因为他与浮肿、苍白的麻风病人擦肩而过，在每条小街的拐角处都能碰上乞丐，病人被遗弃在大街上，其中有些人甚至慢慢地死去。每当路过街上摆放整齐的食物摊时，他都要驻足观看，来自邻村的女人蹲在地摊前叫卖着，而这些奇怪的食物他还不认识，其中有芝麻、红辣椒、青咖啡豆（当地人像吃橄榄那样食用青咖啡豆）、枸橼、大枣，还有几乎是液体状的黄油，当地人把黄油和食物混在一起食用，还有人把黄油抹在头发上，将头发编成一缕缕小辫，像戴着一串串装饰似的。女人都长得亭亭玉立，面容也很光滑，肤色呈金黄色；男人都很帅气，善于在荒芜之地奔跑。当然在这景色之下，还有各种嘈杂声和喧闹声；有喉音很重、带着奥罗莫和阿姆哈拉口音的方言，他隐约能感觉出这种口音来，他只会说几句简单的阿拉伯语，而阿拉伯语则是工作语言；有忙碌的人群所发出的喧哗声，其中有女人用假嗓子的说话声，有她们哼唱的单调歌曲或吵嘴声；还有铁匠的打铁声、流浪狗的狂吠声、驴的叫声、雄鸡的鸣唱，以及在灰土里啄食的母鸡的咕咕声。除此之外，还有难以形容的各种味道，有的臭味令人窒息，带着粪便和甜兮兮的味道，夹杂着刺鼻的香气就像麝香的味道一样，所有的旅行者都会对气味留有深刻的印象。

哈勒尔是一个缺水的城市，女人们要在水井和花园之间往复奔波，还要把水送到家里。到处都是垃圾污物，屠夫往往就在街上宰杀牲畜。腐烂的东西散发出难闻的臭味，剥落的斑点使墙面呈暗淡的粉红色。鬣狗被这种臭气所吸引，整夜都在城墙外面转悠，有时还能从坍塌的城墙处溜进城里来。因此每天晚上，当白天在附近吃草的羊群回到城里后，守城的士兵就把五个巨大的城门关起来。天亮时，士兵们再把城门打开，于是当地人缓慢的生活又开始了，他们像排着队列似的，从城门鱼贯而入，女人则从城外带来水果、蔬菜、谷物以及一种致幻灌木的嫩芽，哈勒尔人靠咀嚼这种嫩芽来减轻生活的痛苦，而兰波却永远也无法缓解自己内心的痛苦。

潘沙尔带着他沿着一条崎岖的道路来到城里的最高处，驻军的营房，帕夏^①的宫殿以及大清真寺都建在那地方。他们来到一座大宫殿前，这是"一座带平台的巨大方形建筑物"，比周围所有的建筑物都要高大，这是拉乌夫帕夏的旧宫殿，1875年，他以埃及的名义征服了哈勒尔城。公司办事处的员工们就住在这里^[30]。建筑物的后面是一个宽敞的内花园。兰波和康斯坦丁·里伽住在二楼，房间里的家具都极为简单，还摆放着骆驼鞍子，"一个带四脚的木框上绑着皮带，上面覆盖着薄薄的棉垫"。窗户上没有玻璃，但却钉着木条，透过这个窗户，他们可以看到梅丁河。第二天，他们将在城里接收商队运来的货物，在这之前，兰波同今后要领导的员工们见了面，其中有迪米特里，他是康斯坦丁·里伽的兄弟；还有索蒂罗，这人胆子很大，而且非常熟悉当地的风俗。接着，他到库房里看了看，仓库里堆着山羊皮、皮革、象牙等物，象牙是用盐和棉布从附近的乡村换来的，他们在那儿专门做金粉、麝香、狸皮等生意。这里流通最广的货币是印有奥匈帝国王后头像的银币，兰波在手里反复抓弄着这一枚枚

---

① 奥斯曼帝国授予各省总督和大臣的称号。

的银币。其他国家的商人，如希腊人和亚美尼亚人也在哈勒尔城里设立了商号。兰波后来常和他们联系，但也只是保持着业务上的联系。

首先，这里的气候似乎很适合他，尽管下午天气很炎热，但晚上还是十分凉爽。新生活的希望使他恢复了活力，因为他在亚丁时情绪低落，极为消沉。作为新词汇的发明者，他曾描述过闻所未闻的地区，现在则乐于到未开发的处女地去探索。从1月起，他便有意到沙漠地区去买骆驼[31]，甚至到当地部落的聚居地去勘察，希望能和这些部落做生意。他很快就打算让自己变成现代的诗人，所谓现代诗人就是探险家。他甚至想到要以职业精神来改变自己的形象，这难免会让人发笑。怎样才能成为探险家呢？他给出的答案非常简单：只要阅读"实践与理论手册"或翻阅"旅行者指南"[32]，就能成为探险家。因此他要母亲尽快把这两本书寄给他，好像在拿到这两本书之前，他绝不会主动到那些陌生之地去探险。他没有向家人表示过更多的爱意，却总是不断地向他们索要东西。

1881年1月30日，他那"总会冒出新意"的脑袋又酝酿着其他的想法，他打算创建一个科学市场。我们猜测他是想挂一个招牌，或做一张名片，到各个港口去散发，名片上印着："兰波先生，在东方经营通用精密仪器的商人！"[33]精神上的热望让他吃了大亏。他的强项是"通用的精密度"，这恰好印证他绝对相信那个时代人类进步的步伐。菲吉耶是科普作家，他的作品由阿歇特出版社出版，从帕拉马里博到哈勒尔，到处都有人在阅读他的作品，兰波要像菲吉耶、图斯内尔及弗拉马里翁那样[34]，去了解"在法国（或外国）所能制作的最好的数学、光学、天文学、电气、气象学、气动力学、机械、水利学、矿物学等仪器"。我们大概以为该列举的学科都列出来了，好像没有遗漏任何一个学科，他不但想把整个西方世界都"引入"非洲，而且还想把"自然学科的玩具制作目录，火药学、魔术、机械及建筑模型"都带到非洲来。这个怪人到底在想做什么呢？难道他想把有可能出售的仪器都传播到东方去吗？或许他只想着将其拿来为自己所用，就像魔术师那样？我们不妨想象他来到非洲的偏僻乡村，将焰火投映到夜空之中，这样别人就能把他当作一个掌握高科技手段的巫师。但他不会长久地相信这种"自然学科玩具"的前景，这个梦想只在哈勒尔的夜空中一闪而过，而他却在哈勒尔度过那么多不眠之夜。

实际上，从接下去的那个月开始（2月），魔法便结束了。在写给家人的信中，他说自己"染上一种病，但这个病本身并没有危险"[35]，但并未明确说明到底是得了什么病。阿尔弗雷德·巴尔代后来在4月见到他，说兰波那时感染了梅毒[36]，兰波担心会把病传染给客人，于是刻意把自己用的餐具单独放在别处，而且用自己的水杯喝水。人们完全有理由相信哈勒尔女子的美貌让他动情，因为哈勒尔是有名的出美女的地方，然而他很快也感受到最严重的挫折。他在信中所用的动词"我染上"与当时描述性病所常用的动词相吻合。尽管如此，人们不会把后来夺去他生命的骨骼疾病归咎于这次梅毒病，即使他的性病确实没有得到很好的治疗。

不论是否与这次性病有关联，那时他在笔下又流露出想要出走的愿望："我不打算在这儿待很长时间。"[37]"我依然没有找到自己所期待的东西。"因此，他在城里转来转去，哈勒尔的高墙将他紧紧地围困在城里，而他又很难忍受亚丁那炎热的天气，他现在注意到哈勒尔的气候反而太冷了，而且不利于人的身体健康。至于说生活，他认为自己的生活"太愚蠢，太令人扫兴了"，他只感觉到愚蠢与烦恼。更糟糕的是，虽然距离欧洲有几千公里之遥，但他又看到那些自以为彻底遗弃在那边的东西。人没有变，他的周围还是"死板的人和恶棍"。尽管如此，这位永不满足的人内心依然充满了活力，他并未放弃一切，好奇心在不断地激励着他，虽然有时他也显得心不在焉。他要家里人给他买字典，而且他的阿拉伯语也有很大的提高，他记得父亲把一些阿拉伯语的资料留在了沙勒维尔，于是便让弗雷德里克去找，若找到的话就寄给他[38]。由于内心抱着怨恨，他那贫困的生活就像冥河一样缓缓地流动着。他距离"真正的生活"多么遥远呀！有时他会感到非常烦恼，便发起火来，埋怨周围的人，甚至差点儿和那些懒散、迟钝的当地人动手打起来。

他意识到哈勒尔不过是另一个幻影罢了。"那儿没有什么可做的。"这真是令人乏味的老调！这种意识的后果是，另一个幻想又从脑子里冒出来，这种活生生的幻觉紧紧地包裹着他："假如离开这个地区，我也许会南下去桑给巴尔。"[39]再不然，他就去非洲大湖，这座大湖泊是伯顿与斯贝克于1858年发现的，或者离开非洲，前往巴拿马，那里是另一条苏伊士运河，开凿巴拿马地峡的工程已经开始了。兰波想去依靠科学而改变世界的地方，想去工程师们获得骄人成就的地方。但他却总是待在一个穷乡僻壤里，像罗什村那样孤零零的乡村多得数不清，而且就像撒旦的名字那么可恶。从2月起一直到5月，他确认自己要去中美洲的意图："你们要把巴拿马运河工程的消息写信告诉我，只要运河一开通，我马上就过去。"[40]但他知道这事不能做得太急。在地球的任何角落里都会碰上生活的烦恼。因此他在等待时机，在尚未踏上征程时，这是一段缓冲时间，接下来他就会跑得更远。"也许下一阶段我将在这儿展开一次行动。"[41]他的这种想法也是有道理的。刚在哈勒尔安顿下来时，他几乎总是坐在办事处里，作为真正的漂泊者，他需要离开这个地方。说实在的，深深吸引着他的东西，恰好是探险家所没有发现的地方。在他眼里，所有一成不变的地方都不值得再去关注了。深刻的呼唤来自更遥远的地方。他在一封信中巧妙地注明这一点："要到陌生之地去做买卖"[42]，这是在无意识地借用波德莱尔的诗句："去未知的深处寻觅新事物"。他过去非常熟悉这句诗，这是《遨游》中的最后一句。难道他真的想去发现新事物吗？他打算去那陌生之地，就是为了做"非法交易"。他需要生活，如果这一次不挣钱，不做生意，那么去陌生之地做什么呢？兰波是一个"资本家"。他带着几分自豪感告诉家人自己就是资本家，这让母亲感到很高兴，因为她看到的是一个有志向、负责任的儿子，他在为自己年轻时的不端行为赎罪。

那时，哈勒尔是一座很有活力的城市，来来往往的沙漠商队使城市显得热闹非凡。4月下旬，阿尔弗雷德·巴尔代从欧洲返回之后，随同公司的另一位合伙人皮埃尔·马泽朗一起前来哈勒尔，一支沙漠商队跟随他们一起行动，法国天主教的一个使团也陪同前往，使团中有五位方济各会的神父，团长是托兰主教，教会任命他为管理盖拉人事务的主教。兰波赶到盖尔德萨去迎接他们，然后陪着他们一直走到哈勒尔，巴尔代和马泽朗住在拉乌夫帕夏旧宫殿的一楼里。几天以后，在盖尔德萨稍作休息的神父们也来到哈勒尔。在等着找住所的这段时间里，他们就住在公司办事处里。兰波后来还和这几位神父保持着友好、审慎的关系。他并未参加神父们举办的诵经课，可还是得到他们的好评，在穆斯林地区举办这种诵经仪式是需要勇气的，虽然这一地区确实有些人信奉基督教。

法国同胞的到来使他在短时间内摆脱了孤独（实际上，潘沙尔因患疟疾已到海边去治疗，把他一个人留在哈勒尔管理办事处的业务）。和巴尔代及马泽朗在一起时，他们每天晚上都会谈论许多话题，有时也讲一些逸闻趣事。巴尔代向他介绍了声望颇高的法国地理学会。自从12月以来，他已成为该学会的会员。法国地理学会对阿比西尼亚那些不为人熟知的种族很感兴趣。对于未来的探险家来说，这个前景颇有吸引

托兰主教像

（法国国家图书馆馆藏，地理学会）

力。然而，到了5月初，兰波很难适应当地潮湿的气候，不得不卧床休息半个月。身体康复之后，他马上就准备接受考验，让自己的身体变得更硬朗，他准备去哈勒尔以南五十公里远的布巴萨，到那边能收购到许多山羊皮和牛皮。巴尔代同意了他的计划，但对冒那么大风险去买这种大路货持保留态度，于是他踏上了冒险之路。在动身之前，"他把一条毛巾缠在头上来代替缠头巾，在平常穿的衣服外面披上一件红色的披风"。看他这身打扮，大家都笑起来，他自己也笑了，觉得凭着这身打扮，别人会认为他是一个穆斯林，"一个有钱的伊斯兰教徒"[43]。他打着手势，脸上露出各种各样的表情，在巴尔代的描述下，兰波显得很活泼，而且不拘礼节（我们常常仅满足于去想象他的外表），他带着几头牲畜，在几位牵骆驼人的陪伴下消失在远方。这次考察持续了半个多月，回来时他已累得筋疲力尽，但却在偏僻荒凉的地区开辟出两个市场。就在巴尔代和索蒂罗动身前往布巴萨的时候，他正在二楼宽敞的卧室里休息呢，外面广场上的嘈杂声一直传过来，他怎么也睡不着。

后来他又到其他地方去考察，去收购象牙，去开发从未探索过的地方，这一次旅行他走了一个半月，但却没有什么重大收获，这类活动倒像是打摆子。"老妈"在罗什村忙着自己田里的事情，而他却在写给"老妈"的信里，絮絮叨叨地把自己的生活感想都告诉她，后来在好多年之内，他总是重复那几句话，而且固执地去探讨时间的无限性："唉！至于说我嘛，我绝不会依恋于生活。我即使活着，也只是习惯于过那种困顿的生活，但如果被迫去过现在这种累人的生活，被迫在这种恶劣的环境下为自己增添苦恼，而这种苦恼既强烈又荒谬，那么我担心是在折寿。"[44]这句话很中肯，

"为自己增添苦恼"则是忍饥挨饿的生活给他带来的后果。读到这行行文字时，母亲不是用她那蓝眼睛去看，而是强压着哽咽去读。兰波确实在忍受着极大的苦恼，这是令人疲惫不堪的心理负担，虽然他外表总露出很坚强的样子。"要是在这种生活里能享受几年真正的安宁该多好呀！显然幸好这是唯一的生活，因为人们无法想象比现在更加苦恼的生活。"这正是人间地狱的定义，因为烦恼可能会永远伴随着你。他不再期盼着真正的生活，因为这样的生活就像是一个令人恶心的圈套。基督教预见到这样的生活，但也只是为来世所做的预见。然而，兰波希望能在活生生的世界里过上这样的生活，他现在所渴望的就是安宁，他所预测的其实不过是死亡的安宁，是安魂曲。生活与无目标的活动混为一体，成为一种束缚，一种义务，这是强加于人的义务，因此人不必去履行这样的义务。至于说要出走的怪癖，他只不过是为出走而出走，他往前跑是为了逃避，而烦恼却始终萦绕在人的心头，因为烦恼是虚无的对手。

> 或许一个夜晚在等我
> 我那时平静地喝着
> 在某个古城里，
> 我将更快乐地死去。[45]

他究竟在喝什么呢？他在喝掺上黄油的阿比西尼亚茶，在喝咖啡（这让他倒胃口），一小口一小口地去品，好像永远也喝不完似的。他所发现的东西就是荒谬性。"我所做的工作既荒谬又累人，而且生活环境也很荒谬。"[46]这个世界充满了"污秽的东西"[47]。

他得到的报酬也就成为这份极为累人工作的最显著成果。由于食宿费用都由公司承担，他存下一笔数目可观的钱，可他后悔没拿这笔钱去赚取更大的利润，于是他决定通过里昂的母公司将这笔钱直接汇给母亲，这样她可以拿这笔钱去做投资。在很长时间内，他一直以为自己最初省下的钱给弄丢了[48]，他甚至以为这笔钱被人偷走了，不仔细查找就去怪罪自己的下属，直到有一天他收到这笔钱才放下心来，银行从中扣掉了几百法郎的换汇手续费。兰波夫人是务实的农民，认为拿这笔钱去买耕地最合算，兰波最初对这种做法感到很生气，他本人只是一个云游四方的冒险家，任何土地也拴不住他。可他后来很快就改变了主意，认为这也算是一种投资方式吧。由于要压抑自己总想出走的意愿，他还是做出最大的让步，在给母亲和伊莎贝尔的信中他写道："你们如果需要，就拿我的钱去用吧。对我来说，我没有什么人可惦记的，除了我本人之外，但我什么也不需要。"[49]

　　1881年他一直忙于各种事务，可依然认为自己所做的事收效不大，而且还要冒很大风险。公司的生意与他的期望值相差甚远，老板在利用他，在剥削他。寄自家乡的信件也让他感到很不安。实际上，法国当局认为他是逃兵，因为他始终没有参加过军训，而且也未能提供免除军训的相关文件[50]。这种不合法的局面让他感到很担心，而且在几个月，甚至几年之内一直困扰着他，况且母亲也未设法去解除他的后顾之忧。当然，他本人就是一个沉重的负担，而他自己总是感觉有使不完的力量，不论是诗歌还是冒险都未能耗尽他的力量。9月初，他感到厌烦、失望，于是便递交了辞呈[51]，尽管阿尔弗雷德·巴尔代对他的举动极为不满，一个月之后，巴尔代也离开了哈勒尔，登上返回欧洲的轮船。12月6日，皮埃尔·巴尔代接替他兄弟担任办事处主任[52]。年底时，兰波动身前往亚丁[53]，他要在那儿协助迪巴工作，直到合同结束。就在他越过城门，走出哈勒尔城时，他认为自己"很有可能再也不会回到这里了"。他显然没有看清自己的未来。

第三章

"累人的任务"

辞职之后，兰波又回到亚丁，平静地观望局势，此时他还是巴尔代公司的职员，只不过在等着和公司解除合同。那时，在几个月之内，他心中又生出另一个计划。实际上，他想"为法国地理学会撰写一本书，介绍哈勒尔和盖拉地区，再配上地图和版画"[54]。他和巴尔代就此话题展开的讨论开始结出成果，12月，他还在哈勒尔时，常去找安托内里伯爵和塞奇上尉，与这两位意大利人的接触促成了他的计划。他的计划颇有抱负，大家想想看，他在这方面还只是个初出茅庐的业余爱好者。但兰波很少怀疑自己的能力，尤其是当他开始投身于一项新事业时更是如此。他相信自己的聪明才智，相信自己的才干，凭着几本有教益的书（他很快让家人去订购这些书），就以为可以完成角色的转换，成为地理探险家。因此，他需要许多这方面的器材，他要母亲设法帮他筹备这些器材，也许是委托德拉艾来办理此事，因为德拉艾刚给兰波夫人寄来一封写给她儿子的信。借此机会，兰波给他回了信："得到你的消息我非常高兴。咱们开门见山，我给你解释……"[55]接着他的信开出一份很长的采购清单：旅行经纬仪、六分仪、罗盘、空盒气压计、测量线、数学盒等，他的意图就是想写一本书，虽然他的全集至此为止还很单薄，只有区区一本《地狱一季》。他在信中也不去关心一下老朋友的近况，此时这位沙勒维尔的老朋友已搬到巴黎居住。信的结尾写得很简洁，只是做出一个承诺："信差三天之后再来，那时我会告诉你更多的细节。你先抓紧时间准备吧。友好致意。"事实上，看到此信开出的物品清单，兰波夫人感到很吃惊，她没有安排人去采购。当然，兰波也是过于相信母亲了。那时他至少还在梦想着自己的作品，在这个作品中他不再谈论幻想，不再谈论奇怪的富有诗意的幻觉，他要谈论现实，只要能抓住这个现实，或者去衡量这个现实，就算迈出关键的一步，这对他来说非常重要。那将是科学的"客观"描述。因此，他想把未知的东西介绍给同代人，而不会将他们拖入危险的幻象之中。他后来为这些奇特的地区拍摄了照片，这就是证据，早在1881年1月，他和潘沙尔就打算弄一架照相机，并运到哈勒尔来。

在接下去的几个月里，他的处境极不稳定，虽然他还在为公司工作，但却在考虑着种种计划，以便离开公司。他时而想返回非洲大陆，去组织猎杀大象的行动[56]，时而考虑南下去桑给巴尔，这已成为根深蒂固的想法[57]。为了给他出行提供便利条件，迪巴先生甚至还给法国驻该岛领事勒杜先生写了引荐信[58]。在两个月之内，他一直热衷于这项计划[59]。不过，他最终还是和巴尔代达成协议，又签了一份新的聘用合同，但他依然在抱怨，甚至从日常地狱的最底层发出咒语，这些咒语不乏黑色幽默："我一直在同一家公司任职，像头驴似的埋头苦干，我真的讨厌那个地方……我希望这样的生活能很快结束，要不然，我非变成傻瓜不可。"[60]他同样以自己特有的方式感受到"愚蠢的翅膀"从他身边轻轻掠过[61]。但这并不是波德莱尔所体验的那种意外的生理感受。相反，他觉得自己的思想渐渐变得混乱起来，自己的聪明才智日渐衰竭，自己的想法也在崩溃。

因此，他慢慢地陷入无法挽回的局面之中。他对这种局面抱有清醒的认识，于是便带着失望的微笑说道："我在亚丁花了很多钱，这给我带来的好处是，我感觉比在任何其他地方更加疲惫不堪。"这种好处真是太奇怪了，这样生活也就败落得更快了！疲劳和工作妨碍了这位年轻人的正常生活，他身陷炎热的火炉之中，困在孤独的隔离地带，除了沉默和矜持之外，他还精心培育出一种新的语言形式："假如我抱怨，那么这不过是一种歌唱的方式罢了。"[62]过去，他曾是哼唱着《巴黎战歌》的反抗者，是嘲笑悲情痛苦的叛逆者。现在，他感觉自己无法摆脱抱怨，这就是在抗议，在表达自己强烈的情绪，但没有人倾听他的申诉。因此，这就是"一种歌唱的方式"，就像在1872年，他用奇怪的歌曲来表达自己的怨恨一样。

巴尔代兄弟颇为赏识这位内向、严厉而又勇于进取的年轻人，他们最终说服他再回到哈勒尔来。他熟悉这个地方，而且和当地人以及在那儿生活的欧洲人都很熟，况且他还在哈勒尔"做过买卖"。此外，他们答应给他一个更高的职位，更丰厚的薪水，任命他当办事处的主任。1882年夏天，他希望很快动身，进而去实施自己的写书计划，因此他要别人尽快把这一地区的地图从法国寄给他，是佩特南地理研究所绘制的地图。

领导亚丁分公司的迪巴先生因身体不适，打算半年后离开亚丁。这时，兰波希望能接替他，如果公司同意的话，那么他的工资也会涨上来，要是能在这个职位干上五六年的话，攒下的钱足够让他回法国过上舒服的日子，那时他就可以靠收地租生活了，这好像是为了印证他在十岁时写下的那句带有预言性质的话："将来，我也要当土地出租者。"然而，他并不是那种死抱着幻想不放的人。"我们到时候再看这些秋千究竟朝哪边摆。"[63]他这样记录道，这话也是说给他自己听的。"噢，秋千呀！噢，百合花呀！银色的喷雾器！"他在《诅咒诗画集》里这样感叹道，这是在嘲笑善良的阿尔芒·西尔韦斯特，在嘲笑他那一大堆装饰花。

几个星期之后，他改变了主意："我打算在年底时动身，前往非洲大陆，但不是去哈勒尔，而是去绍阿（阿比西尼亚）。"[64]他终于提到了阿比西尼亚，但他并未在那儿生活多长时间，远未像人们以为的那么长久。在这1882年9月28日，他为什么要去绍阿呢？大概是因为他得到有关这一地区的情报。或许从那时起，他就打算做军火生意，就像有些欧洲人与绍阿国王孟尼利克联手所做的那样。皮埃尔·拉巴蒂曾向巴尔代兄弟建议做一笔这样的买卖，我们认为，兰波也许知道了这件事[65]。

然而，他的借口是另一个更加"富有诗意"的理由（如果可以这么说的话）。实际上，由于他很快就能收到那架照相机[66]，是迪巴先生离开亚丁回到里昂之后帮他搞到的，他以为只要拿着这架美妙的仪器，来到世界另一端的绍阿，就能挣到一大笔钱。由于摄影在那边是个新鲜玩意儿，他想象着这种"驱妖降魔"的神术肯定会在当地人那里引起轰动。这是魔术师兰波的一种新看法，他的这种看法确实十分幼稚。至于说怎么使用照相机，怎么冲洗照片，他觉得自己肯定能学会。那时，他的事业一定能成功，而且如波德莱尔所说，每个人都会扑过来，"就像孤独的那喀索斯，从铜镜中观看自己熟悉的影像"[67]。尽管如此，兰波并不是一个"平静的摄影师"[68]（如他在《与诗人谈花》里所写的那样），能让远方的民族看到自己的形象。

11月，迪巴给他寄来一封信，告诉他全套照相器材已买好[69]。价钱也很昂贵，大约花掉了1850法郎，他肯定不会向母亲隐瞒这么一大笔开销，因为是母亲在法国为他支付采购物品所花费的费用，而他则把节省下来的钱定期汇给母亲。母亲免不了要责备他，因为她认为这完全是心血来潮的幼稚举动。阿蒂尔跑到那么远的地方，就为了做摄影师这么一个差事（当年他们住在弗雷斯特街时，邻居雅各比就是干这一行的），而且还是给黑人照相！我们当然不知道母亲是什么样的口气给他写信的。对于这位节俭的农妇来说（她认为唯有土地才能带来收入），兰波上了别人的当，钱都被人骗走了。兰波给母亲回信时，尽量向她证明所有这些开销是不会白白浪费掉的："你不应该生气，应该和我一起高兴才对。我知道金钱的价值，如果我尝试着去做点儿别的事，也是经过深思熟虑的。"[70] 他含含糊糊地说自己还是要依靠长辈，要依靠居夫一家人，他知道对于他们来说，一分钱要掰成两半花。但他说得太多了，大概他想尽力得到"老妈"的赞同。母亲怎么会对这种疯狂的举动感到高兴呢？于是，他剥掉所有的自尊心，流露出孤独者的悲伤情绪，将自己流落他乡的困顿处境毫无遮掩地暴露出来：

让人感到尤为伤心的是，你在信的结尾竟说再也不管我的事了。这不是向远在千里之外的人伸出援助之手的最好方式，他在那边穿梭于野蛮人的部落，而且没有一个人可以和他通信！我希望你们能收回那种不太友善的说法。如果我连自己家人都不能求，那我还能去求谁帮我办事呢？

我们大概认为这不过是花钱还是存钱的小事，但从中却感受到一种纽带的力量，他并不想撕破这个纽带，而这个纽带一直处于最令人难以忍受的扭曲之中，处于紧张的关系之中。

那架照相机以及摄像板、镜子、显影盆、显影药瓶以及各种配料等物品走了一条很奇特的邮路，兰波耗尽自己的耐心才等到这些器材，收到照相机那天对他来说真是一个惊喜。他是在1883年3月收到这批器材的，整个包装包得非常好，到他手里时完好无损，包裹是绕道毛里求斯岛才送到他手里的[71]。他似乎就等着这个时机呢，这样就可以出发了。

在犹豫再三之后，由于找不到更好的职位，他同意继续为巴尔代公司工作。公司流露出想让他就任哈勒尔办事处主任的想法，动身的日期就定在1883年3月[72]。由于身体不适，阿尔弗雷德·巴尔代不得不离开亚丁，他兄弟皮埃尔将会接替他，而兰波将接替皮埃尔的职位。那时，他依然热衷于为地理学会写书的计划，要别人给他寄几本地形学及地测学的论著（"但不要寄摄影学书籍"[73]），因为他想测绘平面地图。此外他还需要一个测角器，一本实用天文学论著[74]。他打算一旦了解这些专用技术之后，便动手绘制"这些无人知晓地区的地图以及那一地区所特有的地貌"，以便将其"卖到法国去"[75]。但他又委托家人去订购其他书，他那机灵的脑瓜肯定又冒出其他念头。他大概在设想修建一条铁路[76]，因为他希望家人帮他找到古什的《铁路论文集》、萨林的《铁轨敷设实用手册》、德博夫的《隧道与地下工程》，这倒像一个貌似吸引人的黑色小说的标题！后来在1887年，他提起建造一条从哈勒尔通向出海口的"铁路"。后来也有人想到这个计划，比如孟尼利克的顾问阿尔弗雷德·伊格就是其中的一位，我们在后文将会看到这个人。然而，直到1917年，这条法埃合建的铁路才动工兴建，铁路将吉布提与亚的斯亚贝巴连接起来，铁路绕开哈勒尔，途经德雷达瓦，这样一条铁路线路建造起来更容易一些。

1883年年初，那时兰波还在亚丁，他对当地雇员漫不经心的样子越来越生气，还和一个名叫阿里·舍马克的员工发生激烈的争吵。此人拒不服从他的领导，兰波扇了他一巴掌，他在信中将此举动称为"掴耳光"[77]（这是很古老的说法），而且委婉地说他还是很克制的。但舍马克并不赞同这种说法。由于他把兰波衣服撕破了，还打了他的嘴巴，并且跑到警察局去报案，而他的朋友们也威胁要杀死攻击他的人，兰波对此感到很担心，于是便通知了法国驻亚丁的领事德·加斯帕里先生。至于说巴尔代兄弟，他们勇敢地支持兰波，辞退了舍马克，尽管此人是公司里资格最老的员工。兰波必须得走了，因为他担心那家伙会来报复，况且这种事恐怕当局也阻拦不住。

1883年3月22日，他带上一箱子科技书籍和照相器材，登上了开往泽拉的轮船。他的合同要到1885年12月才到期。他第一次更加具体地考虑将来的事情，这也许是与母亲最近在信中所写的话有关。他离开家乡已经快三年了，而且经历了重重困难，不管他愿意还是不愿意，母亲大概想让他回家看看。1882年11月，在写给母亲的信中他答复道："至于说要我回法国，我现在回那边还能找到什么事情做呢？"[78]他反而宁愿在外漂泊，去享受更大的独立性，这种独立性在激励着他去冒险（其实也使他处于受人支配的境地）。他根本也不想回去，将他与时代、与生活维系在一起的唯一联系就是写给亲人的信件（与家人通信时他曾反复说过这样的话），虽然他在信里并未向他们表示出更多的爱意。罗什村那个穷乡僻壤反而促使他向往远方的生活。了解他那冒险经历的人都在罗什，他们可以把他的经历告诉给其他人，而那些经历又是他本人不惜任何代价告诉给他们的。他们隔着大海在看着他，在倾听他的声音，这证明他还有影响力，同时这也激励着他去生活，使他变得更加坚定。冒险家兰波也抱有结婚成家的愿望（表面看起来似乎很荒唐）。1883年最显著的特征，就是在他笔下出现了这种奇特的忧虑[79]，后来他对此事一直很上心。母亲对他的婚事也很着急，而且有人向妹妹伊莎贝尔提亲，但却遭到她的拒绝，难道他是为了满足母亲的愿望，为了鼓动伊莎贝尔去成亲才这样写的吗？尽管如此，在一段时间之内，他还是装作朝着这个目标努力。对他来说，他想的更多的是该怎样去赚钱，而不是考虑结婚成家。这样的兰波难道会让我们感到失望吗？纪德曾说过"家庭呀，我恨你"，对于将来这样的家庭，他似乎事先做出传统的答复，这种答复绝对有悖于他那云游四方的本能，有悖于他那喜欢漂泊的秉性。

∽

在随同沙漠商队经过长途跋涉之后，在穿越环境恶劣的地区之后，他来到哈勒尔。到达哈勒尔之后，他试图开创一个良好的开端，尽量不让自己总是那么阴郁孤僻。总的来说，他的生意还不错，而且气候也很适宜。照相机在当地引起了轰动，至少他自己是这么说的："所有的人都想照相，哪怕花上一个英镑也要照。"[80]我们可以想象，在短时间内，他在广场上架起照相机，周围挤满了围观的人群，就像围着一个江湖医生似的。然而拍摄出的照片并不那么乐观。这位摄影新手要完全靠自学去掌握这项技巧，炎热的天气使化学药水的质量下降，这样冲洗照片就显得更加困难了。1883年5月6日，在写给家人的信中，他附上三张自己的照片，照片不清晰，而且明显缺乏经验[81]，这几张照片既是在显示自己的手艺，又算是纪念品。"画面有点儿发白，因为冲洗照片的药水质量不好。"

我们对这些照片模糊的画面深感遗憾。人们希望以超人的视力仔细去观看这些照片，但依然看不清照片的细节。照片上的兰波就像透过一块雾蒙蒙的玻璃出现在大家眼前似的，怎么看也不清楚。他的面容显得极不丰满，脸颊消瘦，人们猜测他依然蓄着小胡子，因为自1875年起他就开始留胡子。头发剪得很短，露出两边的太阳穴。眼睛盯着前方。在这几张照片上，兰波都没有微笑。在其中的一张照片里，他身穿一件黑色（或深色）外衣，一条白裤子。在另外两张照片里，他穿着麻布服装，那是欧洲人在热带地区常穿的服装，后来克洛岱尔竟夸张地说那种服装就像犯人的衣着[82]。兰波一只手扶着栏杆，另一只手紧紧地揪住外衣的右翻领。他身后的远景好像是一座高山。他后来说明这是在"那幢房子的阳台上"拍摄的，这是指巴尔代的办事处，即拉乌夫帕夏的旧宫殿。有两张自拍像的背景是绿色植物，不是香蕉树就是咖啡树，这是哈勒尔花园里种植的树木。如果说看到这些照片我们感到很激动，那么这种说法未免显得有些夸张。这些照片并未告诉我们更多的东西，尽管它们是真实的，照片带着一个秘密呈现在我们眼前，同时也给我们提出一个令人反感的问题：你们为什么非得看着我呢？你们从我这儿期待着什么呢？

我们还看到兰波拍摄的另外三张照片：一张是索蒂罗的照片，画面相当清晰，背景是香蕉园，索蒂罗表情严肃，戴着一顶埃及帽，一只手放在步枪的枪管上，枪托朝下放在地上；一张是某咖啡商的照片，这张照片很出色，商人蹲在一个高大的大厅里，大厅用粗大的陶利克柱支撑着。在画面的右侧，有几只宽大的秤盘，通过长长的缆绳从大厅的天花板上吊下来。商人前面还摆放着日常用具，主要是卖东西用的量具。光线明暗的反差真实地再现了那一短暂的时刻，而其他的实景也清晰可辨，比如远景门上那把小锁，仿佛我们也漫步于这间大厅里似的。最后一张照片展现的是中央广场上的市场，画面里有摩肩接踵的人群，有一间间商铺、土房子和远处高高的清真寺尖塔。

∽

虽然满怀诚意，却对未来信心不足，不过兰波还是与公司签订了一个新合同。此合同为期三年，至1886年5月截止[83]。尽管如此，局势依然显得不稳定。但他那天生的叛逆精神似乎已平息下来，为了使近乎病态的心理安静下来，他现在总是重复《古兰经》的箴言："像所有的穆斯林一样，我知道该发生的事已发生了，不必纠缠不休。"这是命中注定的！

然而，他还是建议伊莎贝尔找个如意郎君嫁出去。"孤独在这里并不是一件好事。"[84]看到亚当在人间天堂里那么孤独，《创世记》中的上帝耶和华也是这么想的：

兰波自己拍摄的照片
（法国国家图书馆馆藏、沙
勒维尔－梅济耶尔图书馆博
物馆馆藏）

"人子然一身总是不好。"[85] 而兰波恐怕是最有资格向我们讲述孤独的人。晚上，待完成自己的任务，读过所有的技术书籍，当他与几个经商的朋友道别，而朋友只对皮革和象牙买卖感兴趣，这时，他开始想念亲人，想念"那个家"，如他自己所说的那样。"能在你们那田园般的劳动场景里休息一番，我总是感到非常高兴。"[86] 这个修饰语终于找到了，它使人回想起一个旧时代，那是色彩纷呈、平静的时代，使人回想起一幅原始的景象：所有的工程及生活都被调整得非常和谐。他依然在梦想，但有时并不是在梦想旅行，而是憧憬着一种生活，那并不是一种迷失的生活，而是一种理智的生活：

> 对于我来说，我对未能结婚成家而感到遗憾。但我现在被迫在外漂泊，为远方的一家公司服务，渐渐地对环境、对各种生活方式失去了兴致，甚至对欧洲的语言也不感兴趣了。咳！如果几年之后，我依然不能找到满意的地方去过平静的生活，去建立一个家庭，至少有个儿子，倾自己的余生，按自己的想法去教育他，让他享受那时最完善的教育，将他培养成一个著名的工程师，让科学知识使他成为一个能干、富有的人，那么目前这种四处奔波，辛勤劳作，到外族人中间去冒险的举动，这种用功去熟记外语，历经各种磨难的做法又有什么用呢？

当内心的痛苦过于强烈时，兰波应该用一种无情无义的风格去写，他忽略了这一做法，不知不觉之中，又成为撰写《地狱一季》时那个令人担心的深思者。他用简短几个字写给家人的消息却转变成寻找自我的倾诉。平平常常的琐事竟然变成意想不到的大事。作为漂泊的犹太人，他把激励自己四处漂泊的冲动看作是一种惩罚，预感到自己所设想的那个无止境的旅程已无法挽回了，他将那旅程视为"远方的事业"。诚然，严格地说，巴尔代公司也正是设立在远方的"事业"（公司）。但他想以此来表明自己的举动是有期限的，虽然这一期限尚不为人所知。他在搭建哪一种奇怪的生活结构呢？他在哪个看不见的真实工地上担任监工呢？难道他在殉难者的受刑架上搭建自己的传奇吗？身在哈勒尔的那些夜晚，当鬣狗在城墙外面嚎叫时，当满城弥漫着腐败物的臭味时，他反复思索自己所走过的道路，而所有这一切却构成一个负面、奇特的整体。是的，他对自己所面临的这种奇特局面感到震惊。如莎士比亚所说，生活就像"一个白痴所描述的梦境"。这都是蠢事，是荒谬之举。他认为这种混乱的局面是不可能的，这也让他看到另一个自我，或许他并不相信这个自我，可他在短时间内还是这样想象过，而这个自我就是他那秘密的外表：他要去当父亲（强于自己的父亲），在四处旅行归来之后，在忍受各种屈辱之后，他从"热带地区返回故乡"，将全部希望都寄托在一个必然要成功的儿子身上，而兰波本人却未获得那样的成功，他儿子将会成为一名工程师，而他却没有当上工程师，尽管他曾为通过科学学科的高中会考做过准备，还曾下苦功读过那么多科技书籍。他带着永不满足的心理自学成才，但只是在塞浦路斯监督过几项工程，粗暴地对待那些工人，为建造宫殿在一家采石场里苦干过。他以简短的几句话和某种幻想表达出自己的理想，这是一个自恋式的设想，过去的小流氓转变成现代的勇士，成为"一个能干而富有的人"，而这些现代勇士执拗，幸运，满腹经纶，堪称活的百科全书，了解世界上所有新的秘密，不仅了解不可知的言语炼金术，还了解深奥的化学，而这种化学改变了物质，改变了机械力、电力和磁力。"世界在前进！世界为什么不转动呢？"[87]他那未来的计划既庞大又难以实现，当天的工作结束之后，他在一间昏暗的房间里遐想，街上浓烈的气味以及喧嚣声、嘈杂声、"街区的喧闹声"一直传到这间房里。

几个月之内，他把在哈勒尔的生活安排妥当，在这里的感觉也比过去好多了，即使政治局势在持续恶化。他希望把自己的业务做得更好。只要时间这样慢慢地流逝就行了，也许那时他的梦想就能变为现实。他又和第一次来哈勒尔时认识的商人重新建立起联系，而且又见到了以前的下属，包括里伽兄弟，希腊人索蒂罗（此人非常熟悉当地人的风俗习惯），还和当地驻军的艾哈迈德·乌阿迪上校建立起联系，而且不时去拜访方济各会的神父以及托兰主教。

兰波喜欢给朋友们照相。他对自己的照相技术感到很满意，于是写信告诉母亲："我会把好照片寄给你们。"[88]阿尔弗雷德·巴尔代那时已返回法国，正在维希疗养，兰波把自己拍摄的照片寄给巴尔代。他已和巴尔代和好如初，巴尔代向他表示感谢，同时指出照片上的技术缺陷。巴尔代本想送给兰波一件礼物，但他了解兰波的性格，于是便毫不客气地向他申明："您这个人有点儿怪。"[89]也许他在法国获悉这位雇员过去的文学经历。不过，他们俩并非只是联手在亚丁或哈勒尔做生意，书籍同样引起他们的注意力，但这本书并不是《地狱一季》（我们已经猜到了），而是描写阿比西尼亚农村的一本奇书，作者名叫艾哈迈德·吉拉内[90]。兰波、托兰主教以及巴尔代都认为这本古书很有历史意义。他们仔细翻阅此书，把能读懂的东西读了一遍，巴尔代打算让人将其翻译成法语。兰波当然没有忘记这本珍贵的书籍，他很快就告诉巴尔代，此书的第二卷"从地理学上讲，比第一卷更有意思"[91]。书中详细的描述改变了他对周围人的看法，这出人意料，他既可以拿他们当"蠢驴"和"没教养的家伙"来对待，也可以尊他们为聪明的博学者。

　　然而，他把大部分时间都用在做生意上。遗憾的是，那一年收成不好，咖啡几乎收不到，而牛皮的价格又贵得出奇。幸好库房里还存着许多山羊皮，他们希望能猎到几只大象，但他们既缺人手又没有猎枪。在冒险精神的鼓动下，大概也是为了回应皮埃尔·巴尔代的建议，兰波组织了几次短途考察，就像以前到布巴萨所做的那样。他去开拓市场，组织沙漠商队将各种各样的棉布送到附近盖拉人的村庄里，那些棉布都是在按当地人的喜好在马赛织印的，他用这些棉布换回许多皮革，而且还让人猎杀了一些野兽，他把兽皮都收购过来，有狮子皮、老虎皮、豹子皮。有些雄心勃勃的欧洲人想去发现新的地域，而且将新地域窃为己有，但他们远不如兰波这么成功。哈勒尔有一家意大利公司，商人名叫皮耶特罗·萨科尼，他身穿欧式服装，毫不掩饰地食用火腿（伊斯兰教禁食猪肉），总之是一个不懂人情世故的探险家，他和商队在未到达瓦比之前就被人杀死了，可他还打算把发现这一地区的功绩记在自己头上[92]。而兰波早就按照当地的风俗去生活了。他讲当地的语言，每次外出去附近地区考察时，都要穿上穆斯林式的服装，在这方面他是照索蒂罗的样子去做的，而索蒂罗还给自己起了一个阿拉伯名字，好像与当地人同化了似的，他甚至被当地人视为"神人"，每个部落都有这样一个人，会写字，能赋诗，还可以解释《古兰经》。

　　索蒂罗曾闯入阿比西尼亚东南部地区以开拓新的市场，那就是外人从未涉足的欧加登地区。1883年8月底，当他从那儿返回哈勒尔时，兰波要他就这次考察活动起草一份报告，而他本人对此报告做了润色，用准确的法语将报告重新抄写了一遍。身在法国的巴尔代收到报告之后，认为此文很有意思，于是便将其转交给法国地理学会。1884年2月1日，地理学会将其作为年会报告发表出来[93]。这份报道式的报告文笔简练，作者显然知道报告会在地理学会年会上宣读。报告是以"我们"的口气撰写的，而且符合科学论文客观性的要求，但却因此掩盖了此文的真实作者，即索蒂罗，没有任何迹象表明兰波参加了这次考察活动，即使他写了"我们注意到""我们看到"等文字。实际上，作为办事处的主任，他也不可能离开城市到很远的地方去。有些描述还是显得极为审慎："至少就我们所看到的而言，欧加登人个子很高，皮肤呈红黑色，他们不戴帽子，头发剪得很短，身上穿的裙子也显得比较干净，肩上搭着褡裢，腰间挎着马刀和装水的葫芦，手里拿着拐杖及长短不一的长矛，脚上穿着便鞋。"尽管如此，此文并未显示出与当时科普作者的文章有什么不同。这份报告很有价值，尤其是在人种志学方面提出许多见解，但报告的结尾显得很平庸。探索与开拓市场融为一体："这确实是我们的目的。我们当中的一个人，或我们派去的一个当地人在几周之内捡回一吨象牙，我们可以直接通过柏培拉港免税出口。"[94]

由于经常要准备新的考察活动，兰波试图与那些很少接触白种人的部落建立起联系。同时，他定期把沙漠商队派往泽拉港，商队送过去的商品最终将运往亚丁，他前后运去五千件山羊皮，还运去许多牛皮。这些物资并不是稀有的物产，但起码保证了公司的业务量。

然而，政治局势已变得令人担忧。从1月起，兰波就在谈论"战争的混乱局面"[95]，人们已在哈勒尔感受到这种混乱了。1882年，英国人炮打亚历山大港，以镇压阿拉比帕夏所领导的起义，英国人占领了埃及，并将埃及军队置于自己的指挥之下。哈勒尔政府也受到了影响，英国人谋求行使更大的权力，去干预隶属于埃及总督管辖的各宗主国。此外，英国人开始以埃及的名义管理苏丹的事务，因为埃及已沦落为英国的保护国，一位名叫穆罕默德·艾哈迈德·阿卜杜拉的幻想家，自称是穆罕默德的使者，在苏丹发动了一场圣战，这就是伊斯兰苦行僧的起义运动。起义运动向周围地区发展，而统治阿比西尼亚北部提格雷地区的皇帝约翰内斯则设法保护本国边境免受威胁。尽管战火尚未燃烧到哈勒尔这个独立的省份，但军事冲突还是给当地的行政机构造成了影响。埃及人很快就放弃了泽拉港以及柏培拉港，不久还将撤离哈勒尔城，英国人将在该城扶持一个他们挑选的总督。巴尔代公司花费很大的力气在阿尔及利亚、希腊以及印度开设了商号，鉴于当前的局势，公司认为最好还是暂时关闭在东非的商号。兰波只好同意公司的这一决定，他本人注意到局势已变得令人忧虑不安，因为新上任的阿卜杜拉·埃米尔开始实行排外政策。

3月底，他不情愿地组织了最后一支沙漠商队，他和索蒂罗随商队一直走到泽拉港，接着在公司驻泽拉港主任夏尔·戈登的陪同下乘船前往亚丁。当亚丁城的黑色山岩出现在眼前时[96]，他在想那个将自己拖入危险境地的命运，在想那个可怕的穷乡僻壤，那地方甚至不是吞没他，而是将他永远地囚禁在那里。他知道在这种局面下，巴尔代兄弟不得不解雇他。他确实收到一纸他们颁发的证书，表彰了他为公司所做的贡献以及忠心耿耿的服务精神，他的薪水将支付到7月底[97]。

在这种困难的局面下，只有一个好消息：法国地理学会给他发来一封信[97乙]，要他把自己的照片以及个人简介寄给学会，因为学会准备将"所有在地理学以及探险旅行中做出业绩者的肖像"汇集在一本画册里。地理学会的来信不乏赞美之词（大家还记得他那份"有关欧加登地区的报告"），而且让他跻身于名人的行列，这真是出乎意料。"啊！科学……地理学，宇宙形态学，力学，化学！……"《地狱一季》里的这些文字把他抬得很高，甚至超出他自己的想象，但假如他提起自己过去是诗人，而且热衷于在艺术领域里追求名望，那么现在再读这段文字，该是多么大的讽刺呀！然而作为探险家，他却哪里也去不了，只能在亚丁城的街上漫步，或到近郊区去转悠。将近四十年之后，保罗·尼赞来到这个地方，对虚无的情趣做出描述："人的生活仅局限于极度纯洁的状态，而且那还是经济状态，因此人们绝不会有上当受骗的风险，而屡屡骗人的哈哈镜却在欧洲大行其道，由于没有用途，艺术、哲学及政治在这儿毫无市场，因此也就没有什么校订工作可做。我们在这儿看到的都是西方的生活基础，男人都赤身裸体，就像解剖用的模型似的。"[97丙]

∽

他在等待之中一天天地熬日子。阿尔弗雷德·巴尔代大概去马赛寻找新的资金，他会找到这笔钱吗？在这种情况下，兰波又开始在亚丁的分公司里工作。此时，他住在公司的一幢旧楼房里，生活费用十分昂贵，但他有一大笔积蓄，大约有1.3万法郎，他无法拿这笔钱去搞投资。在他看来，这种"难以忍受"的生活就像是一种处罚，一种惩罚："气候很炎热"，"条件十分恶劣"。随身带着那笔派不上用场的钱，就像带着一个伤口似的！"因此这儿的生活就是一场真实的噩梦。"[98]兰波执拗地思索自己的生活，也正是因为亚丁那恶劣的环境。他所考虑的并不是他本人，而是裹挟着他的那个神秘莫测的漂流："我自己也不知道以后被拖到什么地方，不知会被拖上哪条道路，拖到哪里去，为什么会被拖走，如何被拖走！"[99] 在这不稳定的局面下，他提出一个接一个的问题。于是，他精心制订可以实现的计划：返回哈勒尔，到那里做点儿小生意，买几处花园，去经营种植业。兰波反复修改计划的草稿。虽然他在生活中总是向前冲，但有时也会重走自己走过的老路，甚至想象着更美好的结局。可他每一次都会以另一种方式再去冒险。

这种无所事事的状态促使他反复思索令人失望的老话题，而他写给家人的信就像是在不断地反省自己："显然，我到这里来并非是为了幸福。"[100] 这么简单的一句话竟然表达了一种命运的全部含义。有些人曾琢磨，他热衷于到世界各地跑来跑去是不是很幸福。但这种虚幻的幸福感到底藏在什么地方呢？大概是藏在后面吧，而且会无期限地掩藏下去，直到"黑色的砾石"填满整个天空。未来向他迎面扑来，他看到未来正在加速前进。尽管他在亚丁暂时安顿下来，尽管炎热的天气也趋于平缓，但他感觉自己的生命正加速走向衰老，甚至走向死亡："再过一些日子，我就32或33岁了。我开始变老了。"[101] 然而这可是一个年轻人写下的文字呀！但反抗的能力，幻想的力量在他身上已消失殆尽。于是，出于厌倦的心理，他回忆起婚姻的幸福，就像一年前所做的那样，并用农民的口气说，"要娶一个当地姑娘"，可他从未想过某个年轻貌美的女子会爱上他："恐怕只有寡妇肯嫁给我！"也就是说某个像他母亲那样的女子会爱上他，而他母亲自从被丈夫遗弃后，总是固执地使用"兰波遗孀"这个称呼来签署所有的文件。更糟糕的是，他时常会想起自己与法国军事当局的纠纷。他不知道自己是否处于合法的状态，只得去做各种各样的猜测。未来在他面前打开了一条黑暗的通道！"谁知道明天会发生什么事呢，谁知道以后会发生什么事呢！"兰波开始哼唱一个黑暗来世的连祷文。

就在这个时候，巴尔代从马赛回来了，而且带来足够多的钱，以恢复亚丁分公司的业务。兰波又被聘用六个月，合同期至1884年12月31日[102]。母亲对他的忧郁心态感到很不安，建议他返回法国，她会在家里接待他，而且他很快就能找到工作。她至少就是这么想的。但他为新局面而感到振奋，宁愿继续待在这里，再"挣点儿小钱"[103]（这是他的原话）。显然他对自己在人间地狱的遭遇尚未感到厌烦，而且在他看来，和巴尔代兄弟签订的合同倒更像是自我毁灭的契约。亚丁的业务又恢复了正常，尽管如此，他依然看不到美好的前景。衰老让兰波感到很害怕，从此他的生活中又多了一丝忧愁："我感觉自己在这愚蠢的行业里，在这种野蛮人或笨蛋的公司里已经很老了，而且老得很快。"[104]他把一切都看得非常黑暗，而且毫不留情，他看待工作是这样，看待其他人也是这样。在哈勒尔看是奇异之物，到这儿却变成令人厌恶的东西了。当地人则变成野蛮人，亲近的人都变成笨蛋。他先于齐奥朗就痛苦做出推论："每个人都是这种悲惨命运的奴隶。"[105]也就是说是工作的奴隶，将人赶出天堂是对人的惩罚，而某种古老传说则认为亚当就生活在阿比西尼亚的高原地区。除了重复《创世记》的章节之外，他还背诵穆罕默德的箴言："这是命中注定的"，他将此翻译成（与原意相差甚远）："这就是生活，而且生活很无聊！"[106]他在短时间内勉强接受了这种局面。他已习惯于大预言家所颁布的清规戒律。无论是清晨还是晚上，他都在听附近清真寺的穆安津召唤信徒们的喊声，而且像他父亲以前那样去读《古兰经》。他在哈勒尔的时候，就曾买过一本法文版的《古兰经》，然后和阿拉伯文版的对照着看，那时，他想去理解自己周围"野蛮人"的思想，成为一个像索蒂罗那样的"神人"，谁知道呢？后来，也许为了便于做生意，他让人刻了一只印章，上面写着"阿卜杜拉·兰波"，意思是为大预言家服务的兰波[107]。

然而，伊斯兰的箴言"这是命中注定的"并未妨碍他发出愤怒的呐喊，而他常常喜欢去描述被上帝抛弃的世界，仿佛所有的人或许都会忍受痛苦，都会辛勤劳作，甚至面对荒谬的局势发一通牢骚。"整个红海沿岸都在忍受着酷热的折磨。有一艘法国战舰停靠在奥博克，七十名船员当中有六十五人患上热病，而船长昨天因病去世了。"他笔下所描述的生活既无生活气息，又无色彩，显得毫无生气，失去了活力。这种笔调使人回想起他在塞浦路斯写的一封信，他几乎以吹嘘的口吻讲述了热病肆虐的惨状。至于说留意去描写某种景色，他才不会这么做呢，即使到某地去冒险也只是为了展示一个毫无意思的地方，比如"奥博克那凄惨的法国殖民地"。法国总督莱昂斯·拉加德试图在那儿建立起一个商业基地，十年之后，他的努力最终促成了吉布提的发展。"但我认为［兰波预测得不准确］人们将来在这儿什么也做不成。这是一片荒芜的海滩，是被太阳烤焦的海滩，没有生物，没有生意，只适合做储煤的货栈，向那些开赴中国及马达加斯加的战舰供应煤炭。"[108]那是一个无人居住的地方，是一个遭人遗忘的地方。他本人不也是宁愿在另一个港口城市亚丁落脚吗？

他内心充满了痛苦和怨恨，正是在这种精神状态下，10月，他收到从罗什村寄来的一封信，此信将他哥哥奇怪的举动告诉给他。显然，他根本不信任弗雷德里克。母亲告诉他，哥哥已经结婚，但婚姻很不幸福，现在他对家庭，尤其对弟弟所说的话感到担心。虽然不知道哥哥为什么责备他，但兰波却丝毫不掩饰自己的想法："他是一个十足的笨蛋，我们过去都知道这一点，而且将来也会钦佩他那愚笨的脑袋。"[109]然而，无论在罗什村，还是在村子周边地区，甚至在阿蒂尼镇，人们还在说兰波的坏话。弗雷德里克不是冒昧地提起兰波与魏尔伦在比利时和英国流浪那几年的往事吗？1884年，《受诅咒的诗人》刚刚出版，这是"可怜的雷利昂"所写的一个小册子，其中一部分专门介绍兰波。在这种背景下，往事又浮出水面，也许正是受那篇文章的影响，弗雷德里克才说出那样的话，再不然就是和魏尔伦为那篇文章做准备有关，因为魏尔伦与他们联系过，以便了解兰波的近况。但兰波已洗清自己的过去，而且靠劳动赎了罪，早已不想再去纠缠过去的事了："虽然我过去曾有过悲惨的遭遇，但我从未想过要依赖别人去生活，也没想过依靠恶毒的手段去谋生。"[110]可他还是忽略了曾给玛蒂尔德所造成的伤害，忽略了与魏尔伦那暧昧的关系，这种关系授人把柄，遭受他人无耻的要挟。弗雷德里克到处散播那些流言蜚语究竟想达到什么目的呢？在阿蒂尼驾驶公共马车的哥哥大概是在嫉妒阿蒂尔（阿蒂尔现在定期往家里寄钱），而且声称自己有权享用母亲用弟弟的积蓄所购买的土地。

1884年12月，像每年年底一样，"老妈"说远方的儿子可能回家过年。而他本人也认为可能会回家休息一阵子，但一想起要住在那个别人不欢迎他的地方，住在那个严寒比酷热更难以忍受的地方，他就不想回去了："我怎么能逃到乡下去住呢？那里我谁也不认识，况且也找不到工作。"[111]他说得很明确，回家就意味着"逃到乡下去"，就意味着在地底下找个地方。他说打算回家休息，我们倒不如将其理解为回家受苦，或遭受惩罚："因此，我被迫沿着自己所能找到的活路一直走下去，直到在辛勤劳作之后，能省下点儿钱来暂时休息一会儿为止。"

1885年年初，他找不到更好的职位，最终只好和巴尔代续签一年的合同，巴尔代兄弟俩对他非常满意。他每月可以挣150卢比（约合今天的9000法郎）[112]，而且食宿费用还由公司负责。他那时已攒下1.3万金法郎①的积蓄，但他生活的这个地方是无法收

---

① 可兑换成黄金的货币，1金法郎相当于0.29克黄金。

地租的。他的业务与五年前刚到公司时一样，还是采购咖啡及皮革，此外还要采购一些批量不大的产品，如象牙、鸵鸟羽毛、树胶、香精、丁香香料，这些东西让人去梦想，而且足以使人联想起波德莱尔所青睐的异国情调。然而对兰波来说，他根本就没心思去联想。

他从前不太关心政治，但现在也会对各类政治事件提出自己的看法，因为他的生意已受到政局的影响。他于1883年被迫离开哈勒尔时就已感受到这种影响。埃及的困境以及英、法、意三国的殖民企图引起他的注意。他和巴尔代探讨当前的局势，阅读从开罗寄来的报纸，听到各种各样的传闻，这使他隐约感觉历史确实太复杂，他根本无法解开其中的症结。

完全受英国人控制的约翰内斯皇帝统治着阿比西尼亚北部的提格雷地区。马赫迪的起义运动则影响到与苏丹接壤的地区。在阿比西尼亚南部，孟尼利克国王毫不掩饰他的扩张意图。至于说欧洲人，自从苏伊士运河开通之后，他们只梦想着瓜分这些尚不为西方人所熟悉的地区，希望能赢得当地君主的好感，然后最终随心所欲地去支配他们，利用他们的国土。兰波带着明显的反英情绪对那时的局势做出概括："索马里海岸以及哈勒尔城正从可怜的埃及人手里落入英国人的魔爪……英国人占领该地区之后，将自苏伊士直至瓜达富伊海角沿岸的贸易毁于一旦。"他注意到所有的一切都被打乱了。在穆罕默德·艾哈迈德领导的马赫迪起义运动成功之后，苏丹的全部领土已掌握在狂热的苦行僧手里。兰波毫不客气地把戈登少校视为"白痴"，少校于1884年11月26日在攻打喀土穆的战斗中阵亡，而把沃斯利当作一头"蠢驴"，此人虽没有戈登少校名气大，但兰波早就听说过他，因为他曾在1878年任塞浦路斯总督。此外，对于法国殖民帝国的扩张，兰波一点儿也高兴不起来，认为征服马达加斯加和东京①很成问题。他说那都是"极为贫困的地区"。至于说法国对阿比西尼亚的战略意图，他完全不同意那种战略设想：

法国刚在这方面做出一个愚蠢的举动：一个月前，法军占领了塔朱拉湾，以便乘机再去占领通往哈勒尔以及阿比西尼亚道路的起点。但那一带沿岸十分荒

---

① 东京，指旧时越南北部十六省，首府为河内。

凉，如果不向纵深发展，不向风景优美、物产丰富的内陆高原（哈勒尔）发展，那么军队在那儿花的钱算是白费了。[113]

人道主义尊重当地人的个性，然而他并未从人道主义的角度去谴责殖民主义，相反，他认为法国的战略行动是徒劳无益的。他并不了解夺取战略要地的意义。然而，他每天都在推断动荡的政局给商贸活动造成的影响，此时他只对商贸活动感兴趣。但他面临着两种不同的局面：一是英国霸权主义当局有可能在干扰他与当地人的贸易活动，因为英国人从不尊重当地人的信仰习惯；二是自己继续向非洲大陆内地发展，贸易活动将会再次兴旺起来，而且还是依靠传统的沙漠商队这一渠道，沙漠商队就像由人畜组成的河流，已成为连接沙漠与外界的桥梁。

兰波曾抨击法军占领塔朱拉湾的行动，但在占领行动之后，公司在索马里设立了商号，他很快就从这局势中得到好处。在接下去的几个月里，他以嘲讽的心态，关注着喀土穆、萨瓦金、奥博克、马萨瓦等地局势的走向[114]。自从埃及遭到惨败之后，"欧洲列强"便想着要瓜分东部非洲。当他获悉英国人遭遇失败，苦行僧攻占苏丹最大的城市之后，他不无讽刺地写道："在苏丹，讨伐喀土穆的战斗鸣锣收金了，我了解那边的气候，讨伐军内会有三分之二的士兵丧失战斗力。"至于说在奥博克的法国人，他讨厌他们，见他们"用政府的钱大吃大喝，而绝不会给这可怕的殖民地带来一分钱的回报，至此为止，只有十几个盗贼在这块殖民地推行殖民化政策"。最终，他注意到意大利人那咄咄逼人的架势，他们也到"马萨瓦来分一杯羹"，但他预感到意大利人在未来几年里成不了大气候，虽然他在哈勒尔还认识几个意大利探险家，比如安托内里伯爵和塞奇上尉。那时，整个红海地区已成为"欧洲列强"的猎物，由于担心出现糟糕的局面，人们在亚丁开始修筑城墙。当年他在梅济耶尔和沙勒维尔看见普鲁士人耀武扬威的样子，曾表露出反抗精神，如今他以同样的反抗精神写道："我倒乐于看到这个地方成为火药筒，但我在那儿的时候可别爆炸！"这就像一个世俗的以萨耶先知发出的诅咒，大概他无意之中又想起《地狱一季》里的一段文字：

> 将军，要是在坍塌的城墙上还有一门老炮的话，那就用那些干土块轰击我们吧……让所有的闺房都装满灼热的红色火药……[115]

兰波后来十分关注政局的走向，并对政局做出评论。苏丹的战争结束了。法国在征服东京的战事中越陷越深。兰波预测中国人将把"法军的残部统统赶到海里去"。马达加斯加的局势也不乐观。此外，俄英之间也可能爆发战争。

红海地区的贸易以及巴尔代公司的发展取决于政局的走向，然而所有这些消息令人烦恼，除此之外，兰波一直感到很抑郁。假如他想离开，想摆脱这种难以忍受的局面，那么与此同时，他猜测自己恐怕还真是难以脱身。此外，他知道自己的处境很不稳定，因此确保自己的职位就成为头等重要的大事。他总是反复向母亲和妹妹说自己准备返回法国，可这话刚一说出口，他马上就变卦了："不管怎么说，别指望我的性格会变得乖巧，如果我有条件旅行，而不必待在某个地方去工作、去生活的话，那么我绝不会在同一地方持续待上两个月。"[116] 因此，这并不是他所希望得到的安宁，除非安宁就像悲惨生活中的缓冲一样。《放荡不羁的生活》里的那个少年已成为不知疲倦的旅行者，总是热衷于去发现新的空间。兰波此时就像被囚禁在亚丁似的，可还把自己想象成一个有钱的冒险家："世界之大，美景之多，恐怕将一千个人的生命合在一起也看不过来。"一封充满怨恨的信里却闪烁着希望的光芒：有美妙的地方，有巨大的城市，还有不规则的诗歌。生活过于狭隘，以至于承受不住这么多美好的希望。要是能把一千个人的生命合在一起该多好呀，他过去曾尝试过这种可能性，现在依然想做这种尝试，而他奔波的范围却在缩小，他本人正成为不去冒险的冒险家，成为厄运缠身的漂泊者，他住在这里心情不舒畅，可又得扎下根来，就为了能挣到那点儿少得可怜的薪水。以前，他总是重复穆斯林那"这是命中注定的"法则。从此以后，他提出一个尖刻的、醒悟般的箴言："最终，最有可能的是，人们只能去本不想去的地方，只能做本不想做的事情，只能以不情愿的方式去生、去死，却看不到任何希望能弥补这遗憾。"[117] 人的一生充满了烦恼，就像一封飘来飘去的信件，总也送达不到收信人的手里，这就是他对生活的看法。从表面上看，他就是这样生活的。但兰波并未考虑到消极的力量，而这种力量正无意识地激励着人们，同时他也没有考虑到死亡的冲动，这种冲动将人们推向难以躲避的深渊。既然在朝东方迈进，那他肯定会达到最终的目的地，即便此时他只来到亚丁的死火山口，谁能不相信这一点呢？相反，离别的本能，内心的正义感促使他来到这个地方，谁又能不承认这一点呢？正是他本人让自己处于受奴役的状态，而且不知不觉地去接受累人的任务。他那惊人的轨迹包含着一种思维方式：凡事都要争取成功，但也收获过失败，因为失败也是生活的一种形式，尤其是当生活过于追求不可能实现之事时就更是如此。

1885年1月至5月，他的处境日益恶化，除此之外，他的身体状况也令人不安："我好像什么也消化不了似的，我的胃已变得很虚弱。"[118]"在这里待上一年相当于在别处生活五年。"[119]要是按照这种算法，他很快就进入"痛苦的阶段"，衰老已成为不可阻挡之势，人也正在快速走向死亡，即使他有一种慢慢死去的幻觉。他没有任何消遣。兰波对自己的照相机也感到厌烦了，于是便把它卖掉了，但"并没有亏本"。他拒绝去享受各种乐趣，好像是为了履行某种秘密的训诫："我只喝白开水"，"不吸烟"。除了报纸以外，他什么也不读，而报纸也是几天前的旧报纸，因为报纸从开罗送到这里起码需要好几天。他周围的人要么是受歧视的人，这些人很快就"带着憎恨之情"离开这个地方；要么是白痴，这些蠢货在亚丁的咖啡馆里靠打台球来消磨时光。有时，他写信的语气很生硬，却闪烁出抨击型诗歌的意味："人汗流浃背，胃伤得不轻，脑子混乱不堪，业务每况愈下，消息越来越坏。"[120]他能说些什么别的吗？他还能说些什么呢？因此面对自己体验过的虚无时，他似乎连信都不想写。1885年10月，兰波夫人抱怨已经有八个月没有收到儿子的信了。她也许说得太夸张了，但他写给家人的信越来越少，这是不争的事实。

然而，他收到几封从法国寄来的信，但这些信并非寄自他家。1885年，在发表《受诅咒的诗人》之后，魏尔伦开始寻找《灵光集》，他最初以为这本散文集彻底遗失了，但实际上它并未遗失。他内心萌生要为《醉舟》的作者出版全集的设想。他和德拉艾一直保持联系，因此很容易就得到兰波在非洲的地址。后来阿尔弗雷德·巴尔代也证实魏尔伦曾给兰波寄过一封信[121]，或许是寄了好几封信，尽管巴尔代的证言显得有些奇怪。兰波最后以简洁的文笔给魏尔伦回了一封信，要他不要再给他写信了，他不想再看到他的信。没有任何东西可以否认或确认这段往事，除了一封奇怪的明信片之外，这封明信片是兰波在1885年5月上旬寄给德拉艾的[122]。明信片上的图画被幽默地修改过，画面上有两个"亚美尼亚人"（兰波将其改为"阿登人"），盘腿坐在地上，在玩掷骰子跳棋游戏。兰波加上一个标题：《让-阿蒂尔和他的老板》。他在明信片的空白处写了几行字："亲爱的德拉于普：现奉上我和老板被当地人同化后的画像。拥抱你，你的阿·兰波。""德拉于普"这个绰号是他和朋友们（德拉艾、魏尔伦、努

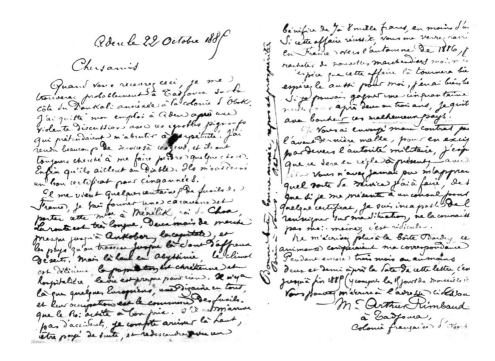

1885年10月22日兰波致家人的信（私人收藏）

沃）在一起聚餐时给德拉艾起的[123]。至于说"被当地人同化"这个词，他以此来说明对画面人物所做的修改，嘲笑这两个人物就像"稻草人"似的。兰波和巴尔代竟成为亚丁的土著人！这张明信片还是让人感到很吃惊。他和德拉艾似乎一直没有恢复通信联系，1881年12月，就在德拉艾给兰波写信的那一次，兰波寄给德拉艾一张很长的物品采购清单，但兰波夫人并未将此信转交给德拉艾。然而，兰波在1885年5月寄给德拉艾的这封明信片显然是给老朋友的回信。我们猜想德拉艾刚给兰波写了信，目的也很明确，一方面是为了重新建立起通信联系，另一方面则是为魏尔伦后面的信件投石问路，因为魏尔伦打算给兰波写信，询问有关《灵光集》的某些细节。如果说兰波对德拉艾依然保持着友好的情谊，那么他对"可怜的兄长"则未表现出任何善意。依照巴尔代的说法，他给魏尔伦回了一封信，口气非常冷淡，重申他从此以后对文学再也不感兴趣了[124]。

岁月就这样流逝着。兰波忍受着苦役犯的生活，这里是"可怕的地区"，"气候非常糟糕"。"我在这儿跟任何人都没有交往,除了当地的贝督因人之外,因此在短短几年之内,我都快变成十足的笨蛋了。"[125] 这正是他所估计的变形之前景,这种变形难以避免。他又回想起自己曾描述过的那个老傻瓜! 巴尔代兄弟是"卑鄙的吝啬鬼"[126],他们肆无忌惮地剥削他。除了业务上的交往之外,他不和任何人接触,总是孤独地将自己封闭起来。他把自己雇用的女人也辞掉了,这位女子是一位名叫奥古斯特·弗朗佐的意大利记者介绍给他的,他就辞退这位女佣(姘妇)向意大利人做出解释。他毫不客气地写道:"这种骗人的把戏在我面前耍得太久了。"[127] 后来有人证实,那时确实有一个女人和他一起生活,是一个信奉基督教的阿姆哈拉女子,他在哈勒尔结识了这位女子,并把她带到亚丁。这位女子身材修长,肤色较浅,和兰波同居过一段时间,她身穿欧式服装,常常吸烟,兰波还抽时间教她法语。

阿尔弗雷德·巴尔代的女佣弗朗索瓦兹·格里萨尔每个星期天都要去兰波家[128],她说曾教过这个女人做针线活。她说兰波每天晚上都和这个女人一起出去散步,而且对这位女友特别好。阿尔弗雷德·巴尔代后来也证实有这么一个女人,甚至说出他们在一起生活的时间(从1884至1886年),他还明确说明"两人的关系很亲密",因为"兰波最初和我们住在一起,后来他在外面租了一间房,搬出去和女友住在一起,只是上班时间才来办事处"。有关他在阿比西尼亚生活的最详细的描述出自意大利人奥托里诺·罗萨的手笔,罗萨不无俗气地写道:他"曾把兰波女友的妹妹留在自己身边",但"几周之后就把她甩掉了"。此外他证实兰波与其女友的关系可以追溯到1882年。我们注意到,这些说法与兰波写给弗朗佐的文字大相径庭。难道这个当地女子和那个玩弄"骗人的把戏"的是同一人吗? 后者来自绍阿,兰波于1885年9月决定把她送到奥博克去。既然如此,那么骗人的把戏究竟是什么呢? 究竟是假象,还是圈套呢? 大家后来都知道当年许多在中东生活的欧洲人都有一个或几个女人,她们既是女佣又可能是女友,就像当地伊斯兰教实行一夫多妻制那样。奈瓦尔当年在开罗时也是这样生活的[129]。但在这种情况下,兰波为什么要辞退她呢? 在这个有点复杂的故事里最令人迷惑不解的就是一张"阿比西尼亚女人"的照片,此照片于1913年刊载在罗萨撰写的《莱昂·犹大的帝国》①一书里,该页的脚注同时说明"此人于1882年在亚

---

① 黑体字原文为意大利文。

丁与天才诗人阿蒂尔·兰波同居"[129乙]。人们怎么能怀疑这样的证据呢？诚然，那张照片看上去令人失望。她身上裹着棉纱，身材并不修长，反倒显得有些臃肿。她穿的并不是欧式服装（异国情调使然吧！），头上蒙着一块纱巾。面部轮廓也不细腻，看上去倒像是个年轻男子。我们真不知该怎么说才好。

事实上，我们对兰波那时的性欲及性要求一无所知。依照伊莎贝尔后来的说法[130]，他那时还雇了一个名叫佳米的年轻男子为他服务。雅罗索主教后来确认兰波那时过着禁欲的生活，但他第一次赴哈勒尔就任时就染上了性病。弗朗索瓦兹·格里萨尔很早就听人说兰波是同性恋者，但她后来的叙述则推翻了这一说法。看到这篇叙述文字，贝里雄似乎如获至宝，但当他在传记结尾处引证这篇文字时，人们不禁在想，他显然在设法销毁所有"因性欲倒错而产生忧郁感的传说"，而他的大舅子正是传说中的那个人。他以某种笨拙的方式高声重申，兰波"在亚丁像一个体贴入微的丈夫，去教育一位阿比西尼亚女子，无论从精神上，还是从道德上，都是像对待女子那样来对待她"[130乙]。这真是绝妙的借口，但说实在的，这种托词只与他生活中的某一阶段相吻合。尽管如此，兰波希望结婚成家，至少在写给母亲的信里他是这么表白的，但在大部分时间里，他都是独自一人生活。他曾说过"人孑然一身总是不好"，这听起来倒更像是一种遗憾，虽然有时他也在考虑自己的婚姻大事，但遥遥无期的婚姻更像是幻想，必要时他也会抱有这种幻想。人们不可能过多地关注此事。那位女友或许是个什么家务事都做的女人，他对她很温柔，也算是对人的一种尊重吧，而他一直十分尊重普通平民，但很有可能最终对她感到厌烦了，后来没有任何迹象表明她又回到他身边。

第四章

绍阿的军火商

　　最让兰波操心的事还是他的贸易活动，依照他的说法，也就是"他的买卖"。1885年，他再次打算离开亚丁，离开这个"可恶的地方"，他在那儿攒下一笔拼着血汗挣下的钱，但他在生活中也"花掉"了不少钱。要是在孟买的话，他的这笔资产起码能给他带来8%的收益，但在亚丁却得不到任何收益。因此，有一段时间他想去印度，况且他听阿尔弗雷德·巴尔代说起过印度，1880年，巴尔代去印度考察过一次。总之，他的思想一点儿也不清晰："我还可以去东京。"[131]然而，就在几个月以前，征服东京的行动在他看来是十分愚蠢的举动，但或许就在这段时间他得知法军以惨重的伤亡代价取得攻占宣光的胜利。就在那同一年，东京成为法国的保护领地。况且兰波并未放弃"去巴拿马运河的打算，但巴拿马运河工程竣工之日依然遥遥无期"。

　　然而，正是从那时起，虽然兰波对未来依然表露出踌躇不决的样子，但他似乎已做出影响自己命运的重大决定。他对红海地区不同类型的贸易活动有所耳闻，而且了解阿比西尼亚的新局势，他注意到军火交易，当时许多欧洲国家都在从事军火买卖。绍阿国王孟尼利克打算扩大自己的势力范围，这种做法肯定会损害统治提格雷地区的约翰内斯皇帝的利益。在马赫迪起义运动之后，埃及已失去对这些地区的控制力。英国、法国、意大利试图得到两位君主的厚爱，以为这样就可以把他们控制在自己手里。孟尼利克和约翰内斯则巧妙地利用这种局势，从未考虑屈从于欧洲列强。

　　法国商人皮埃尔·拉巴蒂对阿比西尼亚的买卖了如指掌，他已在绍阿居住了十五年，而且娶了当地女子为妻，接受了当地的风俗习惯。他在孟尼利克国王身边很受宠，常常进王宫晋见国王，国王甚至还把一些土地赏封给他。拉巴蒂拥有一大群骆驼和骡子，身边还有诸多奴仆服侍他。兰波和这位富有经验的商人很合得来，而此人知道国王对军火的需求。拉巴蒂那时有一个雄心勃勃的计划。他要组织一支沙漠商队将大批的武器，包括枪支弹药从沿海一带一直运到安科伯尔。这样的买卖将会带来丰厚的利润："国王将按绍阿的市价以当地的物产来支付军火款，回报率将高达50%。"早在1881年，皮埃尔·拉巴蒂就曾联系过阿尔弗雷德·巴尔代，打算从泽拉派送一支沙漠商队运送军火。当时要运送的枪支并非是最先进的雷明顿猎枪，而是火枪，是一款已过时的枪械（自1866年起，军人更愿意使用撞针式步枪），如果在欧洲大批购买的话，这款枪械的价格非常便宜，可一旦卖到非洲去，这种武器就会带来丰厚的利润[132]。

兰波感觉这是他一生中碰到的最大的一笔买卖。他希望起码能挣2.5万到3万法郎，这笔钱会扩大他的积蓄。在1885年年底，他以更坦然的眼光去看待未来，心中又生出某种希望，尽管他料想到自己将面临重重困难。他知道那段路程非常遥远，要在"可怕的沙漠"里走上两个月，但绍阿气候宜人。所有的一切还只是幻想，他乐于把阿比西尼亚这一地区描绘成一个小瑞士，并讲给家人听："那里不冷不热，居民大都信奉基督教，而且非常好客，那里的生活会很舒适，对于在红海沿岸炎热地区经过几年疲惫生活的人来说，那里将是非常舒适的休养之地。"[133]两个月之后，他描绘出一幅美妙的图画，相信自己最终能抵达希望之乡："气候非常好，生活费用也不贵，来自欧洲的产品应有尽有，当地人对我们也很友好，一年当中有半年在下雨。"[134]总之，那里就像伊甸园似的，拉巴蒂曾得意地向他描述过这一地区，如今他已成为拉巴蒂的合作者。但他知道自己将要面临的一系列考验，而穿越阿法尔人的区域可以说是极大的考验，阿法尔人是"贝督因游牧民族，是狂热的穆斯林"[135]，随时会将路过他们地域的白人杀死，况且英国人刚刚做出禁止贩卖黑奴的决定，而贩卖黑奴正是当地人的主要收入之一，他们在路上设卡，向沙漠商队收取过境费，沙漠商队从非洲腹地一直走到红海的港口，到港口之后，这些黑奴就被装上轮船，运往阿拉伯半岛。兰波确信自己能发财，于是便提前终止了与巴尔代兄弟签署的合同，巴尔代兄弟一直在他们那"可怕的公司"和"可恶的城市"里狠命地剥削他[136]，好像连那座城市也属于巴尔代兄弟似的，但他可能过于相信自己的星相了，可至此为止，他的星相不只是发出极为暗淡的光芒吗？然而，正是巴尔代兄弟让他认识了拉巴蒂，可他们并未想到兰波此时对他们很反感，却依然热心地为他出具一份证明，称赞他任劳任怨，为人正直[137]。他这种忘恩负义的做法则与他的行为举止一脉相承。他只管走自己的路，根本不考虑其他人的因素，甚至不考虑保持友好的联系多么重要。阿尔弗雷德·巴尔代后来以平和的口吻在《巴尔-阿扎姆》一书中写道："1885年，他［指兰波］离开我们公司，转而与拉巴蒂合作，拉巴蒂以前曾是我们公司派驻绍阿的业务代表。我们后来同兰波也有联系，应他的要求，我们向他提供了野营器材，再由他交付给孟尼利克的部队。"[138]我们注意到，兰波在发过脾气之后，很快又和自己以前的老板建立起联系。依照巴尔代的谨慎说法，他确实"有点儿怪"。

在终止合同之后，他在宇宙大饭店里住了几个星期，饭店那时依然由朱尔·叙埃尔管理。他在那里等船以便跨越亚丁湾。他内心抱着巨大的希望，无忧无虑地想象着贩卖军火的进程。依照他的想法，一旦到达塔朱拉港口，他可以在1月初很快组织起一支沙漠商队。五十天之内就可以抵达安科伯尔。枪支交付之后，他肯定会拿到钱。到那时候，他只需要返回出发地就可以了。如果这次远征进展顺利的话，那么他可以好好休息一段时间。因此在写给母亲的信中，他说有可能在夏天返回罗什。信的措辞显得很亲切也很文雅："因此，在1886年夏末时分，你们就可以再见到我了。"[139]当然，他肯定还会走，他之所以返回法国，那也是为了找到新的物资，以扩大他在阿比西尼亚的生意。

1885年11月，一艘阿拉伯式小帆船将他一直送到奥博克，此地自1862年起就是法国的殖民地†。他在塔朱拉港设立起冬季大本营，准备在那儿组织沙漠商队，然后奔赴阿比西尼亚的腹地。塔朱拉是阿法尔人的重镇，此镇建立在火山脚下的一小块平原上。几丛棕榈树林在镇子四周形成片片树荫。最显著的建筑物就是两座用石头搭建的清真寺，以及一座埃及人建造的堡垒，这座堡垒现由六名法国士兵守卫，指挥官是一名中士[140]。这地方现为保护领地，由当地的首领管理，首领名叫艾哈迈德·本·穆罕默德。1882年8月，保罗·索莱耶买下这片土地。兰波到达这里之后，便住进镇内的一个窝棚里，并和当地的主管部门取得联系，以便组织起一支沙漠商队，这需要大量

---

† 此地是亨利·朗贝尔和弗勒里奥·德·朗格勒以一万塔勒的价格从达纳吉尔的部落首领手中购得的（一万塔勒在当时约等于五百万法郎，相当于目前的五亿法郎）。——作者附注。亨利·朗贝尔（1828—1859），法国探险家；弗勒里奥·德·朗格勒（1808—1881），法国探险家兼海军指挥官。——译者注

La torre di Obok.

奥博克堡垒（L.比多，摄于1884年）

的工作和艰苦的谈判。正是在那时，意大利探险家乌戈·费朗蒂见到了兰波，并在后来写下一段描述兰波的文字，描述虽然简短，但却极为生动：

> ［兰波］身材高大，瘦骨嶙峋，两鬓的头发里夹杂着丝丝白发，他身着欧式服装，极为俭朴，裤子显得很肥大，上身穿着一件毛衣，灰色咔叽外套也很宽松，头戴一顶无边圆帽，也是灰色的，他像当地人那样，根本不惧怕灼热的阳光。尽管他有一头小骡子，但随商队行进时，他并不骑骡子，而是背着猎枪，徒步走在商队的最前面。[141]

这宛如一张变幻莫测的照片，我们看到岁月已过早地在兰波身上留下痕迹，但他依然很有活力，肯吃苦，就像陶醉在步行之中，在远方沙漠的召唤下向前迈进似的。

1月底，物资从船上卸下来，共计2400条火枪，6万发子弹以及巴尔代兄弟提供的野营装备。但正如兰波所指出的那样，"我们找不到骆驼"[142]。所有的事都拖延下来，这地方人办事节奏很慢，凡事喜欢讨论来讨论去，这种做法真是磨炼人的耐性。"在这地方要有超人的耐心。"[143]"那些时刻都在重复生活很难的人应该到这儿住上一段时间，来学学什么是忍受，什么是顺从！"[144]倘若不是想让母亲去听，那么在写下这句话时，兰波究竟是讲给哪个明白人听呢？他这不是在劝告母亲吗？他认为一切都会进展得很顺利。然而，他必须得承认事实。远途商旅不得不停顿下来。他本人也被迫待在另一个穷乡僻壤里，待在这个该死的海岸边。更糟糕的是，由奥博克总督莱昂斯·拉加德会签的一纸文告送达这里，法国政府发来电报，禁止为绍阿地区进口武器。命令下达给塔朱拉的首领，要他停止组织运送军火的沙漠商队。我们不难想象这个消息对于拉巴蒂和兰波来说不啻是晴天霹雳，因为除了购买军火花掉一大笔钱之外，他们每天还要向雇来的脚夫支付工钱。2月，英国大臣亨特敦促有关各方执行限制武器交易的公约，并禁止法国著名冒险家保罗·索莱耶的货物卸港，这船货物就是经亚丁转运过来的。最终在法国驻亚丁的领事德·加斯帕里先生的斡旋下，有关各方达成一项妥协方案。但对于兰波和拉巴蒂来说，他们可就没有这么幸运了，因为妥协方案明确规定，这次只是特许，下不为例。

一想到有可能输掉这场赌局，兰波让自己镇静下来，做出最后一搏，他给法国外交部部长写了一封长信[145]，详细解释了此次商务活动的法律依据，揭露他们所遭受的不公正的待遇，因为法国政府最初依法批准了他们的申请，但后来却撤回这项决定。他还将需要运送的物资列出详细的清单。至于说进口武器过程中的所谓危险，他证明出现这样的危险是不可能的。首先，武器是绝对不会落入阿法尔人手里，这是英国人提出的借口，因为英国人担心武器一旦落入阿法尔人手里就会威胁在那一地区扩张的孟尼利克。况且，人们不能因此就断言有人会以此为幌子去掩盖私贩黑奴的勾当，后来居然有人怀疑兰波在从事贩卖黑奴的买卖。在写给德·加斯帕里先生的信中[146]，他极为客观地表明，这是两种毫无任何关联的生意，他之所以再三强调那时所做出的解释，目的并不是为自己辩解，而是为了澄清某种错杂的局势，这种局势有时在决策机构看来也是极为混乱的："我们的生意和贝督因人的走私买卖截然不同。任何人不敢说，某个欧洲人曾在沿海和内陆地区买卖，运送，或帮助运送任何一个黑奴。"阿拉伯人、贝督因人以及"伊斯兰教徒"[147]在从事贩卖黑奴的勾当。没有任何一支欧洲人组织的沙漠商队会把运送商品与贩卖人口混在一起！此信作为通告转交给海军部，并附上一份详细的说明，建议采取稳妥的措施[148]。事实上，兰波和拉巴蒂巧妙地让官方看出来，这样的禁令只会给他们的主要竞争对手带来好处。意大利人和英国人可以通过其他港口，比如马萨瓦或泽拉，建立起一条自由通道，以此来确保与阿比西尼亚内地的联系。过分严厉的举措可能最终会损害法国商人的利益。由于在法英两国尚未达成协议之前，政府部门曾向他们颁发了许可，法国政府最终以此为依据建议莱昂斯·拉加德批准放行[149]。兰波暂时摆脱了困境。

在1886年6月，兰波和拉巴蒂最终获得满意的结果，他们似乎和亚丁宇宙大饭店的老板朱尔·叙埃尔也有业务关系，叙埃尔大概投了一笔钱用于购买武器，而另一个法国商人保罗·索莱耶也打算为绍阿进口武器，他在塔朱拉等待时机。另一支沙漠商队当时也在那里，这就是弗朗佐的商队，弗朗佐是《都灵消息报》派驻非洲的记者，兰波曾就女佣一事给他写过信。然而在这6月，不知出于什么样的原因，叙埃尔要兰波装上1000支火枪，尽快运往绍阿[150]。一个月以后，叙埃尔又要求他装上所有的物资，但只列出600支火枪[151]，要把这批物资交给一位名叫埃洛瓦·比诺的人，此人在那边等着接收这批货物。说实在的，人们不知道到底是什么原因促使叙埃尔做出这样的决定。但到了9月，兰波宣布他要和索莱耶的商队一起行动[152]。因此，在1886年夏季，凭着坚忍不拔的努力以及善于与当地人周旋的能力，兰波似乎组织起一支庞大的沙漠商队，他不仅运走了拉巴蒂最初购买的2400支火枪，而且把索莱耶收到的那批军火也运走了[153]。

然而，在接下去的几个月里，事情发生了悲剧性的变化。实际上，拉巴蒂得了重病，不得不返回法国住院治疗。他脑子里长了一个瘤子，到年底就去世了。兰波只好独自一人去走那条他根本不熟悉的路线。一时间，他想与索莱耶联手做生意，因为在这种局面下，他不可能比索莱耶更强。然而，1886年9月9日，索莱耶因脑栓塞倒毙于亚丁街头，这完全是一种不幸的巧合，但迷信的人却会认为这是命运的安排。兰波一时感到非常失望，因为至此为止，没有一件事是按他所期望的那样发展的，他再次表现出顽强的精神，正是这种精神在危急时刻拯救了他。既然要面对最糟糕的局面，他也就豁出去了，就像无名英雄那样。

他组织的沙漠商队非常庞大，有一百多只骆驼，一百多个人，其中既有阿比西尼亚的脚夫，也有牵骆驼的人，除了大量的物资需要运送之外，商队至少还要携带足够五十天用的食物，在沙漠里行走时，他们唯一的希望就是能碰上尚未干涸的河流，能遇见少得可怜的青草或简陋的小村庄。在商队所经之地，当地的居民都不太友好，阿法尔人以心狠手辣著称。6月，巴拉尔的商队比兰波早走一步，也是前往绍阿，他们顺利地到达目的地，但在返程的路上，由于放松了警惕，被当地人残忍地洗劫一空[154]。当探险家莱昂·谢夫纳来到前一支商队遭遇埋伏的地区时，见地上到处散落着枪支以及被野兽撕碎的尸首。兰波将此称为"令人不愉快的事件"。

他不发火的时候则表现得非常冷静，此时毅然决定踏上征程，投身于最危险的冒险征程。就在沙漠商队动身不久，并将塔朱拉甩在身后时，他必须竭尽全力确保这次远征成功。整个旅程要持续两个月，平均每天走二三十公里。在萨加罗，他雇了

　　　　　　　　　兰波传

三十四名阿比西尼亚人，并和他们签了一份合同，一矣到达绍阿首府安科伯尔，便向每个人支付十五塔勒[155]①。在走过六段路程，跨越那个"使人回想起月色下的恐怖景象"[156]（这句话出自兰波之笔）的地区之后，商队来到阿萨湖，湖四周是连绵起伏的火山山脉，湖边上结着晶盐。他知道有人为开发此湖特意创办了一家公司，而法国政府将开发权授予谢夫纳和布雷蒙。兰波后来建议他们取消原来的开发计划，因为建造一条通向海岸的轻便窄轨铁路极为昂贵，反而不如卖湖盐获利大。接下去的道路非常难走，而且那一带极为荒凉。鲁莽的阿法尔人虽然是非常好战的民族（年轻的阿法尔人必须杀死一个敌人，并取下敌人的阳具之后才被视为是成年人），但他们也害怕伊萨人，因为伊萨人一直在向他们挑衅。在走过二十三段路程，穿越"非洲最恐怖的地区"之后，他们抵达黑雷尔，该镇四周有许多不同的部落，他们在等待时机相互攻击，要么就去洗劫过往的商队。黑雷尔海拔八百米，是一片草原，沙漠商队在这里可以休息一下。实际上，这只是一个由五十多座简陋小屋组成的村镇。简陋的房子分成两个区域，一个是伊萨人居住区，另一个是阿法尔人居住区。他们还要走上九天才能离开这片不太安全的地区，因为当地人在那一带设下许多捕猎的陷阱。阿瓦什河将道路拦腰切断。河对岸就是绍阿的地界了，那里归孟尼利克管辖。一时间，兰波感到有些失望，他本以为会碰到一条水深浪急的河流，然而，河水只深及骆驼的腹部，他们很容易就过了河。想起倒霉的索莱耶，他禁不住笑起来，索莱耶想在南特建造一艘特制的船，实际上他家门口那条"河"，只是一条弯弯曲曲的小溪而已，船根本无法航行。阿瓦什河两岸是陡峭的岩壁，在有些地段，岩石和粗大的树干阻塞了河流。由于河流蜿蜒曲折，他们多次跨越这条河，其中有一次还借着一条漂亮的浮桥过了河，这是阿尔弗雷德·伊格遵从孟尼利克的命令搭建的浮桥。他们最终来到法雷，这里是来自海岸的沙漠商队的终点站。兰波刚到达这个地方，王室的一个管家便迎上前来[157]，显然他已经知道拉巴蒂去世的消息，因为在沙漠里各种消息传得特别快，他告诉兰波要做好心理准备，因为拉巴蒂死后留下一大笔债，弄不好兰波得去偿还这笔债务。兰波显然已察觉到管家的话说得太夸张了，可还是感觉自己将面临许多困难，而且猜测到拉巴蒂的死将会给他带来很大的麻烦。然而，他还是设法让管家平静下来，并送给

---

① 当时在红海沿岸流通的货币。

他一支望远镜以及几个轻泻药丸，说实在的，要让那些火气大的人平静下来，几颗轻泻药丸就能见效。

1887年2月6日，在沿着悬崖绝壁走过一段漫长的山路之后，他们来到安科伯尔。国王的都城里有一百多座尖顶茅草屋，城内最高的建筑就是王宫，王宫建在一块高地上，四周围了好几道城墙。站在城里向远方望去，周围的高山显得很雄伟。兰波已从管家那里获知孟尼利克到远方征战去了。哈勒尔的埃米尔名叫阿卜杜拉，在埃及人撤走之后，英国人把他扶上台，但在阿卜杜拉组织过一次军事行动之后，孟尼利克不怕他和英国人串通一气，决定甩掉这个刚愎自用的家伙[158]。孟尼利克率领三万将士用了不到半个小时就把对手打垮了，对方的兵力比他们的少，而且武器装备又很差，这一仗是在距离哈勒尔城六十公里远的沙兰克村打起来的，阿卜杜拉的三千士兵手里只拿着大刀、长矛，很快就被孟尼利克消灭了。至于说那些雇佣兵，包括苏丹人、土耳其人、埃及人，他们都被杀死了，而且依照阿姆哈伊的传统被割掉阳具。孟尼利克带着胜利者的傲慢姿态进入哈勒尔城，进入这个被征服的地区，接着，他登上清真寺的尖塔，公然朝大清真寺的屋顶上撒尿，以表明作为基督教徒，他蔑视伊斯兰法律。他命令手下的人洗劫了当地人的财产，没收了旅居哈勒尔的欧洲人的财产，在大肆掠夺之后，他准备返回绍阿，为确保胜利，他留下三千士兵，驻守在城外，并把哈勒尔的管理权交给阿里·阿卜-贝克尔（是刚刚败在他手下的阿卜杜拉的外甥）。

兰波每天都在打探国王的消息，了解国王的行踪。由于运来的军火交不到国王手里，时间就这样一天天地荒废掉了。抵达安科伯尔之后，除了引起众人的好奇心之外，他的商队还引来许多非难。一大群人来纠缠他，要他偿还拉巴蒂的债务。拉巴蒂的遗孀哭哭啼啼的像个泼妇，整天跟着他，要不惜一切代价从他这儿捞到一笔遗产。兰波是有偿付能力的，而他那支庞大的沙漠商队就是明证。此时他明白，要摆脱这种局面不是一件容易事，他已料想到这一局面不但错综复杂，而且很难控制。他申辩说，死者生前只给过他一份贩卖武器的委托书，他只替拉巴蒂做这笔军火生意，至于说别人所说的那些债务，他根本不知道其中的内情。他看出来这些人想敲他的竹杠，而且所有的人都商量好了一起来对付他。拉巴蒂的遗孀甚至要起诉他，她的举动得到一个名叫埃侬的法国侨民的支持，此人曾是骑兵队的军官，到阿比西尼亚做地形测量工作（后来到了1888年，法国政府指派他承担此项工作），两位阿姆哈拉的老律师也来辅佐埃侬先生，这两位律师尖酸刻薄，嘴里不停地说着，以展示他们的口才，来为当事人辩护。

有一段时间，兰波以为自己占了上风，因为他甚至获得扣押死者所有房产的政令，但死者的遗孀很有心劲，早就把值钱的东西都拿走了，他只在那房子里找到"几条旧衬裤"，还被那寡妇"哭天抹泪"般地夺走了（在后来写给德·加斯帕里先生的信里[159]，他介绍了当时的情况），此外房子里还有几个怀孕的女奴。然而，这位寡妇不单是表达自己的不满，最终，她要求旅居当地的欧洲人每人凑点儿钱，算作一笔遗产交给她，可她并非是唯一提出合法要求的人。一大群债权人纷纷前来催促兰波，要他去满足他们的要求，他们更加贪婪，提出的理由也显得更加充分。兰波甚至还约见了几个债权人，后来他绘声绘色地描述了这些吸血鬼假惺惺地拜访他的场景。客人陪着他一起喝蜂蜜酒，回忆起那位死去的"老朋友"的种种美德，接着便提出自己的要求，而且不惜使用一切手段来暗示死者生前向他借过钱。这时有一头毛驴从附近走过去，他以为认出了"那是他送给老好人拉巴蒂的骡子"。兰波被这些债权人弄得筋疲力尽，不知该怎么办才好。有时，他真的烦透了，便做出一些仓促的举动。正是在这种心态下，他把在拉巴蒂房子里找到的笔记本草率地烧掉了（他嘲讽地说那不过是"回忆录"），拉巴蒂在笔记本里记录了一些"内心独白"。在草草翻阅之后，兰波最初感觉这个笔记本不值得仔细查看，可他后来还是承认有些财产证书就夹在笔记本里，他的轻率举动给自己造成难以弥补的损失。但他还是接受了某些合情合理的要求，有些仆人在拉巴蒂的沙漠商队服务时去世了，兰波便把报酬支付给他们的妻子；拉巴蒂在安科伯尔居住时曾欠下当地农民的债务，兰波也把这些债务清还掉了。他甚至做出一些慈善的举动，有一个人名叫迪布瓦，肯定是个法国人，在清还他的债务时，兰波还多给了他一点儿钱，让他去买一双鞋。他手里那点儿钱要是照这样花下去，钱袋很快就要见底了。况且，他还没有拿到那笔卖军火的钱呢。

面对这种令人沮丧的局面，他情绪低落，尽管如此，他还可以把内心的苦恼讲给他的法国同胞朱尔·博雷利听，博雷利是一个狂热的探险家，虽然有点儿自高自大，对自己的新发现也颇为自豪，但待人和气。他和兰波一样，也是到安科伯尔来办事情，兰波先在亚丁，接着在塔朱拉见到了他，那时博雷利也在塔朱拉筹备自己的沙漠商队。博雷利并未详细地描绘出兰波的肖像，而是简短地刻画了兰波的体貌特征：

"他懂阿拉伯语，会说阿姆哈拉和奥罗莫话。他不知疲倦。他的语言能力，他的顽强意志以及准备接受各种考验的耐心使他跻身于完美的旅行家之列。"[160] 在这位探险专家的眼里，阿登省的步行者已变成一个在荒野之地驰骋的旅行家，他有一种大无畏的品质，知道自己将会面对什么样的考验，他的手臂也变得强壮了，一改过去"懦弱的形象"，这个通晓多种语言的天才已跨出印欧语系的范畴，他现在能讲许多神秘的语言，那些语言如此神秘，人们甚至不知道那些语言的名字[161]。后来，博雷利声称对兰波的个性很感兴趣，并试图从心理方面去描绘他的个性："有人认为他的行为举止很滑稽，也有人认为他的举动怪诞，其实这不过是他那桀骜不驯、阴郁孤僻的性格使然罢了。"[161乙]

在安科伯尔等着孟尼利克班师回朝并不是一个理想的方案。兰波决定离开这个地方，况且越来越多的索债者让他感到心烦意乱。他的沙漠商队与博雷利的同时出发，他们打算去恩托托，那是一处风景优美的山区，国王颁布政令宣布王室的行宫以后将建在那里。过去许多埃塞俄比亚的君主都在那里居住过。孟尼利克也想继承这个传统，于是便决定在那里安顿下来。到了1891年，在王后泰图的鼓动下，他让人在恩托托山脚下建立新的国都，这就是"新花之城"——亚的斯亚贝巴。在征服哈勒尔之后，他统率着军队隆重地返回新城，乐手们吹着埃及小号，走在队列的最前面。队列行进的场面就像古代欢迎常胜将军凯旋一样。奴隶们抬着国王，后面跟着一队队的士兵以及缴获的战利品，最令人感到震惊的是，他们还从敌人手里缴获了两门克鲁勃大炮，每门大炮由四十个人拉着走。兰波和博雷利当时可能也和民众们站在一起观看。其实孟尼利克没有什么资本去陶醉在征服哈勒尔的胜利之中，说实在的，要不是哈勒尔的商人向他提供那么多军火，他怎么能轻而易举地获胜呢，因此他不会忘记拉巴蒂交给他的大批武器。只有依靠这些武器，他才能实现统一全国的宏图大业。

不久以后，依照当地的礼节，兰波便被带进王宫，去晋见国王[162]。在仆人的带领下，他来到议政厅，孟尼利克国王正在那里等着他呢。国王身材魁梧，肤色特别黑，眼睛炯炯有神，脸上满是患天花病留下的麻斑，他的络腮胡子短而浓密，头发梳成阿姆哈拉人常见的发型，用一条绸带将头发系在脑后，出于爱美的心理，他还戴着一顶教友派信徒的黑帽子，肩上披着一个黑丝绸斗篷，斗篷上绣着金色装饰。国王盘腿坐在长沙发上，沙发上铺着垫子和靠垫。几位辅佐国王的参议站立在国王的左右，其中还有一位白人，他戴着眼镜，头发剪成寸头，蓄着浓密的八字胡，他就是阿尔弗雷德·伊格①。孟尼利克显然已得知兰波的不幸遭遇，知道拉巴蒂的死讯，还知道一大群债权人在安科伯尔向他索债的事。但他让来访者自己去说，看看这位背负着重任的旅行家是如何看待绝望的困境的。像以往一样，兰波表现得极为镇静，但他还是为自己的厄运感到遗憾。接着，他向国王索要以前曾商量好的军火款，并未过多地纠缠于合伙人去世一事。孟尼利克就像一个狡猾的骗子，知道自己可以随意骗取这位商人的钱财，尤其是他完全可以利用这种意外的局面，这一局面已经快把兰波压垮了。国王声称自己也是拉巴蒂的债权人，他给拉巴蒂好多房子和地产，认为拉巴蒂欠他的债务高达3500塔勒，这真是一笔巨大的债务。此外，他还声称已经把购买武器的款项一次性全都支付了，他不接受零售的交易。对于这笔交易来说，他只同意支付1.4万塔勒，而兰波预计他起码要支付4万塔勒。除此之外，为了抵消拉巴蒂生前所欠下的债务，国王建议从这笔钱里扣除3500塔勒，在经过一番讨价还价之后，他同意将债务减至3000塔勒。兰波大略核算了一下，他还要从孟尼利克同意支付的金额里扣除租用骆驼的费用以及其他杂费，共计2000塔勒。这样他只剩下9000塔勒，与他为这笔买卖所花费的费用持平。由于各公国之间没有流通的货币，这笔钱将以汇票形式支付给他，而且要由哈勒尔的新任总督马科南公爵支付，此人是孟尼利克的表兄弟，孟尼利克把阿卜杜拉·埃米尔赶下台后便任命他的表兄弟当总督。围绕着这笔买卖的酬金问题，他们争论了好几天，兰波见得不到更多的好处，只好接受这一苛刻的条件，他不想再拖延下去了，准备动身离开这个地方。他不想再走从安科伯尔至塔朱拉的那条可怕的路线，因为中途要穿越阿法尔人的地域，他把自己的想法告诉给博雷利。不管怎么说，他总是要去哈勒尔，因为要到那边去拿支付给他的汇票。他准备从哈勒尔直接走到泽拉，这条路他很熟，因为此前已多次走过这条路，而且在他看来，这条路更安全。

在恩托托逗留的那几周里，他有机会和阿尔弗雷德·伊格在一起谈论了很长时间，伊格满脑子都是现代思想，他到这地方来并不是为了"在陌生的领域里从事非法

---

① 在皮埃尔·拉巴蒂的举荐下，孟尼利克于1877年聘任伊格、齐默尔曼以及阿潘泽勒为他服务。和兰波一样，伊格也是1854年出生的，他最初在欧洲任建筑工程师，在瑞士参加过多项大型建筑工程。瑞士驻亚丁领事富雷尔先生说他是"无所不知的人才"。

伊格像

交易", 而是为了去创建新的东西[163]。他过去以为自己永远也看不到未来了, 而伊格成功的典范似乎又让他看到美好的前景, 作为一名瑞士工程师, 伊格来到这儿冒险, 但他好像依照自己的愿望干得很不错。伊格体态臃肿, 露出一副养尊处优的样子, 说起话来带着单调缓慢的口音, 不时冒出一两句诙谐的话语, 兰波并不讨厌他的这副样子。他们俩答应以后保持通信联系, 因为他们有着共同的计划。

就在他动身的前一天, 发生了一段小插曲, 兰波对这段插曲做过有趣的描述, 这段插曲会成为恩托托人茶余饭后的谈资。兰波正和伊格朝王宫走去, 他回头隐约瞥见"埃侬先生的帽子", 瞥见埃侬身后"那位疯狂寡妇的呢斗篷, 她正沿着悬崖缓缓地走着"[164]。他的描述就像一幅连环画, 像落入野蛮人之手的士兵又遭遇更大的不幸似的。尽管如此, 这些前来王宫向国王抱怨的债权人并未得到任何额外的补偿。至于说兰波, 他对这一件件令人沮丧的事早就感到厌烦了, 于是便踏上征程。他的计划可谓雄心勃勃, 因为他打算深入到阿比西尼亚的腹地, 去欧洲人从未涉足的地区, 并以探险家的眼光将沿途的特征都记录下来。博雷利这次没有失策, 他马上跟随兰波去走这条新的路线, 1887年4月30日, 星期六, 他在日记中写道: "我最终得到孟尼利克的批准, 可以上路了, 不用再等任何人或任何事。此时已是子夜, 写下这行行文字时, 我已感到很累了, 但我下决心在天亮时和兰波先生一起上路, 不能再耽搁下去了, 有些事情已毫无指望, 而且按我的计划去组织冒险行动很成问题。"[165] 兰波似乎首先拿出行动方案, 他无所畏惧, 带着博雷利这位老练的探险家一起去远征, 尽管如此, 博雷利后来试图将这次"开创之旅"归功于自己, 在写给教育部长法利埃的信中, 他大言不惭地说: "1887年5月2日, 我动身前往哈勒尔……沿着阿姆哈拉入侵者所开辟的线路从恩托托一直走到哈勒尔, 我是征服这条线路的第一个欧洲人。"[166] 肯定还有其他冒险家先于他走过这条线路, 事实上, 兰波和博雷利都不是最先开发这条线路的白人，孟尼利克所聘用的意大利人文森佐·拉加齐以及拉法埃勒·阿尔费埃里就已经走过这条路[167]，因为他们俩曾跟随国王去攻打哈勒尔。但博雷利至少是先于别人获得当地测量数据的。

在这段路途上，对于兰波来说，最大的感受莫过于发现新的东西！那正是他的感觉！"在蓝色的夏夜，我将漫步在小路上"，当然，这不是富有诗情画意的漫步，而是十八天的漫长旅程[168]，他们赶着毛驴、骡子和骆驼，平均每天要走二十五公里。所有的人在高原上慢慢地行走着，他们跨越阿巴伊河，第二天，在走过很长一段路程（七十公里）之后，他们来到阿比丘人的村庄，接着便朝敏加尔平原走去，那片平原风景优美，"到处都长着绿色的植物，是绍阿最富庶的省份之一"（博雷利语），虽然那时水源并不丰富（农民们用宽大的水渠蓄水，以备旱季时使用）。

那天晚上，有几个仆人逃走了，又返回恩托托。经过六段路程之后，他们穿越敏加尔平原，来到一片起伏不平的地域，那片地区种植着棉花。接着，他们沿着孟尼利克开辟的道路，朝卡萨姆走去。他们穿过含羞草丛，草丛里往往隐藏着野兽，他们走的那条路是一条大象的通道。在费卢阿哈，他们还经过一处温泉，温泉的不远处就是阿瓦什河。跨越阿瓦什河之后，他们来到一片长满了矮小树木和桉树的地区。这片平原显得很贫瘠，有的地方长着高大的龙舌兰，大象的通道在这片平原上纵横交错。这条道路一直通向高海拔的伊图，通向噶朗索哨所，那里驻扎着几百名士兵。第二天，在走过三十公里的路程之后，他们来到波罗马哨所，一千名士兵驻守在哨所里。旱高粱苗刚刚露出地面，旱高粱是阿比西尼亚典型的农作物。他们这支远征商队正深入到德德尔地区，那里的植物显得非常漂亮，这让博雷利兴奋不已。而兰波在后来所写的报告中只是说，那片"树林很壮观"，并未过多地描述当地的植物志：那里生长着百年橄榄树、枝叶茂盛的大戟科植物。在沃畴短暂停留之后，他们来到二十公里以外的戈罗村，这是一个很大的村庄，也是伊图人聚集区里最大的贸易中心。许多商人从很远的地方赶过来，贩卖阿比西尼亚式长袍和奴隶。接着，他们走到赫恩一带，那里的山谷覆盖着郁郁葱葱的森林，到处都种植着咖啡树和阿拉伯茶树，呈现出土地肥沃，物产丰富的富饶景色。湍急的布尔卡河从高山上奔腾而下。大片的松树林覆盖着这片大地，并向远处延伸，一直延伸到百公里以外的地方。在沙兰克地区，他们登上这次旅途的最高峰（海拔2600米）。阿卜杜拉·埃米尔就是在这个地方被消灭的，那支败军的残余物压在各种兵器之下慢慢地腐烂:"到处都是人的骸骨,我们是踩着骸骨走过去的。"[169]

第二天,在经过十天的行程之后,他们来到湖泊密布的区域,这里已能看到哈勒尔城。博雷利已累得筋疲力尽了,决定要在这儿休息几天[170],但兰波并不觉得疲倦,要继续赶路。他们俩由此分头行动,后来又在哈勒尔城里见了面。兰波于5月21日进入哈勒尔城。转眼间,他已有三年没来过哈勒尔了。他知道在这三年当中,许多政治事件已把哈勒尔城搅得一团糟。他很少说出自己的看法,这表明他确实感到很失望,很沮丧。许多房子都被烧毁了,整个城市已变成一座垃圾场[171]。入侵者大肆杀戮,街上的尸首无人掩埋。博雷利后来强调指出,城里到处散发着一股臭气,遍地的粪便使城市显得肮脏不堪,牛的尸骨上爬满了"冷酷的苍蝇"。兰波对当地民众所遭遇的苦难感到震惊,而他以前见这些民众一直生活得很幸福,但在孟尼利克的压榨之下,他们得支付昂贵的赎金,任凭入侵者掠夺他们的家具和首饰。在兰波的笔下,一个灾难性的场景跃然纸上,好像要让人牢记这个事实似的:"饥荒和鼠疫已迫在眉睫。"尽管这种局势已十分凄惨,但孟尼利克还是把1.3万阿比西尼亚人和他们的奴仆派到哈勒尔,此外,他的军队(3000名士兵)就驻守在哈勒尔城附近。

来到哈勒尔之后,兰波首先要去领取国王答应支付给他的酬金,于是他便要求晋见总督马科南公爵,只有他有权支付这笔货款。公爵现住在埃及人以前建造的宫殿里。他是王室军队里老练的将军,又是国王的表兄弟;他出身豪门,他的一位远祖沙勒·塞拉西曾在19世纪初任阿比西尼亚皇帝。在征服哈勒尔之后,孟尼利克把哈勒尔的管理权交给阿里·阿卜-贝克尔,而由马科南公爵指挥的军队则驻扎在城外。但时隔不久,马科南借口埃米尔管理得太糟糕,便率领驻守在城外的军队杀进城来,将埃米尔抓起来,五花大绑押送至孟尼利克面前,而国王却认为这是一种忠诚之举,于是便委任马科南公爵为哈勒尔总督。公爵接见了兰波,他显得和蔼可亲,目光温柔,且意味深长,他的手很细腻,像女人的手,他学识渊博,显得很机灵,但谈起生意来却很难对付。因此,兰波只从他这儿拿到几张汇票,而现金呢,却连一个铜板都没拿到。不管怎么说,由于没有流通的货币,所有的交易都停顿下来。孟尼利克禁止使用埃及古币,准备先用一种不值钱的铜钱来代替埃及古币[172],接着便去打造一款印着他头像的钱币。

在哈勒尔度过的这几天足以让兰波意识到当前的贸易局势。在孟尼利克征服哈勒尔之后，大部分欧洲人都撤走了，只有以托兰主教为代表的天主教会还留在这里。然而，马科南公爵知道联盟的重要性，认为国际贸易对哈勒尔的发展是不可或缺的，虽然哈勒尔距离泽拉或吉布提有两个星期的路程，但这里依然是距离海港最近的大城市，而且是接收来自绍阿的物产并将其转运到阿拉伯半岛或欧洲的最合适的城市。另一条陆路通道，即通往塔朱拉的道路则极为危险，而且要穿越其他公国的领地。带着可以利用这种局面的想法，兰波向公爵道别。由于博雷利决定重返绍阿，兰波便在这儿和他分了手。他们俩已建立起深厚的友谊。虽然他们的性格截然不同，但对科学的共同爱好将他们联系在一起，博雷利所掌握的技术知识令兰波赞叹不已，他多么希望自己也能掌握那么多知识（会用那么多仪器），那时他还惦记着要撰写有关盖拉人的那本书呢。兰波和这位探险家所交谈的话题给他留下深刻的印象，这些话题促使他重新拾起以前的计划，此前出于厌倦心理，他曾放弃了那些计划，他的内心重新燃起希望的火焰，虽然自做生意以来他一直很不幸。博雷利常常与兰波交谈，聊天，那时兰波显得很矜持又不太爱说话。他们在一起度过很长时间，博雷利因此得以评价这位奇怪旅行者的脾气秉性，兰波那时显得很忧郁，而且往往沉默不语："他走进我的帐篷里，坐下来之后，一句话也不说，待上半个小时就走了。"[173] 这正是博雷利那时常常接触的人，"他这个人十分刻薄"，"他性情暴躁，极易发火，但必要时也能控制住自己的情绪"。博雷利认为这位旅行伙伴身上有很多优点，建议他向法国有关部门提出申请，以便为自己的探险计划争取一份国家补贴。博雷利还把他哥哥奥克塔夫的地址交给兰波，他哥哥在《埃及海峡报》任编辑，该报在开罗是一份发行量很大的日报。

在返程的路上，兰波现在思索着摆在他面前的几条出路，再三斟酌自己刚刚遭遇的失败，同时回想起冒着重重危险所走过的"可怕的地区"，回想起他不久前所见过的人，欺骗与抢劫则构成这段往事的背景。这真是一场名副其实的灾难。他将永远也得不到安宁，永远也无法安静地休息。一股更加强烈的厌恶感充满他的全身。他之所以还在往前走，那是因为某种含混不清的责任在激励着他，在逼迫着他一直走向死亡。

第五章

赴埃及休假之后重返哈勒尔

　　1887年7月25日，在离别一年半之后，兰波再次踏上亚丁的土地，兜里揣着8000塔勒汇票和600塔勒现金[174]。他把哈勒尔的年轻仆人佳米也带在身边。他又开始走访居住在亚丁的欧洲人，在离开亚丁之前，他一直和他们有联系，其中有巴尔代兄弟以及朱尔·叙埃尔。兰波又下榻在宇宙大饭店里，但他无法长时间在亚丁生活，亚丁这个可怕的漏斗型洼地，夏天闷热的气候让人难以忍受，然而人们依然要生活下去。此时，他琢磨着自己该休息了，这种念头就像《灵光集》里"洪水过后的想法"。他本来想等这笔军火生意做完之后，就在夏季返回法国休假，或在秋季返回罗什村。但他改变了主意，准备去埃及，那里气候温和，他起码可以舒服地度过炎热的夏天。或许他希望能在那一带的港口城市找到合适的工作，换一个工作环境。亚丁、塔朱拉、哈勒尔，他在这几个城市里只是一个过客，是一幅画卷里的一个微小细节。从此以后，他拒绝固守一地，拒绝像被软禁似的死守在一个地方。

　　他登上从亚丁开往埃及的轮船，身边依然带着仆人佳米，手里提着一只皮箱（这只皮箱现收藏于沙勒维尔的老磨坊博物馆里），腰带上挂着几公斤重的钱袋，袋子里装的是金银币，等他把马科南交给他的汇票换成现金，他兜里的金银币就会更多了。人们这样描述他那时的外表："个子高大，身材偏瘦，灰眼睛［他以前的蓝眼睛呢？是不是被强烈的阳光晒淡了呢？］，蓄着金黄色的小胡子，但胡子显得很稀疏。"[175] 在苏丹沿岸的马萨瓦港口，有关人员把他扣留下来，因为他没有护照。士兵们将他带到法国驻马萨瓦领事馆，法国领事亚历山大·梅西尼耶觉得兰波的行为有些可疑，于是便给法国驻亚丁领事德·加斯帕里先生写信，要他就"自称在哈勒尔和亚

梅西尼耶致德·加斯帕里的信
（沙勒维尔－梅济耶尔图书馆博物馆馆藏）

丁经商的兰波先生"提供更详细的资料。在几天当中，兰波一直等着从亚丁那边传来的消息。他没有护照，而且随身又未携带足够多的证明文件，人们难免更加怀疑他。确切地说，他随身携带的两张汇票又意味着什么呢？一张5000塔勒的汇票开给一位名叫卢卡蒂的人；另一张2500塔勒的汇票开给一个在马萨瓦经商的印度商人。兰波在马萨瓦港下船，大概就是为了兑换马科南支付给他的汇票，许多传记作家往往忽略了这一点。因此，他打算在马萨瓦去见那位"印度商人"，此人会将2500塔勒支付给他，卢卡蒂先生同样会把更大数额的汇票兑付给他。1887年，马萨瓦已被意大利人占领，而意大利人希望孟尼利克在阿比西尼亚取得强势地位，并鼓励他与约翰内斯皇帝竞争，因此他们和孟尼利克一直保持着密切的联系。

一个星期过去了。护照终于寄过来了，德·加斯帕里先生还附上一封信，称他极为敬重兰波，并保证他是一个正派的人。与此同时，梅西尼耶先生也认为，面前这位冒险家并不是流窜于各个港口的"可疑分子"，他甚至为兰波写了一封推荐信，要他去找开罗上诉法院的律师格里马尔迪－雷吉斯侯爵[176]。兰波是否打算就拉巴蒂事件去找这位律师，以便维护自己的权利呢？

8月中旬，兰波动身前往开罗，途经苏伊士城做短暂停留，并拜访了法国驻苏伊士城副领事吕西安·拉博斯，然后来到开罗，希望能在这里休息几个月。他并不了解这座巨大的城市，然而他很快就学会在迷宫式的街道里辨别自己的方位。他注意到这里的生活费用很昂贵，而且他很难适应城市的生活节奏。他已经极为习惯阿拉伯半岛或阿比西尼亚那极慢的节奏。可在这里，好像每分钟都很珍贵似的，过往的人群行色匆匆，露出很忙碌的样子，大家都显得烦躁不安，这让他感到很不自在，虽然他本人是个急性子，但他早已习惯了午睡，习惯了缓慢的生活节奏。在开罗期间，他下榻在欧洲饭店里。在给别人写信时，他在地址处写上"邮局自取"或"法国驻开罗领事馆"。这段休息时间使他有机会去写作，这也是他最后一次全身心地投入到写作之中。他不仅写信，还写了许多散文、报道，回顾了自己最近这几年的生活。他的文字显然不带任何情感，也没有详细的描述，他只是把要说的话讲出来。他的报道完美无瑕，纯洁典雅，风格简洁得像一页白纸。虽说他走上了意想不到的道路，可内心依然保留着很久以前的愿望，保留着想名垂后世的本能，而正是这种本能促使他将文字写在纸上。到达开罗不久以后，他仿佛又见到自己内心的魔鬼，重新投身到某一基本素材之中，他过去十分熟悉这个素材，而且一直在不断地充实这个素材。在几天之内，他写了好几十页文稿。我们不妨看看他所写的文字：8月20日，他给《埃及海峡报》的主编写了一封信，密密麻麻地写了十一页纸，讲述了他刚刚完成的探险旅行；8月23日，他给家人写了一封信；8月24日和25日，他给母亲写了两封信；8月26日，他给阿尔弗雷德·巴尔代写了一封信，描述了从恩托托走到哈勒尔的那条线路；同一天，他还给法国地理学会写了一封信。

他又投身于文学创作，这真是出人意料！自创作《地狱一季》之后，他于8月20日写给奥克塔夫·博雷利的信是唯一一篇散文体的书札，他不但校对了清样，而且还在报纸上看到这篇文章。作为"政治及文学综合日报"，《埃及海峡报》于8月25日和27日，分两期刊载了兰波的这篇书札。当然，这篇书札未受任何风格的影响。他对某一地区的局势做出评注，对当地的地理或现代史提出独到的见解，并指出该地区的商业前景。兰波在书札的结尾处写了一句客套话："先生，请接受我最诚挚的敬意"，并只签上自己的姓"兰波"。阿尔弗雷德·巴尔代一直对非洲的事务很感兴趣，兰波给他写了一份简洁明确的报告，描述了巴尔代以前所走过的那条路。他还就"可做的事情"做了一些补充：可以买象牙、麝香、黄金，还可以卖武器（有八千条雷明顿猎枪要卖，为此起码要在苏伊士城租一艘船）。巴尔代是法国地理学会的通讯员，后来将这份报告的副本寄给巴黎。与此同时，兰波也给法国地理学会写了信，大概是在朱尔·博雷利建议之下写的这封信，向地理学会提出考察活动的申请[177]。兰波在此是孤注一掷，希望地理学会能向他提供资金，以便去开发那些西方人尚不熟悉的地区。地理学会研究了他的申请，但最终在复函中申明他可能很难得到满意的答复，因为各政府机构从此将压缩开支，执行更严厉的节俭制度。

兰波全身心地投入到写作之中，然而他并未因此而忘记自己的家庭，忘记罗什村的亲人，他向他们坦言道："在两年当中，经过艰苦而又疲惫的劳作，我只挣到1.5万法郎。我真是不走运！"[178]这真是伤感的结论！兰波相信命运，他不得不承认自己的命运确实很不幸。尽管如此，他并不想夸大自己的不幸，而夸大往往是厄运惯用的可怕手段。一连串的事件使他遭受了许多挫折。他以为自己命不好，只好顺应悲惨生活的节奏：工作，劳累，再工作，再劳累。这一次他不得不承认自己干得太累了，他现在是心有余而力不足，身体已大不如以前，感觉很疲乏，就像大病一场似的，浑身上下都觉得不舒服。他身上已出现严重病痛的征兆，正是那病痛后来夺去了他的生命："腰部的风湿病让我感到很难受"，左腿的风湿病有时会让他动弹不得，左膝关节也很痛，另外他的右肩也有风湿病。他已猜测出自己的病因，那是因为最近这几个月干得太猛了，这可是他的"辉煌业绩"呀，他甚至得出结论自己的"生命已处于危险的境地"[179]，实际情况也确实如此，但他不想承认事情的严重性。兰波的身体越来越虚弱，绍阿之行并未给他带来更多的利益，只不过使他更快地走向死亡，走向生命的终点。

然而，任何东西都不会让他变得僵化起来，在开罗生活几周之后，他相信自己已很难适应欧洲式的生活，于是便用几句神奇的话语去抵御那种生活："生活是飘忽不定的，是无根无据的。"[180]自1870年以来，兰波知道自己想要什么东西，隐约听到那些东西在自己内心呼唤着。他一举手一投足都是为了挣脱绳索，为了再次成为某种令人震惊的、可怕的自由之船的乘客，但这一次却不靠纤夫去拉船。在这1887年夏季，他尤其热爱自由，崇尚自由，又开始接触现代文明，最终惊奇地发现自己对现代文明没有任何责任，而现代文明正是他的苦恼。他感觉自己再次被虚无吸引过去，好像某种不可名状的东西在召唤他，那是一个未知的领域，而他本人就意味着未知，就在那时，腰间钱袋里那八公斤金银币让他每走一步都显得很沉重[181]，那钱袋已成为束缚他的枷锁，而他本人却甘心忍受这种束缚，好像是为了迎合远方亲人对土地的崇拜似的，居夫一家人认为土地是可以出租并带来收益的，而他本人走到哪儿也闲不下来，而且也不休息。他的狂热心态是如此奇特，如此偏执，以至于他还在考虑下一步的旅行计划。为了服从"飘忽不定的生活"的指令，他已成为罗盘方位标，南方、远东等方位在那罗盘上急速转着："我可能将去桑给巴尔（一提起桑给巴尔的名字，他的脸色就会变得苍白）[182]，从那儿可以去非洲，或去中国或日本做长途旅行，谁知道去哪儿呢？"无意之中，他再次提起《历史性夜晚》的计划，或许这是因为他明白自己已接近生命之夜，或许是因为历史在走向终结。丁丁在西藏！兰波在日本！难道我们在创作一幅奇妙的版画吗？很久以后，有一个人将他装在自己脑子里，把他带到了日本，这个人就是保罗·克洛岱尔①。

　　然而，从8月24日起，他卸去身上的负重，将自己钱袋里的1.6万法郎存入里昂信贷银行，存期6个月，利息为4%[183]。对他来说，把这笔钱存到银行里又有什么用呢？难道他想继续过这种艰苦的生活，继续从事过度劳累的工作吗？想去桑给巴尔的念头一直萦绕在他心头。9月15日，他打算乘船去桑给巴尔[184]，在那边肯定能找到合适的工作。要不然，他就去非洲的腹地，或者去马达加斯加。然而，在接下去的几天里，他的计划又变了，在离开开罗之后，他又回到亚丁，好像总也摆脱不掉这个"该死的地区"似的，至于说他在开罗逗留期间都做了些什么，是否参观过金字塔，我们不得而知[185]。尽管如此，他内心还是充满了希望，"希望所有的事情都会好起来"[186]，即使他知道自己在节俭的生活及难以想象的痛苦中白白浪费了许多光阴。不管他逃到什么地方，最终总会被带到中心点，带到更坏的处境之中。想旅行的意愿驱使他去经受磨难，将他逼迫到毫无出路的境地，不管那个地方是罗什村，还是亚丁。那里就是穷乡僻壤，他永远也越不过那个地方。这两个穷乡僻壤相互影响，相互拼争，生活已不再从沙漏的这一边流向另一边。这些"令人失望的地区"就是他的领域，就是他的世界，他好像刚刚跨越地狱之门似的。他在话语里表达出幽默感："你们应该把我看作新时代的耶利米，因为我总是发出哀叹。"[187]

---

① 此指保罗·克洛岱尔在1921年任法国驻日本大使期间将兰波的诗带到日本。

回到亚丁之后，面对几种选择，他有些犹豫不决。他脑子里总是冒出这样或那样的想法。他最初想在绍阿地区培育出一种更强壮的骡子，在绍阿那一带山区，骡子是最好的交通工具。为此，他起码需要四五头良种驴。于是，他给法国驻贝鲁特领事馆珀蒂特维尔男爵写信，向他询问种驴的价钱以及运费、保险费等信息[187乙]。但他似乎很快就放弃了这个计划，虽然两个月以后他收到男爵给他的回信，鼓励他去实施这项计划。与此同时，那个讨厌的拉巴蒂事件又给他增添不少麻烦，一个名叫安托万·德尚的人向法国驻亚丁领事抱怨，指责兰波没有偿还他的债务。因此，兰波不得不提供沙漠商队所运物品的成交详情，这显然让他感到很恼火："我有幸向领事先生郑重宣布，从此以后，我绝不会就这一事件答应任何人的要求。"[187丙]这种蛮横无理的态度从此不会得到别人的宽容。

他一直在找工作，由于认识法国驻马萨瓦的领事亚历山大·梅西尼耶，他很快就以为，"大概在那边会有事情可做"[188]，言外之意就是可以到那边去卖军火。然而，直到1887年11月底，他依然在观望，没有采取任何实际行动。难道他要到奥博克殖民地去申请特许权或许可证，以便为阿比西尼亚进口军用物资吗？可他过去一直认为奥博克是个令人讨厌的地方呀[189]。

此外，他对新闻业很感兴趣，这样便可以实现他的梦想，自1870年以来，他一直梦想着能投身于新闻业。他的文章发表在《埃及海峡报》上，这使他信心大增，于是便打算把自己在非洲大陆的发现以报道的形式寄给其他法国报纸。他给母亲写信，询问他们那里发行量最大的期刊名称[190]，他想在那份期刊上发表一篇游记，而且告诉母亲他已给"《时代》杂志和《费加罗报》都寄了文章"，希望也能给《阿登信使报》寄几篇文章[191]。因此，许多研究人员便一窝蜂似的到老报刊里去寻找，但并未找到任何疑似出自兰波手笔的文章，既没有用假名写的，也没有匿名写的。不能因为兰波给某些报刊寄过文稿，就认定这些报刊发表过他的文稿。况且他的散文平淡乏味，毫无任何鲜明之处，肯定不会吸引人。尽管如此，萨乌雷曾在1888年2月13日给阿尔弗雷德·伊格写过信，他在信中提到的内容让我们感到很困惑。萨乌雷那时正在巴黎，他简短地写道：

我只知道报纸上那些无稽之谈越来越离谱了，前一天正着说，第二天就反过来说。

　　兰波在亚丁给报纸所写的正是这类戏谑性的文字。[192]

　　兰波又成为玩世不恭的人！这个称谓显然带有污蔑的意味，但弗朗索瓦·科佩后来正是用这个称谓去抨击兰波[193]。谁知道那时正在巴黎的萨乌雷是否对兰波过去的文学创作有所耳闻呢？那时在有限的范围内，大家都在谈论《时尚》杂志刚刚发表的《灵光集》[194]。也许萨乌雷恰好在一份发行量大的报纸上看到签署着"兰波"一名的文章，但究竟是哪份报纸呢？我们不得而知，这证明兰波那坚忍不拔的努力得到了回报。

　　然而，所有这一切似乎与某一确切的事件有关，但像以往一样，人们并未弄清这事的来龙去脉。实际上，一位名叫保罗·布尔德的沙勒维尔人大概于1883年在一艘驶往东方的轮船上遇见了阿尔弗雷德·巴尔代。他们聊天时或许谈到亚丁商号的雇员，谈到兰波。布尔德读过兰波的几首诗，这些诗刚在杂志上发表出来，他可能将兰波过

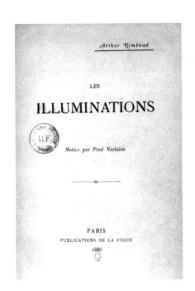

《时尚》杂志及《灵光集》首页
（雅克-杜塞文学图书馆馆藏、沙勒维尔-梅济耶尔图书馆博物馆馆藏）

去的文学活动告诉给巴尔代。从那时起，大概在巴尔代的鼓励下，布尔德建议兰波给《时代》杂志投稿[195]，作为殖民问题的专家，他一直在同这份杂志合作：

> 对您来说，这绝不是一笔买卖，而是一种与文明生活联结的纽带，您可以从中获得道义上的好处。此外，杂志社将以每行字五十生丁的标准向您支付稿费。

在同一封信里，布尔德明确地告诉兰波，他已开始小有名气：

> 由于您生活在距我们很遥远的地方，您或许不知道，您在巴黎的小圈子里已成为传奇般的人物……有人在巴黎拉丁区的杂志上发表了您的早期作品，甚至还将这些作品装订成册，那些作品里有诗，也有散文，有些年轻人（我觉得他们很幼稚）试图以您的字母色彩十四行诗为依据，弄出一个文学体系来。

帕泰纳尔·贝里雄是第一个摘抄这封信的传记作家，他声称兰波曾为自己的报道索要4500法郎的酬金，正是由于这个原因，杂志社回绝了他的要求。尽管如此，他似乎并不满足于这一次尝试，而且还联系了其他的杂志社。对于那些想借助档案搞研究的人来说，这可是一条重要线索呀！

面对诸多选择，他可能过于挑剔了，于是很快就放弃了这一打算。他觉得最好还是去卖军火，这也是不得已的选择，因为他在此行当里已颇有经验，希望今后能花更大的力气去做这类买卖。他知道孟尼利克和马科南近期之内肯定会需要大批的武器装备。然而，武器交易的禁令尚未解除，因此还需要巧妙地绕开这个障碍。兰波以为自己已找到解决办法。实际上，他的设想是把军用物资以配件的形式弄进来，这也算是一种钻空子的手段吧。这样从海岸边用骆驼运到绍阿或恩托托的就不再是枪支，而是配件以及用于在当地装配的工具。这个想法很巧妙，他给海军及殖民事务部写了一封信，详细解释了自己的想法，这一做法的好处是可以在距离海岸七百公里远的地方设立一家法国工厂，当地与法国友好的基督教势力也会因此而发展壮大[196]。他还设法让法戈议员支持他的想法，法戈是武捷县推选出的议员，兰波夫人就是他那个选区的居民，兰波夫人将儿子的信转交给法戈议员。1888年1月，官方的答复送达到兰波手里。

立法议员是不会上当的。为履行与英国签署的协议，海军及殖民事务部副部长费利克斯·富尔断然拒绝发放许可证[197]。兰波那时依然在亚丁，他对此已不抱任何幻想了："这事要么顺其自然，也许能成；要么绝对不成，不成的可能性很大。"[198]然而，他想方设法让某些"资本家"去关注他的计划[199]，比如萨乌雷、巴尔代兄弟、伊格等人，他在亚丁同伊格见过面，而且同他一直保持着通信联系。当时的局势极为有利，孟尼利克是购买武器的大买主。但欧洲人十分贪婪，都想在红海西岸甚至在阿比西尼亚一带捞取好处，于是便依照他们的意愿去控制阿比西尼亚君主（约翰内斯和孟尼利克）的军火交易。兰波早已意识到这是欧洲人耍弄的手腕，欧洲人的这种阴谋手段让他感到很恼火，他从这个局势中得出一个教训："所有的政府都来到这可恶的荒芜之地，贪婪地侵吞着几百万（甚至是几十亿）的财富，而当地人却在几个月内到处流浪，没有食物，没有饮用水，在地球上最可怕的气候之下痛苦地挣扎着。所有的政府将大把的钱扔到贝督因人的肚子里，可那笔钱并未给当地人带来任何好处，只带来战争和种种灾难！"

"我的心肝，对我们来说，那摊摊血迹又意味着什么呢？"[200]当巴黎公社燃起他那对自由的渴望时，他曾发出这样的呐喊。在他看来，欧洲人和贝督因人一样卑鄙，只有当地人值得同情，他们生长在这片贫瘠的土地上，遭受着饥饿的威胁，而有人却在他们身边大肆挥霍着财富。在他的视野里，阿比西尼亚已和现代的埃塞俄比亚没有什么区别了，它那饥馑的惨状令世人动容。然而作为一个有经验的商人，在求生的斗争中，有些话他不得不说："大概我在那边总能找到事情做。"[201]

就在那时，兰波似乎在与阿尔芒·萨乌雷合作，萨乌雷在红海一带是有名的军火商人。1888年年初，萨乌雷从巴黎给他写信，给他下达许多指令[202]。他要兰波将两百只骆驼派到海岸边，但一定要避开泽拉港，因为泽拉港控制在英国人手里，而英国则严令禁止军火交易，当然他会向兰波支付所有的费用，况且派骆驼到沿海一带接货还是兰波主动提议的呢。兰波来到位于多哈雷与安巴博之间的海岸边，一艘装载着三百二十包弹药和雷明顿猎枪的阿拉伯帆船在那儿等着他[203]。他只需要赶着骆驼将这批贵重物品交到马科南或孟尼利克手里就行了。但兰波那时肯定不会随沙漠商队去阿比西尼亚的腹地，事实上，这笔买卖把握性不大。兰波似乎在遥控这笔生意，一个名叫莫克奈的人（兰波是这么写的，此人大概就是马科南）一直在和他联系，并且亲自监督这支商队。4月，萨乌雷路过亚丁，他给兰波写信表达了自己的不满，因为他在指定地点没有找到要兰波提供的骆驼。他认为兰波没有完成自己的任务[204]。实际上，萨乌雷大概在奥博克待了很长时间，他的枪支弹药就堆在一只泊在岸边的小船上。只是快到年底时，他才租到一支沙漠商队。尽管如此，1888年10月，这笔生意终于做完了，但竟比预期的计划晚了很久[205]！诚然，兰波只是牵线搭桥，助萨乌雷一臂之力，但他确实没有完全尽到自己应尽的义务。不过他们俩最终还是和好了，因为那笔生意的确很难做。事实上，法国政府在这个问题上一直没有固定的主张，时而显得很通融，时而又犹豫不决。5月初，兰波收到海军部的信函，该函通知他法国已同英国达成新的协议，他们可以经奥博克运送武器，但只能将这批武器交给绍阿的君主[206]，但两个星期之后，在与英国政府谈判之后，此前的许可又被推翻了[207]，因此，兰波于6月25日给伊格写信，将萨乌雷所碰到的困难讲给他听："时而允许，时而禁止也让那该死的小帆船忽而扬帆，忽而落帆，船上堆满了可恶的管子"，这是以寓意和借代手法所描绘的一幅世俗画（"管子"就是指枪支）。兰波过去也经历过类似的挫折，他在塔朱拉的海滩边一直等了好几个月，最后才随拉巴蒂的商队离开那里，而索莱耶的商队却还在那儿等着呢！

　　1888年年初，政局已让所有关注阿比西尼亚前途的人感到极为不安。在北方，意大利人一直在以马萨瓦为基地向南渗透。1887年1月25日，一支殖民部队在多加利被阿鲁拉大公所率领的部队击溃。从那时起，意大利人与约翰内斯皇帝的关系便恶化起来，此外，苦行僧一直在威胁着帝国的边界。由于苦行僧在迈泰玛遭到沉重的打击，因此出于报复心理，他们竟于1888年1月21日悍然去攻打戈贾姆公国。他们占领了戈贾姆城，烧毁教堂，屠杀百姓。接到约翰内斯的命令之后，孟尼利克前去救援被围困的城市，但他的目的首先还是为了保卫自己的疆土。兰波那时认为不能在阿比西尼亚做生意，只有哈勒尔除外，他的想法显然是正确的。在给伊格的信中[208]，他为此做出详细的解释，而伊格此时并不在非洲。在非洲恶劣的气候下度过几年之后，伊格感到疲倦了，像许多欧洲人一样，他返回欧洲去休假，此时他正在苏黎世。他们通信的语气并不十分亲近，但却显得极为默契。除了商业上的利益将两人联系起来之外，他们在脾气秉性上好像也能合得来，况且他们有着清醒的意识，对任何事情都不抱幻想。他们在几年之内一直保持着这种轻松的通信联系。阿尔弗雷德·伊格的风格显得很笨拙，但却极易受兰波的影响，而兰波则要突出自己的信任感，将自己内心的失望之情逐渐释放出来。难道此时的兰波竟是后世的塞利纳吗？他用简洁的手法描述了战争的苦难，描述了意大利殖民主义的愚蠢之举："他们（指意大利人）甚至跑到距马萨瓦三十公里远的地方，去征服那一带的火山头，建造廉价的铁路，将那些地方连接起来，来到自己管辖地的周边地域之后，他们对着周围地区放一通榴弹炮，然后再放几个挂着豪言壮语饰带的气球。"[209] 读到这段文字时，伊格放声大笑，并在复信里描述了他眼中的兰波："……您是一个极为严肃的人，在您那可怕的面具后面，掩盖着一种愉快的心绪，恐怕许多人都会嫉妒您能有这么好的心绪。"[210] 他已隐约感觉到兰波掩藏着什么东西。或许他猜不出那个秘密的创伤是文学造成的，但他根本不信兰波那毫无表情的面容就是他的真正面目，他已预感到兰波的内心里一定掩盖着深层次的东西。他对这个话题很感兴趣，于是便顺应兰波的嘲笑口吻接着说下去。为此他在年初时告诉兰波，他那两个"噩梦的化身"，那两个"可怕的孩子"将返回非洲，一个是埃侬，此人曾死缠着兰波，甚至跟随他到了恩托托，以捍卫拉巴蒂遗孀的利益；另一个就是萨乌雷，此人正准备从马赛动身前往非洲。伊格同样以嘲讽的口吻幽默了一回，在他笔下，萨乌雷好像是乘火车直接从法国来到非洲似的："我担心那条铁路线偶尔会中断，但不是被泥石流冲断的，而是被那些街头艺人拆去做表演用了。"[211]

∽

由于许多客观原因，或许同样由于对那片土地有一种难以割舍的情怀，兰波最终决定重返哈勒尔，到那边去做生意。当然，他上一次路过这个城市时，哈勒尔还是满目疮痍，但最新的消息表明当地的局势已有很大的改观。1888年2月，他准备到那边考察一下，这一次他并未跟随沙漠商队行动，而是带着一个向导，骑着马单独前往哈勒尔。他只用了六天便来到哈勒尔，是用时最短的一次旅程。他在那儿逗留了一个多星期，然后用了五天时间就返回出发地。3月17日，他返回亚丁[212]。在很短的时间内，该联系的人他都联系过了。他告诉伊格的消息也是令人鼓舞的："天地之间，到处是一派和平宁静的景象。医生们在诊治。"这究竟是什么意思呢？他的意思并不是说有人在热心地给病人看病，而是在说意大利科学考察团的成员，那些医生们正在各地忙碌着。阿尔费埃里在绍阿履行御医的职责，以确保孟尼利克的健康。特拉维西先生则跑到阿瓦什河去猎杀犀牛；意大利派驻绍阿的政治代表安托内里此时正在莱特玛雷菲亚，他感染了天花，不得不暂离王宫，此人善于玩弄权术；维斯卡蒂先生则赶往北方的阿乌萨城[213]。许多人物都从幕后走到前台来，从此以后，兰波免不了要和他们打交道。布雷蒙娶了一位当地女子，此时正在阿林安巴"喂养他的孩子们"。比多则背着一架照相机跑到附近的山里去摄影（兰波依然记得自己那离奇的想法）。国王的御用工匠阿潘泽勒以及技师齐默尔曼在恩托托为国王服务，他们俩都是瑞士人，也是伊格的朋友[214]。

在对哈勒尔考察之后，兰波回到亚丁，以便为在哈勒尔成立商号做准备。此后不久，他和塞泽尔·蒂昂建立起联系，蒂昂是亚丁城最著名的商人之一，这位老人蓄着白胡子，为人和善，正直，浑身充满了活力，他非常信任兰波。兰波后来成为他的代理商[215]。"漂泊的犹太人"和里伽兄弟（迪米特里及阿塔纳斯）、乌戈·费朗蒂以及一个年轻的希腊人克里斯托·穆萨亚一起登上一艘汽轮。他们直奔柏培拉港，船在那儿停泊下来，三天之后，他们来到泽拉港。从做生意的角度看，泽拉是必不可缺的中转站，兰波将希腊人索蒂罗安置在泽拉，当年他为巴尔代兄弟工作时已同索蒂罗合作过。接着，到了5月初，他踏上前往哈勒尔的路程。那段路非常难走，而且又赶上瓢泼大雨[216]，但他最终还是来到这座古老的城市。

伊妮德·斯塔基在英国外交部的档案里找到一份奇怪的文件，这份文件记载着一位名叫"朗博"（或"朗邦"）的人，此人是"商人"，"是法国政府里最精明，最活跃的商人之一"[217]。这位"朗博"先生跟随一支运送象牙和奴隶的沙漠商队，于5月10日左右到达安博。这是亚伯拉罕·阿卜·贝克尔的商队，此人是泽拉帕夏的儿子，在这一地区，象牙及奴隶交易都控制在泽拉帕夏手中。人们有理由相信，这个名叫"朗博"的人其实就是兰波。但沙漠商队到达的日期却让人感到困惑，兰波那时应该在哈勒尔，因为他在5月3日就到达该城了。况且他在2月中旬至3月17日之间曾闪电般地走访过哈勒尔，并于3月17日那天返回亚丁，没有迹象表明那时他随同阿卜·贝克尔的商队一直走到海岸边，而阿卜·贝克尔的商队往往会走得很慢。总之，所有的日期都对不上号。那么我们该怎样看待这份官方文件呢（我们手里有一份意大利文副本）？这似乎只是一个传闻而已。马图奇先生认为这是英国情报人员的错误，这些人对法国商人一直抱着敌意的态度[218]。兰波当时频繁的商业活动以及在短期内两次走访哈勒尔会扰乱情报人员的视线。我们同时注意到，他那商人的巧妙手法以及多种营销创意使他赢得很高的声望，在这种情况下，有人散布有关他的传闻也就在所难免了。

来到哈勒尔之后，兰波马上去设立自己的商号，他租了一幢小房子，和仆人佳米住进这幢房子里，一直住到最终离开哈勒尔。当塔罗兄弟于1936年来到这里时，只在那地方看见一堆散落的石头[†]……在哈勒尔，只有几十个欧洲人常住在那里，而兰波则声称自己是唯一一个法国人[219]，至少他是这么告诉外人的[220]，但他显然忘记了天主教使团的神父们。他摆脱了一切束缚，而且很久以来第一次感觉精神抖擞，他在信中表达出一种乐观精神，这让人感到颇为惊奇："我的身体很好。我有许多事情要做，但都要独自一人去做。这个地方很凉爽，我很高兴能在这儿得到休息，或起码很高兴能在这凉爽的气候下生活，因为此前三个夏天我都是在炎热的海岸边度过的。"因此，他的要求好像并不高，凉爽的气候就能让他满足了。到了晚上，和缓的轻风使城市变得很凉爽，然而微风也将难闻的腐败物气味刮过来，不过这并不要紧。兰波坐在商号的阴凉处，身旁摆着量具，各种各样的货物都堆在仓库里，皮革、麝香散发出浓烈的气味，象牙和金子则闪着光芒。他待在自己的寒舍里，身穿白色麻布服装，两鬓的头发已成灰白色，眼睛仔细地审视商品的质量。再不然，他就伏案写东西，但写的并不是诗篇，而是商号的账务，商业信函；他还要计算收支，期待着自己的资产也能变得雄厚起来。他肯定不会像其他人那样要返回欧洲，才能振作起精神来："我又在这里安顿下来，而且要长期地住下去。"（5月15日致家人的信）"我要在这儿长久地生活下去。"（7月4日致家人的信）这究竟是在说服自我呢？还是自我牺牲般的考虑呢？

然而像以往一样，他那美好的希望很快就暗淡下来，烦恼便接踵而至，好像怎么也甩不掉似的，这烦恼总是萦绕在他心头，而这恰好是他的本质，只要有一点儿变化，他就能感觉到："我感到很烦，而且总是感到很烦，我从未见过哪个人会像我这样烦恼。"[221]兰波不仅是一个伟大的诗人，一个令人敬佩的探险家，而且还是饱受烦恼折磨的人。他很快就描述了自己的心态，从内心对自己的形象做出评判，可得出的

---

† 他们说兰波在1881—1891年间住在这所房子里，然而兰波在1881年，随后在1883—1884年住的那所房子就是拉乌夫帕夏的房子，根据罗萨的说法（1930年），这所房子在1916年就遵照哈勒尔总督的命令被拆掉了。不过，罗萨撰写的那部著作里有一张照片，照片背景处能隐约看到兰波在1887年住的那所房子（尤其是能看到一只鸵鸟正穿越一条土道），根据作者的说法，那里后来盖起一座邮电所。——作者附注

却是虚无的结果：

> 这是没有家庭的生活，没有智力活动的生活，在黑人中间感到迷茫，可有人还在竭力改变黑人的命运，而黑人却想方设法去盘剥你，让你无法在短时间内顺利地成交几笔生意，这样的生活难道不凄惨吗？我不得不讲他们那莫名其妙的语言，吃他们那种难以下咽的菜肴，去忍受种种烦恼，由于懒惰、背叛、愚蠢，他们给你制造出数不尽的烦恼！[222]

"黑人之书"以及沉湎于酒色者的堕落行为已是很久以前的往事了，那时的堕落行为竟被提升到基本道德的高度。但我们不难看出，他明着是在指责这些"黑人"，而实际上是在向整个世界发难，这个世界总是给他设置重重障碍，妨碍他以更快的速度做生意，妨碍他实现变幻莫测的变形。1888年8月4日，兰波感觉自己是这个世界上最孤独的人，已成为身陷哈勒尔孤岛的鲁滨孙。他内心有要说话的欲望，不想干得过于劳累，但又表达出从事智力活动的乐趣，他绝不会忘记这类智力活动。兰波是一个勤于思索的探险家，而不是冲动的旅行者。他善于动脑筋，所思索的东西总会领先自己的行动。

所有的业务都在有条不紊地展开着，他组织沙漠商队，做市场调查，扩大收购当地物产的渠道，同时他也销售，还做易货贸易，以换取麝香、象牙、阿拉伯树胶、咖啡、黄金等。塔勒越聚越多，当地居民有时来找他，用财宝去换一些小玩意儿。因此，塞泽尔·蒂昂对兰波向他订购一些"奇特的物品"感到吃惊，因为他看不出这些物品将拿去做什么用[223]。但他很快就开始和自己的内心交流，无论是白天的闲暇时分，还是晚上夜不能寐的时刻，他都要和自己交流一番。当他说起军火买卖时，罗什村的亲人会理解他吗？兰波夫人大概又在一封信里教训他，兰波则反驳她的指责，这种指责让他感到很恼火："请相信我的行为无可指摘。在我做过的事情里，倒是别人在剥削我，他们的行为才该受到指责。"[224]

他反复强调厄运的语气倒像是在朗诵一首叙事诗："我经常讲起自己在这一地区的生活，但讲得还不够，我没有其他更多的事情好讲，我的生活十分艰难，难以避免的烦恼和疲惫使我的生活变得更加艰辛。"[225]的确如此！兰波在发出咒语般的呐喊，就像在高歌一首悲惨的乐曲，他的呐喊并不是驱魔咒，他只是把自己内心的痛苦喊出来，将其如实地写在纸上。他一直关注着生活，总是在不断地提问，把显而易见的事实摆出来，人们对此却束手无策。无论是在他的诗篇里，还是在最后的几封信里，他总是毫不掩饰地摆出事实。

1888年年底，许多外国人都来到哈勒尔，这也显示出这座城市的重要性[226]，此城拥有四万居民，是东非最为活跃的商业城市之一。自从孟尼利克吞并该城之后，局势发生了新的变化。10月，朱尔·博雷利来到兰波的商号，做短暂的停留，他曾和兰波一起从恩托托走到哈勒尔，是最先开辟这条路线的欧洲人之一，后来他又到其他地方去探险。我们猜想，他们俩肯定会谈论种种探险活动，而不会花更多的时间去谈生意。博雷利感到十分疲倦，而且热病一直在折磨着他，因此他准备返回欧洲，但他后来只是去了开罗，住在他哥哥那里，并于1889年1月从开罗给兰波写过一封信。几个星期之后，萨乌雷随着他那支沙漠商队来到哈勒尔，这支商队由二百五十只骆驼组成，运载的都是武器弹药，他的这笔买卖终于成功了。他在兰波这里住了几天，10月17日，他动身前往此次行程的终点站安科伯尔。12月，伊格从欧洲返回非洲，他取道泽拉来到哈勒尔，身后跟着四十只骆驼，装载着为国王运送的炮弹，他在兰波的商号里住了很长时间（一个半月），由于找不到去绍阿的骆驼，他只好在这里耐心地等待，只是到了2月5日，他才离开哈勒尔。他设想在绍阿设立一家弹药制造厂，这样就可以在当地制造弹药，而不必再去购买，但在当地制造的成本也非常昂贵，这一设想是受兰波最新计划的启发。此外许多国外的重要人物也都来到哈勒尔，其中有匈牙利探险家特雷基伯爵，他刚刚走访过肯尼亚；还有安托内里伯爵的联络人内拉基尼，他在哈勒尔住了一段时间。

就在那时，政局发生了巨大的变化，这一变化将载入非洲的史册。实际上，阿比西尼亚有两个君主，一个是北方的约翰内斯皇帝；另一个是南方的孟尼利克。孟尼利克其实只是一个诸侯国的国君，按理说是要向皇帝称臣的，但他却在不断地扩大自己的势力，约翰内斯皇帝对他这种公然的挑衅态度感到极为不满，况且他知道孟尼利克是意大利人的红人。两人的冲突在所难免。为了解决戈贾姆公国的统治权问题（前国王已起兵叛乱），皇帝亲自出面干预，在那种局面下，孟尼利克却将枪支借给造反者。因此，约翰内斯皇帝威胁要去攻打绍阿。战争一触即发。双方在阿巴伊河两岸集结了大量的部队。作为孟尼利克的得力干将，马科南离开哈勒尔，随时准备率部队出击。尽管如此，在经过长时间的观望之后，两位君主还是握手言和。实际上，伊斯兰激进武装马赫迪分子自控制苏丹之后，一直在骚扰皇家的军队。约翰内斯皇帝以极大的勇气，亲自率兵去攻打那些骚扰边界的武装团伙。3月8日，在迈泰玛，就在部队行将打败那些马赫迪分子时，一颗流弹击中了皇帝，皇帝因伤势过重而去世。因要为国君服丧，皇家军队便撤出那一地区。此时，孟尼利克并未表现出任何道义感，皇帝意外去世之后，他就成为最有权势的人物了。皇储门格沙显然难以使人敬服。相反，绍阿国王则随时在炫耀自己的军事实力，这一实力是和意大利人的援助分不开的，意大利人有长远的计划，最终目的就是把国王笼络住。1889年，国王增强了与意大利这种貌似友好的关系。报纸也在连篇累牍地报道这种友好关系，兰波密切关注局势的发展。安托内里伯爵及其助手如特拉维西、拉加齐等人则为其他欧洲商人设置障碍，因为其他商人也指望着能从军火交易中赚到一笔钱。实际上，为了赢得国王的支持，意大利人送给他许多特殊的礼物，1889年1月，他们送给国王五千支步枪以及大量的弹药，希望他能用这批武器去对抗约翰内斯皇帝，那时皇帝还在世，因为他们一直觊觎着马萨瓦周边的帝国领土。同一年，在约翰内斯皇帝去世，孟尼利克掌权之后，意大利于5月2日与孟尼利克签订了乌西阿利条约，条约将马萨瓦周围的帝国领土割让给意大利人。意大利人很快就越过指定区域并占领了那一地区，甚至将其转变成一块殖民地，这就是厄立特里亚。马科南总督现在得随同安托内里前往意大利。总督将再次离开哈勒尔，行前将该城的管理权暂时交给内务署的人，但这些人往往会超越合法的权限，胡乱地发号施令。绍阿的这个奇妙使团给兰波提供了许多笑料。在写给伊格的信里，他多次提到过这些笑料，让伊格也来分享他的乐趣，说到马科南时，他写道："这只可怜的猴子！我从这儿仿佛看见他在呕吐呢，他正乘船从亚历山大港驶往那不勒斯，绍阿大使的衣服正在船舷边上随风飘动呢。"[227] 而马科南正等着意人利人许诺的大礼呢：他将得到成套的机关枪，一包包丝织品（这正是兰波卖的商品），还有一大笔钱。看来今后的生意又会因此而变得不景气了，局势也恶化了，正如兰波后来开玩笑所说的那样，这局势"忽而勃起，忽而软绵绵的"。

然而在1889年年初，他的生意还不错。在几个月之内，大家公认兰波是当地最精明的商人。在阿比西尼亚，象牙及麝香的价格就是以他的估价为基础计算出来的。当然，他也要重视那些直接的竞争对手，比如像安托万·布雷蒙那样的商人，在这一地区里，布雷蒙是年纪最大的法国人，他也准备在这儿开一家商号。兰波泰然自若地写道："对于那些不想花费大力气就能挣到很多钱的人来说，比如像布雷蒙那样的人，这里绝不是理想的地方。"[228] 凭借坚忍不拔的精神和繁忙的业务活动，兰波将自己的商号建成那一地区的商业中心。听取赤脚送信人送来的有关各种商业活动的情报，掌握沙漠商队的动态，接收货物，发货之前将所有商品都包装好，为商品定价。这就是他日常生活的主要活动。

然而，所有的商业交易很快就变得极为棘手，市场上钱币没有了，塔勒也没有了，甚至连流通的货币都没有了，国王决定征收附加税，这一税种不仅针对当地人，而且也涉及欧洲商人。"我们现在也成纳税人了。"[229] 兰波对此感到很气愤，他打算去奥博克，向法国总督莱昂斯·拉加德申明自己的观点，而且打算到亚丁去找法国领事。对于孟尼利克来说，只要能让国库充盈起来，他不惜采用任何手段。来自泽拉港的一支沙漠商队为兰波送来一万塔勒，这笔钱马上就被海关没收了[230]，最终还是靠托兰主教出面才把这笔钱要回来。后来当局在这方面变得更加肆无忌惮起来，以至于每次运送货款，英国士兵都要全程护卫，从泽拉出发一直护送到目的地。"他们不但不付钱［言外之意是不支付该付的钱］，反而还强掠强夺。"[231] 兰波简短地写道，此时他想起国王欠萨乌雷的钱，国王只是支付了几张汇票，而且还不结清全部货款。兰波给伊格写信时总是开门见山，直入主题。看到他评论孟尼利克及马科南的文字，我们感觉他确实对这些人很反感。如果他就当时局势所描绘出的景象是真的，那么他又能怎么做呢？他写道："……那是可怕的、令人难以容忍的独裁统治，这一统治大概会在很长时间内败坏阿姆哈拉人的声誉……自从一个月以来，当局非法关押，毒打城里人，没收他们的财产，将他们投入监狱，以便从他们身上榨取尽可能多的财富。"[232] 他收购的货物，欠萨乌雷及伊格等人的钱只能以等值的货物来支付，比如用咖啡来支付（以在哈勒尔或在亚丁的售价为准）。至于说塔勒，这些银币比罕见之物还稀罕呢，要是想见见这银币的真面目，那"就非得掐死收款人，砸碎钱箱不可"。

尽管如此，兰波还是做了许多生意。从沿海（泽拉）到哈勒尔（进口的产品以及在亚丁制造的商品都运到这儿），再从哈勒尔运到恩托托或安科伯尔，人们从事易货贸易，包括象牙、黄金制品、麝香、阿拉伯树胶、咖啡等，以换取来自欧洲的产品，包括布料、棉纱、各种纺织品、纺线、丝巾、做衣服用的蓝线、红黄紫色罗缎、珍珠、蜂蜜水罐，这些水罐是按照兰波的草图在法国制造的，在阿比西尼亚市场上到处都能看到这种水罐。有时他还推销典型的欧式产品，比如他给伊格送过去一千四百把平底锅，准备将其推向市场[233]，可伊格根本看不出这些锅能有什么用处，因为当地人都用传统的炊具烧饭。但他手里的这些杂货要是与竞争对手安托万·布雷蒙的比起来那真是小巫见大巫，布雷蒙在自己的店铺里囤积着许多破烂玩意儿，堪与《驴皮记》里的那些古董相媲美，这些杂货里有头发刷、蚌壳雕、做汤用的香芥、拖鞋、通心粉、镍制的链子、公文包、女式圆帽、花露水、薄荷液等[234]，全是派不上用场的东西！

随着时间的推移，兰波觉得伊格是理想的通信人，可以说是个知心朋友，可他寄给罗什的信却越来越少了，他和家人还有什么好说的呢，除了给他们讲讲自己的空虚感！相反，伊格却在分担他的烦恼，并把王宫里的琐碎小事都告诉给兰波，对他表现出极大的信任感。他们俩之间有一种十分和谐的默契感。这位瑞士工程师兼国王的参议喜欢用亲切的口吻和兰波开玩笑："您给我帮了很大的忙，让我挣到第一笔十万法郎的年金。我保证要尽最大的努力给您帮忙，以便将来有机会陪着您把这笔年金都吃掉，也给您带来一点儿悲伤的念头。"[235]伊格总是十分乐观，希望能借兰波的好话来反驳他。必要时，他也用冷嘲热讽的语气刺激他："……您高兴的时候也会讲出美妙的东西来，但您的辉煌业绩把您仅有的那点儿好心情都驱散了。"[236]"辉煌业绩"这个词显然用得太夸张了。兰波一直对那可耻的税收极为恼怒，他做生意总要买进卖出，但所有的商品不论是进城还是出城都要征税。事实上，经他转手的商品被强征双重税务。兰波对此感到很愤怒，于是便大发牢骚，并给孟尼利克写信，要国王出面干预。国王则表现出非常大度的样子，给他回复了一封信，信里的字写得很漂亮，在结尾处还签上很长的名字："犹他部落之狮，上帝推选的君主，埃塞俄比亚的王中王。"[237]实际上，这封一本正经的公函建议他等马科南总督回来之后，让总督去解决这个问题。

马科南此时还在意大利继续他那奇妙的国事访问呢。意大利人于8月20日在那不勒斯，后来又在罗马隆重地接待了绍阿的使团。10月，意阿双方签署了乌西阿利条约的补充议定书，议定书规定意大利将殖民地的边界向后移，并向阿比西尼亚提供四百万里拉的贷款。意大利所有的权威人物倒是很想见见马科南，在与这些人物见过面之后，马科南踏上征程，要去看看圣地。兰波将这消息告诉给伊格，补充说马科南还将顺路走访索多姆和戈摩尔[238]，并暗示总督大人这会儿也许正在耶路撒冷呢："我相信他会在那儿！"[239]兰波觉得绍阿的使团就像是一个天大的玩笑，在他看来，这样一个使团走访意大利堪称是那一年最滑稽的事件。在收到从亚丁寄来的旧报纸之后，兰波将报纸上登载的有关总督大人访意的花絮剪下来[240]，想象着总督返回哈勒尔时人们迎接他的场面："我们在这里拿着发票等着他，大家将群起诅咒他。"[241]

然而在巴黎，另一个事件引起公众的注意，那就是世界博览会，法兰西第三共和国想以此来展示法国的声望。在博览会上，公众对机器展厅、对中央拱形大厅、对"牧羊女般的"[242]塞纳河上的一座座铁桥以及埃菲尔铁塔赞不绝口。兰波夫人和伊莎贝尔将这些场景讲给他听，而他则在偏僻之地以自己的方式关注着法国的繁荣景象。兰波对不能返回法国而感到遗憾。因为生意上的事把他拴住了，不能去那么远的地方："……下一次，我可以把这里的商品拿去展览，或许还可以展示我自己，因为在这边待了那么多年之后，我觉得我的样子看上去可能挺奇怪的。"[243]他知道自己已成为一只"珍稀的奇鸟"，成为另外一个人，比他自己少不更事时还要奇怪，那时他总希望能像受妖魔折磨的孩子们那样让自己变成怪物。然而在这1889年，他不需要展示自己，别人也会认为他很"奇怪"。文学界另一个时髦的词显然更适合他，那个词就是"颓废"。在《受诅咒的诗人》出版后不久，加布里埃尔·维凯尔和亨利·博克莱尔合作发表了一本小册子《阿多雷·弗卢拜特没落记》，这本小册子回忆起《晚祷》里的"只要大天芥菜同意"，并将此改为"只要你的战神①同意"。从那儿以后，其他类型的模仿诗也传诵开来，都是模仿诅咒派的诗，其中有洛朗·塔亚德的《蜗牛》，有欧内斯特·雷诺的《亵渎神明的奥米加》等[244]。但兰波不可能了解这一切，而且他也不想去了解这些事。虽然他无法去参观世界博览会，但萨乌雷却有机会到博览会上走马观花地看了看，他离开非洲要在法国待上几个月。就在那时，他告诉兰波有人要去拜访他："一个可爱的小伙子将把这封信带给您，他名叫乔治·里夏尔。他对博览会了解得更清楚，博览会上的许多东西我都没看到。他可以给您讲述博览会上的奇观异景。他有几个好朋友，据说这些人以前也是您的朋友。"[245]兰波一直在掩盖的过去有可能要浮出水面了。他不时收到老朋友的来信，其中有德拉艾、魏尔伦、保

---

① 暗喻男人的阳具。

罗·布尔德等人的书信，这些信让他回想起过去那伤心的岁月，因此他也懒得给他们回信，现在有人告诉他乔治·里夏尔要来拜访他，而此人大概是里什潘、福兰或其他人的朋友。说实在的，没有人会关注萨乌雷提到的这个人，但他肯定是最后一个和兰波谈论文学的人，只要主人不愿意回忆往事，他完全有可能马上就被轰出去。

阿比西尼亚的政局依然不稳定。孟尼利克将有可能接替约翰内斯的继任者都清除掉了，他宣布自己为阿比西尼亚的皇帝。1889年11月3日，他在恩托托的玛丽安姆教堂被正式加冕为皇帝，此教堂是两年前依照他的提议而修建的。阿比西尼亚的科普特基督教主教主持了加冕仪式。伊格出席了加冕仪式，但他在信中从未提到过这件事。或许他知道兰波并不喜欢这类细节。新皇帝虽然拥有绝对的优势，但在独立部落控制的地域，依然会发生小规模的冲突。12月23日夜，一支来自泽拉的沙漠商队在安萨露营时遭到袭击。歹徒劫走了2.5万塔勒，其中有1万是塞泽尔·蒂昂给兰波送过来的。此外两位法国修士和两位希腊人惨遭杀害。报纸报道了这一事件，为了让兰波夫人放心，塞泽尔·蒂昂特意给她写了一封信，告诉她兰波没有参加这支商队的行动，这只是一个罕见的事件[246]。这一杀戮事件使所有居住在哈勒尔的欧洲人感到震惊。在1889年年底，所有与泽拉的商业交往都停顿下来。许多要运往内地的商品都被困在盖尔德萨。英国人声称要去报复那些歹徒，人们怀疑这些歹徒是伊萨人及迦迪布尔西人，但他们的部落在很长时间内都难以攻破。

兰波一直在和伊格做生意，但别人却用极差的咖啡（"这种恶心的东西""这种不值钱的烂货"）来支付他的货物，而这样的咖啡几乎赚不到一分钱[247]。伊格此时随同皇帝到博洛达去了，大概要在那边待上几个月。其实那里的欧洲人经常从一个地方跑到另一个地方，只有兰波除外，他们常常跟随自己的沙漠商队一直走到海岸边，而兰波则待在自己的商号里，一方面他有许多工作要做，另一方面他总要监督下属把工作做得更好，但他每天都要出去走走，或者骑马，或者步行，走出哈勒尔城后，专找高低不平的地方，没有路的地方去走。1月，法国同胞莱昂·谢夫纳前来看他，他是在塔朱拉为拉巴蒂运送军火时认识谢夫纳的[248]。兰波当时内心很痛苦，他写给亲人的信也表达了这种苦恼的心境。"我觉得没有什么有意思的事可说了。"[249]说这话时，他好像要彻底抹去此地那独特的风景似的，在他看来，这一地区忽然变成"令人讨厌的地方"，变成"可恶的地区"了。"这是愚蠢的黑人所生息的荒野之地，这里没有道路，没有邮政，没有旅行者，你们还要我描述什么呢？我在这儿感到厌烦，感到烦恼，感到疲乏，我真是受够了，但却无法终结！"他得出一个结论："一定要沉默不语。"[250] 他的话好像是在重复，而重复的目的就是为了突出他的感受。他还要继续忍受折磨。某种无限的悔意似乎从中表露出来。他需要保持沉默，而且希望将自己封闭在沉默之中。

然而，他每天都在写东西，要记账，还要写商业信函，只有在写给伊格的信中才流露出一点儿幽默感。和他接触过的人后来也都谈论起他，但大家对他的评论竟截然不同。在人们眼中，兰波好像是几个不同类型的人物似的。巴尔代曾和兰波通过信，他说兰波"刻薄，辛辣，从而使他四面树敌"，他"总也甩不掉那个可恶的讽刺性的面具，然而这个面具后面其实掩盖着他的善良品质"[251]。这是兰波逝世后巴尔代所写的文字，而伊格在兰波生前也写过类似的文字："您是一个极为严肃的人，在您那可怕的面具后面，掩盖着……"[252] 是的，兰波戴着一个面具，就像他在1871年所扮演的角色一样，那是他刻意策划的角色，故意放肆地沉湎于酒色生活之中。要确定他的真实性格确实很难，虽然我们总听到他吐露的真情，知道他始终在追求新的东西。他好像乐于向别人展示自己矛盾的样子。他的真情就体现在自身矛盾的相互渗透之中。"我是另一个"并非只是一句空话，而是刻意解剖自己的箴言。巴尔代兄弟和伊格曾和他亲热地聊过天，可他们总感觉兰波在掩藏着什么，但他绝不是在要阴谋，而是决意什么也不说，尽量保持沉默。"一定要沉默不语。"兰波的这句话一直伴随着他的冒险经历，而他本人故意将冒险与沉默联系在一起。但其他人则为我们描绘出一个和蔼可亲的兰波，比如意大利人罗伯奇－布里盖蒂就是这样描述兰波的，他曾到哈勒尔去看望兰波。兰波几乎从来不露笑脸，可他也会讲一些奇闻逸事，以嘲讽的口气，以犀利的幽默感逗客人开心。罗伯奇－布里盖蒂描述了客人们聚在兰波商号里的情景[253]，忠诚的佳米在一旁招待来访的客人，他们说着各种语言，谈论着各种各样的话题。

萨乌雷后来也证实这类描述，他写道："我几乎从未见他笑过，但他却以自己特有的方式，像一个善于讲故事的人那样让你笑得眼泪都流出来了，我从未见过这么有魅力的人。"[254] 皮埃尔·巴尔代后来也描绘了他那与众不同的个性："……在我看来，他似乎有点儿古怪。他时而阴郁，沉默，似乎不愿意和别人交往；时而敞开心扉，向别人倾诉心里话，变得非常健谈，并拿出刻薄的劲头，去讥讽有些人的做法，他一边讲述，一边抨击这些人的行径。"[255] 这大概才是真正的兰波呢，他是一个叛逆者，一个孤独者，可他偏要让别人去分享他评价人及事物的尖锐看法。人们很难理解他，因为他总是躲躲闪闪的，其实这并不是出于胆怯或腼腆，而是内心觉得必须这么做，他不愿意露出笑容，反而乐于露出讥讽的样子，粗暴地对待他人，迫使人们做出无意识的举动，做出虚无的样子。然而，在写给家人的信中，他从来不提和别人聚会的事，晚上和朋友们在一起聊天时，他似乎体验到一种短暂的幸福感。他也许宁愿把自己生活中最坏的处境告诉家人，用这种方式来引起"老妈"的注意，而"老妈"远在罗什村，对他这种处境也是无能为力呀。他要让自己的形象变得更完美，悄然地让人去想象自己将来被美化的传记："此外，由于我待人接物富有人情味，因此不论在这一地区，还是旅行途中，我赢得大家的尊重。我从未伤害过任何人。相反，只要有机会我总会做点儿好事，这是我唯一的乐趣。"[256] 我们很难正确地评价他所说的这些话。他为什么要为自己唱赞歌呢？在最近写给家人的信里，他指出自己的行为是无可非议的。他母亲不是还惦记着等他夏天回阿登省探亲时让他结婚吗？事实是，到了1890年，他又在考虑结婚成家的可能性，他在1883年就曾经有过这个念头。最后一次在哈勒尔常住时，他似乎并没有和女人在一起生活，人们注意到他身边只有忠诚的仆人佳米。但后来有些吉布提的商人（是皮埃尔·米勒在1896年摘录的话）说他妻妾成群，养着"一群枕边的活字典"[257]，正是靠着她们，他才能说那么多地方方言！其实后来没有人相信这种嚼舌头的话，尤其是大家都记得兰波确实带过一帮女子，她们不过是在车间里挑拣咖啡的女工，而不是被他深藏在闺阁的漂亮小妾。

兰波的个性一直深藏不露。勤劳与惰性，怒气与审慎都会在他身上表现出来。在评判其他人时，他也会露出怜悯之心。"与那些来自所谓文明国家的白人相比，哈勒尔人既不笨，也不卑鄙，他们不是一个层次的人，仅此而已。他们甚至比白人还友善，有时还会表露出感激之情和忠诚之意。和他们接触时一定要有人情味。"[258] 他是否又想起《地狱一季》里的文字呢？"我是一个牲畜，一个黑人。但我能得到拯救。你们这些变态狂，野蛮人，吝啬鬼，你们都是假黑人。商人，你是黑人；法官，你是黑人；将军，你也是黑人。"[259] 与兰波谈论"黑种人的气质"也许是不合适的。其实我们每个人身上都有"黑人的精神"，我们每个人都被生活的奴性压得抬不起头来，能理解这一点比什么都强。我们不妨猜猜在欧洲人体面的职权背后掩藏着什么。魏尔伦一直对兰波颇有好感，后来他也描述了这个不同的兰波：

> 你竟然撒手人寰！但至少是你所期望的死亡，
>
> 作为白皮肤的黑人，作为野蛮人壮烈地去死，
>
> 作为被教化的蛮人，你漫不经心地传播文明，
>
> 啊，亡者！你活在我心中似不息的熊熊烈火。[260]

　　有些当地人常常去看望他，而且对他极为信任，尽管如此，在他们眼里，他所表现出的人情味有什么意义呢？据说哈勒尔人都愿意和他说话，况且他是少数几个会讲当地话、熟悉当地文明的欧洲人。他用阿拉伯文刻了一枚写着"阿卜杜拉·兰波"的印章，阿卜杜拉·兰波，上帝的侍者，有时需要签名时，他就用这枚印章。这并不意味着他信奉伊斯兰教。他对穷苦人是做过一些善举，有时也会像乐善好施者那样去帮助他们，但我们同样不应忘记他的粗暴举止，他看不起那些愚笨、懒惰的人，那些蠢货常常会妨碍他的生意[261]。1889年2月，他把哈勒尔城的许多狗都毒死了，成群的狗在哈勒尔城里到处乱跑，常常往堆在仓库墙边的咖啡豆上撒尿。这一事件引起大家议论纷纷。个别人甚至将毒杀流浪狗的人告上法庭，要法庭去惩罚他。他的另一个绰号就是从这儿来的，后来在写给当事人的信中，萨乌雷还提到这事："据说现在人们称兰波为'杀狗的魔王'。"[262]（在亚丁他是"坏家伙"）作为这一事件的尾声，兰波两年后曾提到一个名叫邦蒂的人，此人就是那个"狗的保护者"[263]，那时准备离开哈勒尔，搬到南方的欧加登地区去住。难道是他把兰波告上法庭吗？不管怎么样，要是说兰波在哈勒尔得到当地人的一致称赞恐怕也是不切实际的。他做生意时很真诚，很守信用，相反，在对待这些"黑人"时，他却表现得不那么友好，他觉得黑人就是劣等民族，但这并不意味着他赞同欧洲人。

　　1890年，与沿海地区中断的商业往来最终又恢复起来。伊萨人和英国人的冲突也得以平息，被扣在泽拉的一万塔勒也送到兰波手中，这是塞泽尔·蒂昂从亚丁送交给兰波的钱。此外，那些被困在盖尔德萨的货物也由沙漠商队运到红海沿岸[264]。

　　皇帝此时正在阿比西尼亚北部的提格雷地区征战，并打败了所有的敌手。马科南一直在辅佐皇帝征战，仍然没有返回哈勒尔，兰波因此也就拿不到国王欠他的货款

了。至于说伊格，他一直陪在孟尼利克身边，寄给他的信都由他的朋友齐默尔曼收执，他不在恩托托时，齐默尔曼负责处理日常事务。所有的消息都不好，什么东西都卖不动。兰波对能否收回所有的货款感到很担心，而且找不到买主。尤其是塞泽尔·蒂昂从亚丁向他索要四千塔勒，他就更感到焦虑不安了，因为他此前迫于压力，将这笔钱借给了阿比西尼亚政府。

他感到很气恼，于是便给孟尼利克写了一封信，信中的口气显得很生硬，除了应得的本金之外，他还向皇帝索要两千塔勒的利息[265]，并威胁要把这事告到法国驻亚丁领事那里。这事最终还是解决了，哈勒尔政府偿还了所有应支付给他的款项，有些货款竟然拖了一年。

自1890年3月起，他似乎在考虑终止和塞泽尔·蒂昂所签订的合同，他认为自己在受塞泽尔·蒂昂的剥削[266]。他此时又表露出对巴尔代兄弟的那种不信任感。他的设想是，与其离开哈勒尔，倒不如卖掉所有的货物，来年改弦更张。因此在好几个月之内，他一直在催促伊格把那些平底锅都卖掉，可当地居民确实不知该怎么使用这种锅。伊格一直在忙着大项目，根本无暇顾及帮他去卖这批存货。但他至少还是给兰波写了信，让他放心，因为他一直十分敬重兰波："好了，别再为这事烦恼了，烦恼根本不起任何作用，咱们已经老得够快的了。"[267]其实兰波对此也有同感，因为在最近寄给母亲的信里，他写道："我身体很好，但每分钟都会生出一根白发来，我担心过不了多久，满脑袋头发都会变白了。头皮会毫不客气地披露出岁月的痕迹，这真让人感到懊恼，但又有什么办法呢？"[268]然而，他那"头皮"所披露出的东西恰好是脑袋里所积累的烦恼。兰波尚不满36岁，但在这"黑人"的国度里却已变得白发苍苍了。我们并未见过他那时的样子，他的黑白照片也不清楚，看不出他的少白头，而这满头白发却让他感到痛心，他去世前曾多次提到自己的满头白发（他万万没想到自己这么快就离开了人世）。他母亲很固执，依然希望能让他结婚成家，如果他返回欧洲的话。他对此并不感到遗憾，并解释道："我既没有时间结婚，也没有时间去考虑结婚。"[269]然而，在那时写给家人的信里，婚姻俨然是他们谈论的话题之一。1890年8月，倒是他本人在询问婚姻一事："明年春天我可以去你们那儿结婚吗？你们觉得我能找到愿意随我到处旅行的意中人吗？我希望能尽快得到答复。"[270]毫无疑问，孤独的生活已经让他感到十分疲惫了。平凡的梦想一直萦绕在他心头，然而这一梦想却带着不可能的印记：他必须要返回法国（假如没有紧急的事，他绝不会返回法国），找一个伴侣，最终给自己树立一种受人敬重的形象。

1890年年底，在反复叙说这个话题之后，他还是对此有所保留："谈起婚姻一事，我一直想说，即使结婚了，我依然要自由地去旅行，要在国外生活，甚至继续在非洲生活……此外，有一件事对我来说是不可能的，我不能总待在家里过日子。"[271] 在开罗休假时，他与现代文明有了切身的接触，在欧洲饭店的房间里待了很久，那时他已意识到自己很难忍受待在家里的生活。实际上，婚姻对他来说不过是挂在嘴边上的一个词，就像一句咒语似的，但只为个人所用，并说给他母亲听，因为母亲希望能看到他过上正常的生活，或者也是说给他妹妹听的，因为妹妹尚未出嫁。尽管如此，在1890年11月10日写给家人的信中，他介绍自己的情况，就像婚姻介绍所提供的信息。他简短地介绍了自己的工作，说自己的老板十分受人尊敬，还说法国驻亚丁的领事可以提供更多有关他的详情。在信的结尾，他写了一句赞美自己的话："在亚丁没有人说我的坏话，相反，十年来，我在这一带的名声还不错。"他的意图十分清楚。但他还要表达得更清楚："这是告求婚者书！"但后来可怕的病痛把他击倒了，我们永远也无法知道此事的结局了。兰波夫人到底给他找到什么样的对象呢？罗什或沙勒维尔的哪个姑娘准备和这个浪子一起远居他乡呢？

然而，与这个假定的婚姻相比，更让他担心的是和萨乌雷的账务。萨乌雷从巴黎返回非洲后，也带来许多设想。像以往一样，他总想大兴土木。他让人在安科伯尔建造了一座大"宫殿"，能装下二百只骆驼所运送的货物，并在宫殿旁建了一座马厩，能圈养四十四马。1889年10月参观过世界博览会之后，他在法国采购了几十根工字钢。到达奥博克之后，他打算在那儿设立一家商号："他让五十多个工匠在那儿搭起一座小型的埃菲尔铁塔。"[272] 兰波将这个消息告诉给伊格。兰波一直设法把萨乌雷托付给他的货物都卖出去，然而，萨乌雷此时却向他索要货款，但兰波只得到别人用咖啡支付的货款，大约值8800塔勒。经过一番周折，而且费了很大的力气，这事最终才尘埃落定，萨乌雷从塞泽尔·蒂昂那儿拿到了这笔钱，而且拿到的是现金，而不是以物抵债的商品[273]。其他问题也让兰波很担心，其中有拉巴蒂事件中悬而未决的问题。那个"臭婊子"和她儿子认为兰波还应支付给他们孤儿寡母一笔额外的补偿，他们甚至给皇帝写信，而皇帝认为应该考虑他们母子的要求。我们还记得，兰波当时被这事搅得不知所措，在面对别人的责备时，也做出轻率的举动。这事依然没有了结。此外，齐默尔曼告诉他那批平底锅很难卖出去。尽管如此，8月时，齐默尔曼来到哈勒尔，给他送来卖平底锅的货款，但依然还有几百只锅没有卖出去[274]。

在陪同孟尼利克从提格雷地区返回恩托托之后，伊格再次投身于繁忙的工作之中。但他还是抽出时间为兰波去找一匹强壮的骡子，因为兰波一直在求他帮忙。在一封信里，他说尚未找到合适的牲口，而且对不能满足他的另一个要求而表示歉意："至于说奴隶，请原谅，我找不到这样的人，因为我从未买过奴隶，而且也不想去干这种事。我绝对了解你的好意，但即使为我自己，我也绝不会这么做。"[275]兰波确实想让伊格去帮忙，1889年12月20日，他再次提出这个要求："我非常严肃地向您确认，我想要一匹强壮的骡子，还要两名男奴。"这几行文字在传记作家当中引起激烈的争论。伊妮德·斯塔基手里有在英国外交部档案里发现的最新文件，她以为可以断定兰波参与过贩卖黑奴的交易，这种交易当时在红海沿岸盛行一时，而且这种交易很长时间以来一直受阿卜·贝克尔的控制。我们在前文已看到，黑奴交易与军火交易截然不同，而黑奴交易都掌握在贝督因人手里。马里奥·马图奇后来对伊妮德·斯塔基的论据提出异议，驳斥了别人对兰波的责备，在兰波去世后，有人责备兰波，说他是个黑奴贩子[276]。尽管如此，我们不能否认，虽然是为个人所用，但他还是毫不犹豫地想找两名男奴，甚至一再向伊格明确自己的要求："我向您确认"，而伊格已经婉言回绝了他的要求，兰波肯定意识到这一要求有可能引起种种解释，甚至会引起大家的义愤。然而，兰波这样做和当地人没有什么不同，因为当地人依然在采用这种古老的雇工方式。不过奴隶并不会受到虐待，人们只是把他们当作仆人看待，他们的食宿都由雇主承担。兰波同意采用非洲人的这个习俗，而欧洲人一般都会谴责这一行为。然而所有迹象表明兰波最终放弃了这一要求，除非他从别人那里得到满意的答复。相反，在后来的几个月里，他一直纠缠着伊格，让他赶紧找到一匹骡子，他每天要走山路，爬上爬下的，一匹强壮的骡子还是必不可少的。

除了这类忧虑之外，早已被他远远抛在身后的文学又追踪过来。兰波恐怕永远也无法了结与文学的联系。然而他却保持着沉默，好像是在了却自己内心的心愿似的。但他那甘愿沉默的立场正逐渐受到威胁。《灵光集》先在小圈子里引起轰动，诗集的影响力现已逐渐扩展到许多读者层。颓废派诗人及象征主义者一致认定他是颓废派和象征主义的先驱。1890年7月17日，一位名叫洛朗·德·加沃蒂的人冒昧地给他写了一封信，此人是马赛一家先锋派杂志社的主任，杂志的名称是《现代法国》：

> 诗人先生：
>
> 　拜读过您那美妙的诗句，我想对您说，作为颓废派和象征主义流派的首领，您若能和鄙杂志《现代法国》合作，我将感到非常荣幸和自豪，鄙人是这家杂志的主任。
>
> 　愿您能与我们合作。
>
> 　谨致真诚的谢意并表敬佩之情。

这些谦恭的话语也许会让收信人感到很得意，尽管如此，这些话只能勾起他的悲伤和厌恶感。在此，他又见到那些文人，那些只记住他那"美妙诗句"的人，而他却"让'美'坐在"自己的"膝盖上"，而且"侮辱"这个美[277]。在读这封信的时候，兰波是不是完全不知道别人在他背后策划什么呢（就像塞尚担心他的崇拜者又在玩弄什么"诡计"似的）？尽管身在遥远的地方，尽管在竭力忘却自己，但他有可能看出来那奇特的声誉即将落在他头上。甚至在他生前，蒂昂、巴尔代以及其他人就听说过他过去的文学活动。尤其是巴尔代曾就他的文学创作询问过他[278]，但得到的答复却是几句咒骂："荒谬，可笑，恶心。"莫里斯·里耶斯曾在蒂昂驻亚丁的商号里工作，后来当着兰波的面谈起他已小有名气的事，结果引来兰波的一通挖苦，兰波最后还反驳道："那不过是掺了水的假酒！"[279]这种评价显然与事实不符，我们或许要去领会兰波说这话时有多大的诚意，与雨果、波德莱尔，甚至与泰奥菲勒·戈蒂耶相比，兰波体会到自己的作品实在是少得可怜。实际上，若与他以前所喜欢的书籍相比，他那几首诗，包括那首轰动一时的《醉舟》又有什么价值呢？一年前，萨乌雷曾告诉他有一位名叫乔治·里夏尔的神秘人物要来拜访他，此人认识他以前的朋友们。难道里夏尔来到哈勒尔就是为了确认那些他早已知道的事吗？通过其他渠道，他知道那本《受诅咒的诗人》已发表了，他的名字和马拉美、特里斯坦·科比埃尔的名字并列出现在此书里，科比埃尔当时是不被人所熟知的诗人。有一点是可以肯定的，在接近生命的终点时，他已预感到那难以预料的声望将很快与他的名字紧密联系在一起。人们在寻找他的踪迹，以便密切地关注他。那些"掺了水的假酒"一直不断地刊载在杂志上，被编入文选里。他显然是躲不掉这个瑕疵，甩不开这个可笑的骄傲资本，这个瑕疵和资本就是文学。诚然，在从哈勒尔带回的文件里，人们找不到他与任何一位作家的通信。我们不妨想象魏尔伦曾试图和他建立通信联系，但他却把魏尔伦寄来的信都扔了。况且人们只粗略知道他的通信地址，对他的情况了解得最清楚的当属欧内斯特·德拉艾。洛朗·德·加沃蒂究竟是怎么与兰波联系上的呢？这个谜至今未能解开。不管怎么说，兰波把这封类似公函的信保留下来，这封信也许并不是直接寄给他的，而是通过法国驻亚丁领事馆转过来的。魏尔伦不是猜测他先在塞浦路斯，后在亚丁参与"宏伟的艺术工程"吗[280]？实际上，新一期《现代法国》（1891年2月19日—3月4日）也证明，兰波并没有给他们回信（兰波要是回信反倒让我们感到吃惊了），但他们已经发现兰波的踪迹了："这一次，我们找到他了！我们知道阿蒂尔·兰波，伟大的兰波，真正的兰波，创作出《灵光集》的兰波现在在什么地方。这并不是一个颓废的恶作剧。我们已经知道这位著名隐士的住所。"兰波一直压着自己的怒火，把这封出乎意料的信搁置一旁。难道这是他最后一次抒发自豪感以免使人变得愚钝起来吗？难道看到这几行"有趣"的文字之后他感到震惊吗？那封公函式的来信至少证明他什么都知道。有人竟然在读他的诗，这个消息真是荒唐。他坐在钱箱和一杆杆秤旁边，审视着自己这奇特的命运。他不得不接受这个命运（他似乎对此颇为不解）。他看见自己的"另一个"逐渐显现出来。他看见自己的替身，这可是死亡的先兆呀。洛朗·德·加沃蒂这个三流的炼金术士将兰波视为某一流派的首领，既然被别人当作文学流派的首领，那么他还有活下去的道理吗？可他毕竟还活着呀！

第六章

病痛与死亡

这个名望来得不是时候，而结婚的打算不过是和"老妈"聊天的话题而已，尽管如此，兰波依然一如既往地致力于去做最主要的工作。实际上，他准备把与塞泽尔·蒂昂的业务结清掉，并决意在1890年年底前离开这里[281]。为此，他要先把伊格那儿的货款收回来，他打算把那批货廉价卖给孟尼利克，因为只有孟尼利克手里有足够多的货币，能把那些货物都收走。但时间非常紧迫。由于银价上涨，卢比也跟着涨，而塔勒却在不断地贬值。这一年的生意是灾难性的。

1824年的塔勒

他要赶紧离开这里，越快越好，尽量减少损失。兰波已取消了别人最近给他下的订单。他首先要去盘点，看库房里还有多少存货。这一做法并不意味着他打算彻底离开这里，再也不回来了。恰恰相反。在和塞泽尔·蒂昂解除合约之后，他可能还在考虑将来再次返回哈勒尔，那时的条件肯定和现在的截然不同[282]。

年终时刻终于到了，可他依然无法彻底结清自己的生意。他感到极为不安，催促伊格赶紧把所有的商品都廉价甩卖掉，但那些该死的平底锅怎么也卖不掉。伊格以讽刺的语气写道："我在想尽一切办法把这些东西都脱手卖掉，今天在大街上到处都有背着白亮光滑平底锅的人，以便引起公众的注意。"[283] 伊格讲起话来还真幽默。兰波对此感到很不高兴。其他的烦恼一直纠缠着他，比如拉巴蒂事件。1月8日，依照皇帝的诏书，谢夫纳让人查封了兰波的商品，因为兰波欠他1800塔勒[284]。兰波不但收不回钱，反而要向别人倒贴钱，如果他坚持要把库存里的商品都卖掉的话。从那时起，他只好听命于债权人的摆布了。他同意支付600塔勒[285]，查封的命令也就随之被解除了，于是他告诉伊格："赶紧了结，赶紧了结了吧！"[286] 确实是应该赶紧了结了。他不知该说些什么好，甚至连难听的话也讲不出来了。他在暗中下达指令，尽快结束自己的业务。在所有的生意结清之后，他想离开这里。他要重整旗鼓，当然要从零开始，因为他刚刚摆脱了这一切。

为了把库存的商品都卖掉，为了关掉自己的商号，他不辞辛苦，到处奔波，每天都会累得筋疲力尽，就在那时，他感觉右腿很痛，好像有只锤子每时每刻都在敲打他的髌骨似的，他原以为是骨关节僵硬的原因。在开罗休假时，他就已经感到腿痛了，自1877年起，当魏尔伦嘲笑他的时候，总会提到他的"风湿病"。然而这一次，疼痛让他难以忍受，而且膝盖周围的血管都鼓出来了，显得很不正常，可他还以为这不过是静脉曲张呢[287]。他能忍受病痛，因此依然像受难者那样不停地工作，每天去山区采购商品，从来没想要省点力气，因为他相信自己的身体依然很强壮，相信身体绝不会拖自己的后腿。即使每迈一步都感觉像钉子扎进自己腿里一样，他也要往前走。后来他骑着马出去，但疼痛并未因此而减轻，每次下马时他都会痛得叫起来。病魔已缠上了他，而且正在逐渐把他压垮。然而，别人对他的劝告，他一概不想听。他只想着把自己的库存全部清掉。只有在清空库存时，他才动身去亚丁，到那边去治疗。

从1891年2月初起，他腿痛得难以入睡。他感到很担心，于是便托人从亚丁给他带一双治疗静脉曲张的弹性袜，根本不考虑那边有没有这种弹性袜。疼痛很快就从脚踝一直传到腰间，并向周身蔓延。然而，他却依然在顽强地工作，真担心自己亏了血本。好像只有钱才是最重要的，他绝不会相信已累得疲惫不堪的身体会给他造成障碍。他用绷带把腿包扎了一下，由于哈勒尔没有医生，而且他绝不想找当地的接骨医生，于是他便采用最基本的治疗方法：用热水敷，按摩，但效果并不明显。他没有胃口，身体消瘦下来。到2月底时，他把这个不幸的消息告诉给家人。在写给母亲的一封信中[288]，他回顾了所有能引起这一病痛的原因。他不再想《古兰经》的箴言"这是

命中注定的”，以前他曾毫不犹豫地接受
这句箴言。他倒更愿意成为接受自我惩
罚的人。多种多样的原因全都汇集到他
的笔下：走得太累了，骑马到各地跑得
太多了。当然这和他所生活的环境有一
定关系，也和哈勒尔的生活条件有关系。
不卫生的住宅，难以下咽的食物，烦恼，
“面对那些既愚蠢又卑鄙的黑人总感到愤
怒”，所有不能容忍的、可恶的东西都
汇集到他的膝盖处，扫兴的生活压在他
的内心深处。正如今天人们所说的那样，
精神因素是引起身体不适的主因。忧虑、
苦恼让他难以行走，就像马拉美在瓦尔
万隐居时的遭遇一样，一天夜里，马拉
美因声门痉挛喘不过气来，那也是忧虑
和苦恼造成的。

　　兰波夫人从遥远的地方，从罗什关
注着在外漂泊的孩子。作为有责任感的
女人，她勇敢地面对这不幸，顽强地支
撑着自己。毫无疑问，在收到儿子的来
信之后，她认为这是琐事进程中的必然

兰波在哈勒尔的通信地址
（沙勒维尔－梅济耶尔图书馆博物馆馆藏）

1891年3月27日兰波夫人致兰波的信
（沙勒维尔－梅济耶尔图书馆博物馆馆藏）

结果，是一场灾难，她早已料想到会有一场灾难。但她还是从阿蒂尼请来医生，医生
向她解释了病人自己所描述的病症，接着她小心翼翼地把药包好，在回信的结尾处
写上动情的一句：“再见，阿蒂尔”[289]，这话听起来几乎就像诀别似的。然而，居夫一
家人能顶得住，他们依然需要家族的根基。从此，身在哈勒尔的漂泊者要靠哪种生活
养料来养活自己呢？晚上他睡不着觉，在恐惧之中熬过那一个个不眠之夜。到了白
天，要是还有点儿力气，他就设法把自己的商品都卖掉，去整理自己的账目，可他根
本走不动了。他把床摆在窗户旁，床旁放着钱箱，窗户外面是院子，院子里摆放着各

种各样的秤，从周围地区采购回来的货物都要称一称，包括咖啡、象牙、香料等。然而，疼痛越来越严重，他顽强地坚持着，但好像身体已不是自己的似的，只有他本人和病痛，他感觉那病痛就像一个陌生人想从他的外表皮挤进骨头里似的。膝盖已肿起来了，肿得像拳头那么大，髌骨也动不了了。在几天之内，他惊恐地注意到膝盖及腘窝已呈骨化样，腿已瘦得只剩下一把骨头了。他仿佛被不幸的变形所击中。他那时只有一个办法：把所有的货物都清掉，哪怕赔本也要清掉，然后拿着收回来的钱，赶紧离开这里，就像一个被驱逐的人，一个受害者一样。所有在哈勒尔的欧洲人都对他的身体状况感到不安。当然大家都知道，严重的疾病会威胁人们的健康，尤其是对于那些长时间在此地生活的人来说，疾病的威胁就更大一些。大部分欧洲人（意大利人、法国人、希腊人）都会在阿比西尼亚生活一两年之后就回国。兰波是唯一坚持常年不回国的欧洲人，他要守住自己的钱箱，拼命地去工作。康斯坦丁·里伽、布雷蒙、谢夫纳以及意大利商人都尽可能赶过来照料他。大家都到他的商号里来看望他。他很快就做出决定要马上动身。沙漠商队要运送的货物都已捆绑好了，要带的食物也准备就绪。兰波将随一支常去泽拉的商队出发。佳米将陪他一起去，准备随时照料他，以减轻他的痛苦。当地的一位英国商人麦克唐纳及其妻子和两个孩子也随同商队一起去泽拉。由于病人的身体非常虚弱，人们将用担架抬着他走，担架是按他画的图制作的[290]，为了防日晒，防雨淋（此时正是雨季），担架还蒙上一副帆布帘子。兰波雇了十六个脚夫，护送他去泽拉，他们分成四组，每天轮换四次，抬着他走。

1891年4月7日[291]，早晨6点，他离开哈勒尔。他最后看了一眼自己住过的这所房子，这是他两年前租用的房子。脚夫们抬着他越过城市的大门。他虽然为自己的身体感到担心，虽然忍受着病痛的折磨，但还是希望能回到这里，从这儿开始，便踏上艰苦的征程，他知道这并不是最后的磨难，于是便鼓足勇气，正是凭借这勇气他曾战胜过无数的困难。聚集在城墙外面的沙漠商队也启程了。兰波躺在担架上，像一个半死不活的人，脚夫每迈出一步发出的颤动都会让他感觉非常疼痛。在到达港口之前，他想着前面要走的路，这条路他太熟悉了，因为他曾多次走过这条路。他最担心的就是翻越高山、穿越荒漠的那段路程。往埃贡高原上攀登的路很难走。从高原向下走时，脚夫们在凹凸不平的路上跌跌撞撞地走着，担架上的重量也在拖着他们往下冲，他们险些把他从担架上甩出去。于是他试图骑上一匹骡子，"将那条病腿绑在骡子的脖

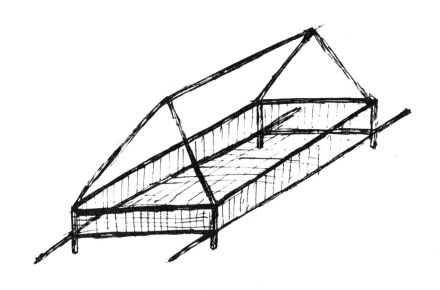

兰波设计的担架图（沙勒维尔-梅济耶尔图书馆博物馆馆藏）

子上"，但这不但没有减轻他的疼痛，反而让他痛得难以忍受，最终不得不放弃这种方法。晚上，他们来到巴拉瓦，于是便在那里露营，这时天下起雨来，接着又刮起了狂风，夜间的气温猛然间变得很冷。天刚蒙蒙亮，他们就起程了（在整整十天的行程中，他们一直采用这种作息时间），经过四个小时的跋涉，他们来到盖尔德萨，这是索马里人地域的边界。下午，脚夫们便停下来休息，第二天，脚夫们仅用两个小时就到达格拉斯雷，但沙漠商队一直在后面慢慢地走着。他们还得等着沙漠商队，下午，他们冒雨一直走到布萨。暴雨使河水猛涨，人根本走不过去，兰波与麦克唐纳一家人就在距离河岸不远的地方安下帐篷。由于他根本走不了，脚夫们把他放在地面上之后，就顺势在他躺的那个位置上架好帐篷。自己如今动弹不得，倒像受辱一般难受，要想解手，只好翻身滚下担架，然后再用沙子埋起来，就像小猫在土里拉过屎那样，后来当他描述最后一次征程时，甚至不惜把这种悲惨的细节都告诉给妹妹伊莎贝尔。4月10日，雨一直在不停地下着。由于骆驼不肯往前走，人们又把骆驼要运送的货物重新捆绑了一次，于是脚夫们便抬着病人走到前面去了。中午时分，他们来到海拔一千米的沃尔吉。他们在这儿等着装载着食物和露营器材的骆驼，但骆驼队一直也没跟上来。大雨连续下了十六个小时，兰波和脚夫们在风雨之中度过一个夜晚，病人

兰波从哈勒尔到瓦朗波的旅行日志
（雅克－杜塞文学图书馆馆藏）

躺在担架上，身上只盖着一块牛皮遮雨。雨水从各个地方都渗出来。天都亮了，可后面的骆驼队还是没有赶上来，沙漠商队只是到了下午才和他们汇合。他们终于能吃上东西了。虽然后面的路依然很难走，但他们再也没有碰到如此艰难的困境。

但兰波还要忍受夜间寒冷的天气，沙漠商队总是落在后面，这给他们带来极大的不便，况且，脚夫们累得筋疲力尽，走到一段路程的终点时，他们像卸货那样把他扔在地上。兰波忍着疼痛，大发脾气，咒骂他们，要扣掉给他们的报酬。然而，他每天都要把当天所走过的路程做一番综述记在纸上，这并不是文学随笔，而是简单的总结，或许他以为这类笔记将来总能派上用场。同时，这也是实实在在地接触现实的方式，将来还可以回顾自己所经历过的噩梦般的时刻。在这本日志里，所有的琐事都记得很清楚，包括日期、每段路程走多远、作息时间、克扣脚夫们的报酬。在4月16日那天，他甚至还记录了某一区域的详情，准备将来到这一带开发市场。4月17日星期五，他们走完最后一段长距离的路程，从前一晚的达达普露营地，一直走到沙漠商队的终点瓦朗波。他们就要到达海边了，但兰波的痛苦却依然没有尽头。他希望至少能很快找到治疗自己腿痛的良药。在泽拉，他和好朋友索蒂罗谈了很长时间，索蒂罗现在在塞泽尔·蒂昂的商号里工作。接着，他被人抬上一艘开往亚丁的轮船。船员在甲板上铺了一张床垫子，在三天的航行当中，他几乎没吃东西，躺在床垫子上，一动不动，浑身发着高烧。

有人事先已知道他要来亚丁的消息。到达港口之后，他首先被送到塞泽尔·蒂昂家里。蒂昂一直把他看作是诚实的员工，但很难相处，见兰波这副惨相感到非常吃惊。他马上把兰波送进医院，让一位名叫努克斯的英国医生给他看病。见他的膝盖肿得那么大，努克斯的诊断令人担忧，他得了急性滑膜炎[292]，医生要给他做截肢手术。转眼之间，兰波见自己就变成残疾人了，他拒绝做手术。于是医生建议等一个星期，看休息一周之后，瘤子是否会逐渐消失掉。然而一个星期过后，病症没有任何改善。显然必须要做截肢手术了。兰波只得接受这一方案，但在这种情况下，他倒宁愿返回法国，法国医院的设备会更完善。他在亚丁的医院里又住了几天，同病房里住的都是自费的病人。在返回欧洲之前，他想把所有的账目都结清，要在动身之前把所有的事情都安排好。巴尔代兄弟或蒂昂有时会来医院看望他。在大部分时间里，他所面对的只是他自己，是不带任何掩饰的自己。他毫不犹豫："我已经变成一副骨架，我让人感到害怕。"他的病腿就摆自己面前，"缠着绷带，被捆绑着，束缚着"，这是一个像吸血鬼似的肢体，把他的整个身体都拖垮了。

5月7日，他最终被送上一艘法国邮船公司的邮轮。轮船在海上航行了十三天，他在痛苦之中熬过这十三天，根本无法预料自己的未来。一年前，他曾打算回法国，那时他身体健康，又挣了好多钱，而且准备在法国采购一些商品，以充实他在非洲商号的货源。可他现在回到法国，患上难以治愈的疑难病，而他历尽辛苦所挣到的37 450法郎却要首先用来支付回国的船票[293]，要不是为了看病，他根本不想回去，接着还要支付治疗的费用。到达马赛之后，他本想马不停蹄地直接回到罗什。然而，他必须马上住院。人们"小心翼翼"地把他送进医院。一位医生很快为他做了检查，对他病得这么厉害感到吃惊。在这种情况下，医生所说的医学名词就像一个致命的考验，而患者则紧紧地抓住这个考验，就像抓住自己的灵魂一样，这一灵魂掌握着他最隐秘的真相。"滑膜炎"这个医学名词表面看起来微不足道，但医生又说了许多难懂的医学名词，比如"关节积水"[294]（兰波起先并不明白这是什么意思），再比如"肿瘤"，即"癌症"等。当亚丁的医生说起"滑膜炎"时，他大概想起大妹妹维塔丽的死，她在1875年就去世了。某种与家族遗传有关的致命疾病正落在他头上。那时又有谁不知道卢卡医生有关遗传学的理论呢？

当时兰波脑子里想的全是截肢。他又猛然振作起来。虽然身体这个重要工具瘫痪了，运转失灵了，可他依然相信自己的身体一定能好起来，因为他过去是那么健康。"我有股骨。"[295]他在一首荒诞诗中曾写下这样的句子，而人们只记住此诗的片段。兰波能保住自己的右腿吗？这么多年来他一直不停地走动，此时对自己不能行走而感到痛心，觉得生活也因此而变得没有任何意义，想到这一层，他就更感到忧伤了。"活生生地接受诗歌的手术"[296]，这对他来说不过是一种保健手段而已。但他珍惜自己的右腿，就像珍惜某种思想一样。他在朝这个目标努力，在这个精神世界里向前迈进："生活对我来说已变得难以忍受。我真的太不幸了！我已成为一个不幸的人！"他在亚丁和哈勒尔所感受到的失望又都闪现出来。巴尔代及里耶斯所说的面具也被摘下来、被撕下来。他的确没有任何其他办法了。描述兰波的生活，就是要跟随着他去感受身心的痛苦，去感受那折磨他、让他活生生地忍受煎熬的疾病，失望使他变得粗俗。面对难以避免的厄运时，他已失去尊严，而且也不再那么高傲了，他所有的只是日渐虚弱的身体，当任何东西已控制不住恐惧时，当他不需要勇气，不需要英雄主义时，他所说的、所喊的都是恐慌、恐惧。然而，兰波并不是胆怯，他只是感到苦恼，这让他看上去更像是一个普通人。在这个脆弱的时刻，他依然有勇气睁着大眼，长时间地看着躯干慢慢地离开自己。从那时起，人们难免会回想起那段"往事"，一时间我们仿佛看到他去世前经受着那么多的痛苦和磨难。作为"盗火者"，难道耶稣把兰波的死神盗走了吗？伊莎贝尔竭力将躺在病床上的兰波变成一个圣人，不论她付出多大的努力，我们也不需要这个迎合宗教的兰波。但依照我们西方人的想法，这只不过是某种受难的形式罢了。不管他是有意识的，还是无意识的，兰波以顽强的意志走完了惩戒式的路程。然而他却尽量不把这事看得太重。他并非在为其他人忍受痛苦，而且在其生命的最后一刻，亦非像苏格拉底那样，去听法律那激烈的言辞。他只不过忍受了一种苦难，而我们也会遭受同样的苦难。"咳！我们的生活真是悲惨！"某个老太太也许会摇着头这么说，但兰波年轻的时候也这么说过，他是在反抗荒谬的厄运。即使跟随着他一直走到生命的尽头，我们也不会去剖析他那逐渐恶化的病症。我们只看到荒谬，在我们看来最重要的是，要让这个荒谬平和地结束他的生命，让他少受点罪，然而他的诗歌已开始得到永生。

在马赛圣胎医院，他很快做出决定，而就在几周之前他还反对这一决定：将右腿截掉。人们不能再等了。5月21日，为了让家人还能看到他四肢健全的身体，他给罗什发了一封电报："你或伊莎贝尔今乘快车来马赛。周一做截肢手术。有生命危险。许多重要事情要交代。阿蒂尔。圣胎医院。盼复。"第二天晚6点35分，兰波夫人在阿蒂尼给他回了一封简短的电报："我这就动身。明晚到。振作起来，要有耐心。"结局的时刻就要来临了。母亲与儿子之间这场冲突在所难免。一方面，他躺在医院的病床上，忍受着钻心的疼痛，他一封接一封地写信，把所有的事情都安排好，只有这时，他才忘却了疼痛。另一方面，兰波夫人安排好家务事之后，马上动身，乘十几个小时的火车，穿越整个法国，脑中想象着兰波的样子，他身穿麻布衣服，就像摄于哈勒尔的照片上那种服装，头发灰白，现在可能已变得很瘦，而且显得茫然不知所措，到马赛后，她见到的将是这样一个兰波。对于在分别十年之后，他们母子俩再次见面时的情况，我们不得而知。他们母子之间的关系充满了爱和恨。肩负着家庭责任的母亲和内心充满欲望的儿子，他们俩只是相互瞧着，却根本不理解对方。

手术原计划安排在星期一，但还是向后拖延了几天。截肢手术最终安排在5月27日，手术当时还是很成功的。亚丁的一位同事莫里斯·里耶斯当时刚好在马赛，兰波接受手术时，他也在场[297]。兰波最初对自己残缺的肢体感到非常失望，后来逐渐恢复了信心，但他还是需要别人来鼓励他。医生们也来安慰他，告诉他以后可以安一个假肢。兰波夫人对此深信不疑。她在罗什或沙勒维尔不是见到过普法战争中的伤兵在截肢后也能过上"正常"的生活吗？虽然他的身体状态很差，但兰波的内心依然充满了希望。他总有一天将会回到哈勒尔。尽管以前他对这座肮脏城市的居民颇有微词，但他还是喜爱他们，这种矛盾的激情把他弄得疲惫不堪。他给迪米特里·里伽写了一封信，将自己的病情告诉给他。里伽对这个消息感到很悲伤，用不太标准的法语给兰波回了信[298]，表达了深切的同情之心："我倒希望别人把我的腿截断，也别截断你的腿……自从你离开哈勒尔之后，我感觉像失去整个世界似的。"兰波还将自己的病情通报给马科南。实际上，他还想着要返回哈勒尔做生意，正是在这种设想的前提下，他希望能继续与总督大人保持友好的关系，因为马科南一直十分敬重他，而且把他看作是自己的朋友。兰波夫人在距医院不远的地方租了一间房，在一个星期之内，她一直守在儿子的病床前。见儿子逐渐痊愈了，她打算返回罗什，因为田里许多农活等着她去安排，况且伊莎贝尔的身体也不好，需要她照顾。兰波含着眼泪，请母亲留下来。他不是已经多次说过，在这个世界上只有母亲这个亲人了吗？在病人的一再抱怨下，她改变了主意，只是到了6月9日，她才甩开儿子的臂膀，离开医院，而他还要在医院里住很长时间。

从那时起，他就独自一人待在医院里。在不安与期待之中，日子一天天地过去了。他留意自己的身体，注意到伤口愈合得很好。他希望很快就能拄着拐杖去走路了，但在截肢的伤口部位，他还是感觉神经痛。"最终，我甘心忍受这一切，我真的不走运！"[299]此时此刻，他只能待在床上。他每天能见到的人只有照顾他的修女以及为他治疗的医生。此外，正如他后来悲伤地诉说的那样，一旦不需要"动刀子"了[300]，医生也就不再关注病人了。他在烦恼中一分一秒地熬时间。尽管如此，他还是给塞泽尔·蒂昂、里伽、伊莎贝尔写了几封信，里伽将哈勒尔的生活状况告诉给他，而伊莎贝尔则一直和他保持通信联系，自从见到母亲之后，他知道不可能再期待着"老妈"为他付出什么了。他还在埋怨母亲弃他而去的举动。在这最困难的局面下，他再次感觉到母亲并未对他表示出更多的关爱之情。因此，伊莎贝尔则成为他临终前的对话者，成为倾听他吐露真言的贴心人。随着兄妹之间的通信越来越频繁，他们也更好地了解了对方。兰波去世后，兄妹的这段情谊使小妹成为兰波的代理人、成为唯一有权评判诗人及其作品的评论家，在她看来诗人及其作品是不可冒犯的。

在马赛的医院里，日子过得很慢，所有住在医院里的病人都有这种感觉。他们远离生活，身陷孤独之中，而痛苦则加重了他们的孤独感。兰波表面显得很坚强，也不和其他人交流，但内心里却在流泪。泪水从他的内心里直往上涌，从眼里流落下来。直至生命的最后一刻，泪水是他唯一的依托，因为自从生病之后，他无法再发火，再反抗了。那时，他乐于反复推敲那些难以攻克的真相："我是一个死人。"[301]在医院里无所事事让他感到厌烦，他反复在问自己，无论是在斯图加特，还是在爪哇；无论是在塞浦路斯，还是在亚丁，这个问题一直萦绕在他心头："我们究竟为什么要活在这个世界上呢？"[302]他本人提供了一个可怕的答案：为了去忍受难以名状的苦难，为了去经历"地狱一季"，我们的确不知该说什么好。他并未想到宗教，并未想到虚伪的基督教。他的话语从未反映出对另一种生活的期望。当他本人已成为病入膏肓的病人时，他不记得是否有人向他反复讲过基督教的教理，根据这一教理，耶稣来到这个世界上是为了忍受这些痛苦，并减轻这些痛苦。然而更糟糕的局面是，因未履行服兵役的规定而产生的不安现在又来烦扰他。这让1891年7月显得更加黑暗，此时他依然住在医院里，连一步路也走不了，除非他能拄着拐杖走上一两步路，但拐杖磨得右腋窝生疼，他不得不放弃这一尝试。在罗什村，阿蒂尼专区的宪兵来到兰波夫人家，他们来打听她儿子的消息。虽然自1875年起，他可以免服兵役，但他每年依然要参加二十八天的军事训练课。1889年的新法律在这方面十分严厉。如果他不能提供证明在国外工作的文件，那么他有可能被视为不遵纪守法的人。其实他在亚丁的时候就已经多次对这个问题感到担心了，但他似乎并未提供必要的文件。对兰波来说，服兵役就是一种义务，从中也能看到父亲的影子，要绝对服从这一义务。我们已经看到他曾使过多种手段来逃避这一义务，他开小差，或假装开小差，到雇佣军里去当兵，然后又跑到东方去。在马赛时，他在几个星期之内一直担心会落入这个难以摆脱的困境之中[303]，其实他根本没有必要感到担心，因为他已被截肢，从身体条件上讲，他已不可能再服兵役了。然而，他为此事费了许多笔墨，表现出某种顽固的恐惧感，这与他过去那种放荡不羁的行为不无关系，有人一直在责备他的过去，认为那是不可原谅的罪过。兰波一直也在扮演着受人围攻的角色。因此，他反复对医院的病人说，"某个便衣警察"随时会来要弄他[304]。兰波夫人和伊莎贝尔对此也感到很担心，于是她们特意跑到沙隆地区总督府去查看，结果发现他的名字并未列在应服兵役的人员名单之中。她们还让梅济耶尔负责征兵的长官出具了一份文件，证明阿蒂尔"可以享受缓征，直到他返回法国为止"。当然他们不能让当局知道他已返回法国，除非他能提供一份残疾证明文件。在他出院之前，这事最终还是解决了，但这事一直萦绕在他心头，险些把他压垮了，而就在那时，截肢手术的后果已经让他感到极为忧虑了。

他整天坐在病房外面，坐在一把椅子上，似乎在摆脱生活的影响。拐杖、木制假腿、假肢、神经痛、安静不动，他脑子想的就是这么几个词，有时也会猛然冒出某种欲望来，那就是要了结的欲望："过不了多久，可能又有新的灾难落到我头上……要真是那样的话，我将很快结束这个悲惨的生命。"[305]但他的生命力不会让他这么快就了结了，他隐约又看到"摆脱困境"的方法。他似乎感觉到某种新的病症正在自己身体内形成，在那失眠的夜晚，他或许正准备接纳这一新的病症呢："现在我感觉另一条腿也没有力量了。"然而，他不仅指望着另一条腿，而且正是那条健康的腿在支撑着他。他的左腿，那是古老的"完美之物"，是世界的支柱："这是目前我在世界上的唯一支柱！"隐隐约约的痛苦现已显露出来。尽管他感到很恐惧，但还是无法掩盖现实："我总要站起来，但感觉并不好……我真担心会出什么事。"[306]兰波坐在椅子上一动不动，却正在迅速地走向死亡，那是"大步向前的静止状态"。种种遗憾之情使他的身心感到十分疲惫。他漫不经心地看着医院的内院，陷于遐想之中，他想象着自己过去的身影，那时他是一个令人震惊的旅行者："每当想起过去的旅行时，我感到多么烦恼，多么厌烦，多么伤心呀，而五个月以前，我还在到处奔波呢！跨越高山时所走过的道路，骑马、散步时所经过的地区，荒野，河流，大海究竟在什么地方呢？"[307]一首简短的抒情曲从这个完美和谐的句子中抒发出来。那个"令人讨厌的地区"，那一地区的居民，即那些"卑劣的黑人"，其实这正是他所喜爱的东西，是在欧洲看不到的东西，是身陷孤独之中所体验的东西。过去那惊人的旅行为他的梦境提供了素材，而且在引导他的欲望："我日日夜夜都在思索旅行的方式，这真是一种折磨！我想做这事，做那事，好好地生活，到处走走。"[308]当他回忆起不久以前的往事时，他那作家的本能又苏醒过来，仿佛只有把自己所经历的事情写在纸上才能更好地理解那段往事，于是他给伊莎贝尔写了一封很长的信，回顾了自己不幸的经历。这封信洋洋洒洒写了好几页[309]，讲述了许多往事。信的风格很简洁。其中隐约流露出怜悯之情，但绝无丝毫夸张之意。当他讲述自己失败的生活时，总是强忍着泪水。最终，他为自己刻画出一幅肖像画，描述了自己的体貌特征，嘲讽自己拄着拐杖的滑稽样子："头和肩膀向前倾着，你弓起身子，就像一个罗锅儿似的。"在这身陷绝境的局面下，他故意不用第一人称，而用"你"来代替第一人称，仿佛每个人都要去感受他的痛苦似的。这就是人："你坐下来，觉得双手软弱无力，腋窝被磨得生疼，就像是一个傻瓜。"他已成为那个"老傻瓜"，他曾在《诅咒诗画集》里描述过老傻瓜的种种作为。在亚丁及在哈勒尔变得愚钝之后，他又被迫坐在椅子上，"像一个彻头彻尾的残疾人，总在唉声叹气，等待着夜幕的降临，而夜晚带来的却是永久的失眠"。然而，有些东西还是保留了下来，虽然他蔑视这些东西，那就是精确的文笔。他并不是在讲故事，而是在讲述真实的东西，将现实的各个方面都突出出来，在那沉默的时刻去倾听打动他的东西。"下个节目再说吧"，他在信的结尾这样写道，无形中与他上学时的习作联系起来，他可能早就不记得了，那时他在"记叙文"结尾处总会写上："待续"。伊莎贝尔显然没有理解这种表达方式的幽默感，因为她在信中写道："你前天对我说：'下个节目再说吧'，我记住了这句话，并焦急地等待着你的消息。"然而，他对妹妹说的那些话意味着，他憎恨这种一个接一个的惨剧，憎恨那些无益的举动，憎恨那些反复诉说的痛苦，憎恨那些有关自己病情的消息。

在极度的孤独之中，他收到好几封来自哈勒尔、亚丁和泽拉的信。大部分信都被寄到罗什去了，因为他行前把罗什的地址留给大家，伊莎贝尔再把这些信转寄给他。蒂昂、里伽、马科南等人十分同情他的遭遇，但根本没想到他的病情会这么严重，他们还期盼着他能回来，再和大家一起做生意呢。在这些寄自非洲的信里，唯独不见伊格的来信，大家对此感到颇为惊奇，因为除了共同的商业利益之外，他们俩也算是心有灵犀吧。伊格那时似乎也回到了法国，因为他后来告诉兰波，待他做完手术后再到医院去看他。

如果看看兰波那时收到的所有来信，人们不难看出许多老相识依然十分敬佩他。听到他那不幸的消息后，许多人都感到很难过，而对他的遭遇感到特别难过的就是索蒂罗，兰波在1880年刚到哈勒尔时就和他一起合作。索蒂罗现在泽拉工作。他给兰波写过几封信[310]，将亚丁、哈勒尔等地的最新情况详细地讲给他听，他还把许多朋友的近况也告诉他，这些人在他们那个小圈子里都扮演着重要的角色，其中有迪米特里·里伽、法拉里（兰波以前的雇员）、伊格、布雷蒙、穆萨亚兄弟、马科南总督，以及兰波的仆人佳米，在陪同兰波一直走到亚丁之后，佳米又返回哈勒尔，现在为一位名叫费尔特的人服务，此人在意大利比南菲尔德公司工作。哈勒尔的局势是灾难性的，自年初以来，到处都在闹饥荒，结果饿死许多人。为了能活下去，有些当地人甚至去吃人肉，马科南总督下令惩罚了一批吃人肉者。就在那时，欧洲人在沿海一带开设的商号越办越大。吉布提正在高速发展。从欧洲返回非洲之后，伊格开始勘探矿产资源，他在萨马多发现一个煤矿，而其他人则在柏培拉发现了一个铂矿。那个不久前刚离开的地方再次闪现在兰波的脑海里，他对无所事事地这么待着感到恼火。

伊莎贝尔建议他，不管身体怎么样也要回到罗什来，兰波最终听从了小妹的建议。况且他对整天待在医院里感到厌烦了，而且他还担心在医院里染上其他疾病。7月20日，尽管病情依然很不稳定，但他还是决定动身返回罗什，7月23日，人们用担架把他抬到马赛圣夏尔火车站。不管花费多少钱，他还是租下一间卧铺包厢，因为他知道整个旅途要用很长时间，火车开到阿登地区起码要用两天的时间，可实际上他早就体验过更艰难的旅途，被人抬着从哈勒尔走到泽拉，穿越那一片片荒野要比乘火车艰难得多。

尽管卧铺包厢十分舒适，但无论怎么待着，他都觉得不舒服，总感到腿痛。透

伊莎贝尔·兰波像（贝里雄绘，私人收藏）

过车窗，他再次看到法国的风景，对沿途的风景已感到极为陌生。此时他脑子里想的却是索马里那荒芜的平原，哈勒尔那茂盛的植物。不管他愿意不愿意，这次旅行就像是怀旧之旅。这里没有处女地等着他去发掘，但在路途的终点，却有他少年离家出走时留下的痕迹。这样的时刻宛如人的一生那么珍贵。人们能够再现的也正是那样的时刻，空间与时间，现时与回忆在那间隔之中颤动。火车穿越巴黎时，这段旅程包含着某些不可抗拒的东西，火车将他引向那不幸的地方，而他年复一年地总要回到那个地方去。在火车的外面，田野里呈现出夏收的繁忙景象。火车沿着杨树环抱的运河走了一大段路，他对这条运河很熟悉，此后不久，火车于晚6点到达冯克车站，冯克车站坐落在山谷脚下，埃纳河在那山谷下分散成蜿蜒曲折的支流。大家小心翼翼地把兰波从车上抬下来。马车正在站台上等着呢，驾辕的是那匹名叫"伯爵夫人"的牡马。老用人抱起瘦弱的兰波，将他放在马车上。疲惫的兰波朝伊莎贝尔凄然地笑了笑，自从他上一次离家之后，伊莎贝尔竟然变得让人认不出来了，她要在农庄里干许多农活。火车站距离罗什村并不远。过了一个陡坡，接着转过一个大弯之后，小村庄便出现在眼前，沿着大路走到底就是他所熟悉的农庄。村民们见残疾人从车上下来，这位年轻人的不幸遭遇一时让他们感到很伤心，即使他们难免会在私下里议论引起这一不幸的种种原因：他品行恶劣，生活不检点，染上造反的习气。母亲则在家里冷静地等着他。屋里面所有的家具都擦得铮亮，旧时的味道、蜡味、食物味、乳制品味给兰波带来强烈的感受，他体验到一种家庭的温馨感。他稍微休息了一下，等到夜深时，他可以再好好地休息。他吃了一点儿东西，简单地讲述了一下旅途经过，接着家人便把他送到楼上的卧室里，他曾在那儿写完《地狱一季》。

他和家人在一起度过一个月[311]，总是身不由己地回忆过去，可依然受可怕未来的摆布。最初，尽管他总是感觉腿痛，但还是乐意让家人用马车带着他出去走走，在周围的村庄里停下来，看着那些忙忙碌碌的人，关注他们的日常生活，自从他离开法国以后，人们的日常生活已发生了很大的变化。但那年夏天的天气实在是太糟糕了，有时他根本无法出去散步，即使出去的话也会感觉很累。他喜欢炎热的气候，喜欢阳光，但大雨却不停地下着，小麦在地里都被雨水泡烂了，这一年的收成也毁了。8月10日，"霜把果树的叶子都打掉了"，夏天里下霜，这真是少有的自然景象。那时，在大部分时间里，他不得不待在家里。现在，他周围摆放着从阿比西尼亚带回来的小玩意儿，他还带回那一带出产的漂亮布料。为了不去看潮湿、荒凉的乡村景色，他让家人把百叶窗放下来，既像与世隔绝，又像是在保护自己，他躺在床上，向伊莎贝尔回忆起在哈勒尔的生活。卧室里用灯和蜡烛来照明，他喜欢这种奇妙的夜晚。他悲伤地摇着手摇风琴的摇把，这是家人遵从他的意愿买来的，以减轻他的痛苦。然而，病情还在发展。医生定期从阿蒂尼赶过来看他，发现他的病情还在持续恶化。所有用过的药都不能减轻他的痛苦，可他很快就想到要用"老太婆的偏方"。于是，家人便从花园里摘些罂粟，给他熬水喝。这种含鸦片的汤剂减轻了他的痛苦，但也让他的话多起来。伊莎贝尔说，那时他讲述自己的生活，回忆自己的童年，吐露"内心的想法"，描述"未来的计划及打算"。他的话语里总是出现阿拉伯语或阿姆哈拉语的词汇，他已能熟练地运用这两种语言。他在无意识状态下所说的那些话里，有一句话（根据伊莎贝尔的描述）似乎最令人吃惊：他之所以放弃文学，那是"因为它是不道德的"[312]。兰波夫人一直是这么看待文学的。但他本人是否也受这种道德想法的拖累呢？在他看来，文学只是由于无功效才"不道德"的，因为文学就像是一场梦，一场难以实现的梦。由于他意识到在鸦片的作用下，他说得太多了，于是他很快就下决心不再服用这种汤剂了，这是"让人吐露真情的药水"。

在少有的几个晴天里，他有时也尝试着借助拐杖走上几步路，但他的右臂越来越没有力量，他只能躺在床上或坐在椅子上。后来，罗什的村民们说见到过他。然而，除了一个幽灵之外，他们还能见到什么呢？他虽然回到故乡，但却好像总要离开这里似的。从非洲或阿拉伯半岛来的消息一直传到罗什村，蒂昂、里伽、索蒂罗等人总是给他寄信来。索蒂罗甚至建议他要依赖母亲的亲情（"没有人会像母亲那样爱自己的孩子"），并提醒他"上帝是伟大的，而且总在想着我们"。萨乌雷再次告诉他，马科南总督非常敬重他，现在所有在哈勒尔居住的欧洲人都带着自己的家眷，他们的家眷有黑人，有混血，还有白人。莫里斯·里耶斯给他寄了一封短信，对兰波出院前未能赶到医院里去看望他表示歉意，兰波给他回了信，但那封信后来却找不到了，可里耶斯后来记得收到过兰波的一封信，因为信里奇怪地写着："寄自'狼窝'罗什"[313]。

不久以后，糟糕的气候、根深蒂固的习惯、欧式生活、与用人的矛盾，所有这一切都让兰波感到很恼火。他母亲总是那么冷漠、那么倔强，从他记事起母亲就是这个样子。从某种程度上看，正是她给兰波造成很大的不幸，至少兰波是这么想的。他憎恨周围那些狡猾的农民，他们只盯着自己眼前那片土地，而他却想走得更远，一直走到世界的天涯海角。他突然对自己感到害怕。他对持续的雨天早就感到厌烦了，天气让他冷得难受，他知道家人在精心照顾他，关爱他，但这根本不起任何作用，他只是听从自己不理智的欲望，面对这一欲望，所有的障碍都会被清除掉。他在尝试着去做根本办不到的事。快到8月底时，疼痛使他感到木然，疲乏，现在他不仅浑身疼，而且逐渐感觉像瘫痪了似的，他希望再做最后一搏，动身去东方。阿比西尼亚现已成为远方的天堂。然而有哪种情理会阻挠这种内心的呼唤呢？虽然母亲极力反对，但他却将母亲的劝说置于脑后。他必须得服从这个秘密的指令，并以理想化生命的最后本能去服从这个指令。由于身体残疾，行动不便，他同意让伊莎贝尔陪着他，以便为他这次绝望的出行提供方便[314]。

他要赶到位于山谷深处的冯克车站，去乘早6点半的火车。夜里3点时，他就急着要动身了，而且显得很兴奋，他要家人开始做准备，给他拿衣服穿。然而，他们提前这么久就做准备，最后反而迟到了。由于起得太早，他很快就没了精神，并且又睡着了，几个小时过去了，当家人把他放到马车上时，时间已很紧迫了，得赶紧往车站跑。但那匹马怎么也不肯跑起来，你要拿鞭子抽它，它才向前跑几步（兰波生气地用自己的皮带抽打那匹马），最终冒着翻车的危险，总算跑到冯克车站。当他们到达车站时，火车已经开走了。错过火车本身包含着一种本质性的东西，我们从中看出无意识纽带的力量，这一纽带将兰波与罗什联系在一起，只有当他想扯断这个纽带时，纽带才会断开。在站台上，他强忍着怒火，起先想一直等到中午，乘下一趟列车走，后来在伊莎贝尔的一再劝说下，他才同意返回农庄。他躺在床上小睡了一会儿，但体力依然没有恢复过来，他醒来后，总是担心错过了时间。一时间，他隐约感觉到自己完全可以待在这里，长久地躺在床上，度过自己生命的最后时光，沙勒维尔的几个朋友还会常常来看望他。这个场面真是令人感动，不禁使人潸然泪下。他最终与法国的"理性"和解了。他又振作起来，浑身似乎充满了力量，以便满足自己旅行的爱好，满足行吟诗歌的需要，满足超越天涯的欲望。后来他和伊莎贝尔及两个用人又在冯克车站等了两个小时。为了减轻疼痛，他有时会喝上几口镇痛剂。伊莎贝尔后来记得他当时说了一句古怪的话，"和车站站长所培育的那个小花坛有关"。我们真想了解这句黑色幽默话语里所掩藏的含义。他是不是在想花坛里的花足够给他编一个花圈呢？

火车终于来了，大家小心地把他抬到车厢里。在火车开往巴黎的这段路上，他感觉腿痛得难以忍受，尤其是火车颤动的节奏加剧了他的疼痛。乘客们虽然很厌恶病人，但还是把车厢挤满了，而且把兰波所需要的位置也占去了。伊莎贝尔为我们留下一幅兰波在最后一次旅行途中的画像："他坐在红色坐垫上，把箱子紧靠在自己身边，将右臂放在箱子上，把呢斗篷和毯子垫在病腿下，以减缓病腿支撑物的硬度，将左胳膊肘放在车窗边沿上，支撑着自己的身体。"在这1891年8月23日，车外是晴空万里，景色秀丽，而兰波悲伤的心境却与这一切显得极不协调。"噢，大自然，噢，我的母亲！"他知道苍天是冷漠的，因为那里没有上帝。一对新婚夫妇坐在他旁边，他仿佛又看见自己的梦境，一个女人，一个工程师儿子……晚上，他们到达巴黎。他们首先得安顿下来，找个旅馆过夜。但在出租马车上，兰波突然改变了主意，他们直接赶到里昂车站，在车站等下一趟去马赛的快车。因此，受急迫心态的驱使，他再次做出仓促的举动，好像那种急迫的心理在敦促他采取行动似的，因为在他看来时间已非常紧迫了。只要赢得半天时间，那么第二天他也许就能上船了，十天以后，就能到达亚丁港，再次见到那里的朋友们，尽管到那里时他可能只剩下最后一口气了。夜里11点时，人们将他安顿在列车的卧铺包厢里，在整个旅行过程中，伊莎贝尔"蜷缩着跪在一个狭小的空间里"，看着兰波那"精神的失望和肉体的痛苦已到达可怕的极点"。8月24日晚上，他们最终抵达马赛圣夏尔火车站。他希望身体能好起来，以便能乘船去东方，在动身之前，他又被送进马赛圣胎医院，入院登记时，他用的是让·兰波的名字，以免别人把他当作那个名叫阿蒂尔·兰波的诗人！几个月前为他治病的医生认出他来，结果发现他的病情又恶化了。伊莎贝尔则住进医院附近的小旅馆里，大概就是她母亲在6月住过的那个旅馆，此后她目睹了兰波渐渐死去的全过程。在几个星期之内，她守在他的病床前，倾听他的抱怨，记录他的梦境、他的希望以及断断续续所表达的怒气。她后来描述了那段可怕的日子，我们对她的描述应该知足了，即使我们感觉到她说的话有可能受基督教信仰所支配，而且她的证言也可能被那道德规范歪曲了。玛格丽特·叶尔塔-梅雷拉一针见血地指出："兰波就是伊莎贝尔的传奇故事。"[315] 我们要做的就是要去解释这个"传奇故事"，因为这是能让我们接触史实的唯一途径，虽然伊莎贝尔已歪曲了这个史实。

住院之后，在一段时间内，他感觉疼痛得到缓解。但接着病情又恶化起来，他觉得浑身哪儿都痛。他的右臂彻底瘫痪了。兰波从此不再写东西了。他那时的话语以及思想都是通过伊莎贝尔之手才流传至今的。伊莎贝尔感到十分担心，便向医生们询问他的病情。特拉斯图医生告诉她不要抱太大的希望了："他真的很不幸，会慢慢地走向终点。"[316] 至于说折磨他的那个病症，他的确是得了癌症，医生猜测癌细胞将随骨髓传遍全身，那是"骨肉瘤"，正如多年后莫里斯·里耶斯所明确指出的那样[317]，兰波接受截肢手术时，他也在场，而且和医生们探讨过兰波的病情。

兰波感到极为失望，有时甚至失去理智。他说胡话，疼痛把他弄得神魂颠倒，可不管怎么样，他还要去忍受这种生活，他真想了结自己的生命。他的四肢全都瘫痪了，身体也变得极为消瘦，因为他吃得很少，而且吃的那点食物很快又吐了出去。"眼睛周围有很大的黑眼圈"[318]，因为他睡得太少了。有时，可怕的噩梦会突然把他惊醒，然而伊莎贝尔并未告诉我们他梦见了什么东西，那噩梦似乎和魏尔伦在伦敦时所做的噩梦如出一辙，兰波那时在折磨魏尔伦，让他梦见"眼睛被人挖走了"，"心脏里爬满了虫子"[319]。此时，兰波已不再是一篇诗文，而是一个躯体。沦落到这一地步之后，他只好将自己"封闭"起来。身体的病魔抑制了他的话语，难以忍受的痛苦毁灭了他的思想。他几乎很少说话，更多的时候是表露自己的情绪，泪水（"他总是哭泣"）和汗水已成为表达自己忧虑心境的手段。落到这般境地后，他倒更像是一个孩子，将成年人的勇气也甩掉了，因为单凭勇气他根本无法抑制自身的病痛。他把伊莎贝尔搂在怀里，用狂热的眼神看着她。他需要一个母亲，需要任何一个母亲，但他不需要自己的母亲，兰波夫人极为刚强，现在罗什等着兰波最后的消息。"我早就告诉过他了。"是的，有些母亲在儿子小时候就预料到他的命运不好。他怎么会听不到母亲的预言呢？久而久之，这样的预言怎能不在儿子身上打下烙印呢？在伊莎贝尔的笔下，我们看到粗鲁的比喻，尽管这种比喻十分幼稚，但还是使人不寒而栗："人们待他就像对待一个死刑犯似的，但却从不拒绝他的任何要求。"[320]况且兰波讨厌溺爱，讨厌同情。他即使哭泣，也要超越别人。在马赛的医院里，他并不是行将辞世的伟大诗人，而是一个活生生的人，一个被圣事之光照耀的人。活脱一个阿尔卡莫呀！让·热奈①笔下的这个罪犯、这个死刑犯被关在克莱沃总监狱里时，头上罩着神奇的光环。因此，兰波也以他的病症给马赛圣胎医院带来一个谜，面对这个谜，"所有的医生都一筹莫展"，"他们觉得这个奇怪的癌症很恐怖"。不能动弹的右臂已肿起来。左臂也几乎全都瘫痪了。痛点在前胸及后背有灼热感。心脏有时跳得极快，所有的器官似乎都僵住了。他的躯体就像一个无奈的伤口，连患者本人都对自己的身体极为反感，这的确是太恐怖了。兰波已经病得不成样子了，这副模样让人难以接受，因为人们喜欢他那帅气的样子，喜欢他在卡尔雅所摄照片上那炯炯有神的眼睛，喜欢他在方坦-拉图尔的肖像画里那祥和的面容，甚至喜欢他那副商人的模样，他在哈勒尔身穿麻布服装的照片也很帅气。伊莎贝尔为我们留下几幅素描，展现出兰波临终前的最后形象。有两幅素描再现了兰波那憔悴的面容，眼睛半睁半闭着，最后一幅素描再现了兰波躺在病床上的样子[321]，右臂缠着厚厚的绷带，脸的模样已让人认不出来了，只有那个稀疏的小胡子还能使人看出他是兰波，因为十年来他一直留着这样的胡子。

根据伊莎贝尔的说法（在这种情况下，我们还是应该相信她的说法），兰波最后已经感到绝望了，甚至走到自杀的边缘。他想把自己勒死。他又开始说胡话，总觉

---

① 让·热奈（1910—1986），法国诗人兼作家，阿尔卡莫是其小说《玫瑰的奇迹》中的人物。

兰波像（伊莎贝尔绘，
沙勒维尔-梅济耶尔图书馆博物馆馆藏）

得有人在迫害他，因为对于忍受病痛的人来说，他想弄明白究竟是什么让他遭受这么大的折磨，想弄明白这个残忍的不公正，这个荒谬病痛的根源。兰波怀疑护士和修女们做了"一些令人讨厌的事"[322]。究竟是什么事呢？伊莎贝尔并未明确说明。但我们猜测"那些事"肯定与折磨他的病痛有关，他认为自己的病情之所以恶化，是因为给他治病的人不好好治疗造成的。不管怎么说，他依然没有放弃萦绕在自己脑中的念头：他要离开欧洲，去阿尔及尔、奥博克、亚丁。他害怕冬天，那是"安逸恬静的季节"，以前他曾这样写道。"转眼已到秋天了！"

此时正是9月。病房外面阳光明媚。"我将去地底下，而你呢，你将在阳光下向前走着。"[323]他对伊莎贝尔说道，伊莎贝尔后来记住了这句话，这话像诗篇《永恒》那样纯洁。尽管他身遭不幸，可他依然希望能在那明媚的阳光下生活，要献身于太阳这个"火神"。

作为难以行动的残疾人，他十分茫然，而且正走向死亡，在离开罗什两个月后，他的身体将很快突破自己所能承受的极限，"剧痛"这个词还不足以用来表达他此时的状态。我们已经注意到，要是不去体验兰波的生活，就根本无法理解他的生活。不论一个人所写的文字多么真实，而实际的生活肯定会超过文字的描述。生活赋予他一个命运。兰波留给后人的最后一个谜就是他的死亡，如伊莎贝尔后来所说，他是"寿终正寝"[324]。自从他在8月住进马赛圣胎医院之后，医院里的神父就来看过他，但兰波对他们极为冷漠。伊莎贝尔认为没有必要把这事告诉她母亲，因为兰波最后一次回到罗什时依然表现出不信教的样子，母亲对此感到十分痛心。然而，由于"死亡正快速逼近"，伊莎贝尔希望不惜一切代价要让哥哥去世前成为基督徒。就在10月19日至25日那个星期，肖利耶司铎和苏什神父试图与病人见面，交谈一番。兰波最终同意见他们，这并非由于他对冥界抱什么希望，而是由于他感到"厌烦和沮丧"[325]。10月25日星期日，他最终接受他们的建议，同意忏悔。伊莎贝尔倒更像是一个圣徒传记作家，如果她不是明显地将哥哥的生活转变为死后享福的那种东西，那么接下去所发生的事是值得相信的。尽管如此，在这种情况下，她所做的描述依然漏洞百出，前后矛盾，难免使人觉得这完全是凭空捏造出来的，因为描述本身有时竟与她的意愿大相径庭。有一位神父大概听了兰波的忏悔，在和病人单独谈话后走出病房，这时他对伊莎贝尔说："孩子，你哥哥有信仰，你怎么会说他没有信仰呢？他有信仰，而且我从未见过这么崇高的信仰。"这个唯一的证人后来一直沉默不语，谁也没想起要去挖掘他的记忆，我们对此深感遗憾。临终前的兰波究竟会有什么样的信仰呢？在此之前，他丝毫也未表露出虔诚的样子，而且伊莎贝尔后来也说过，她曾告诉神父阿蒂尔不信教。可她后来却断定，在忏悔之后，他"不再辱骂他人了"（而他以前总是骂人，像个受难者似的），而且开始对着"耶稣十字架"祈祷。尽管如此，甚至在做出这种虔诚的举动之后，兰波似乎深深地陷入迷惑之中。实际上，他一再追问伊莎贝尔，看她是否信教，好像他自己的信仰就取决于她的答复似的。他心中总有疑虑，低声嘀咕道："是的，他们说自己信教，装出皈依宗教的样子，但那是为了让人看他们写的东西，这纯粹是一种投机行为。"[326]他似乎在说"手里拿着念珠"，试图劝他皈依宗教的魏尔伦。尽管如此，兰波不会去领圣体，即使他已为这个宗教仪式做了准备，倒不是他自己主动拒绝去领圣体，而是脖子痉挛使他难以吞咽圣饼。

在这个10月底的日子里，他正在耗尽自己身上最后一点力气（好像身不由己似的），以抵御死亡。为了减轻他的痛苦，医生给他注射吗啡，但注射的剂量非常大，以至于他描绘出的幻觉让医生和伊莎贝尔感到极为吃惊。他柔声细语地描述了"奇怪的东西"，描述了"美妙的东西"。后来伊莎贝尔以奇特的方式就当时的场面谈了自己的看法："我感觉他好像是故意这么做的。"她接着补充道："他极为巧妙地将所有的东西糅合在一起……"[327]到了1892年12月，她又修正了自己的看法，而且话说得很夸张，听起来令人难以置信："他的思想始终有一种特殊的魔力，自我懂事起就发现他一直是这样，但他的思想已升华到美妙丰富的境界，我对此惊叹不已……他用天使般的话语，用无形的词汇来表达自己的情感，我认为任何人，甚至包括那些圣人都没有如此感化人的临终遗言。"[328] 在生命的最后时刻，兰波竟然变成卡特琳·埃姆里奇①！要是再变成布伦塔诺②，他就能永垂青史了。然而，所有的迹象表明，他根本不相信冥界，相反，死亡的恐惧把他压垮了，那恐惧随着眼泪一点点流露出来。然而他并不想乖乖地屈从自己的命运，在这绝望的状态下，他依然想出走。至于说他所描述的幻象，我们应该注意到，那些幻象将现时与过去糅合在一起，但都与他在非洲的生活有关：做买卖、写旅行笔记、组织沙漠商队，还有仆人佳米的音容笑貌，他常常把佳米的相貌搞混淆了[329]。他不顾身体疲惫，竟能连续说上几个小时，但所说的话都很短，随着呼吸的节奏将话断开，直到说累了，头倒在枕头上，想睡上一会儿，他的话才停下来。

死亡已不可避免了，他考虑着要做临终安排，于是便起草遗嘱。在这种情况下，伊莎贝尔第一次摆脱了母亲的监督，表现出一种独立的劲头，好像要报复母亲似的："我绝对遵从他的遗愿。"在给母亲的信中伊莎贝尔这样写道，因为兰波夫人十分担心儿子的遗产。"当然还要考虑有些财产将来要分给别人的。"[330] 母亲不无果敢地补充道。诚然，兰波从非洲带回一大笔钱，大约为3.7万金法郎，但为了治病，他已用掉了一部分，至于说他究竟花掉了多少钱，我们不得而知。他的一部分遗产留给了伊莎贝尔，因此伊莎贝尔给塞泽尔·蒂昂和法国驻亚丁领事馆写了几封信[331]。蒂昂是一个正直的商人，但处事极为谨慎，他用了很长时间去清理账目，将兰波留在哈勒尔尚未结算的货款彻底结清。兰波执意要留给年轻仆人佳米的那笔钱是最明确的。根据伊莎贝尔的说法，在临终的最后几天里，他极想给那位二十来岁的年轻仆人留下一笔数目不菲的遗产，在十年当中，这位仆人忠心耿耿地服侍他，他本来想把佳米带回法国，但佳米要留在妻子和刚出生的儿子身边。几经周折，伊莎贝尔才和这位仆人联系上，并把兰波留给他的遗产转交给他[332]。但佳米好像也被兰波的不幸传染了似的，未能享受到兰波留给他的三千法郎便去世了[333]，但我们不知他究竟死于何因。

在10月28日至11月10日这段时间内，他没有留下点滴文字，我们不难想象他正顽

_____

① 卡特琳·埃姆里奇（1774—1824），德国奥斯丁会的修女，她声称看到了"幻象"，目睹了基督受难至死的前后经过，然后将此"幻象"写进一本书里。

② 布伦塔诺（1838—1917），德国哲学家、心理学家、意动心理学派的创始人。

强地与病魔做斗争。伊莎贝尔却说他的病情有所缓和，这话让人难以相信，要知道垂死这个词本身就意味着在与死神搏斗，这时人虽已被推上绝路，既脆弱又面临死亡的威胁，却依然在时间的边缘处支撑着。他还在描述着自己所看到的奇妙幻象。伊莎贝尔后来告诉我们，那些幻象极像《灵光集》里的诗篇[334]。但她是否无意识地将后来读过的诗篇写入他所说的胡话里呢？她把诗篇的内容与病人发烧时说的胡话混淆在一起了。事实上，在吗啡的作用下，尤其是在神志不清的状态下，兰波完全有可能已在精神上摆脱了难以承受的现实，从此陷入深深的梦境。

就在去世的前一天，他向伊莎贝尔口述了一封信，此信表明他已完全丧失了理智，我们应该感谢伊莎贝尔将此信保留了下来，这封信就像是一个难以理解的珍贵遗物。兰波的话这一次未被篡改，而且确实是伊莎贝尔记录的，不管怎么说，她显然写不出这么荒谬的东西。这封信是兰波写给法国邮船公司总经理的，邮船公司负责马赛经红海至东方的航线：

一份：一颗牙

一份：两颗牙

一份：三颗牙

一份：四颗牙

一份：两颗牙

总经理先生：

我特向您询问是否有些事情尚未办完。我今天非常想更换这项业务，可我甚至不知道这项业务的名称，但不管怎么说那肯定是阿菲纳尔的业务。这些业务到处都是，而我却是残疾人，是个不幸的人，我什么也找不到，在街上碰到的第一只狗会把一切都告诉您。

请把阿菲纳尔在苏伊士业务的价格寄给我。我完全瘫痪了，因此我想能早点登船。请告诉我几点应把我抬到船上去……

马赛，1891年11月9日

Un lot	1 dent seule
~~Un lot~~	2 dents
Un lot	3 dents
Un lot	4 dents
Un lot	2 dents

M. le Directeur?

Je viens vous demander si je n'ai rien laissé à votre compte. Je désire changer aujourd'hui de ce service-ci dont je ne connais même pas le nom, mais en tous cas que ce soit le service d'Aphinar. Tous ces services sont là partout et moi impotent, malheureux je ne peux rien trouver, le premier chien dans la rue vous dira cela. Envoyez-moi donc le prix des services d'Aphinar à Suez. Je suis complètement paralysé donc je désire me trouver de bonne heure à bord dites-moi à quelle heure je dois être transporté à bord.

兰波最后一封信（伊莎贝尔·兰波记录）（私人收藏）

  这些话既简单又晦涩难懂，然而所有与他在非洲生活有关的因素都汇集到这几句话当中。那一份份东西以及絮絮叨叨的话语倒像是最后一笔账务似的。那些牙其实就是指他在哈勒尔收购的象牙，但在此文看来倒颇像是人的遗骸。兰波对需要紧急处理的事情感到非常担心，他想把所有的货物都廉价卖掉，将非洲的业务彻底结清。他从法国寄给伊格、蒂昂、萨乌雷等人的信表达了自己对此事的忧虑心情。兰波始终无法忘记折磨他的病痛。在住院之后，他从某一医科转到另一医科。他在信中所用的业务一词，究竟是与医院的医科有关呢，还是与邮船公司的人员有关呢？我们将来是否知道阿菲纳尔是谁呢？兰波在苏伊士城期间曾得到法国副领事吕西安·拉博斯的款待，

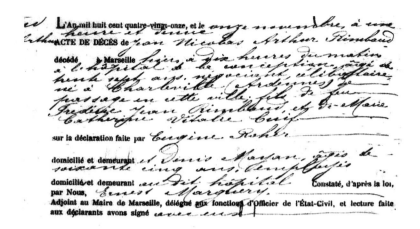

兰波的死亡证明（马赛档案馆馆藏）

难道阿菲纳尔（"阿菲纳尔"即灯塔的意思）[335] 也是他在苏伊士认识的人吗？或者我们是否应该将其理解为一艘以阿拉伯名字命名的轮船呢？这究竟是胡话呢，还是超感官的知觉？不管是什么都没有关系。他的意志是不可动摇的。他想最后一次离开欧洲大陆。

有人在想着丧葬用的小船，在想着虚构的走向死亡的航海故事。在谵妄之中，兰波完成了他的最后一次航行。通过苏伊士地峡，他走到另一世界的彼岸，打开了冥界的时间与空间，然而他根本不相信那所谓的"希望之乡"。

1891年11月10日上午，他停止了呼吸，在生命的最后一刻，他感觉到一种绝对的快乐，一种超然的解脱。那个与病魔抗争的躯体终于回归于他本人，并已停止了抗争。在马赛这片荒野之地，兰波走到了生命的尽头，身边的妹妹伊莎贝尔则以佳米的容貌出现在他眼前。他再次走进绿色餐馆，就是他到达沙勒罗瓦那天，在下午5点左右走进的那家餐馆。也许他感觉自己走进哈勒尔那阴凉的库房，在那库房里，秤盘在微微地晃动，接下去就要衡量每个人的心灵了。此时是上午10点。就在同一天，他的诗选《圣物盒》出版了，虽然这本诗选很快就招来非议[336]。兰波去世了，而他身后的事情则属于文学，可他本人却甩掉了文学，以更猛烈的方式呼吁所有的人去关注他的爱，关注他的幻想，这个幻想才是"真正的生活"。

注　释

前　言

[1] 《灵光集》之诗篇《致一理式》最后一句："你一成不变地到来，并将走遍天涯。"

[2] 《驳圣伯夫》，伽利玛出版社，1954年（第八章"圣伯夫的方法"）。

[3] 马拉美在《民间文艺小册子》上发表评论兰波的文章，1896年5月15日。

[4] 查拉在《论诗歌局面》一文里所作的表述，刊载于《服务于革命的超现实主义》。

[5] 亨利·米勒：《兰波传》，梅尔莫出版社，1952年。新版本由F.-J.坦伯翻译，编入《杀手时代》一书，奥斯威尔德出版社，1970年。

[6] 费利克斯·费内翁：《象征主义者》，1886年10月7日，他甚至补充说"这是超越所有文学作品的经典之作"。

[7] 我在此是指兹维坦·托多罗夫的经典文章：《〈灵光集〉：一个复杂的文本》，载《诗学》杂志，第34期，1978年4月，后编入《演说类型》，瑟伊出版社，1978年。

[8] 莫里斯·布朗绍：《最终的杰作》，载《未完的访谈》，伽利玛出版社，1969年。

[9] 阿兰·德·米若拉："兰波怪异及传奇的一生，其支离破碎的命运以及刻意流露出的秘密都是对认同感的挑战。"摘自《多面孔的兰波》，载《多面兰波》，塞里基研讨会文集，1986年，第223页。

[10] 艾田蒲：《兰波的传说》五卷本（写于1952—1968年），伽利玛出版社，主要参见第一卷"传说的起源"和第二卷"编织传说"。

[11] 帕泰纳尔·贝里雄：《让-阿蒂尔·兰波的一生》，法兰西信使出版社，1897年。伊莎贝尔·兰波：《我哥哥阿蒂尔》，布洛克出版社，1920年；《珍贵的遗物》，法兰西信使出版社，1922年。

[12] 1892年1月3日，伊莎贝尔·兰波写给路易·皮埃坎的信（见《兰波全集》，"七星文库"丛书，伽利玛出版社，1972年，第721页[①]）。

[13] 伊妮德·斯塔基：《兰波在阿比西尼亚》（法文版），帕约出版社，1938年。《兰波传》（首部传记），伦敦，费伯出版社，1961年（法文版由阿兰·博莱尔翻译，弗拉马里翁出版社，1983年）。

[14] 皮埃尔·阿尔努：《兰波传》，阿尔班·米歇尔出版社，1943年，1955年再版。

[15] 皮埃尔·珀蒂菲斯：《兰波传》，"不朽者"丛书，朱利亚尔出版社，1982年，第10页。

[16] 阿兰·博莱尔：《兰波传》，拉施纳和利特出版社，1984年（后于1990年出版"口袋书"版本）及《兰

---

① 后简称"'七星文库'版《兰波全集》"。

波在阿比西尼亚），瑟伊出版社，1984年，这两本书虽标题不同，但内容基本完全相同。

[17] 维克多·塞加朗：《双重兰波》，《法兰西信使周刊》，1906年4月15日；后刊载于《法塔－莫尔加纳》杂志，1979年。亦可参见让－马里·卡雷：《两个兰波》，自由手册出版社，1928年。

[18] 《兰波全集》，加尼耶－弗拉马里翁出版社（1989年），第一部：《诗集》，第二部：《新诗》《地狱一季》，第三部：《灵光集》。让－吕克·斯坦梅茨撰写了两部研究兰波的专著：《闻域》（拉巴戈涅出版社，1985年，第107—176页）；《诗歌及理性》（科尔蒂出版社，1990年，第13—70页）。

[19] 皮埃尔·珀蒂菲斯在《言犹未尽的兰波传记》一文中对此做过详细的论述，此文载《多面兰波》，第17—28页。只是到了1981年，阿尔弗雷德·巴尔代的日记《巴尔－阿扎姆，东非回忆录（1880—1887）》才得以出版，法国科学研究中心出版社。

[20] 长诗《醉舟》的第七十四行诗："我要刺破彩霞映红的天空，就像撕裂一堵墙那样。"

[21] 在撰写出色的专著《兰波自画像》时（"不朽作家"丛书，瑟伊出版社，1961年），伊夫·博纳富瓦并没有把兰波那一时段的生活纳入到书中："但拒绝改变生活的人总把自己封闭在命运的小圈子里，也希望其他人能尊重他个人生活的隐私性。我认为竭力去追寻诗人后期的生活是不恰当的，因为诗人想过一种默默无闻的生活。"

[22] 萨特："假如有些人的想法恰好相反，那么他们是否只有生命是值得的呢？"载《波德莱尔》，"思想"丛书，伽利玛出版社，1963年，第18页。

第一部　沙勒维尔的中学生

第一章　童年的生活片段

[1] 现为阿蒂尔·兰波沿河街道7号。

[2] 在此借用《地狱一季·坏血》里的诗句。

[3] 沙勒维尔，出生证明，1854年第188号。

[4] 帕泰纳尔·贝里雄：《诗人阿蒂尔·兰波》，法兰西信使出版社，1912年，第12—13页。

[5] 戈德绍少校在其《不变的阿蒂尔·兰波》一书中介绍了兰波上尉的从军生涯，该书于1936年在尼斯出版，参见上卷，第21—30页。

[6] 有关博雷尔的描述，参见拙作《贝特吕斯·博雷尔传》，"客体"丛书，里尔大学城出版社，1986年。

[7] 多马将军：《卡比利亚大区》，阿歇特出版社，1847年；《大沙漠》，N.赛克斯出版社，1844年。

[8] 布吉尼翁先生和乌安先生在1896年11—12月的《阿登杂志》上发表文章，谈论他们对兰波的看法。戈德绍少校找到他们，问他们是否读过这些文字，两人回说说："相关的书籍、信件、文件、兵役状况等，我们确实什么也没看见过。"他们只是听伊莎贝尔"口头这么一说"就信以为真（见《不变的阿蒂尔·兰波》，第6页）。参见伊莎贝尔·兰波给上述两位先生写的信函，载"七星文库"版《兰波全集》，第813—814页。

[9] 兰波后来在哈勒尔给哥哥写信，要他帮忙找到这些资料，并寄给他，那封信写于1881年2月15日。

[10] 在描述维塔丽·居夫时，帕泰纳尔·贝里雄说她"身材消瘦，手指很长，关节粗大，身板很直，显得很有气势"，《诗人阿蒂尔·兰波》，第15页。

[11] 有关维塔丽·居夫的生平，参见苏珊·布里耶：《兰波夫人：传记随笔》，米纳尔出版社，1968年；弗朗索瓦兹·拉朗德：《兰波夫人》，复兴出版社，1987年。

[12] 《不变的阿蒂尔·兰波》，第60页。

[13] 这个细节是戈德绍少校描述的，参见《不变的阿蒂尔·兰波》，第58页。1854年，庄园是夏尔的资产。1855年，资产转到他兄弟让－费利克斯手里，但让－费利克斯于那一年12月3日去世，于是资产又被老

父亲收了回去，老父亲后来于1858年去世。那时候，这笔遗产就由维塔丽和夏尔平分，但夏尔却想着把属于他的那份遗产卖掉。

[14] 参见《兰波全集》，第一部《诗集》，加尼耶-弗拉马里翁出版社，1989年，第119页。

[15] 帕《诗人阿蒂尔·兰波》，第13页。

[16] 本文所引用的欧内斯特·德拉艾的证言大多源于《德拉艾：兰波的见证人》，此书由弗雷德里克·埃德尔丁格与安德烈·冉德尔合作整理，拉巴科涅尔出版社，1974年。

[17] 1907年6月6日写给伊莎贝尔的信，载"七星文库"版《兰波全集》，第810页。

[18] 贝里雄后来认为（《诗人阿蒂尔·兰波》，第66—71页），兰波是在诗中暗喻自己于1870年第一次离家出走的举动，并说这篇诗文"有追溯往事的痛苦感，但又有先知先觉的意味"，贝里雄的描述还是很贴切的。关于兰波与父亲之间的关系，可参见阿兰·德·米若拉的文章《兰波上尉的影子》，此文后刊载于《自我访问者》，"精神分析交流"丛书，文学出版社，第35—80页。对《记忆》一诗的解释，参见拙作《闻域》，第107—126页。

[19] 摘自《我们信仰唯一》中的诗句："从母体里降生的猴人"，1870年5月24日，兰波给泰奥多尔·德·邦维尔写信，并随信寄去此诗。

[20] 这个说法借用了雨果《静观集》里的诗句"刀子嘴之言"。后来在写给母亲的信中（1871年4月17日），兰波也引用了这个说法："不过，我还是让刀子嘴平静了一阵子。"

第二章　人文科学

[21] 斯特凡·托特：《兰波的学业与奖励：一个传奇终结了》，阿蒂尔·兰波文化中心，载《手册》杂志，第6期，1978年11月。

[22] 苏珊·布里耶在其《兰波，我们的同学》中展示了兰波的作业本，新拉丁出版社，1956年。

[23] 《德拉艾：兰波的见证人》，第63页。

[24] 《诗人阿蒂尔·兰波》，第31页。

[25] 见兰波于1870年写的诗《传奇故事》。

[26] 皮埃尔·珀蒂菲斯：《兰波传》，第35页，作者认为兰波夫人不喜欢"学校安排的现代科学教程，而且对学校不热心宗教教育颇有微词"。参见罗比内的《沙勒维尔罗萨学校》，载《全法教育机构第88届代表大会会刊·现代史部分》，国家印刷局，1964年，第173—180页。

[27] 《德拉艾：兰波的见证人》，第62页。

[28] 同上书，第66页。

[29] 同上书，第67页。

[30] 《兰波画册》，"七星文库"丛书，伽利玛出版社，1967年，第20页。

[31] 德拉艾：《兰波传》，1906年，第20—21页。

[32] Nota Bene杂志在1984年春那一期上刊载文章，对兰波这篇文字做了详尽的分析，见该杂志第19—28页。在撰写文章时，兰波参考了热鲁兹的《法国作品文学研究》，德拉兰父子出版社。

[33] 若利肯定是若利出版公司家族的人，此信刊载在1930年4月1日的《法兰西信使周刊》上，后又收录于《兰波画册》，第19页。此信写于1868年5月26日。

[34] 在波旁街住过一段时间之后，兰波夫人于1862年圣约翰节那天搬到奥尔良街13号，后于1866年第一季度搬到弗雷斯特街20号。

[35] 《兰波之夜》，1982年12月。

[36] 《德拉艾：兰波的见证人》，第74页。

[37] 同上书，第71页。

［38］《兰波传》，1905年，第26页。

［39］参见《就兰波所表达的迟到的看法》，《法兰西信使周刊》，1933年5月15日。

［40］戈德绍少校明确表示，这就是那次比赛的主题（《不变的阿蒂尔·兰波》，第88页），此后德拉艾在《兰波，艺术家与道德精神》中也是这样记载的（见《德拉艾：兰波的见证人》，第32页）。比赛于1869年7月2日举行，他的诗文发表在1869年11月15日的《简报》上。此诗文收录在"七星文库"版《兰波全集》，第184—186页。

［41］引自《恺撒的疯狂》的诗句，创作于1870年夏秋。

第三章　一位名叫伊藏巴尔的老师

［42］在《我所认识的兰波》（法兰西信使出版社，1963年版，1947年首版）一书里，伊藏巴尔明确指出，他出生于1848年12月11日（见"阿蒂尔·兰波在杜埃和沙勒维尔"一章，这一章文字最早由克拉出版社于1927年出版）。

［43］此信写于1870年5月4日（"七星文库"版《兰波全集》，第235页）。在这封信里，兰波夫人还把雨果的名字拼写错了，好像把雨果当成1830年的革命分子了。

［44］《兰波画册》，第21—29页。

［45］有关这一局面，见《我所认识的兰波》，第57页；《德拉艾：兰波的见证人》，第75页。

［46］实际上在兰波早期创作诗歌时，阿尔贝·格拉蒂尼的诗曾给他带来许多灵感，但伊藏巴尔并不是发现格拉蒂尼的才华之人，是布列塔尼向他推荐了这位诗人。阿尔贝·格拉蒂尼（1839—1873）出版了两部诗集：《疯狂的葡萄园》（1857）和《金箭》（1864年），他一直热衷于过浪迹天涯的生活。

［47］在1871年8月15日写给邦维尔的信中，兰波特意注明："希望您能给我回信！"

［48］《兰波画册》，第36页。在书中可以清楚地看到校长写的题字："对兰波同学在比赛中取得优异成绩感到满意，特此嘉奖，1870年3月12日，校长德杜埃。"参见罗比内的《1854—1877年的沙勒维尔学校》，载《全法教育机构第95届代表大会会刊·现代史部分》，国家印刷局，1974年，第845—866页。

［49］《我所认识的兰波》，第63页。

［50］关于兰波的初恋，目前流行多种传说，但没有任何一种说法是可信的。今天我们所能看到的唯一证据就是他的诗文。他的诗描述了一段艳情，那首诗的题目就是《传奇故事》。

［51］《我所认识的兰波》，第65页，"是住在杜埃的一个姨妈，在学年的最后几天里，她到沙勒维尔来看我"。

［52］依照伊藏巴尔的说法（《我所认识的兰波》，第65页），这间居室位于林荫道1号的一幢房子里。

［53］1870年8月25日，在写给伊藏巴尔的信中，兰波列出这些书名。

［54］在1870年9月23日至10月18日之间，兰波上尉有可能在《黄金海岸进步》杂志上发表了四篇文章，抨击已消亡的帝国政体，呼吁发起保卫国家的战争。见武宾斯基－博登汉姆撰写的《兰波上尉在第戎（1864—1878）》，载《活着的兰波》杂志，第18—19期，1980年，第4—24页。

［55］引自《恺撒的疯狂》的诗句。

［56］《诗人阿蒂尔·兰波》，第68页。

［57］有关此次出走的细节，见《我所认识的兰波》，第68页，"阿蒂尔·兰波在杜埃和沙勒维尔"一章。

［58］同上书，第120—121页。只有伊藏巴尔和兰波在这封信上签了字，此后不久伊藏巴尔就离开了杜埃。

［59］伊藏巴尔将此文收录到《我所认识的兰波》中，第125—226页。

［60］《拾穗者》，艺术出版社，12开本，共176页。我读过这本诗集之后确实感觉没有意思。

［61］这封信写于1870年9月24日，最先发表在《找回阿蒂尔·兰波的信件》，载《诗歌与散文》杂志，第一季度，1911年。

[62] 这段故事后面的文字，我们是根据《我所认识的兰波》一书整理的，第71—76页（首次刊载在《诗歌与散文》杂志上，1911年）。

[63] 《我所认识的兰波》，第74页。伊藏巴尔并没有公布这封信，只是说信里的内容是要他交给警察去处理，这样就不会有额外的费用。"千万不要采用其他方法。"

第四章 历 史

[64] 1870年11月2日，兰波写信告诉伊藏巴尔："我母亲要等到1871年1月才能送我去寄宿学校。"

[65] 德拉艾在《德拉艾：兰波的见证人》里讲述了两人重逢的场景，第77页。

[66] 奥古斯特·瓦克里（1819—1895），法国作家、剧作家兼新闻工作者，非常崇拜雨果，在雨果的支持下创办了《呼应》日报，此指瓦克里创作的四幕喜剧《让·博德里》，该剧于1863年被搬上舞台。

[67] 这是兰波给巴黎起的名字，这一名称出现在魏尔伦记录的《巴黎狂欢节或人口剧增》里，载《诗集》，法兰西信使出版社，1912年，由贝里雄提供。

[68] 《德拉艾：兰波的见证人》，第105页。

[69] 1871年4月17日写给德梅尼的信："至于说我托您办的事，我真是愚蠢透了！我确实不知道哪些是我该知道的，而且也不想做任何我该做的事，我真是不可救药了，一直是如此，将来也会这样。"1871年8月28日写给德梅尼的信："我不求别的，只想打听一件事。我想自由地工作，是在巴黎工作，我喜欢巴黎。"

[70] 埃德蒙·勒佩勒捷：《魏尔伦传》，法兰西信使出版社，1923年，第253页。

[71] 《地狱一季》之《坏血》第五节。

[72] 伊藏巴尔在《我所认识的兰波》（第228页）引用了学生的一封信，这位名叫夏尔·吉莱的学生在1871年4月16日的信中写道："作为走读生，只有兰波有能力成为一份报纸的编辑，这是比卢埃尔的看法。"

[73] 《德拉艾：兰波的见证人》，第108—112页。参见帕泰纳尔·贝里雄：《苍白的评论》，1896年8月15日；魏尔伦：《1884年的阿蒂尔·兰波》，载《当今名人录》，1888年1月；亨利·吉耶曼：《实话实说》，伽利玛出版社，1956年，第194—200页（《兰波是巴黎公社社员吗？》）。

[74] 魏尔伦：《1884年的阿蒂尔·兰波》。

[75] 《诗人阿蒂尔·兰波》，第100页："看到这些场面，他感到极为难过，因为他情感脆弱，又富有同情心，如果真是相信这些具有象征意义的诗句，那么正是这些场面给他带来灵感。""象征"这个形容词显然用得极为谨慎。在1897年首版《兰波传》里，贝里雄对此没有做出任何评论。

[76] 《我所认识的兰波》，第158页；1927年12月19日，德拉艾写给伊藏巴尔的信，见《德拉艾：兰波的见证人》，第179页。

第五章 新诗歌

[77] 有关兰波的爱情，他的几个最要好的朋友说法不一（见《德拉艾：兰波的见证人》，第322—331页），我在此不会引用任何道听途说的逸闻。德拉艾在《兰波传》（1905年，第134—137页）里提到一个长着紫色眼睛的姑娘（就是兰波在《元音》结尾所说的那个颜色），他也许和这个姑娘于1871年2月一起去了巴黎。他在《兰波，艺术家与道德精神》（1908年，第96—97页）中明确指出，兰波管这个姑娘叫普苏珂（孟戴斯所作一首诗中的女主人公），他和姑娘约在火车站前广场见面。姑娘真的来了，却是女仆陪她一起来的，兰波见此"惊愕万分，好似3600万只刚出生的小卷毛狗一样"。这个爱的激情很快就结束了。路易·皮埃坎证实了这段往事（他的证言被J.-M.卡雷编入《阿蒂尔·兰波的文学生活》，伽利玛出版社，1931年，第154—155页），甚至说兰波去世前在病榻上还惦念着这个姑娘。

[78] 兰波在1871年6月写了一首诗,便以"仁慈的姐妹"作为标题,其实在1871年4月17日写给德梅尼的信里,他就用过这个说法:"是的,您很幸福。我之所以对您这么说,是因为有些可怜人找不到仁慈的姐妹。"(德梅尼在1871年3月23日结婚成家)

[79] 此为《蹲着》一诗中的诗句,1871年5月15日,他把这首诗随信寄给德梅尼。

[80] 魏尔伦在其《受诅咒的诗人》之"兰波"篇里(瓦尼耶出版社,1884年)回忆起这位图书馆馆长,馆长对兰波所借阅的书籍颇有微词,并建议他去读古典作品,兰波在《坐客》那首诗里谈到了这位馆长。

[81] 这是所谓"通灵人书信"的第一封。伊藏巴尔以其特有的方式在《我所认识的兰波》中(第132—162页)做了详细的解读,见"巴黎公社期间的阿蒂尔·兰波。兰波的一封从未公布的信。通灵人"。

[82] 有关那个年代及缪塞的诗歌遭新作家摒弃的背景,参见吕克·巴德斯科:《1860年的诗歌一代》,尼泽出版社,1971年。

[83] 皮埃尔·珀蒂菲斯:《兰波传》,第117页。

[84] 兰波的这封信只是此时才发表在《新法兰西评论》上,1912年10月,第570—576页。此信后来又刊载在《大玩家》杂志上,1929年春季,杂志主编安德烈·罗兰·德勒内维尔、罗歇·瓦扬和罗歇·吉贝尔-勒孔特对这封信做了评论。

[85]《文学》杂志,第18期,1921年3月。

[86] 许多诗人都用过"通灵人"一词,但在为《恶之花》1868年版本(米歇尔·勒维出版社)所作的简介里,泰奥菲勒·戈蒂耶让这个词得到升华,兰波大概看过这个版本。这个词早先出现在巴尔扎克的《路易·朗贝尔》里。

[87] 在《兰波传》(1905年版,第30—33页)里,德拉艾提起这件事,兰波给他朗读了这篇写于1871年8月的文本:"那几个老师(伊藏巴尔、迪普雷、德韦里埃、勒内尔等)肯定看过这个文本,随后又以此来鼓励年轻的诗人,兰波为此在作业本上密密麻麻地写了很多笔记。这显然是一部很重要的作品,既有力度,又有深刻的思想。"

[88] "诺尔纳"是《灵光集》之《历史性夜晚》里所用的词。

[89] 伊藏巴尔将此诗发表在《我所认识的兰波》里,第154页。

[90]《当代帕尔纳斯·新诗集》,勒梅出版社,1866年,1872年再版,作者主要是阿方斯·都德和保罗·阿雷纳。

[91] 兰波在《醉舟》结尾处提到"废旧船只可怕的眼睛",所谓"废旧船只"就是完全不能用的破船,当局把政治犯都关押在这些破船里。

[92] 在1871年5月13日写给伊藏巴尔的信里,他就是这样写的。

[93]《德拉艾:兰波的见证人》,第115—116页。他在此还引用了几句诗,尤其是让人联想起另一首诗,诗中一个坐着的人指责老师:"你在学校里每天汗流满面,流在衣领上能做炸糕……看到你那恶心的喉舌,你的订户都是小丑……"这里所说的喉舌是指《东北》杂志。

[94]《我所认识的兰波》,第109—110页。

[95]《德拉艾:兰波的见证人》,第117—122页(第三章)。德拉艾把这件逸事看得太重了,他还联想起兰波的八行八音节诗句,是兰波用让·博德里这个笔名,倚靠在"钟楼窗的反音板"上书写的(《德拉艾:兰波的见证人》,第219页)。

[96] 1871年8月28日写给德梅尼的信。

[97]《德拉艾:兰波的见证人》,第127—130页。

[98] 有关奥古斯特·布列塔尼这个人物,参见《德拉艾:兰波的见证人》,第132—136页;珀蒂菲斯在1955年11月14日在《醉舟》第14期上发表的文章。魏尔伦在《有关兰波的补记》中提到过布列塔尼(载《羽毛笔》,第15—30页,1895年11月):"喜欢喝啤酒,酒量很大,借着酒劲吟诗,会拉乐器,喜欢画

画，还喜欢研究昆虫。"

[99] 在1868年1月20日至1869年9月29日期间，布列塔尼就住在芳普镇，魏尔伦分别于1868年和1869年的假期在镇上看到他，1868年假期，魏尔伦到芳普镇的朱利安·德埃舅舅家度假；1869年假期，他未来的大舅子、音乐家夏尔·德·西夫里到镇上来见魏尔伦，从而认识了布列塔尼。

[100] 1871年春，朱利安·德埃的女儿祖尔玛结婚，魏尔伦没有来参加婚礼，但布列塔尼前来参加了婚礼。不管怎么说，魏尔伦一家人此后不久还是来到镇里，而且当年整个夏天都待在镇上。

[101] 此诗副本影印件刊载在《斑鸠》杂志1963年7—12月那一期上，米夏埃尔·帕克南对此诗做了讲解。

[102] 1871年8月15日，兰波给邦维尔写信，随信寄去这首诗。

[103] 《德拉艾：兰波的见证人》，第135—137页。

[104] 魏尔伦：《有关兰波的补记》。

[105] 同上。

[106] 在写给伊藏巴尔的信中（1870年8月25日），他还提到魏尔伦的其他特性，并建议伊藏巴尔去读魏尔伦的《戏装游乐图》。

[107] 《德拉艾：兰波的见证人》，第136页。

[108] 这句话是德拉艾复述的，见《德拉艾：兰波的见证人》，第136页。

[109] 同上。

[110] 此诗于1868年由普莱-马拉西在布鲁塞尔私下里偷偷印刷，这本十六页的小册子后来被编入到《平行集》里。

[111] 这句话是德拉艾复述的，见《德拉艾：兰波的见证人》，第39页，德拉艾曾多次提到这句话，但每一次的说法都略有不同。

[112] 此诗发表在《当代帕尔纳斯》的某一期上，见合集第283—284页。

[113] 伊莎贝尔·兰波于1896年8月21日写给贝里雄的信（见"七星文库"版《兰波全集》，第758页）。

[114] 魏尔伦前夫人：《我的生活回忆》，弗拉马里翁出版社，1935年，第180页："魏尔伦寄去一张汇票，用于支付旅行费用。"

第二部　与"可怜的兄长"在一起

第一章　结识"丑陋的家伙"

[1] 魏尔伦：《有关兰波的补记》。

[2] 《我的生活回忆》，第180页。

[3] 《地狱一季》之《坏血》开篇的一段文字。

[4] 蒙马特自1860年起划归巴黎，属于第18区的一部分。莫泰一家人从那时起就住在这幢房子里，蒙马特市长德·特雷泰涅是莫泰一家人的好朋友。尼科莱街靠近蒙瑟尼街和圣万桑街。参见罗米：《爱慕巴黎的人》，1961年，第254—270页。

[5] 魏尔伦长得很难看。勒佩勒捷后来甚至说他"长得像狒狒"（《魏尔伦传》，法兰西信使出版社，1907年，第212页）。

[6] 这是魏尔伦在《有关兰波的补记》中透露的内容。

[7] 有关帕尔纳斯派的细节，参见卡蒂尔·孟戴斯：《当代帕尔纳斯的传说》，1884年（1983年在日内瓦出版影印版）；路易-格扎维埃·德·里卡尔：《一个帕尔纳斯派诗人的回忆录》以及阿道夫·拉科：《帕尔纳斯派诗人》，后两本书被米夏埃尔·帕克南编入《上世纪》，米纳尔出版社，1967年。

[8] 米夏埃尔·帕克南：《丑陋的家伙与兰波》，载《多面兰波》，第29—49页。

［8乙］　1871年7月11日，塞纳省政府颁布的政令。见贾尼·蒙贝罗：《巴黎市及塞纳省档案馆有关魏尔伦的档案材料》，载《都灵科学院年鉴》第96卷（1961—1962）。

［9］　有关这一时段的具体情况，参见《我的生活回忆》，第172—177页。

［10］　同上书，第181页。玛蒂尔德补充说，"他故意掸东西"，而这些都是玛蒂尔德珍爱的东西。

［11］　同上书，第183—184页。

［12］　有关魏尔伦的生平，参见弗朗索瓦·波尔谢撰写的《真实的魏尔伦》（弗拉马里翁出版社，1933年）以及埃德蒙·勒佩勒捷的《魏尔伦传》（法兰西信使出版社，1907年）和欧内斯特·德拉艾的《魏尔伦传》（梅桑出版社，1923年）。

［13］　这段逸事是亨利·梅西耶讲述的，参见帕克南：《兰波及德彪西的陌生朋友》，载《人文科学》杂志，7—9月期，1963年，第403页。

［14］　所谓"禅"的修行法不过是用以荒唐的举止，去挑衅他人的反应。

［15］　《我的生活回忆》，第185页。玛蒂尔德并没有完整地引用这句话，也许她是故意这样做的，"农神诗人"的说法容易造成一种歧义：不知究竟是指创作出《忧郁的诗篇》的魏尔伦，还是指下流放肆的魏尔伦，后一个魏尔伦倒更像古代的农神。

［16］　这段逸事是德拉艾讲述的，他把这事写在给戈德绍少校的信里，参见《不变的阿蒂尔·兰波》，下册，第141页。

［17］　这个绰号是莱昂·瓦拉德给起的，因为科希纳是混血。科希纳是《黄侏儒》杂志的评论家，以笔锋犀利著称，参见他于1869年1月17日发表的文章。

［18］　1871年10月5日写给埃米尔·布莱蒙的信（现收藏于波尔多市立图书馆，藏品编号1786，共3页）。

［19］　朱尔·克拉勒蒂的信现由比弗托收藏。德拉艾说克拉勒蒂曾和兰波见过面，参见德拉艾：《兰波传》，1923年，第43页脚注。

［20］　弗朗索瓦·科佩：《老帕尔纳斯派叙事诗》，载《政治与文学年鉴》，1893年5月5日。

［21］　此书于1903年出版（法国国家印刷局）。

［22］　"我不认识他，仅和他见过一面，是在一次仓促组织的文学晚宴活动上见到他的，战后大家聚集在一起，这个文学活动就是'丑陋的家伙'晚宴……"马拉美在后文引用了魏尔伦在《受诅咒的诗人》描述兰波的文字，随后又把自己对兰波的印象写进去，即我所引用的这段文字。载《民间文艺小册子》，1896年5月15日。

［23］　魏尔伦：《阿蒂尔·兰波的传闻》，载《美术》杂志，1895年12月1日。

［24］　同上。

［25］　有关夏尔·克罗的介绍，参见路易·福雷斯捷的《夏尔·克罗传》，米纳出版社，1969年。《夏尔·克罗全集》，"七星书库"丛书，伽利玛出版社，1970年。诗集《香木盒》大概是在1873年出版的。

［26］　克罗撰写的一部短篇小说的标题，小说后来刊载在1874年4月1日出版的《新世界杂志》第2期上。

［27］　古斯塔夫·卡恩：《阿蒂尔·兰波》，载《白色杂志》，1898年8月15日。

［28］　此信及《灵光集》部分文字手稿由P.贝雷斯收藏，有关描述和引语出自福雷斯捷的《夏尔·克罗传》，第98、100页。

［29］　邦维尔当时住在布奇街10号。这段逸事是马拉美讲述的，载《阿蒂尔·兰波》。兰波回应说："卧室那么干净、那么整洁，我不能穿着满是虱子的破衣服在卧室里走来走去。"

［30］　达尔藏：《〈圣物盒〉序言》，兰波也许"穿着脏衣服，脚上沾着泥巴，就直接躺在床上了"，第二天，他可能还打碎了几件器皿，甚至把家具给卖掉了！

［31］　有关诅咒派及《诅咒诗画集》的描述，参见帕斯卡·皮亚对此文本所作的序及评注（下册，"珍本"丛书，1962年）以及帕克南对此文本所做的概述，*R.H.L.F*杂志1—3月期，1964年，第135—137页。

［32］《德拉艾：兰波的见证人》，第141页。

［33］有关卡巴内（1833—1878）的生平，参见《法国名人传词典》，第七卷，第750页。德拉艾在《魏尔伦传》中引述了魏尔伦说的这句话，见此书第143页。

［34］这首十四行诗的标题是《卡巴内》，作者署名莱昂·瓦拉德和卡米耶·佩尔唐，载《诅咒诗画集》。

［35］这首十四行诗刊于《诅咒诗画集》，魏尔伦在《当下名人》涉及夏尔·克罗的评注中写道："卡巴内为人和善，他的十四行诗至今还在我耳边回荡，他的许多说法荒诞不经，会让你笑得直不起腰来，感觉就像是在爬楼梯一样。"

［36］载《尚帕威尔·伤风败俗的故事》，朗杜埃尔出版社，1833年。

［37］1875年，德拉艾手里有一份写在散页纸上的诗稿。在两首四行诗旁有一标注，写着"保罗·魏尔伦作"，而在两首三行押韵诗旁也有一标注，写着"阿蒂尔·兰波创"，两人合写的诗刊载在《诅咒诗画集》里，署名只写下两人名字的缩写字母"P.V.-A.R."。

［38］1866年在布鲁塞尔出版。

［39］《十四行诗·偶像》，1869年。参见魏尔伦在《当下名人》里为梅拉的相关内容所写的评注："帕尔纳斯时期及此后各时期的处女作，其中能看到对肉感女性自由的崇拜风气，这是古典、正统风格的崇拜。"

［40］在瓦拉德的诗稿里，确实有一份按真迹复制的手稿，现收藏于波尔多市立图书馆。

［41］皮埃尔·珀蒂菲斯：《兰波传》，第150—151页。

［42］《迪娜·萨米埃尔》，1882年第一版，奥朗多夫出版社，1888，最终版本问世，由同一出版社出版。魏尔伦将《平行集》题献给尚索尔，诗集第52首十四行中的诗句意义非凡："老好人还活着，对他说：去他的［狗屁社会］！"

［43］《老太婆之家》，那个年代的小说，沙尔庞捷出版社，1894年。

［44］参见1871年5月15日写给德梅尼的信："弱者开始去考虑字母表的第一个字母，他们很快就会变得疯狂起来！"

［45］魏尔伦：《兰波》，载《元老院》杂志，1895年10月。他在《1884年的阿蒂尔·兰波》（《当下名人》）中写道："这首诗堪称杰作，精美绝伦，我眼拙，看不出其准确的理论含义，但感觉才华横溢的阿蒂尔·兰波才不在乎所谓的理论价值呢。"

［46］魏尔伦：《阿蒂尔·兰波》，载《受诅咒的诗人》，后来魏尔伦不再谈论这首诗了。

［47］我们在下文会看到有关这部手稿的文字，魏尔伦将手稿与兰波在1872年3—4月间写给他的信件放在一起保存。

［48］鲁道夫·达尔藏在为《圣物盒》所作的序中讲述了这件事，《圣物盒》是汇集兰波作品的第一个版本（1891年）。

［49］魏尔伦曾多次提到康帕涅街，在《兰波诗集》（1895年）序言及1872年4月2日写给兰波的信中都提到过："你在康帕涅街一直租住到8号。"有关兰波所租房屋的确切位置，参见卡拉代克的文章，载《野性的炫耀》，第6期，1989年6月，第97—100页。这个地方大概位于现在的拉斯帕伊大街243号。那时候，这条街对面有一个进入蒙巴纳斯墓地的入口，墓地入口旁边"那一地段专门用来埋葬死在医院里无人认领的尸首，运送尸体的灵车往往都要经过康帕涅街"（第99页）。

［50］《我的生活回忆》，第204页。玛蒂尔德引述了魏尔伦说的话："和小黑雌猫在一起时，我感觉很好，因为小黑雌猫很温顺；可是和小黄雌猫在一起时，感觉很差，因为小黄雌猫很凶。"玛蒂尔德后来补充说："我知道小黑雌猫是指福兰，而小黄雌猫是指兰波。"

［51］同上书，第189页。

［52］同上，玛蒂尔德说"他只在外面待了三天"，这一说法似乎与魏尔伦信件的内容不相符。

［53］圣诞节之夜从帕利泽尔镇写给夏尔·德·西夫里的信。

[54] 这是魏尔伦用俚语表述的意思。

[55] 此诗收录于《智慧》。有关这一时段的描述，参见《德拉艾：兰波的见证人》，第142页："1月，我在沙勒维尔意外收到魏尔伦的消息，约我去宇宙咖啡馆一起喝开胃酒。"

[56] 德拉艾："魏尔伦兴奋地表示，最令人感到遗憾的是没有把整个卢浮宫都烧毁……"《魏尔伦传》，第142页。

[57] 参见《费加罗文学》杂志，1951年4月28日—7月28日（为发现此画而编撰的专刊），加尼耶还把兰波（Rimbaud）的名字拼写成"Raimbaut"。

[58]《诗人与缪斯》后入诗集《过去》（1885年1月）。夏尔·多诺斯在《隐秘的魏尔伦》（瓦涅出版社，1898年）中声称，这首十四行诗在1874年写于蒙斯，并附有一段批注："事关巴黎康帕涅街的一个房间，1872年1月。"

[59]《我的生活回忆》，第197—198页。

[60] 同上书，第200页。"我们出门旅行，每天不走太远，以免车马劳顿过于疲惫，一直来到佩里格，在那里找到一家很舒适的客栈。"

[61] 魏尔伦：《忏悔录》，1895年，最后几页。参见魏尔伦：《散文集》，"七星文库"丛书，伽利玛出版社，1972年，第548页。在《我的生活回忆》（第202页）里，玛蒂尔德写道："魏尔伦指责我嫉妒兰波。说实在的，我还真没有这份心思和一个堕落的男孩子去争风吃醋，而且我也从未想过去责备魏尔伦，况且我根本不知道他有这个怪癖。"

[62] 有关那天晚上的细节，参见魏尔伦为《兰波诗集》所作的序。达尔藏在《圣物盒》序言里也讲述了那天晚上的事情，但魏尔伦对达尔藏所讲的逸闻做了更正，而且驳斥了夏尔·莫拉斯的不实之词，莫拉斯在《百科全书杂志》（1892年1月1日）中撰文《诗歌：传记研究——阿蒂尔·兰波》。不过，里什潘后来有另外一个说法（《热尔曼·努沃和兰波：回忆及从未发表过的文献》，载《法兰西杂志》1927年1月1日），是卡尔雅本人在念那首诗。

[63] 根据达尔藏在《圣物盒》序言里的说法，《战斗十四行诗》于1873年4月12日发表在《文学艺术复兴》杂志上，克雷塞尔吹嘘这首诗结构严谨，两节四行诗"直率、朴素、工整"，三行诗"庄重、刚强"。

[64] 在1872年4月2日写给兰波的信中，魏尔伦似乎还记得这事，他把自己说成是"混蛋的朋友"，这句话应该理解为他是"那个被他人视为混蛋的朋友"。

[65] 这件逸事后来逐渐传播开来，并让人铭记在心。在1875年4月17日写给里什潘的信中，努沃再次提起这件事："你看似对世事不闻不问，知道得比卡尔雅还多。"（他可不是死于兰波给他划伤的伤口！）载努沃：《全集》，"七星文库"丛书，伽利玛出版社，1970年，第821页。1872年4月，魏尔伦以嘲弄的口吻给兰波写信："卡尔雅死了也饶不了你！"

[66] 有关卡尔雅的往事，参见法莱兹最新发表的《埃蒂安·卡尔雅及其〈巴黎林荫大道〉杂志（1861—1863）》，斯拉特金出版社，1987年。

[67] 有关这幅油画的故事，参见《方坦-拉图尔：桌子一角》，奥赛博物馆文献。

[68] 魏尔伦：《1884年的阿蒂尔·兰波》，载《当下名人》，1888年。

[69] 1872年5月16日《民族报》上发表了邦维尔的一篇文章，他这样写道："阿蒂尔·兰波先生极为年轻，是像小天使那样年龄的孩子，那张十分秀气的面孔在乱蓬蓬的头发下让人惊讶不已，有一天，他竟问我亚历山大体诗是否就要寿终正寝了！"邦维尔大概记错了，兰波是1871年8月15日在写给邦维尔的信中表达这一看法，而不是与他交谈时说的这番话，兰波在那封信里附上了他的诗《与诗人谈花》。

[70]《我的生活回忆》，第212—213页。玛蒂尔德说后来看到兰波的信，才知道兰波"并没有回他母亲家，而是去了阿拉斯，是靠她［我］丈夫的钱过活，等着下一步再返回巴黎"。

[71] 这是《地狱一季》结尾最后几行里的说法。

第二章　折磨、祈祷以及苦难的征程

［72］ 欧内斯特·德拉艾:《有关兰波的补记》,杜塞藏品,7203-146,编号f242。

［73］《德拉艾:兰波的见证人》,第41页。整部散文集的标题大概是《美妙的故事》。

［74］ 1872年4月2日,魏尔伦写给兰波的信,载"七星文库"版《兰波全集》,第261—262页。在该信的附言中,魏尔伦补充说:"给我讲讲法瓦尔。"

［75］ 龚古尔兄弟一直在从事有关《18世纪艺术》的研究,相关的论文只是在1852—1875年间陆陆续续发表在杂志上。

［76］ 简短的描述写在白横格纸上,正反页都写满了文字,见《书信集》,上册,梅桑出版社,1922年,第67—70页。

［77］ 见《我的生活回忆》,第211页,"这些诗都是发表过的"。"我还是要强调这一点,因为在好多年里,魏尔伦一直让他的同事们以为是我把这些诗给藏起来了,以为是我毁掉了阿蒂尔·兰波的一部'卓越'的杰作。"

［78］《让-阿蒂尔·兰波的一生》,第187页。

［79］ 此信写于1872年4月2日,载"七星文库"版《兰波全集》,第262页。

［80］ 在1872年4月2日写给兰波的信里,魏尔伦写道:"我们什么时候才能开始踏上苦难的征程呢?"

［81］ 玛蒂尔德在《我的生活回忆》(第212页)引述了这句话,是她在兰波写给魏尔伦的信中看到的。

［82］ 在1872年4月2日写给兰波的信中,魏尔伦写道:"既然你一直想着要经受磨难,那就尽可能多想想自己要遭的罪,而且要带着更大的激情,更多的快乐去想。兰波,这一点你是知道的。"在1872年的另一封信中:"在我母亲家里,你那饱受磨难的信件并没有任何要见面的暗示。"

［83］ 埃德蒙·勒佩勒捷:《魏尔伦传》,第261—262页。

［84］ 他在1872年5月的信件里描述了后两个梦境。

［85］ 写于1872年5月的信,见"七星文库"版《兰波全集》,第264—265页。

［86］ 有关这个怪异的人物,参见让·拉斯帕伊:《我,安托万·德·图龙,巴塔哥尼亚国王》,阿尔班·米歇尔出版社,1981年。

［87］ 见1872年6月写给德拉艾的信。"上个月,从我在王子先生街的卧室向外看,可以看到圣路易中学的操场。"参见让·里什潘的相关文章,载《法兰西评论》杂志,1927年1月1日。

［88］ 这个逸闻是夏尔·克罗讲给玛蒂尔德的,见《我的生活回忆》,第214页。

［89］ 同上书,第205页。

［90］ 同上书,第207页。

［91］ 这首诗最早刊载在魏尔伦去世后出版的《全集》第三卷里(梅桑出版社,1929年)。此诗手稿的复印件刊载在《魏尔伦和兰波的关系,人们的猜测与传闻》(法兰西出版社,1931年)。

［92］ 让·科克托:《调皮捣蛋的孩子》,格拉塞出版社,1989年。

［93］ 1872年5月22日。

［94］ 见《我的生活回忆》,第208页。

［95］ 见《我的生活回忆》,第209页:"他(指魏尔伦的岳父莫泰先生)去了洛伊德办公室,有人告诉他,魏尔伦已经有一个星期没有来上班了。"

［96］ 摘自波德莱尔《旅行》中的诗句。

［97］ 此诗后编入《平行集》。这首诗是1887年在特农医院里创作的,当时有人误报兰波的死讯。

［98］ 魏尔伦在《狱中杂记》(瓦尼耶出版社,1893年)中写道:"我和兰波热衷于旅行,在187×年7月的一个晴朗日子里,我们动身去……"此文最早刊载在《黑猫》杂志上(1892年1月23日)。

[99] 有关这次旅行的细节，参见路易·皮埃坎的《兰波文学生涯的书信集》，伽利玛出版社，1932年。

[100] 德·格拉夫：《布鲁塞尔档案揭秘》，载《法兰西信使周刊》，1956年8月1日，这份报告称魏尔伦当时入住列日省酒店，其实他下榻的是列日大饭店。

[101] 此为《比利时风情录》中的两首诗：《瓦勒库尔》和《沙勒罗瓦》，后编入《无词的浪漫曲》。

[102] "出租马车把我和母亲送到火车北站对面，这是圣约斯街区的第一幢大楼，名叫'列日大饭店'，这里相当舒适，也相当简陋。"《比利时掠影》，载魏尔伦去世后出版的《全集》第二卷，瓦尼耶出版社，1903年。

[103] 《我的生活回忆》，第210页。

[104] 同上书，第211页。"我再次强调'没有锁住'这几个字，因为在写给勒佩勒捷的信中，魏尔伦说起撬抽屉锁的事。"本部第三章里提到这封信。

[105] 魏尔伦：《1884年的阿蒂尔·兰波》："遇见几个法国人，其中有乔治·卡瓦利耶，人称'木烟斗'，我们对此感到诧异。"有关这个人物，参见雅克·勒弗雷尔：《"木烟斗"是谁？》，载《野性的炫耀》，第6期，1989年，第86—91页。

[106] 这是兰波所写的一首诗中的开篇诗句，该诗未注明创作日期，但人们通常将此诗编在"新诗"题下，该诗于1886年6月7—14日首次发表在《时尚》杂志上。

[107] 《灵光集》之《洪水过后》。

[108] 《灵光集》之《历史性夜晚》。

[109] 这篇文字没有标题，开篇第一句这样写道："苋属植物花坛延伸至"，此文首次刊载在《时尚》杂志第8期上，1886年6月14日。

[110] 此标题内有两首诗。后来人们发现在此标题之前，还有一首题为"布鲁塞尔"的诗，这几首诗随后被编入《木马》和《马林花边》中。

[111] 《我的生活回忆》，第215页。

[112] 同上书，第218页。

[113] 同上书，第219页。

[114] 同上书，第221页："他甚至提议让我同他和他朋友一起生活。"

[115] 玛蒂尔德在《我的生活回忆》（第221页）中还引用了魏尔伦写给她的信："兰波穿着厚绒衣，就像西夫里家族的人，他在布鲁塞尔已小有名气，你和我们在一起，他会很开心的。"

[116] 《简单壁画Ⅱ》，标注日期为"1872年8月"，后编入《无词的浪漫曲》。

[117] 《布鲁塞尔·木马》，标注日期为"1872年8月"。

[118] 《布鲁塞尔·马林花边》，标注日期为"1872年8月"。

第三章　在英国的两个"季节"

[119] 《地狱一季·谵妄（二）》之《言语炼金术》。

[120] 魏尔伦：《英格兰印象》，载《双周刊》杂志，1894年7月，后编入《散文作品集》，"七星文库"丛书，伽利玛出版社，第438页（法文版）或第1084页（英文版）。

[121] 费利克斯·雷加梅：《素描画家魏尔伦》，弗卢里，1896年。

[122] 这幅画肯定是在他们俩首次拜访雷加梅之后创作的，因为那顶礼帽是兰波在伦敦花十先令买的。他非常喜欢这顶礼帽，而且戴了很长时间，德拉艾后来还在讽刺漫画上画过这顶礼帽，参见本书第三部。

[123] 有关维尔麦希的文字介绍，参见《工人运动传记词典》，第九卷，工人出版社，1971年，第298—300页。

[124] 魏尔伦为维尔麦希《人类的耻辱》所作的序，1890年由勒梅尔出版社出版。

[125] 参照让·奥布里在《魏尔伦和英国》中所做的描述，此文载《巴黎杂志》，1918年10月13日。

[126] 编入《无词的浪漫曲》，此诗集特意标注"创作于布鲁塞尔–伦敦，1872年9—10月"。

[127] 1872年9月写给勒佩勒捷的信，载《魏尔伦书信集》（梅桑出版社，1923年，三卷本），第一卷，第39页。

[128] 这份清单内的物品都是魏尔伦的，留在尼科莱街他岳父母家里，他从伦敦写信索要这些物品，见《魏尔伦书信集》，第67页。

[129] 1872年9月22日写给布莱蒙的信："有一组诗，我将其命名为'由沙勒罗瓦至伦敦'，为此您可以随时和我联系。"同上书，第291—293页。

[130] 写给布莱蒙的信，同上书，第292页。

[131] 有关安德里厄的介绍，参见魏尔伦于1873年5月23日写给勒佩勒捷的信，同上书，第106页。

[132] 1872年10月写给勒佩勒捷的信，《魏尔伦书信集》，第一卷，第51页。

[133] 1872年11月1日或2日写给勒佩勒捷的信，《魏尔伦书信集》，第一卷，第54页。

[134] 同上。

[135] 此诗的前两章最早发表在《韵文小报》上，随后又刊载在《当代帕尔纳斯》上。魏尔伦把1871—1872年间创作的其他诗也编入其中。他打算就巴黎公社编撰一部诗集，并将其题献给"某个流放的朋友"。见1873年5月23日写给勒佩勒捷的信，《魏尔伦书信集》，第一卷，第105页。

[136] 1872年11月10日写给勒佩勒捷的信，《魏尔伦书信集》，第一卷，第66页。

[137] 埃德蒙·亚米契斯：《巴黎及伦敦的回忆》，法文译本，阿歇特出版社，1880年。

[138] 杰洛德编撰、古斯塔夫·多雷绘制插图：《伦敦，朝圣之旅》，格兰特出版社，1872年。

[139] 在为《灵光集》所作的序中（《时尚》杂志出版社，1886年），魏尔伦采用了"彩色板"一词。后来在写给西夫里的信里，他又将其写成"彩绘板"。关于这些文字与摄影艺术及电影的关联，参见让–吕克·斯坦梅茨：《兰波的神奇灯笼》，载《诗歌及其理性》，若泽·科蒂出版社，1990年。

[140] 这两个表述借自《灵光集》之《城市（就是这些城市……）》和《浪子》。

[141] 1872年10月写给勒佩勒捷的信，《魏尔伦书信集》，第一卷，第48页。

[142] 关于魏尔伦和兰波所见识的伦敦，V. P. 安德伍德在《兰波在英国》一书中做了大量的描述，尼泽出版社，1976年。

[143] 1872年10月写给勒佩勒捷的信，《魏尔伦书信集》，第一卷，第52页。

[144] 1872年9月24日写给勒佩勒捷的信，《魏尔伦书信集》，第一卷，第46页；1872年11月8日写给勒佩勒捷的信，第58页及11月10日的信，第64—65页。

[145] 兰波为"新厄里倪厄斯"所下的定义是："死神"，"绝望的爱情，在泥泞街道上发出嘎吱响声的美丽罪过"，见《灵光集》之《城市（在粗俗的现代大都市内……）》。

[146] 写给勒佩勒捷的信，《魏尔伦书信集》，第一卷，第55页。

[147] 1872年11月10日写给勒佩勒捷的信，《魏尔伦书信集》，第一卷，第65页。

[148] 1872年12月写给勒佩勒捷的信，《魏尔伦书信集》，第一卷，第84页。

[149] 1872年11月14日写给勒佩勒捷的信，《魏尔伦书信集》，第一卷，第73页："兰波夫人给我写信，说收到多封控告她儿子的匿名信。"

[150] 有关这次造访，玛蒂尔德只简单地写了一句话："这位夫人到这儿来，只是为了要我别和魏尔伦分手，因为这会有损于她儿子的声誉。"见《我的生活回忆》，第223页。

[151] 1872年11月23日写给勒佩勒捷的信，《魏尔伦书信集》，第一卷，第78页。

[152] 1872年12月写给勒佩勒捷的信，《魏尔伦书信集》，第一卷，第82页。

[153] 1872年12月26日写给勒佩勒捷的信，《魏尔伦书信集》，第一卷，第80页。

[154] 1873年写给布莱蒙的信，《魏尔伦书信集》，第一卷，第302—303页。

[155] 1873年1月写给勒佩勒捷的信，《魏尔伦书信集》，第一卷，第86页："和母亲及表姐一样，她也来照顾

注　释

我。"凡·贝内解释说这个姑娘是埃莉萨·蒙孔布勒,其实他搞错了,因为埃莉萨早在1867年就去世了。

[156] 1873年写给布莱蒙的信,《魏尔伦书信集》,第一卷,第305页。

[157] 写给布莱蒙的信,《魏尔伦书信集》,第一卷,第306页。

[158] 同上。

[159] 《灵光集》之《工人》。

[160] 魏尔伦在《1884年的阿蒂尔·兰波》中写道:"一个伦敦姑娘,一个说不上很独特,却是极为少见的姑娘。"

[161] 在《童年(一)》当中,人们发现有一处引语(引自魏尔伦和波德莱尔)画上了着重标记。

[162] 1873年写给布莱蒙的信,《魏尔伦书信集》,第一卷,第306页。

[163] 见《灵光集》之《致一理式》。

[164] 诗句引自《一文钱印象》,后编入《过去》诗集。魏尔伦将这首诗的开篇十四行诗附在寄给勒佩勒捷的信中,此信写于1873年11月24—28日。

[165] 1873年4月15日写给勒佩勒捷的信,《魏尔伦书信集》,第一卷,第90页:"我们准备从纽黑文经迪耶普返回法国,说来也巧,也算是老天神助,我在船上听到有人用英语聊天,这时距离开船时刻还有一个小时,几个身穿大衣,蓄着白胡子的人在聊天,我深深感受到这样一个残酷的现实,身在其中,我们真的不必再去抱怨美丽的法国,因为即使坐在潮湿稻草上,也比蹲监狱好,还是要防着点儿……"

[166] 《无词的浪漫曲》里最后一首诗,写于1873年4月4日,"由多佛尔港至奥斯坦德,我们搭乘'弗朗德尔侯爵夫人号'船","她那淡黄色头发闪着金光"。仔细分析这首诗还是很有意思的,诗中用"我们"来代指一组人员,而"她"仿佛就是一个仙女,吸引着他们跟着她走。

[167] 1873年4月15日写给勒佩勒捷的信,《魏尔伦书信集》,第一卷,第91页。

[168] 魏尔伦夫人于1873年4月18日给朱莉·埃弗拉尔写信,说魏尔伦将去她家,要她照顾好魏尔伦。容维尔是个小镇,靠近边城要塞布雍镇,距离沙勒维尔二十多公里。

第四章 罗什村,久违的胜地

[169] 1873年5月在写给德拉艾的信里,兰波就是这样说的,后来维塔丽及兰波夫人在多封书信里,也是这样讲述的。

[170] 克洛岱尔为《兰波全集:诗与散文》作序,这个版本由帕泰纳尔·贝里雄编撰,法兰西信使出版社出版,1912年。参见朱利安·格拉克:《边读边写》,科蒂出版社,1981年,第267—268页。"五六座乡村农舍或农庄零星散落在乡间小路的交叉口处,四周是成片的果园和树篱。"

[171] 日记现收藏于沙勒维尔市立图书馆,伊莎贝尔把整日日记重新抄写了一遍。有关兰波在罗什村逗留期间的文字节录,参见"七星文库"版《兰波全集》,第817—822页。

[172] 帕泰纳尔·贝里雄:《让-阿蒂尔·兰波的一生》,第30页。"一本拉丁文《圣经》的法译本,包括《旧约全书》和《新约全书》,阿歇特出版社,巴黎,1841年。"

[173] 《伯赛大》刊载在1897年9月1日的《白色杂志》上,其实他读的并不是"本季"。参见《撒马利亚》及《轻松的歌曲》,《法兰西信使周刊》,1948年1月1日。

[174] 有关这些话语的解释,参见皮埃尔·布吕内尔:《兰波重撰福音书》,载《艾田蒲的幻想》,迪迪耶出版社,1979年,第37—46页;让-吕克·斯坦梅茨:《约翰福音散文》,载《闻域》,第127—145页。

[175] 1873年5月写给德拉艾的信,该信影印件最近刊载在《野性的炫耀》第一期上,1985年2月,史蒂夫·墨菲对此做了评注。参见《地狱一季》,由皮埃尔·布吕内尔编撰的版本,科蒂出版社,1987年,第114—117页。

[176] 德拉艾后来幽默地用"岩石"这个形容词来指代罗什村人,在1881年12月31日写给魏尔伦的信中,他写道:"那个魔鬼大概在岩石",意思是说,兰波可能在罗什村。("罗什"在法文中的字面意思为岩石。——译注)

[177] 此信写于1873年5月。

[178] 该书的节录分别于1856年12月21日至28日,1857年1月11日至2月1日刊载在《艺术家》杂志上,全书只是到1874年4月初才出版。

[179] 这是《灵光集》之《历史性夜晚》所用的说法,"一个苍白和平庸的小世界"。

[180] 1873年5月18日写给兰波的信,"七星文库"版《兰波全集》,第268—269页。

[181] 同上。

[182] 古希腊人用"éraste"和"éromène"这两个词来指代男同中主动与被动的角色。

[183] 1873年5月12日写给勒佩勒捷的信,《魏尔伦书信集》,第一卷,第101—102页。

[184] 1873年5月23日写给勒佩勒捷的信,《魏尔伦书信集》,第一卷,第105页:"我明天动身去布雍,在那边约见几个梅济耶尔-沙勒维尔的朋友,然后去列日,这座城市我没有去过,据说很美,接着,再去安特卫普。"

[185] 1873年5月30日写给勒佩勒捷的信,《魏尔伦书信集》,第一卷,第107页。

[186] 1873年5月19日写给勒佩勒捷的信,《魏尔伦书信集》,第一卷,第105页。魏尔伦打算让勒佩勒捷代他去和巴黎的出版社商洽谈出版的事。

第五章 决 裂

[187] 1873年5月30日写给布莱蒙的信,《魏尔伦书信集》,第一卷,第312页。

[188] V.P.安德伍德:《魏尔伦在英国》,尼泽出版社,1956年,第130页。"法语、拉丁语、文学课,两位来自巴黎的绅士授课,价格优惠。联系人:魏尔伦,坎登镇大学院街8号。"

[189] 1873年5月16日写给勒佩勒捷的信,《魏尔伦书信集》,第一卷,第98页。

[190] 1873年6月25日写给布莱蒙的信,《魏尔伦书信集》,第一卷,第316页。

[191] 《魏尔伦书信集》,第一卷,第314页。

[192] 奥古斯特·马丁:《魏尔伦和兰波:从未公布的警署档案》,载《新法兰西评论》,1943年2月1日。

[193] 德拉艾:《兰波传》,1923年,第52页。德拉艾认为这件事发生在1873年年底,其实这是不可能的,因为兰波那时候已经离开英国了。参见皮埃尔·珀蒂菲斯:《兰波传》,第207页。

[194] V.P.安德伍德曾于1938年采访了卡米耶·巴雷尔,并将巴雷尔的证言刊载在其《兰波在英国》一书中,1873年,年仅22岁的巴雷尔因参加巴黎公社运动而流亡英国。魏尔伦在给朋友的信中经常提到他。

[195] 1873年7月12日,兰波所做的陈述,"七星文库"版《兰波全集》,第280页。

[196] 1873年7月7日写给魏尔伦的信。

[197] 1873年7月4日写给魏尔伦的信。

[198] 德拉艾:《魏尔伦传》,第170页。

[199] "七星文库"版《兰波全集》,第269—270页。

[200] 亨利·吉耶曼:《兰波的辨别力》,载《法兰西信使周刊》,1954年10月1日。

[201] 1873年7月5日写给魏尔伦的信。

[202] 参见莫里斯·迪拉尔:《魏尔伦事件》,梅桑出版社,1930年,无页码。

[203] 参见"七星文库"版《兰波全集》,第273—275页。这封信落款日期为1873年7月6日,魏尔伦被逮捕时从他身上搜出这封信。

[204] 1873年7月5日魏尔伦写给马图泽维奇的信,"七星文库"版《兰波全集》,第272—273页。马图泽维奇

是一名军官，巴黎公社期间曾发挥一定的作用。后来秘密返回法国，但在7月24日被逮捕。

[205] 写给勒佩勒捷的信，后由莫里斯·迪拉尔刊载在《魏尔伦事件》中，魏尔伦的母亲在7月17日将此信交给预审法官。

[206] 根据迪拉尔的说法，奥古斯特·穆罗当时住在布鲁塞尔，他父亲是梅斯工兵营的军官，魏尔伦的父亲在该营任营长助理，认识穆罗的父亲。

[207] 兰波于1873年7月7日（星期一上午）写的信，"七星文库"版《兰波全集》，第275页。

[208] 这句话写在一封信里。1930年4月14日，马图泽维奇自杀身亡，第二天，人们在他身边发现这封信。"在与日常生活的较量中，爱情的小船被撞得粉碎。"

[209] 魏尔伦：《狱中杂记》，魏尔伦在此嘲笑比利时检察长的说话口音。

[210] 1873年7月10日，兰波在警察局报案时是这样说的。7月12日，当着预审法官的面，他的陈述又变成："这是给你的，既然你想走！"参见"七星文库"版《兰波全集》，第277、第281页。

[211] 同上。参见丰泰纳：《魏尔伦和兰波的关系，人们的猜测与传闻》，法兰西出版社，1931年。

[212] 魏尔伦：《狱中杂记》，"16世纪和17世纪，西班牙人攻占法国，作为那个时代的痕迹，用'violon'这个词来指代看守所，听上去还算顺耳。"

[213] 参见德·格拉夫：《布鲁塞尔档案揭秘》，载《法兰西信使周刊》，1956年8月1日。

[214] 参见莫里斯·迪拉尔：《魏尔伦事件》。

[215] 参见拉朗德：《对一个文人所做的体检》，载《野性的炫耀》，第2期，1985年，第97—98页。

[216] 兰波撤诉的文书："……醉酒的起因是魏尔伦先生一直在与妻子闹矛盾。"

[217] 参见1947年4月5日的《费加罗文学》，这幅画现由马塔拉索收藏。阿歇特出版社于1968年编撰出版了《兰波传》，并将此画作的彩色复印件纳入书中（第164页），该书为"才华与现实"丛书之一册。在这幅油画里，房间的屏风上写着一行字："法式结局：法国人阿蒂尔·兰波画像，被其密友法国诗人保罗·魏尔伦在醉酒状态下击伤。热夫·罗斯曼按照真人在布鲁塞尔屠户街烟草商潘斯马耶太太家绘制。"

[218] 《地狱一季》之《坏血》第五节。

[219] 这件逸事是帕泰纳尔·贝里雄讲述的，见《让-阿蒂尔·兰波的一生》，第278页。贝里雄说这事发生在7月20日，但我们注意到兰波在7月20日出院之后，依然还待在布鲁塞尔。

[220] 这一说法出自《地狱一季》（《永别》最后一节）。

[221] 《地狱一季》之《坏血》第一节。

第三部　异国他乡

第一章　下地狱者的手记

[1] 维塔丽·兰波的日记，"七星文库"版《兰波全集》，第820页。

[2] 皮埃尔·珀蒂菲斯：《兰波手稿》，载《兰波研究》，第2期，1969年，第51—52页。

[3] 《让-阿蒂尔·兰波的一生》，第279页："从第二天起，他把自己关在阁楼里，继续撰写从春天开始构思的《地狱一季》。"

[4] 保罗·克洛岱尔：《向兰波致以最后的敬意》，这是为1942年出版的收藏本《兰波作品集》所作的序言，后编入《克洛岱尔散文集》，"七星文库"丛书，伽利玛出版社，1965年，第527页。"在1914年战争爆发前几天，帕泰纳尔·贝里雄告诉我，兰波写《地狱一季》时用的那张桌子找到了，桌面台板也被翻过来了。在将桌子依照原位置放好后，大家惊奇地看到一个用刀子刻得很深的十字架，十字架周围还刻着一道道光芒。"

[5] 《超现实主义第二宣言》，1930年。参见《安德烈·布勒东全集》，"七星文库"丛书，伽利玛出版社，

1988年，第一卷，第784页："兰波是想骗过我们。但却给那些歪曲他真实想法的解释敞开了大门，比如类似克洛岱尔那样的败坏其名声的解释。"

[6] 《地狱一季》之《坏血》及《不可能》的部分段落让人能明显感受到这一点。

[7] 摘自《写于1875年的诗》，此诗后被编入《爱情》诗集（1888年）。

[8] 参见《狱中杂记》第六章，他写道："在《过去》和《爱之罪》诗集里写着几个恶魔般的小故事……还有其他几个类似的小故事，其中有《受骗的唐璜》，其原始手稿在我好友欧内斯特·雷诺手上。"在1873年11月24—28日写给勒佩勒捷的信里，魏尔伦提到这些诗稿，并明确指出："这些兰波都有。"

[9] 兰波手抄的《爱之罪》草稿以影印件刊载在布亚纳·德·拉科斯特的《兰波及〈灵光集〉的问题》里，法兰西信使出版社，1949年，第107页。参见普利城堡图书馆在1990年6月27—28日组织的拍卖会目录，目录册第269号拍卖品。

[10] 比利时警方在一份标注"惯犯，被释放的刑犯"档案里所写下的记录，参见德·格拉夫：《布鲁塞尔档案揭秘》，载《法兰西信使周刊》，1956年8月1日："阿·兰波，职业：文人，住址：啤酒酿造商街1号，地址变更：10月24日悄悄溜走。"啤酒酿造商街1号现为库尔特莱镇政府所在地。

[11] 题词影印件刊载于《兰波画册》，第180页。

[12] 根据里什潘和贝里雄的说法，见《让-阿蒂尔·兰波的一生》，第294页，夏尔·莫拉斯（《阿蒂尔·兰波》，载《百科全书杂志》，1892年1月）还加上了吉内斯特的名字。

[13] 瓦莱里·拉博患失语症后又有另一种说法："晚上好，人世间万物。"

[14] 贝里雄在为《兰波作品集》（法兰西信使出版社，1898年）作序时引用了这句话，这是他妻子伊莎贝尔·兰波告诉他的，伊莎贝尔后来也提到这句话，并明确指出，兰波以"轻描淡写的口吻把这话讲给他母亲听"，载《天主教徒兰波》（1914年），后又编入《圣物盒》，1921年，第143页。

[15] 贝里雄断言兰波把已印刷好的《地狱一季》"全部带回罗什村"，而且"把那些几乎没拆封的书都扔进火堆里。与此同时，他还把存放家中的以前所写的手稿也都焚毁了"。伊莎贝尔1892年1月6日在寄给皮埃坎的信中也写道（"七星文库"版《兰波全集》，第722页）："在得到出版商的通知几天之后，他让人把自以为应得到的书籍全都交给他，然后当着我的面将其付之一炬。"

[16] 参见莱昂·洛索：《兰波为〈地狱一季〉初版所编造的传奇》，蒙斯，莱昂·迪盖纳出版社，1914年。从波特印刷厂债务登记册上看，尾款没有支付。

[17] 让·里什潘：《热尔曼·努沃与兰波，从未发表过的回忆录》，载《法兰西杂志》，1927年1月1日。

[18] 《让-阿蒂尔·兰波的一生》，第294—295页："阿尔弗雷德·普桑是写《短诗集》的诗人，他告诉我们11月1日那天见到了兰波。"《短诗集》由里什潘作序，瓦莱特对诗集做了概述，这部诗集于1887年由登图出版社出版（32开本，共144页）。

[19] 参见德拉艾为努沃的《瓦伦丁及其他诗》所作的序，梅桑出版社，1922年，第9—15页。

[20] 《夏季十四行诗》刊载在1872年11月30日那一期上；《路易十五风格》载1873年3月15日那一期；《来一点音乐》载1873年5月24日那一期；《森林中》载1873年9月14日那一期。

[21] 《地狱一季》开篇结尾部分："迟迟不见几个小小的懦弱举动，未见这些举动之前，我先从该下地狱者的笔记本上扯下这可憎的几页。"

第二章　在伦敦的"年轻的巴黎人"

[22] 让·里什潘：《热尔曼·努沃与兰波，从未发表过的回忆录》。

[23] 同上。

[24] 安德烈·布勒东对努沃的评价是："热尔曼·努沃也许是上世纪最受埋没的诗人……说实在的，他是一个天生的叛逆者。"《根据从未发表的文献来认识兰波、魏尔伦和热尔曼·努沃》，载《新文学》杂志，

1924年8月23日。参见安德烈·布勒东:《热尔曼·努沃作品展前言》(1950年),此文后编入《田野的钥匙》,波韦尔出版社,1967年,第297—299页。

[25] 《努沃全集》,"七星文库"丛书,伽利玛出版社,1970年,第818页。

[26] 努沃在3月26日的信件中写明这个地址。

[27] 同上,同一封信的内容。

[28] 参见帕克南:《热尔曼·努沃在巴黎的最初生活》,载《热尔曼·努沃笔记》,米纳出版社,1967年。

[29] 参见安德烈·居约:《抄诗人热尔曼·努沃》,载《诗歌摘抄》,巴科尼耶出版社,1985年,第109—133页。这里所提到的两首诗是《大都会》和《城市》。

[30] 有关《遗失的毒药》事件,参见《努沃全集》,第781页。此诗刊载在1895年出版的《兰波诗集》(瓦尼耶出版社),但其他版本并未收录此诗,后来又以首次发表的名目刊载在1923年《自由期刊》9—10月期上,这一说法遭到布勒东的抨击,1923年10月21日,布勒东在《不妥协》杂志上表达了自己的看法。朱利安·格拉克曾多次就此诗的作者问题提出疑问,他在《边读边写》里表达了对此诗的钦佩之意,认为这首诗写得太美了,前引书,第151—153、第164页。

[31] 参见《兰波画册》,第185页。登记册上记录着借书证2336号(兰波的)和2337号(努沃的),借书证上印着这样一行字:"我宣布已满21周岁",他们(至少兰波是这样)显然已违反了这项规定。

[32] 这封信落款日期为"1893年12月12日",写于阿尔及尔,并"委托法国领事馆转交","七星文库"版《兰波全集》,第742页。

[33] V. P. 安德伍德:《兰波在英国》,第153页。

[34] 同上书,第152页。英文原文在此已译为法文。

[35] 魏尔伦:《受诅咒的诗人》,瓦尼耶出版社,1884年。

[36] 维塔丽的日记。参见"七星文库"版《兰波全集》,第822—833页(伦敦之旅),7月9—14日,伊莎贝尔后来对这篇旅行笔记做了更正和修订。

[37] V. P. 安德伍德:《兰波在英国》,第169页。安德伍德并没有明确说明启事是否刊载在《泰晤士报》上,但从启事的整个内容来看,让人推测登载在这份报纸上。

[38] 《阿登和阿尔贡杂志》,1897年9—10月期。

[39] V. P. 安德伍德:《兰波在英国》,第174—193页。

[40] 有关这一发现的过程,参见伊妮德·斯塔基:《追寻兰波的足迹》,《法兰西信使周刊》,1947年5月1日。

[41] 草稿刊载在马格斯展览目录册上,巴黎,1937年,《波德莱尔-魏尔伦-兰波展》。目录册的文字说明指出(也许有错误):"兰波亲笔撰写的启事,并由魏尔伦修改。"

[42] 沙勒维尔档案。1874年应征入伍青年统计表。

第三章　1875年:支离破碎的一年

[43] 在1875年3月5日写给德拉艾的信中("七星文库"版《兰波全集》,第296页),兰波写道:"我只在瓦格纳待一个星期"(这里要理解为瓦格纳家)。兰波当时住在一个名叫威廉·卢德克的人家里,此人在斯图加特综合工科学校任教,而且还是一位艺术史学家。参见德·格拉夫:《语文历史杂志》,第三十四卷。1891年12月15日在写给《小阿登人》杂志主编的信中,伊莎贝尔也肯定了这一点:"母亲把他安排在一家法德机构里,以便让他学习德语。""七星文库"版《兰波全集》,第716页。

[44] 德拉艾:《兰波传》,1923年,第58—59页。

[45] 见《德拉艾:兰波的见证人》,第46—47页。德拉艾后来多次提到兰波在这封信里的说法:"让我们为耶稣而相爱!"

[46] 1875年3月5日在写给德拉艾的信中,兰波做了这样的描述。

［47］ 德拉艾是最先这样说的，参见德拉艾：《兰波传》，梅桑出版社，1923年，第210—211页。

［48］ 1875年5月1日写给德拉艾的信，《魏尔伦书信集》，第三卷，第107页。在这封信的后半部分，魏尔伦要德拉艾"套出热尔曼·努沃的地址，但别告诉他是给谁……"

［49］ 魏尔伦：《1884年的阿蒂尔·兰波》，载《当今名人录》。

［50］ 伊莎贝尔·兰波在《天主教徒兰波》（《圣物盒》，第133页）中断然写道，她哥哥"可能在1875年将其交给'某人'，即交给夏尔·德·西夫里，当时西夫里刚好路过斯图加特，因为瓦格纳的作品开始吸引各国音乐家前往德国"。

［51］ 1878年8月8日，他给西夫里写信，表达了这个想法，《魏尔伦全集》，最佳图书俱乐部出版社，第一卷，第1143页。

［52］ 魏尔伦于1875年4月16日写给德拉艾的信，"我向他详细解释了手头钱紧的各种原因，没有给他钱"。

［53］ 德拉艾：《兰波传》，1923年，第61页。德拉艾在脚注中说明确实还记得兰波提到过凯奥斯岛，但又补充道："也许是西拉岛或纳克索斯岛，不过可以肯定的是，该岛是基克拉迪群岛中的一座。"然而，伊莎贝尔在1891年12月15日写给《小阿登人》杂志主编的信中（"七星文库"版《兰波全集》，第716页）却说："基克拉迪群岛制皂厂的事纯粹是荒谬的想象，是彻头彻尾的谎言。"

［54］ 大部分速写都被编入J.-M.卡雷的《魏尔伦与兰波的趣事》一书，杜塞手册，1949年。

［55］ 雅克·杜塞手册，图版17，参见《兰波画册》，第198页。

［56］ "七星文库"版《兰波全集》，第298页。信的部分内容被莫里斯·梅特拉尔刊载在1963年9月10日《日内瓦论坛报》上。这封信由一位瑞士收藏家收藏。

［57］ 德拉艾：《兰波传》，第60—61页。在脚注里，德拉艾指出，兰波让人在斯图加特制作了名片，镂版刻制的名片做得很漂亮。兰波从米兰给他寄了一张名片，上面有他的新地址（德拉艾把地址错误地写成大教堂广场2号），参见《兰波画册》，第199页。

［58］ 魏尔伦：《1884年的阿蒂尔·兰波》。

［59］ 1875年5月7日魏尔伦写给德拉艾的信，载《从未发表过的致其他通信者的信》，日内瓦，德罗兹出版社，1976年，第58页。

［60］ 参见法国领事馆登记簿，登记簿复印件刊载在1949年5月11日那一期的《醉舟》杂志上（这份有关兰波的专刊在沙勒维尔编撰出版）。

［61］ 杜塞收集的珍本，魏尔伦文档，第二卷，编号7203-155。

［62］ 1875年8月24日写给德拉艾的信，载《从未发表过的致其他通信者的信》，第66页。"这首'老科佩'体诗的标题是《最最后的话》，还配了一幅小画：兰波坐在桌前，面前摆着一本字典。他嘴里叼着烟斗，手边放着两个瓶子，其中一个标着'携带'一词。"

［63］ 1896年12月30日伊莎贝尔·兰波写给贝里雄的信，"七星文库"版《兰波全集》，第774页："不管怎么说，1875年6月、7月、8月，我们（母亲、姐姐和我）在巴黎和他碰面，8月底我们离开巴黎时，他刚刚找到在阿尔弗家做家庭教师的差事。"

［64］ 1875年8月17日努沃写给魏尔伦的信，《努沃全集》，第828页。

［65］ 参见魏尔伦：《致热尔曼·努沃》，载《题献》，1890年。

［66］ 1877年8月，借陪同魏尔伦前往阿拉斯看望他母亲的机会，努沃参观了圣伯努瓦·拉布尔在阿迈特的故居，后来他自称是圣伯努瓦·拉布尔的门徒。

［67］ 1875年8月24日魏尔伦写给德拉艾的信。那首"老科佩"体诗的标题《最后的话》是滑稽地模仿维克多·雨果的《最后的话》（《惩罚集》）而创作的。

［68］ 杜塞藏书，魏尔伦文档，第二卷，编号7203-165。

［69］ 杜塞藏书，魏尔伦文档，编号7203-152。

注　释

［70］努沃身材矮小。在写给德拉艾的信里，魏尔伦这样称呼他，在这封信里，他还画了一幅速写，是他们三位好朋友在一起，他本人是老师，兰波名叫"东西"，手里拿着一本"翻译作品"，一身打扮看上去像是卡拉布里亚的歹徒。参见《从未发表过的致其他通信者的信》，第60页；《兰波画册》，第100页。

［71］德拉艾写给魏尔伦的信，杜塞藏书，魏尔伦文档，编号7203-171："有一个很有趣的潘趣酒的故事，他和寄宿学校的学生们一起，拿便盆当高脚杯，其实就是为了防止他人喝醉了。"

［72］德拉艾写给魏尔伦的信，杜塞藏书，魏尔伦文档，编号7203-152。

［73］努沃写给魏尔伦的信，落款写着："巴黎，1875年10月20日"，《努沃全集》，第832页。

［74］写给魏尔伦的信，前面已引用过这封信（魏尔伦文档，编号7203-152）。信中的部分文字要么是被魏尔伦删掉了，要么是被后来的收藏者涂改了，不管是谁删改的，最初的愿望都是想把有可能对兰波举止造成误解的句子删掉。

［75］同上。

［76］这句话大概是一句反语，也许是指魏尔伦那有教益的劝告，或者是指他给兰波寄的宗教诗篇，他是在1875年10月14日寄给德拉艾的信里写的这句话。

［77］1875年10月，德拉艾在苏瓦松任课堂学监。1876年2月，他在雷特尔的圣母马利亚初中任学监。1877年3月，他拿到第二阶段高中会考的文凭。

［78］我是参照德拉艾的一幅速写来描述的，速写的标题是《重逢》。杜塞藏书，魏尔伦文档，第二卷，编号7203-152。参见《兰波画册》，第202页。

［79］有关此信的影印件及评论文字，参见史蒂夫·墨菲：《一切都结束了》，载《野性的炫耀》，第6期，1989年6月，第14—54页。

［80］《黑色幽默文选》，射手座出版社，1940年。

［81］1875年11月27日魏尔伦写给德拉艾的信，《魏尔伦书信集》，第三卷，第112—113页。

［82］这幅小画后刊载于《兰波画册》，第203页。

［83］1875年11月27日魏尔伦写给德拉艾的信，《魏尔伦书信集》，第三卷，第112页。这几个字被魏尔伦删掉了。

［84］参见布吉尼翁和乌安在1897年9—10月期《阿登和阿尔贡杂志》（第177页）上发表的文章。

［85］德拉艾：《兰波传》，第62—63页注1。

［86］参见《兰波画册》，第208页。

［87］路易·莱特朗热是沙勒维尔圣母院唱诗班指挥，教他学弹风琴和钢琴。当时他们住在同一幢楼里。参见欧内斯特·莱特朗热：《钢琴课》，载《斑鸫》杂志，1954年10月，第31—32页。在J.-M.卡雷的《阿蒂尔·兰波的文学生活》里（第146—147页），路易·皮埃坎说兰波是在12岁的时候学弹钢琴的，这显然不太可能。

［88］德拉艾：《兰波传》，第63—64页。

［89］参见《兰波画册》，第207页。

［90］这封信收录于"七星文库"版《兰波全集》，第300—301页。这封信最早由阿尔芒·洛兹于1932年4月2日发表在《费加罗报》上。

第四章　爪哇之旅

［91］布吉尼翁和乌安认为他想学亚洲的几种语言，印度斯坦语和阿姆哈拉语，见1897年9—10月期《阿登和阿尔贡杂志》。德拉艾说他开始学阿拉伯语。

［92］同上书，第177页。

［93］德拉艾：《兰波传》，1923年，第65—66页注2。

［93乙］同上。

［94］ 同上书，第64页。

［95］ 杜塞笔记，图版10，后载于《兰波画册》，第212页。标题是《最新消息》。参见德拉艾:《兰波逸事》，载《巴黎及香槟省文学杂志》，1905年，第174—175页。在1876年3月24日写给德拉艾的信里，魏尔伦随信寄去"老科佩"体诗和速写。参见《从未发表过的致其他通信者的信》，第71—72页。

［96］ "维也纳"在此指兰波（因为兰波此时在维也纳），"Artichas"是指阿拉斯，让人联想起他于1872年7月在阿拉斯被捕的事;"布鲁塞尔"显然是指1873年7月间那些令人不快的日子。

［97］ 德拉艾的速写，画在一封寄给魏尔伦的信里，杜塞藏书，魏尔伦文档，编号7203-166。速写影印件载《兰波画册》，第214页。

［98］ 德拉艾:《兰波传》，1923年，第66—67页。

［99］ 魏尔伦写给德拉艾的信。信的部分内容刊载于《魏尔伦作品全集》，"七星文库"丛书，伽利玛出版社，1954年，第1203页。

［100］ 德拉艾的速写《黑人法兰多拉舞》和《黑人国王》，后刊载于伊妮德·斯塔基:《兰波传》（法文版），1982年，第334—335页。

［101］ 在1876年8月4日写给魏尔伦的信里，努沃画了这幅速写，参见《努沃全集》，第843页。

［102］ 在1877年6月16日写给魏尔伦的信里，德拉艾这样称呼兰波。杜塞藏书，魏尔伦文档，第二卷，编号7203-198。

［103］ 参照热尔曼·努沃的一幅画，德拉艾画了这幅速写，并对那幅画的色彩及人物做了解释，《兰波画册》，第221页。

［104］ 这段文字是以1983年2月26日荷兰广播电台及法国文化台所播出的节目为依据的，并参照了让·德吉夫和弗朗索·苏亚索编写的《从沙勒维尔到爪哇，荷兰军队的逃兵阿蒂尔·兰波》。

［105］ 参见兰波入伍登记名录的影印件，《兰波画册》，第216页。

［106］ 逃兵的名单最后被找到了。大家也知道兰波留下的是哪些衣服（参见马尔梅斯坦刊载在《法兰西信使周刊》上的文章，1922年7月15日，第501页），"兰波留下的物品经拍卖后获得1.81荷兰盾的收益，这笔钱转交给萨拉蒂加孤儿院的代表"。

［107］ 参见安德烈·布勒东:《黑色幽默文选》之"雅克·瓦谢"篇:"和战争期间外逃的逃兵所不同的是，瓦谢用另一种手法来反抗，我们可以将此称作内心的逃跑。"

［108］ 参见伊妮德·斯塔基:《兰波传》（法文版），1982年，第396—399页及附件三:"追寻兰波的足迹"，第531—534页，该文最早刊载于《法兰西信使周刊》，1947年5月1日。

［109］ 在为《兰波作品集》（1942年）所作的序言里，克洛岱尔把他称作"卑微的英国水手"，他认为正是斯塔基把兰波描述为一个参与贩卖黑奴的商人。

［110］ V. P. 安德伍德:《兰波在英国》，第202—215页。

［111］ 德拉艾讲述的这段往事在很长时间里都被认为是不可信的，但他毕竟是兰波的主要见证人，他说的话后来也被证实是准确的。参见德拉艾:《兰波传》，1923年，第67—68页。有关兰波返回沙勒维尔一事，还可参见伊莎贝尔·兰波于1896年12月30日写给贝里雄的信，"七星文库"版《兰波全集》，第774页:"他是1876年6月动身去爪哇的，并于12月31日返回沙勒维尔。"

［112］ 《老科佩体诗》，载《魏尔伦全集》，第二卷，第1422页。

［113］ 这件事是德拉艾讲述的，参见德拉艾:《兰波的〈灵光集〉和〈地狱一季〉》，梅桑出版社，1925年，第16页注2。还有一点需要注明的是，早在1871年，卡巴内就把《七音符十四行诗》题献给兰波。

［114］ 这五幅从未发表的漫画附在1877年1月28日写给米约的信（沙勒维尔图书馆馆藏，藏品编号AR-284（72）），这五幅漫画分别是:《在"奥伦治亲王号"上》（《兰波画册》，第218页），《在爪哇》（《兰波画册》，第222页），《在爪哇某镇长家里》《归途暴风雨》《德拉艾和兰波在小酒馆里》（《兰波画册》，

第225页）。

［115］《老科佩体诗》，载《魏尔伦全集》，第二卷，第1422页。

第五章　痴迷的旅行者

［116］《德拉艾：兰波的见证人》，第51页。

［117］这封用英语写的信函影印件后刊载于《兰波画册》，第227页。"5英尺6英寸"相当于1.69米。兰波大概在换算成英制单位时出现了差错，因为在加入荷兰殖民军队的登记册上，他的身高为1.77米。

［118］亨利·泰塔尔在《两个世界》杂志（1948年12月1日）上发表文章《阿蒂尔·兰波和马戏团》，但这篇文章写得含糊不清。

［119］德拉艾写给魏尔伦和米约的信。写给魏尔伦的信参见杜塞藏书，魏尔伦文档，第二卷，编号7203-198；写给米约的信现收藏在沙勒维尔图书馆。

［120］此画后刊载于《兰波画册》，第228页。杜塞藏书，魏尔伦文档，编号7203-187。

［121］此信由格拉夫发表在《人文科学杂志》上，1951年10—12月，第325—332页：《欧内斯特·德拉艾就"脚底生风的人"写给欧内斯特·米约的信》。第二封信里的速写让人联想起1877年8月9日写给魏尔伦信里所附的漫画。

［122］《魏尔伦全集》，第二卷，第1422页。

［123］德拉艾在1907年9—10月期《阿登和阿尔贡杂志》上发表的文章，第180—181页。

［124］《魏尔伦全集》第二卷，第1422页。

［125］"紧闭着嘴唇。罗马所见"（莱昂·迪耶克斯的模仿口吻），载《诅咒诗画集》。

［126］写给魏尔伦的信件部分内容，落款为"沙勒蓬普，1878年9月28日"，魏尔伦文档，第二卷，编号7203-201。

［127］德拉艾：《兰波，熟悉的往事》，载《阿登和阿尔贡杂志》，1907年9—10月，第180—181页。兰波"途经马赛回到圣洛朗，兰波夫人在那里有一座房子，他在那里度过了1878年的冬天"，在《兰波传》（1923年，第70页）里，德拉艾说兰波"开始学习科学知识，看他手里拿着代数和几何书，还有一本机械师手册"。

［128］参见兰波于1878年12月从亚历山大港写给家人的信，在信中说"1878年10月20日"离开罗什村（"七星文库"版《兰波全集》，第307页）。

［129］奈瓦尔：《东方之旅》，沙尔庞捷出版社，1851年，"引言"。参见《奈瓦尔全集》，第二卷，"七星文库"丛书，伽利玛出版社，1984年，第259页。

［130］参见上文引述的信函，"七星文库"版《兰波全集》，第306—307页。

［131］写给家人的信，落款为"塞浦路斯拉纳卡，1879年2月16日"，"七星文库"版《兰波全集》，第308页。参见米列在1984年春季期的 Nota Bene 上发表的文章：《阿蒂尔·兰波的首次塞浦路斯之旅》，第75—86页，该文首次透露出兰波当时所待的地方：波塔莫斯采石场。

［132］这是德拉艾的说法，见《兰波传》，第72页，德拉艾还在《德拉艾：兰波的见证人》（第22—23页）引述了这封信。

［133］她于1897年嫁给皮埃尔·迪富尔。说到皮埃尔·迪富尔（笔名帕泰纳尔·贝里雄）的品德，兰波夫人在1897年3月23日给马拉美写了一封信，3月25日，马拉美给兰波夫人回信，说"她（您）女婿开始变得局促不安了"。

［134］参见上文引述的信函（《德拉艾：兰波的见证人》，第22—23页）以及《兰波传》里的文字（第72页）。德拉艾后来在1897年3月16日给兰波夫人写信，回顾了在他们家度过的那一天："1897年9月在罗什村得到您的盛情款待，我对此一直抱着美好的回忆，那一天也是我最后一次见到好朋友兰波……"

（"七星文库"版《兰波全集》，第784页）。

[135] 在1905年版的《兰波传》里，德拉艾写的是："我不想再去关注文学了。"但在1923年版的《兰波传》里（第72页），他又改写为"我不再想这事了"，这句话的语气感觉有点烦躁。1905年，德拉艾说兰波当时的语气"带着一丝笑意，是那种既开心，又有些厌烦的笑意"（德拉艾-卡扎尔手稿，杜塞珍本，第29号）。

[136] 皮埃尔·珀蒂菲斯以为在此后的几个月里，兰波有可能动身去亚历山大港。但由于兰波一直在发烧，不可能离开马赛，去更远的地方，他大概又返回故乡（《兰波传》，朱利亚出版社，第283页）。

[137] 路易·皮埃坎：《回忆》，载J.-M.卡雷编撰的《阿蒂尔·兰波的文学生活》，第161页。

[138] 两人并没有见面，不过，在一幅讽刺漫画里，德拉艾想象着两人碰了面（参见夏尔·多诺斯：《隐秘的魏尔伦》，1898年，《兰波画册》，第296页）。要说兰波不知道魏尔伦就在附近，那是不可能的。在1896年8月21日写给贝里雄的信中，伊莎贝尔指出："我们的家庭医生目前也给魏尔伦看病，医生告诉我说，魏尔伦在1879年就已染病，他的病是因生活不节制造成的，但医生并没有明确告诉他的病情。"

第四部　非洲的冒险

第一章　亚丁，"丑陋的山岩……"

[1] 1880年5月23日的信。

[2] 特鲁多斯山脚下别墅的立面上贴着一块匾，上面写着："法国天才诗人阿蒂尔·兰波，置自己的名誉于不顾，亲身参与建造这所房子。"

[3] 1880年6月4日的信。

[4] 1880年8月17日的信。

[5] 奥托里诺·罗萨于1884—1896年在哈勒尔为意大利比南菲尔德公司工作。他写了一本回忆录《莱昂·犹大的帝国》，其中有关兰波章节的译文刊载在《兰波研究》杂志第三期上（1972年）："兰波于1880年乘船来到塞浦路斯，此前他曾到过这里，他在一家建筑公司里找到一份差事。在工地上扔一块石头时，不幸砸中一位工人的头部，致其死亡。兰波感到非常害怕，于是赶紧乘船，逃离此地，命运便将他带到亚丁。"

[6] 阿尔弗雷德·巴尔代的日记，《巴尔-阿扎姆，东非回忆录（1880—1887）》（以下简称《巴尔-阿扎姆》），法国科学研究中心出版社，1981年。

[7] 1880年8月17日的信。

[8] 《巴尔-阿扎姆》，第219页。

[9] 同上。阿尔弗雷德·巴尔代在笔记中写道："只是过了很久之后，我才知道他出生在阿登省沙勒维尔。"

[10] 在1880年8月17日的信里，他说每天挣七法郎，但在8月25日的信上却说每天挣六法郎，后来在9月22日的信上说，每天能拿到五法郎，管吃，管住，管洗衣服。

[11] 《巴尔-阿扎姆》，第219页。

[12] 同上书，第220页。

[13] 1880年8月25日的信。

[14] 1885年9月28日的信。

[15] "我可能要去桑给巴尔，那边有许多事情可以做。"在1880年9月22日的信里他这样写道。

[16] 有关时间的描述，参见约瑟夫·蒂比亚纳为《巴尔-阿扎姆》所写的序言，第7页。

[17] 用打字机打印的手稿共有277页，而且一直没有发表过，只是到了1969年，日记的部分节录才发表在

《兰波研究》第一期上，后来以《巴尔－阿扎姆》为标题编纂成书。

［18］ 这是马拉美诗句中的一句。

第二章 哈勒尔，鬣狗的城市

［19］ 合同签署于1880年11月10日，签字者为迪巴，"七星文库"版《兰波全集》，第320页。

［20］ 1880年11月2日的信。

［21］ 同上。

［22］ 阿兰·博莱尔撰写的《兰波在阿比西尼亚》（瑟伊出版社，1984年）就可能招致这样的批评，因为他写的并不像是一部传记，而是一部带有原创色彩的书。

［23］ 不过，巴尔代在《巴尔－阿扎姆》（第233页）里写道："特拉米耶和拉法热先生写信称，兰波和康斯坦丁先生已于12月16日随3号商队出发了，几乎全部商品都由这支商队运送。"

［24］ 本章节后面的文字都是参照巴尔代的《巴尔－阿扎姆》编写的，尤其是参照该书的第7—12章。

［25］ 有关兰波夫人购买这块地产一事，参见戈德绍少校：《不变的阿蒂·兰波》，尼斯，1936年，上册，第62—63页："以在哈扎尔当教师的让－尼古拉－阿蒂·兰波的名义购入一块37.7公亩的地产。"

［26］ 1891年弗雷德里克·兰波写给鲁道夫·达尔藏的信："我弟弟现在哈勒尔，或霍洛尔，我只知道他是在做生意。""七星文库"版《兰波全集》，第713页。

［27］ 阿波利奈尔所著《烧酒集》中的诗句。

［28］ 1880年12月13日的信。

［29］ 我们参见多位作家的描述，来再现这座城市的风貌，这些描述并不一定完全一样。参见《巴尔－阿扎姆》第13—15章；朱尔·博雷利：《南埃塞俄比亚》，印刷出版联社，1890年；乌戈·费朗蒂：《哈勒尔来信》，米兰，1896年；罗贝奇·布里奇蒂：《哈勒尔城》，米兰，加利·基埃萨出版社，1896年；亨利·德蒙弗雷德：《孟尼利克》，格拉塞出版社，1954年。

［30］ 根据巴尔代的回忆，办事处最初于1880年8月22日设在法拉斯附近，1881年4月，他返回哈勒尔时，似乎又描绘了另一处更大的办事驻地，参见《巴尔－阿扎姆》，第262—266页。

［31］ 1881年1月15日的信。

［32］ 同上。在读《巴尔－阿扎姆》时，我们注意到巴尔代在1881年1月返回法国，并加入法国地理学会，地理学会总干事夏尔·莫诺瓦大概给他推荐了几本书，其中有卡特布鲁内的《旅行手册》。兰波在此引用了巴尔代在信中所提到的几本书，但并没有明确说明书的作者。在1881年5月4日写给母亲的信中，明确写出作者和出版社的名字。

［33］ 在写给一个名叫博坦先生的信中，他开门见山地写道："我希望能把精密仪器推销到东方……"

［34］ 《与诗人谈花》那首诗里提到菲吉耶的名字。

［35］ 1881年2月15日的信。

［36］ 1897年7月7日巴尔代写给贝里雄的信，载《有关兰波的新文献》，《法兰西信使周刊》，1939年5月15日，第14页、第18—19页："他刚刚染上梅毒……嘴上留下明显的痕迹。"

［37］ 1881年2月15日的信。

［38］ 同上。是一个阿拉伯文小册子，标题为《玩笑及文字游戏》，还有"一套对话和歌曲集什么的，这些资料对学习语言很有用"。

［39］ 1881年3月12日的信。

［40］ 1881年2月15日的信。在同年5月4日的信里，他写道："有人在巴拿马工作吗？"

［41］ 1881年4月16日的信。

［42］ 1881年5月4日的信。

[43] 《巴尔-阿扎姆》，第274页。

[44] 1881年5月25日的信。

[45] 《渴之喜剧》。

[46] 1881年9月2日的信。

[47] 1881年7月22日的信："健康和生命不是比世界上其他乱七八糟的东西都更宝贵吗？"

[48] 在1881年8月5日的信中，他提到第一次汇去2468法郎。

[49] 1881年11月7日的信。

[50] 1881年7月2日的信："我没有违反军法吧？关于这事我还是什么也不知道。"7月22日的信："我要确信没有违反军法。"9月22日的信："有关服兵役的事，我一直以为自己没错，要是真有错，我会很恼火的。你们再去打听得准确一些。过一阵子，我要去亚丁申请护照，为此我要给领事馆一个解释。"11月7日的信："我相信这个二十八天的事会悄然无息地过去……难道你们真的希望就因为这二十八天的事，我把自己所做的一切都毁了吗？"

[51] 1881年9月22日的信："二十天前，我递交了辞呈……"

[52] 皮埃尔·巴尔代给他哥哥的信："这段路途走得很顺当，没感觉累就到了……"《巴尔-阿扎姆》，第318页。

[53] 1881年12月9日的信。"不要再往哈勒尔给我寄信。我很快就要离开这里……回到亚丁之后，我打算换个工作。"在1882年1月18日的信里，兰波说在"等着和公司解除聘用合同"。1882年3月，阿尔弗雷德·巴尔代返回亚丁，在日记中写道："阿蒂尔·兰波在亚丁任我的助理。"（《巴尔-阿扎姆》，第321页）

第三章 "累人的任务"

[54] 1882年1月18日的信。

[55] 写给德拉艾的信，德拉艾当时住在巴黎，信件是附在寄给家人的信里。

[56] 写给巴黎军火商德维斯莫的信，该信附在寄给家人的信里。

[57] 1882年2月12日的信。

[58] 1882年3月6日，迪巴先生写给勒杜先生的信。

[59] 1882年4月15日的信："一个月之后，我要么返回哈勒尔，要么在去桑给巴尔的路上。"

[60] 1882年5月10日的信。

[61] "我感觉愚蠢翅膀之风从身上飘过"，这是波德莱尔在1862年1月23日谱写的散文《火箭》中的片段（《波德莱尔全集》，"七星文库"丛书，伽利玛出版社，1975年，第二卷，第668页）。

[62] 1882年7月10日的信。

[63] 1882年9月10日的信。

[64] 1882年9月28日的信。

[65] 参见1881年9月30日皮埃尔·拉巴蒂写给阿尔弗雷德·巴尔代的信，《巴尔-阿扎姆》，第298页。

[66] 其实他早已计划好了，在1881年1月12日写给家人的信里就透露了这个想法："我们让人弄来一架照相机，我把这边的风土人情拍些照片寄给你们。"1月9日，潘沙从哈勒尔给巴尔代写了一封信："照相机在这里还是很有用的，确实有很多有意思的东西，我以后可以寄您。此外我还给迪巴先生写了信，他在这方面很在行。他会给您提供更详细的信息。"《巴尔-阿扎姆》引述了这封信，第234页。

[67] 波德莱尔：《1859年的沙龙：现代公众与摄影术》，后刊载于《美学奇观》，米歇尔·勒维兄弟出版社，1868年。波德莱尔描述的是银版摄影法，而兰波所采用的是当代摄影术，即用相纸洗印的方法。

[68] "噢，平静的摄影师，/你拍摄的森林和草场，/映出多姿多彩的植物/宛如敞口玻璃瓶塞！"

[69] 信是10月20日从里昂寄出来的，在1882年11月3日的信中，兰波把这个消息告诉给家人。

［70］ 1882年12月8日写给母亲的信。

［71］ 1883年3月19日的信。

［72］ 1883年3月19日的信："我明天动身去泽拉。" 1883年3月20日的信："写这封信就是想告诉你们，我续签了聘用合同，将在这家公司里一直工作到1885年12月底。"

［73］ 1883年1月15日的信。

［74］ 1883年3月14日和19日的信。

［75］ 1883年1月6日的信。兰波在信中补充道："况且，我还能从那边（指哈勒尔）拿到利润提成。"

［76］ 1883年3月20日的信。

［77］ 1883年1月28日写给法国驻亚丁领事德·加斯帕里先生的信。在这个事件当中，阿尔弗雷德·巴尔代支持兰波，毫不犹豫地开除了阿里·舍马克。参见《有关兰波的新文献》，《法兰西信使周刊》，1939年5月15日。

［78］ 1882年3月20日的信。

［79］ 1883年3月19日的信："我想在四五年内尽快能挣到五万法郎，然后就结婚成家。"在1883年5月6日的信中，他又写道："对于我来说，遗憾的是我没有结婚，没有成家立业。"

［80］ 1883年5月6日的信。

［81］ 在阿兰·博莱尔的专著《一个号称商人的兰波》（拉施纳和利特出版社，1983年）里，这些照片复制得很清晰。

［82］ 克洛岱尔后来就是这样描述的："一个晒得黝黑的人，光头，赤脚，身上穿的衣服倒像是犯人穿的号衣，他过去是那么敬佩这些犯人。"为《兰波全集》所作的序，法兰西信使出版社，1912年。

［83］ 1883年5月6日的信。

［84］ 同上。

［85］ 《圣经·创世记》第2章第18节。

［86］ 1883年5月6日的信。

［87］ 《地狱一季》之《坏血》。

［88］ 1883年5月20日的信。

［89］ 1883年7月24日阿尔弗雷德·巴尔代从维希写给兰波的信，"七星文库"版《兰波全集》，第366—367页。

［90］ 巴尔代把这本书借给了阿尔及尔图书馆的馆长，但此人并没有把书还给他。巴尔代当时想把此书赠送给法国地理学会。不过此书的第一卷由勒内·巴塞翻译成法语，并在巴黎出版发行。参见《巴尔-阿扎姆》，第15、第47页。

［91］ 兰波写给阿尔弗雷德（当时在马赛）的信，落款时间为"1883年8月16日于哈勒尔"。

［92］ 1883年8月25日，兰波写给马泽朗、维亚内和巴尔代先生的信。

［93］ 这份报告写于1883年12月10日。阿尔弗雷德·巴尔代后来明确指出："有关欧加登地区的精确描述是兰波根据所搜集的资料撰写的，所有的笔记都是由索蒂罗提供的……"参见《巴尔-阿扎姆》，第328页。

［94］ 兰波寄给巴尔代的报告更完整，巴尔代后来将报告的部分内容刊载在《巴尔-阿扎姆》里，第329页。

［95］ 参见1884年1月14日和4月24日兰波写给家人的信。

［96］ 1884年4月24日的信："经过六个星期的旅行，穿越一片片不毛之地，我终于来到亚丁。"

［97］ 1884年5月5日的信。

［97乙］1884年2月1日的信，信件的签署人为学会秘书长C.莫努瓦和学会档案管理员詹姆斯·杰克逊。信件从马赛寄出，委托马泽朗、维亚内和巴尔代先生转交。

［97丙］保罗·尼赞：《阿拉伯半岛：亚丁》，马斯佩罗出版社，1960年。

［98］ 1884年5月5日的信。

［99］ 同上。

［100］ 1884年5月29日的信。

［101］ 同上。

［102］ 1884年6月19日的信。

［103］ 1884年7月10日的信："我最好还是留下来，挣点儿小钱。"

［104］ 1884年9月10日的信。

［105］ 同上。

［106］ 同上。

［107］ 印章影印件后刊载于《兰波画册》，第254页。乌戈·费朗蒂后来说："认识兰波的人都说他是穆斯林。"参见皮埃尔·珀蒂菲斯：《阿蒂尔·兰波那不被人熟知的往事》，载《法兰西信使周刊》，1955年1月1日。在写给保罗·克洛岱尔的一封信中（见伊莎贝尔·兰波：《圣物盒》，第89页），法国总督莱昂斯·拉加德写道："他所梦想的事情，当地人和穆斯林首领都弄不懂……但他们却把他当作传达天意的人，许多'忠实的信徒'都热切地聚集在他身边……"其实兰波是在给他们念《古兰经》（因为兰波会讲阿拉伯语），以便近距离地接触他们，更好地理解他们。

［108］ 1884年10月7日的信。

［109］ 同上，这是在暗指弗雷德里克在1870年离家出走的事，他悄悄跟随一支部队一直走到梅斯。

［110］ 同上。

［111］ 1884年12月30日的信。

［112］ 合同复印件刊载于"七星文库"版《兰波全集》，第395页。

［113］ 1884年12月30日的信。

［114］ 1885年4月14日的信。

［115］ 引自《地狱一季》之《言语炼金术》。

［116］ 1885年1月15日的信。

［117］ 同上。

［118］ 1885年4月14日的信。

［119］ 同上。

［120］ 1885年5月26日的信。

［121］ 巴尔代写给贝里雄的信，参见《有关兰波的新文献》，《法兰西信使周刊》，1939年5月15日。

［122］ 1885年5月2—17日的信，该信的影印件刊载于《兰波画册》，第259页。

［123］ 在1877年11月7日写给魏尔伦的信中，努沃将德拉艾称为"德拉于普"，《努沃全集》，第849页。参见努沃于1893年12月12日从阿尔及写给兰波的信："已经将近两年没有看到魏尔伦了，而且也没看到德拉于普。"（"七星文库"版《兰波全集》，第743页）

［124］ 这是巴尔代对让-保罗·瓦扬说的话（参见《真实的兰波》，红与黑出版社，1930年）。

［125］ 1885年9月28日的信。

［126］ 1885年10月22日的信。

［127］ 1885年9月写给弗朗佐的信："我把她从绍阿带过来真是太蠢了，希望把她送走不是一件蠢事。"

［128］ 1897年7月22日弗朗索瓦兹·格里萨尔从马赛给贝里雄的信，后载入《让-阿蒂尔·兰波的生活》，法兰西信使出版社，1897年，第158—159页。在1897年7月16日写给贝里雄的信中，巴尔代做了详细的补充："他是在亚丁认识的这位阿比西尼亚女子，并在1884至1886年一直和她在一起。两人的关系很亲密，兰波最初和我们住在一起，后来他在外面租了一间房，搬出去和女友住在一起，只是上班时间才

来办事处。"(《法兰西信使周刊》,1939年5月15日)

[129] 奈瓦尔:《东方之旅》,"开罗妇女"及"单身者的麻烦"的章节。"您的邻居身边都有女人,您要是没有女人,他们会担心,况且这里的风俗就是要有女人陪在身边。"一位酋长这样告诉奈瓦尔,奈瓦尔后来聘用一个女奴。

[129乙]《莱昂·犹大的帝国——阿比西尼亚散记》,布雷西亚出版社,1913年,这本书仅印了100本,而且不上市销售,全书共235页,含148幅照片。这里所说的照片刊载在第207页上。照片后来转载于《兰波研究》,第3期,1972年,第6页。这幅照片还刊载在阿兰·博莱尔所著《阿拉伯半岛上的兰波》里,第56页(瑟伊出版社,1991年)。

[130] 伊莎贝尔·兰波于1892年2月19日写给法国驻亚丁领事的信:"八年来,他在哈勒尔雇了一个名叫佳米的当地人做用人。"这样说来,他是从1883年开始雇用此人,因为伊莎贝尔说的是兰波在那里生活的最后一年(1891年)。

[130乙]贝里雄:《让-阿蒂尔·兰波的生活》,第256页(倒数第2页)。

第四章 绍阿的军火商

[131] 1885年9月28日的信。

[132] 这些细节都是兰波和拉巴蒂于1886年4月15日写给外交部部长的信件中讲述的。

[133] 1885年11月18日的信。

[134] 1885年12月3日的信,还可参见1886年2月28日的信:"非洲的瑞士,四季如春,满目苍翠,生活惬意、自由。"

[135] 同上。

[136] 1885年10月22日的信。

[137] 1885年10月14日颁发的证书,参见"七星文库"版《兰波全集》,第404—405页。

[138] 阿尔弗雷德·巴尔代:《巴尔-阿扎姆》,第340页:"铁锅、铁杯,用于烧烤的圆形铁板。"

[139] 1885年11月18日的信。

[140] 有关塔朱拉港的描述,参见朱尔·博雷利:《南埃塞俄比亚》,1890年,还可参见兰波于1885年12月3日写的信。

[141] 乌戈·费朗蒂:《致奥托内·尚泽尔的信》,刊载于《意大利信使》杂志,1923年9月16日,法译本刊载于《新文学》杂志,1923年10月20日。

[142] 1886年1月31日的信。

[143] 1886年1月2日的信。

[144] 1886年1月6日的信。

[145] 1886年4月15日的信。

[146] 1887年11月9日写给法国领事德·加斯帕里的信。

[147] 有关这个问题,参见马里奥·马图奇:《兰波在非洲的最后面孔》,此文后编入《兰波的两副面孔》,拉巴科尼耶出版社,1986年。马图奇还提到安蒂诺利侯爵、孟尼利克和朱尔·博雷利的信(1939年3月21日),所有这些信件都认为斯塔基有关兰波贩卖黑奴的猜测是站不住脚的。

[148] 刊载于苏珊·布里耶的《我们的同胞兰波》,拉丁新出版社,1956年。

[149] 伊妮德·斯塔基:《兰波在阿比西尼亚》,第111页。

[150] 1885年6月4日叙埃尔写给兰波的信,允许他做这笔买卖,"七星文库"版《兰波全集》,第420页。

[151] 1886年7月3日叙埃尔写给兰波的信。

[152] "由于索莱耶也去世了,我原本是要和他的商队会合的,我只好独自一人动身了。"1886年9月15日写

给家人的信。

［153］ 尽管如此，索莱耶购买的几千支枪在海边存放了很长时间，兰波后来给"埃及博斯普鲁斯海峡号"的老板写信（1887年8月20日）："已故索莱耶所购买的几千支雷明顿猎枪还存放在村子的椰树林里，已经在那里存放了十九个月了。"

［154］ 1886年7月9日写给家人的信："一支商队在途中遭到奇袭，因为商队保护措施做得不好。"

［155］ 1887年11月9日写给德·加斯帕里先生的信。

［156］ 这次远征的描述是根据兰波写给"埃及博斯普鲁斯海峡号"老板的信以及朱尔·博雷利的《南埃塞俄比亚》的部分段落撰写的。

［157］ 这些细节写在1887年11月9日寄给德·加斯帕里先生的信里。

［158］ 阿卜杜拉不承认绍阿与哈勒尔之间的边界线，把一座阿比西尼亚哨卡里的人都赶跑了，他认为这些人在蚕食自己的领土。此外，他还把途径其领地的一个意大利传教士使团给杀害了。

［159］ 即1887年11月9日的信。

［160］ 朱尔·博雷利：《南埃塞俄比亚》，第201页。

［161］ 1885年11月18日的信。兰波要家人给他寄"达巴迪先生编写的《昂巴拉语字典》（用拉丁文标音）"。昂巴拉语是阿比西尼亚北部地区人讲的一种语言。哈勒尔人讲一种很特殊的方言。

［161乙］ 朱尔·博雷利的信，贝里雄在《让-阿蒂尔·兰波的生活》中引述了这封信，第183页。

［162］ 这段文字描述是参照朱尔·博雷利的《南埃塞俄比亚》撰写的，第99页。

［163］ 有关阿尔弗雷德·伊格的介绍，参见让·弗尔米为《1888—1891年阿尔弗雷德·伊格通信录》撰写的序言，伽利玛出版社，1965年。

［164］ 1887年11月9日写给德·加斯帕里先生的信。

［165］ 朱尔·博雷利的《南埃塞俄比亚》，第219页。

［166］ 同上书，第412页。

［167］ 参见马里奥·马图奇：《兰波的两副面孔》，第140页注68。

［168］ 1887年8月26日兰波写信给巴尔代，简单陈述了他将行走的路线，他还把这封信寄给了法国地理学会，此信刊载在1887年11月4日的会议纪要上，我是按照兰波这封信来描述这条路线的。大家可以和博雷利在《南埃塞俄比亚》里所描述的路线做一番对比。

［169］ 朱尔·博雷利的《南埃塞俄比亚》，第234页。

［170］ 同上书，第235页："兰波超过我，走到我前面去了。他想今晚抵达目的地。经过六个小时的跋涉之后，我们来到奥博塔森林边上，来到雅巴塔湖边，雅巴塔湖是哈勒尔城外围最小的一座湖。环湖行走五个小时之后，我在阿罗设立起露营地。"

［171］ 1887年8月20日，兰波写给"埃及博斯普鲁斯海峡号"老板的信："涌进城里的阿比西尼亚人把这座城市弄成一个可怕的垃圾场……"1887年8月26日兰波写给巴尔代的信："这座城市已变成一个垃圾场。"

［172］ 写给"埃及博斯普鲁斯海峡号"老板的信。

［173］ 1936年9月朱尔·博雷利写给斯塔基的信，后被斯塔基编入到《兰波在阿比西尼亚》中，帕约出版社，1938年。

第五章　赴埃及休假之后重返哈勒尔

［174］ 1887年7月30日兰波写给德·加斯帕里先生的信。

［175］ 1887年8月5日，法国驻马萨瓦领事（亚历山大·梅西尼耶）写给法国驻亚丁领事（德·加斯帕里）的信。

［176］ 1887年8月12日梅西尼耶写给格里马尔迪-雷吉斯侯爵的信。

［177］ 巴尔代把兰波寄给他的旅途日记中"有意思的片段"寄给法国地理学会。地理学会秘书长莫努瓦先生于1887年10月4日写信，把这事告诉给兰波。

［178］ 1887年8月23日写给家人的信。

［179］ 同上。

［180］ 同上。

［181］ 同上。

［182］ 这是在滑稽地模仿马塞尔·蒂里的诗句："听闻温哥华的名字，你脸色变得苍白"，他的一部诗集也用此诗句做标题（托纳出版社）。

［183］ 1887年8月24日写给他母亲的信。

［184］ 在同一封信里，兰波向母亲索要五百法郎，"否则我会赶不上那班汽轮，汽轮每月只有一个班次，在15—18日之间开船"。

［185］ 兰波的名字用大写字母刻在阿蒙诺菲斯三世诞生厅的西墙上。让·科克托（《戏剧巡回演出日记》，伽利玛出版社，1949年，第115页）、亨利·斯蒂尔林（《形与色》，1949年3月）、泰奥菲勒·布里昂（《海鸥》杂志，第90期，1949年3月）等人都看到过这块圈。阿兰·博莱尔以丰富的想象力描绘出兰波埃及之旅的美好时刻（《兰波在阿比西尼亚》，第12章）。

［186］ 1887年10月8日的信。

［187］ 同上。

［187乙］1887年10月12日的信。1887年12月3日他收到法国领事的回信。

［187丙］1887年11月3日写给加斯帕里先生的信。

［188］ 1887年11月5日的信。

［189］ 1887年11月22日的信。

［190］ 1887年11月5日的信。

［191］ 1887年12月15日写给家人的信。参见1889年10月7—10日写给伊格的信："我要是不在这儿长期住下来，会给《时代》杂志写稿子，向大家详述此地的经济形势……"

［192］ 1888年2月13日萨乌雷写给伊格的信。

［193］ 在评论《元音》时，弗朗索瓦·科佩就是这样抨击兰波的，《政治文学年鉴》，1893年3月5日。

［194］ 杂志分别在第5期（5月13日）、第6期（5月29日）、第7期（6月7日）、第8期（6月13日）及第9期（6月21日）上刊载了《灵光集》。1886年年底，杂志将已发表过的诗文整合为一本小册子，出版单行本。

［195］ 此信于1888年2月29日写为阿尔热莱斯。1983年12月15日，该信在德鲁奥拍卖。贝里雄和博莱尔分别在各自的专著《让-阿蒂尔·兰波的一生》（第203页）及《一个号称商人的兰波》（第79页）里引述了这封信的部分内容。

［196］ 1887年12月15日，兰波给海军及殖民事务部写信，这封信附在寄给家人的信里。

［197］ 官方回信的落款日期为1888年1月18日，由阿登省议员法戈先生转交给兰波。

［198］ 1888年1月25日兰波写给家人的信，但他尚未收到费利克斯·富尔的回信。

［199］ 同上。

［200］ 没有标题的诗句，此诗通常被编入到《新诗》里。

［201］ 1888年1月25日写给家人的信。

［202］ 1888年1月14日萨乌雷写给兰波的信，是对兰波写于1887年12月22日的回信。

［203］ 1888年1月27日萨乌雷写给兰波的信。

［204］ 1888年4月26日萨乌雷写给兰波的信（写自奥博克）。

［205］ 1889年2月25日兰波从哈勒尔给朱尔·博雷利写的信："我们收到萨乌雷先生派过来的二百五十只骆驼，

这笔买卖终于做成了，您走了几个星期之后，萨乌雷才来到这里……"（博雷利于1888年10月初离开哈勒尔）

[206] 1888年5月2日法国副国务秘书写给兰波的信。

[207] 1888年5月15日法国副国务秘书写给兰波的信。

[208] 1888年2月1日写给伊格的信。

[209] 同上。

[210] 1888年2月19日伊格写给兰波的信。

[211] 同上。

[212] 兰波在1888年3月29日写给伊格的信中讲述了这些细节，后来在4月4日写给家人的信里也对此做了详细描述。

[213] 参照兰波在1888年3月29日写给伊格的信编写。

[214] 参见兰波在1888年6月25日写给伊格的信。

[215] 兰波写给伊格的信，由亚丁寄出，落款日期为"1888年4月12日"。

[216] 1888年5月3日写给巴尔代的信。1888年6月4日在寄给法国地理学会的信函中，巴尔代引述了兰波的信，在1888年7月15日举行的学会会议上，宣读了兰波提供的相关信息。

[217] 参见斯塔基：《兰波在阿比西尼亚》，第154—155页。

[218] 有关这两个文本的具体材料，参见马图奇的《兰波在非洲的最后面孔》中的影印件，载《兰波的两副面孔》，第172—174页。

[219] 同上书，第158页。

[220] 1888年8月4日的信："在整个阿比西尼亚，仅有二十来个欧洲人，相比其他地方，哈勒尔倒是聚集欧洲人最多的城市，大概有十二个欧洲人，我是唯一的法国人，还有一个由三位神父组成的天主教使团，其中一位神父也是法国人，他们在教黑人孩子学文化。"

[221] 同上。

[222] 同上。

[223] 1888年6月25日兰波写给伊格的信："我一直在订购这些'奇特、可憎的物品'，我在亚丁的生意伙伴蒂昂先生对此感到很恼火。"

[224] 1888年11月10日写给家人的信。

[225] 同上。

[226] 在1889年2月25日写给朱尔·博雷利的信里，兰波描述了这座城市的变化。

[227] 1889年7月1日写给伊格的信。

[228] 1889年8月24日写给伊格的信。

[229] 1889年8月26日写给伊格的信。

[230] 1889年9月7日写给伊格的信。

[231] 同上。

[232] 同上。

[233] 在1889年10月10日写给伊格的信里列举了商品盘点后的数量。

[234] 1889年7月1日写给伊格的信。

[235] 1889年6月16日伊格写给兰波的信。

[236] 1889年10月26日伊格写给兰波的信。

[237] 1889年9月25日的信，此信最早以影印件形式刊载在《让－阿蒂尔·兰波通信集：埃及、阿拉伯半岛、埃塞俄比亚》一书里，法兰西信使出版社，1899年。

[238] 1889年10月7日写给伊格的信。

[239] 1889年12月20日写给伊格的信。

[240] 1889年10月7日写给伊格的信："随信寄上有关绍阿使团的相关报道，只要有这方面内容的文字，我都会给您寄过去。"

[241] 1889年11月16日写给伊格的信。

[242] 阿波利奈尔写在《空地》中的诗句。

[243] 1889年5月18日写给母亲和妹妹的信。

[244] 《阿多雷·弗卢拜特没落记》有两个版本，一个是《吕戴斯》杂志版本，另一个是瓦尼耶出版社的版本，两个版本都是在1885年出版的。后文引述的十四行诗分别刊载于《颓废派艺术》杂志1888年5月下半月期和9月下半月期。

[245] 阿尔芒·萨乌雷写给兰波的信，落款为"1889年12月10日于巴黎"。

[246] 1890年1月8日塞泽尔·蒂昂写给兰波夫人的信。

[247] 1889年12月20日写给伊格的信："有人竟然拿劣质咖啡来支付我的货物，这些咖啡太脏，且杂质太多，这类货在亚丁只能以低于市场价四分之一的价格卖出去，有时甚至要半价才能卖出去。"

[248] 1890年1月27日写给德尚的信："路过此地的谢夫纳先生……"

[249] 1889年2月25日写给母亲和妹妹的信。

[250] 同上。

[251] 1897年7月7日，阿尔弗雷德·巴尔代写给帕泰纳尔·贝里雄的信，刊载于1939年5月15日的《法兰西信使周刊》。

[252] 1888年2月19日伊格写给兰波的信。

[253] 罗伯奇-布里盖蒂：《旅居哈勒尔回忆》，载《意大利地理学会简报》，1891年，第三系列，第四卷，第23—45页。

[254] 萨乌雷写给弗雷德里克·兰波的信，落款为"1897年4月12日于亚的斯亚贝巴"，该信影印件载于《一个号称商人的兰波》，第73—75页。

[255] 1897年8月10日，皮埃尔·巴尔代写给贝里雄的信（从亚丁寄出），载《法兰西信使周刊》，1939年5月15日，第21页。

[256] 1890年2月25日的信。

[257] 皮埃尔·米勒：《兰波性格的另一面》，载《新时代》，第1期，1938年1月。米勒是根据保罗·布尔德在1896年的回忆讲述这段逸事的。

[258] 1890年2月25日的信。

[259] 《地狱一季》之《坏血》第五节中的文字。

[260] "致阿蒂尔·兰波，根据他妹妹画的一幅小画所作，画中他身穿东方式的服装。"在题词下面还写着一句话："迷失的环境让我感到厌烦。——阿·兰波《地狱一季》"此诗首次发表在1893年2月15日的《羽毛笔》杂志上，后被编入《题献》，1894年第二版。

[261] 亨利·吉耶曼在《实话实说》一书中讲述了这件事，第196页。作者是从美国驻亚的斯亚贝巴代表团一个名叫帕多克的人那里听到的，有一位嘉布遣会修士认识兰波，曾对帕多克描述过兰波："这人总是显得很悲伤，甚至显得很忧郁，有时会突然发脾气。兰波在哈勒尔很不受人待见，因为他把马科南公爵看作是当权者的对手，而他喜欢向这些当权者去抱怨，他公开同索马里人和伊萨人搞同性态。"

[262] 1889年4月11日萨乌雷写给兰波的信。在1889年2月10日写给兰波的信里，布雷蒙曾说过："下次见面，我们好好聊聊，再决定是否一起做点儿什么事情，不过，你别再去毒杀哈勒尔的狗了……"

[263] 1891年2月5日写给伊格的信。

［264］ 1890年3月16日写给伊格的信。

［265］ 1890年4月7日写给孟尼利克的信。

［266］ 1890年3月16日写给伊格的信："请赶紧把产品寄给我，我现在特别需要这些产品，因为我要把蒂昂的一部分业务清算掉，以便开发其他业务。"

［267］ 1890年5月9日伊格写给兰波的信。

［268］ 1890年4月21日写给母亲的信。

［269］ 同上。

［270］ 1890年8月10日写给母亲的信。

［271］ 1890年11月10日写给母亲的信。

［272］ 1890年6月10日写给伊格的信。

［273］ 1890年4月兰波写给萨乌雷的信以及同年5月4日萨乌雷写给兰波的信，信由吉布提寄出。

［274］ 1890年9月20日兰波写给伊格的信，把自己的做法向他做了解释。

［275］ 1890年8月23日伊格写给兰波的信。

［276］ 参见马图奇：《兰波的霉运》，后编入《兰波的两副面孔》，第189—200页。

［277］ 在《地狱一季》的开篇，兰波写道："一天晚上，我让'美'坐在我的膝盖上。我感受到她的苦涩。我侮辱了她。"

［278］ 《有关兰波的新文献》，《法兰西信使周刊》，1939年5月15日，第19页。

［279］ 安德烈·蒂昂：《话说兰波》，载《法兰西信使周刊》，1954年10月1日，第21页。

［280］ 魏尔伦：《1884年的阿蒂尔·兰波》，载《当今名人录》，1888年："从1885年起，我们就知道他在亚丁，以继续从事此前在塞浦路斯开启的宏伟的艺术工程……"

第六章　病痛与死亡

［281］ 1890年11月18日写给伊格的信。

［282］ 同上。

［283］ 1891年3月15日伊格的信。

［284］ 1891年1月30日，谢夫纳把票据寄给兰波。1月8日，皇帝颁布诏令，查封兰波的商号。1891年1月30日，伊格给兰波写信，把这事告诉给他。

［285］ 见1891年2月19日泰亚尔在哈勒尔出具的收据。

［286］ 1891年2月20日写给伊格的信。

［287］ 兰波后来在马赛给妹妹写信（1891年7月15日），诉说自己的病情发展得很快。参见他在1891年2月20日写给母亲的信。

［288］ 1891年2月20日兰波写给母亲的信。

［289］ 1891年3月27日兰波的母亲写给兰波的信。

［290］ 参见兰波画的速写，载《兰波画册》，第292页。

［291］ 这段路途的描写是根据兰波的笔记编写的。兰波手稿，杜塞藏品。

［292］ 1891年4月30日，兰波从亚丁写给母亲的信："我给英国医生看了我的膝盖，他看到后惊叫起来，说这是滑膜炎，而且已经到了很危险的程度……"

［293］ 1891年5月21日，兰波从马赛写给母亲和妹妹的信。

［294］ 同上。

［295］ 参见本书第一部注93："我有股骨！我有股骨！我有股骨！/为此四十年来能坐在椅边上扭动/这是我喜欢的硬核桃木椅子。"

［296］ 马拉美在评论兰波的文章里写的话，载《民间文艺小册子》，1896年5月15日。

［297］ 莫里斯·里耶斯是塞泽尔·蒂昂的代理人。从可查的资料来看，里耶斯曾给兰波写过两封信，一封写于1891年8月3日，另一封是1891年9月10日从巴黎写给兰波夫人的。

［298］ 迪米特里·里伽写给兰波的信，落款为"1891年7月15日于哈勒尔"。信的部分内容编入"七星文库"版《兰波全集》，第686页。

［299］ 1891年6月17日写给妹妹伊莎贝尔的信。

［300］ 1891年7月10日写给妹妹伊莎贝尔的信。

［301］ 1891年6月23日写给伊莎贝尔的信。

［302］ 同上。

［303］ 1891年6月20日写给伊莎贝尔的信："我一直在等有关我服兵役一事的调查结果，但不管怎么说，我还是担心会落入别人的圈套……"同年7月2日他又给妹妹写信："对于我来说，我还真怕有圈套，所以我一直犹豫要不要回家。"

［304］ 1891年7月10日写给妹妹的信："一位生病住院的巡警官和我同桌吃饭，他总是拿服兵役的事耍我。"

［305］ 1891年6月29日写给伊莎贝尔的信。

［306］ 1891年7月10日写给伊莎贝尔的信。

［307］ 同上。

［308］ 1891年7月15日写给伊莎贝尔的信。

［309］ 同上。

［310］ 索蒂罗曾在6月21日于亚丁，7月10日、7月25日、8月24日于泽拉给兰波写过信。

［311］ 有关这个月细节，参见伊莎贝尔·兰波的描述：《兰波的最后旅程》，落款为"1897年于沙勒维尔"，后编入《圣物盒》，法兰西信使出版社，1921年。

［312］ 《圣物盒》，第108页。

［313］ 1929年3月15日里耶斯先生写给埃米尔·德尚的信，此信部分段落编入《一个号称商人的兰波》："他在那边给我写了一封信，是最后一封信，信的落款地是'狼窝'，把他做生意的新想法告诉我……他后来拿不动笔了，是他妹妹按照他的口述把这封信写完的。"参见"七星文库"版《兰波全集》，第815—816页。

［314］ 她在《兰波的最后旅程》中做了详细的叙述，第11—123页。

［315］ 玛格丽特·叶尔塔-梅雷拉：《兰波传》，菲尔曼-迪多出版社，1930年。

［316］ 1891年9月22日伊莎贝尔写给母亲的信。

［317］ 里耶斯先生写给埃米尔·德尚的信："主任医师特拉斯图私下里告诉我，兰波入院时诊断有误，正是这种错误的诊断害死了他……"

［318］ 兰波写在《坐客》一诗中的诗句。在1891年9月22日写给母亲的信中，伊莎贝尔说兰波："他眼窝深陷，眼圈发黑。"

［319］ 在同一封信里，伊莎贝尔还写道："他做噩梦。"在《灵光集》之《浪子》里，他讲述了"可怜的兄长"的噩梦。

［320］ 同上。

［321］ 参见《兰波画册》，第309页。

［322］ 1891年10月4日伊莎贝尔写给母亲的信。

［323］ 同上。

［324］ 1891年10月5日伊莎贝尔写给母亲的信："我只求一件事：让他能够寿终正寝。"

［325］ 1891年10月28日伊莎贝尔写给母亲的信。伊莎贝尔将此信发表在《垂死的兰波》一文里，此文最早刊

载在1920年4月15日的《法兰西信使周刊》上。此信手稿（共3.5页）最近（1990年6月27—28日）被公开拍卖。手稿上没有任何涂改的痕迹。克洛岱尔和安德烈·苏亚雷斯复制了这份手稿。有关"兰波之死"的情节，参见亨利·吉耶曼的《实话实说》，第201—208页。

［326］ 同上。

［327］ 同上。出版商认为有必要在注解中明确指出（《圣物盒》，第67页）："在此有必要指出，就在写下这些文字的时候，伊莎贝尔·兰波并不知道她哥哥所创作的文学作品。"

［328］ 1892年12月18日伊莎贝尔写给路易·皮埃坎的信（《圣物盒》，第737页）。

［329］ 1891年10月28日，在寄给母亲的信中，伊莎贝尔写道："他能辨认出所有的人，可他有时却管我叫佳米，但我知道他想这么称呼我，恐怕也是他的梦境使然吧。"

［330］ 在同一封信里，伊莎贝尔还写道："至于说你和阿蒂尔之间通信所说的事，你别指望他那笔钱了。"从1888年年底起，兰波夫人就对儿子在遗嘱里所采取的举措感到担心，正如兰波于1889年1月10日写给妹妹的信中所证实的那样："至于你们所说的捐献遗产，这正是我的想法。实际上，一想到我辛辛苦苦地挣的那点儿钱会让有些人吃喝挥霍掉，而他们甚至连一封信都没给我写过，我就感到很不开心！"显然，兰波是在说他哥哥弗雷德里克。

［331］ 1892年2月19日，伊莎贝尔写给法国驻亚丁领事的信。

［332］ 1892年3月2日塞泽尔·蒂昂写给伊莎贝尔的信。那笔钱是委托托兰主教转交的。

［333］ 1893年11月23日塞泽尔·蒂昂写给伊莎贝尔的信，通知伊莎贝尔钱已经由托兰主教转交给"受益人"。

［334］ "在他去世几周之后，我第一次阅读他的《灵光集》，一边读，一边感到极为激动和震惊。"伊莎贝尔·兰波的这番话编入到《圣物盒》附录里（第199页）。有一篇文章按语指出，伊莎贝尔是在看过夏尔·勒戈菲克发表在《工人》杂志上的文章后，才知道她哥哥在法国文学中的地位。

［335］ 参见邓肯·福布斯：《兰波临终遗言中"阿菲纳尔"的含义》，载《野性的炫耀》，第6期，1989年6月，第144—146页，他认为这大概是指"阿菲纳尔号"轮船，这个词（Al Fanar）在阿拉伯语里含灯塔之意。

［336］ 《圣物盒》（16开本，184页）由鲁道夫·达尔藏撰出版，他还为这部诗集作了序，诗集共刊印了550册。但在鲁道夫·达尔藏的请求下，这个版本被查封了（共查封119册），因为达尔藏声称尚未对序言做最后的修改。

兰波生平和创作年表

1854年

10月20日清晨6点，让-尼古拉-阿蒂尔·兰波诞生在沙勒维尔。父亲弗雷德里克·兰波（生于1814年10月7日）任步兵上尉，母亲维塔丽·居夫（生于1825年3月10日）是一个农庄主的女儿，居夫家在阿蒂尼县罗什村有一所农庄。兰波有一个哥哥，名叫弗雷德里克，生于1853年。

1855—1856年

1855年3月14日至1856年5月28日，兰波上尉参加了克里米亚战争。

1857年

6月4日，兰波的妹妹维多琳-波利娜出生，但在7月就去世了。

1858年

6月15日，兰波的大妹妹维塔丽·兰波出生。

1860年

6月1日，兰波的小妹妹伊莎贝尔·兰波出生。

8月，兰波上尉随部队驻扎在格勒诺布尔。夫妻俩从此便分开生活。

1862年

10月，兰波在罗萨学校上小学三年级。

1865年

在罗萨学校上完六年级上半学期之后，圣诞节假期一结束，他就进入沙勒维尔中学学习。

1868年

借小皇子初领圣体之际，兰波私下里给小皇子写了一封拉丁诗文的信。

1869年

1月15日，《中学教育导报－杜埃学院官方公报》第二期发表了兰波的一首拉丁文诗《小学生的梦想》。

6月1日，这份刊物第11期刊登了兰波的一个诗剧《天使与儿童》。

11月15日，此刊物第22期发表了兰波的另一个拉丁文作品《朱古达》，此文获得学院拉丁诗文比赛的头等奖。年底时，兰波创作出第一首法文诗《孤儿的新年礼物》。

1870年

1月，中学修辞班新来的年轻教员乔治·伊藏巴尔接替弗亚特尔老师教授修辞，兰波与新老师结下深厚的友谊。

1月2日，《大众杂志》发表了他的《孤儿的新年礼物》。

5月24日，兰波给泰奥多尔·德·邦维尔写了信，并附上《感觉》《奥菲利娅》《我们信仰唯一》等三首诗，希望这几首诗能发表在《当代帕尔纳斯》杂志上。

7月19日，法国对普鲁士宣战。兰波创作了十四行诗《九二与九三年的死者》。

8月13日，《讽刺漫画》杂志发表了他的《初夜》。兰波那时还创作出其他一些诗篇，其中包括《另一种形式的维纳斯》以及《妮娜的妙答》。

8月29日，兰波第一次离家出走。他经沙勒罗瓦前往巴黎，并于31日到达巴黎。但刚下火车就被警察逮捕，因为他身上既无车票，也没有钱，接着便被送进马扎监狱。

9月2日，法军在色当战败。拿破仑三世宣告投降。

9月4日，第三共和国宣告成立。

9月5日，在伊藏巴尔的干预下，兰波获释。他来到杜埃，住进伊藏巴尔的姨妈冉德尔小姐家。他在那儿住了半个多月，并利用这个机会将自己的诗工工整整地抄在作业本上，准备送给另一位年轻的诗人保罗·德梅尼。

9月26日，在伊藏巴尔的陪同下，兰波回到沙勒维尔。

10月7日，他再次离家出走，这次他步行经弗梅、吉韦、沙勒罗瓦、最终来到布鲁塞尔。

10月20—30日，他再次来到冉德尔小姐家。

11月1日，兰波夫人要警方出面干预，兰波不得不返回沙勒维尔。由于战争的原因，沙勒维尔中学一直没有开学。兰波度过一段无所事事的阶段，于是他便博览群书，或和好朋友德拉艾出去散步。

1871年

1月1日，普鲁士军队占领了梅济耶尔和沙勒维尔。

1月28日，普法两国签订停战协定。

2月17日，梯也尔执掌政权。

2月25日，兰波乘火车前往巴黎，他在那儿过着流浪的生活，并于3月10日步行返回沙勒维尔。

3月18日，巴黎公社宣告成立。兰波支持起义者，很快便创作出几首讴歌巴黎公社的诗《巴黎战歌》《让娜－玛丽之手》《巴黎人口剧增》，此后他试图为《阿登进步报》工作。

4月中旬至5月初，兰波或许去了巴黎（依照德拉艾的说法）。他参加了自由射手队，并随部队驻扎在巴比伦兵营。

5月13日，兰波给乔治·伊藏巴尔写了一封信，就诗歌的发展阐述了自己的想法，并随信附上《痛苦的心》。

5月15日，兰波给保罗·德梅尼写了一封长信，这就是那封所谓的"通灵人书信"，他进一步阐述了有关诗歌发展的想法，并随信寄去《巴黎战歌》《我的小情人》《蹲着》等诗篇。

6月10日，兰波再次给德梅尼写信，要他把那些抄在作业本上的诗都烧掉，并随信寄去三首新创作的诗:《七岁诗人》《教堂里的穷苦人》以及《滑稽者的心》(此前名为《痛苦的心》)。

8月15日,兰波给邦维尔写信,并寄去那首颇有讽刺意味的《与诗人谈花》。兰波还结识了沙勒维尔的间接税税务员奥古斯特·布列塔尼,此人是魏尔伦的朋友。

9月,兰波先后给魏尔伦寄去两封信,并将《惊呆的孩子》《蹲着》《海关检察员》《失望的心》《坐客》《我的小情人》《初领圣体》《巴黎人口剧增》等诗随信寄给他。魏尔伦给兰波回了信,并建议他到巴黎来。

9月底,兰波怀揣着《醉舟》来到巴黎。他住进魏尔伦的岳父母家,魏尔伦与妻子玛蒂尔德及刚出生的儿子乔治也住在岳父母家里。魏尔伦带兰波参加了一次"丑陋的家伙"晚宴。兰波在晚宴上背诵了《醉舟》,此诗得到大家的一致好评。在后来的一段时间里,兰波常与克罗兄弟、莱昂·瓦拉德、埃米尔·布莱蒙、画家福兰、摄影师埃蒂安·卡尔雅等人交往。

10月,他离开魏尔伦的岳父母家。他在夏尔·克罗的画室里住了一段时间,接着又住进邦维尔借给他的房子里。

10月底,在夏尔·克罗的倡议下,诅咒者文学社创办起来,他们在外国人饭店里租了一间房,作为文学社活动的场所,兰波则和音乐家卡巴内一起住在这个房间里。他为《诅咒诗画集》写过几首诗。

11月中旬,兰波住进一间顶层阁楼里,此楼位于康帕涅街与地狱林荫大道的拐角处。

12月底,画家方坦-拉图尔开始构思《桌子一角》,魏尔伦和兰波都出现在这幅画里。

1872年

魏尔伦和兰波的行径在文学界引起众人议论纷纷。1月下旬,玛蒂尔德决定离开巴黎,而且还带走了儿子。魏尔伦对这种局势感到很担心,于是便建议兰波暂时离开巴黎。兰波只好同意这一安排,并来到阿拉斯,住在魏尔伦的一个亲戚家里。后来他又回到沙勒维尔,在那段时间里常与德拉艾碰面。他在市立图书馆里读了许多杂书,比如法瓦尔的小咏叹调。他还同魏尔伦保持通信联系。

3月15日，玛蒂尔德返回巴黎，似乎与魏尔伦和好如初，但在魏尔伦的鼓动下，兰波也返回巴黎，魏尔伦夫妻之间的关系又恶化了。他住在位于王子先生街的一间顶层阁楼里，那时他写了几首诗，比如《耐心之节日》，还把此前所写的诗重新抄写了一遍，并将这些诗的创作日期都标上"写于1872年5月"。

6月，他住进位于维克多-库赞街的克吕尼旅馆里，旅馆旁边就是巴黎索邦大学。

7月7日，由于无法说服魏尔伦放弃他妻子和儿子，他决定自己独自离开法国，前往比利时。在将绝交信送往魏尔伦家的路上，他碰到了魏尔伦，于是魏尔伦决定离开自己家，和兰波一起走。他们先来到阿拉斯，由于他们行为可疑而被警察逮捕，接着便被警方遣送回巴黎，但他们马不停蹄地离开了巴黎。

7月9日，他们在沙勒维尔中途下车，去见布列塔尼，接着又乘火车前往布鲁塞尔。

7月21日，玛蒂尔德在母亲的陪伴下来到布鲁塞尔，以说服魏尔伦随她们返回巴黎。魏尔伦同意了，但当火车行至边界车站基耶夫兰时，魏尔伦摆脱了她们，决意和兰波待在一起。两位朋友继续留在布鲁塞尔。

9月7日，他们来到奥斯坦德，乘船前往英国，第二天，他们来到多佛尔港。在伦敦，他们住在霍兰德街34号的一间居室里，靠魏尔伦母亲给他们寄过来的钱生活。在这段时间里，他们和流亡在英国的巴黎公社社员建立起联系，魏尔伦继续写他的《无词的浪漫曲》，而兰波则在撰写《灵光集》里的部分诗文。

11月初，兰波将自己的处境告诉母亲。兰波夫人来到巴黎，分别与魏尔伦夫人和玛蒂尔德见了面。她要兰波返回法国。

12月，兰波回到沙勒维尔。

1873年

1月初，孤独的魏尔伦在伦敦病倒了，他写信向亲人求救。他母亲来到伦敦看望他，兰波也赶过来，而且决定留下来。他们俩又在一起生活了。为了能靠教课挣点儿钱，他们专心学习英语，常去大英博物馆的图书馆里翻阅英语教材。

4月4日，由于担心妻子提出的分居诉讼请求获得法院的支持，魏尔伦决定返回法国。他在多佛尔港乘船，经奥斯坦德来到容维尔镇（比利时境内），来到埃弗拉尔姑妈家。

4月11日，兰波也回到罗什村，和家人团聚在一起过复活节。

4月20日，魏尔伦、德拉艾和兰波在布雍镇碰了面。

5月15日，在写给德拉艾的一封信中，兰波声称他想写一本"异教之书"，或一本"黑人之书"，那是"残酷的故事"（他已写完三篇）。

5月25日，魏尔伦和兰波再次动身前往英国。

5月26日，他们参观了列日。

5月27日，他们来到安特卫普。到达伦敦后，他们在坎登镇大学院街8号，向房东史密斯太太租了一间房。他们一直设法去教法语课。他们俩的生活引起流亡在英国的巴黎公社社员的反感。魏尔伦一直设法说服玛蒂尔德留在自己身边，在与兰波吵架之后，愤然离开英国。

7月3日，魏尔伦乘船前往安特卫普，但很快就对自己的冒失举动感到后悔了，于是便给兰波写信，做出解释。

7月4日，在抵达布鲁塞尔之后，魏尔伦分别给他母亲、兰波夫人和玛蒂尔德写了信，他要玛蒂尔德在三天内来找他，否则他将结束自己的生命。

7月5日，魏尔伦夫人来到布鲁塞尔。

7月6日，他给埃德蒙·勒佩勒捷写信，要他关照《无词的浪漫曲》的出版工作，同时确认自己想自杀的念头。

7月7日，他放弃了自杀的想法，同时给兰波拍了电报，说他打算参加卡洛斯军。就在那天晚上，兰波来到布鲁塞尔。他们俩和魏尔伦夫人住进库尔特雷城旅馆。

7月9日，他们俩不停地商谈，争吵，因为兰波明确告诉魏尔伦，准备和他分手，回到沙勒维尔，或者去巴黎。

7月10日，一大清早，魏尔伦便出去买了一把手枪。在双方争论之后，魏尔伦朝兰波开了一枪，打伤了兰波的左手腕。接着，晚上7点左右，兰波坚持要和魏尔伦分手，于是便朝布鲁塞尔南方火车站走去，魏尔伦和他母亲则跟在他身后。在路上，魏尔伦威胁着要掏出手枪，于是兰波便报了警。魏尔伦被警方逮捕。

7月11日，兰波住进圣约翰医院，以便让医生取出左手腕里的子弹。第二天，预审法官来到医院调查取证，兰波做出有利于魏尔伦的证词。

7月19日，他签署了一份撤诉的文书，第二天便出院了。

8月8日，魏尔伦在布鲁塞尔轻罪法庭出庭受审，法庭判处他两年监禁，并处罚金两百法郎。

8月，兰波回到罗什村，创作出《地狱一季》。他将手稿寄给布鲁塞尔的印刷商雅克·波特先生，兰波夫人支付了出版费用的定金。

10月22日，兰波来到布鲁塞尔，取走了送给作者的样书。他前往加尔默罗会修士监狱，因魏尔伦已转到蒙斯监狱，于是便将题着"赠保·魏尔伦，阿·兰波"的一本《地狱一季》留在监狱处。

11月1日，兰波在巴黎将《地狱一季》送给他仅有的几个朋友。他大概在塔布雷咖啡馆结识了热尔曼·努沃。兰波后来又返回沙勒维尔或罗什村，并在那儿度过整个冬天。

1874年

3月中旬，兰波来到巴黎，再次见到热尔曼·努沃。他和努沃一起动身去英国。两个朋友住在斯坦福大街178号，毗邻滑铁卢火车站。兰波在报上刊登启事，以便能找到教法语课的差事。那时，在努沃的帮助下，他似乎将《灵光集》的大部分诗文重新抄写了一遍。

6月，努沃决定返回法国。兰波设法继续留在伦敦，在报纸上刊登启事，以寻找做家庭教师的机会。

7月，兰波感到很失望，于是便给母亲写信，请求帮助。兰波夫人和女儿维塔丽来到伦敦。

7月31日，兰波动身前往一个未知的地方。根据学者安德伍德的研究，兰波到约克郡的斯卡布罗港去工作，他在《灵光集》之《海岬》里提到这个地方。

11月9日，兰波在《泰晤士报》刊登求职启事。

12月29日，兰波回到沙勒维尔，以履行服兵役所需要的手续，由于哥哥要服五年兵役，因此他可以不必去服兵役。

1875年

2月13日，他动身前往斯图加特。在斯图加特，他住在哈森伯格街7号，住在欧内斯特－鲁道夫·瓦格纳的家里。

3月2日，在刑满释放后，魏尔伦来到斯图加特。在两人见面时，兰波大概将《灵光集》的手稿交给魏尔伦。后来两人彻底决裂了，但魏尔伦依然向德拉艾打听兰波的消息。

5月，兰波离开斯图加特，前往意大利。

5月6日或7日，他来到米兰。接着，他穿越整个伦巴第地区。

6月15日，在从里窝那走到锡耶那的路上，他中暑晕倒了。法国驻里窝那领事馆的领事将他送回马赛。此后不久，他打算参加卡洛斯军。

7月，他来到巴黎，在一个暑期班里任代课教师。

10月6日，他回到沙勒维尔，常与好朋友德拉艾、皮埃坎、米约等人碰面。他开始学习外语，而且在学弹钢琴。

12月18日，大妹妹维塔丽因患滑膜结核病去世。

1876年

4月初，兰波动身前往维也纳，但刚到那里，身上带的钱就被人偷走了，于是迫不得已，只好返回沙勒维尔。

5月，兰波来到布鲁塞尔，被拉壮丁的人招募到荷兰殖民军中。他乘火车前往鹿特丹，接着又赶往哈尔德韦克，那里是殖民军招募新士兵的大本营。

6月10日，他随同九十七名新招募的士兵乘"亲王号"船，从新迪耶普港起航。

6月22日，轮船抵达那不勒斯。

7月19日，"亲王号"船抵达苏门答腊岛的沿海城市巴东，接着又向巴达维亚驶去。

7月30日，兰波所属的那个连队来到三宝垄。

8月15日，部队发现兰波开了小差。

8月30日，兰波在三宝垄以假名（埃德温·霍姆斯）登上"流浪首领号"船做水手，这是一艘苏格兰船，正准备经好望角返回英国。

12月6日，兰波在爱尔兰的昆士镇下了船，乘火车前往考克，然后在那儿转乘火车前往利物浦。他在利物浦乘船前往勒哈弗尔港。

12月9日，他返回沙勒维尔。

1877年

整个冬天，兰波都待在沙勒维尔或罗什村。

5月，他来到科隆，为荷兰殖民军招募军人。

5月14日，他在不来梅给美国驻不来梅领事写信，要求加入美国海军。接着，他来到汉堡，接着又到卢瓦塞马戏团工作。

7月，他随卢瓦塞马戏团来到斯德哥尔摩，接着又来到哥本哈根。夏末时节，他返回沙勒维尔。

秋季，他在马赛上船，准备前往亚历山大港，但他病倒了，不得不在意大利的奇维塔韦基亚下船治病。身体康复之后，他前往罗马，接着又返回马赛，最终回到沙勒维尔，并在那里度过整个冬天。

1878年

1月，伦敦的《绅士杂志》发表了兰波的《惊呆的孩子》。

复活节前后，有人在巴黎的拉丁区看见他的身影。

整个夏天，兰波一直待在罗什村。

10月20日，他离开沙勒维尔。他步行穿越孚日地区，穿越瑞士，翻越圣哥达尔山。

11月19日，来到热那亚之后，他乘船前往亚历山大港，在那儿同E.让及蒂亚勒签订了聘用合同，到塞浦路斯的港口城市拉纳卡去工作。

12月16日，他在拉纳卡的一家采石场任监工。

1879年

兰波一直在十分艰苦的条件下工作着，有时还同工人发生争吵。

5月底，他患上伤寒，于是便很快返回法国。他回到罗什，身体逐渐康复了。夏天，他和家人一起忙着夏收。

9月，德拉艾到罗什村来看望他，并在他家住了几天，这是他们俩最后一次碰面。秋天时，兰波想动身去亚历山大港，但刚到马赛，他就发烧了，于是只好返回罗什村。

1880年

兰波在罗什度过整个冬天。

3月，他乘船前往亚历山大港，由于在那儿找不到工作，只好去塞浦路斯。他受聘在特鲁多斯山的工地上当监工。

6月，他辞职后又找到一份薪水更丰厚的工作，但他认为工资太低，于是便辞去这份工作，动身前往非洲。他在荷台达港结识了一位名叫特雷比谢的法国商人，在这位商人的推荐下，他在亚丁受聘于巴尔代贸易公司。

11月10日，他被派往巴尔代公司驻哈勒尔办事处。他先乘船来到泽拉，接着便穿越荒漠地区，最终于12月初来到哈勒尔。

1881年

兰波很难适应这个新职位，尽管这里的气候更舒适。他大概染上了梅毒。

5—6月，兰波到哈勒尔以南五十公里远的布巴萨去开拓市场。

7月，兰波感染了热病，不得不卧床休息。

9月，兰波对未能晋升为办事处主任感到很恼火，于是便提出辞职。

12月15日，他来到亚丁，依然为巴尔代公司工作。

1882年

兰波依然留在亚丁工作，阿尔弗雷德·巴尔代十分信任他。他打算为法国地理学会撰写一本书，介绍哈勒尔和盖拉地区。

1883年

1月28日，兰波打了公司员工阿里·舍马克一记耳光。这个事件通报给法国驻亚丁的领事。阿尔弗雷德·巴尔代支持兰波的举动。

3月20日，兰波与巴尔代公司续签了两年的聘用合同。

3月22日，他动身前往哈勒尔，并担任公司驻哈勒尔办事处主任一职。他在那儿拍摄了一些照片。

8月，兰波派他的同事索蒂罗去考察欧加登地区。

9月，在索蒂罗考察之后，兰波组织了几次探险活动，他本人亲自参加过一次活动。

12月10日，兰波亲自修改索蒂罗的考察报告，并将报告寄给巴尔代，而巴尔代则将报告转交给法国地理学会。

1884年

那篇署名兰波的"欧加登地区考察报告"发表在法国地理学会年会报告上。

3月1日，兰波离开哈勒尔。

4月23日，他来到亚丁。

6月，阿尔弗雷德·巴尔代和他兄弟成立一家新公司，和兰波签了一份六个月的聘用合同。兰波那时和一个阿比西尼亚女子在一起生活。

9月，埃及人撤出哈勒尔，此前哈勒尔一直归埃及管辖。

1885年

1月10日，兰波和皮埃尔·巴尔代续签了一份为期一年的聘用合同。

10月初，兰波决定离开巴尔代兄弟公司，靠贩卖军火挣钱。

10月8日，他与绍阿的商人皮埃尔·拉巴蒂签订了一年的聘用合同。他要率领沙漠商队将军火运送到绍阿，将其交到孟尼利克国王手里。

11月，兰波来到塔朱拉港，来自欧洲的军火将运送到这个港口。

1886年

兰波不得不待在塔朱拉港，因为法国政府禁止向绍阿地区出口武器，但兰波最终还是拿到法国政府特批的许可证。

拉巴蒂因病返回法国，此后不久就去世了。于是，兰波决定和保罗·索莱耶合作。但索莱耶也因脑栓塞于9月9日去世了。

10月，兰波决定独自完成这笔军火交易，将武器运送到绍阿的首府安科伯尔。

这一年，《灵光集》的大部分篇章以及他的"新诗"分期刊载在《时尚》杂志上。同一年，这些诗文汇编成小册子，魏尔伦为这个小册子作了序。

1887年

2月6日，兰波来到安科伯尔，但国王孟尼利克并不在那儿，而在恩托托。于是，他前往恩托托，以很低的价钱将军火卖掉，因为他还要偿还拉巴蒂在绍阿遗留的债务。

5月1日，兰波和探险家朱尔·博雷利一起从恩托托出发，结伴前往哈勒尔。哈勒尔新任总督马科南将武器款支付给他，但未付给他现金，而是支付了汇票。

7月30日，他回到亚丁。由于对此前的业务颇为失望，况且感到身心疲惫，兰波决定去埃及休假。

8月5日，他来到马萨瓦，兑换马科南支付给他的汇票，但由于护照问题，他在马萨瓦耽搁了一段时间。

8月20日，在苏伊士城做短暂停留之后，他来到开罗，并在那儿逗留了五周。

8月25日和27日，《埃及海峡报》连续刊载了他在绍阿的探险手记。

1888年

兰波打算与阿尔芒·萨乌雷合作，将一批武器从沿海一直运送到绍阿，但他没有拿到法国政府的许可。

3月14日，在为自己的商号考察哈勒尔之后，他来到亚丁。

5月3日，他在哈勒尔设立了一家商号，为亚丁的商人塞泽尔·蒂昂做代理。

9—12月，他在哈勒尔接待了许多朋友，如朱尔·博雷利、阿尔芒·萨乌雷、阿尔弗雷德·伊格。

1889年

5月18日，约翰内斯在与伊斯兰激进武装马赫迪交战时不幸中弹身亡。

11月3日，绍阿国王孟尼利克成为阿比西尼亚的皇帝。

12月2日，在写给伊格的一封信中，兰波要他帮忙提供"一匹骡子"和"两个奴隶"。在很长时间内，有人因此认为兰波在从事贩卖黑奴的交易。

1890年

兰波依然在哈勒尔做生意。

7月17日，在写给兰波的信中，《现代法国》杂志社的主任洛朗·德·加沃蒂恩请兰波与文学杂志社合作，称兰波为"颓废派和象征主义流派的首领"。

1891年

年初时，兰波感觉右腿很痛。

3月，他已经走不动了，只好躺在床上管理自己的业务。

3月底，他决定到亚丁去治病。

4月7日，兰波躺在担架上，被人抬着，跨越了三百公里的荒漠地区，最终艰难地抵达泽拉港。

4月19日，他乘船前往亚丁。在亚丁，经诊断后，医生认为他的病情十分严重，有人说他右膝得了骨癌。

5月7日，兰波乘船前往法国。

5月20日，到达马赛之后，他马上被送进圣胎医院。

5月23日，在接到儿子的电报之后，兰波夫人来到马赛。

5月27日，兰波的右腿被截肢。

6月9日，兰波夫人动身返回罗什。

7月23日，兰波出院后，乘火车返回罗什。在罗什期间，他的病情日益恶化。

8月23日，在妹妹的陪伴下，他动身前往马赛，心中的念头却是要在马赛登船前往亚丁。

8月24日，他被送进医院。癌细胞已扩散。兰波全身都瘫痪了。

10月25日，兰波同意向宗教忏悔。

11月9日，兰波向妹妹口述了一封写给法国邮船公司总经理的信，要人把他送上下一艘开往亚丁的船上。

11月10日上午10点，兰波逝世，享年37岁。就在同一天，兰波的诗选《圣物盒》出版了，鲁道夫·达尔藏为这部诗选作了序。

1892年

《灵光集》与《地狱一季》的合订本由瓦尼耶出版社出版，保罗·魏尔伦为这个版本撰写了序言。

1895年

《兰波诗集》由瓦尼耶出版社出版，魏尔伦为全集作序，出版商加上注释。

1898年

《兰波作品集：诗作，灵光集，其他灵光集，地狱一季》由法兰西信使出版社出版，帕泰纳尔·贝里雄和欧内斯特·德拉艾为全集撰写序言。

参考文献

一、有关兰波生平的书籍及文章，所有出版物依照出版年序排列

1883 — Paul Verlaine, «Les poètes maudits, Arthur Rimbaud», *Lutèce, octobre-novembre,* repris en volume dans *Les Poètes maudits,* Vanier, 1884.

1886 — Paul Verlaine, préface aux *Illuminations* d'A. Rimbaud, La Vogue.

1888 — Paul Verlaine, «Arthur Rimbaud», *Les Hommes d'aujourd'hui,* t. VIII, n°318, novembre.

1891 — Rodolphe Darzens, *préface* au *Reliquaire, Poésies,* de Rimbaud, Genonceaux.

    — Louis Pierquin, «Arthur Rimbaud», *Le Courrier des Ardennes,* 30 novembre.

    — Ernest Delahaye, «Sur Rimbaud», *Entretiens politiques et littéraires,* n°21, décembre.

1892 — Charles Maurras, «Poésie, Étude biographique. Arthur Rimbaud», *La Revue encyclopédique,* 1er janvier.

1893 — Louis Pierquin, «Sur Arthur Rimbaud», *Le courrier des Ardennes,* 24 et 31 décembre.

1895 — Paul Verlaine, préface aux *Poésies complètes* d'A. Rimbaud, Vanier.

    — *Idem,* «Arthur Rimbaud», *The Senate,* Londres, octobre.

    — *Idem,* «Nouvelles notes sur Rimbaud», *La Plume,* 15-30 novembre.

1896 — Stéphane Mallarmé, «Arthur Rimbaud», *The Chap Book,* 15 mai repris dans *Divagations,*1897

    — Jean Bourguignon et Charles Houin, «Poètes ardennais : Arthur Rimbaud», «Enfance», *Revue* d'Ardenne *et d'Argonne,* novembre-décembre. Nous noterons désormais cette revue *R.A.A.*

1897 — Jean Bourguignon et Charles Houin, «Rimbaud. Vie littéraire», *R. A. A.*, janvier-février et «Vie d'aventures» *ibid.*, septembre-octobre.

— Paterne Berrichon, *La vie de Jean-Arthur Rimbaud*, Mercure de France.

— Isabelle Rimbaud, «Le dernier voyage d'Arthur Rimbaud», *Revue blanche*, 15 octobre.

1898 — Charles Donos, *Verlaine intime*, Vanier.

1899 — J. Bourguignon et C. Houin, «Vie en Afrique», *R. A. A.*, mai-juin.

1901 — *Idem*, «Rimbaud. Son rôle en Afrique», *R. A. A.*, janvier-février et juillet.

1902 — Edmond Lepelletier, *Paul Verlaine, sa vie, son œuvre*, Mercure de France.

1906 — Ernest Delahaye, *Rimbaud*, Paris-Reims, éd. de la *Revue littéraire de Paris et de Champagne*.

— Victor Segalen, «Les Hors-la-loi. Le double Rimbaud», *Mercure de France*, 15 avril (article republié sous le titre *Le Double Rimbaud*, Fata Morgana, 1979).

1907 — Ernest Delahaye, «À propos de Rimbaud. Souvenirs familiers», dans *R.A.A.*, mars-avril, mai-juin, juillet-août, octobre-novembre, décembre.

1908 — *Idem, R.A.A.*, janiver-février, mars-avril, mai-juin, septembre-octobre, novembre-décembre.

1909 — *Idem, R.A.A.*, mai-juin.

1911 — Georges Izambard, «Lettres retrouvées d'Arthur Rimbaud», *Vers et Proses*, janvier-février.

1912 — Paterne Berrichon, *Jean-Arthur Rimbaud le poète (1854-1873)*, Mercure de France.

— Paul Claudel, préface aux *Œuvres* de Rimbaud, Mercure de France.

1914 — Isabelle Rimbaud, «Rimbaud mystique», *Mercure de France*, 16 juin.

1916 — Léon Losseau, *La légende de la destruction par Rimbaud de l'édition princeps* d'«Une saison en enfer», Bruxelles, L'Imprimerie, tirage à part d'un article de *l'Annuaire de la Société des Bibliophiles et Iconophiles de Belgique* pour 1915.

— Henri Deherain, «La carrière africaine d'Arthur Rimbaud», *Revue de l'histoire des colonies françaises*, 4e trimestre.

1919 — Ernest Delahaye, *Verlaine*, Messein.

1920 — Isabelle Rimbaud, *Mon frère Arthur*, Camille Bloch.

1922 — *Idem, Reliques*, Mercure de France.

— J.-M. Marmelstein, «Rimbaud aux Indes néerlandaises et à Stuttgart», *Mercure de France*, 15 juillet.

1923 — Marcel Coulon, *Le Problème de Rimbaud, poète maudit*, Nîmes, A. Gomès.

— Ernest Delahaye, *Rimbaud, l'artiste et l'être moral*, Messein.

— Ugo Ferrandi, «Lettre à Ottone Schanzer», publiée traduite dans un article intitulé «Du nouveau sur Rimbaud» dans *Les Nouvelles littéraires*, 20 octobre.

1924 — Jean-Marie Carré, «Les souvenirs d'un ami de Rimbaud» (Louis Pierquin), *Mercure de France*, 1er mai.

1925 — Marcel Coulon, *Au cœur de Verlaine et de Rimbaud*, Le Livre.

— Ernest Delahaye, *Souvenirs familiers à propos de Rimbaud, Verlaine et Germain Nouveau*, Messein (repris et commentés dans *Delahaye témoin de Rimbaud*, Neuchâtel, La Baconnière, 1974).

1926 — Jean-Marie Carré, *La Vie aventureuse de J.-A. Rimbaud*, Plon.

— Pierre Mille, «Un saint colonial» (sur Pierre Bourde), *Revue de Paris*, 15 avril.

1927 — Ernest Delahaye, *Les Illuminations et Une saion en enfer d'Arthur Rimbaud*, Messein.

— Georges Izambard, *Arthur Rimbaud à Douai et à Charleville*, Kra.

— Jean Richepin, «Germain Nouveau et Rimbaud, souvenirs inédits», *Revue de France*, 1er janvier.

1928 — Jean-Marie Carré, *Les Deux Rimbaud*, Les Cahiers libres.

— Georges Izambard, «Arthur Rimbaud pendant la Commune. Une lettre inédite de lui. Le Voyant», *La Revue européenne*, octobre.

1929 — Marcel Coulon, La *Vie de Rimbaud et de son œuvre*, Mercure de France.

— François Ruchon, *Jean-Arthur Rimbaud, sa vie, son œuvre, son influence*, Champion.

1930 — Maurice Dullaert, «L'Affaire Verlaine-Rimbaud», Bruxelles, *Nord*, 4e cahier.

— Marguerite Yerta-Melera, *Rimbaud*, Firmin-Didot.

— Jean-Paul Vaillant, *Rimbaud tel qu'il fut*, Le Rouge et le Noir.

1931 — André Fontainas, *Verlaine, Rimbaud. Ce qu'on sait de leurs relations, ce qu'on en présume*, Librairie de France.

1933— Jules Mouquet, «Un témoignage tardif sur Rimbaud» (Paul Labarrière), *Mercure de France*, 15 mai.

— François Porché, *Verlaine tel qu'il fut*, Flammarion.

1934 — Robert Goffin, *Sur les traces d'Arthur Rimbaud*, éd. du Sagittaire.

1935 — Ex-Madame Verlaine, *Mémoires de ma vie*, Flammarion.

1936 — Robert Goffin, *Rimbaud vivant*, Corrêa.

— Colonel Godchot, *Arthur Rimbaud ne varietur*, t.I *(1854-1871)*, à Nice, chez l'auteur.

1937 — *Idem*, t. II *(1871-1873)*, à nice, chez l'auteur.

— Énid Starkie, *Rimbaud in Abyssinia*, Oxford, Charendon Press (publié en français, l'année suivante, éd. Payot).

1938 — D.A. de Graaf, *Arthur Rimbaud homme de lettres*, Assen, Van Gorcum et Cie.

— Vitalie Rimbaud, *Journal présenté* par H. De Bouillane de Lacoste et Henri Matarasso, *Mercure de France*, 15 mai.

— Énid Starkie, *Arthur Rimbaud*, Londres, Faber & Faber (rééd. en 1947 et 1961).

1939 — Jean-Marie Carré, *Vie de Rimbaud*, Plon (éd. de 1926 augmentée de documents).

— Henri Matarasso et Pierre Petitfils, «Nouveaux documents sur Rimbaud» (notamment lettre d'A. Bardey à P. Berrichon), *Mercure de France*, 15 mai.

1941 — Jérôme et Jean Tharaud, «Rimbaud à Harar», *Candide*, 19 novembre.

1942 — Louis Piérard, «L'édition originale *d'Une saison en enfer*», *Poésie 42,* janvier.

1943 — Pierre Arnoult, *Rimbaud,* Albin Michel (nouvelle éd. 1955).

—Auguste Martin, «Verlaine et Rimbaud. Documents inédits tirés des archives de la préfecture de Police», *La Nouvelle Revue française*, 19 février.

1946 — Georges Izambard, *Rimbaud tel que je l'ai connu*, Mercure de France.

— François Ruchon, *Rimbaud. Documents iconographiques*, Genève, Pierre Cailler.

1947 — Énid Starkie, «Sur les traces de Rimbaud», *Mercure de France*, 1er mai.

— Henri Matarasso, «À propos d'un nouveau tableau de Rimbaud», *Mercure de France*, 1er novembre.

1949 — Henry de Bouillane de Lacoste, *Rimbaud et le problème des Illuminations*, Mercure de France.

— Jean-Marie Carré, *Autour de Verlaine et de Rimbaud*, dessins inédits, Cahier Jacques Doucet.

— Jules Lefranc, «Roche. La maison de Rimbaud», *Revue palladienne*, avril-mai.

— Pierre Petitfils, *L'œuvre et le visage de Rimbaud, essai de bibliographie et d'iconographie*, Nizet.

1951 — D.-A. De Graaf, «Deux lettres d'Ernest Delahaye à Ernest Millot sur "l'homme aux semelles de vent"», *Revue des sciences humaines*, octobre-décembre.

1952 — Henry Miller, *Rimbaud*, Lausanne, Mermod.

1953 — Henri Guillemin, «Rimbaud est-il mort chrétiennement?», *Le Figaro littéraire*, 9 mai.

— *Idem*, «Rimbaud fut-il communard?» *Le Figaro littéraire*, 10 octobre. (Ces deux articles repris dans *À vrai dire*, Gallimard, 1956.)

1954 — *Idem*, «Connaissance de Rimbaud, nouveaux documents iné dits», *Mercure de France*, 1er octobre.

— André Tian, «À propos de Rimbaud», *ibid*.

1955 — Pierre Petitfils, «Des souvenirs inconnus sur Rimbaud», *Mercure de France*, 1er janvier.

1956 — Suzanne Briet, *Rimbaud notre prochain*, Nouvelles Éditions latines.

— D.-A.de Graaf, «Autour du dossier de Bruxelles, d'après des documents inédits», *Mercure de France*, 1er juillet.

— Vernon P. Underwood, *Verlaine et l'Angleterre*, Nizet.

1960 — D.-A.de Graaf, *Arthur Rimbaud, sa vie, son œuvre*, Assen, Van Gorcum.

— Franco Petralia, *Bibliographie de Rimbaud en Italie*, Florence, publications de l'Institut français de Florence, Sansoni.

1962 — Henri Matarasso et Pierre Petitfils, *Vie d'Arthur Rimbaud*, préface de Jean Cocteau, Hachette.

1963 — Michaël Pakenham, «Un ami inconnu de Rimbaud et de Debussy», *Revue des sciences humaines*, juillet-septembre.

1965 — André Dhôtel, *La vie de Rimbaud*, Albin Michel.

— Roger Milliex, «Le premier séjour d'Arthur Rimbaud à Chypre», *Kupriakai Spovdai* (repris dans *Nota Bene*, printemps 1984.)

— Jean Voellmy, préface à la *Correspondance de Rimbaud avec Alfred Ilg, 1888-1891*, Gallimard.

1967 — Henri Matarasso et Pierre Petitfils, *Album Rimbaud*, Gallimard, Bibliothèque de la Pléiade, Gallimard.

1968 — Suzanne Briet, *Madame Rimbaud, essai de biographie*, Minard, «Les Lettres modernes».

— M.-A. Ruff, *Rimbaud, l'homme et l'œuvre*, Hatier-Boivin, coll. «Connaissance des Lettres».

1969 — Mario Matucci, *Le Dernier Visage de Rimbaud en Afrique*, Marcel Didier.

1970 — Henry Miller, *Le Temps des assassins*, P.-J. Oswald (traduit par F.-J. Temple).

1971 — Jean Chauvel, *L'Aventure terrestre de Jean-Arthur Rimbaud*, Seghers.

— Michel Decaudin, «Rimbaud et la Commune. Essai de mise au point», *Travaux de linguistique et de littérature*, Strasbourg, IX, 2.

— Pierre Gascar, *Rimbaud et la Commune*, Gallimard, coll. «Idées».

1972 — Yves Reboul, «Les problèmes rimbaldiens traditionnels et le témoignage d'Isabelle Rimbaud», Minard, série «Arthur Rimbaud», 1.

1974 — *Delahaye témoin de Rimbaud*, présenté par F. Eigeldinger et A. Gendre, Neuchâtel, La Baconnière.

1975 — Alain de Mijolla, «La désertion du capitaine Rimbaud», *Revue française de psychanalyse*, mai-juin (repris dans *Les Visiteurs du moi*, Les Belles Lettres, 1981).

— Henri Peyre, *Rimbaud vu par Verlaine*, Nizet.

— André Thisse, *Rimbaud devant Dieu*, J. Corti.

1976 — Yves Reboul, «Les problèmes rimbaldiens traditonnels et le témoignage d'Isabelle Rimbaud», (suite et fin), Minard, *Revue des Lettres modernes*, A. Rimbaud, 3.

兰波传

— Vernon P. Underwood, *Rimbaud et l'Angleterre*, Nizet.

1978 — Gérard Macé, «Rimbaud recently deserted», *La Nouvelle Revue française*, avril-mai (repris dans *Ex-Libris*, Gallimard, coll. «Le Chemin», 1980).

1979 — Duncan Forbes, *Rimbaud in Ethiopia*, Hythe, Volturna Press.

1980 — Alfred Bardey, *Barr-Adjam, souvenirs d'Afrique orientale*, présentés par Joseph Tubiana, éditions du C.N.R.S.

— H. Lubienski-Bodenham, «Le capitaine Rimbaud à Dijon (1864-1878)», *Rimbaud vivant*, n° 18-19.

1982 — Pierre Petitfils, *Rimbaud*, Jilliard, coll. «Les Vivants».

— Énid Starkie, *Rimbaud*, traduction par Alain Borer, Flammarion.

1983 – Alain Borer, *Un sieur Rimbaud se disant négociant*, Lachenal et Ritter.

— Pierre Brunel, *Arthur Rimbaud ou l'éclatant désastre*, Champ Vallon, coll. «Champ poétique».

— *Idem, Rimbaud. Projets et réalisations*, Champion.

— Jean Degives et Frans Suasso, «Arthur Rimbaud, soldat et déserteur de l'armée des Indes néerlandaises», *Nederlanse Omroepstichtting*.

1984 – Alain Borer, *Rimbaud en Abyssinie*, éd. du Seuil, coll. «Fiction & Cie».

1986 — Mario Matucci, *Les deux Visages de Rimbaud*, Neuchâtel, La Baconnière.

1989 — Pol Postal, «À propos du dossier de Bruxelles», *Parade sauvage*, n°6.

1990 — Steve Murphy, *Le Premier Rimband ou l'Apprentissage de la subversion*, éditions du C.N.R.S., Presses universitaires de Lyon.

1991 — Alain Borer, *Rimbaud, l'heure de la fuite*, Gallimard, coll. «Découvertes».

— Alain Jouffroy, *Arthur Rimbaud et la liberté libre*, Éditions du Rocher, coll. «Les Infréquentables».

— Arthur Rimbaud, *Cathier de l'Herne*, sous la direction d'André Guyaux.

— Pierre Michon, *Rimbaud le fils*, Gallimard.

1992 — James Lawler, *Rimbaud's Theatre of the Self*, Cambridge, Harvard University Press.

1993 — Jean-Marie Gleize, *Arthur Rimbaud*, Hachette, «Portraits Littéraires», 1993.

1997 — Philippe Sollers, *Studio*, Gallimard.

1998 — «J'arrive ce matin...», *L'Universo poetico di Arthur Rimbaud*, collectif, a cura di
Giuseppe Marcenaro e Piero Boragina, Milan Electa.

— Succession Jean Hugues, *Arthur Rimbaud-Paul Verlaine*, Paris-Drouot, vente du 20
mars 1998.

— Bibliothèque Jacques Guérin, *Rimbaud-lautréamont*, Paris, Drouot, 17 novembre.

1999 — Claude Jeancolas, *Rimbaud*, Flammarion, «Grandes biographies».

2000 — Jean-Luc Steinmetz, *Les Femmes de Rimbaud*, Zulma, «Grains d'orage».

2001 — Jean-Jacques Lefrère, *Arthur Rimbaud*, A. Fayard.

2002 — Michel Murat, *L'art de Rimbaud*, J. Corri.

Pierre Brunel, *Rimbaud*, Le Livre de Poche, «Références».

2003 — Catalogue *Livres du cabinet de Pierre Berès*, Musée Condé, Château de Chantilly.

2004 — Pierre Brunel, *Éclats de violence. Pour une lecture comparative des* Illuminations, J. Corti.

— Dominique Combe commente Poésies. *Une saison en enfer. Illuminations* d'Arthur
Rimbaud, Gallimard, «Foliothèque», n° 118.

— Catalogue Tajan, Collection des comtes Henri et François Chandon de Briailles et à
divers amateurs, mardi 25 mai 2004.

— Giovanni Dotoli, *Rimbaud, l'Italie et les Italiens* et *Rimbaud ingénieur* (2005),
Schena Editore, Presses de l'Université de Paris.

2006 — Bernard Bousmanne, *Reviens, reviens, cher ami, Rimbaud, Verlaine, L'affaire de
Bruxelles*, Calmann-Lévy.

— *Rimbaud géographe*, «La géographie», n° 1519bis.

— Vitalie Rimbaud, *Journal et autres écrits*, présenté ct annoté par J.-Luc Steinmetz,
Musée-Bibliothèque Arthur Rimbaud.

二、兰波的著作：原始单行本或刊载其诗文的出版物，依出版年序排列

Une saison en enfer, Bruxelles, Alliance typographique, Poot et Cie, 1873.

Les Illuminations, notice de Paul Verlaine, publications de la revue *La Vogue*, 1886 (textes auparavant publiés dans la revue et selon un ordre différent).

Reliquaire. Poésies, préface de Rodolphe Darzens, L. Genonceaux, 1891.

Les Illuminations. Une saison en enfer, notice par Paul Verlaine, Vanier, 1892.

Poésies complètes, préface de Paul Verlaine, Vanier, 1895.

«Cette saison...» (fausse lecture pour «Bethsaïda»), *Revue blanche*, 1er septembre 1897.

Œuvres, préface de Paterne Berrichon et Ernest Delahaye, Mercure de France, 1898.

Lettres de Jean-Arthur Rimbaud: Égypte, Arabie, Éthiopie, avec une introduction et des notes de Paterne Berrichon, Mercure de France, 1899.

Les Déserts de l'amour dans Revue littéraire de Paris et de Champagne, septembre 1906.

Œuvres : vers et prose, préface de Paul Claudel, Mercure de France, 1912.

Les mains de Jeanne-Marie, dans la revue *Littérature*, n°4 juin 1912. Publié la même année aux éditions Au Sans Pareil.

Lettre du 15 mai 1871 à Paul Demeny (dit «du Voyant»), *La Nouvelle Revue française*, 1er octobre 1912.

Les Stupra (trois sonnets é rotiques), sonnets, Imprimerie particulière, date (fausse) de 1871, mise en vente chez Messein, 1923.

Un cœur sous une soutane, avertissement par Aragon et André Breton, Ronald Davis, 1924.

Ce qu'on dit au Poète à propos de fleurs, «Le Livre», 1925.

Lettre du 13 mai 1871 à G. Izambard (première des lettres du «Voyant»), texte et facsimilé, *La Revue européenne*, 10 octobre 1928.

Poèmes de Rimbaud dans *l'Album Zutique*, sous le titre *Album Zutique*, Lyon, éditions de l'Arbalète, Marc Barbezat, 1943.

«À Samarie, plusieurs...»et «L'air léger et charmant de Galilée...» (deux proses «évangélique») dans *Mercure de France*, 1er janvier 1948.

La Chasse spirituelle (apocryphe), Mercure de France, 1949. Texte dénoncé comme faux dans le pamphlet d'André Breton, *Flagrant délit*, Thésée, 1949.

Correspondance avec Alfred Ilg (1888-1891), préface et notes de Jean Voellmy, Gallimard, 1965.

Correspondance, présentation et notes de J.-J. Lefrère, Fayard, 2007.

三、《兰波全集》目前最主要的几个版本

Œuvres complètes, édition présentée et annotée par Antoine Adam, Bibliothèque de la Pléiade, Gallimard, 1972.

Œuvres, introduction et notes par Suzanne Bernard, Classiques Garnier, 1960. Édition revue et corrigée par André Guyaux en 1981, puis 1987.

I. *Poésies*, II. *Vers nouveaux. Une saison en enfer*, III. *Illuminations et choix des dernières lettres*. Édition en 3 volumes, préfaces et notes par Jean-Luc Steinmetz, Garnier-Flammarion, 1989.

Œuvre Vie, sous la direction d'A. Borer, Arléa, 1991.

Œuvre complète. Correspondance par Louis Forestier, R. Laffont «Bouquins», 1992.

L'Œuvre intégrale manuscrite, Textuels, 3 volumes, commentés par Claude Jeancolas, 1996.

Poésie complètes. Une saison en enfer. Illuminations et autres textes, par Pierre Brunel, Le Livre de poche classique, 2 vol., 1998.

Œuvres complètes par Pierre Brunel, le Livere de poche, «Pochothèque», 1999.

Œuvres complètes, I: Poésies par Steve Murphy, Honoré Champion, 1999.

Poésies. Une saison en enfer. Illuminations, par Louis Forestier, Gallimard; «*Poésie/ Gallimard*», 1999.

Œuvres complètes, IV: Fac-similés, par Steve Murphy, Honoré Champion.

Œuvres complètes, édition présentée et annotée par André Guyaux, Bibliothèque de La Pléiade, 2009.

四、文集汇编及研讨会

1. 有关兰波的专题杂志

Bulletin des Amis de Rimbaud: sept numéros de janvier 1931 à avril 1939.

Le Bateau ivre, vingt numéros de janvier 1949 à septembre 1966.

Études rimbaldiennes (Minard éditeur), trois numéros (1968, 1970, 1972).

Rimbaud vivant, vingt-deux numéros de 1973 à 1990.

Circeto, revue d'études rimbaldiennes, deux numéros (1983, 1984).

Parade sauvage, (1984-), revue d'études rimbaldiennes, accompagnée de bulletins d'information.

2. 杂志专刊

La Grive, octobre 1954; *Europe*, mai-juin 1973; *Littérature*, octobre 1973; *Revue de l'Universtité de Bruxelles*, 1982; *Berenice*, Rome, n°2, mars 1981 et n°5, 1982 ; *Revue des sciences humaines*, 1984, n°193; *Revue d'histoire littéraire de la France*, mars-avril 1987 ; *Magazine littéraire*, juin 1991 ; *Europe*, juin 1991.

3. 研讨会及研讨会会刊

Colloque de Cerisy, août 1982. *Rimbaud multiple*, Gourdon, D. Bedou, 1986.

Colloque de Neuchâtel (Centre Arthur Rimbaud), mai 1983. *Le Point vélique*, Neuchâtel, La Baconnière, 1986.

Colloque de l'École normale supérieure (rue d'Ulm), février 1984. «Minute d'éveil», *Rimbaud Maintenant*, C.D.U.-S.E.D.E.S., 1984.

Colloque organisé par l'Association internationale des Études françaises, juillet 1984. *C.A.I.E.F.*, n°36, mai 1985.

Colloque de Grosseto, septembre 1985, *Poesia e avventura*, Pise, Pacini, 1987.

Colloque de Charleville, septembre 1986, repris dans *Parade sauvage*, «Rimbaud et la liberté libre», 1987.

Colloque de Cambridge, septembre 1987, repris dans *Parade sauvage*, «Rimbaud à la loupe», 1990.

Divers colloques doivent se tenir en 1991, année du centenaire de la mort (Varsovie, avril ; Charleville, septembre ; Sendaï (Japon), septembre ; Chypre, octobre ; Marseille, novembre ; Amiens, décembre).

前述参考文献并未全部标示出来，读者可参阅各全集版本所列举的参考文献（见本书参考文献第三部分）。

五、其他参考文献

Aubry (Jean), «Verlaine et l'Angleterre», *Revue de Paris*, 13 octobre 1918.

Azéma (Jean-Pierre), voir Winock.

Badesco (Luc), *La Génération poétique de* 1860, Nizet, 1971, 2 vol.

Baudelaire (Charles), Œuvres complètes, Bibliothèque de la Pléiade, 2 vol., Gallimard, 1975-
1976.

Beauclair (Henri) et Vicaire (Gabriel), *Les Déliquescences d'Adoré Floupette*, Vanier, 1885.

Blanchot (Maurice), *La part du feu*, Gallimard, 1949.

— L'Entretien infini, Gallimard, 1969.

Bonnefoy (Yves), *Rimbaud*, éd. du Seuil, coll. «Écrivains de toujours», 1961.

— «Madame Rimbaud» *dans le Lieu et la formule*, recueil collectif, hommage à Marc
Eigeldinger, Neuchâtel, La Boconnière.

Borelli (Jules), *Éthiopie méridionale, journal de mon voyage au pays amhara, oromo et
sidama*, Librairie-Imprimerie réunies, 1890.

Bouillane de Lacoste (Henry de), *Rimbaud et le problème des Illuminations*, Mercure de
France, 1949.

Breton (André), Œuvres, t. I, Bibiothèque de la Pléiade, Gallimard, 1988.

— *Anthologie de l'humour noir*, éd. du Sagittaire, 1940.

Champsaur (Félicien), *Dinah Samuel*, Olledorff, 1re éd. définitive, 1882, éd. définitive, 1888.

Chastenet (Jacques), *Histoire de la Troisième République*, Hachette-Littérature, 1952.

Claudel (Paul), Œuvres en prose, Bibliothèque de la Pléiade, Gallimard, 1965.

Cocteau (Jean), *Les Enfants terribles*, Grasset, 1929.

Cros (Charles), Œuvres complètes, Bibliothèque de la Pléiade, Gallimard.

Davy (André), *Éthiopie d'hier et d'aujourd'hui*, Le Livre africain, 1970.

De Amicis (Edmundo), *Souvenirs de Paris et de Londres*, trad. en français en 1880, Hachette.

Demeny (Paul), *Les Glaneuses*, La Librairie aristique, 1870.

— *La Flèche de Diane*, pièce en un acte, La Librairie artistique, 1870.

— *La Sœur du Fédéré,* La Librairie aristique, 1871.

Dictionnaire de biographie française.

D*ossier du Musée d'Orsay,* n°18, 1987 : «*Fantin-Latour : Coin de table .*»

Fallaize (E), *Étienne Carjat and «Le Boulevard»* (1861-1863), Genève, Slatkine, 1987.

Ferrandi (Ugo), *Lettere dell'Harrar,* Milan, 1896.

Forestier (Louis), *Charles Cros, l'homme et l'œuvre,* Minard, 1969.

Goncourt (Edmond et Jules de), *L'Art au XVIIIᵉ siècle,* 1873.

Guillemin (Henri), *À vrai dire, Gallimard,* 1956.

Gracq (Julien), *En lisant, en écrivant,* Corti, 1981.

Guyaux (André), *Poétique du fragment,* La Baconnière, 1985.

Hureaux (Yanny), *Le Guide des Ardennes,* Lyon, La Manufacture, 1986.

Jerrold, *London a pilgrimage,* illustré par G. Doré, Londres, Grant, 1872.

Kahn (Gustave), «Arthur Rimbaud», *La Revue blanche,* 15 août 1898.

Keller (Conrad), *Alfred Ilg,* Frauenfeld et Leipzig, Uber and Co, 1918.

Maitron (J.), *Dictionnaire biographique du mouvement ouvrier,* éd. Ouvrières, 1971, 9 vol.

Mondès (Catulle), *La Maison de la vieille,* Charpentier, 1894.

— *La Légende du Parnasse contemporain,* 1884 ; rééd. Genève, Slatkine Reprints, 1983.

Mérat (Albert), *L'Idole,* Lemerre, 1869.

Monfreid (Henri de), *Ménélik tel qu'il fut,* Grasset, 1954.

Nerval (Gérard de), *Le Voyage en Orient* dans t. II, *Œuvres complètes,* Bibliothè que de la Pléiade, Gallimard, 1984.

Nizan (Paul), *Aden Arabie,* François Maspero, 1960.

Noël (Bernard), *Dictionnaire de la Commune,* Hazan, 1971.

Nouveau (Germain), *Œuvres,* Bibliothèque de la Pléiade, Gallimard, 1970.

Parnasse contemporain, Lemerre. 1ʳᵉ série, 1866.

2ᵉ série, 1871.

3ᵉ série, 1876.

Poussin (Henri), *Versiculets,* éd. définitive, notice d'A. Valette et préface de J. Richepin,

Dentu, 1887.

Racot (Adolphe), *Les Parnassiens*, articles recueillis dans Avant-siècle, 1, Minard, 1961 (présenté par M. Pakenham).

Raspail (Jean), *Moi, Antoine de Tounens, roi de Patagonie*, Albin Michel, 1981.

Régamey (Félix), *Verlaine dessinateur*, Ploury, 1896.

Ricard (Louis-Xavier de), *Petits Mémoires d'un Parnassien*, repris dans Avantsiècle, 1, Minard, 1961.

Robecchi-Brichetti (L.), *Nell'Harrar*, Milan, Galli di Chiesa, 1896.

Robinet (René), «L'Institution Rossat de Charleville», *Actes du 88ᵉ Congrès national des sociétés savantes*, Imprimerie nationale, 1964.

—«Le Collège de Charleville et l'enseignement secondaire dans les Ardennes de 1854 à 1877», *Actes du 95ᵉ Congrès national des sociétés savantes*, Bibliothèque nationale, 1974.

Romi, *Amoureux de Paris*, Paris, 1961.

Rosa (Ottorino), *L'Impero del Leone di Giuda, Note sull'Abissinia*, Brescia, Lenghi, 1913.

Steinmetz (Jean-Luc), *Le Champs d'écoute*, Neuchâtel, La Boconnière, 1985.

— *La Poésie et ses raisons*, J. Corti, 1990.

Verlaine (Paul), *Œuvres poétiques complètes*, Bibliothèque de la Pléiade, Gallimard, 1954.

— *Œuvres en prose complètes*, Bibliothèque de la Pléiade, Gallimard, 1984.

— *Correspondance*, 3 vol., Messein, 1922.

— *Lettres inédites à divers correspondants*, Genève, Droz, 1976.

Vermersch (Eugène), *L'Infamie humaine*, préface de P. Verlaine, Lemerre, 1890.

Winock (Michel) et J.-P. Azéma, *Les Communards*, éd. du Seuil, coll. «Le temps qui court», 1964.

Zola (Emile), *La Débâcle*, Charpentier, 1892.

兰波传

译名对照表

A

Abbadie, A. d'　A. 达巴迪

Abd el-Kader　阿卜·埃尔－卡德

Abdullaï　阿卜杜拉

Abou-Beker, Ali　阿里·阿卜－贝克尔

Abou-Beker, Ibrahim　亚伯拉罕·阿卜－贝克尔

Achard, Amédée　阿梅代·阿沙尔

Adam, Antoine　安托万·亚当

Ahmed ben Mohamed (le Mahdi)　艾哈迈德·本·穆罕默德（马赫迪）

Aicard, Jean　让·埃卡尔

Alechinsky　阿列钦斯基

Alfieri, A.　A 阿尔费埃里

Alphonse (roi d' Espagne)　阿方斯十二世（西班牙国王）

Allais, Alphonse　阿方斯·阿莱

Alula (ras)　阿鲁拉（大公）

Andrieu, Jules　朱尔·安德里厄

Antonelli (comte)　安托内里（伯爵）

Aphinar　阿菲纳尔

Appenzeller　阿潘泽勒

Arabi Pacha　阿拉比帕夏

Aragon, Louis　路易·阿拉贡

Arène, Paul　保罗·阿雷纳

Arnoult, Pierre　皮埃尔·阿尔努

Aubry, Jean　让·奥布里

B

Badesco, Luc　吕克·巴德斯科

Balzac, Guez de　盖·德·巴尔扎克

Balzac, Honoré de　奥诺雷·德·巴尔扎克

Banti　邦蒂

Banville, Théodore de　泰奥多尔·德·邦维尔

d' Aurevilly, Barbey　巴尔贝·道勒维利

Bardey, Alfred　阿尔弗雷德·巴尔代

Bardey, Pierre　皮埃尔·巴尔代

Barral, J.　J. 巴拉尔

Barèrre, Camille　卡米耶·巴雷尔

Baudelaire, Charles　夏尔·波德莱尔

Baudry, Jean (pseudonyme de Rimbaud)　让·博德里（兰波的笔名）

Bava, Alcide (pseudonyme de Rimbaud)　阿尔希德·巴瓦（兰波的笔名）

Bazaine　巴赞

Beauclair, Henry　亨利·博克莱尔

Berès, Pierre　皮埃尔·贝雷斯

Bernardin de Saint-Pierre　贝尔纳丹·德·圣皮埃尔

Bernhardt, Sarah　莎拉·伯恩哈特

Berrichon, Paterne (pseudonyme de P. Dufour)　帕泰纳尔·贝里雄（皮埃尔·迪富尔的笔名）

Bidault　比多

Bienenfeld, V.　V. 比南菲尔德

Billuart, Léon　莱昂·比卢埃尔

Binard, Arthur　阿蒂尔·比纳尔

Bismarck　俾斯麦

Blanchecotte (Mme)　布朗什科特（夫人）

Blanchot, Maurice　莫里斯·布朗绍

Blanqui, Auguste　奥古斯特·布朗基

Blémont, Émile (pseudonyme de Léon-Emile Petitdidier)　埃米尔·布莱蒙（莱昂－埃米尔·珀蒂迪迪埃的笔名）

Boileau　布瓦洛

Bonnefoy, Yves　伊夫·博纳富瓦

Borel, Pétrus　贝特吕斯·博雷尔

Borelli, Jules　朱尔·博雷利

Borelli, Octave　奥克塔夫·博雷利

Borer, Alain　阿兰·博莱尔

Bourde, Paul　保罗·布尔德

Bourguignon, Jean　让·布吉尼翁

Braun, Th.　Th. 布朗

Brémond, Antoine　安托万·布雷蒙

Brentano, Franz　弗朗兹·布伦塔诺

Bretagne, Auguste　奥古斯特·布列塔尼

Breton, André　安德烈·布勒东

Briant, Théophile　泰奥菲勒·布里昂

Briet, Suzanne　苏珊·布里耶

Brissonnet　布里索内

Brunel, Pierre　皮埃尔·布吕内尔

Buffetaud, Eric　埃里克·比弗托

Bugeaud　比若元帅

Burton, Richard　理查德·伯顿

Burty, Philippe　菲利普·比尔蒂

C

Cabaner, Émile　埃米尔·卡巴内

Caradec, François　弗朗索瓦·卡拉代克

Carjat, Étienne　埃蒂安·卡尔雅

Carlos (don)　堂·卡洛斯

Carré, Jean-Marie　让－马里·卡雷

Cassagnac, Granier de　格拉涅·德·卡萨尼亚克

Cavalier, Georges　乔治·卡瓦利耶

Cecchi, A.　A. 塞奇

Céline, Louis-Ferdinand　路易－费尔迪南·塞利纳

Cézanne, Paul　保罗·塞尚

Champfleury　尚弗勒里

Champsaur, Félicien　费利西安·尚索尔

Chanal, Édouard　爱德华·沙纳尔

Chaulier (chanoine)　肖利耶（司铎）

Chefneux, Léon　莱昂·谢夫纳

Chemmak, Ali　阿里·舍马克

Chesnaux　谢诺

Cicéron　西塞罗

Cioran, E.M.　E.M. 齐奥朗

Claretie, Jules　朱尔·克拉勒蒂

Claudel, Paul　保罗·克洛岱尔

Clément, Jean-Baptiste　让-巴蒂斯特·克莱芒

Cochinat, Victor　维克多·科希纳

Cocteau, Jean　让·科克托

Cooper, Fenimore　费尼莫尔·库柏

Coopée, François　弗朗索瓦·科佩

Corbière, Tristan　特里斯坦·科比埃尔

Cotton, Charles　夏尔·戈登

Couche　古什

Courbet, Eugène　欧仁·库尔贝

Couthon　库东

Creissels, Auguste　奥古斯特·克雷塞尔

Cros, Antoine　安托万·克罗

Cros, Charles　夏尔·克罗

Cros, Herny　亨利·克罗

Crouet　克鲁埃

Cuif, Jean-Baptiste　让-巴蒂斯特·居夫

Cuif, Jean-Charles Félix　让-夏尔·费利克斯·居夫

Cuif, Jean-Nicolas　让-尼古拉·居夫

Cuif, Charles-Auguste　夏尔-奥古斯特·居夫

Cuif, Vitalie (voir Mme Rimbaud)　维塔丽·居夫（参见兰波夫人）

D

Dante　但丁

Darzens, Rodolphe　鲁道夫·达尔藏

Daudet, Alphonse　阿方斯·都德

Daumas (général)　多马（将军）

De Amicis, Edmundo　埃德蒙多·亚米契斯

Debauve, Jean-Louis　让-路易·德博夫

Degives, Jean　让·德吉夫

Dehée, Julien　朱利安·德埃

Dehée, Victorine　维多琳·德埃

Dehée, Zulma　祖尔玛·德埃

Delacroix, Eugène　欧仁·德拉克洛瓦

Delahaye, Ernest　欧内斯特·德拉艾

Delhalle, Joseph　约瑟夫·德拉艾

Delisle, Léopold　利奥波德·德利勒

Démeny, Paul　保罗·德梅尼

Denogeand, Ferdinand　费尔迪南·德诺让

Desbordes-Valmore, Marceline　马塞利娜·德博尔德-瓦尔莫

Deschamps, Antoine　安托万·德尚

Desdouet　德杜埃

Deverrière, Léon　莱昂·德韦里埃

Dhayle, Charles (pseudonyme d'Ernest Delahaye)　夏尔·戴乐（德拉艾的笔名）

Dickens, Charles　查尔斯·狄更斯

Dierx, Léon　莱昂·迪耶克斯

Djami (voir Wadaï)　佳米（参见瓦塔伊）

Donos, Charles　夏尔·多诺斯

Doré, Gustave　古斯塔夫·多雷

Dubar　迪巴

Dubois　迪布瓦

Ducasse, Isidore　伊齐多尔·迪卡斯

Dullaert, Maurice　莫里斯·迪拉尔

Dumas (fils)　小仲马

Duprez　迪普雷

Durand, Paul　保罗·杜朗

Durant, Louis　路易·杜朗

E

Eigeldinger, Frédéric　弗雷德里克·埃德尔丁格

Elzéar, Pierre　皮埃尔·埃尔泽阿

Emmerich, Catherine　卡特琳·埃姆里奇

Essarts, Xavier des　格扎维埃·德·埃萨尔

Etiemble　艾田蒲

Evrard, Julie　朱莉·埃弗拉尔

F

Fagot (député)　法戈（议员）

Fallaize, E.　E.法莱兹

Fallières　法利埃

Fantin-Latour, Henri　亨利·方坦-拉图尔

Farahli　法拉里

Faure, Fèlix　费利克斯·富尔

Favart　法瓦尔

Favre, Jules　朱尔·法夫尔

Fénéon, Félix　费利克斯·费内翁

Ferrandi, Ugo　乌戈·费朗蒂

Ferry, Gabriel　加布里埃尔·费里

Feuillâtre　弗亚特尔

Figuier, Louis　路易·菲吉耶

Flamanville (M.)　弗拉芒维勒（先生）

Fammarion, Camille　卡米耶·弗拉马里翁

Flaubert, Gustave　古斯塔夫·福楼拜

Fleuriot de Langle　弗勒里奥·德·朗格勒

Flourens, Gustave　古斯塔夫·弗路朗斯

Fontainas, André　安德烈·丰泰纳

Forain, Jean-Louis, dit Gavroche　让-路易·福兰，又称加夫罗什

Forbes, Duncan　邓肯·福布斯

Forestier, Louis　路易·福雷斯捷

Franzoj, Louis-Auguste　路易-奥古斯特·弗朗佐

G

Garnier, Alfred-Jean　阿尔弗雷德-让·加尼耶

Gaspard, A.de　A.德·加斯帕里

Gastineau, Benjamin　邦雅曼·加斯蒂诺

Gauguin, Paul　保罗·高更

Gautier, Théophile　泰奥菲勒·戈蒂耶

Gavoty, Laurent de　洛朗·德·加沃蒂

Gendre, André　安德烈·冉德尔

Genet, Jean　让·热奈

Gide, André　安德烈·纪德

Gibert-Lecomte, Roger　罗歇·吉贝尔-勒孔特

Gill, André　安德烈·吉尔

Gindre (demoirelles)　冉德尔（小姐）

Gineste, Raoul　拉乌尔·吉内斯特

Ginsberg, Allen　艾伦·金斯伯格

Glatigny, Albert　阿尔贝·格拉蒂尼

Godchot (colonel)　戈德绍（少校）

Goethe　歌德

Goncourt, Edmond et Jules de　龚古尔兄弟（埃德蒙和朱尔）

Gordon (major)　戈登（少校）

Graaf, Daniel de　达尼埃尔·德·格拉夫

Gracq, Julien　朱利安·格拉克

Grandjean, Louise　路易丝·格朗让

Grandville　格朗维尔

Grimaldi-Ragussc, marquis de　格里马尔迪-雷吉斯侯爵

Grisard, Françoise　弗朗索瓦兹·格里萨尔

Guillemin, Henri　亨利·吉耶曼

Guirane, Ahmed　艾哈迈德·吉拉内

Guyaux, André　安德烈·居约

Guyot-Sionnest (Mᵉ)　居约-西奥奈斯特（律师）

H

Hay, Michel de l' (pseudonyme de Pénoutet)
　米歇尔·德莱（佩努泰的笔名）

Hegel　黑格尔

Hénon　埃侬

Heredia, José-Maria de　何塞－马里亚·德·
　埃雷迪亚

Herlagnez, Pablo de (pseudonyme de Paul
　Verlaine)　帕布罗·德·埃尔拉涅（魏
　尔伦的笔名）

Hervé　埃尔韦

Hervilly, Ernest d'　欧内斯特·德尔维利

Hetzel, Jules　朱尔·埃泽尔

Hinghstone　辛斯顿

Hölderlin, Friedrich　弗雷德里希·荷尔德林

Holmes, Edwin　埃德温·霍姆斯

Horace　贺拉斯

Houin, Charles　夏尔·乌安

Hubert, Jean　让·于贝尔

Hugo, Victor　维克多·雨果

Humbert, Alphonse　阿方斯·安贝尔

I

Ilg, Alfred　阿尔弗雷德·伊格

Isaïe　以萨耶

Istace　伊斯塔斯

Izambard, Georges　乔治·伊藏巴尔

J

Jacoby　雅各比

Jacquet　雅凯

Jarosseau (Mgr)　雅罗索（主教）

Jarry, Alfred　阿尔弗雷德·雅里

Jerrold　杰洛德

Jésus　耶稣

Johannès (l'empereur Jean)　约翰内斯皇帝

Jolibois　若利布瓦

Jolly　若利

Jourde, Francis　弗朗西斯·儒尔德

Jugurtha　朱古达

K

Kahn, Gustave　古斯塔夫·卡恩

Keck, Jean　让·凯克

L

Labarrière, Paul　保罗·拉巴里埃

Labatut, Pierre　皮埃尔·拉巴蒂

Labosse, Lucien　吕西安·拉博斯

La Bruyère　拉布吕耶尔

Lagarde, Léonce　莱昂斯·拉加德

Lalande, Françoise　弗朗索瓦兹·拉朗德

Lamartine, Alphonse de　阿方斯·德·拉马丁

Larbaud, Valery　瓦莱里·拉尔博

Le Clair, Camille　卡米耶·勒克莱尔

Leconte de Lisle　勒孔特·德·李勒

Lecoq　勒科克

Ledoulx　勒杜

Lefébure, Eugène　欧仁·勒费比尔

Lefèvre　勒菲弗

Lefrère, Jean-Jacques　让－雅克·勒弗雷尔

Legendre (le boucher)　勒让德尔（屠夫）

Le Goffic, Charles　夏尔·勒戈菲克

Lemerre, Alphonse　阿方斯·勒梅尔

Lepelletier, Edmond　埃德蒙·勒佩勒捷

Lesseps, Ferdinand de　费尔迪南·德·雷
塞布

Létinois, Lucien　吕西安·雷蒂努瓦

Létrange, Louis　路易·莱特朗热

Lévy, Michel　米歇尔·莱维

Lhéritier, Ariste　阿里斯特·莱里捷

Lhomond (abbé)　洛蒙（神父）

Lissagaray　利萨加雷

Loisset (Émilie et Clotilde)　卢瓦塞（埃米莉
和克洛蒂德）

Loisseau, Léon　莱昂·洛索

Louis XVI　路易十六

Lubienski-Bodenham　武宾斯基-博登汉姆

Luccardi　卢卡蒂

Lucas (docteur)　卢卡（医生）

M

MacDonald　麦克唐纳

Mac-Mahon　麦克马洪

Mac Orlan, Pierre　皮埃尔·马克·奥兰

Madox Brown, Oliver　奥利弗·马多克
斯·布朗

Mahomet　穆罕默德

Makonnen (ras)　马科南（总督）

Malard　马拉尔

Mallarmé, Stéphane　斯特凡·马拉美

Manet, Édouard　爱德华·马奈

Marais, Louis-Joseph　路易-约瑟夫·马莱

Marcel, Jean (pseudonyme de Rimbaud)　让·马
塞尔（兰波的笔名）

Marmelstein　马尔梅斯坦

Marmontel　马蒙泰尔

Marot, Clément　克雷芒·马罗

Martin, Auguste　奥古斯特·马丁

Matucci, Mario　马里奥·马图奇

Matuszewicz　马图泽维奇

Maunoir, Charles　夏尔·莫努瓦

Maurice (maire de Douai)　莫里斯（杜埃市
市长）

Maurras, Charles　夏尔·莫拉斯

Mauté (la mère)　莫泰（母亲）

Mauté (le père)　莫泰（父亲）

Mauté, Mathilde (Mme Paul Verlaine)　玛蒂
尔德·莫泰（保罗·魏尔伦夫人）

Mayne, Raid　梅恩·莱德

Mazeran, Pierre　皮埃尔·马泽朗

Méhémet　穆罕默德·阿里

Mendès, Catulle　卡蒂尔·孟戴斯

Ménélik　孟尼利克

Mengesha　门格沙

Mérat, Albert　阿尔贝·梅拉

Mercier, Henri　亨利·梅西耶

Merciniez, Alexandre　亚历山大·梅西尼耶

Michaudeau　奥古斯特·米绍多

Michel (domestique des Rimbaud à Roche)　米
歇尔（兰波一家在罗什村的用人）

Michel, Auguste　奥古斯特·米歇尔

Michel, Louise　路易丝·米歇尔

Michelet, Jules　朱尔·米什莱

Mijolla, Alain de　阿兰·德·米若拉

Mille, Pierre　皮埃尔·米勒

Miller, Henry　亨利·米勒

Milliex, R.　R. 米列

Millot, Ernest　欧内斯特·米约

Miret　米莱

Moltke 毛奇

Mombello, Gianni 贾尼·蒙贝罗

Monfreid, Henri de 亨利·德·蒙弗利特

Monin, Prothade 普罗塔·莫南

Montaígne 蒙田

Mourot, Auguste 奥古斯特·穆罗

Mousaïa, Christos 克里斯托·穆萨亚

Murphy, Steve 斯蒂夫·墨菲

Musset, Alfred de 阿尔弗雷德·德·缪塞

N

Napoléon III 拿破仑三世

Nélis (M^e) 内利（律师）

Nerazzini (docteur) 内拉基尼（医生）

Nerval, Gérard de 热拉尔·德·奈瓦尔

Nizan, Paul 保罗·尼赞

Nodier, Charles 夏尔·诺迪埃

Nouks (docteur) 努克斯（医生）

Nouveau, Germain 热尔曼·努沃

O

Ollivier, Émile 埃米尔·奥利维埃

Ouady, Ahmed 艾哈迈德·乌阿迪

Ovide 奥维德

P

Paddock 帕多克

Pakenham, Michaël 米夏埃尔·帕克南

Pascal, Blaise 布莱兹·帕斯卡

Paulhan, Jean 让·波朗

Pelletan, Camille 卡米耶·佩尔唐

Pénoutet (voir l'Hay, Michel de) 佩努泰（参见米歇尔·德莱）

Pérard (M^e) 佩拉尔（律师）

Pérette 佩雷特

Perrin, Henri 亨利·佩兰

Petiteville (vicomte de) 珀蒂特维尔（男爵）

Petitfils, Pierre 皮埃尔·珀蒂菲斯

Pia, Pascal 帕斯卡·皮亚

Picard, Ernest 欧内斯特·皮卡尔

Pierquin, Louis 路易·皮埃坎

Pincemaille (Mme) 潘斯马耶（太太）

Pinchard, D. D.潘沙尔

Pino, Eloy 埃洛瓦·比诺

Pluche (abbé) 普吕什（神父）

Plutarque 普卢塔克

Ponchon, Raoul 拉乌尔·蓬雄

Pontmartin 蓬马丹

Poot, Jacques 雅克·波特

Porché, François 弗朗索瓦·波尔谢

Pottier, Eugène 欧仁·鲍狄埃

Poulet-Malassis 普莱－马拉西

Poussin, Alfred 阿尔弗雷德·普桑

Pradelle, Gustave 古斯塔夫·普拉代勒

Proust, Marcel 马塞尔·普鲁斯特

Pyat，Félix 费利克斯·皮亚

R

Racot, Adolphe 阿道夫·拉科

Ragazzi, Vincenzo 文森佐·拉加齐

Ranc, Arthur 阿蒂尔·朗克

Raouf Pacha 拉乌夫帕夏

Raspail, Jean 让·拉斯帕伊

Ratisbonne, Louis 路易·拉蒂斯博纳

Raynaud, Ernest 欧内斯特·雷诺

Reboul, Jean 让·勒布尔

Régamey, Félix　费利克斯·雷加梅

Renan, Ernest　欧内斯特·勒南

Renaud, Armand　阿尔芒·雷诺

Ricard, Louis-Xavier de　路易-格扎维埃·德·里卡尔

Richard, Georges　乔治·里夏尔

Richepin, Jean　让·里什潘

Riès, Maurice　莫里斯·里耶斯

Righas, Constantin　康斯坦丁·里伽

Righas, Dimitri　迪米特里·里伽

Rimbaud, Frédéric (capitaine)　弗雷德里克·兰波（上尉）

Rimbaud, Frédéric (frère)　弗雷德里克·兰波（哥哥）

Rimbaud, Isabelle　伊莎贝尔·兰波

Rimbaud, Vitalie (Mme Rimbaud)　维塔丽·兰波（兰波夫人）

Rimbaud, Vitalie (sœur)　维塔丽·兰波（妹妹）

Rivet, Gustave　古斯塔夫·里韦

Robecchi-Brichetti, L.　L.罗伯奇-布里盖蒂

Robespierre　罗伯斯庇尔

Robinet, René　勒内·罗比内

Rochefort, Henri　亨利·罗什福尔

Rolland de Renéville, André　安德烈·罗兰·德·勒内维尔

Ronsard, Pierre de　皮埃尔·德·龙萨

Rosa, Ottorino　奥托里诺·罗萨

Rosman, Jef　热夫·罗斯曼

S

Sacconi, Pietro　皮耶特罗·萨科尼

Saint-Just　圣鞠斯特

Salin　萨林

Sartre, Jean-Paul　让-保罗·萨特

Savouré, Armand　阿尔芒·萨乌雷

Segalen, Victor　维克多·塞加朗

Semal, Charles　夏尔·塞马尔

Shakespeare　莎士比亚

Sieffert, Louisa　路易莎·西费尔

Silvestre, Armand　阿尔芒·西尔韦斯特

Sivry, Charles de　夏尔·德·西夫里

Smith (Mme)　史密斯（太太）

Socrate　苏格拉底

Soleillet, Paul　保罗·索莱耶

Sotiro, Constantin　康斯坦丁·索蒂罗

Soury　苏里

Starkie, Énid　伊妮德·斯塔基

Steinmetz, Jean-Luc　让-吕克·斯坦梅茨

Stierlin, Henri　亨利·斯蒂尔林

Suarès, André　安德烈·苏亚雷斯

Suasso, Frans　弗朗斯·苏亚索

Suche (abbé)　苏什（神父）

Suel, Jules　朱尔·叙埃尔

Sully-Prudhomme　苏利-普吕多姆

Swedenborg　斯威登堡

T

Tailhade, Laurent　洛朗·塔亚德

Taïtou (princesse)　泰图（王后）

Tamine, Michel　米歇尔·塔米

Taurin-Cahagne (Mgr)　托兰（主教）

Taute, Stéphane　斯特凡·托特

Téléki (comte)　特雷基（伯爵）

Tharaud (les frères)　塔罗（兄弟）

Théodors　提奥多罗斯

Thétard, Henri　亨利·泰塔尔

Thiers, Adolphe　阿道夫·梯也尔

Thiry, Marcel　马塞尔·蒂里

Tian, César　塞泽尔·蒂昂

Tounens, Antoine de　安托万·德·图龙

Toussenel　图斯内尔

Trastoul (docteur)　特拉斯图（医生）

Traversi (docteur)　特拉维西（医生）

Trébuchet　特雷比谢

Trochu (général)　特罗叙（将军）

T' Serstevens　采尔斯蒂文斯

Tubiana, Joseph　约瑟夫·蒂比亚纳

Tzara, Tristan　特里斯唐·查拉

U

Underwood, V. P.　V. P. 安德伍德

V

Vaché, Jacques　雅克·瓦谢

Vacquerie, Auguste　奥古斯特·瓦克里

Vailland, Roger　罗歇·瓦扬

Vaillant, Edouard　爱德华·瓦扬

Valade, Léon　莱昂·瓦拉德

Vallès, Jules　朱尔·瓦莱斯

Van Gogh, Vincent　文森特·凡·高

Verlaine, Elisa (mère de Paul)　埃利萨·魏尔伦（魏尔伦的母亲）

Verlaine, Georges (fils)　乔治·魏尔伦（儿子）

Verlaine, Mathilde (épouse de Paul Verlaine; voir Mauté , Mathilde)　玛蒂尔德·魏尔伦（保罗·魏尔伦的妻子，参见玛蒂尔德·莫泰）

Verlaine, Paul　保罗·魏尔伦

Vermersch, Eugène　欧仁·维尔麦希

Verne, Jules　儒勒·凡尔纳

Verplaes　魏尔普雷

Veuillot, Louis　路易·弗约

Vicaire, Gabriel　加布里埃尔·维凯尔

Vigny, Alfred de　阿尔弗雷德·德·维尼

Villard, Nina de　尼娜·德·维拉尔

Villiers de l'Isle-Adam　维利耶·德·利尔－亚当

Villon, François　弗朗索瓦·维庸

Viotti, Lucien　吕西安·维奥蒂

Virgile　维吉尔

Visardi　维斯卡蒂

Voellmy, Jean　让·弗尔米

W

Wadaï, Djami　佳米·瓦塔伊

Wagner, Richard　理查德·瓦格纳

Watteau　华托

Wilde, Oscar　奥斯卡·王尔德

Wolseley (vicomte)　沃斯利（子爵）

Y

Yerta-Méléra, Marguerite　玛格丽特·叶尔塔－梅雷拉

Z

Zimmermann, Ernest　欧内斯特·齐默尔曼

Zola, Émile　埃米尔·左拉

译后记

　　这部《兰波传》应该说是一个全新的版本，首先是作者于2009年推出一个新版本，也是本书的第四个版本，他还特意为第四版撰写了绪言；其次，借此次再版机会，我也对全书做了一次修订，更正译文当中错译的文字，修改不甚妥当的语句，补足漏译的段落；最后再把作者所做的注解全部译出，并按照原版编辑格式设为章后注，以免影响读者阅读的连贯性，也便于读者查找相关的注解。

　　早先《兰波传》首版，我没有写译后记，一是时间比较赶，二是译文收尾的时候要与原作者沟通、确认许多相关的细节，现在想来把成书过程梳理一遍，也是很有意思的一件事。

　　我拿到这本书的翻译比较突然，在此之前，我刚刚译完《布勒东传》和《阿拉贡传》，作为当时"法国诗人系列"丛书之一卷，《兰波传》的翻译工作迟迟没有起步，于是原出版社要我接手这部长篇传记的翻译。经过将近一年的辛苦劳作，我终于按时完成译稿，况且是在不占用工作时间的前提下，挤出平时点点滴滴闲暇时间完成的，对于译者来说，"痛并快乐着"并不是流行语里的一句话，而是实实在在的感受。

　　在动笔翻译这部传记的时候，国内有关兰波的译介并不多，虽然能查到有关介绍兰波的文字，但总体来看，系统、全面的介绍文字极为鲜见，仅有王以培先生翻译的一部《兰波全集》在售，但还买不到；还有王道乾先生翻译的《地狱一季》。没有办法，只能靠领会作者的原意去翻译，而作者本人在撰写传记的过程中也难免会出现错误，我们在下文看几个例子。

　　我刚接手翻译这部传记的时候，国内互联网已经逐步发展起来，可以通过电子邮件和国外沟通。当时仅有作者的电话联系方式，询问作者是否有电子邮箱，这样沟通起来比较方便，他告知仅有传真。于是，我把翻译过程中碰到的问题，列出一个单子，打印出来之后，再传真给他。看到我提出的问题之后，他感觉不对劲，发现我翻译用的是1999年版本，而不是他修订的2004年版本，于是很快给我寄来新版本，并把新版本的修订之处一一标示出来，再传真发给我，我按照新版本把已经译好的文字修订过来。尽管如此，在翻译过程中，还是发现有不少问题，其中就有作者的笔误问题。

在第三部第三章"1875年，支离破碎的一年"当中，作者在新版本中把兰波在斯图加特的住址修改为"哈森伯格街7号"，瓦格纳是房东的名字，而不是街名，但在两页过后，却依然写兰波住在瓦格纳街，看到这一点，感觉是作者的笔误，前文做了修改，但后文没有做出相应的变更。于是，我给作者发传真，指出这一点，他来函确认应该改成住在瓦格纳家，随后又单独发来一份传真，指出与这一变更相关联的注解也要做修改。

在第四部第五章"赴埃及休假之后重返哈勒尔"里，作者在用词及时间顺序上出现笔误，"同一年，在约翰内斯皇帝去世，孟尼利克加冕之后，意大利人于（1889年）5月2日与孟尼利克签订了乌西阿利条约"，两页过后，作者又写道"1889年11月3日，孟尼利克在恩托托的玛丽安姆教堂被正式加冕为皇帝"，同样在说加冕，但时间对不上，这里肯定有问题。我又给作者发传真，指出这一错误，作者确认是他写错了，5月2日那个时候，孟尼利克尚未正式加冕，应该改成"孟尼利克掌权之后"。令人感到欣慰的是，在2009年版本里，作者对这些纰漏或笔误都做了修改更正。

由此可见，在翻译过程中，译者不仅仅要看字面意思，还要从逻辑性、时间关联、合理性等多个角度去看待要翻译的文字。在为这部极为难译的传记画上最后一个句号之后，我依然有一种意犹未尽的感觉。不知是作者有意保留，还是现有的史料不足以让他拿出令人信服的文字，我总觉得不但兰波生平中的许多东西没有交代清楚，而且对他那几首脍炙人口的著名诗篇的解释也不到位。兰波前后几次离家出走的真正动机是什么呢？兰波究竟为什么要放弃文学呢？在诗歌创作的后期，兰波为什么要转而去写散文，而不再专注写诗了呢？这一个个问题始终萦绕在我的心头，而这些谜一般的问题恐怕也困扰着研究兰波的学者们吧。和他那曲折的人生经历一样，他的诗本身也是谜，不论是《醉舟》还是《元音》，不论是《地狱一季》还是《灵光集》，学者对它们的解释恐怕也都是仁者见仁，智者见智吧，但说实在的，读者可能会对作者在评论《元音》时所说的话感到不满意，因为许多诗人，包括魏尔伦本人，都曾对《元音》十四行诗做出一定的解释，而对于魏尔伦的解释，作者却以"这番话说得过于绝对，但显然很难令人信服"搪塞过去了，读罢此言，我也是一头雾水，不知魏尔伦的那句话究竟为何令人难以信服。至于说兰波的《灵光集》，人们不但对这部诗集的写作时间有争议，而且对兰波为何要魏尔伦将诗集的手稿交给努沃去出版也心存疑虑，甚至连这部诗集的标题"Illuminations"本身也是一个谜。这个标题究竟是指"灵光"，是指"彩图"，还是指"幻觉"呢？

作者在书中曾多次提到"老科佩"体十行诗，但却没有给出更多的解释，没办法只好自己动手去查吧，字典里肯定是查不到的，好在今天网络已融入我们的生活，上网查了半天，果然有所收获，无意间还发现弗朗索瓦·科佩当年为评论《元音》而写下的十行诗，我在此转译此诗，也让读者领会一下兰波的同代人是如何评论他的：

> 兰波虽成功玩弄恶作剧，
> 我却对《元音》感到惋惜，
> 他希望字母O，E，I，
> 构成法兰西三色国旗。
> 颓废者夸夸其谈亦枉然，
> 不用"但是"、"因为"、"如果"
> 诗风也要像早晨那样清纯：
> 宛如帕尔纳斯诗人赋诗手法。
> ……

在这部传记中，作者曾两次提到科佩抨击兰波是玩世不恭者，但并未明确说明那段文字的出处，我在这里就算是越俎代庖，替作者补上这段文字吧。

修订原有版本是一项极需耐心的工作，除了正文要按照原版排出注解编码之外，还要和注解一一核对，以免出现问题，正是仰仗这样的核对细节，我才得以发现译文当中的错误。回顾新版本的修订工作，我深深体会到翻译确实是一门永远留有遗憾的艺术。虽经尽心尽力修改过，但译文依然难免出现这样或那样的瑕疵，希望读者不吝赐教。

　　在翻译过程中，得到本书作者让-吕克·斯坦梅茨教授的多次指导，在此向他表示衷心的谢意。

袁俊生

2021年8月28日 绍兴

浙江越秀外国语学院

图书在版编目（CIP）数据

兰波传：追寻天才诗人的足迹 /（法）让-吕克·斯坦梅茨著；袁俊生译. — 北京：商务印书馆，2022

ISBN 978 - 7 - 100 - 19969 - 8

Ⅰ.①兰… Ⅱ.①让… ②袁… Ⅲ.①让-尼古拉·阿蒂尔·兰波—传记 Ⅳ.①K835.655.6

中国版本图书馆 CIP 数据核字（2021）第098399号

兰 波 传
追寻天才诗人的足迹

〔法〕让-吕克·斯坦梅茨 著
袁俊生 译

商 务 印 书 馆 出 版
（北京王府井大街36号 邮政编码 100710）
商 务 印 书 馆 发 行
山西人民印刷有限责任公司印刷
ISBN 978 - 7 - 100 - 19969 - 8

2023年1月第1版　　　　开本 787×1092　1/16
2023年1月第1次印刷　　　印张 30

定价：168.00元